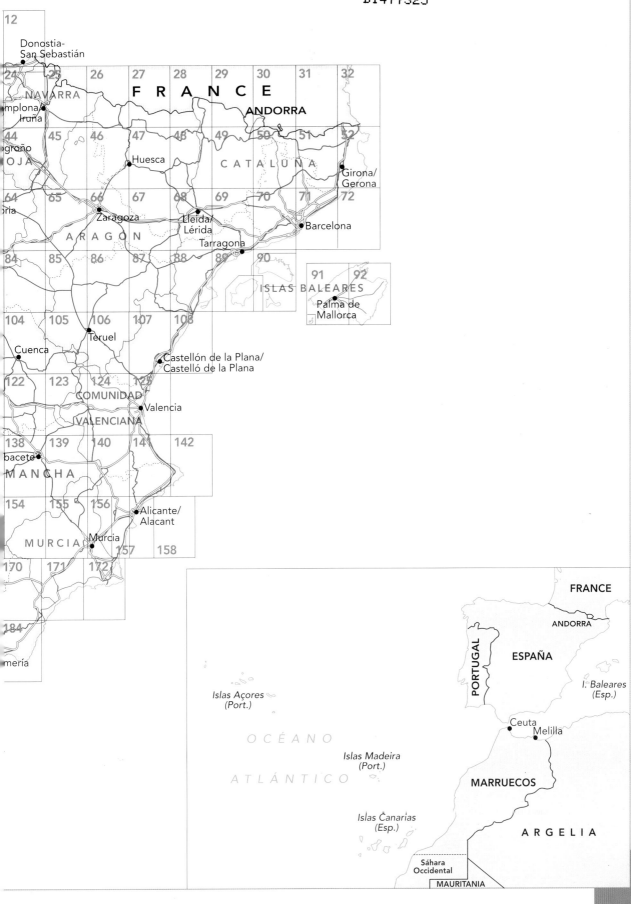

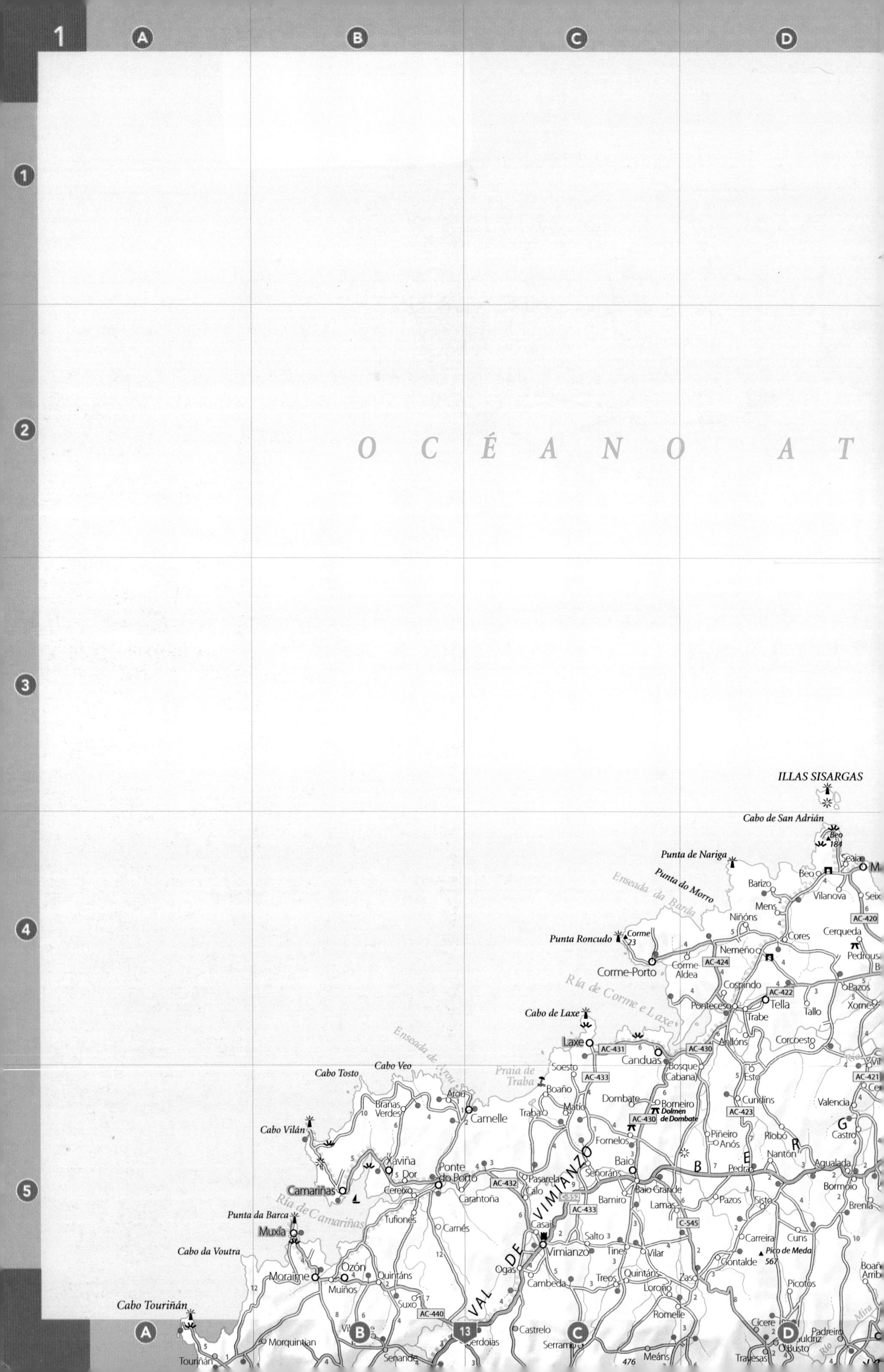

Ⓐ　Ⓑ　Ⓒ　Ⓓ

① ② ③ ④ ⑤

O C É A N O   A T

ILLAS SISARGAS

Cabo de San Adrián

Beo
184
Ceaia
M
Beo

Punta de Nariga
Barizo

Punta do Morro
Mens
Vilanova
Seix

Niñóns
Cores
Cerqueda
AC-420

Punta Roncudo
Corme
23

Corme
Aldea
AC-424
Nemeño
Pedrous
B

Corme-Porto

Cospindo
AC-422
Pazós

Ponteceso
Tella
Tallo
Xorne

Cabo de Laxe
Trabe
Corcoesto

Laxe
AC-431
Canduas
AC-430
Anllóns
AC-421

Cabo Tosto
Cabo Veo
Soesto
Bosque
Esto

Praia de
Traba
Boaño
AC-433
Cabana

Branas
Verdes
Atou
Matio
Dombate
Borneiro
Cundíns
AC-423
Valencia
G

Cabo Vilán
Camelle
Trabado
Dolmen
de Dombate
AC-430
Piñeiro
Anós
Riobó
Nantón
Castro

Xaviña
Ponte
do Porto
Fornelos
Baio
Pedra
Agualada
R

Cabo Veo
Dor
Pasarela
Señoráns
Baio Grande
B
Bormoio

Camariñas
Cereixo
AC-432
Calo
C-552
Bamiro
Pazos
Sisto
Brenla

Punta da Barca
Carantoña
AC-433
Lamas
C-545
Carreira
Cuns

Muxía
Tufiñes
Carnés
Casais
Salto 3
Pico de Meda
567
Gontalde

Cabo da Voutra
Vimianzo
Tines
Vilar
Zas
Picotos
Boañ
Arrib

Moraime
Ozón
Quintáns
Ogas
Cambeda
Treos
Quintáns
Loroño

Cabo Touriñán
Muiños
Suxo
AC-440
VAL DE VIMIANZO
Romelle
Cicere
Padreiro
Busto

Ⓐ　Ⓑ　13　Ⓒ　Ⓓ

Morquintian
Senande
Castrelo
Serramo
476
Meáns
Travesas

Touriñán

# Atlas de carreteras
## de España y Portugal

## Sumario

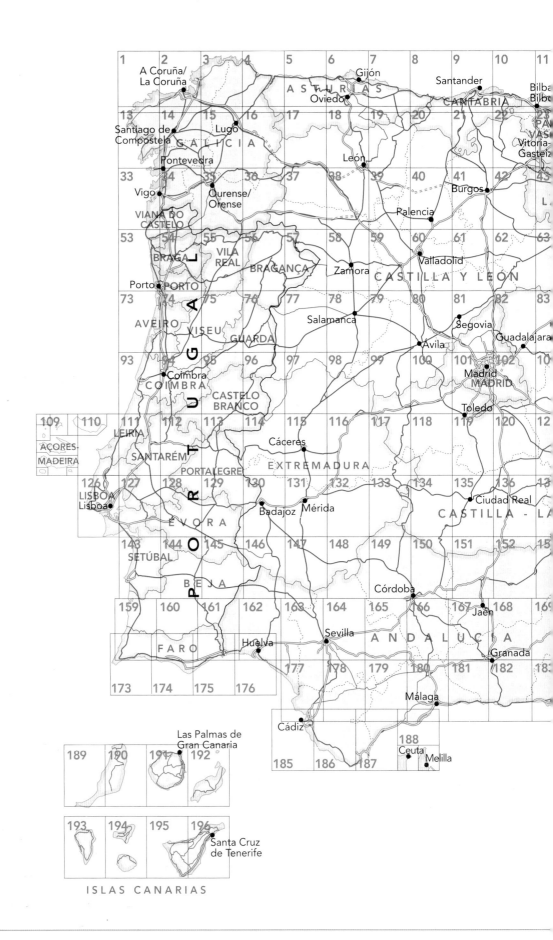

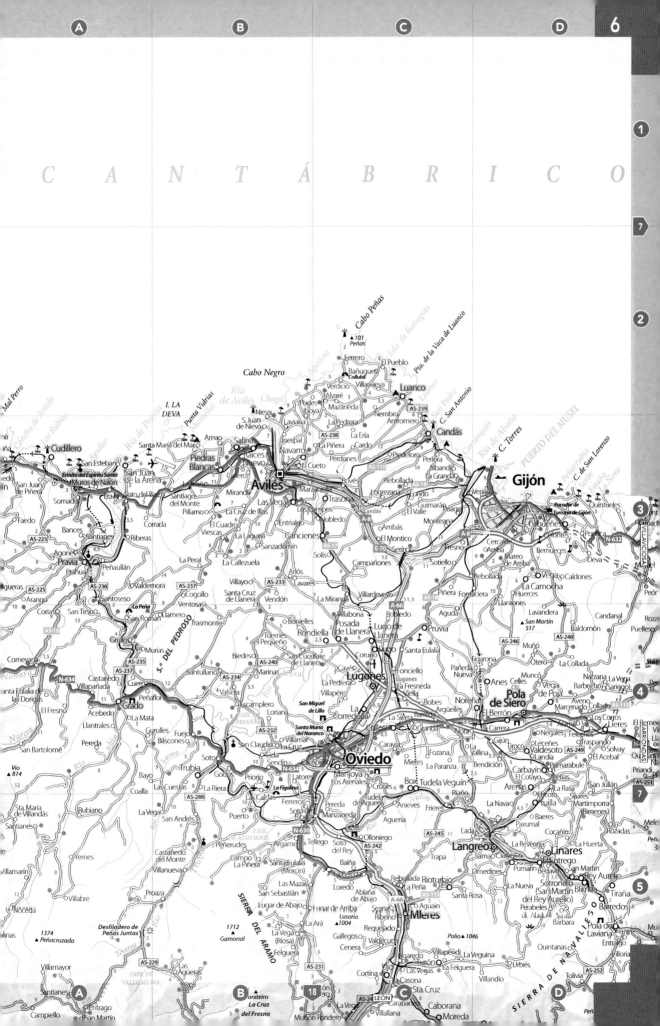

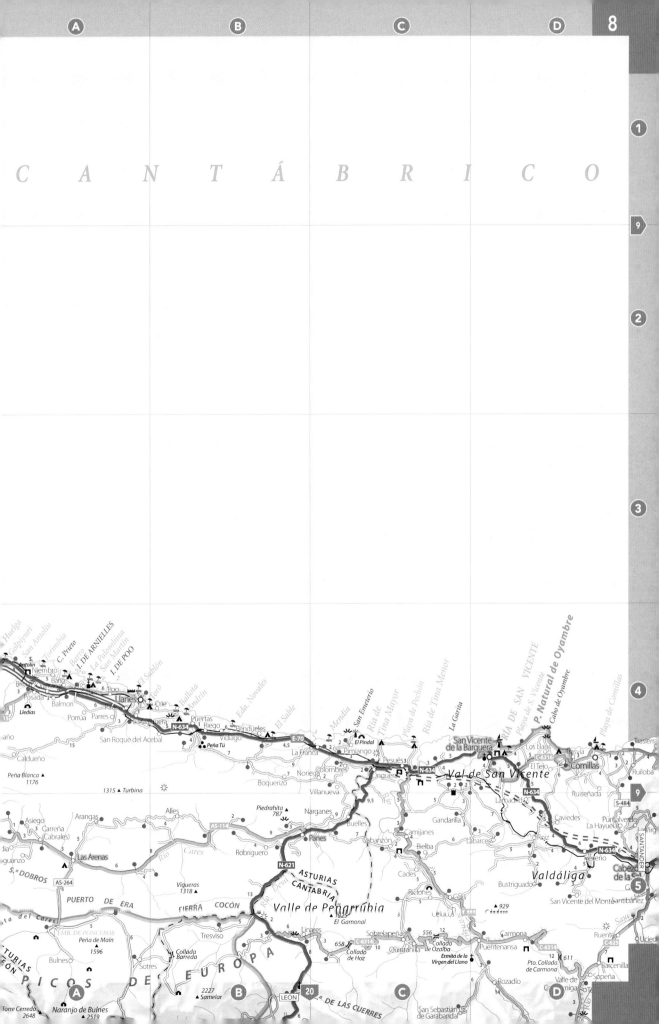

C A N T Á B R I C O

**A** **B** **C** **D**

Huelga
Golpiyuri
Toriembia
S. Antolín
C. Prieto
Barro
La Palombina
San Martín
I. DE ARNIELLES
I. DE POO

Antolín
Niembro
Barro
Poo
Cue
El Sablón
I. DE POO

Briciu
Posada
Balmori
Llanes
Parres
Andrín
Celorio

Lledías
Porrúa
Parres
La Bastiguera
Puertas
Riego
Pendueles
El Sable
Eda. Novales

San Roque del Acebal
Vidiago
Peña Tú
La Franca
Colombres
Noriega
Villanueva
Pimiango
El Pindal
San Emeterio
Mendía
Ría de Tina Mayor
Playa de Pechón
Ría de Tina Menor
La Gartia
Pesués

N-634
E-70

San Vicente de la Barquera
P. Natural de Oyambre
Cabo de Oyambre
Playa de S. Vicente
Playa de Oyambre
Playa de Comillas
Los Llaos
El Tejo
Comillas
Ruiloba
Trasierra

Caldueño
Peña Blanca
1176
Turbina 1315
Boquerizo
Onguera
Val de San Vicente
Lamadrid
Ruiseñada
S-484
Virg

Arangas
Asiego
Carreña
(Cabrales)
Las Arenas
Piedrahita
787
Narganes
Buelles
Panes
Robriguero
Gandarilla
Camijanes
Labarces
Cades
Bielba
Cabanzón
Caviedes
La Hayuela
Roiz
Bustriguado
N-634
Puralverde
SANTANDER

Sª DOBROS
AS-264
AS-114
Río Cares
Vigueras
1318
N-621
ASTURIAS
CANTABRIA
Valdáliga
Cabezón de la
Santibáñez
San Vicente del Monte

PUERTO DE ERA
SIERRA COCÓN
Valle de Peñarrubia
El Gamonal
Riclones
Celucos
929
Ruente
C-625
Ucied

del Cares
EMB. DE PONGEROS
Peña de Maín
1596
Tresviso
Linares
658
Collado de Hoz
Quintanilla
Sobrelapeña
556
12
Collado de Ozalba
10
Carmona
Puentenansa
Ermita de la Virgen del Llano
C-6314
611
Pto. Collada de Carmona
Valle de
Sopeña
Barcenilla
Rozadío

TURIAS
LEÓN
PICOS DE EUROPA
Bulnes
Sotres
Collada Barreda
2227
Samelar
LEÓN
DE LAS CUERRES
San Sebastián de Garabandal

Torre Cerredo
2648
Naranjo de Bulnes
2519

**A** **B** **20** **C** **D**

A B C D

1

8

2

M A R   C A N

3

4

Playa de Cobreces
Punta de Carrastrada
Trasierra
Toñanes
Cobreces
Ruiloba
Novales
Santillana del Mar
Cuevas de Altamira
Cerrazo
Puente de San Miguel
Barreda
Viveda
Requejada
Polanco
Rinconeda
Barcenilla
Viaño
Renedo
Sierrapando

Cabezón de la Sal
Villapresente
Quijas
Torrelavega
Torres
Campuzano
Zurita
Carandia
La Penilla
Sarón
Arenal
Llanos
Liérganes
Rucandio

Ubiarco
Tagle
Suances
Cudón
Oreña
Caborredondo
Ongayo
Hinojedo
Miengo
Gornazo
Mogro
Boo
Orbina
Arce
Escobedo
Camargo
Guarnizo
Astillero
Parbayón
Villanueva de Cayón
Barcenilla
Quijano
La Concha
Liaño
Solares
Valdecilla
Hoznayo
Entrambasaguas
Navajeda

Dunas de Liencres
Liencres
Mortera
Santa Cruz de Bezana
Soto de la Marina
Sancibrián
Peñacastillo
Maliaño
Pedreña
Pontejos
Boo
Revilla
Maoño
Azoños
Herrera
Muriedas
BAHÍA DE SANTANDER
San Román
Monte
Cueto
Somo
Suesa
Castanedo
Loredo
Güemes
Carriazo
Galizano
Langre
La Atalaya

Playa de Sta. Justa
Punta Bailota
Punta del Dichoso
Playa del Mogro
Ría de Mogro
Playa de Usgo
Playa de Valdearenas
Punta de Somocueva
ISLA PEÑÓN
ISLA DE LA VIRGEN DEL MAR
Cabo de Lata
Cabo Mayor
Playas del Sardinero
ISLA DE MOURO  Plymouth
ISLA DE JORGANES
Playa de Langre
Santander

5

MONTES DE UCIEDA
Alto del Toral 894
Villayuso
Villasuso
REINOSA
Bostronizo
Cotillo
Villasuso
Vejorís

Cabezón de la Sal
S. VICENTE DE LA BARQUERA
Puñalverde
La Virgen
Cos
Santibáñez
Ucieda

Golbardo
Casar
Barcenaciones
Mijarojos
Tanos
Cartes
Viérnoles
Biocorvo
Herrera de Ibio
San Miguel
Luzmela
Ibio 794
S.ª CALVA
Coo
Los Corrales de Buelna
Somaho
San Andrés
La Garmia

Presilla
Vargas
Villabáñez
Pomaluengo
Puente Viesgo
Cueva del Castillo
Sopenilla
Rivero
Aes
Hijas
Corvera
Villasevil
Rasillo
Santiurde de Toranz o
Borleña
Castillo Pedroso
Martín
San Vicente de Toranzo

Riosapero
Obregón
Sobarzo
Penagos
La Herrán
Somarriba
Hermosa
Bucarrero
La Cavada
Barrio de Arriba
Monte
Rubalcaba

Argomilla
Santa María de Cayón
Totero
Ermita de San Vicente
Ermita del Ángel
Valle de Cayón
S.ª DE LA MATANZA
Caballar
Penilla
Pando
Escobedo
Villafufre
Vega
Saro
Llerana
Abionzo
Santibáñez
Villacarriedo
Selaya
Bustantegua

La Cantolla
Mirones
Pto. de Alisa
La Iglesia
Miera
Los Pumares
Ermita de San Juan
Morillao
San Roque de Riomiera
Campillo
Colina
Valdició

REINOSA  21

A B C D

N-611  N-634  N-623  E-70  A-8  A-67  N-611  S-604  S-561  S-531  S-554  S-430  S-200  S-472

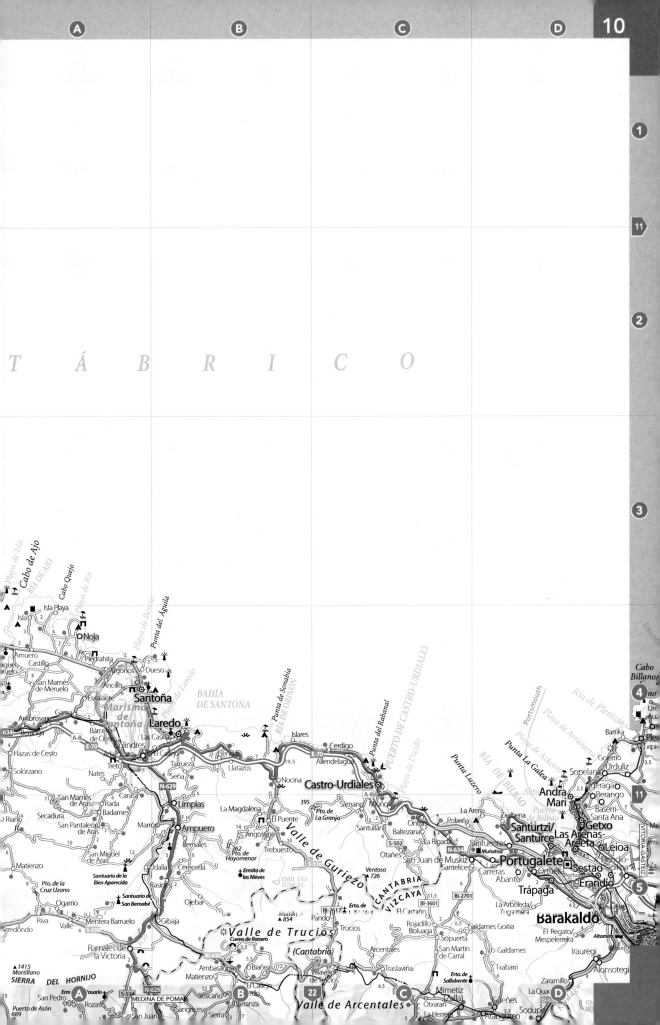

A       B       C       D

1

2

3

4

5

T Á B R I C O

B I Z K A I K O   G O L K O A

G O L F O   D E   V I Z C A Y A

C. Higer
I. AMUITZ

Saint-Jean-de-Luz
Ciboure
BAYONNE
Portua
Hendaye
Bahía de Loia
Urrugne
Parador de Turismo
Hondarribia
Hondarribia/
Fuenterrabía
Mont
Choldocagña
▲ 479
Coll. de
Ibardín
Pta. Turulla
Jaizubía
Aeropuerto de
Donostia-San Sebastián
N-121-A
Irun
Erta. de
San Martzial
N-121-A
FRANCE
Pasai
Pasaia
Elatzeta
Pagogaña
ESPAÑA
Lezo
A-8
Hondarribia
Vera de Bida
Bera
Ensenada de
Asabaratza
Pta. de Montpas
Igeldo
San Pedro
Pasaia
Renteria/
Errenteria
Oiartzun
Oiartzun
Altzibar-Karrika
Iturriotz
Ingelesaren
Las Cinco villas
Nabaz
Lesaka
Suspelttiki
Zumaia
E-70
Getaria
Donostia
San Sebastián
N-634
Ugaldetxo
GI-2132
Astigarraga
Ergoien
Arditurri
Zalain Zoko
de la Montaña/
Zarautz
Atxerri
Lasarte
Oria
Hernani
Martindegi
Epele
Landerbaso
Parque Natural
Aiako Harria
Bortziriak
Elkano
Aizarnazabal
Urteta
Aginaga
San Esteban
Oria
Urnieta
Ereñozu
Landerbaso
▲ 526
Aldudekogaña
▲ 840
Biandiz
GUIPÚZCOA
NAVARRA
Frain
Zestoa/
Cestona
Aizarna
Ekain
Mariolatza
Andatza
Iruretaegia
GI-131
Andoain
TOLOSA
24
EMB. DE
NAVARRE
GUIPÚZCOA
NAVARRA
Igantzik
GI-631
Erta. de
Santa Engrazia
Sorabilla
Aduna
Goiburu o
San Esteban
▲ 817
Adarra
EMB. DE
ARTIKUTZA
crta. de
San Juanzar
Erlo ▲ 1026
Eitzeta
GI-2631
Goiballea

A       B       C       D

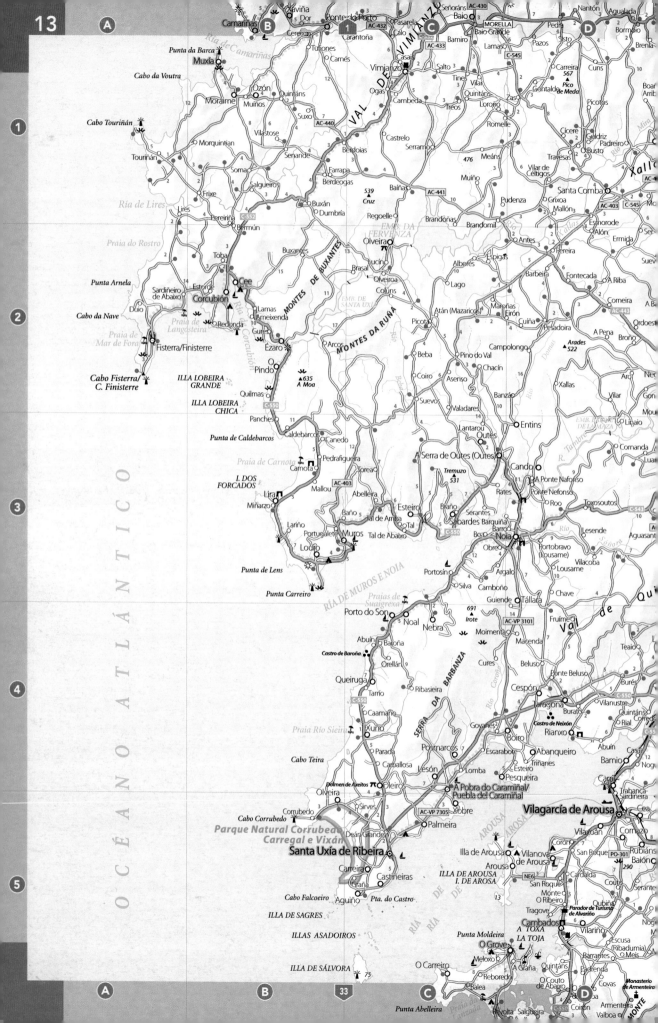

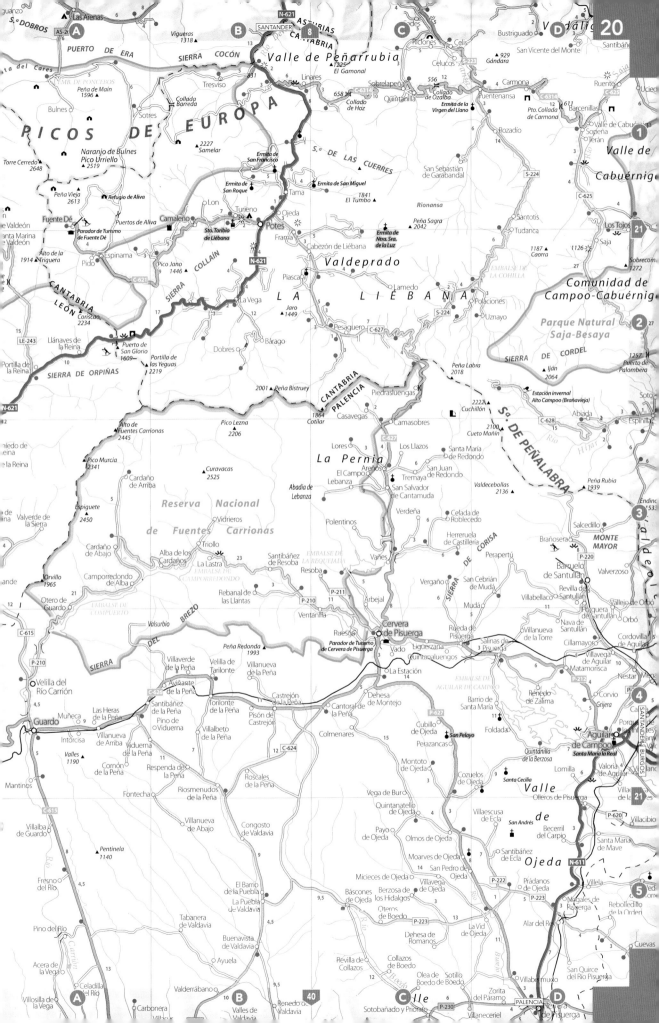

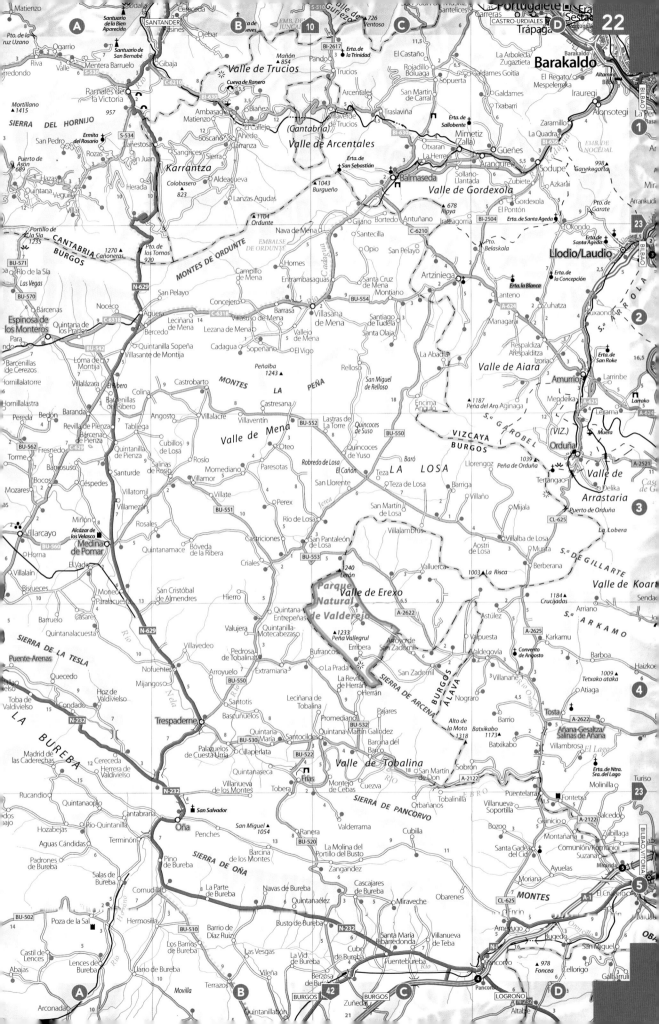

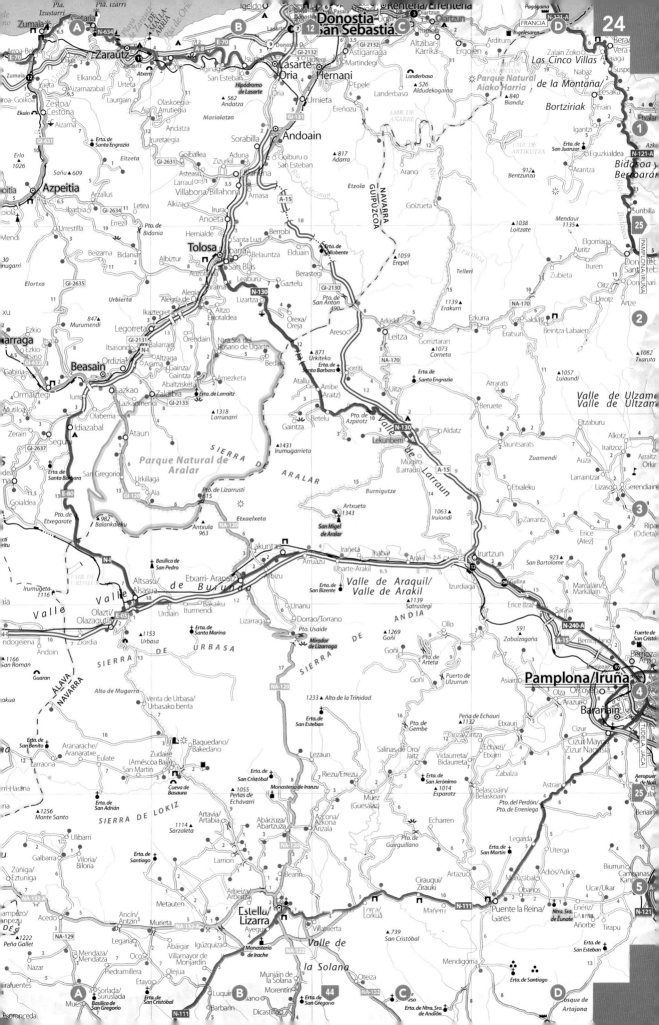

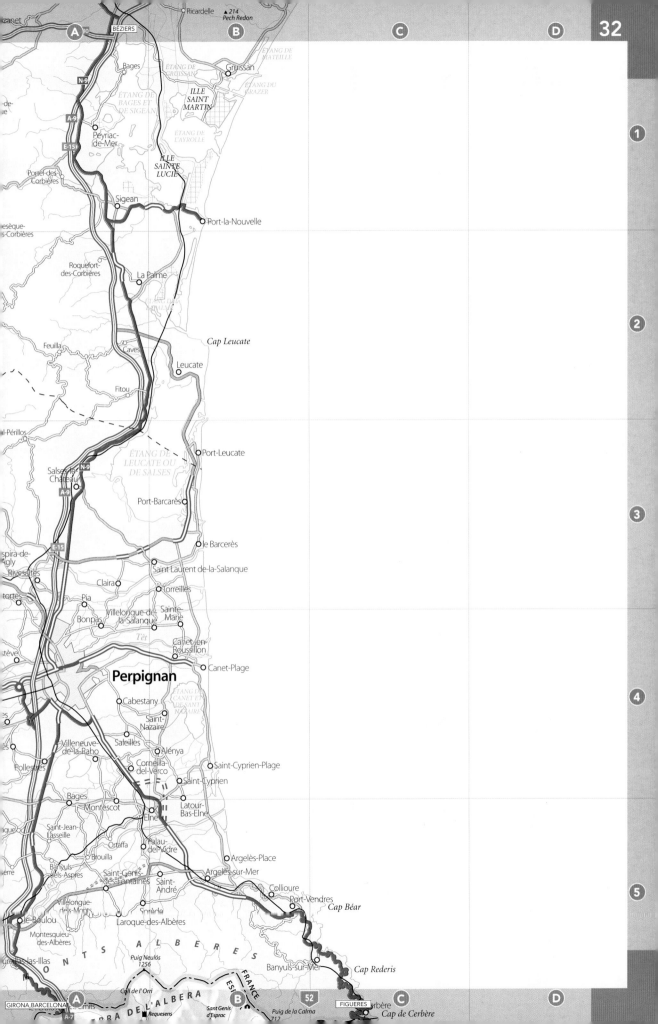

## Map labels

Ricardelle
▲ 214
Pech Redon

BÉZIERS

ÉTANG DE
MATEILLE

Bages

ÉTANG DE
GRUISSAN

Gruissan

N-9

ÉTANG DU
GRAZEL

ILLE
SAINT
MARTIN

ÉTANG DE
BAGES ET
DE SIGEAN

A-9

ÉTANG DE
L'AYROLLE

E-15

Peyriac-
de-Mer

1

ILLE
SAINTE
LUCIE

-de-

Portel-des-
Corbières

Sigean

Port-la-Nouvelle

esèque-s-
-Corbières

Roquefort-
des-Corbières

La Palme

2

Feuilla

Cap Leucate

l-Périllos

Caves

Leucate

Fitou

Port-Leucate

N-9

Salses-le-
Château

ÉTANG DE
LEUCATE OU
DE SALSES

A-9

spira-de-
Agly

E-15

Port-Barcarès

3

Rivesaltes

le Barcerès

tortes

Claira

Saint Laurent de-la-Salanque

Pia

Torreilles

Bonpas

Villelongue-de-
la-Salanque

Sainte-
Marie

stève

Têt

Canet-en-
Roussillon

**Perpignan**

Canet-Plage

ÉTANG
CANET ET
DE SANT
NAZAIRE

Cabestany

4

Saint-
Nazaire

Saleilles

Villeneuve-
de-la-Raho

Alénya

Corneilla-
del-Verco

Saint-Cyprien-Plage

Pollestres

Saint-Cyprien

Bages

Montescot

Elne

Latour-
Bas-Elne

Saint-Jean-
Lasseille

Ortaffa

Palau-
del-Vidre

aque-

Brouilla

Argelès-Place

rre

Banyuls-
dels-Aspres

Saint-Genís-
des-Fontaines

Argelès-sur-Mer

Villelongue-
dels-Monts

Saint-
André

Collioure

Sorède

Port-Vendres

5

le-Boulou

Laroque-des-Albères

Cap Béar

Montesquieu-
des-Albères

MONTS ALBÈRES

ureilles-las-Illas

Puig Neulós
1256

Banyuls-sur-Mer

Cap Rederis

GIRONA, BARCELONA

A-7

SERRA DE L'ALBERA

Coll de l'Orri

Requesens

FRANCE

Sant Genís
d'Esprac

Puig de la Calma
712

52

FIGUERES

rbère

Puig de la Calma

Cap de Cerbère

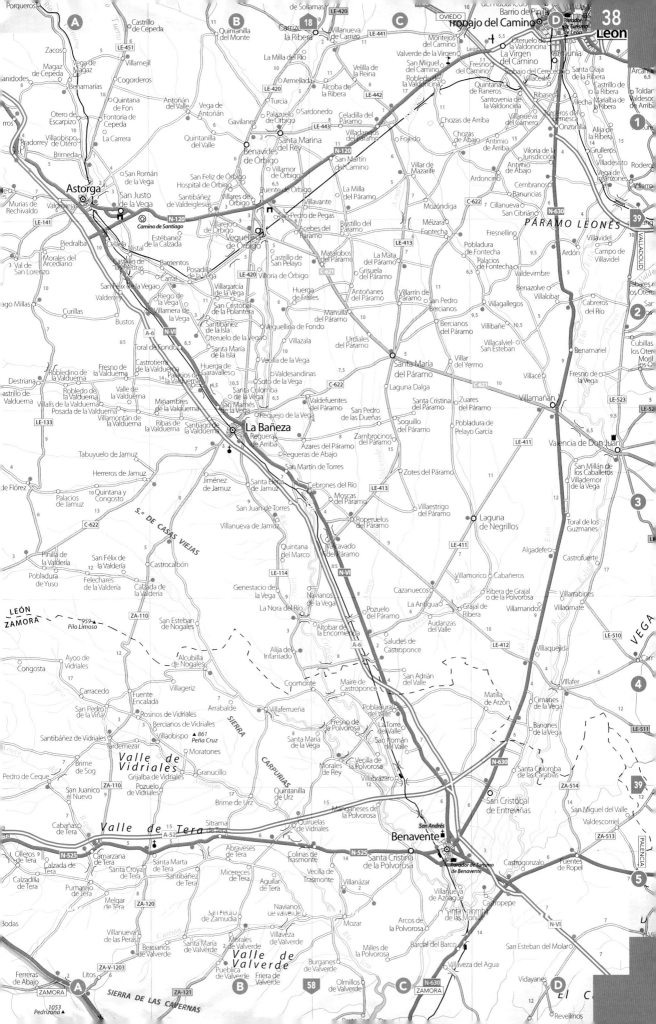

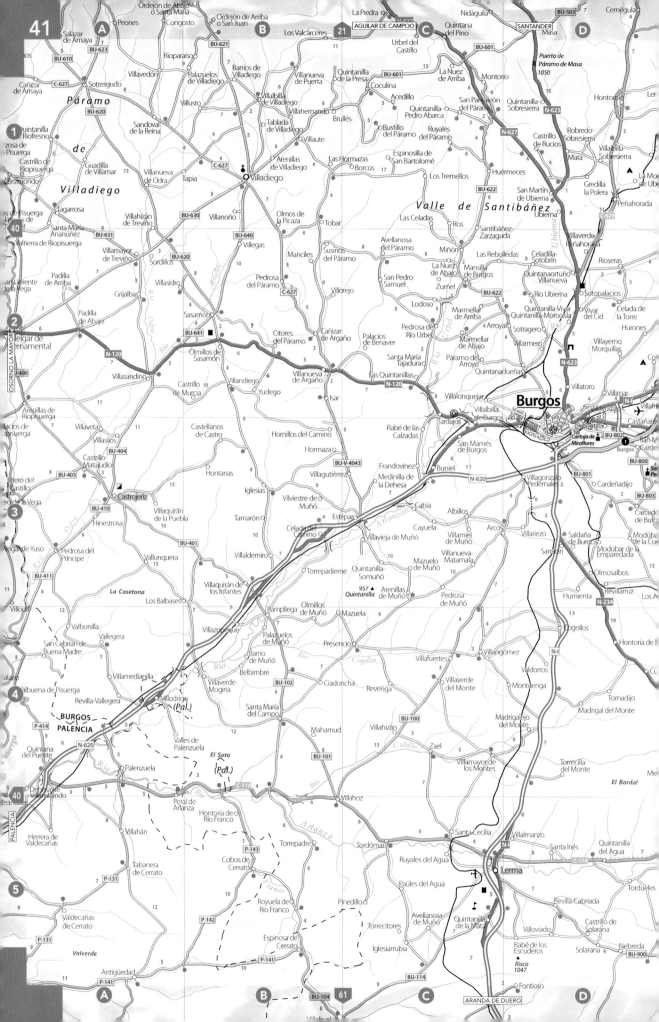

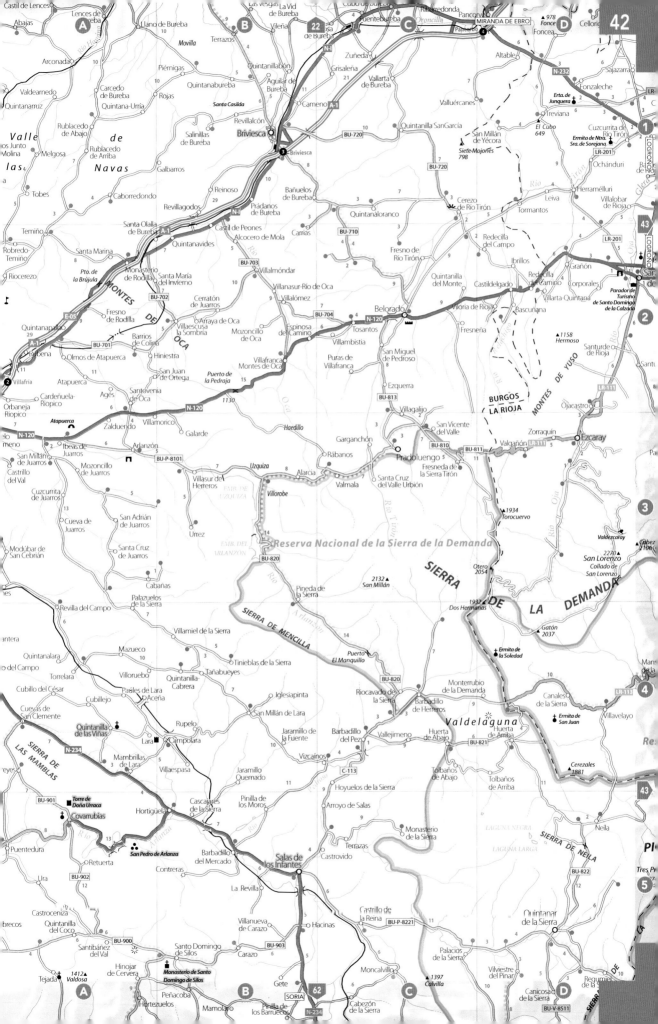

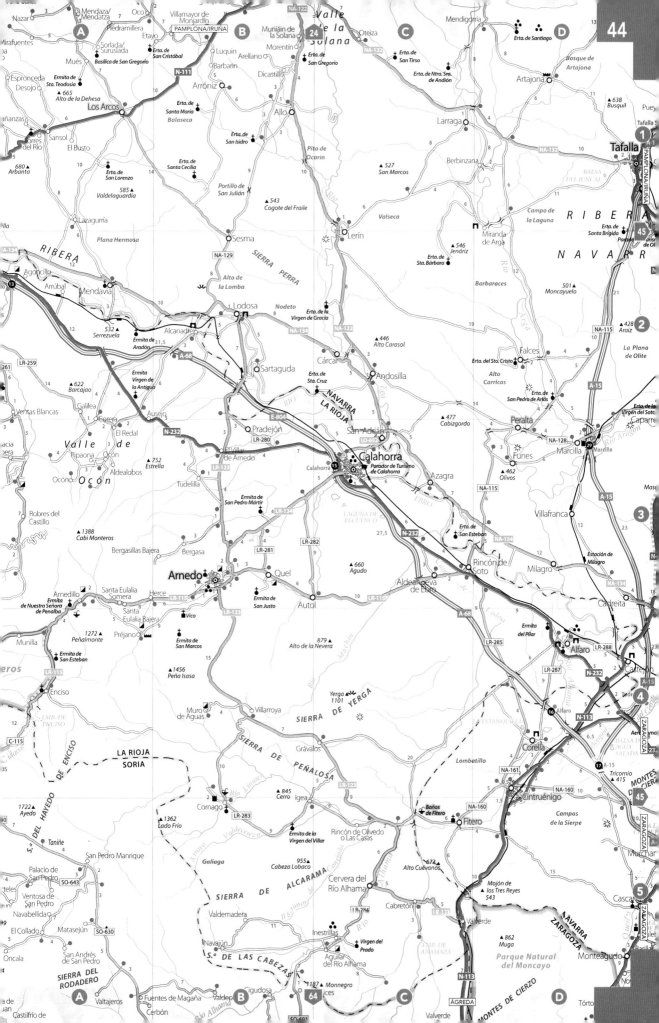

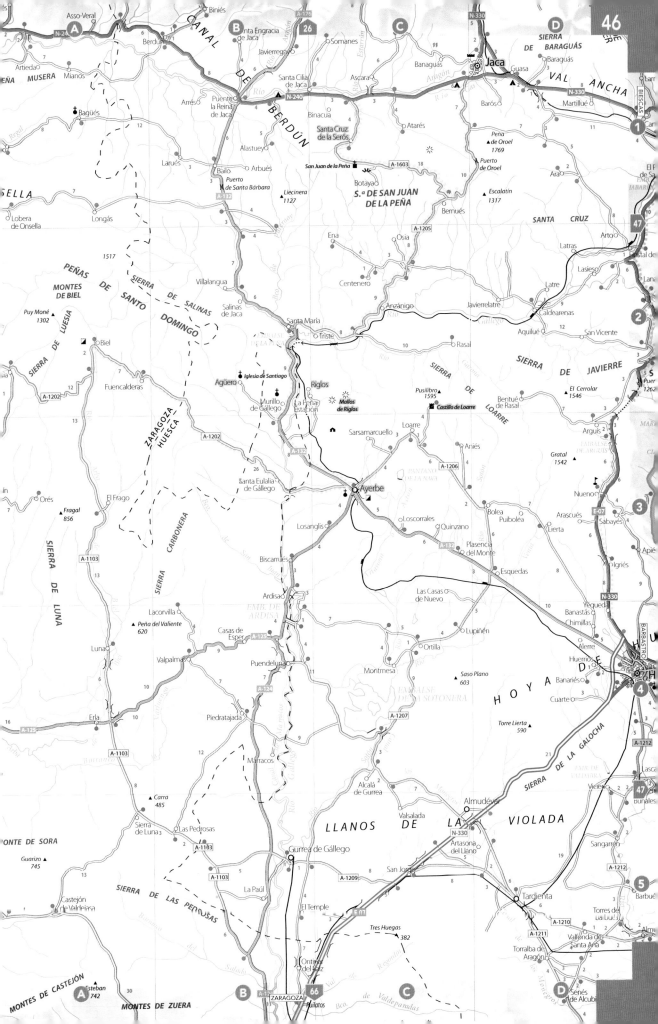

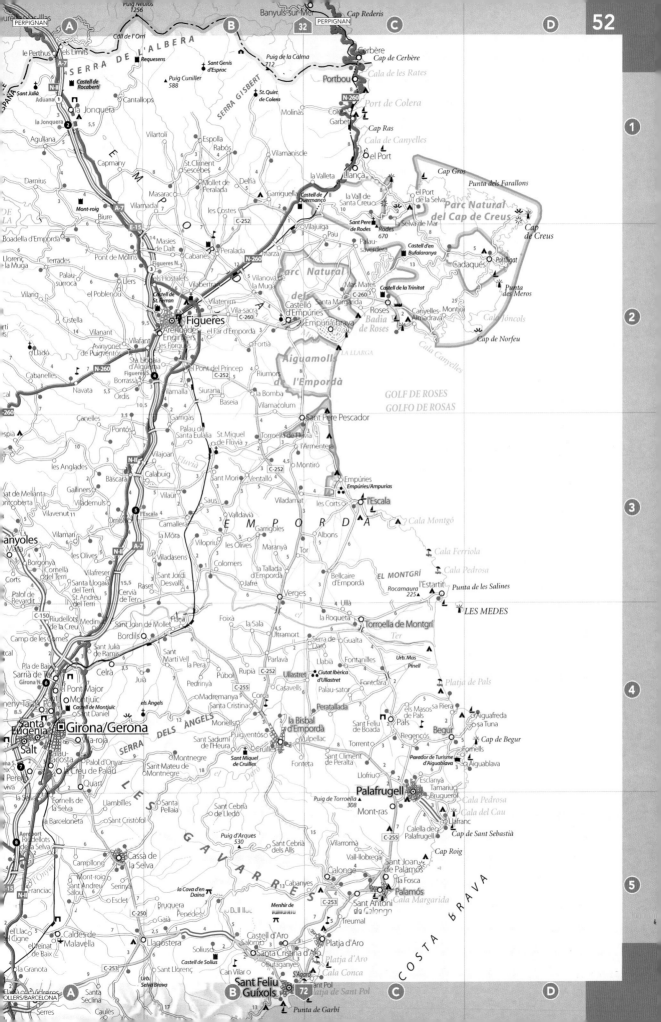

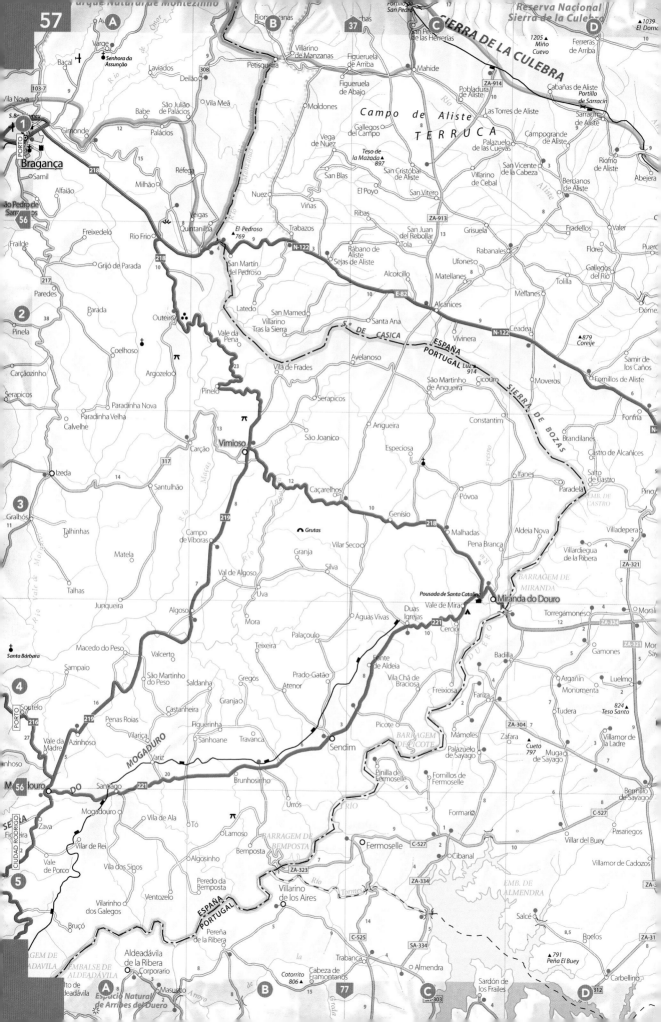

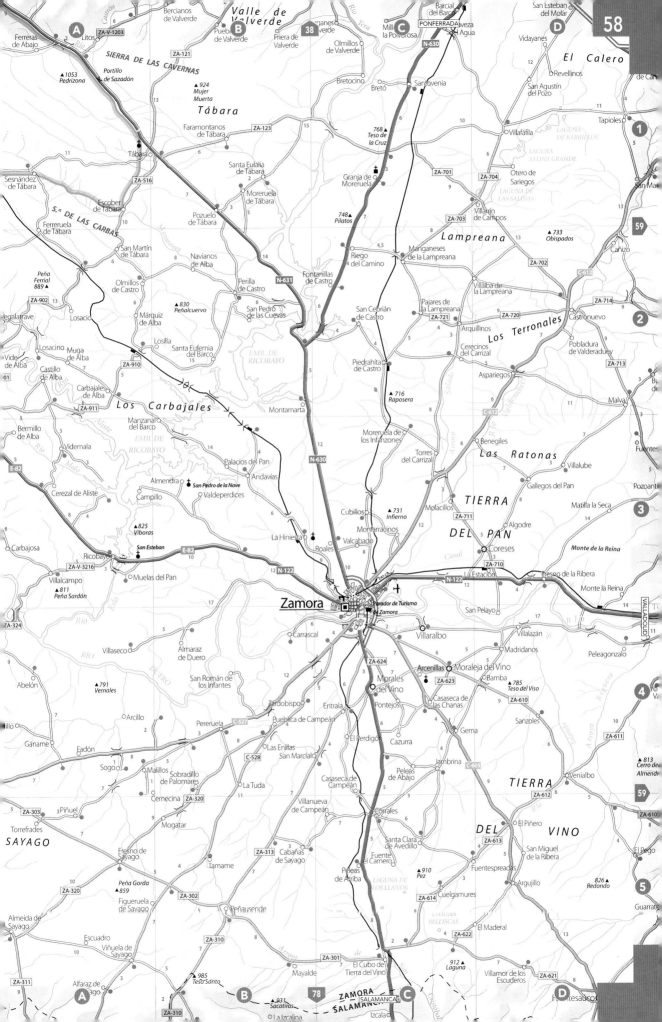

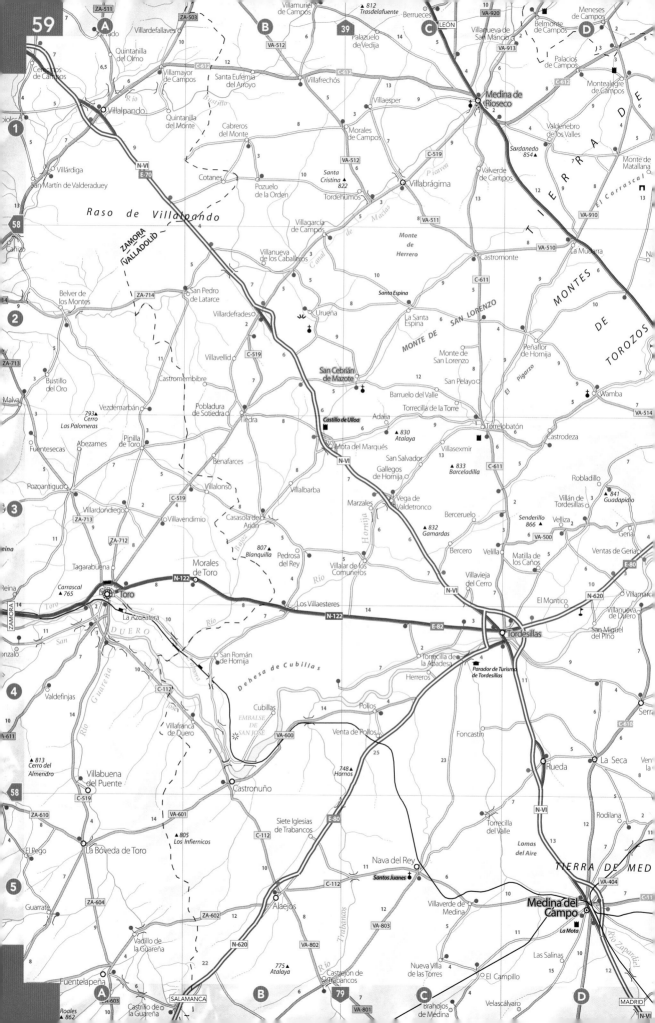

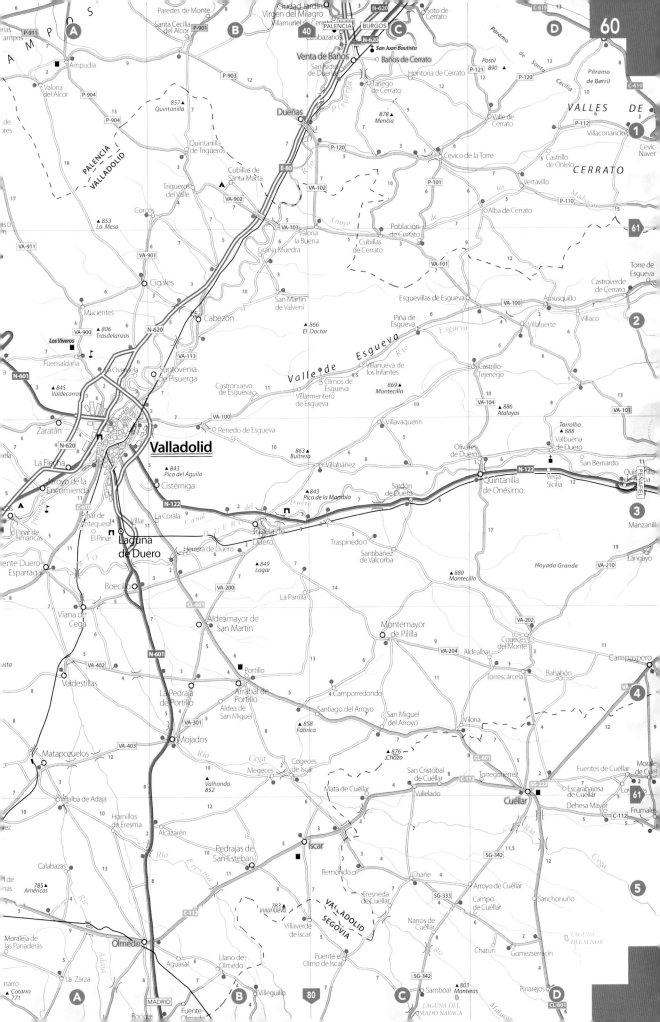

**Valladolid**

Laguna
de Duero

Cuéllar

Olmedo

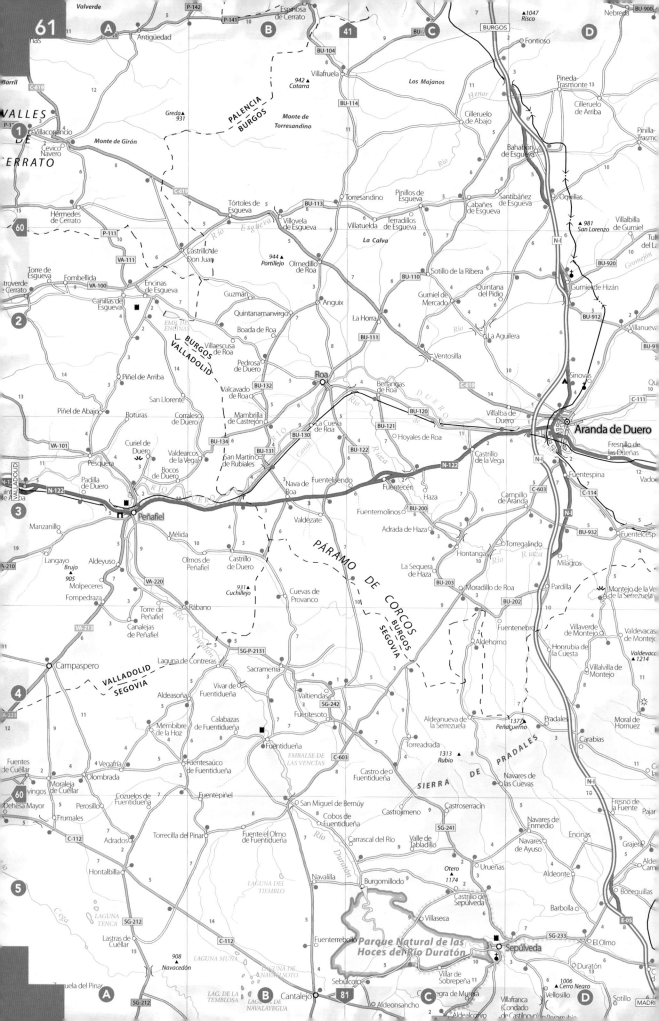

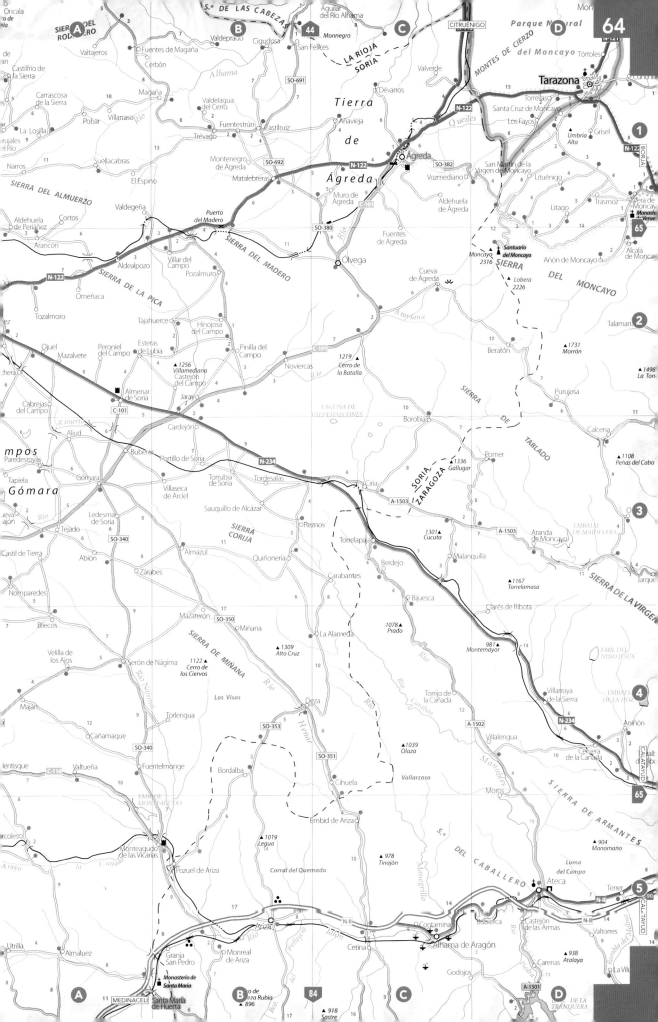

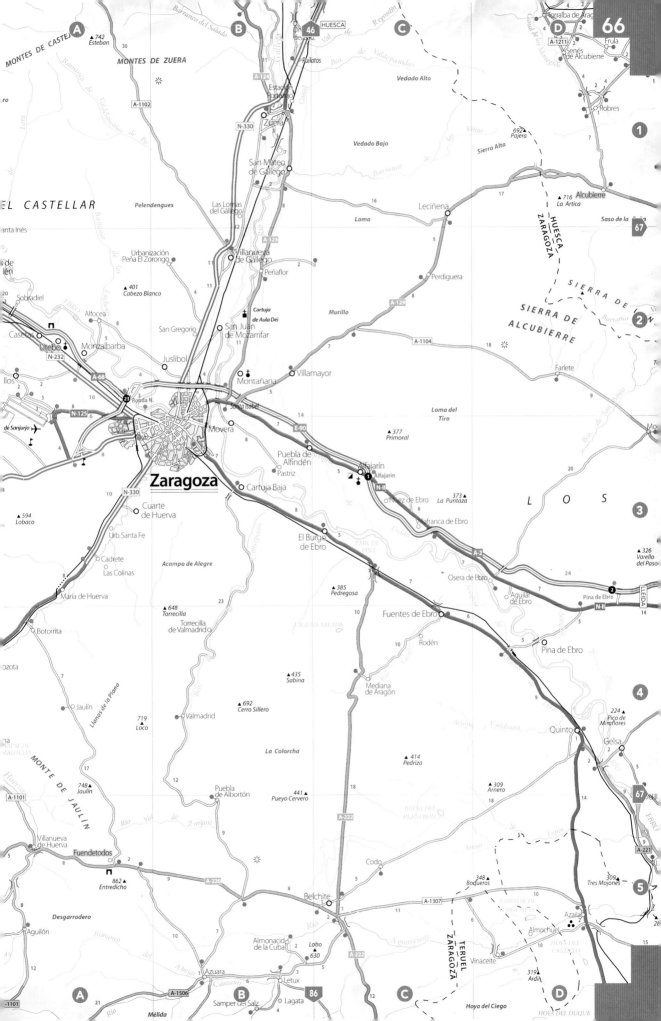

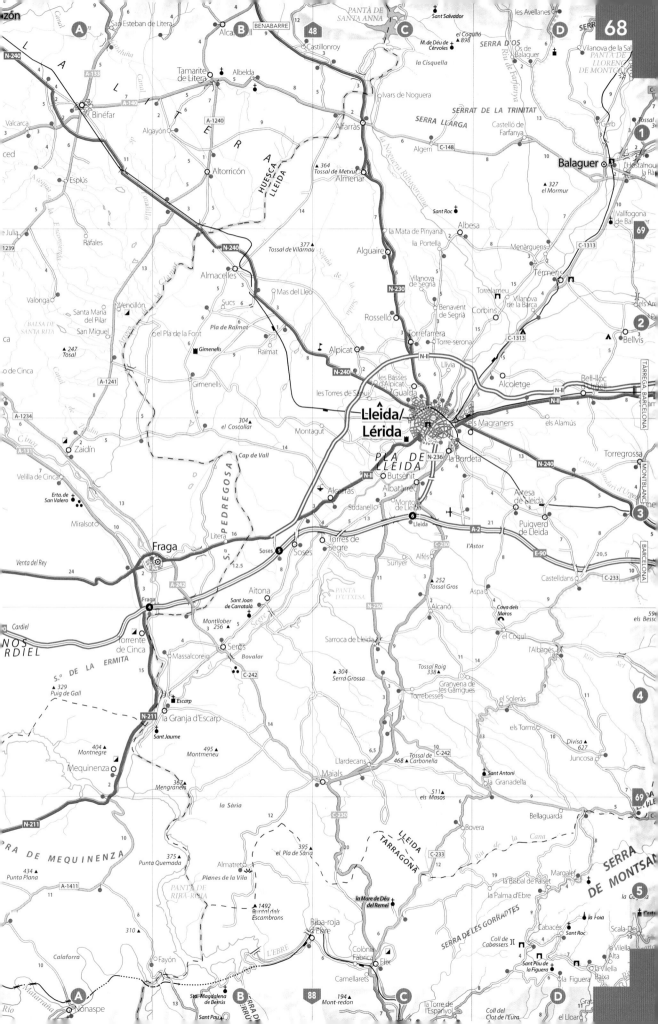

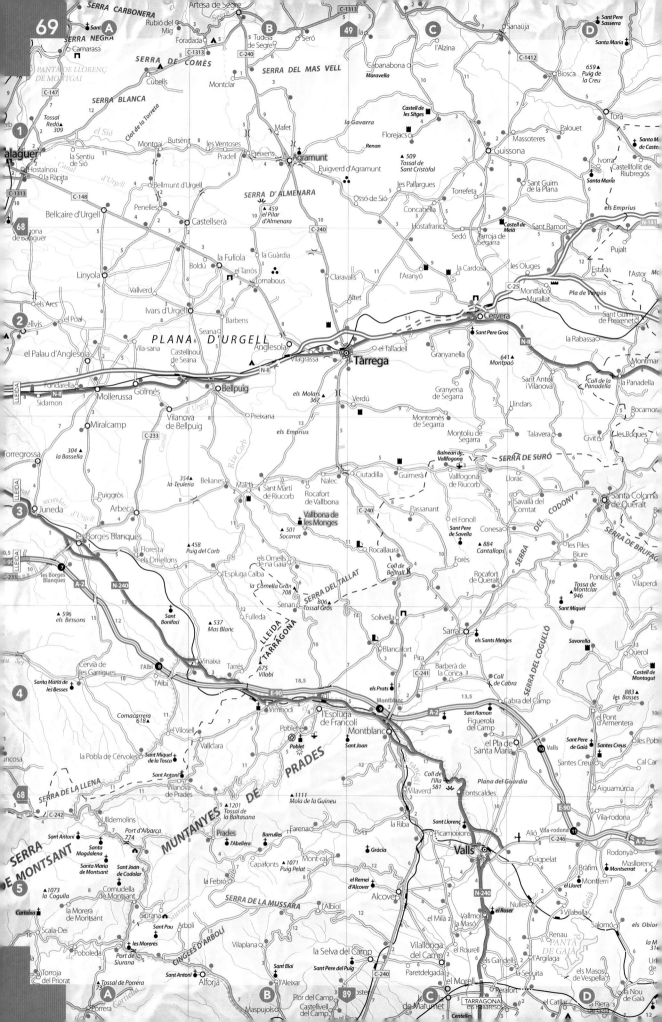

A  B  53  C

**Porto**
Canidelo
Praia de Lavadores
Lavado
VIANA DO CASTELO
**D**
**Vila Nova de Gaia**
Madalena
Valadares
Gulpilhares
Francelos
1-15
Praia de Miramar
**1**
Presa
Arcozelo
**Aguda**
IC1
Praia da Aguda
Granja
**2**
Serz
S.Félix da Marinha
Guetim
Anta
**3**
Nogue
Reged
**Espinho**
Praia de Espinho
Silvalde
Paramos
Paç
Bra
Barrinha de Esmoriz
Praia de Esmoriz
Esmoriz
IC1
Praia de Cortegaça
Cortegaça
Maceda
Praia de S. Pedro de Maceda
Aradão
10
Olho Marinho
109
223
Sobral
Furadouro
2
Praia de Furadouro
327
3
**Ovar**
327-2
Marinha
S.Martinho
da Gândara
8
Regedoura
Rorrao do Lameiro
Mourdo
Quintas do Norte
224-2 Saltadou
Pardilhó
12
Praia de Torreira
Bunheiro
Vessadas
Bestida
Veiros
Estar
109-5
Torreira
16
Monte
Murtosa
Cabeça
Praia de Monte Branco
Pardelhas
**RIA DE AVEIRO**
Pousada da Ria

**Reserva Natural das Dunas de S. Jacinto**
327
Vitorinha
Sarrazola
Cacia
S.Jacinto
Matadúços
IC
Praia de São Jacinto
**Gafanha da Nazaré**
Praia da Barra
**Aveiro** Esgueira
13
Vardemilho
2
Aradas
S.João
Gafanha da Encarnação
Azurva
Eixo
Costa Nova do Prado
Gafanha
d'Aquém
5
Solposta
Costa Nova do Prado
Gafanha do Carmo
**Ílhavo**
Oliveirinh
Vista Alegre
Quintas
Costa do Val
Praia da Vagueira
Pedricosa
Póvoa do Valado
Salgueiro
Vagos
Lavandeira
Verba
Gafanha da Boa Hora
Sosa
Boca
Nariz
Carri
109
333
Gafanha do Areão
Stº André Carregosa
Albergue
Arieiro
Póvoa do B
Vegia
Ouca
Azurveira
Feiteira
Parada de Bº
Treviso
Sanchequias
Bustos
Tabuaço
Mamarros
Choca do Mar
Rio Tinto
Qtº do Galão
Praia de Mira
Cabeças Verdes
Calvão
Ponte de Vagos
Espinheira
Bempost
Seixo
Condes
Montouro
Marva
Portomaro
Cantº de Calvão
Picoto
Praia de Mira
Lagoa
Cabeço
Covas
Labren
Presa
Barada de C
Chicar de Cima
FIGUEIRA DA FOZ
Covões
C.de
S.Tom
Gândaral
334

A  B  93  C  D

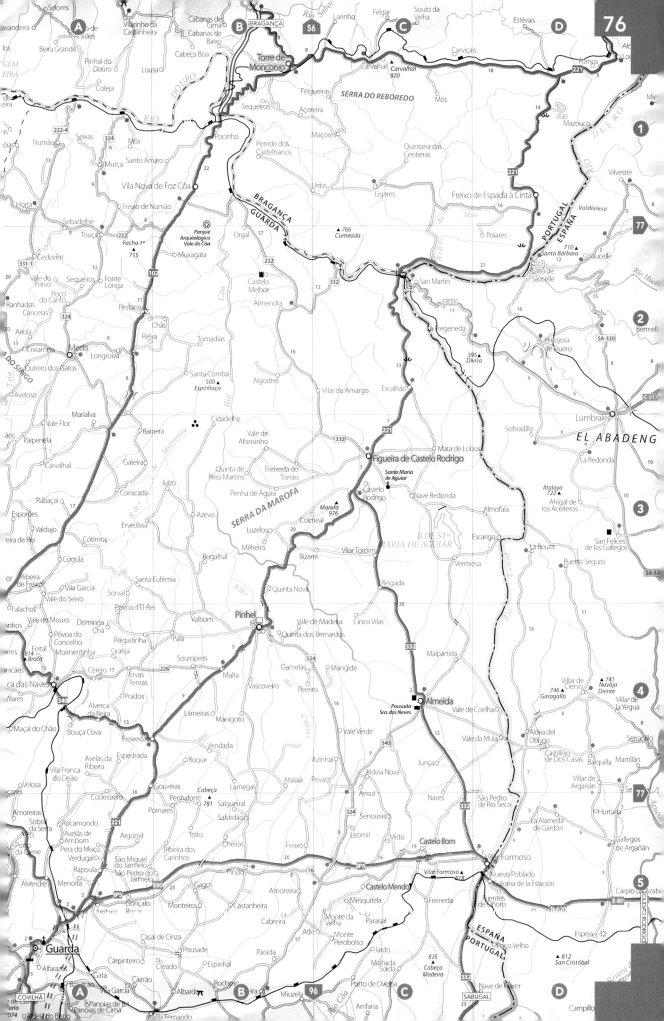

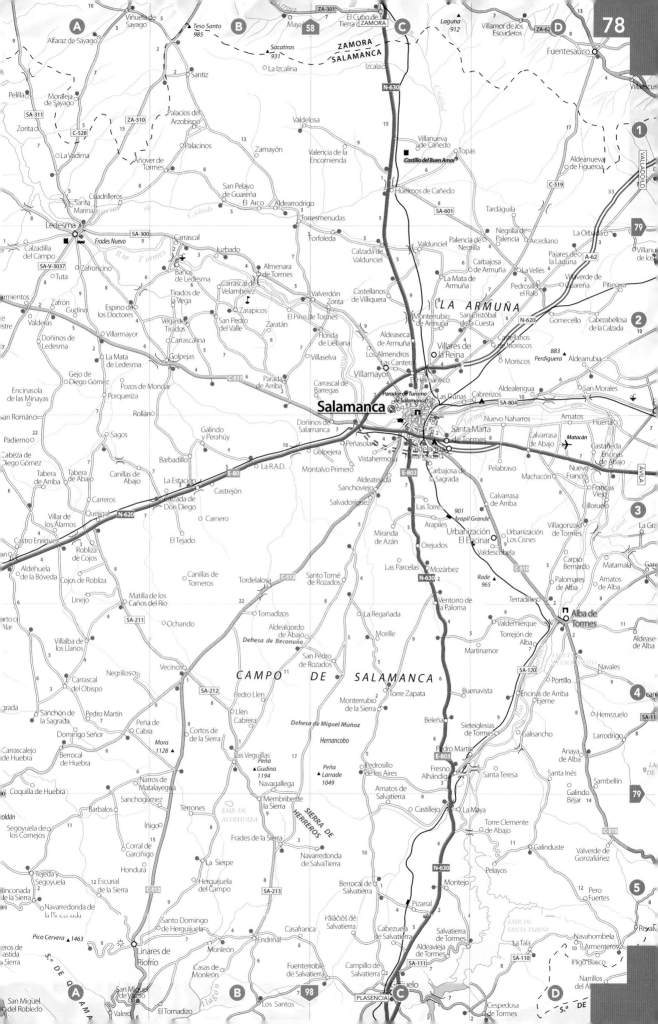

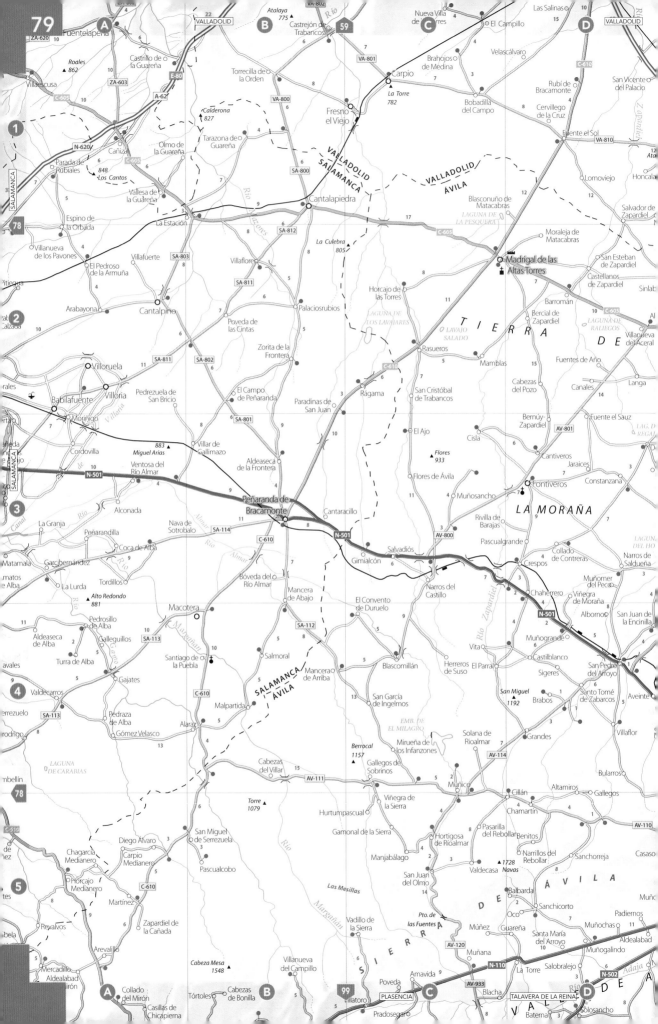

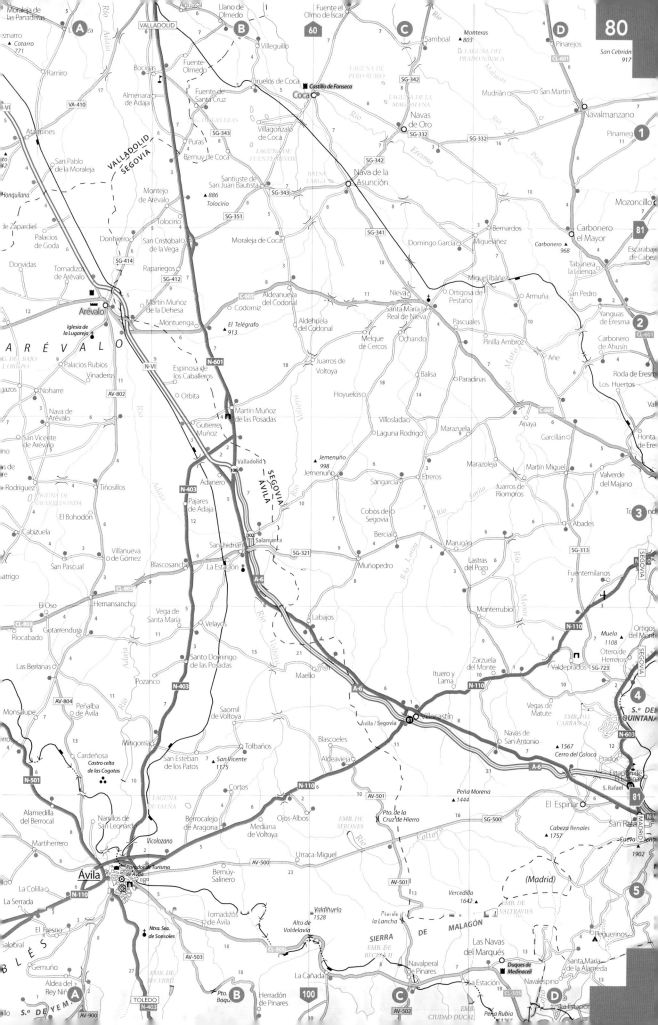

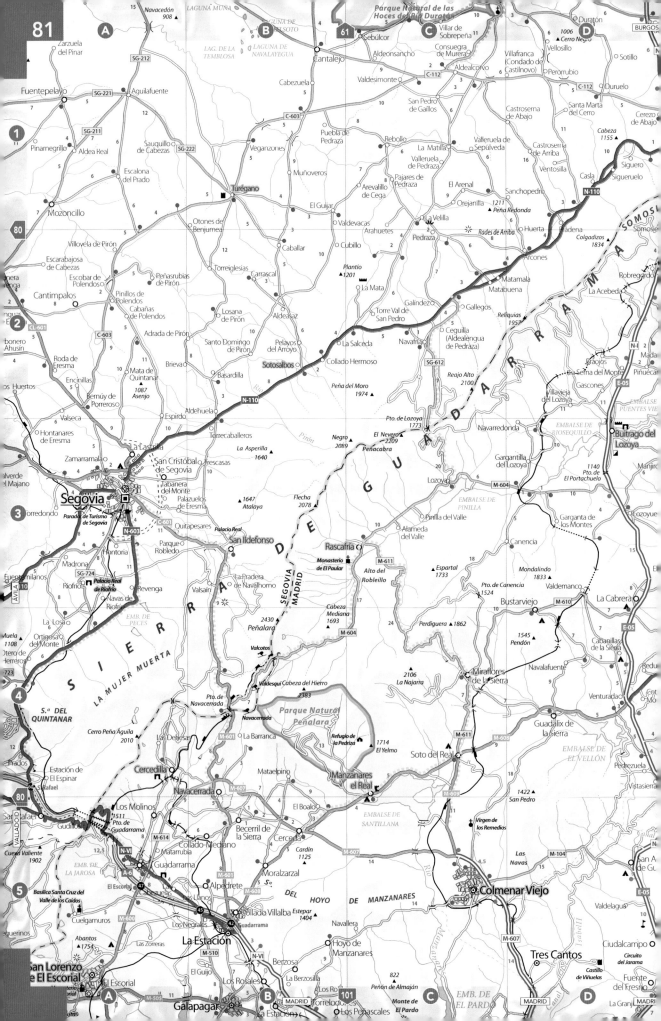

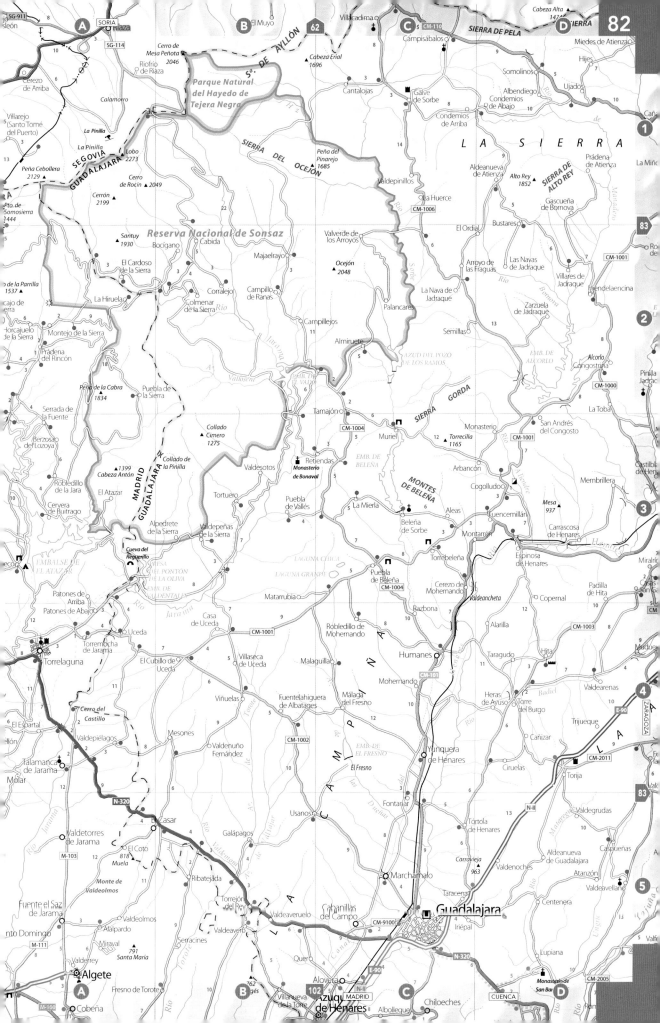

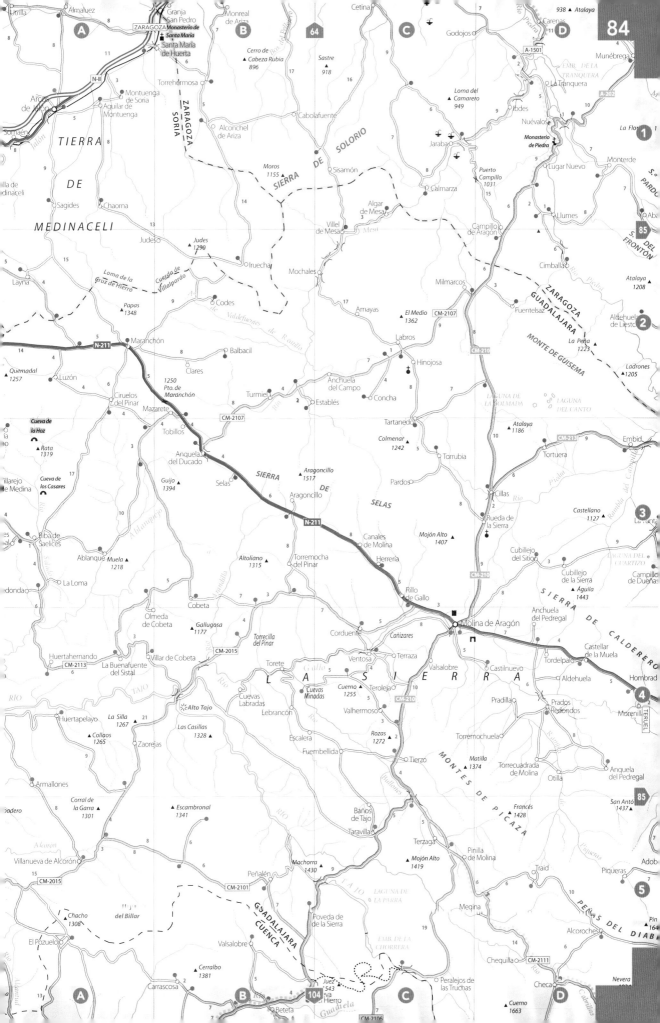

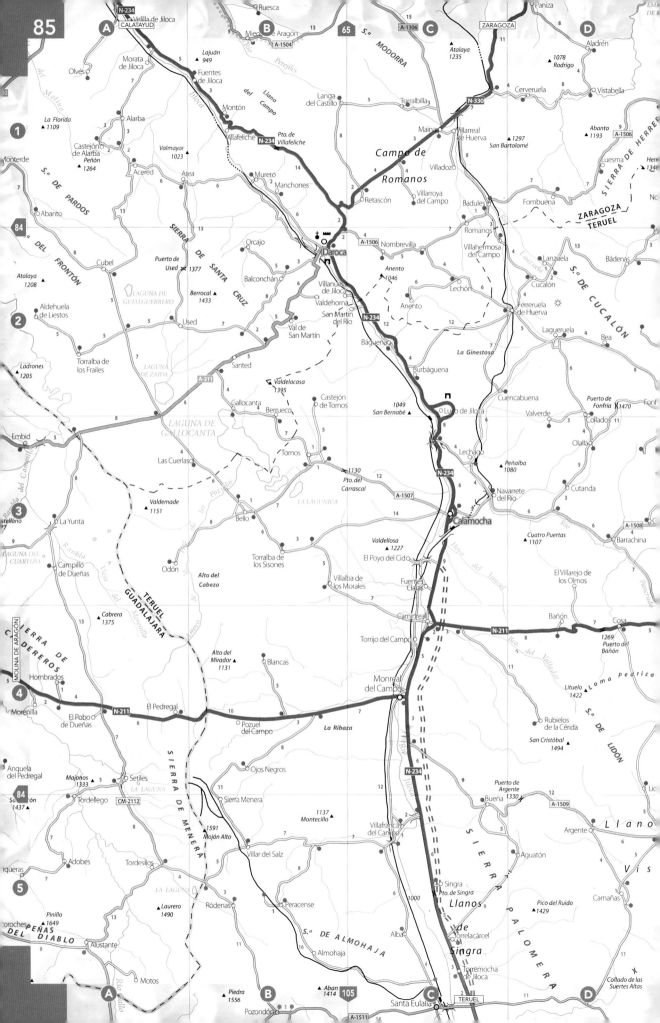

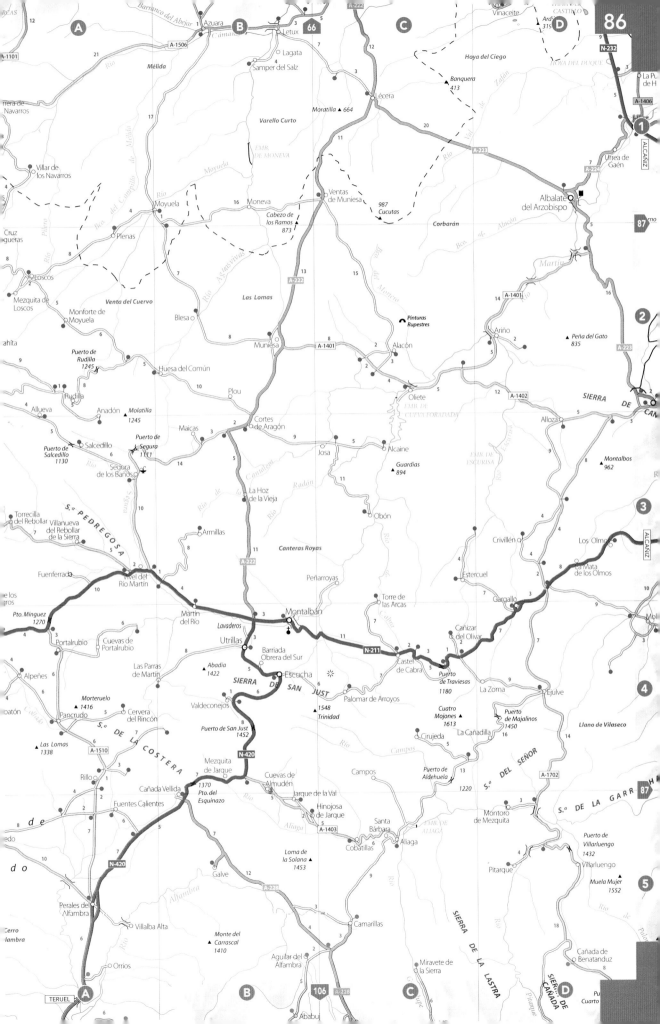

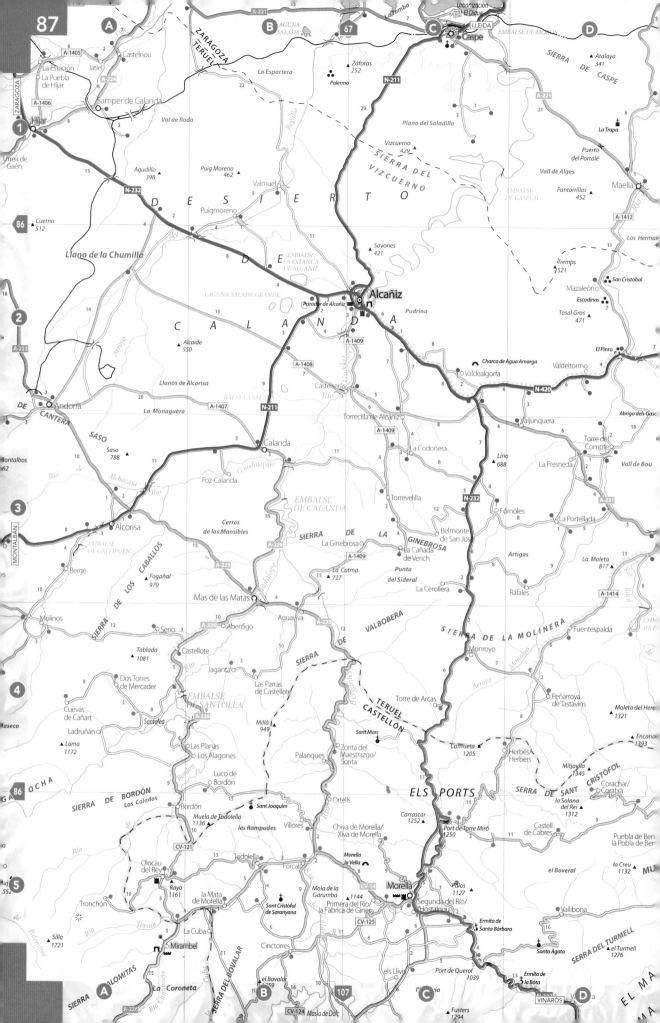

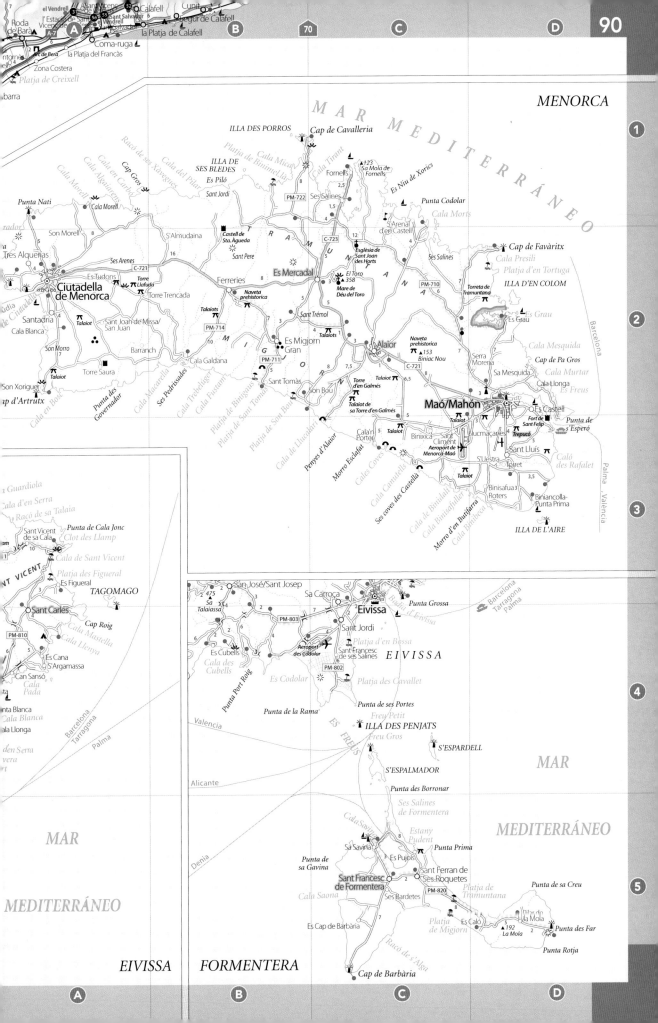

MENORCA

MAR MEDITERRÁNEO

**1**

ILLA DES PORROS
Cap de Cavalleria
ILLA DE SES BLEDES
Cala Mica
Platja de Binimel·là
Cala Tirant
Fornells
▲123
Sa Mola de Fornells
Es Niu de Xorics
Es Piló
Sant Jordi
Ses Salines
PM-722
Punta Codolar
Cala Morts
1,5
S'Arenal d'en Castell
Punta Nati
Cala Morell
Cala en Carbó
Cala Algairens
Cala Morell
12
Es Castell de Sta. Águeda
Església de Sant Joan des Horts
Cap de Favàritx
Cala Presili
Platja d'en Tortuga
Son Morell
S'Almudaina
Sant Pere
Ses Salines
ILLA D'EN COLOM
Tres Alquerias
Ses Arenes
C-721
Es Tudons
Ferreries
Es Mercadal
El Toro
PM-710
Torreta de Tramuntana
16
Torre Llafuda
Torre Trencada
Mare de Déu del Toro
Es Grau
Ciutadella de Menorca
Naveta prehistorica
Sant Trémol
Cala Mesquida
Santandría
Talaiot
PM-714
Talaiots
Naveta prehistorica
Cap de Pa Gros
Cala Blanca
Sant Joan de Missa/San Juan
Es Migjorn Gran
Talaiots
Alaior
Biniac Nou
Serra Morena
Cala Llonga
Son Morro
Barranch
Sa Mesquida
Es Freus
Talaiot
PM-711
C-721
Torre d'en Galmés
Cala Murtar
Torre Saura
Cala Galdana
Sant Tomàs
Talaiot
Maó/Mahón
Es Castell
Son Xoriguer
Son Bou
Talaiot de sa Torre d'en Galmés
Talaiot
Fort de Sant Felip
Cap d'Artrutx
Punta des Governador
Cala Macarella
Ses Pedrisades
Cala Trebelúger
Cala Fustam
Platja de Binigaus
Platja de Sant Tomàs
Platja de Son Bou
Cala de Llucalari
Cala'n Porter
Binixica
Sant Climent
Llucmaçanes
Trepucó
Punta de s'Esperó
Penyes d'Alaior
Morro Escoltat
Cales Coves
Aeroport de Menorca-Maó
S'Uestra
Sant Lluís
Caló des Rafalet
Palma Valencia
Ses coves des Castellà
Talaiot
Cala Canutells
Cala de Binidalí
Cala Binisafuller
Binisafua
Roters
Biniancolla Punta Prima
**3**
ILLA DE L'AIRE

**2**

Barcelona

**Inset — Eivissa (left):**

Guardiola
Cala d'en Serra
Racó de sa Talaia
Punta de Cala Jonc
Clot des Llamp
Sant Vicent de sa Cala
Cala de Sant Vicent
SANT VICENT
Platja des Figueral
Es Figueral
TAGOMAGO
Sant Carles
Cap Roig
PM-810
Cala Mastella
Cala Llenya
Es Cana
S'Argamassa
Can Sansó
Cala Pada
Punta Blanca
Cala Blanca
Cala Llonga
den Serra
Barcelona Tarragona Palma

MAR MEDITERRÁNEO

**Inset — Eivissa / Formentera (centre-bottom):**

San José/Sant Josep
475
Sa Talaiassa
Sa Carroca
Punta Grossa
Eivissa
Barcelona Tarragona Palma
PM-803
Sant Jordi
Badia d'Eivissa
Es Cubells
Aeroport des Codolar
Platja d'en Bossa
Cales des Cubells
Sant Francesc de ses Salines
EIVISSA
PM-802
Punta Port Roig
Es Codolar
Platja des Cavallet
Punta de sa Rama
Punta de ses Portes
Freu Petit
Valencia
ILLA DES PENJATS
**4**
Freu Gros
S'ESPARDELL
Alicante
S'ESPALMADOR
MAR
Punta des Borronar
Ses Salines de Formentera
Cala Savina
Estany Pudent
MEDITERRÁNEO
Sa Savina
Punta Prima
Punta de sa Gavina
Es Pujols
Sant Ferran de ses Roquetes
Punta de sa Creu
Sant Francesc de Formentera
Ses Bardetes
PM-820
Platja de Tramuntana
Denia
Cala Saona
Platja de Migjorn
Es Caló
Far de la Mola
Punta des Far
Es Cap de Barbària
▲192 La Mola
**5**
Punta Rotja
Cap de Barbària

**MEDITERRÁNEO**

EIVISSA    FORMENTERA

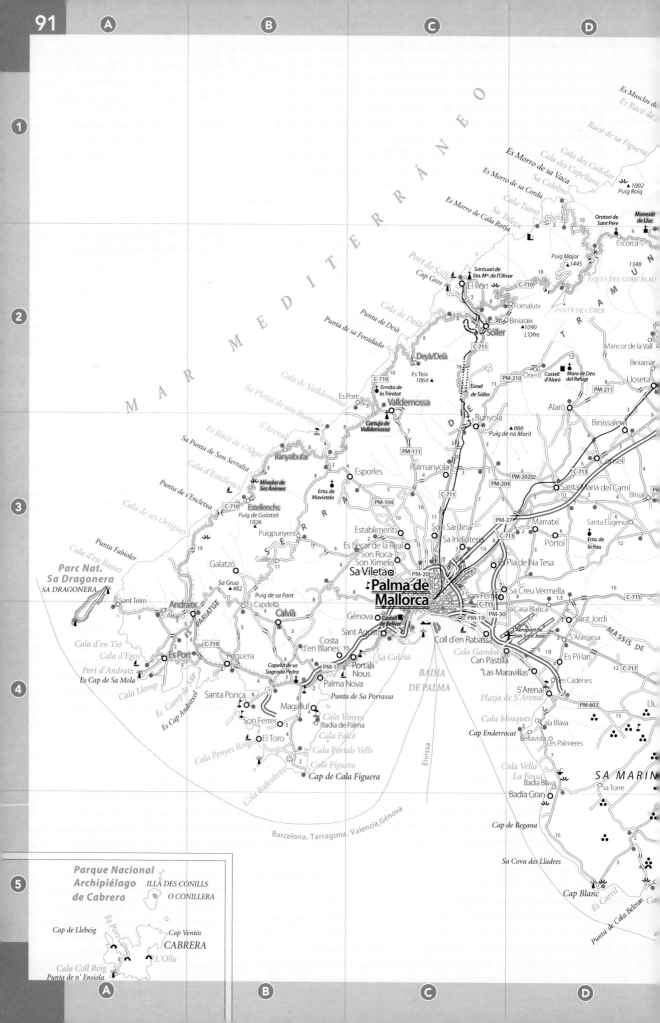

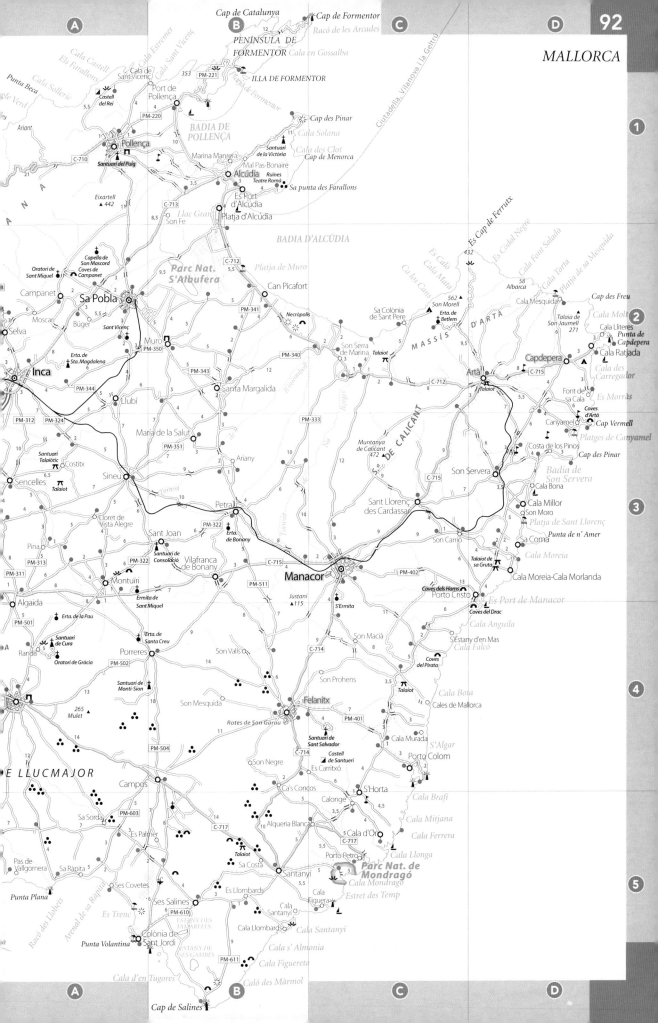

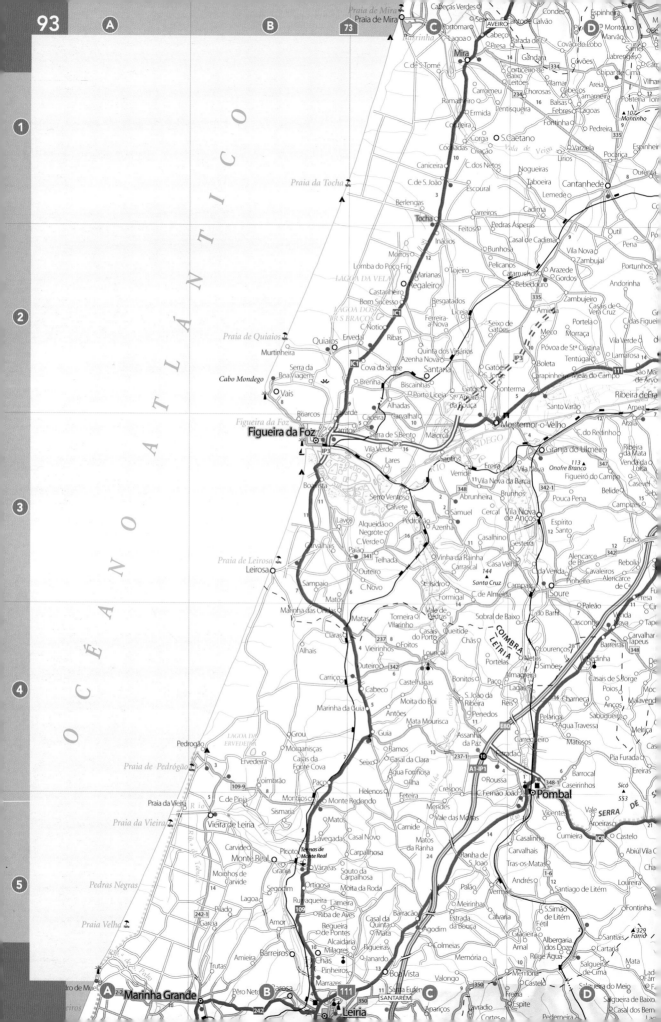

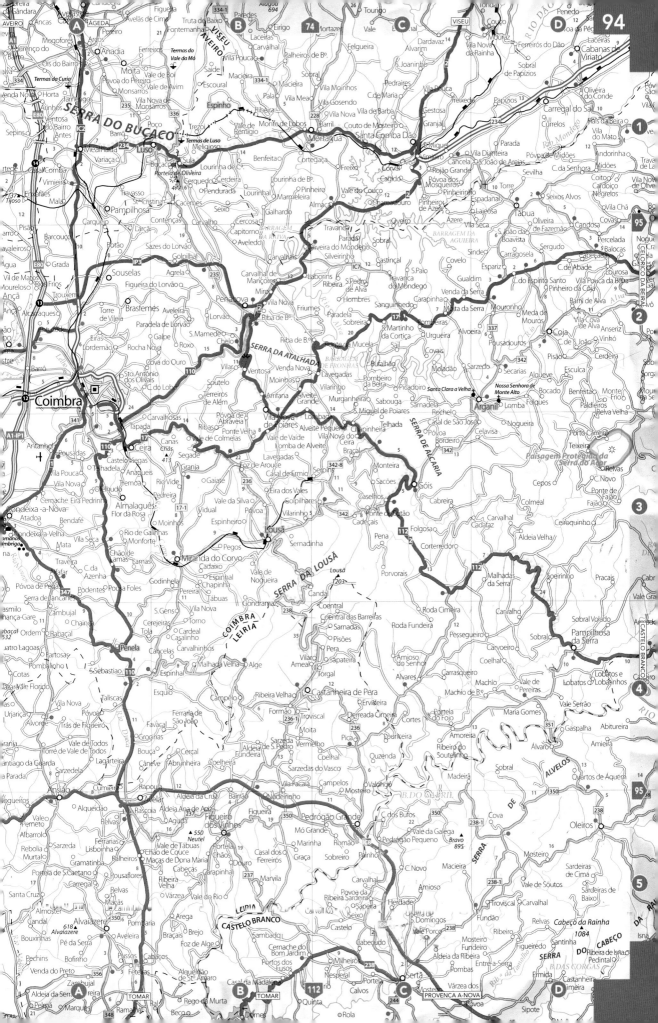

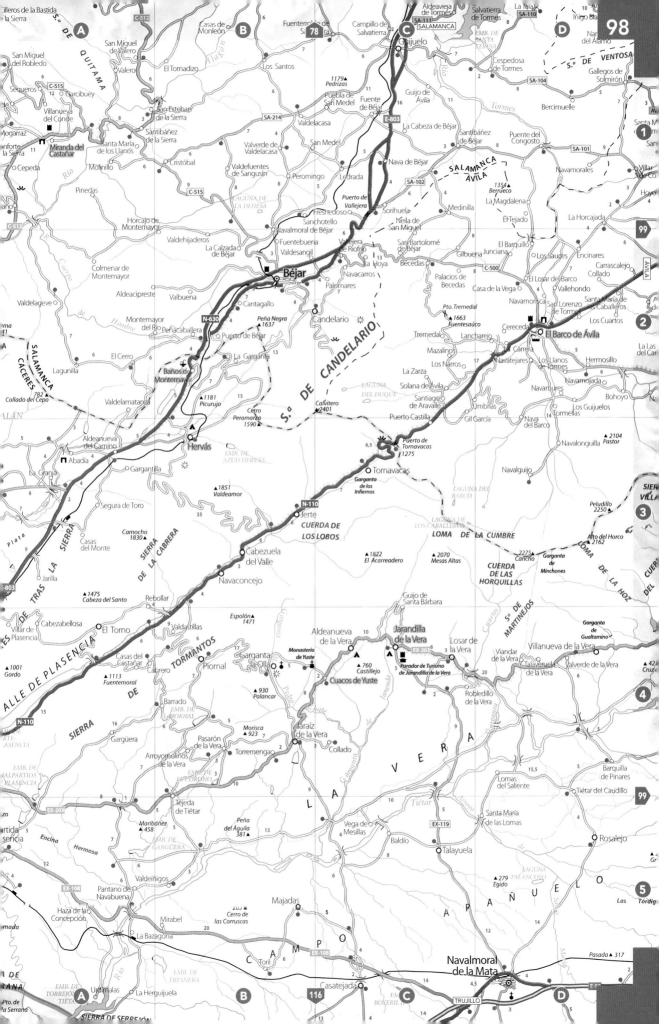

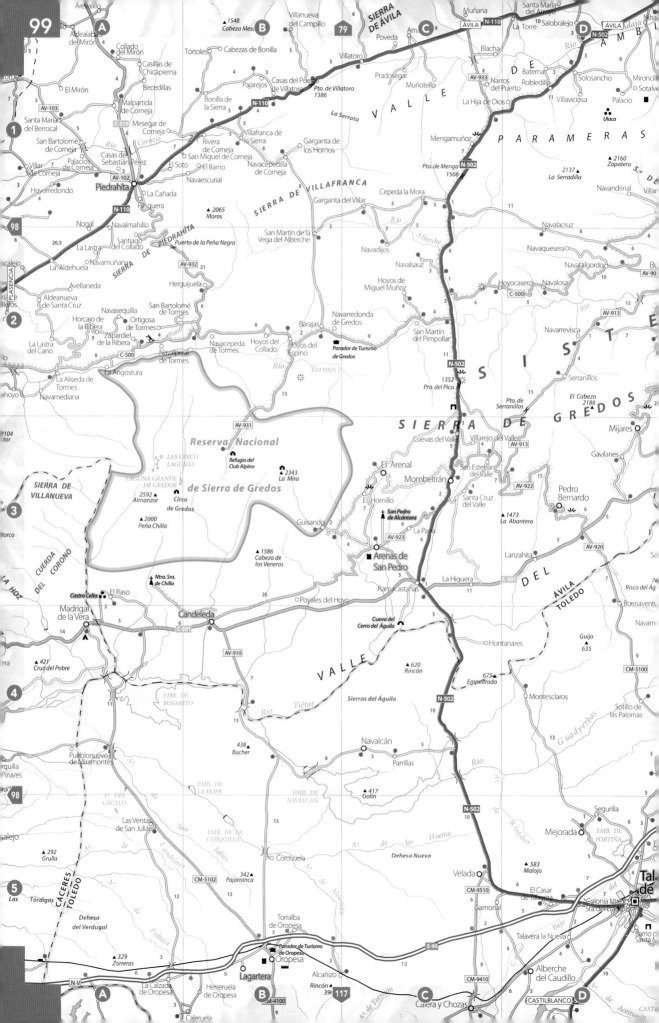

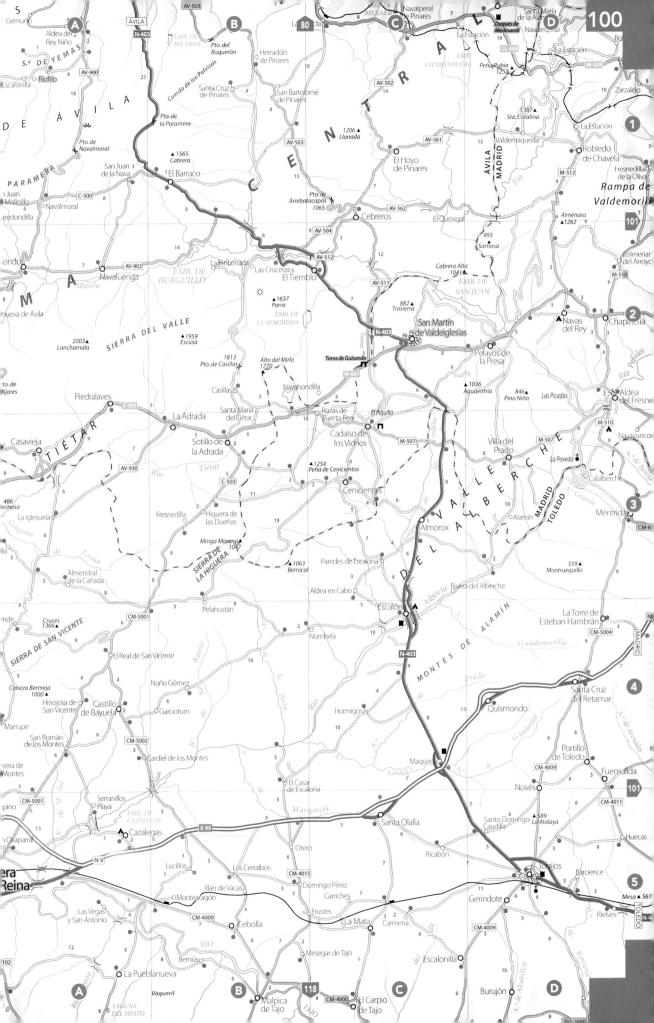

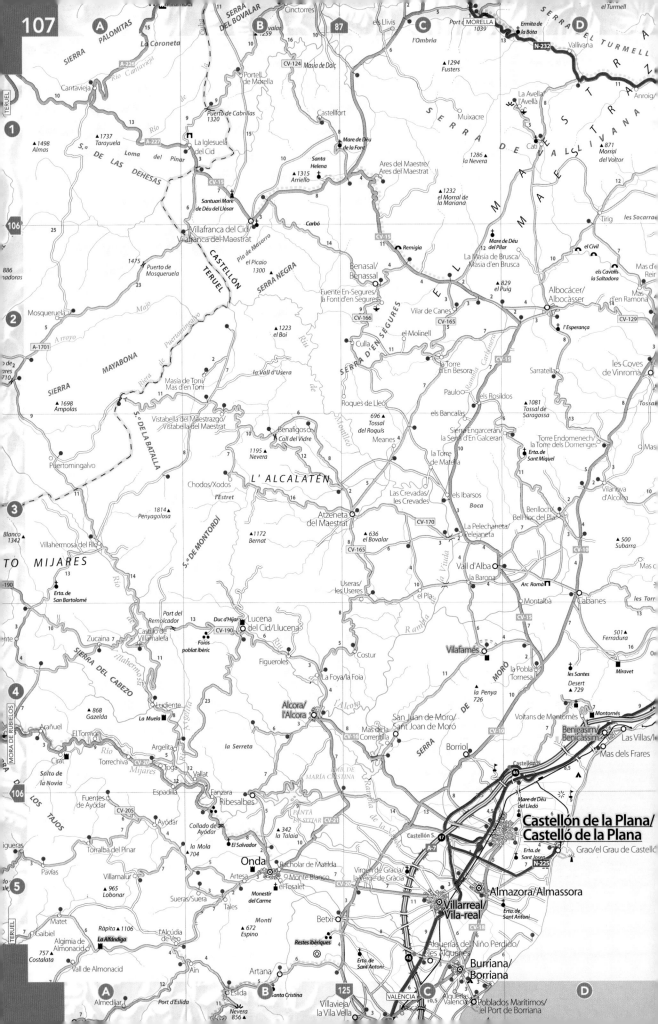

MAR

MEDITERRÁNEO

Costa de Fora

Parc Natural
Illes Columbretes

SERRA DEL SÒLA
PLA DE VINARÒS
PLANA DE VINARÒZ
PLANA DE BENICARLÓ
MAESTRAZGO
MAESTRAT
BAIX
BAJO
MAESTRAZGO
MAESTRAT
SERRA D'IRTA

Canet lo Roig

▲806
Xert
ert/Xert

Sant Pere

Traiguera

la Jana

San Jorge/
Sant Jordi del Maestrat

Sant Mateu

▲514
Perdiguera

Mare de Déu
dels Àngels
Montesa
Cervera de Maestre/
Cervera del Maestrat

la Salzadella

Mare de Déu
dels Socors
Càlig

San Jorge
Sant Jordi del Maestrat

Vista Bella

Poblat ibèric

Vinaròs
Platja del Campaner
Platja del Riu
Roca Plana

AMPOSTA
AMPOSTA
88
el Remei
d'Alcanar
les Cases

Sant Gregori
Benicarló
Parador de Turismo
de Benicarló
Peníscola

▲482
Mola

Peñíscola/Peníscola

SALINES

Santa Magdalena de Pulpis
Santa Magdalena de Polpis

Polpis

▲422
Bóta

▲520
el Cavall

Alcalá de Chivert/
Alcalà de Xivert

Xivert

Coll de
la Palma
524

Cala Argelaga
Cala Mundina

Erta de
Sant Benet

Las Fuentes/les Fonts
Alcocéber/Alcossebre

Platja del Moro

213
Raspall Torreblanca

Punta de Capicorb
Capicorb

Torreblanca

Boca del Pantà

Parc Natural
PANTÀ DEL PRAT
Prat de Cabanes-Torreblanca

Albalat
Queixa

Venta de San Antonio-Estación
Platja de la Ribera

Empalme

Platja del Molló
Platja de les Amplàries

Oropesa del Mar/
Orpesa

La Playa/
la Platja

es del Xivero
les

Erta de
Sant Miquel

Coves

Calaf

CV-11
CV-136
CV-135
CV-133
CV-10
N-232
N-340
N-238
E-15
A-7

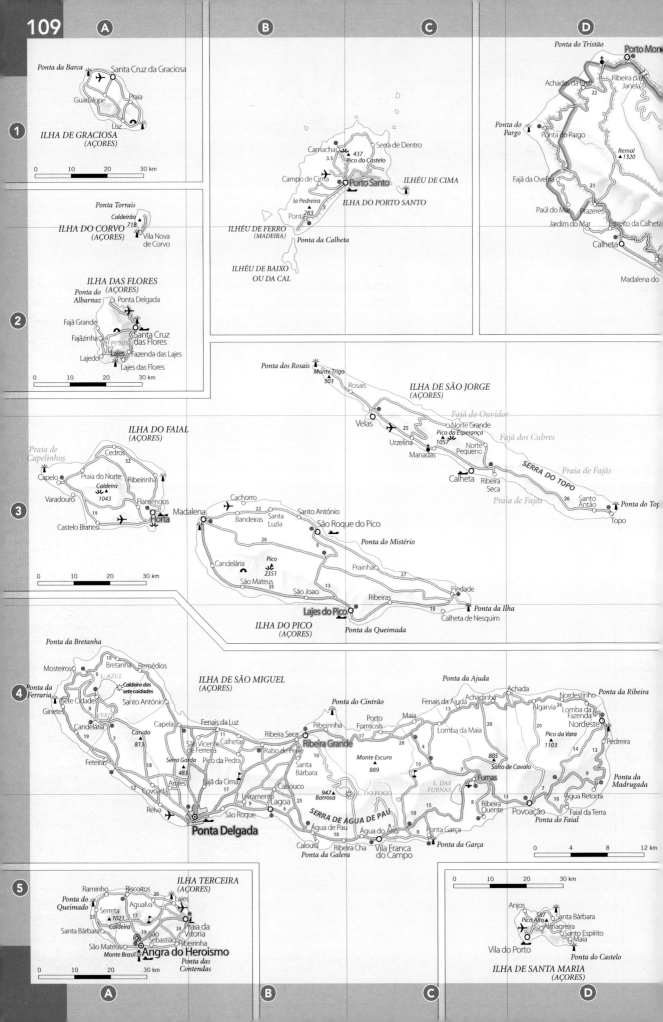

ILHA DA MADEIRA

Parque Natural da Madeira

Reserva Natural da Berlenga

FARILH'ES

FORCADAS

ESTELAS

BERLENGA

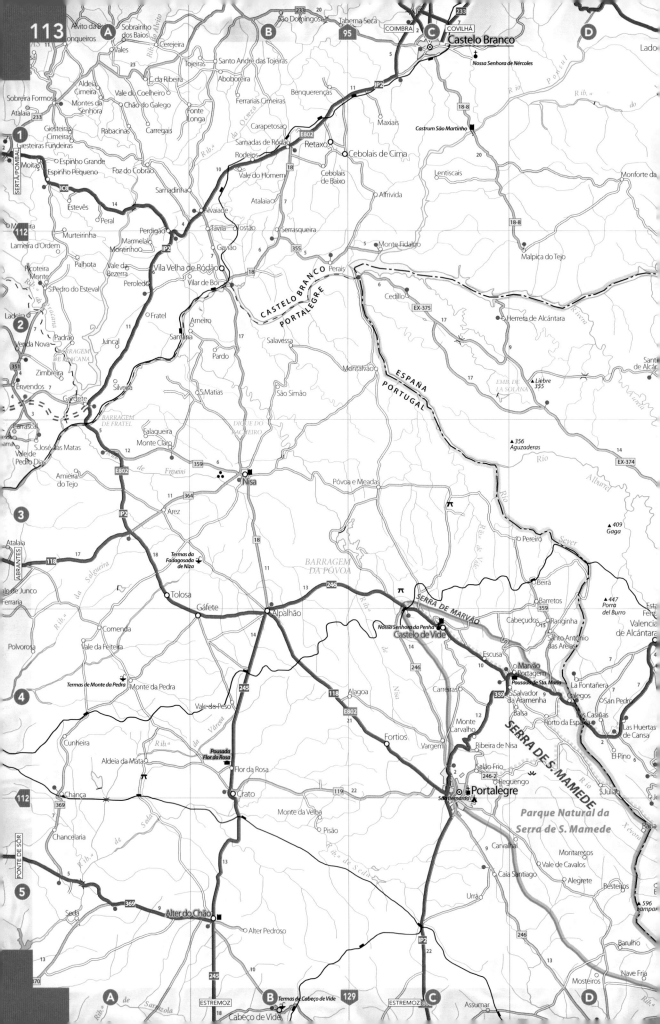

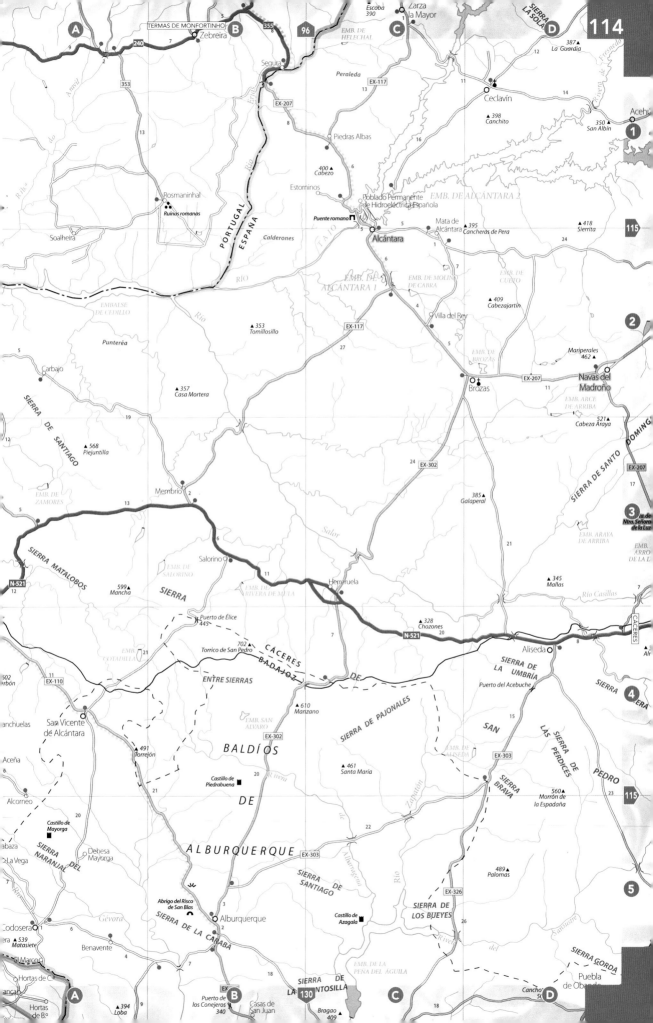

A   B   TERMAS DE MONFORTINHO   355   96   Escoba 390   Zarza la Mayor   SIERRA DE LA SOLA   D

240   Zebreira   8   1   387▲ La Guardia   12

7   EMB. DE HELECHAL   Peraleda   EX-117   11   Ceclavín   14   387▲ La Guardia

353   13   Segura   13   398 Canchito   350▲ San Albín   1   Acehú

EX-207   8

9   2

13   Piedras Albas   16

400▲ Cabezo   6

Rosmaninhal   Estorninos   Poblado Permanente de Hidroeléctrica Española   EMB. DE ALCÁNTARA 2   115

Ruinas romanas   PORTUGAL   ESPAÑA   Puente romano   Mata de Alcántara   395▲ Cancheras de Pera   418▲ Sierrita   24

Soalheira   Calderones   5   Alcántara   1   6   7   409▲ Cabezajartín   Villa del Rey

RÍO   6   EMB. DE ALCÁNTARA 1   EMB. DE MOLINO DE CABRA   EMB. DE CUETO

EMBALSE DE CEDILLO   Río   353▲ Tomillosillo   EX-117   4   5   Mariperales 462▲   2

Punteréa   27   5   EMB. DE BROZAS   Navas del Madroño

Carbajo   5   Brozas   EX-207   11   521▲ Cabeza Araya   SIERRA DE SANTO DOMINGO

SIERRA DE SANTIAGO   19   EMB. ARCE DE ARRIBA   EX-207   17

12   568▲ Piejuntilla   24   EX-302   385▲ Galaperal   EMB. ARAYA DE ARRIBA   3   ia de Ntra. Señora de la Luz

EMB. DE ZAMORES   13   Membrío   2   Salor   21   EMB. ARRO DE LA L

5   6   345▲ Mallas   7

SIERRA MATALOBOS   Salorino   EMB. DE SALORINO   11   Herreruela   Río Casillas   CÁCERES

N-521   599▲ Mancha   SIERRA   EMB. DE RIVERA DE MULA   328▲ Chozones   N-521   20   Aliseda   3

12   Puerto de Élice 445▲   7   SIERRA DE LA UMBRÍA   ERA   4

EMB. COTADILLA   21   702▲ Torrico de San Pedro   CÁCERES   Puerto del Acebuche   SIERRA

EX-110   11   ENTRE SIERRAS   BADAJOZ   DE   SAN   15   LAS PERDICES   PEDRO   115

502 rbón   San Vicente de Alcántara   610▲ Manzano   SIERRA DE PAJONALES   560▲ Morrón de la Espadaña   23

Aceña   491▲ Torrejón   EMB. SAN ALVARO   EX-302   EMB. DE ALISEDA   EX-303   SIERRA BRAVA   5

Alcorneo   BALDÍOS   461▲ Santa María

20   Castillo de Piedrabuena   20

21   DE   489▲ Palomas

Castillo de Mayorga   SIERRA DEL NARANJAL   Dehesa Mayorga   ALBURQUERQUE   EX-303   EX-326

La Vega   SIERRA DE SANTIAGO   SIERRA DE LOS BUEYES

Codosera   Abrigo del Risco de San Blas   3   Castillo de Azagala   SIERRA GORDA

539▲ Matasiete   SIERRA DE LA CARABA   Alburquerque   Puebla de Obando

El Marco   18   Canch Su   D

Hortas de C   Gévora   EMB. DE LA PEÑA DEL ÁGUILA

Hortas de B.º   394▲ Loba   9   Puerto de los Conejeros 340   Casas de San Juan   130   SIERRA DE LA NTOSILLA   Bragao 409   18

A   B   C

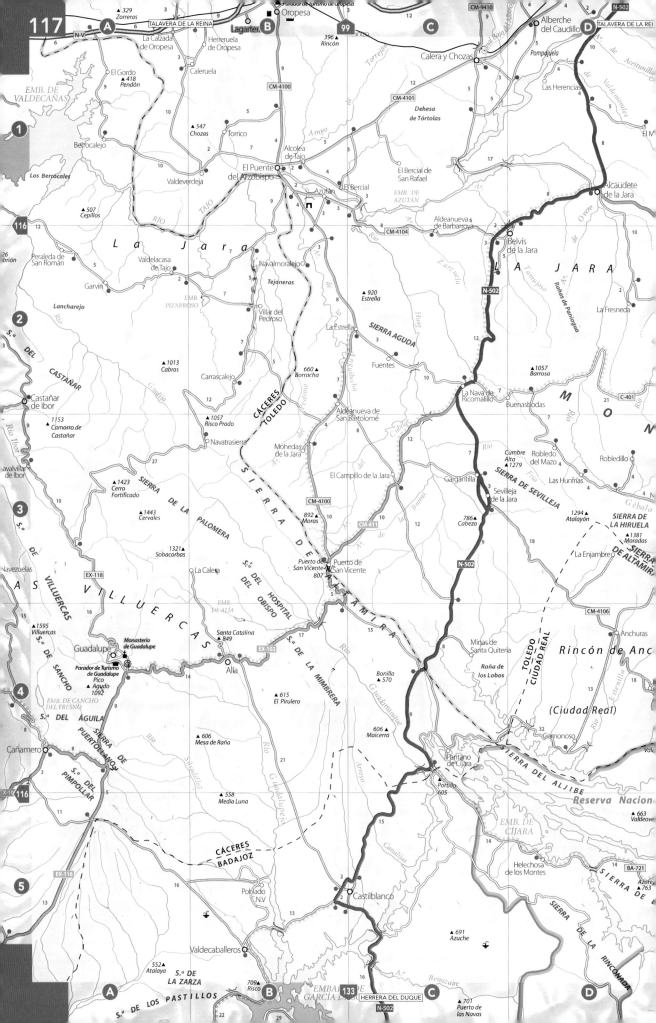

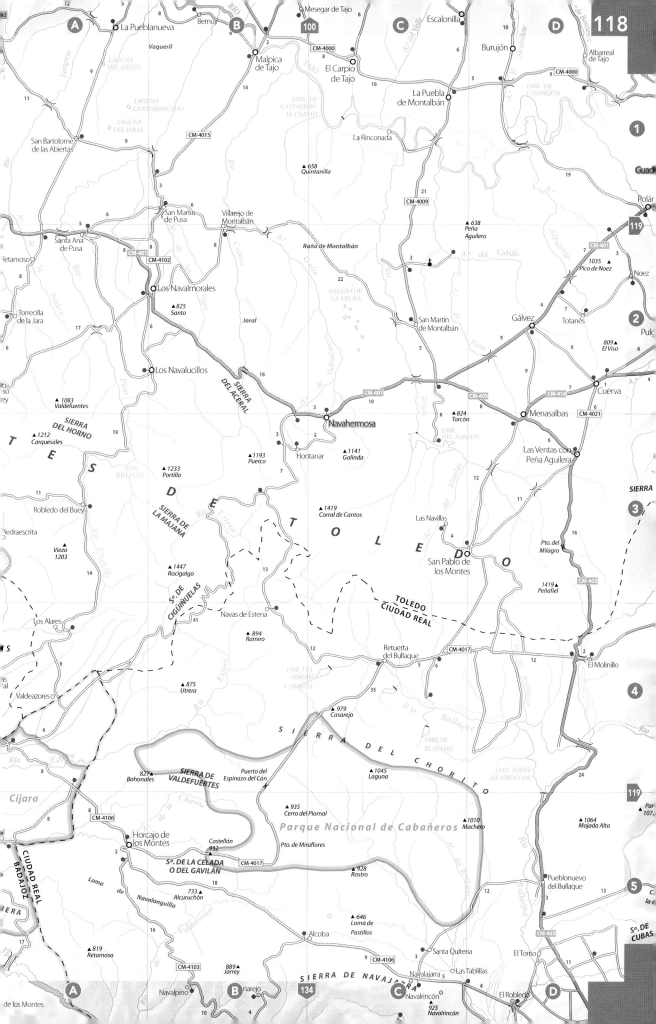

A   B   C   D

**1**
**2**
**3**
**4**
**5**

La Pueblanueva

Mesegar de Tajo

Escalonilla

Burujón

Albarreal de Tajo

Bernúy

CM-4000

CM-4000

Malpica de Tajo

El Carpio de Tajo

La Puebla de Montalbán

*Vaqueril*

100

*LAGUNA DEL MESTO*

*LAGUNA CANTOHINCADO*

La Rinconada

Polán

CM-4015

*LAGUNA O DEL JARAL*

*EMB. DE CASTREJÓN EL CARPIO*

▲ *658 Quintanilla*

San Bartolomé de las Abiertas

CM-4009

▲ *638 Peña Aguilero*

CM-401

21

+

*1035* ▲ *Pico de Noez*

Noez

San Martín de Pusa

Villarejo de Montalbán

*Raña de Montalbán*

CM-4102

CM-401

Santa Ana de Pusa

8

Retamoso

Gálvez

Totanés

Pul

*809* ▲ *El Viso*

Los Navalmorales

▲ *825 Santo*

*NAVAZO DE LA NEGRA*

San Martín de Montalbán

Torrecilla de la Jara

*Jaral*

22

Cuerva

Los Navalucillos

CM-401

CM-403

CM-410

Menasalbas

CM-4021

*SIERRA DEL ACERAL*

18

10

▲ *1083 Valdefuentes*

*SIERRA DEL HORNO*

▲ *824 Torcón*

Navahermosa

▲ *1212 Carquesales*

*SIERRA DE LA MAJANA*

▲ *1233 Portillo*

▲ *1193 Puerco*

Hontanar

▲ *1141 Galinda*

*EMB. DEL TORCÓN*

Las Ventas con Peña Aguilera

*SIERRA*

Robledo del Buey

*DE*

Piedraescrita

▲ *1419 Corral de Cantos*

Las Navillas

*EMB. RÍO PUSA*

▲ *1447 Rocigalgo*

Pto. del Milagro

*Viezo 1203*

*TO L E D O*

San Pablo de los Montes

▲ *1419 Peñafiel*

CM-408

Los Alares

*Sº. DE CIGÜÑUELAS*

41

Navas de Estena

13

*TOLEDO CIUDAD REAL*

El Molinillo

▲ *894 Ramiro*

Retuerta del Bullaque

CM-4017

Valdeazores

▲ *875 Utrera*

12

*EMB. DEL ARROYO CARRIZAL*

35

*Cíjara*

▲ *979 Casarejo*

*SIERRA DEL CHORITO*

*EMB. DE EL SUEÑO*

*EMB. TORRE DE ABRAHAM*

24

*827* ▲ *Bohonales*

*SIERRA DE VALDEFUERTES*

Puerto del Espinazo del Can

▲ *1045 Laguna*

CM-4106

▲ *935 Cerro del Piornal*

*Parque Nacional de Cabañeros*

▲ *1010 Machero*

▲ *1064 Majada Alta*

Par 107.

Horcajo de los Montes

*Castellón 932*

Pto. de Miraflores

*CIUDAD REAL BADAJOZ*

*Sº. DE LA CELADA O DEL GAVILÁN*

CM-4017

▲ *928 Rostro*

Pueblonuevo del Bullaque

CM-403

*Sº. DE CUBAS*

*Loma*

*de*

*Navalonguilla*

*733* ▲ *Alcuruchón*

18

▲ *646 Loma de Pastillos*

Alcoba

Santa Quiteria

El Torno

▲ *819 Retamoso*

CM-4103

*889* ▲ *Jarrey*

CM-4106

Navalajarra

Las Tablillas

El Robledo

*SIERRA DE NAVAJARRA*

Navalpino

narejo

134

Navalrincón

▲ *923 Navalrincón*

de los Montes

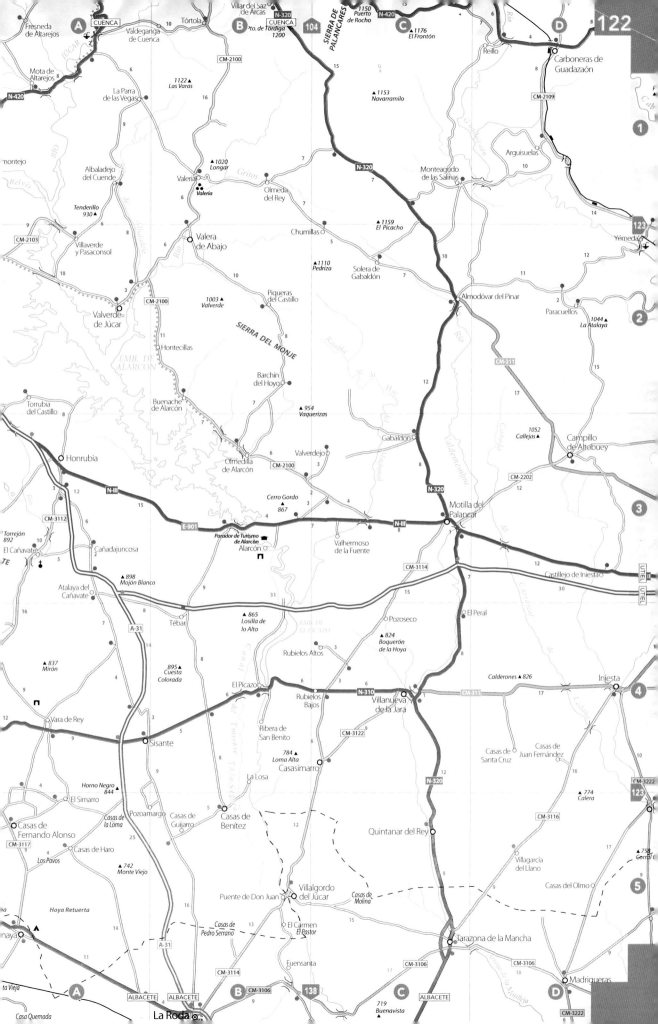

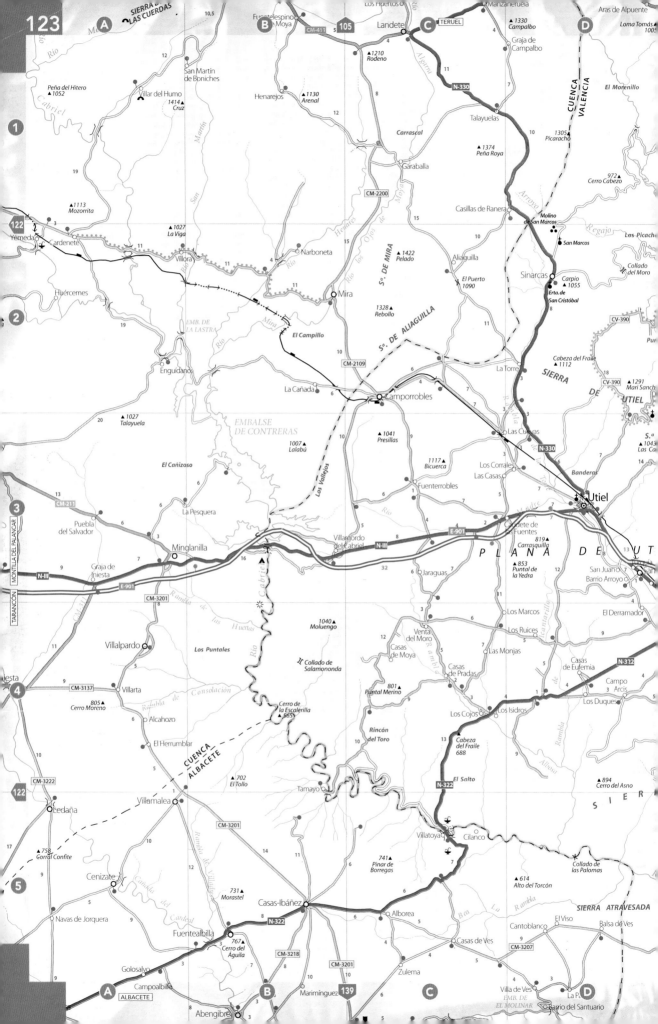

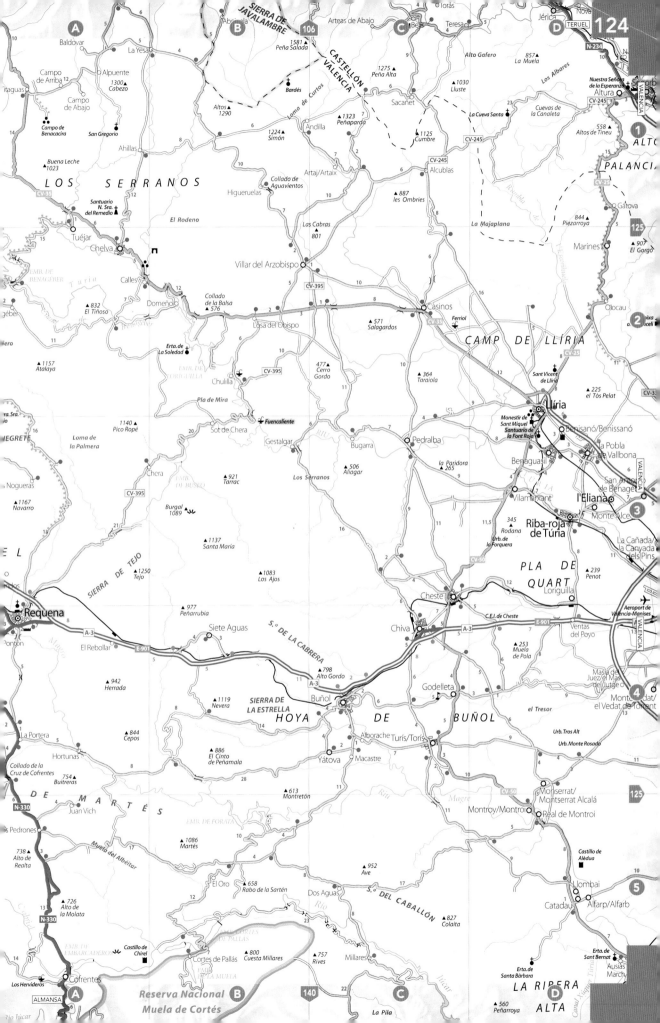

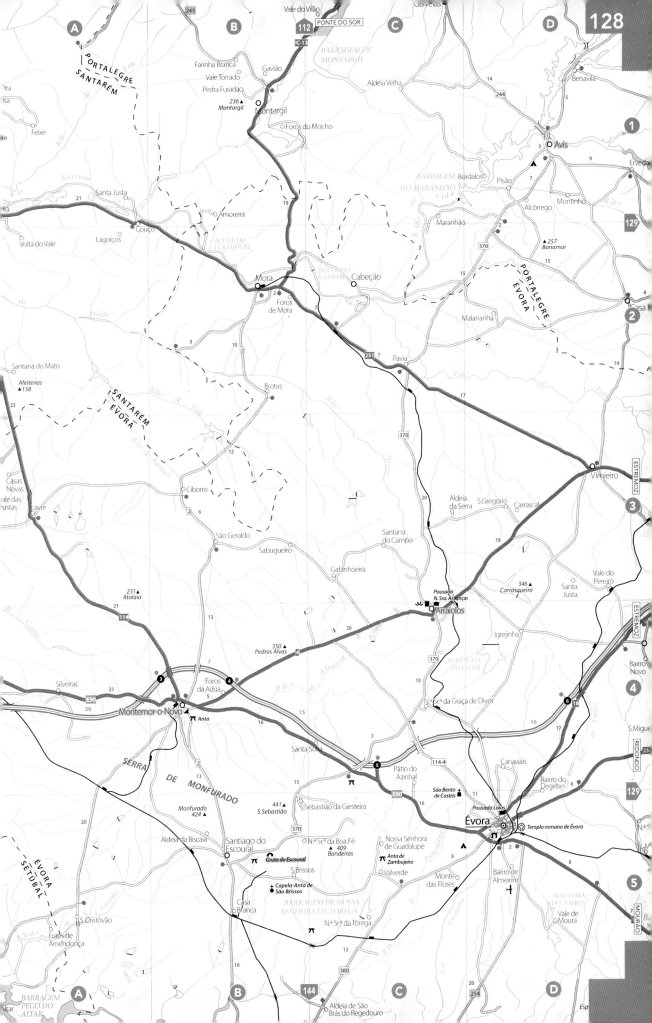

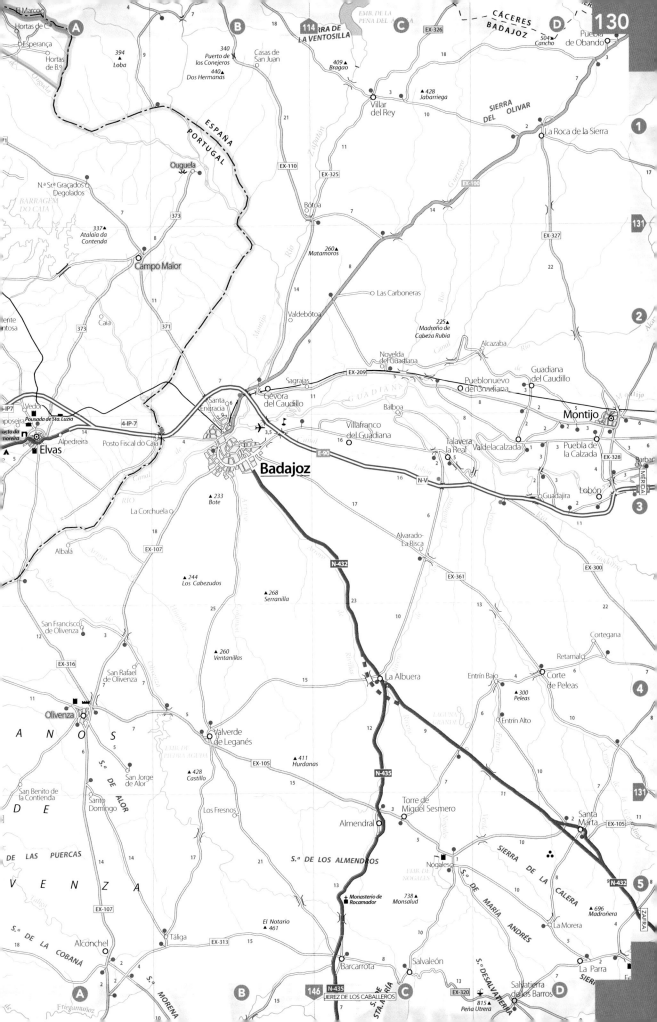

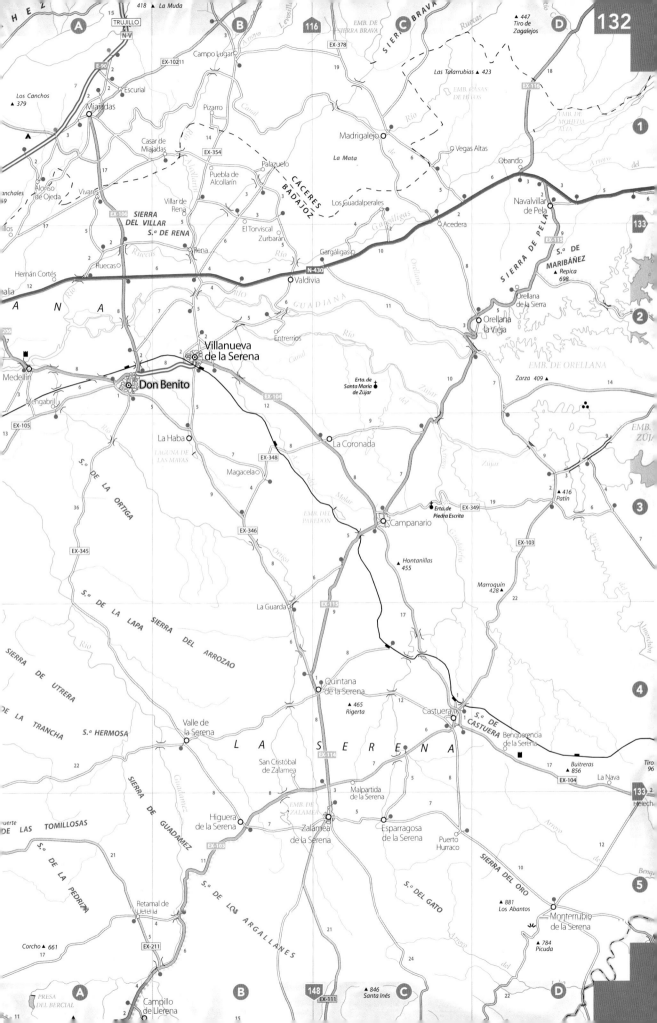

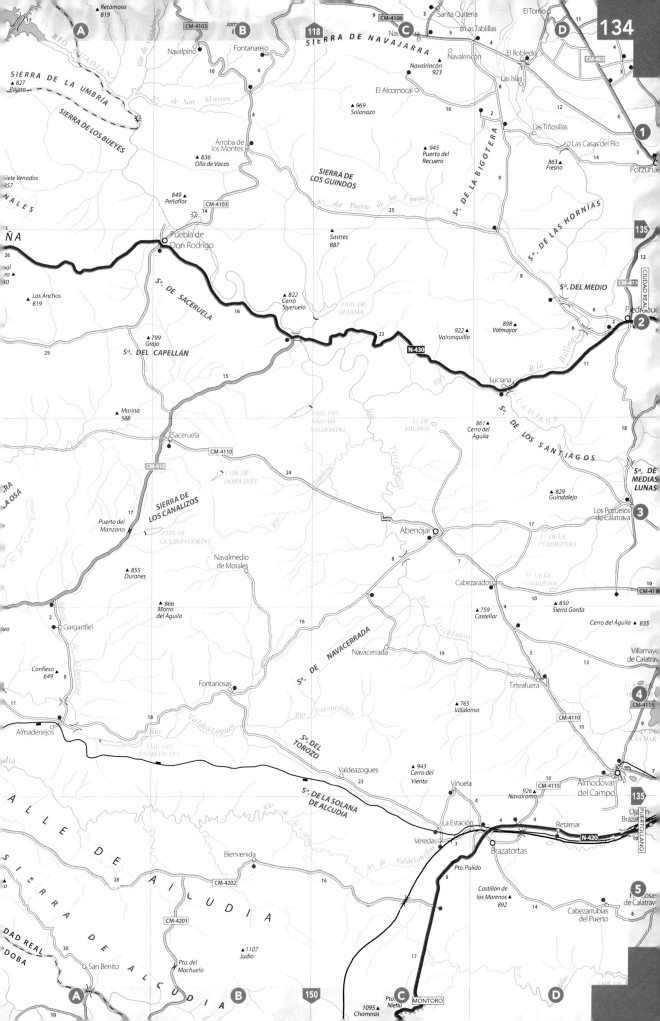

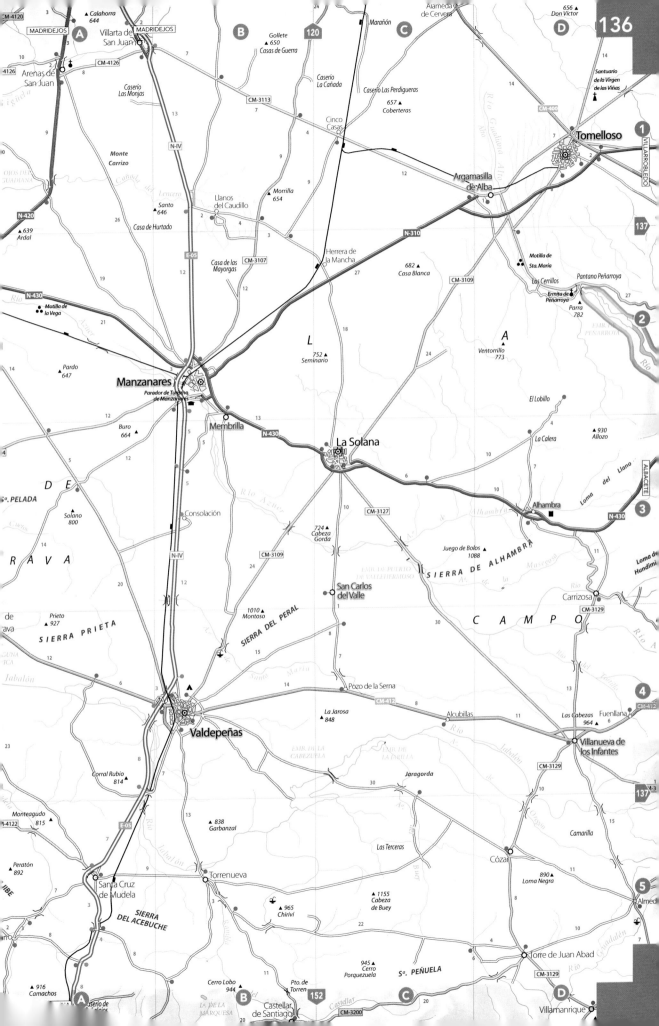

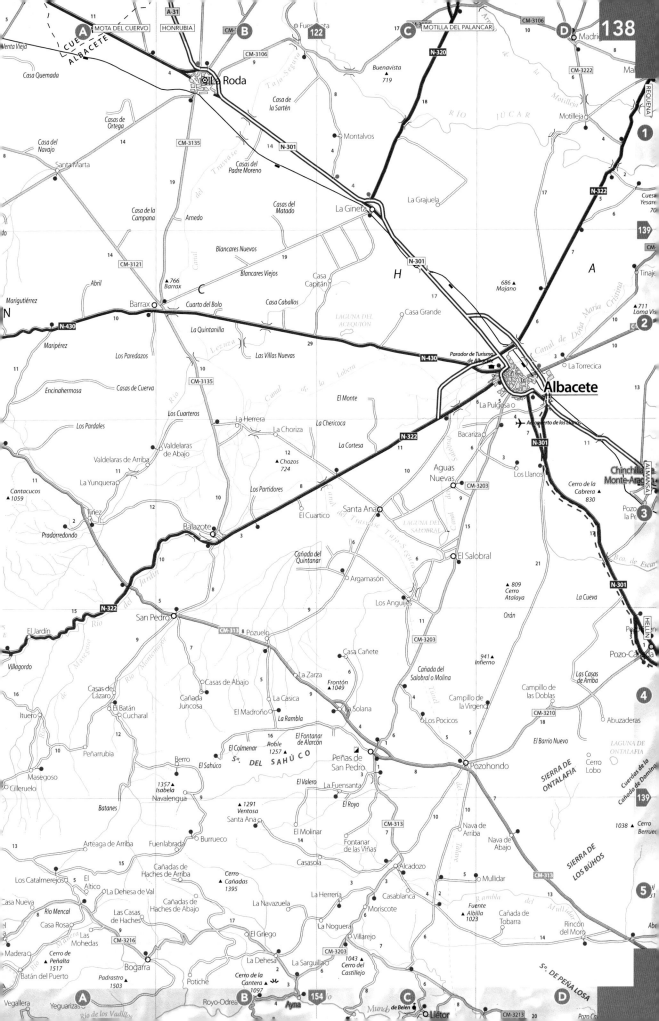

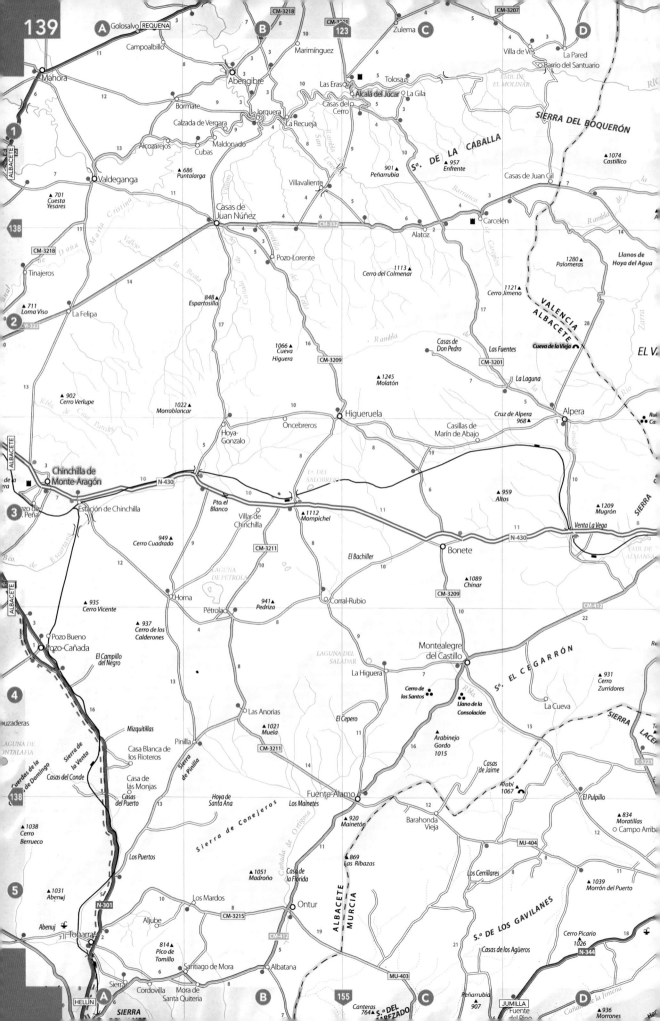

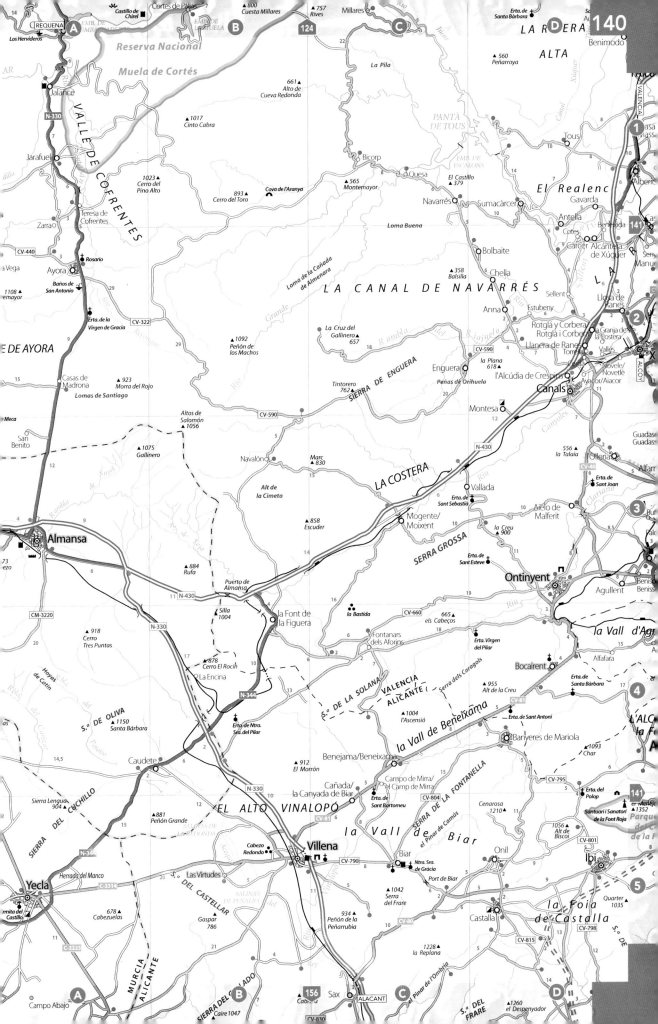

MEDITERRÁNEO

MAR MEDITERRÁNEO

dels Molins

les Marines

Dénia

CV-725

ra/la Xara

Parque Natural del Montgó

Aduanas/ la Duana

CV-736

753

Cap de Sant Antoni
C. de San Antonio

el Montgó

Jávea/ Xàbia

Parador de Turismo de Jávea

Gata de Gorgos

CV-734

Cala Blanca

a DEL TELLAR

Gorgos

Cap de Sant Martí

185

Costa Nova

Benitachell/ el Poblenou de Benitatxell

Cap de la Nau
C. de la Nao

Teulada

Platja de la Granadella

Cala els Tests

Fanadix

Port

Cala dels Pins

Rada Moraira

Punta de Moraira

Cap Blanc

Cala de la Fustera

La Caleta

Parque Natural del Peñón de Ifach

Peñón de Ifach/Penyal d'Ifac

Toix

Eivissa (Ibiza) Formentera

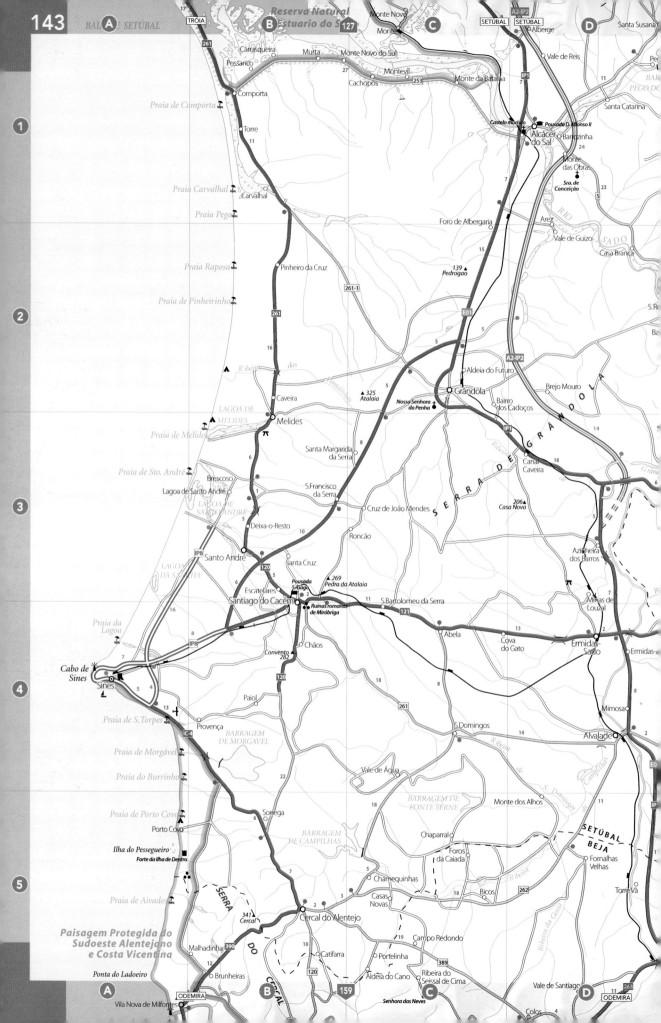

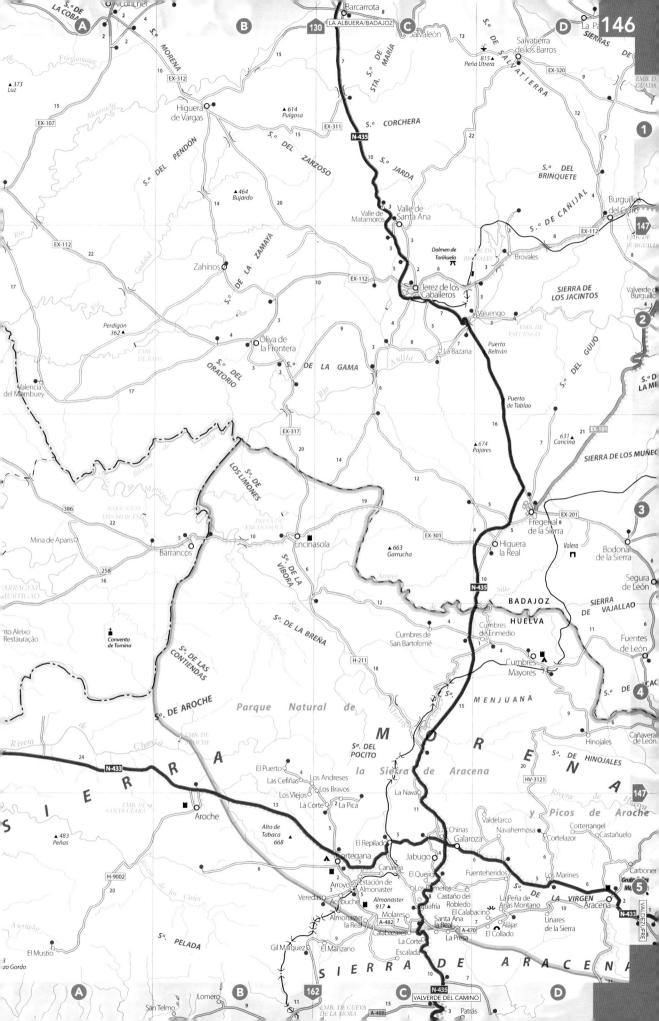

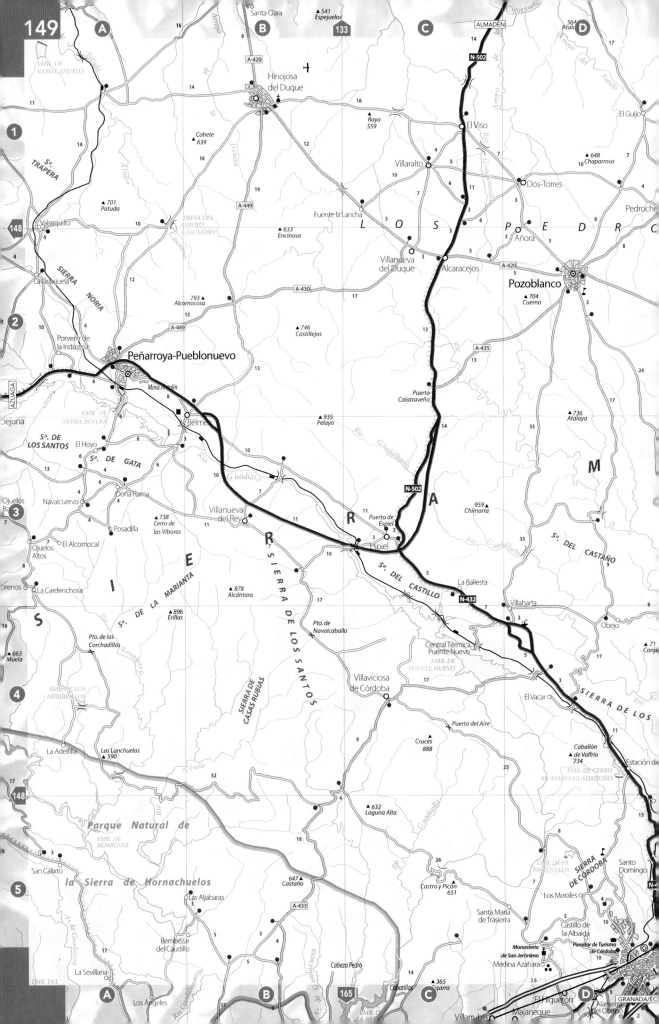

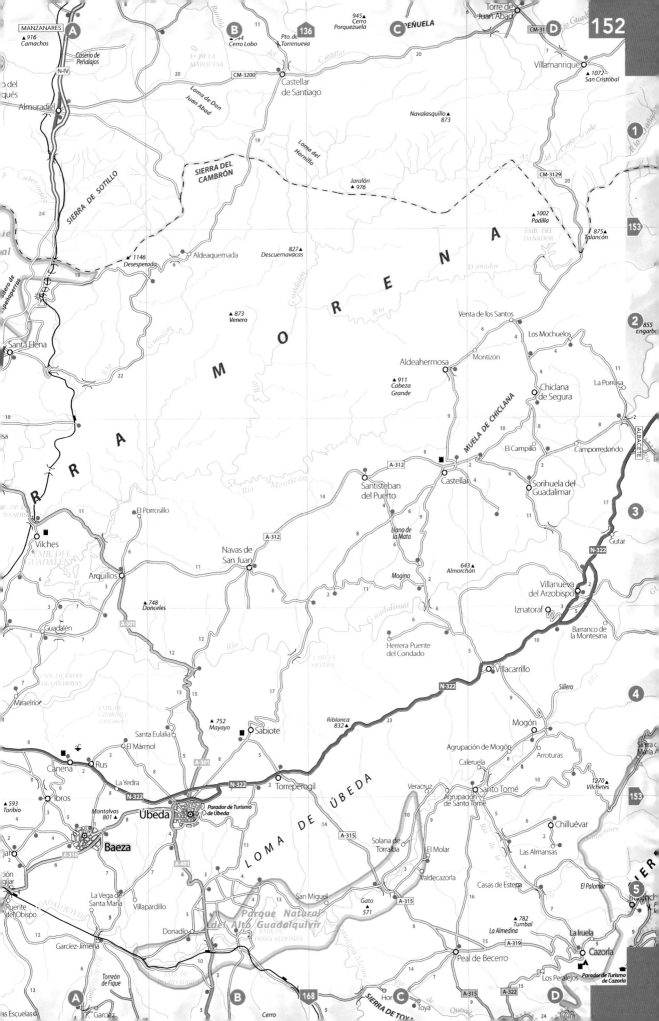

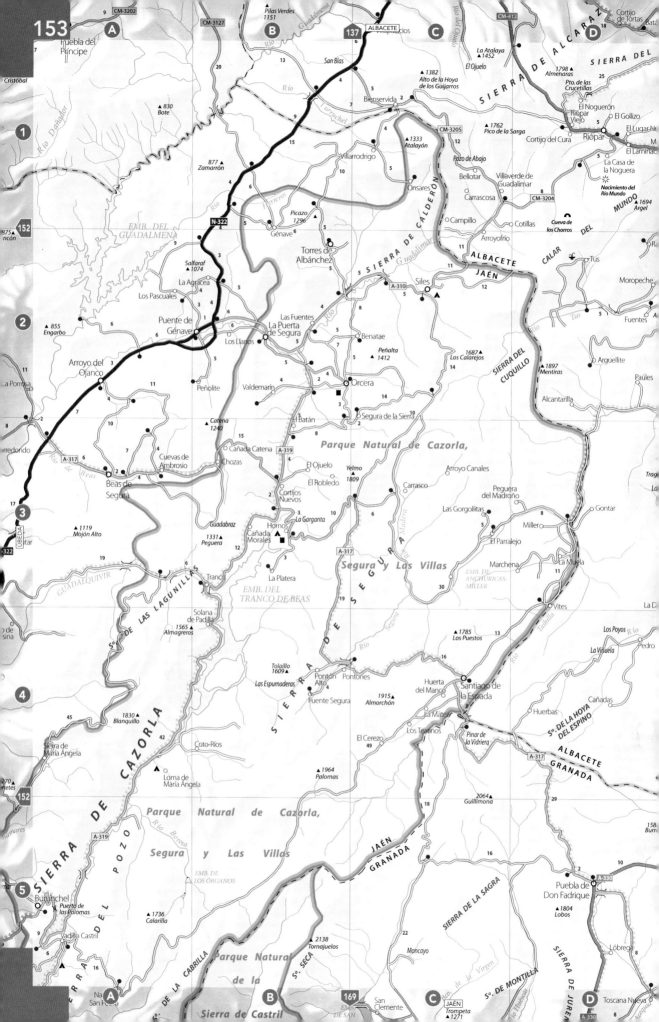

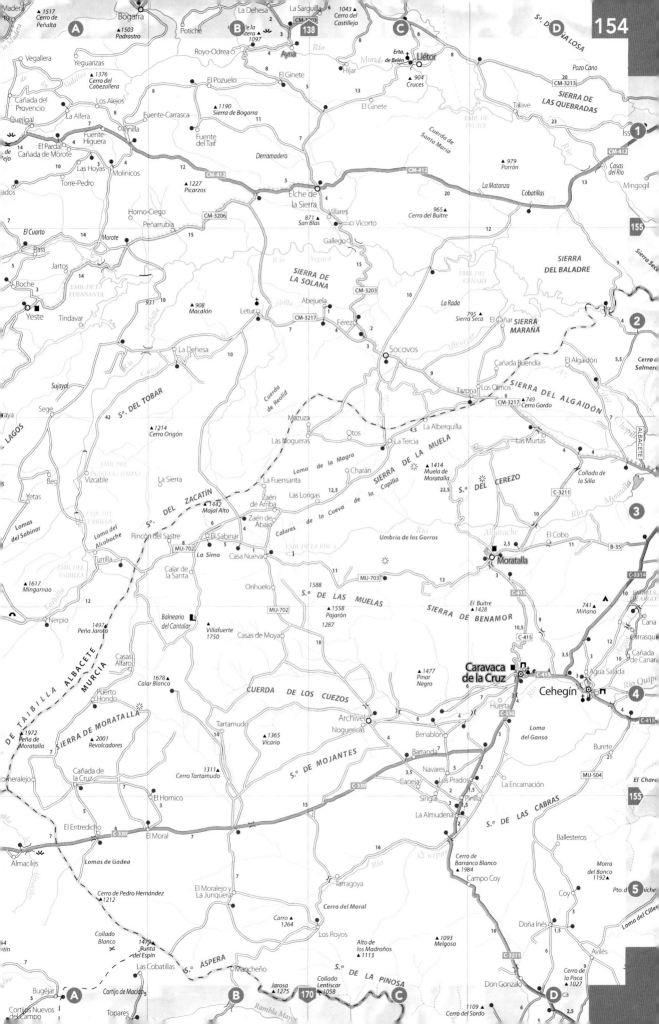

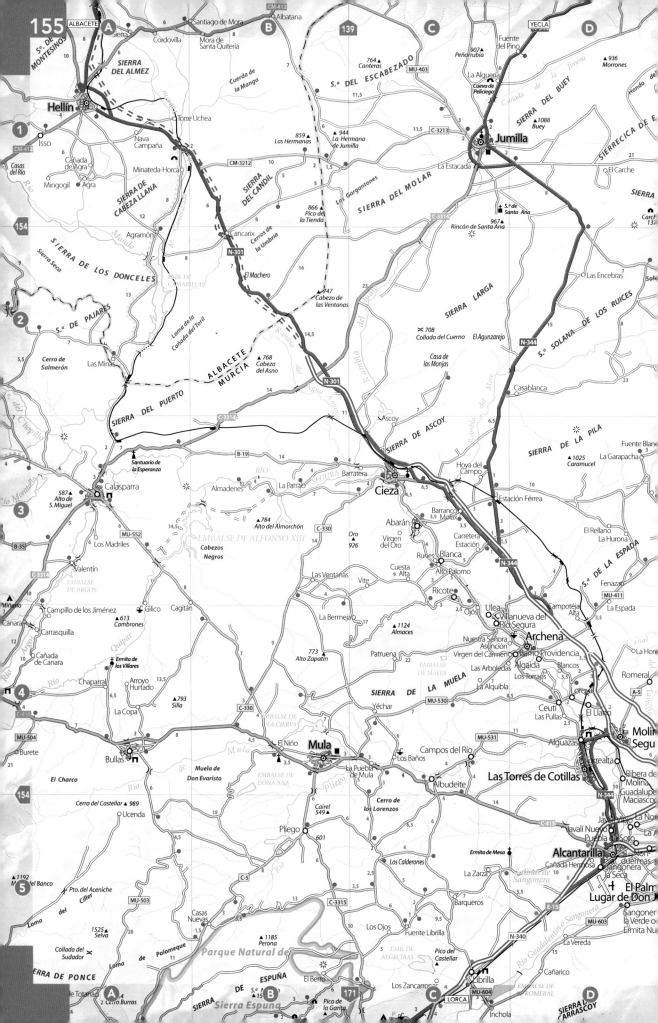

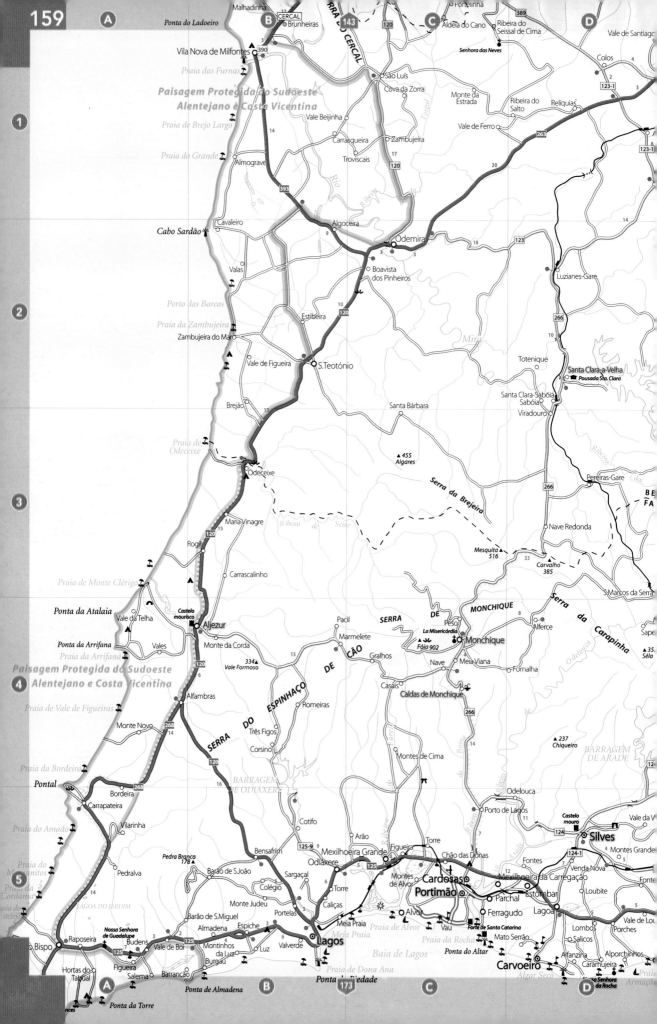

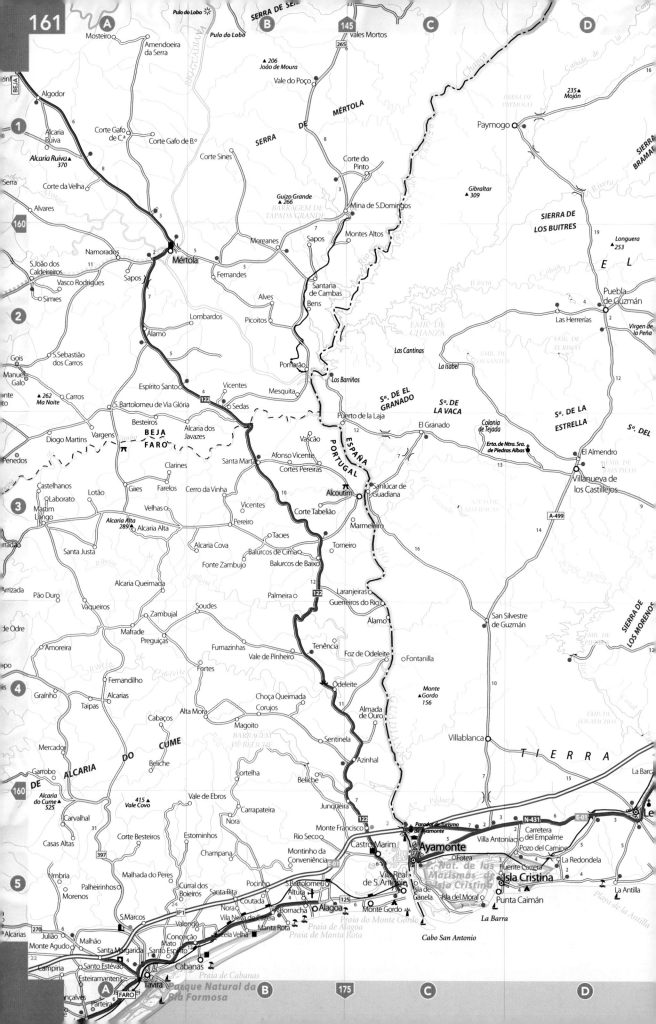

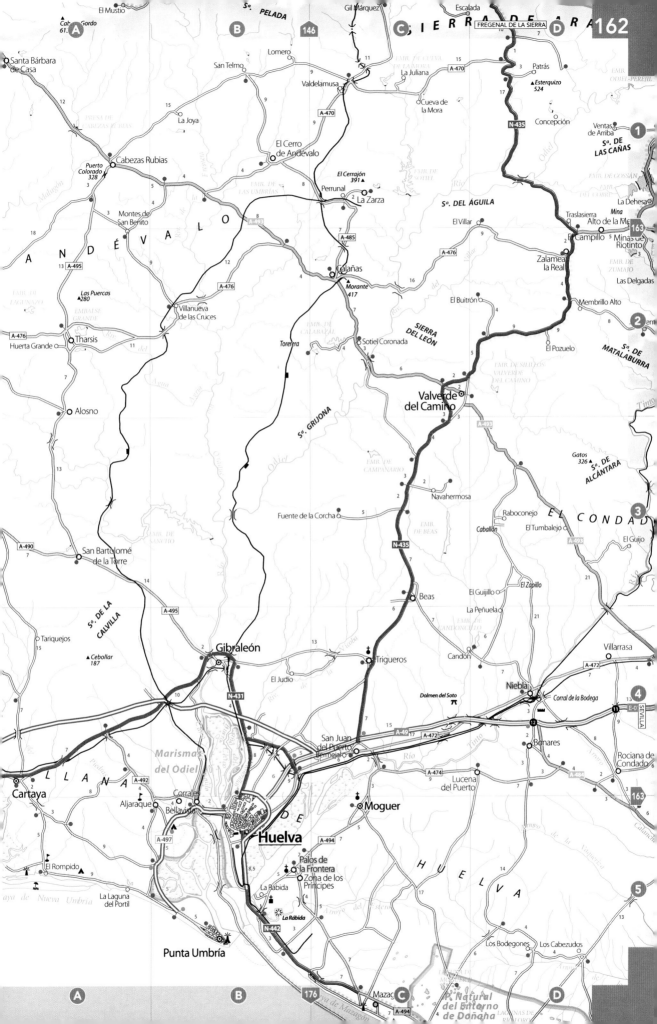

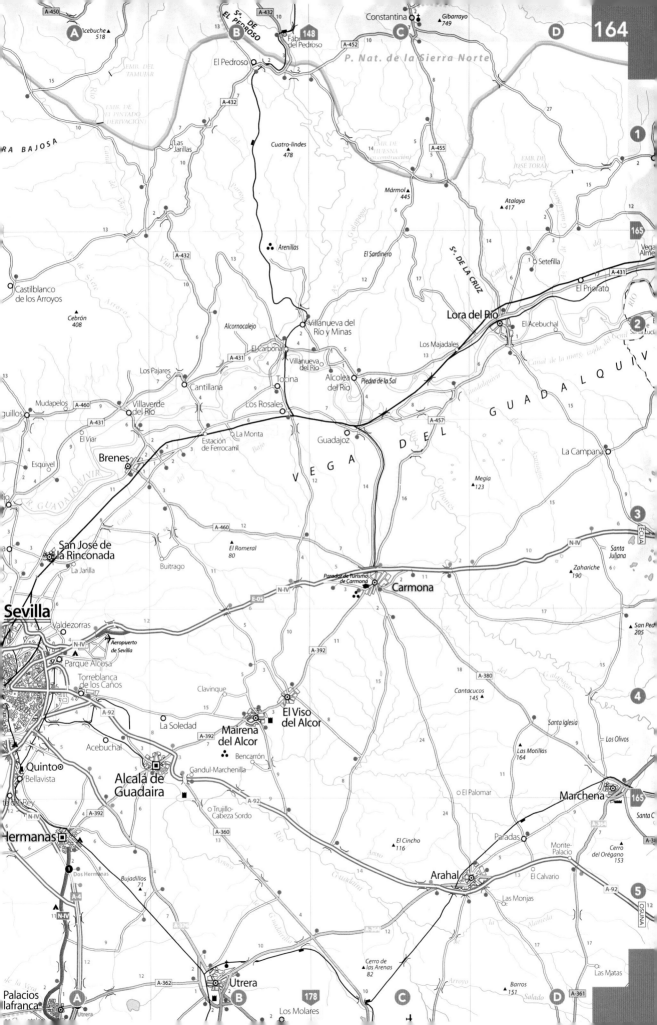

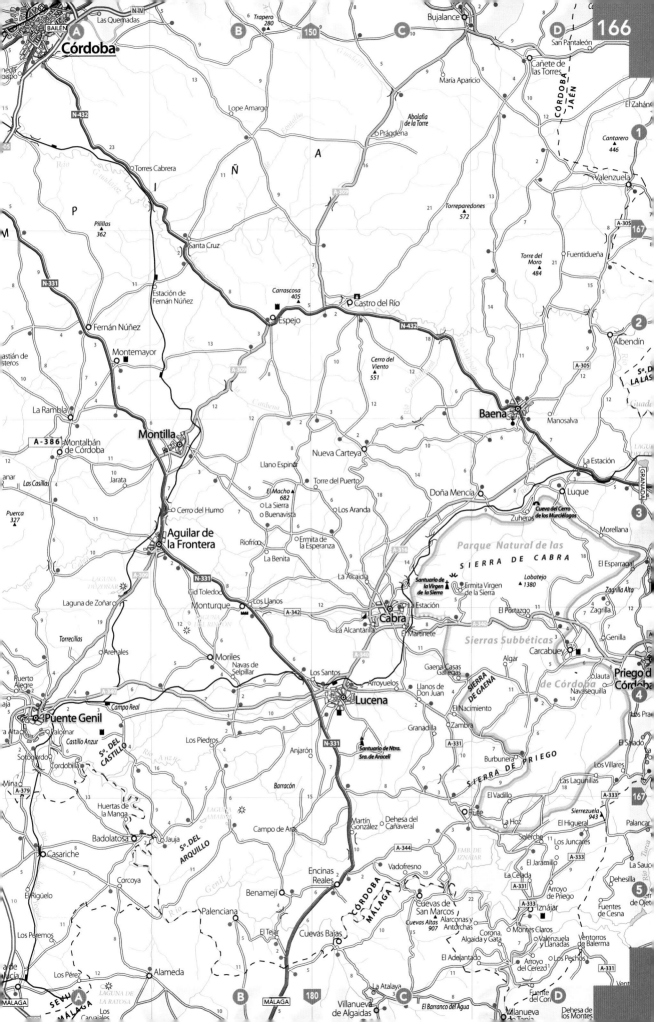

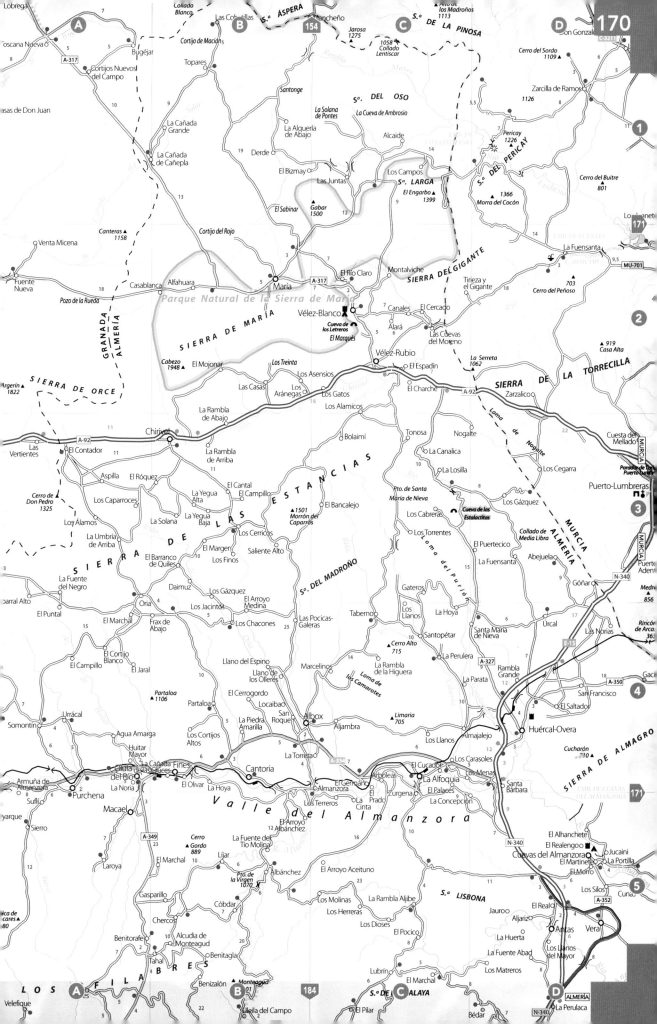

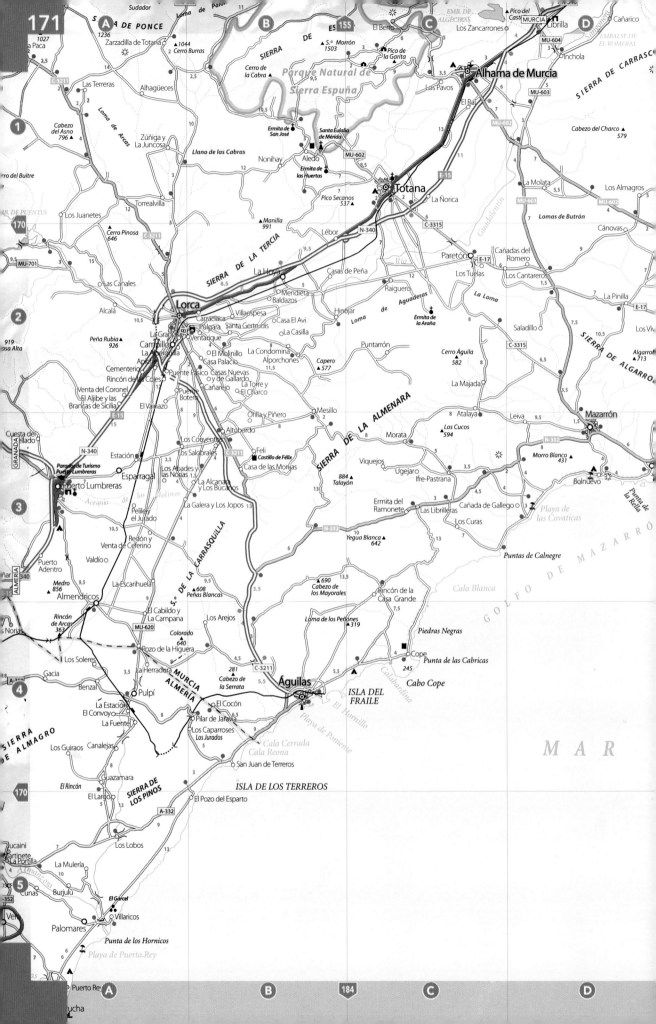

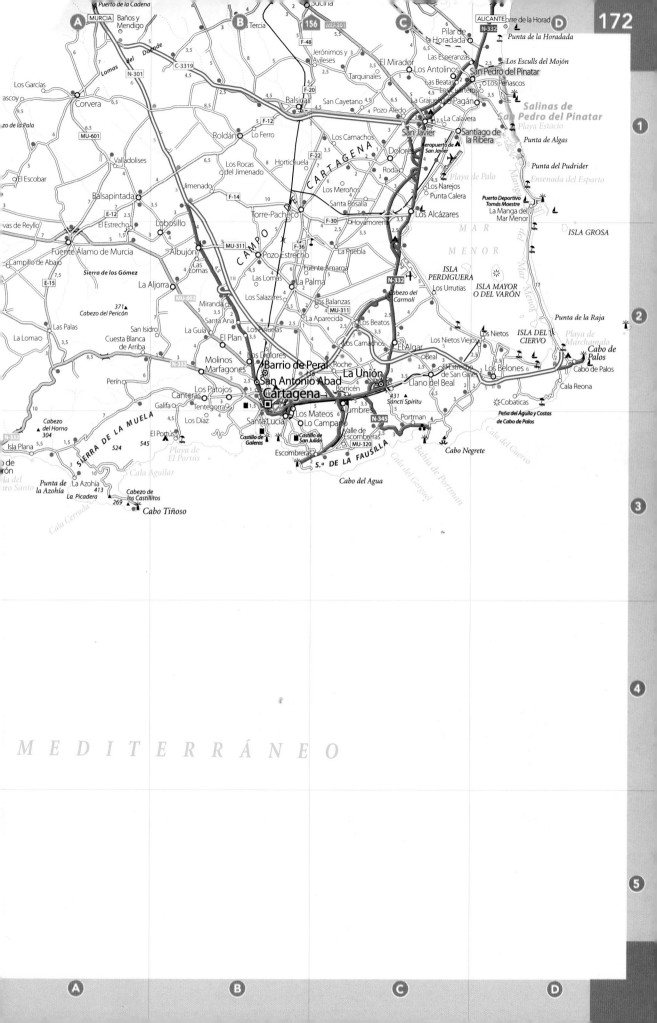

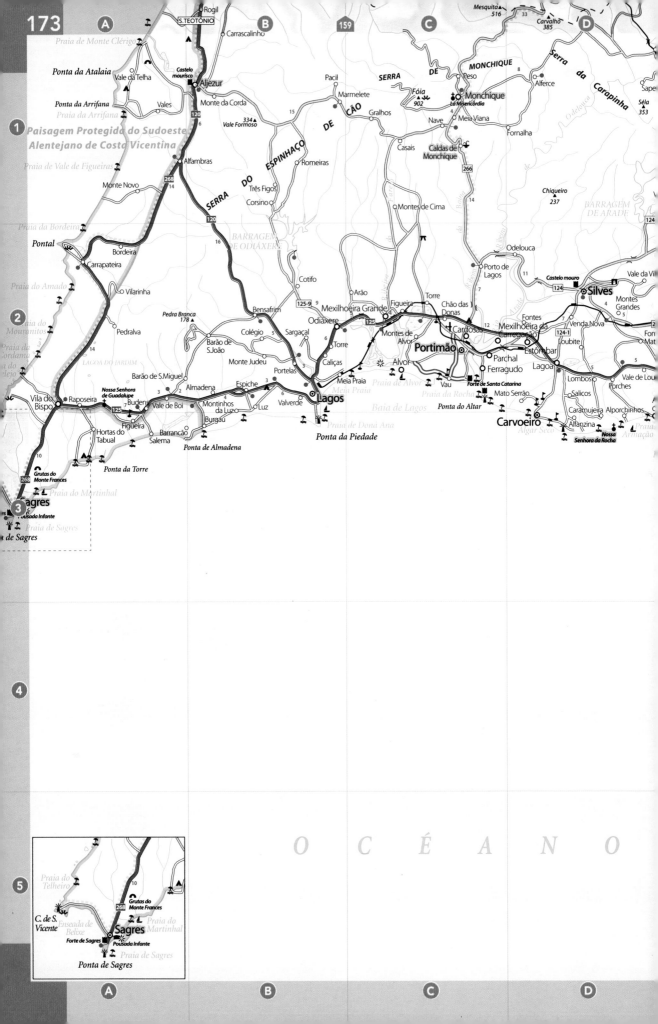

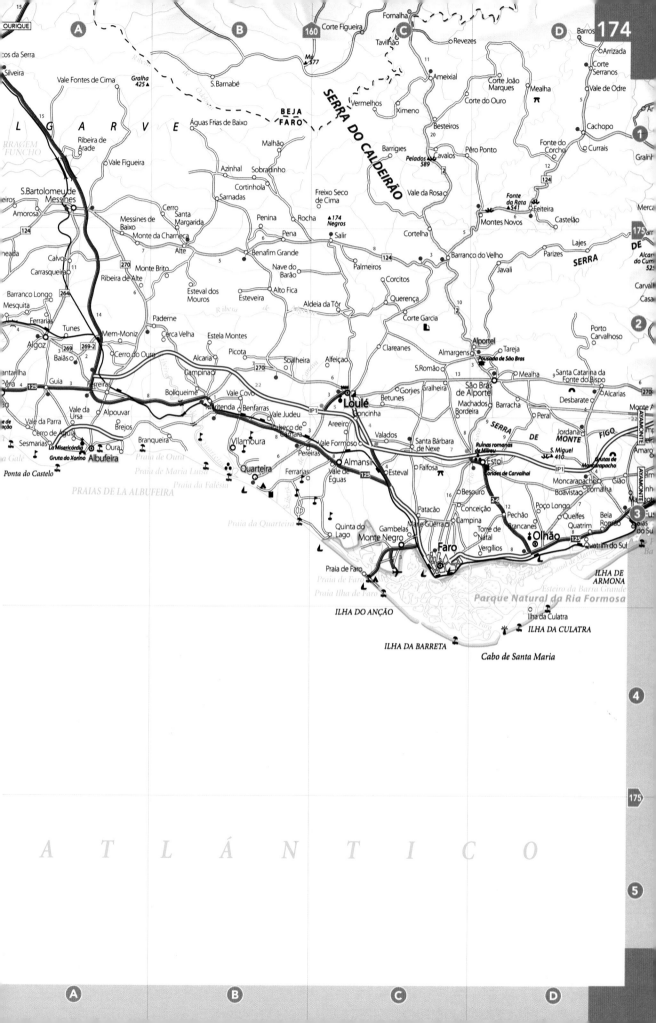

OURIQUE

A    B    160 Corte Figueira    C    D    Barros

Fornalha

Tavilhão    Revezes

Silveira    15    Ameixial    Arrizada

Vale Fontes de Cima    Gralha    11    Corte João    Corte Serranos

425    S.Barnabé    Vermelhos    Marques    Vale de Odre

Mealha

BEJA    Ximeno    Corte do Ouro    5

FARO    SERRA    Cachopo

L G A R V E    Águas Frias de Baixo    Besteiros    Fonte do    Currais

RRAGEM    DO    20    Pêro Ponto    Corcho    Grainh

FUNCHO    Ribeira de    Malhão    Barrigies    Cavalos    Feiteira    124    DE

Arade    Pelados    Vale da Rosa    Fonte    Castelão    Alcar

Vale Figueira    Azinhal    Sobradinho    CALDEIRÃO    589    da Rata    do Cum

S.Bartolomeu de    Cortinhola    Sarnadas    Freixo Seco    541    Merca    52

Messines    de Cima    Montes Novos    175

Amorosa    Cerro    Santa    Penina    Rocha    174    Cortelha    Parizes    arr

Margarida    Negros    Barranco do Velho    Lajes    SERRA

124    Messines de    Salir    Carvall

Baixo    Monte da Charneca    Pena    124    Javali    Casa

Calvos    Alte    Benafim Grande    Palmeiros

270    Nave do    Corcitos    Porto

Carrasqueiral    Monte Brito    Barão    Carvalhoso    2

Barranco Longo    Ribeira de Alte    Esteval dos    Esteveira    Alto Fica    Querença    10

Mouros    Aldeia da Tôr    Corte Garcia    12

Mesquita    Paderne    Alcaria    Clareanes    Alportel

Ferrarias    Mem-Moniz    Cerca Velha    Estela Montes    Tareja

Tunes    Picota    Alfeição    Almargens    Pousada de São Bras

Algoz    14    Cerro do Ouro    Soalheira    270    S.Romão    Santa Catarina da

269    269-2    Campina    Gorjies    Gralheira    13    Fonte do Bispo    270

Baiãs    2    Boliqueime    6    São Brás    Mealha

Ferreiras    Vale Covo    Betunes    de Aportel    Desbarate    Alcarias

Guia    3    Loulé    Machados    Barracha    Monte

125    Miritenda    Benfarras    Vale Judeu    Boncinha    Bordeira    Peral

Vale da    Alpouvar    Barco de    Areeiro    Valados    Santa Bárbara    9    SERRA    DE    Jordana    FIGO

Ursa    Brejos    Camara    de Nexe    Ruinas romanas    MONTE    S. Miguel    Grutas de

Cerro de Águia    Vale Formoso    de Milreu    410    Monta

Sesmarias    Branqueira    Pereiras    Valé de    Estoval    Falfosa    Estoi    Carvalhal    Moncarapacho

La Misericórdia    Vilamoura    Almansil    IP1    Gião

Gruta do Xorino    Quarteira    Eguas    Besouro    Boavistao

Oura    Ferrarias    125    Patacão    16    Conceição    Pechão    Poço Longo    Quelfes

Albufeira    Monte Negro    Conceição    Campina    Brancanes    Bela

Ponta do Castelo    Praia de Oura    Faro    Torre de    Olhão    Quatrim

Praia de María Luísa    Praia da Falésia    Gambelas    Mar e Guerra    Natal    Vergílios    125

PRAIAS DE LA ALBUFEIRA    Quinta do    Monte Negro    Quatrim do Sul

Lago    ILHA DE

Praia da Quarteira    ARMONA

Praia de Faro    Parque Natural da Ria Formosa

Praia Ilha de Faro    Esteiro da Barra Grande

ILHA DO ANÇÃO    Ilha da Culatra

ILHA DA CULATRA

ILHA DA BARRETA    Cabo de Santa Maria

A    T    L    Á    N    T    I    C    O

A    B    C    D

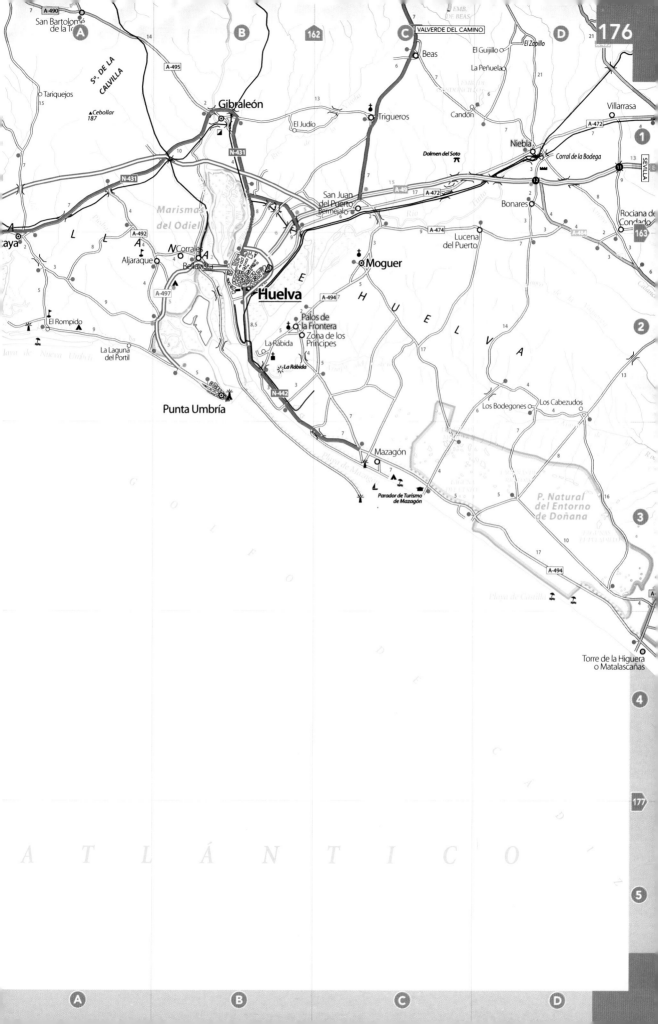

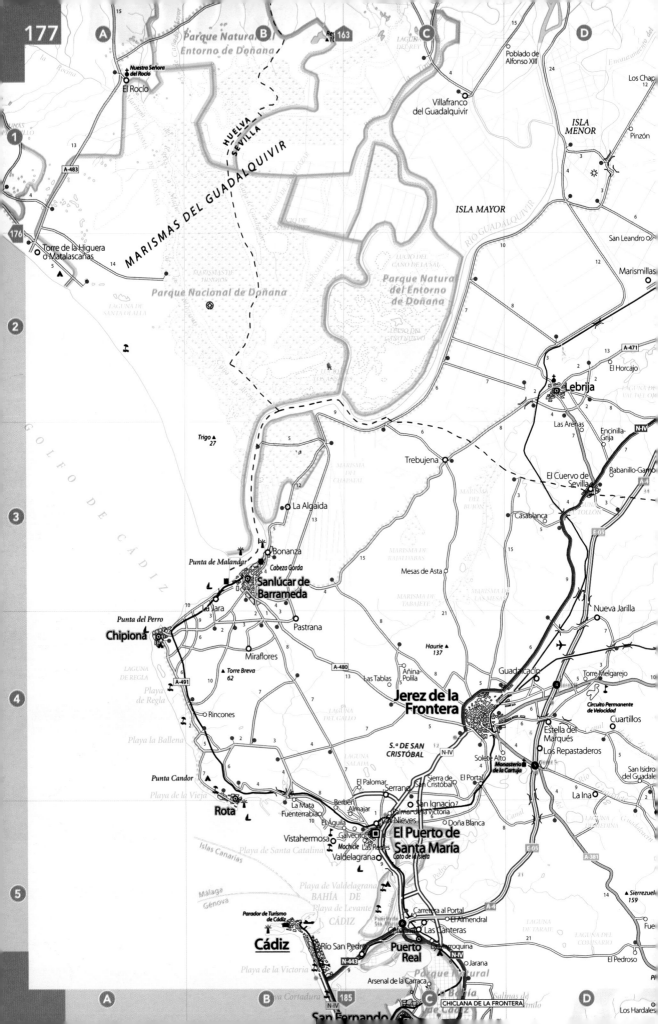

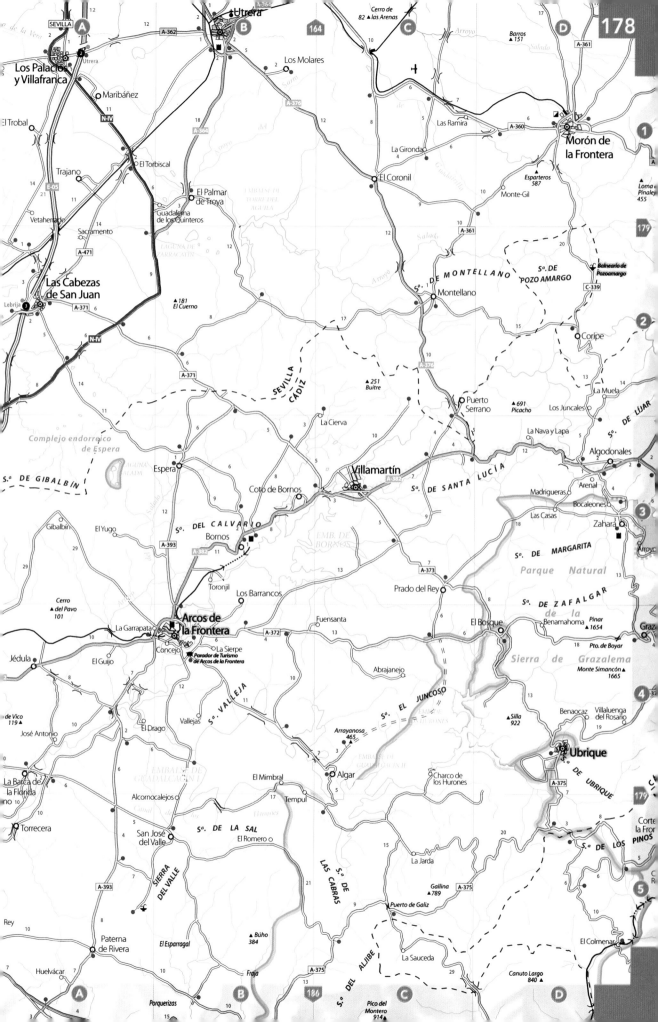

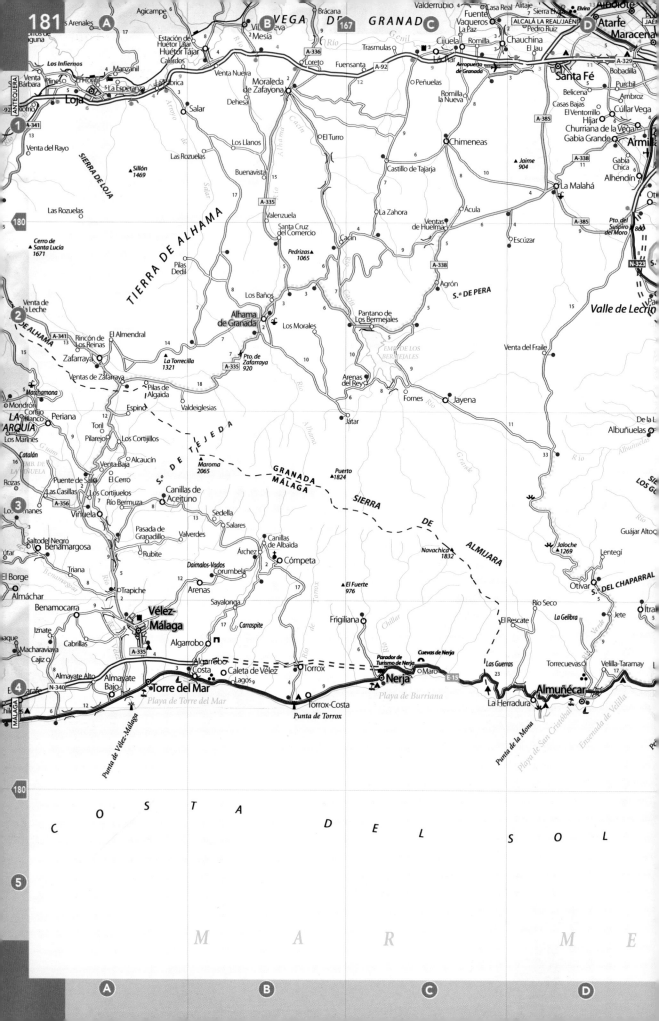

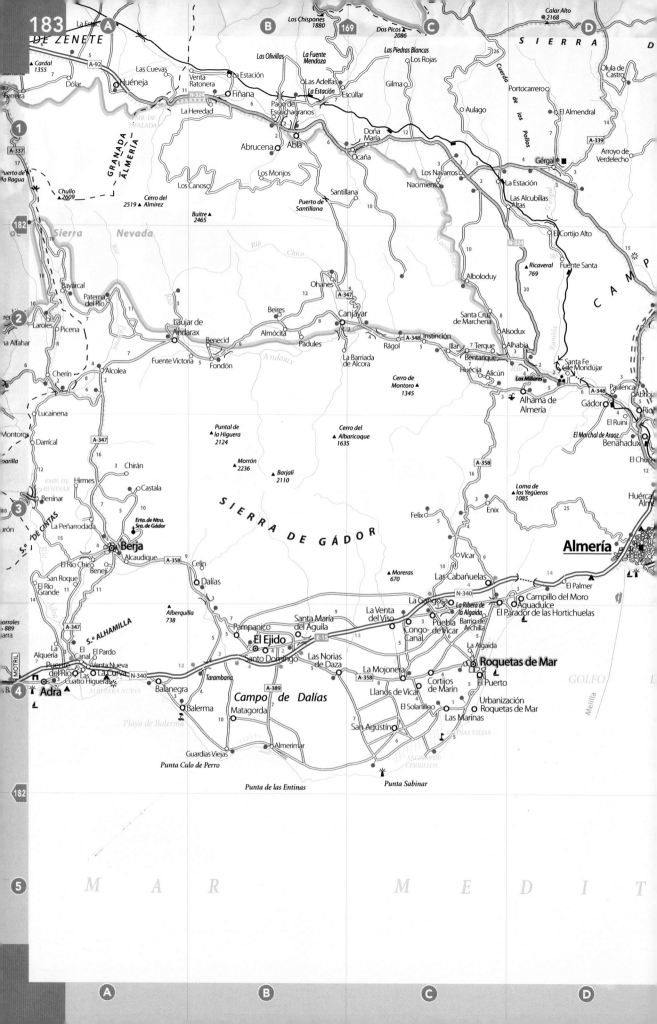

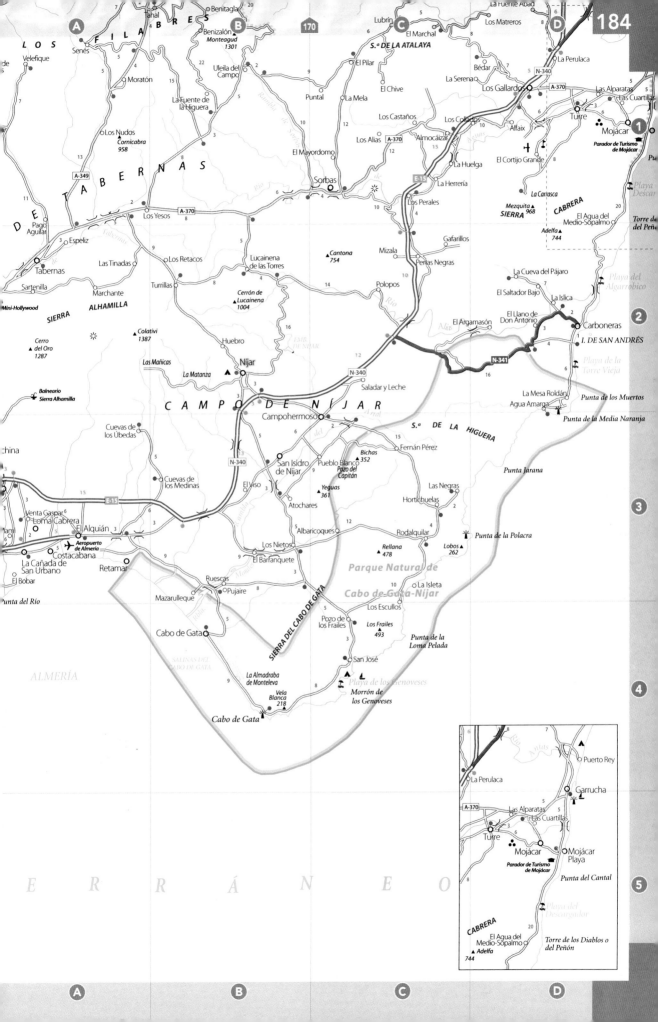

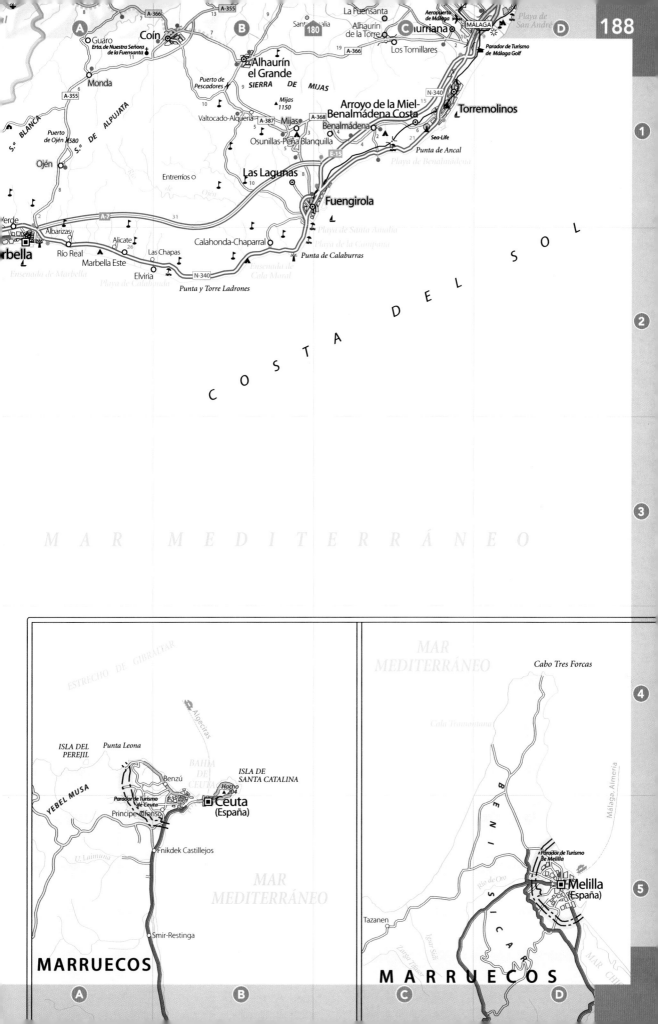

O C É A N O

A T L Á N T I C O

*FUERTEVENTURA*

Pu

*Bahía de las*

*Piedra de*

*Playa del Va*

*Caleta del Paso*

**Punta del Junquillo**

*Ensenada de la Herradura*

**Punta del Tarajalito**

Parque

Betanc

*Caleta de la Peña Vieja*

Ajuy

**Ntra. S**
**de la Pe**

*Playa de los Muertos*

9

*Caleta de la Cruz*

FARALS
PEÑ

**Punta de la Canal**

**Mézquez**
**414 ▲**

Pájara

*Playa de Garcey*

**Risco Blanco**

*Filo*
*de Tejeda*

*Cueva de Lobos*

Filo

**Melindraga**
**619**

T

**Punta Amanay**

26

*Montaña*
*Cardones*

Cardón

*Playas Negras*

**Cardón**
**691**

*Cuchillo de los Charcos*

*Playa de Ugán*

*Filo de los Cuchillos*

6

*Laja Blanca*

*Playa del Viejo Rey*

*Los Boquete*

4

Ta

*Agua Lique*

**Istmo de la Pared**

6

La Lajita

*Agua Tres Piedra*

8

*Playa de*
*Matas Blancas*

Pu

*Playa de Tarajalejo*

Costa Calma

*Playa de Barlovento de Jandía*

**El Jable**
▲

FV-2

**Parque Natural**

**Punta de Barlovento**

*Playa de Cofete*

*Jandía*

6

**Punta Pesebre**

*Playa*
*de Oj*

**Las Talahijas**
**127**

**807**
**Jandía**

P E N Í N S U L A   D E   J A N D Í A

Malnombre

*Playa de Sotavento de Jandía*

**Punta Jandía**

18

FV-2

13

**Punta de Jandía**

*Playa de las Pila*

**B**

FV-2

**ARRECIFE**
**DEL GRIEGO**

Gran Canaria
Tenerife

Morro del-Jable

Playa del
Matorral

**Punta del Matorral**
**o del Morro Jable**

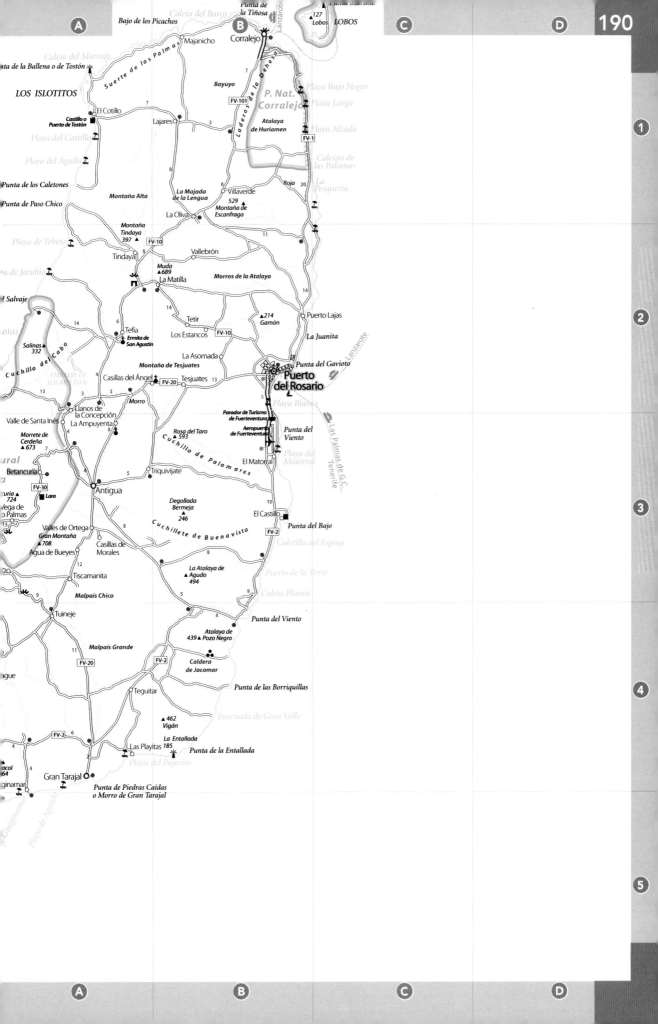

**A**

Bajo de los Picachos

Caleta del Marrajo

*ta de la Ballena o de Tostón*

**LOS ISLOTITOS**

*Playa del Castillo*

Castillo o
Puerto de Tostón

El Cotillo

Punta de los Caletones

Punta de Paso Chico

*Playa del Águila*

*Playa de Tebeto*

Montaña Alta

7

*a de Jarubia*

*Salvaje*

*tas*

Salinas
332

Cuchillo del Cabo

EMBALSE DE
LOS MOLINOS

13

14

6

Tefía

Ermita de
San Agustín

Valle de Santa Inés

Morrete de
Cerdeña
▲ 673

7

*ural*

Betancuria

*curia* ▲
724

*Vega de*
*o Palmas*

FV-30

Lara

15

Antigua

5

Valles de Ortega
Gran Montaña
▲ 708

Agua de Bueyes

Casillas de
Morales

Tiscamanita

12

*Malpaís Chico*

9

Tuineje

*Malpaís Grande*

11

FV-20

FV-2

9

6

*ague*

FV-2

4

*acol*
*64*

*ginamar*

4

Gran Tarajal

*Punta de Piedras Caídas*
*o Morro de Gran Tarajal*

Majanicho

Corralejo

Bayuyo

7

FV-101

Lajares

3

Atalaya
de Huriamen

La Majada
de la Lengua

8

Villaverde

529
Montaña de
Escanfraga

La Oliva

Montaña
Tindaya
397 ▲

FV-10

Tindaya

8

Vallebrón

Muda
▲ 689

La Matilla

*Morros de la Atalaya*

14

Tetir

▲ 214
Gamón

Los Estancos

FV-10

La Asomada

Montaña de Tesjuates

Casillas del Ángel

FV-20

Tesjuates

13

Morro

3

Llanos de
la Concepción

La Ampuyenta

8

Rosa del Taro
593

Cuchillo de Palomares

Triquivijate

5

Degollada
Bermeja
246

Cuchillete de Buena vista

El Matorral

10

El Castillo

FV-2

8

La Atalaya de
▲ Agudo
494

5

9

4

Punta del Viento

Atalaya de
439 ▲ Pozo Negro

Caldera
de Jacomar

Teguitar

Punta de las Borriquillas

▲ 462
Vigán

La Entallada
185

Las Playitas

Punta de la Entallada

*Playa del Pajarito*

**B**

Punta de
la Tiñosa

127
Lobos

**LOBOS**

P. Nat.
Corralejo

*Playa Bajo Negro*

*Playa Larga*

FV-1

*Playa Alzada*

Caletón de
las Palomas

Roja

20

La
*Pesquería*

11

Puerto Lajas

La Juanita

Punta del Gavioto

**Puerto
del Rosario**

Parador de Turismo
de Fuerteventura

Aeropuerto
de Fuerteventura

*Playa Blanca*

Punta del
Viento

*Playa del*
*Matorral*

Punta del Bajo

*Caletilla del Espino*

*Puerto de la Torre*

*Caleta Blanca*

Lanzarote

Las Palmas de G.C.
Tenerife

**C**

**D**

1

2

3

4

5

**A**

**B**

**C**

**D**

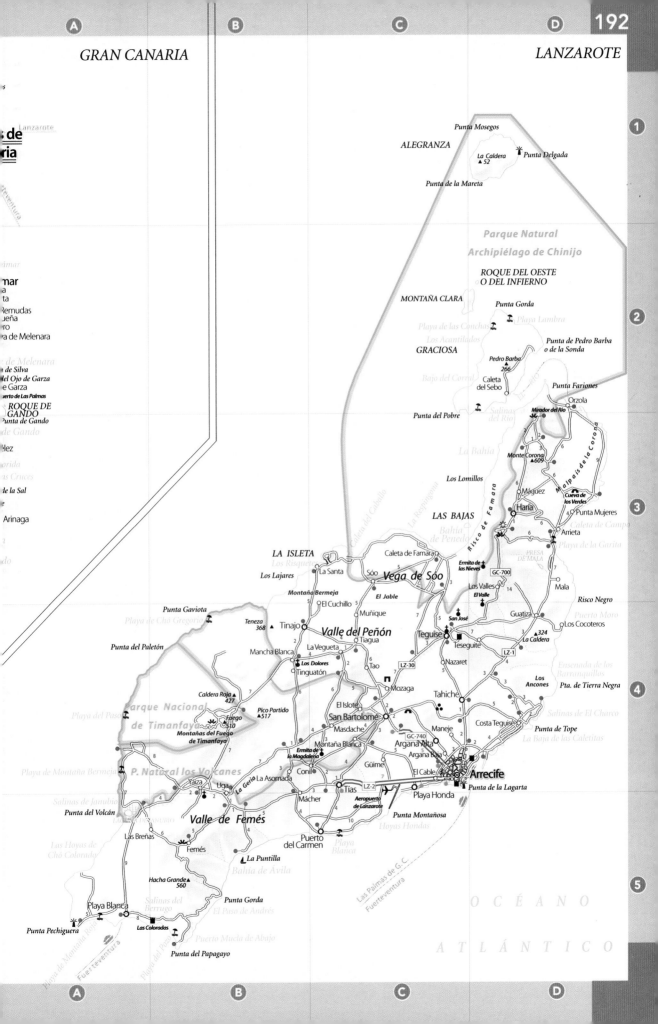

# LA PALMA

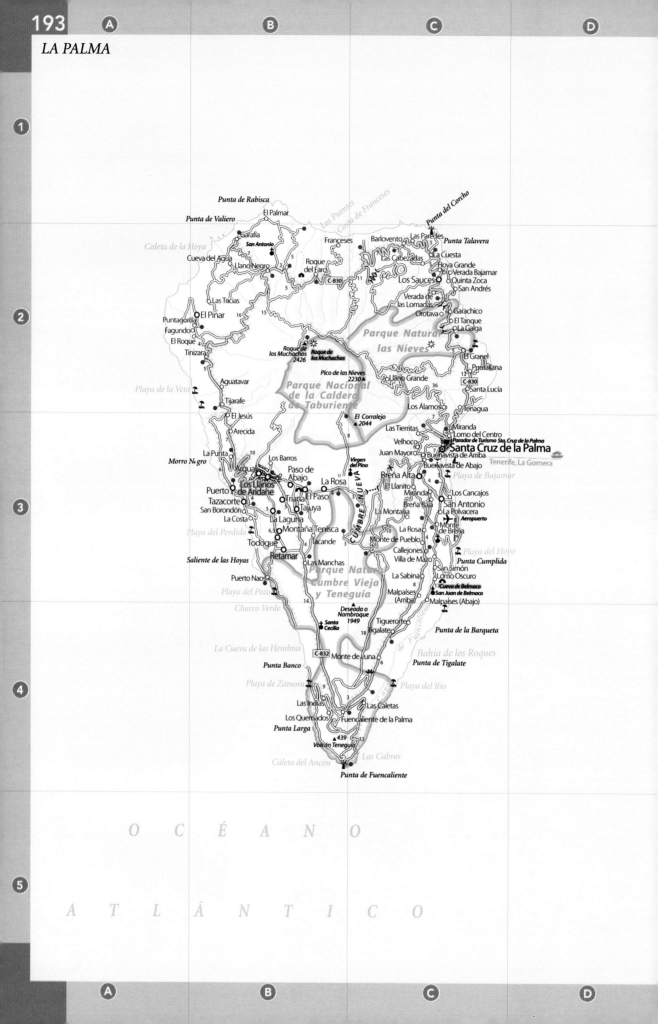

Punta de Rabisca
Punta de Valiero
El Palmar
Los Puentes
Costa de Frances
Punta del Corcho
Punta Talavera
Caleta de la Hoya
Garafía
San Antonio
Franceses
Barlovento
Las Paredes
La Cuesta
Cueva del Agua
Llano Negro
Roque del Faro
Las Cabezadas
Hoya Grande
Verada Bajamar
C-830
Los Sauces
Quinta Zoca
San Andrés
Las Tricias
Verada de las Lomadas
El Pinar
Orotava
Garachico
Puntagorda
El Tanque
La Galga
Fagundo
El Roque
Roque de los Muchachos 2426
Roque de los Muchachos
El Granel
Tinizara
Puntallana
Parque Natural las Nieves
Aguatavar
Pico de las Nieves 2230
Santa Lucía
Tijarafe
Parque Nacional de la Caldera de Taburiente
Llano Grande
Ténagua
Playa de la Veta
El Jesús
El Corralejo 2044
Los Álamos
Miranda
Arecida
Las Tierritas
Lomo del Centro
La Punta
Velhoco
Parador de Turismo Sta. Cruz de la Palma
Morro Negro
Los Barros
Virgen del Pino
Juan Mayor
Santa Cruz de la Palma
Arguayo
Paso de Abajo
Buenavista de Arriba
Los Llanos de Aridane
La Rosa
Buenavista de Abajo
Tenerife, La Gomera
Puerto
Triana
El Paso
Breña Alta
Tazacorte
Tajuya
El Llanito
San Borondón
La Costa
La Laguna
Miranda
Los Cancajos
Montaña Tenisca
Breña Baja
San Antonio
Todoque
Tacande
La Montaña
La Polvacera
Monte de Breña
Retamar
La Rosa
Aeropuerto
Saliente de las Hoyas
Las Manchas
Monte de Pueblo
Playa del Hoyo
Puerto Naos
Parque Natural Cumbre Vieja y Teneguía
Callejones
Villa de Mazo
Punta Cumplida
Playa del Pozo
La Sabina
San Simón
Charco Verde
Lomo Oscuro
Deseada o Nambroque 1949
Malpaíses (Arriba)
Cueva de Belmaco
San Juan de Belmaco
Santa Cecilia
Malpaíses (Abajo)
Tiguerorte
La Cueva de las Hembras
Tigalate
Punta de la Barqueta
C-832
Monte de Luna
Bahía de los Roques
Punta Banco
Punta de Tigalate
Playa de Zamora
Playa del Río
Las Indias
Las Caletas
Los Quemados
Fuencaliente de la Palma
Punta Larga
439
Volcán Teneguía
Las Cabras
Caleta del Ancón
Punta de Fuencaliente

1

## LA GOMERA

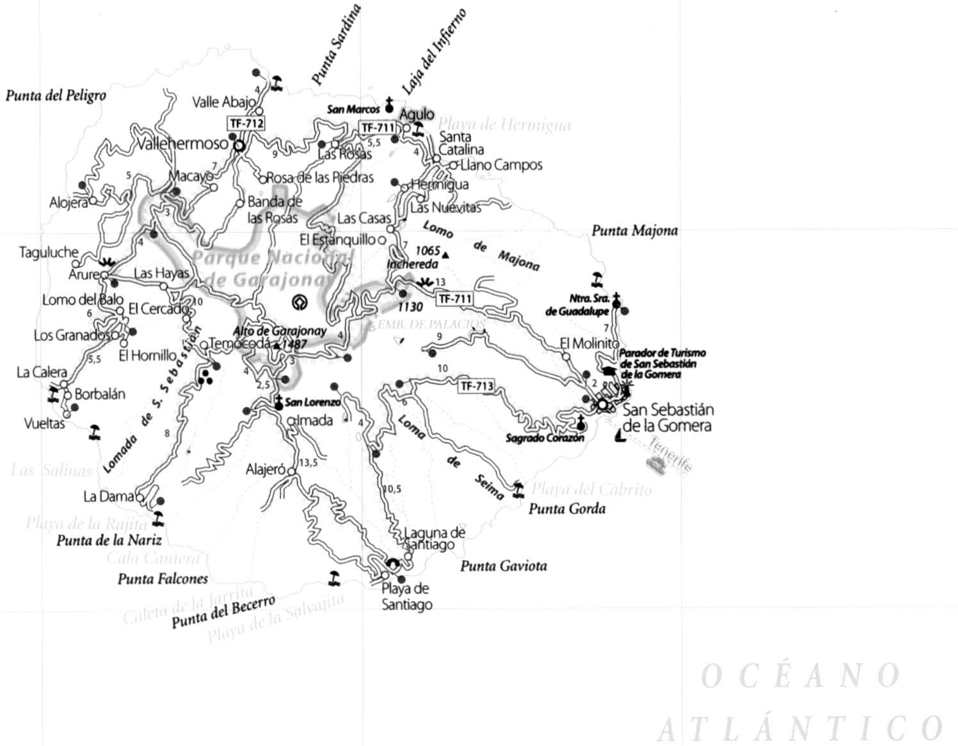

Punta del Peligro
Valle Abajo
TF-712
Vallehermoso
San Marcos
TF-711
Agulo
Punta Sardina
Loja del Infierno
Playa de Hermigua
Macayo
Las Rosas
Santa Catalina
Llano Campos
Alojera
Rosa de las Piedras
Banda de las Rosas
Hermigua
Las Nuevitas
Taguluche
Las Casas
Lomo de Majona
Punta Majona
El Estanquillo
Arure
Las Hayas
Parque Nacional de Garajonay
1065
Inchereda
13
Lomo del Balo
El Cercado
1130
Ntra. Sra. de Guadalupe
Los Granados
Alto de Garajonay
Temocodá 1487
EMIL DE PALACIOS
El Molinito
Parador de Turismo de San Sebastián de la Gomera
El Hornillo
La Calera
TF-711
Borbalán
San Lorenzo
TF-713
San Sebastián de la Gomera
Vueltas
Olmada
Lomada de S. Sebastián
Loma de Seima
Sagrado Corazón
La Dama
Alajeró
13,5
Playa del Cabrito
Las Salinas
10,5
Punta Gorda
Playa de la Rajita
Laguna de Santiago
Punta de la Nariz
Cala Cantera
Punta Gaviota
Punta Falcones
Playa de Santiago
Caleta de la Jarrita
Punta del Becerro
Playa de la Salvajita

OCÉANO ATLÁNTICO

3

## EL HIERRO

Punta Norte
Bahía de las Calcosas
Baja del Negro
Punta de Amacas
ROQUES DE SALMOR
Mocanal
Tamaduste
Punta de Salmor
Guarazoca
Aeropuerto del Hierro
Playa del Cantado
Valverde
La Palma
Las Puntas
Ventejís 1137
Virgen de la Peña
La Caleta
EL GOLFO
Punta de Tejeguate
Tiñor
TF-911
Las Palmas de G.C.
Punta de la Sal
San Andrés
TF-912
Tenerife
Punta del Verodal
Risco de Tibataje
La Caridad
ROQUE DE LA SAL
Punta Gorda
Tigaday
El Golfo (Frontera)
Punta de Tijimiraque
Bahía de los Pozos
Los Llanillos
Isora
Las Playecillas
Bahía de los Reyes
Ntra. Sra. de los Reyes
Sabinosa
Punta de Ajones
Punta Orchilla
Malpaso 1500
Tenerife 1417
Punta de Bonanza
Punta del Barbudo
Las Casas
Playa de la Arena
Playa de los Cardones
Punta de los Mozos
El Pinar
Parador de Turismo de Hierro
Playa de los Moles
Los Jables
Punta de Miguel
Punta del Cascajo
Baja Fría
Playa de las Alcuzas
ROQUES DE LOS JORADITOS
Punta de Tafirabe
Playa del Pozo
Cala de Tacorón
Punta del Lajial
Playa del Cantadal
Bahía de Naos
La Restinga
Punta de la Restinga

OCÉANO ATLÁNTICO

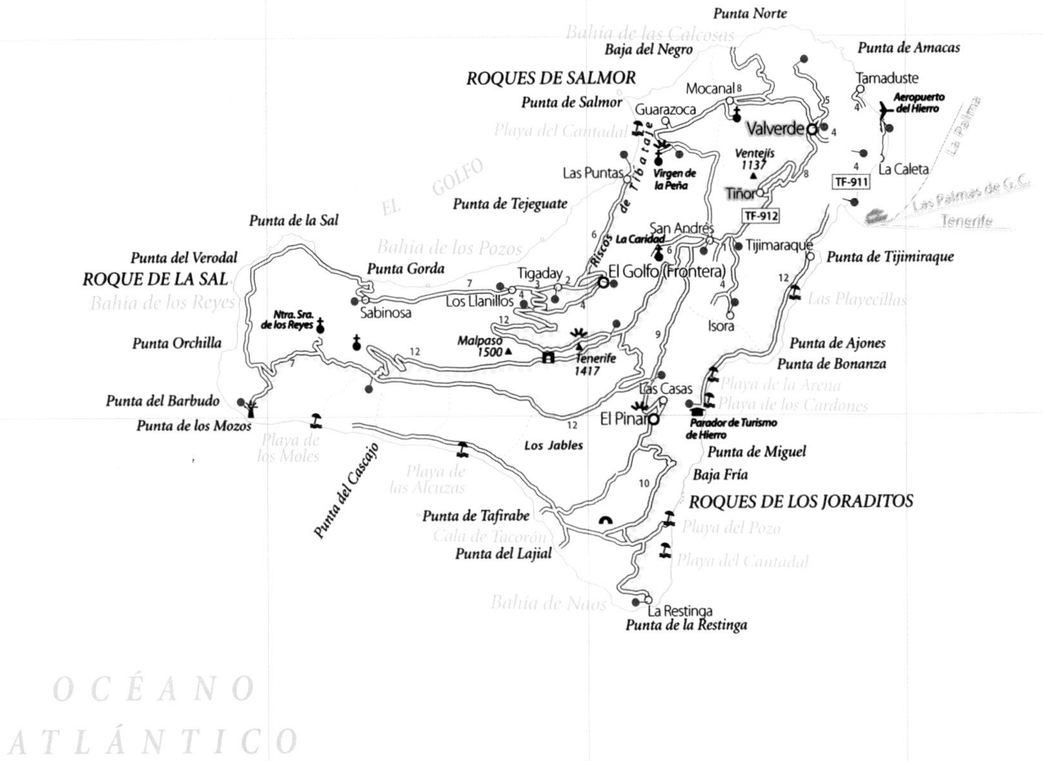

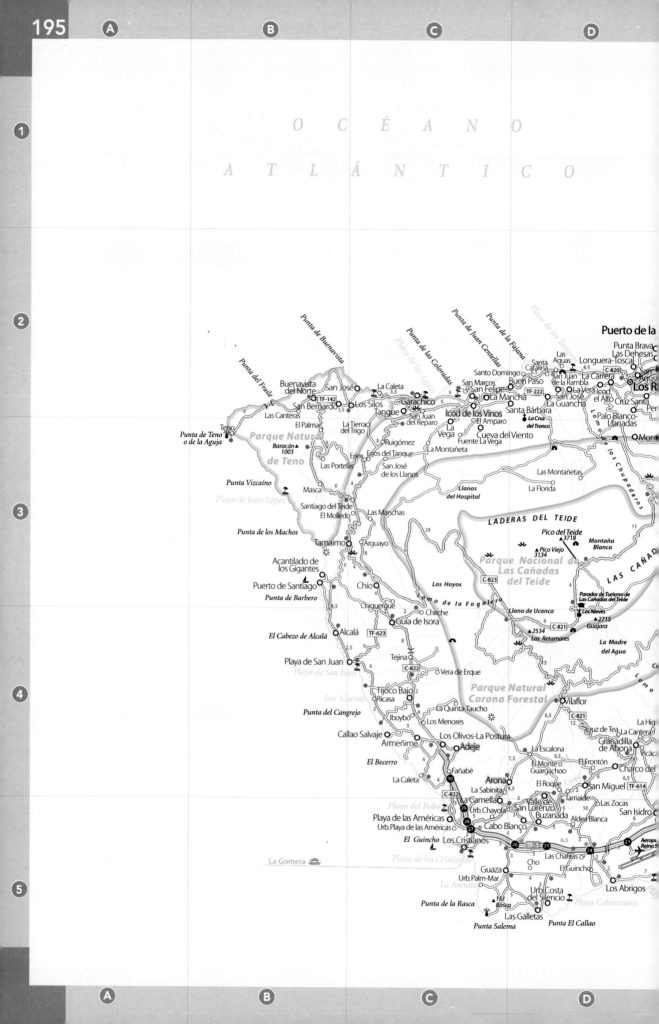

A B C D

ROQUES DE ANAGA

Pta. de Tamadite

Punta del Hidalgo

Playa de Benijo

Roque Bermejo

Ntra. Sra. de Begoña

Almáciga

MONTE DE LAS MERCEDES

Chinobre 910

Playa de Anosma

Punta de Anaga

Playa del Arenal

Punta del Hidalgo

Punta Gotera

Bajamar

Taborno

Afur

Taganana

3,5

Punta del Fraile

Punta de la Barranquera

TF-121

Tejina

Cruz del Carmen

Roque Negro

Las Casas de la Cumbre

5,5

MACIZO

TF-112

Igueste de San Andrés

El Roquete

Valle de El Socorro

TF-122

Teguesté

Pedro Alvarez

Las Casas de la Cumbre

Juan Fernández

Guerra

Vega de las Mercedes

Parque Rural de Anaga

San Andrés

Playa de las Teresitas

Puerto de la Madera

Tagoro

La Caridad

El Portezuelo

Los Campitos

Valle Tahodio

Cueva Bermeja

Lanzarote

Cádiz

Guayonge

La Luz

Guamasa

La Laguna

Los Valles

María Jiménez

TF-111

Tacoronte

Los Naranjeros

Los Rodeos

Finca España

Las Chumberas

Sauzal

TF-5

Las Casas Altas

El Ortigal

La Cuesta

Santa Cruz de Tenerife

Gran Canaria

Fuerteventura

Punta del Puertito

Agua García

Barranco de las Lajas

Los Baldíos

Geneto

La Gomera

El Hierro

Caleta de la Negra

Ravelo

El Rosario

Los Andenes

Taco

Puerto Caballo

de Barranco Hondo

La Matanza de Acentejo

Llano del Moro

Tincer

Añaza

Bajos y Tagoro

La Victoria de Acentejo

Los Altos-Arroyos

El Sobradillo

San Isidro

Las Rosas

Barranco Grande

La Vera-Carril

El Tablero

Sta. María del Mar

Los Alisios

Sta. Úrsula

La Corujera

Barranco Hondo

Radazul

Playa de la Nea

Cuesta de la Villa

La Dehesa Baja

Tabaiba

La Orotava

La Arena

Los Frontones

Igueste

San Antonio

Las Caletillas

Playa de las Arenas

Chasna

Aguamansa

Las Cuevecitas

Araya

Candelaria

Playa de los Samarines

MONTE DE LA ESPERANZA

Malpaís

La Hidalga

Playa de la Entrada

C-821

Arafo

TF-413

El Carretón

El Socorro

Pino Alto

Izaña 2387

Güímar

Punta de Güímar

Puertito de Güímar

Abreo 2400

Lomo de los Pinos

Mirador de Don Martín

La Medida

Pájara

Playa de Arriba

Punta Agache

Lomo de Mena

C-822

El Escobonal

TF-1

Playa de la Margallera

La Zarza

Fasnia

ano de Lajitas

Sabina Alta

Laja Amarilla

La Sombrera

Cruz del Roque

Las Eras

goro

Icor

Punta de Honduras

La Degollada

Arico Viejo

Playa de las Ceras

La Sabinita

Arico el Nuevo

TF-613

La Cisnera

Los Gavilanes

Arico

Porís de Abona

Punta de Abona

El Río

Punta de Cueva Negra

Chimiche

Salto del Roque

Playa de la Jaca

Ensenada Piedra de la Sal

San Miguel de Tajao

Montaña de Ifara 302

Ensenada del Cobón

Punta del Camello

Playa del Medio

Punta del Tanque del Vidrio

El Médano

a Roja

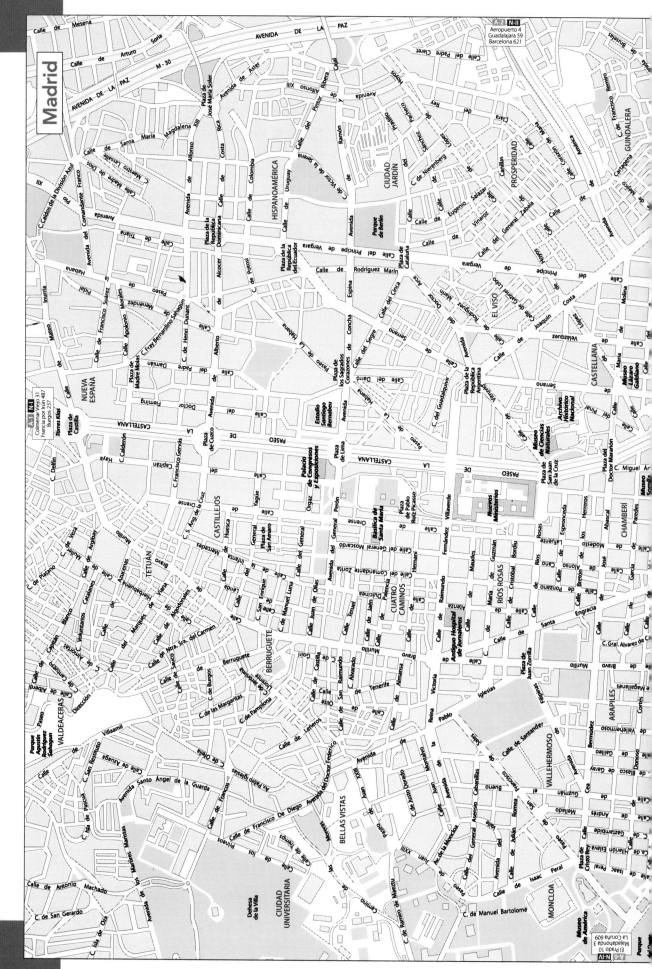

Madrid

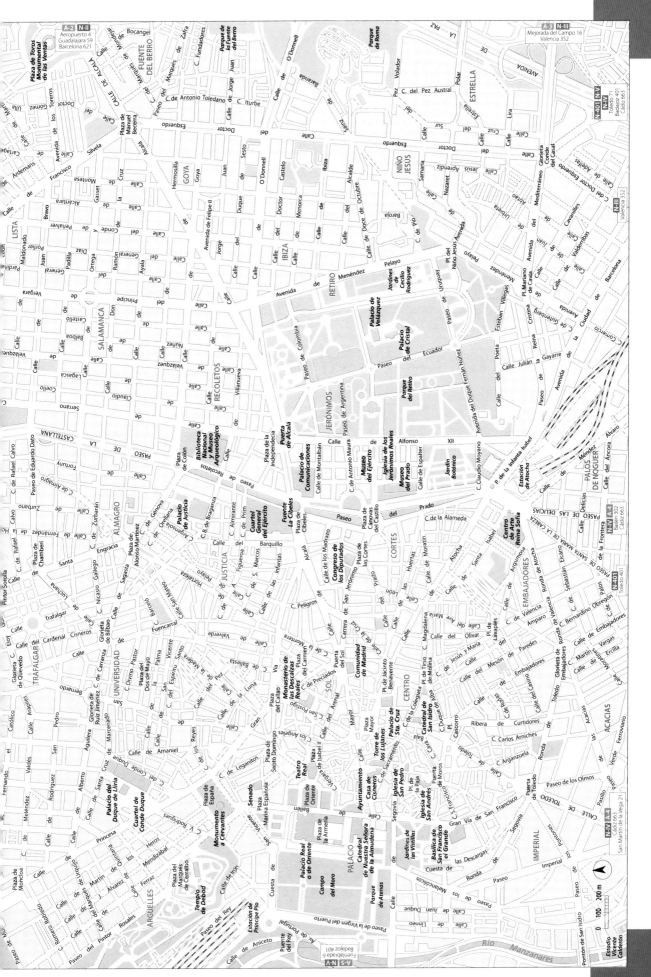

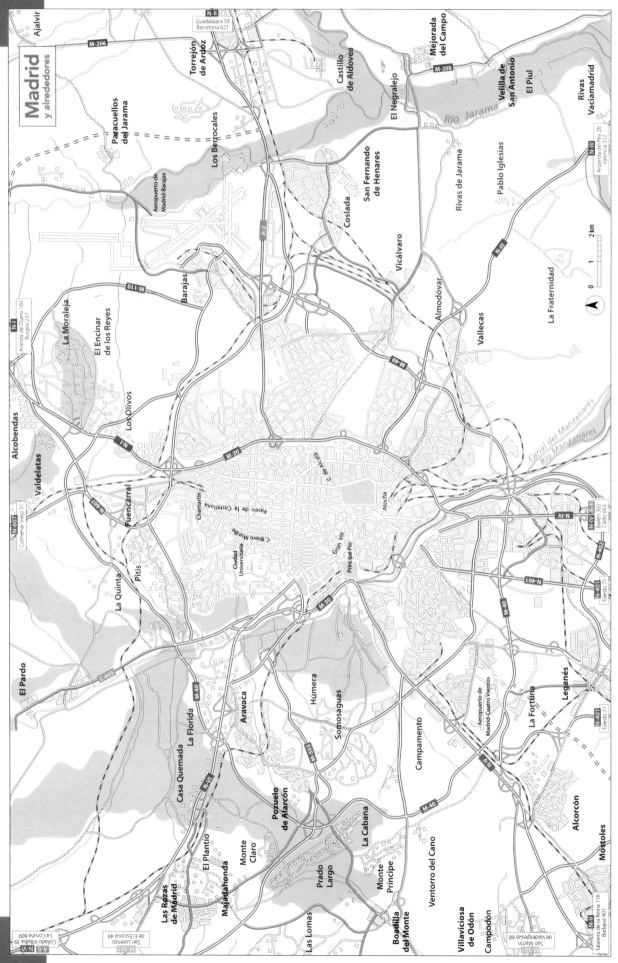

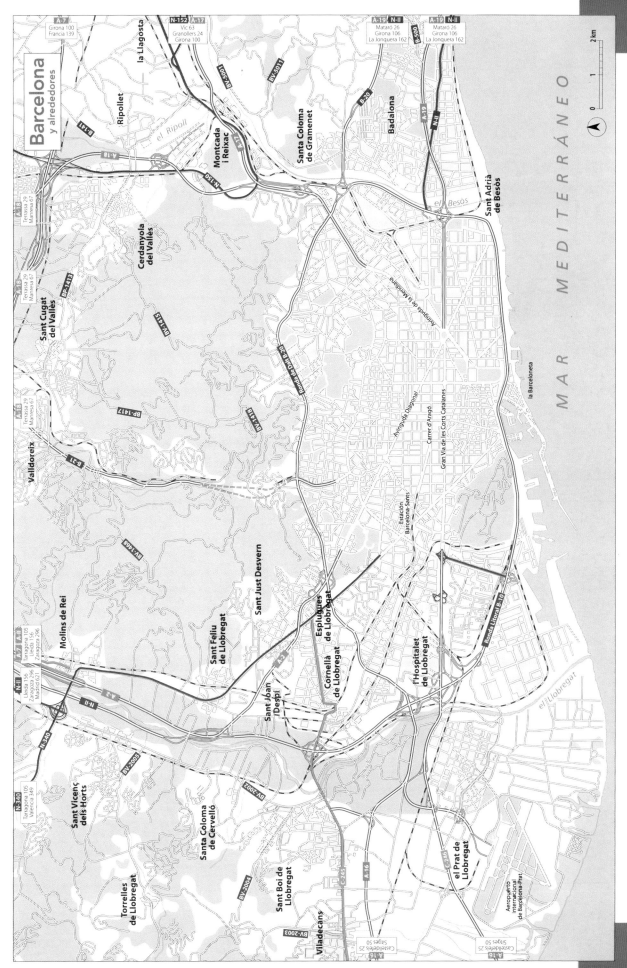

Barcelona
y alrededores

MAR MEDITERRÁNEO

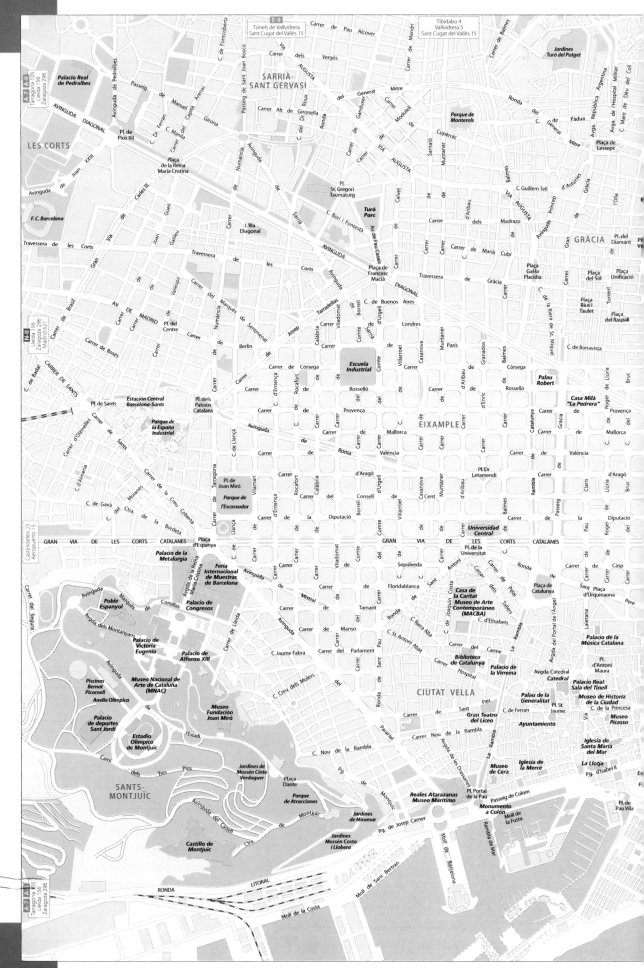

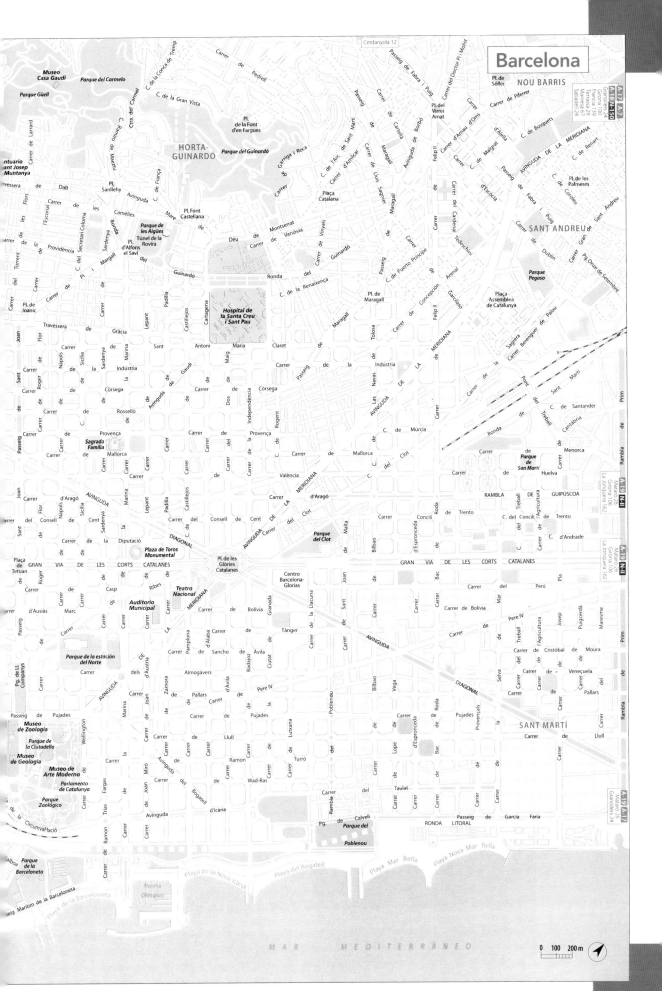

Barcelona

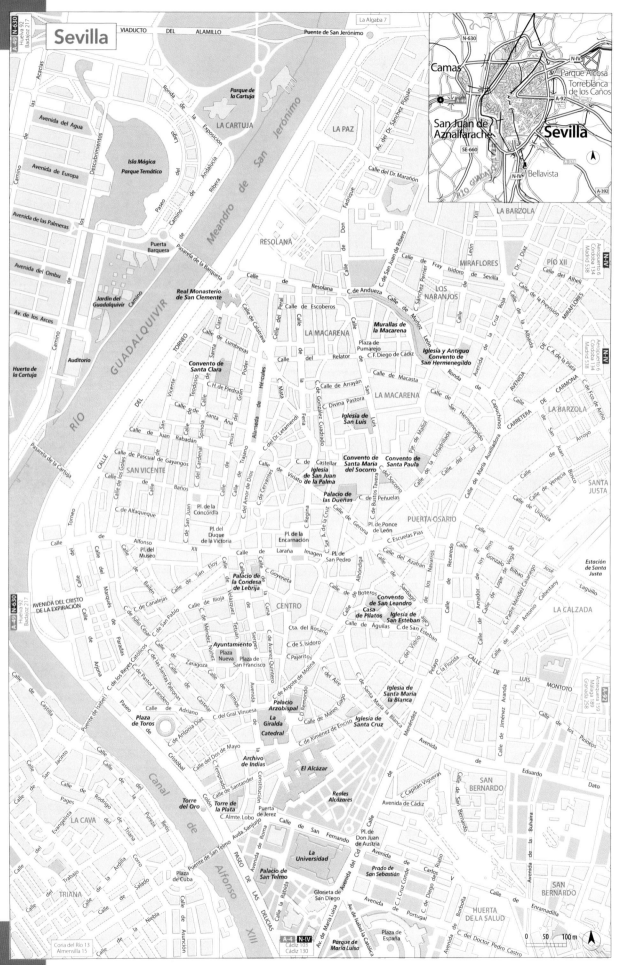

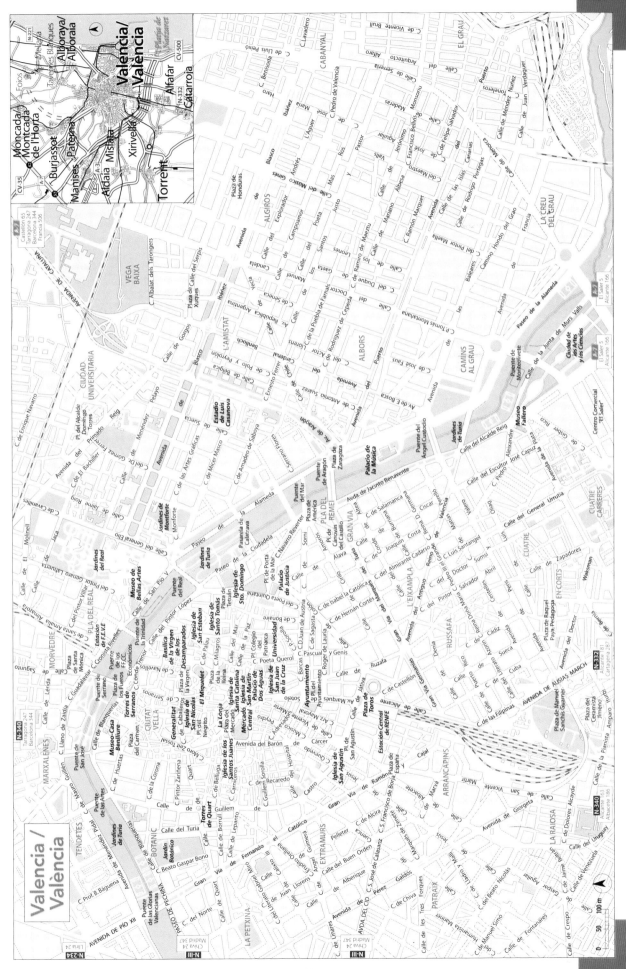

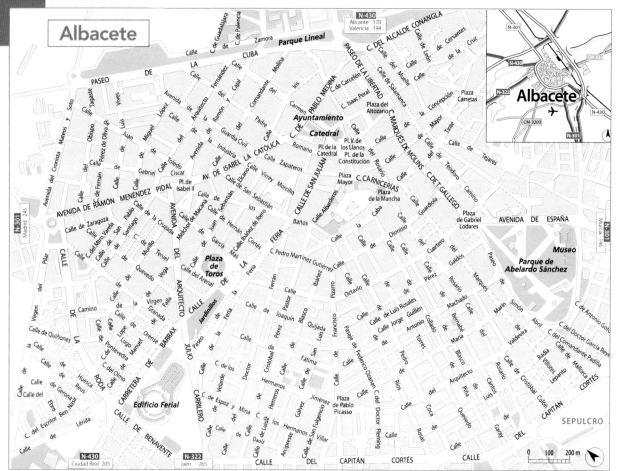

# Albacete

# Alicante/Alacant

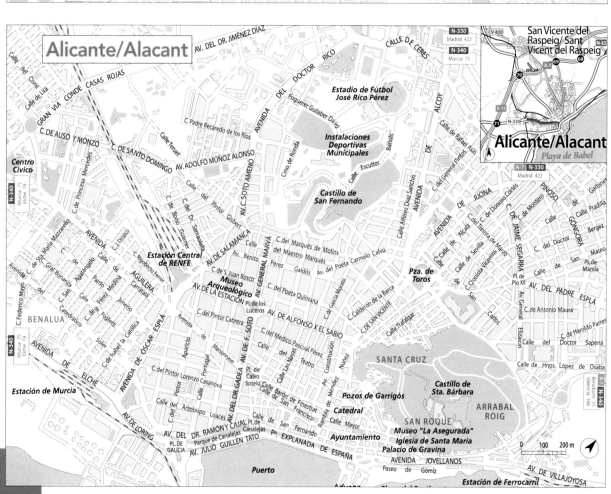

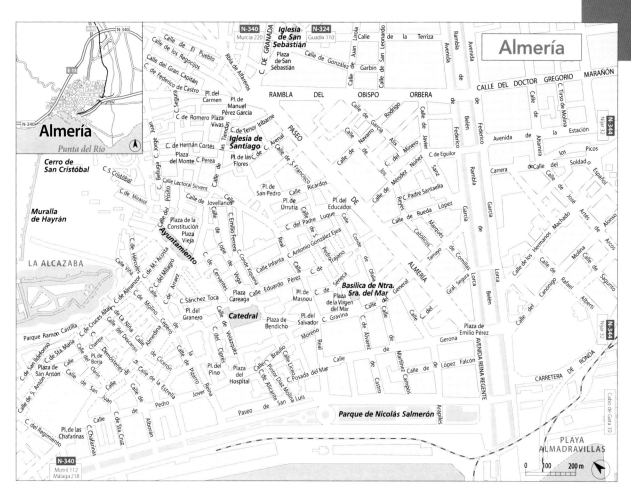

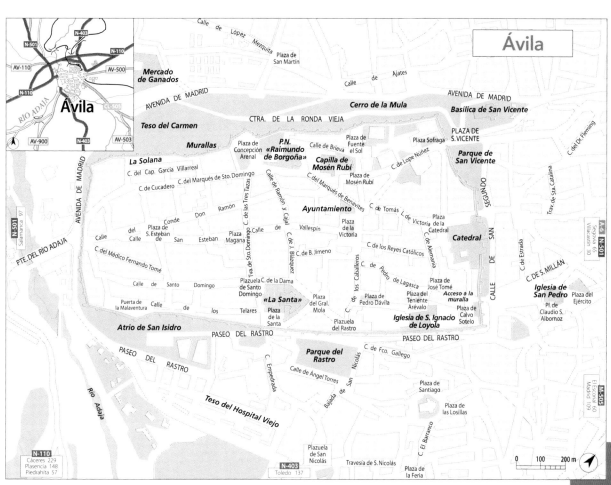

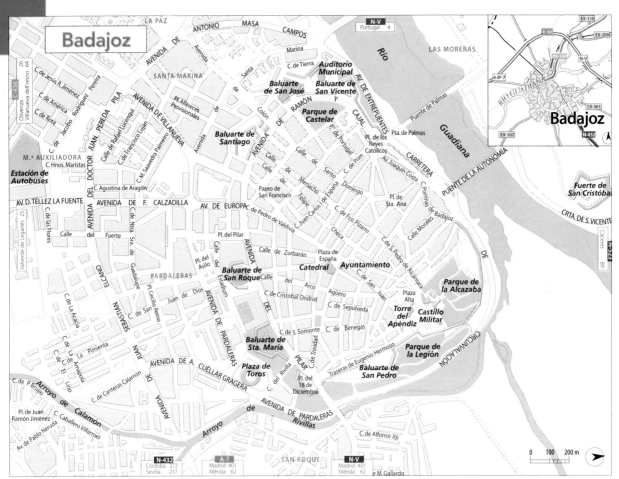

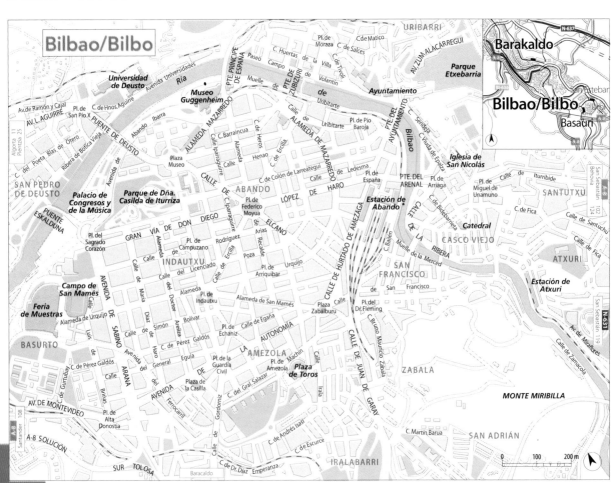

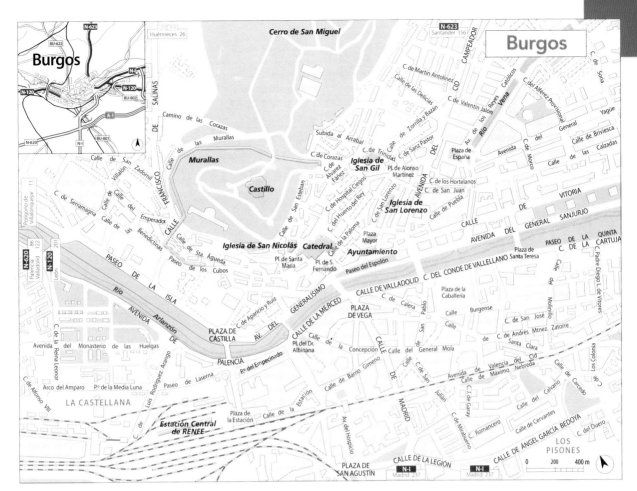

Burgos

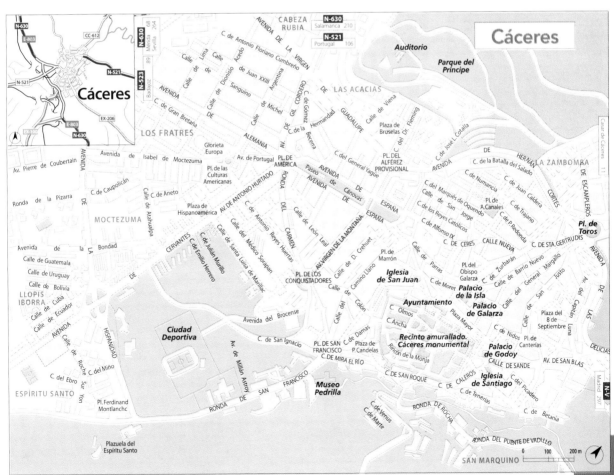

Cáceres

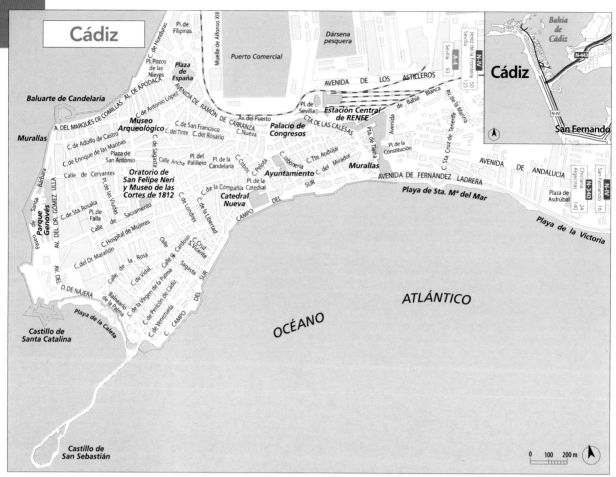

# Cádiz

Bahía de Cádiz

San Fernando

Pl. de Filipinas

Pl. de Honduras
Pl. Pozos de las Nieves
Plaza de España
Muelle de Alfonso XIII
Puerto Comercial
Dársena pesquera

AVENIDA DE LOS ASTILLEROS

Baluarte de Candelaria
AL. DE APODACA
A. DEL MARQUÉS DE COMILLAS
Museo Arqueológico
C. de Antonio López
AVENIDA DE RAMÓN DE CARRANZA
Av. del Puerto
Pl. de Sevilla
Estación Central de RENFE
Av. de Bahía Blanca
CTA. DE LAS CALESAS

Murallas
C. de Adolfo de Castro
C. de Enrique de las Marinas
C. del Tinte
C. de San Francisco
C. del Rosario
C. Nueva
Palacio de Congresos
Av. de la Marina

A. DEL MARQUÉS DE COMILLAS
Plaza de San Antonio
Calle Ancha
Pl. del Palillero
Pl. de la Candelaria
C. Cobos
C. Pelota
C. Jabonería
C. Tte. Andújar
C. del Mirador
Pl. de Tierra
Pl. de la Constitución
Sta. Cruz de Tenerife

Murallas
AVENIDA DE ANDALUCÍA
AVENIDA DE FERNÁNDEZ LADRERA
Playa de Sta. Mª del Mar
Plaza de Asdrúbal

A. DEL DR. GÓMEZ ULLA
Paseo de Santa Bárbara
Parque Genovés
AV. DEL DR. GÓMEZ ULLA
C. de Cervantes
Calle de
C. de Sta. Rosalía
Pl. de las Viudas
Oratorio de San Felipe Neri y Museo de las Cortes de 1812
Pl. de la Compañía
Catedral
Catedral Nueva
C. de la Compañía
C. de la Libertad

Murallas

AVENIDA DE FERNÁNDEZ LADRERA
Playa de Sta. Mª del Mar

Playa de la Victoria

AV. DEL DR. GÓMEZ ULLA
Pl. de Falla
C. Hospital de Mujeres
Sacramento
C. Cruz S. Vicente
C. de la Rosa
C. de Cardozo
Calle de la Virgen de la Palma
Sagasta
CAMPO DEL SUR
D. DE NÁJERA
Balneario de la Palma
C. de Vidal
C. del Dr. Marañón
C. de Perlicón de Cádiz
C. de Venezuela
C. CAMPO

OCÉANO

ATLÁNTICO

Playa de la Caleta

Castillo de Santa Catalina

Castillo de San Sebastián

0   100   200 m

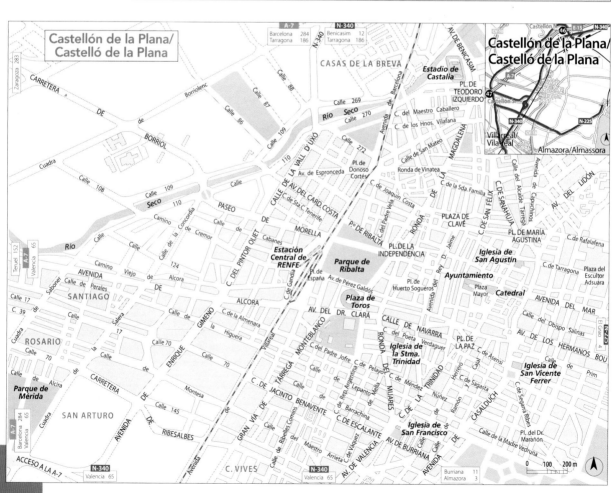

# Castellón de la Plana/ Castelló de la Plana

A-7   N-340
Barcelona 284   Benicasim 12
Tarragona 186   Tarragona 186

CASAS DE LA BREVA

Estadio de Castalia

PL. DE TEODORO IZQUIERDO

Castellón de la Plana/ Castelló de la Plana

Villarreal/ Vilareal

Almazora/Almassora

Zaragoza 283
CARRETERA   DE
BORRIOL
Borriolenc
Calle 88
Calle 87
Calle 86
Calle 109
Río   Seco
Calle 270
Calle 269
Av. de Barcelona
Av. de Benicasim

C. del Maestro Caballero
C. de los Hnos. Vilafana
C. de San Mateo

Teruel 152
Valencia 65
Río
Cuadra
Calle 108
Camino
Seco   110
Calle 109
PASEO
Camino de la Concordia
C. de Cremor
Cabanes
DE MORELLA
Calle 272
CALLE DE LA VALL D'UXÓ
Av. de Espronceda
Pl. de Donoso Cortés
C. de Joaquín Costa
Ronda de Vinatea
C. de la Sda. Familia
RONDA
PLAZA DE CLAVÉ
C. DE SAN FÉLIX
C. DE SANAHUJA

AVENIDA
SANTIAGO
AVENIDA   DE
Calle de Perales
124
Camino Viejo   de   Alcora
C. DEL PINTOR OLLET
Estación Central de RENFE
Pl. de España
Av. de Pérez Galdós
Parque de Ribalta
Pl. de la Independencia
Pl. de Huerto Sogueros
Plaza Mayor
Ayuntamiento
Catedral
PL. DE MARÍA AGUSTINA
Iglesia de San Agustín
C. de Rafalafena
Plaza del Escultor Adsuara

Cuadra
Calle 17
C. 39
ROSARIO
Calle   70
Calle de Alcira
CARRETERA
Salera   17
Calle 70
ENRIQUE   GIMENO
C. de la Almenara
Higuera
ALCORA
AV. DEL DR. CLARÁ
Plaza de Toros
CALLE DE NAVARRA
C. del Poeta Verdaguer
PL. DE LA PAZ
AVENIDA DEL MAR
C. del Obispo Salinas
AV. DE LOS HERMANOS BOU
El Grao

Parque de Mérida
Calle
Montesa
Calle 145
Calle de la Madre Vedruna
C. DE JACINTO BENAVENTE
GRAN VÍA   DE
MONTEBLANCO
C. del Padre Jofre
C. de Pelayo
RONDA DEL MILLARS
Iglesia de la Stma. Trinidad
C. de Méndez Núñez
C. de Asensi
RONDA DE LA TRINIDAD
Iglesia de San Vicente Ferrer
de Prim

SAN ARTURO
Barcelona 284
Valencia 65
A-7
Calle
AVENIDA
DE   RIBESALBES
C. de Ribelles Comíns
C. DE ESCALANTE
Arrieta
AV. DE BURRIANA
Iglesia de San Francisco
Pl. del Dr. Marañón
CASALDUCH
C. de Segarra Ribes

ACCESO A LA A-7
N-340
Valencia 65
C. VIVES
N-340
Valencia 65
Burriana 11
Almazora 3

0   100   200 m

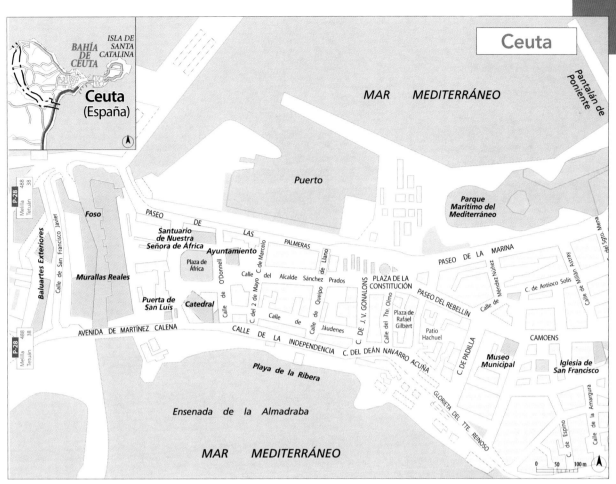

**Ceuta**

*Ceuta (España)*

BAHÍA DE CEUTA

ISLA DE SANTA CATALINA

MAR MEDITERRÁNEO

Pantalán de Poniente

Puerto

Parque Marítimo del Mediterráneo

P-28 Melilla 488 Tetuán 38

Foso

Baluartes Exteriores

Calle de San Francisco Javier

PASEO DE LAS PALMERAS

Santuario de Nuestra Señora de África

Ayuntamiento

Plaza de África

Murallas Reales

Calle de O'Donnell

Calle del 2 de Mayo

C. de Marcelo

Calle del Alcalde Sánchez Prados

Calle de Llano

PASEO DE LA MARINA

C. de Méndez Núñez

C. de Antioco Solís

Calle de Millán Astray

C. del 55 de Mera

Puerta de San Luis

Catedral

Calle de

Calle de Queipo

Calle de Jáudenes

C. DE J. V. GONALONS

PLAZA DE LA CONSTITUCIÓN

Calle del Tte. Olmo

PASEO DEL REBELLÍN

Plaza de Rafael Gilbert

C. DE PADILLA

CAMOENS

P-28 Melilla 488 Tetuán 38

AVENIDA DE MARTÍNEZ CALENA

CALLE DE LA INDEPENDENCIA

C. DEL DEÁN NAVARRO ACUÑA

Patio Hachuel

Museo Municipal

Iglesia de San Francisco

Calle de Amargura

Playa de la Ribera

GLORIETA DEL TTE. REINOSO

C. de Espino

Ensenada de la Almadraba

MAR MEDITERRÁNEO

0 50 100 m

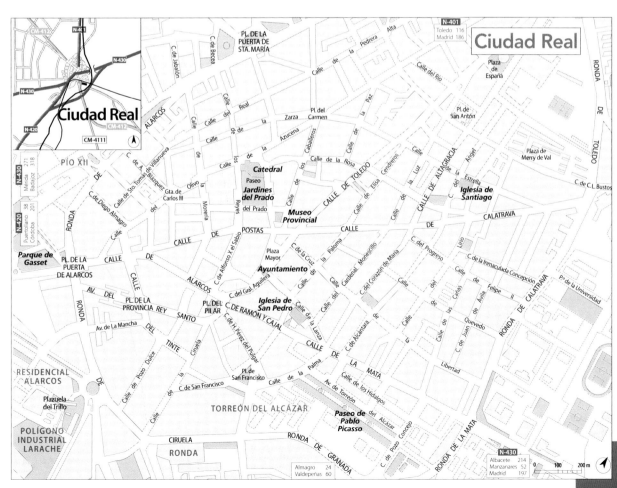

**Ciudad Real**

CM-412 N-401 N-430 N-420 N-430 CM-412 CM-4111

Ciudad Real

N-401 Toledo 116 Madrid 186

PL. DE LA PUERTA DE STA. MARÍA

C. de Jabalón

C. de Becea

Calle de la Pedrera

Alta

Calle del Río

Plaza de España

RONDA DE TOLEDO

N-430 Mérida 271 Badajoz 318

PÍO XII

ALARCOS

Calle del Real

Pl. del Carmen

Zarza

Calle de la Paz

Pl. de San Antón

N-420 Puertollano 38 Córdoba 201

C. de A. López de Villanueva

Calle de Sto. Tomás Blázquez

Olivo

Gta. de Carlos III

Reyes

Morería

Azucena

Caballeros

Calle de la Rosa

Calle de los

Plaza de Merry de Val

C. de C. L. Bustos

RONDA

C. de Diego Almagro

Calle

CALLE DE

POSTAS

Catedral

Paseo

Jardines del Prado

del Prado

Museo Provincial

CALLE DE TOLEDO

Calle de Elisa

Cenderos

Calle de la Luz

CALLE DE ALTAGRACIA

del Ángel

C. de la Estrella

Iglesia de Santiago

CALATRAVA

Parque de Gasset

PL. DE LA PUERTA DE ALARCOS

AV. DEL

RONDA

PL. DE LA PROVINCIA

Av. de La Mancha

CALLE

DE

ALARCOS

C. de Alfonso X el Sabio

Plaza Mayor

Ayuntamiento

C. de la Cruz

C. del Gral. Aguilera

Iglesia de San Pedro

C. DE RAMÓN Y CAJAL

PL. DEL PILAR

REY

SANTO

DEL

TINTE

Ciruela

C. de H. Pérez del Pulgar

Calle de

C. del Coronel Montezillo

Cardenal

de

CALLE

Calle de la Lanza

C. del Progreso

Lirio

C. de la Inmaculada Concepción

RONDA DE CALATRAVA

Calle de Felipe II

Pº de la Universidad

de

de

las Cañas

Quevedo

RESIDENCIAL ALARCOS

Plazuela del Trillo

Calle de Pozo Dulce

la

Pl. de San Francisco

C. de San Francisco

Pl. de San Francisco

Calle de la Palma

Calle de los Hidalgos

C. de Alcántara

C. de Juan de Ávila

de

Calle

Libertad

DE

LA

MATA

TORREÓN DEL ALCÁZAR

Paseo de Pablo Picasso

del Alcázar

Av. de Torreón

POLÍGONO INDUSTRIAL LARACHE

CIRUELA

RONDA

RONDA DE GRANADA

C. de Pozo Concejo

RONDA DE LA MATA

N-430

Albacete 214 Manzanares 52 Madrid 197

Almagro 24 Valdepeñas 60

0 100 200 m

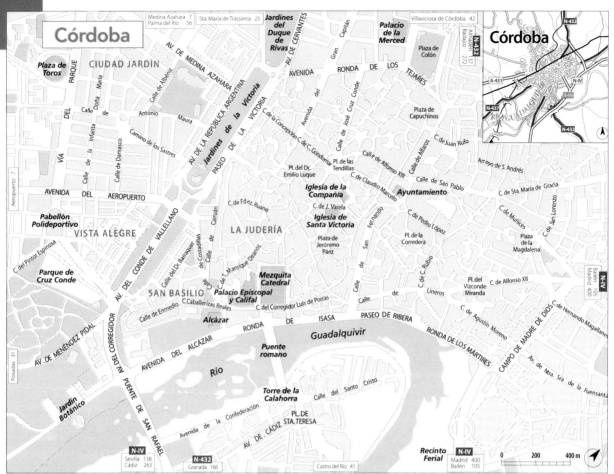

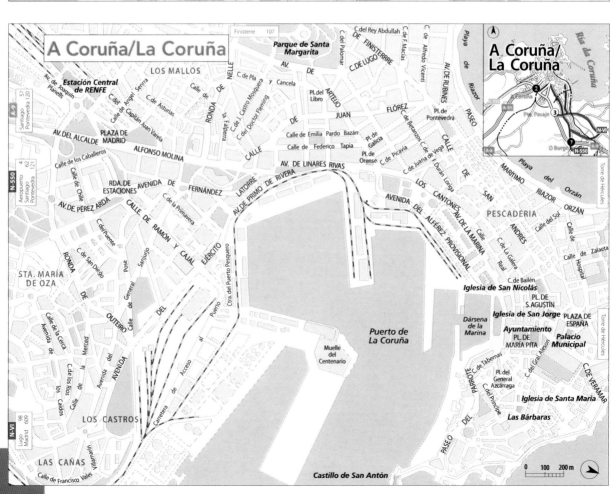

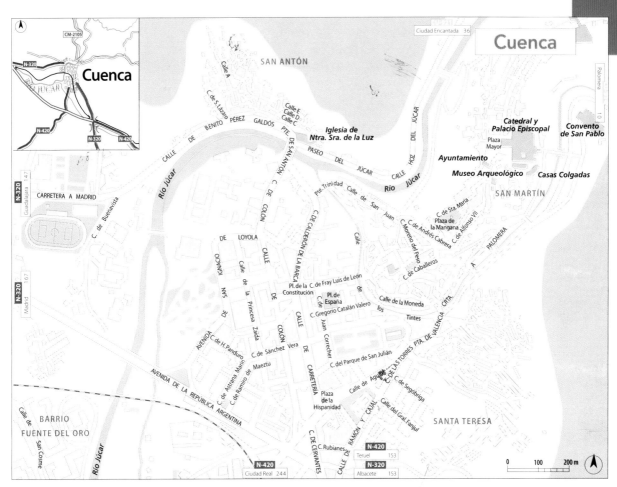

**Cuenca**

Ciudad Encantada 36

SAN ANTÓN

Calle A

Calle E
Calle D
Calle C

C. de S. Lázaro

CALLE DE BENITO PÉREZ GALDÓS

PTE. DE SAN ANTÓN

PASEO DEL JÚCAR

Iglesia de
Ntra. Sra. de la Luz

CALLE HOZ DEL JÚCAR

Catedral y
Palacio Episcopal

Convento
de San Pablo

Plaza
Mayor

Ayuntamiento

CALLE JÚCAR

Río Júcar

Museo Arqueológico

Casas Colgadas

SAN MARTÍN

Río Júcar

Pte. Trinidad

Calle de San Juan

C. DE CALDERÓN DE LA BARCA

C. de Sta. María

Plaza de
la Mangana

C. de Andrés Cabrera

C. de Alfonso VII

C. Moreno del Peso

Calle

DE LOYOLA

CALLE DE SAN IGNACIO

Calle de la Princesa Zaida

CALLE DE COLÓN

C. de Caballeros

A PALOMERA

Pl. de la
Constitución

C. de Fray Luis de León

Pl. de
España

Calle de la Moneda

C. Gregorio Catalán Valero

C. de Juan Correcher

los

CRTA.

Tintes

AVENIDA C. de H. Panduro

C. de Astrana Marín

C. de Sánchez Vera

C. de Ramiro de Maeztu

CALLE DE CARRETERA

C. del Parque de San Julián

Calle de Aguirre

C. DE LAS TORRES PTA. DE VALENCIA

C. de Segóbriga

AVENIDA DE LA REPÚBLICA ARGENTINA

Calle de
BARRIO
FUENTE DEL ORO

San Cosme

Río Júcar

Plaza
de la
Hispanidad

Calle de RAMÓN Y CAJAL

Calle del Gral. Fanjul

SANTA TERESA

C. DE CERVANTES

C. Rubianes

N-420
Teruel 153

N-420
Ciudad Real 244

N-320
Albacete 153

CARRETERA A MADRID

N-320 Guadalajara 47

N-320 Madrid 167

0   100   200 m

---

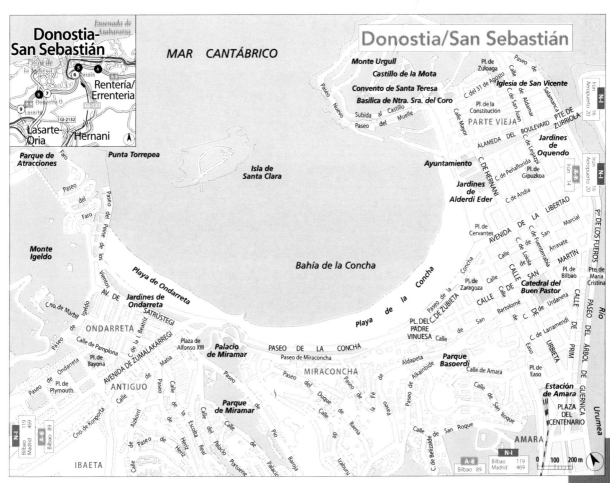

**Donostia/San Sebastián**

Donostia-
San Sebastián

Ensenada de
Arbañarba

Rentería/
Errenteria

Lasarte-
Oria

Hernani

MAR   CANTÁBRICO

Monte Urgull

Castillo de la Mota

Convento de Santa Teresa

Basílica de Ntra. Sra. del Coro

Subida al Castillo

Paseo Nuevo

Paseo del Muelle

Pl. de
Zuloaga

Paseo de

Iglesia de San Vicente

C. de 31 de Agosto

Calle de Aldamar

Calle de Salamanca

PTE. DE
ZURRIOLA

Pl. de la
Constitución

Calle Mayor

Calle de San Juan

PARTE VIEJA

Irún 16
Aeropuerto 20   N-I

ALAMEDA DEL BOULEVARD

C. de Legazpi

Jardines
de
Oquendo

Irún 16
Aeropuerto 20   N-I

Parque de
Atracciones

Punta Torrepea

Faro

Paseo del

Ayuntamiento

C. DE HERNANI

C. de Peñaflorida

Pl. de
Gipuzkoa

Isla de
Santa Clara

Faro

Jardines
de
Alderdi Eder

C. de Andia

P° DE LOS FUEROS

Monte
Igeldo

Paseo del Peine de los Vientos

Bahía de la Concha

Pl. de
Cervantes

AVENIDA DE LA LIBERTAD

C. de San Marcial

Arrasate

CALLE SAN MARTÍN

Paseo de la Concha

Concha

Pl. de
Bilbao

Pte de
María
Cristina

Río Urumea

P° DEL ÁRBOL DE GUERNICA

Playa de Ondarreta

AV. DE SATRÚSTEGI

Jardines de
Ondarreta

Cno. de Marbil

ONDARRETA

Calle de Pamplona

Calle de la I. Beatriz

Plaza de
Alfonso XIII

Palacio
de Miramar

Playa    de    la    Concha

Pl. de
Zaragoza

Calle

Calle de Loiola

CALLE DE SAN

Bartolomé

C. de Urdaneta

C. de Larramendi

PL. DEL
PADRE
VINUESA

Calle

CALLE DE PRIM

CALLE DE URBIETA

Catedral del
Buen Pastor

Cno. de Igeldo

Pl. de
Bayona

AVENIDA DE ZUMALAKARREGI

Matia

PASEO DE LA CONCHA

Paseo de Miraconcha

MIRACONCHA

Aldapeta

C. de Alkainbide

Parque
Basoerdi

Calle de Amara

Pl. de
Easo

Pl. de
Plymouth

Pl. de
Ondarreta

ANTIGUO

Calle

Paseo

Duque

Calle de San Roque

Calle

Estación
de Amara

PLAZA
DEL
CENTENARIO

Parque
de Miramar

Cno. de Kopotta

Aitzkorri

Paseo

Calle

Heriz

Paseo

Paseo

de

Calle

Real

Paseo

Baroja

Izaburu

Calle    de    Belizalde    de    San    Roque

AMARA

N-I
Bilbao   119
Madrid   469

N-I
Bilbao   119
469

A-8
Bilbao   89

IBAETA

A-8
Bilbao 89

0   100   200 m

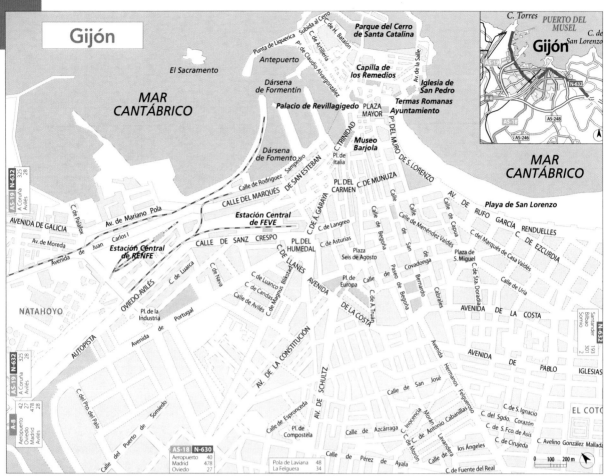

# Gijón

MAR CANTÁBRICO

El Sacramento

Parque del Cerro de Santa Catalina

Punta de Liquerica
Subida al Cerro
Antepuerto
Pº de Claudio Alvargonzález
C. de Artillería
C. de H. Batallón

Capilla de los Remedios

Dársena de Formentín

Iglesia de San Pedro

Av. de la Salle

Palacio de Revillagigedo

PLAZA MAYOR

Termas Romanas
Ayuntamiento

Dársena de Fomento

C. TRINIDAD

Museo Barjola

Pl. de Italia

Pº DEL MURO DE S. LORENZO

MAR CANTÁBRICO

Calle de Rodríguez

Sampiro

PPL. DEL CARMEN

C. DE MUNUZA

AV. DE RUFO GARCÍA RENDUELLES

Playa de San Lorenzo

CALLE DEL MARQUÉS

DE SAN ESTEBAN

C. DE A. GARAYA

Calle de Begoña

Calle de Capua

C. del Marqués de Casa Valdés

C. DE EZCURDIA

AVENIDA DE GALICIA

Av. de Mariano Pola

Estación Central de FEVE

C. de Langreo

Calle de Menéndez Valdés

Plaza de S. Miguel

Calle de Uría

Av. de Moreda

Avenida

de Juan Carlos I

Estación Central de RENFE

CALLE DE SANZ CRESPO

PL. DEL HUMEDAL

Calle de Asturias

Plaza Seis de Agosto

Paseo de Covadonga

Plaza de Covadonga

AVENIDA DE LA COSTA

C. de Palafox

C. de Luarca

C. de Nava

C. DE LLANES

Pl. de Europa

Calle

Paseo de Begoña

Bernardo

Cabrales

AVENIDA DE LA COSTA

NATAHOYO

AUTOPISTA

Pl. de la Industria

C. del Pto. del Palo

Avenida

de

Portugal

Somiedo

C. de Luanco

C. de Magnús Blikstad

C. de Candás

Calle de Avilés

AVENIDA

DE LA COSTA

AV. DE LA CONSTITUCIÓN

AV. DE SCHULTZ

Calle de Esponceda

Pl. de Compostela

Calle de San José

Calle de Azcárraga

Calle de San José

AVENIDA DE PABLO IGLESIAS

C. de S. Ignacio

C. del Sgdo. Corazón

C. de S.Fco. de Asís

C. Avelino González Mallada

EL COTO

Calle

de

Pérez

de

Ayala

C. de Fuente del Real

Pola de Laviana 48
La Felguera 34

0  100  200 m

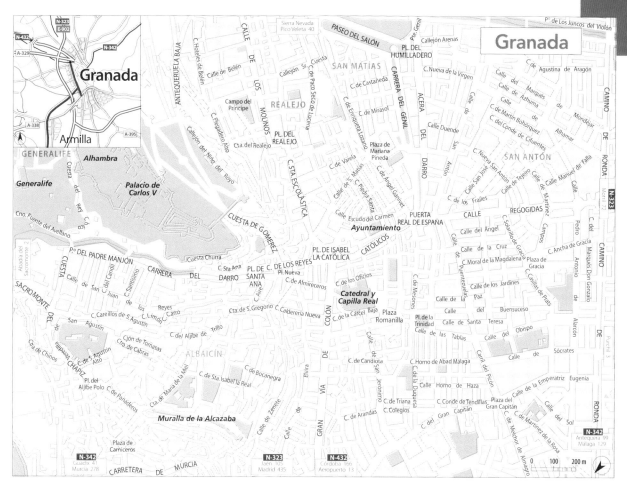

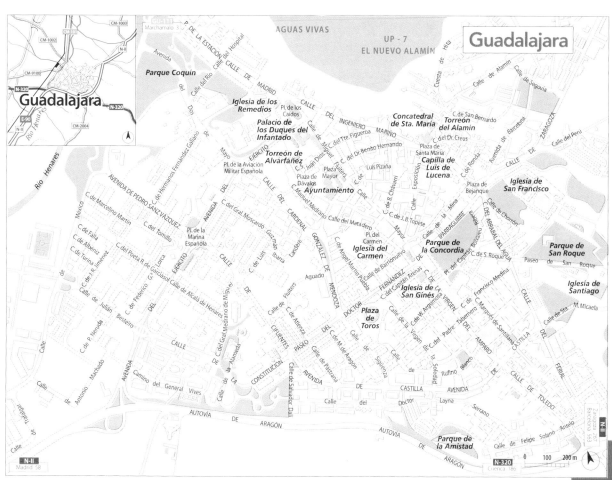

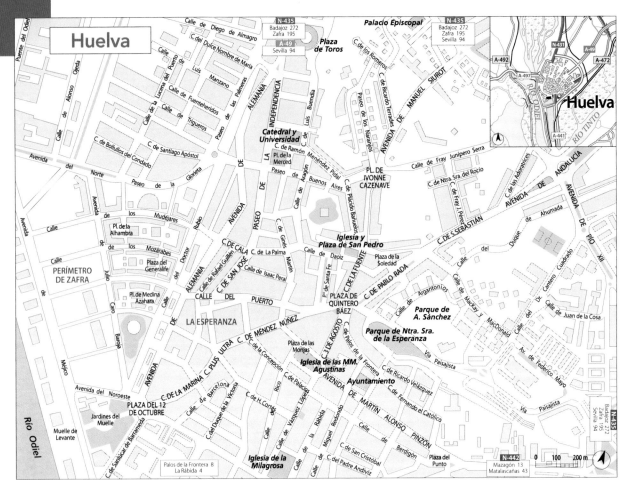

**Huelva**

**Catedral y Universidad**

**Plaza de Toros**

**Palacio Episcopal**

**Iglesia y Plaza de San Pedro**

**PLAZA DE QUINTERO BÁEZ**

**Parque de A. Sánchez**

**Parque de Ntra. Sra. de la Esperanza**

**Iglesia de las MM. Agustinas**

**Ayuntamiento**

**PLAZA DEL 12 DE OCTUBRE**

**Iglesia de la Milagrosa**

Río Odiel

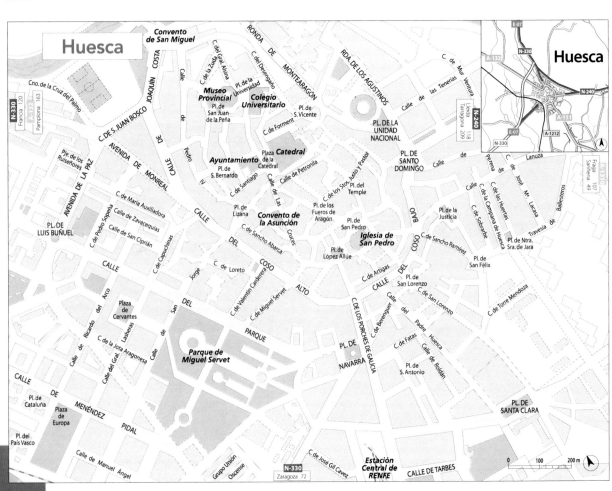

**Huesca**

**Convento de San Miguel**

**Museo Provincial**

**Colegio Universitario**

**Ayuntamiento**

**Catedral**

**Convento de la Asunción**

**Iglesia de San Pedro**

**PL. DE LA UNIDAD NACIONAL**

**PL. DE SANTO DOMINGO**

**Parque de Miguel Servet**

**PL. DE SANTA CLARA**

**Estación Central de RENFE**

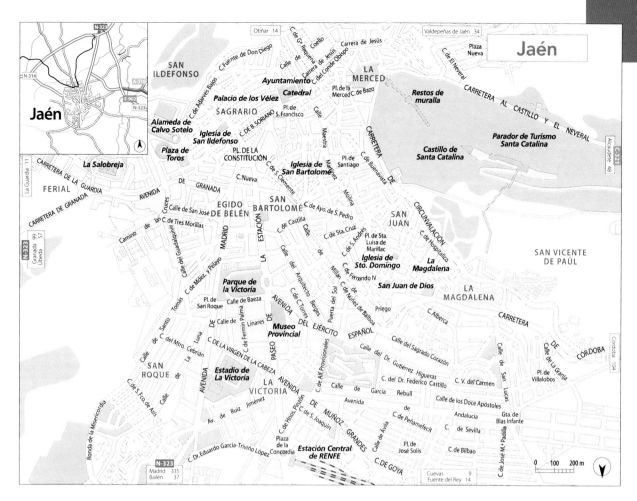

## Jaén

Otiñar 14
Valdepeñas de Jaén 34

Plaza Nueva

C. de G.ª Requena y Coello
C. Fuente de Don Diego
Carrera de Jesús
Carrera de Jesús
Calle del Conde Obispo
C. de El Neveral

SAN ILDEFONSO

**Ayuntamiento**
**Palacio de los Vélez**
**Catedral**
Pl. de la Merced C. de Bazo

LA MERCED

**Restos de muralla**

CARRETERA AL CASTILLO Y EL NEVERAL

Alcaudete 48

C-321

SAGRARIO
Pl. de S. Francisco
Calle

C. de B. SORIANO

**Alameda de Calvo Sotelo**
**Iglesia de San Ildefonso**
**Plaza de Toros**

PL. DE LA CONSTITUCIÓN
C. Nueva
C. de S. Clemente
Maestra
Pl. de Santiago

C. de Buenavista

**Parador de Turismo Santa Catalina**

**Castillo de Santa Catalina**

**La Salobreja**

CARRETERA DE LA GUARDIA
FERIAL

AVENIDA DE GRANADA

DE
GRANADA

EGIDO DE BELÉN

**Iglesia de San Bartolomé**

SAN BARTOLOMÉ

Calle de San José
C. de las Cruces
C. de Tres Morillas
Calle del Guadalquivir
C. de Mdez. y Pelayo

C. de Ayo. de S. Pedro
C. de Castilla
Calle

Molina

SAN JUAN

CIRCUNVALACIÓN

C. de Hospitalico

SAN VICENTE DE PAÚL

La Guardia 11
Granada 99
Úbeda 57
N-323

CARRETERA DE GRANADA
Camino de las

MADRID
LA ESTACIÓN

Calle
de
C. de Sta. Cruz
C. de S. Andrés

Pl. de Sta. Luisa de Marillac

**Iglesia de Sto. Domingo**

**La Magdalena**

LA MAGDALENA

CARRETERA DE CÓRDOBA

Córdoba 104

**Parque de la Victoria**

Pl. de San Roque
Calle de Baeza
C. de Fermín Palma
Linares

C. de Mtro. Cebrián
Luna
C. DE LA VIRGEN DE LA CABEZA

SAN ROQUE

C. de S. Tomás

Calle de

PASEO
AVENIDA DEL EJÉRCITO
ESPAÑOL

**Museo Provincial**

C. de C. Torres
C. del Arquitecto Berges
Puerta del Sol
C. de Millán
C. de Fernando IV
C. de Núñez de Balboa

**San Juan de Dios**

Priego
C. Alberca

C. del Sagrado Corazón

**Estadio de La Victoria**

LA VICTORIA

AVENIDA
Calle
de

C. de Alf. Provisionales

Calle del Dr. Gutiérrez Higueras
C. del Dr. Federico Castillo

Calle
García
Rebull

C. V. del Carmen
Pl. de Villalobos

C. de San Lucas
Calle de la Granja

C. de S. Fco. de Asís

Ronda de la Misericordia

Av. de Ruiz Jiménez
C. de Hnos. Pinzón
C. de S. Joaquín

DE
MUÑOZ
GRANDES
Calle
de Ávila

Avenida
Andalucía

Calle de los Doce Apóstoles

Gta. de Blas Infante

C. de Sevilla
C. de Bilbao

C. de José M.ª Padilla

Plaza de la Concordia
C. Dr. Eduardo García-Triviño López

Pl. de José Solís

**Estación Central de RENFE**
C. DE GOYA

0  100  200 m

N-323
Madrid 335
Bailén 37

Cuevas 9
Fuente del Rey 14

---

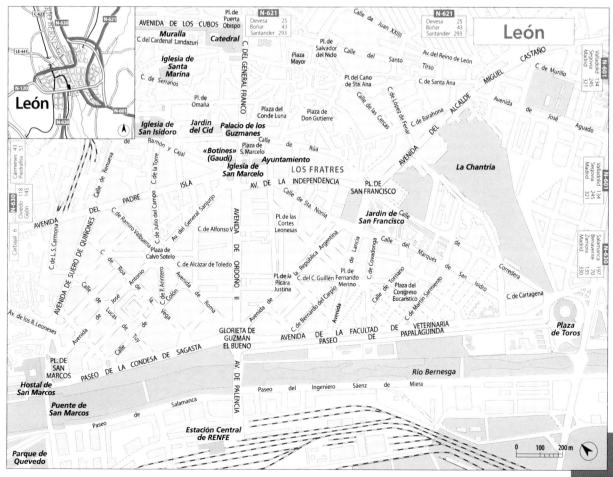

## León

RÍO BERNESGA
C-623
N-630
N-621

AVENIDA DE LOS CUBOS
Pl. de Puerta Obispo

N-621
Devesa 25
Boñar 43
Santander 293

N-621
Devesa 25
Boñar 43
Santander 293

**Muralla**
C. del Cardenal Landazuri
**Catedral**

Calle de Juan XXIIII

Av. del Reino de León

MIGUEL
CASTAÑO

N-601
Valladolid 134
Segovia 245
Madrid 321

C. de Murillo

LE-441

**Iglesia de Santa Marina**
C. de Serranos

C. DEL GENERAL FRANCO

Plaza Mayor

Pl. de Salvador del Nido
Calle del Santo Tirso
C. de Santa Ana

DEL
ALCALDE
Avenida
de
José
Aguado

N-120

Pl. de Omaña

Pl. del Caño de Sta. Ana
Calle de las Cercas
C. de López de Fenar

**León**

N-601
Valladolid 134
Segovia 245
Madrid 321

**Iglesia de San Isidoro**
**Jardín del Cid**
**Palacio de los Guzmanes**

Plaza del Conde Luna
Plaza de Don Gutierre
C. de Barahona

**La Chantría**

N-630
Ramón y Cajal
C. de la Torre

ISLA

Calle
Pl. de S. Marcelo

Rúa

AVENIDA
DEL

Cármenes 43
Piedrafita 51

**«Botines» (Gaudí)**
**Iglesia de San Marcelo**
**Ayuntamiento**

LOS FRATRES

AV. DE LA INDEPENDENCIA

PL. DE SAN FRANCISCO

Oviedo 118
Gijón 145

Calle de Renueva
PADRE
C. de Ramiro Valbuena
C. de Julio del Campo
Av. del General Sanjurjo

AVENIDA DE ORDOÑO II

Calle de Sta. Nonia

**Jardín de San Francisco**

N-630

Cartagena 6

AVENIDA DE SUERO DE QUIÑONES
DEL
C. de L. S. Carmona
C. de Roa

Plaza de Calvo Sotelo
C. de Alcázar de Toledo

C. de Alfonso V
Pl. de las Cortes Leonesas

República Argentina
Lancia
Calle
del
Marqués

Calle
de

N-630
Salamanca 197
Benavente 70
Zamora 135
Madrid 330

Antonio
Calle
de
José
Lucas
Vega
C. de P. Arintero
C. de Colón
Avenida
de
Roma

Pl. de la Pícara Justina
C. del C. Guillén Fernando Merino

Covadonga
Calle
de
Torriano

Plaza del Congreso Eucarístico
C. de Martín Sarmiento

C. de San Isidro
Corredera
C. de Cartagena

Av. de los R. Leoneses
PL. DE SAN MARCOS

Calle
Tuy

GLORIETA DE GUZMÁN EL BUENO

AV. DE PALENCIA

C. de Bernardo del Carpio

AVENIDA
DE
LA
FACULTAD
DE
VETERINARIA
PASEO
DE
PAPALAGUINDA

Plaza de Toros

**Hostal de San Marcos**
**Puente de San Marcos**

PASEO DE LA CONDESA DE SAGASTA

Paseo
del
Ingeniero
Sáenz
de
Miera

**Río Bernesga**

de
Paseo
Salamanca

**Estación Central de RENFE**

0  100  200 m

**Parque de Quevedo**

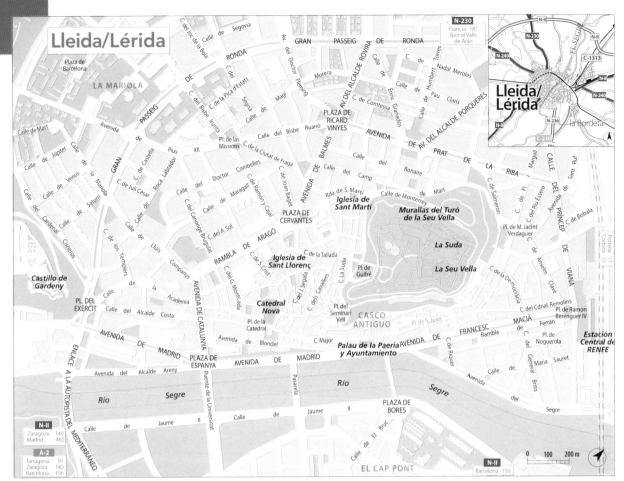

# Lleida/Lérida

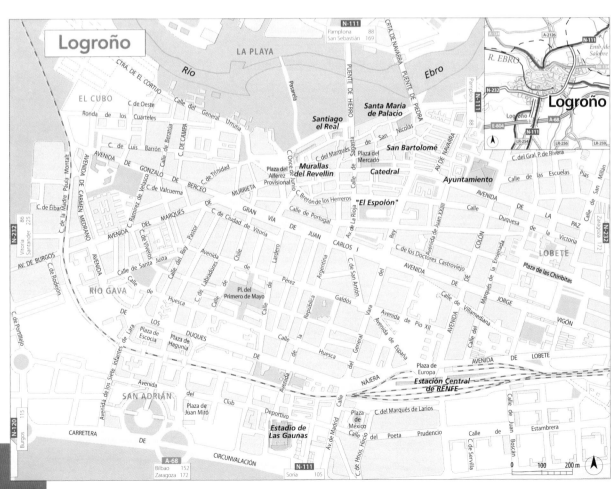

# Logroño

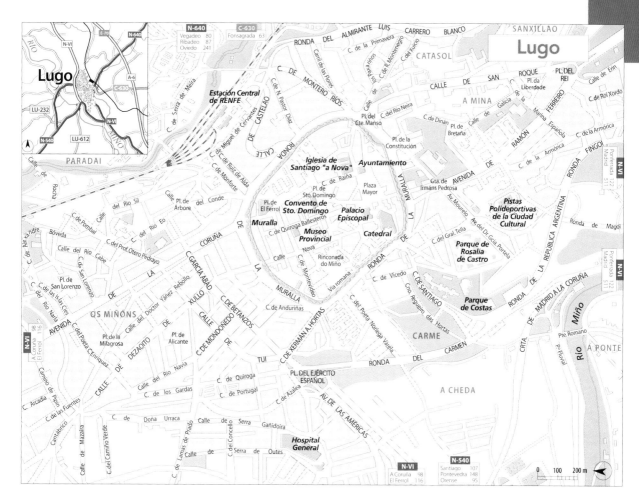

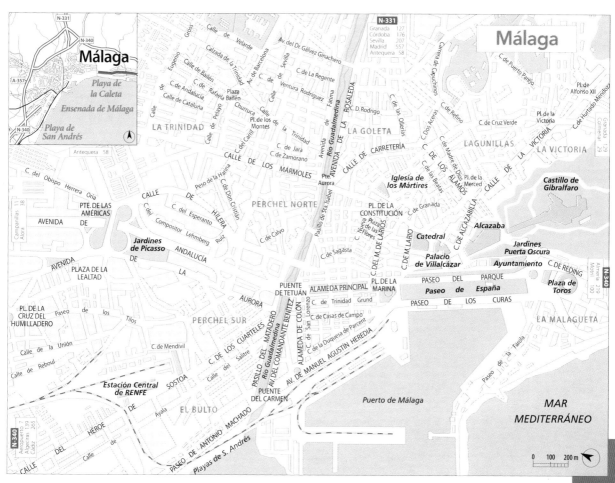

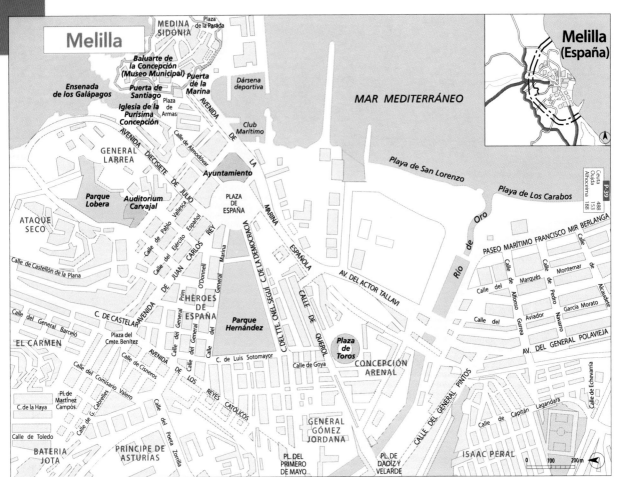

# Melilla

**Melilla (España)**

MEDINA SIDONIA
Plaza de la Parada
Baluarte de la Concepción (Museo Municipal)
Puerta de la Marina
Ensenada de los Galápagos
Puerta de Santiago
Iglesia de la Purísima Concepción
Plaza de Armas
Dársena deportiva
Club Marítimo

MAR MEDITERRÁNEO

AVENIDA GENERAL LARREA
AVENIDA DIECISIETE DE JULIO
Calle de Almodóvar
Ayuntamiento
AVENIDA DE LA MARINA
Playa de San Lorenzo
Playa de Los Carabos

Parque Lobera
Auditorium Carvajal
PLAZA DE ESPAÑA
Calle de Pablo Vallesca
Calle del Ejército Español
O'Donnell
Calle del General Marina
C. DE LA DEMOCRACIA
C. DEL TTE. CNEL. SEGUÍ
MARINA ESPAÑOLA
CALLE DE QUEROL
AV. DEL ACTOR TALLAVI

ATAQUE SECO
Calle de Castellón de la Plana
Calle de Juan Carlos Rey

Río de Oro

P-39
Ceuta 488
Oujda 153
Alhucemas 188

PASEO MARÍTIMO FRANCISCO MIR BERLANGA
Calle del Marqués
Calle de Alfonso
Calle de Pedro Gurrea
Montemar
Calle de
Alcaudete
García Morato
Aviador Navarro

C. DE CASTELAR
AVENIDA
HÉROES DE ESPAÑA
Parque Hernández
Calle del General Barceló
Plaza del Cmte. Benítez
Calle de Cisneros
AVENIDA DE LOS REYES CATÓLICOS
Calle del General
Calle del General
C. de Luis Sotomayor
Calle de Goya
Plaza de Toros
CONCEPCIÓN ARENAL
AV. DEL GENERAL POLAVIEJA
Calle del
Capitán Lagandara
Calle de Echevarría

EL CARMEN
Calle del Comisario Valero
Pl. de Martínez Campos
C. de la Haya
C. de G. Cabrelles
Calle del Poeta Zorrilla
GENERAL GÓMEZ JORDANA
CALLE DEL GENERAL PINTOS
ISAAC PERAL

Calle de Toledo
BATERÍA JOTA
PRÍNCIPE DE ASTURIAS
PL. DEL PRIMERO DE MAYO
PL. DE DAOÍZ Y VELARDE

0    100    200 m

---

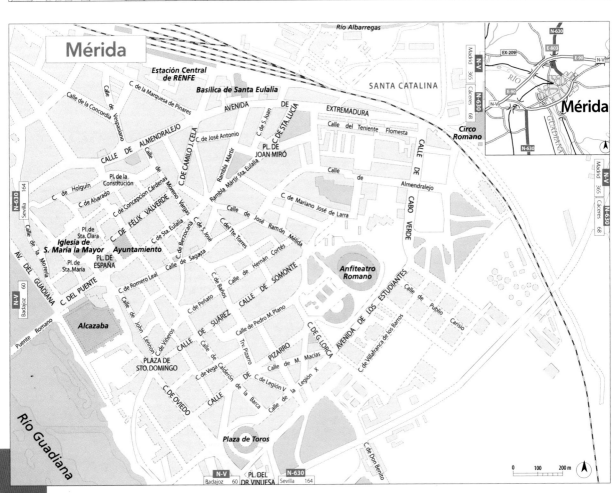

# Mérida

**Mérida**
N-630
EX-209
E-803
E-90
N-V
Madrid 365
Cáceres 68
N-630
RÍO GUADIANA

Río Albarregas

Estación Central de RENFE
Basílica de Santa Eulalia
SANTA CATALINA
Circo Romano

N-630
Ronquillo 164
Calle de Vespasiano
Calle de la Concordia
C. de la Marquesa de Pinares
C. de la Marquesa de Pinares
AVENIDA DE EXTREMADURA
Calle del Teniente Flomesta
CALLE DE
CABO
VERDE

CALLE DE ALMENDRALEJO
C. DE CAMILO J. CELA
C. de José Antonio
C. de S. Juan
C. DE STA. LUCÍA
PL. DE JOAN MIRÓ
Rambla Mártir
Calle
de
Almendralejo

Pl. de la Constitución
C. de Holguín
C. de Alvarado
C. de Concepción Cárdenas
C. de Moreno Vargas
Rambla Mártir Sta. Eulalia
C. de Mariano José de Larra

C. DE FÉLIX VALVERDE
Calle de José Ramón Mélida

Pl. de Sta. Clara
Iglesia de S. María la Mayor
Pl. de Sta. María
C. de Sta. Eulalia
C. de S. José
C. de Berzocana
Calle del Tte. Torres

Ayuntamiento
PL. DE ESPAÑA
C. de Romero Leal
Calle de Sagasta
Calle de Hernán Cortés
Anfiteatro Romano

N-V
Badajoz 60
AV. DEL GUADIANA
C. DEL PUENTE
Calle de la Morería

C. de Peñato
CALLE DE SOMONTE
Calle de
Público
Carisio

Puente Romano
Alcazaba
Calle de John Lennon
C. de los Viñeros
C. de Barros
CALLE DE SUÁREZ
Calle de Pedro M. Plano
Trv. Pizarro
C. DE G. LORCA
AVENIDA DE LOS ESTUDIANTES
Calle de Villafranca de los Barros

PLAZA DE STO. DOMINGO
C. de Vega Calderón
PIZARRO
Calle de M. Macías
C. de Legión V
C. de la Barca
C. de la Legión X

C. DE OVIEDO
CALLE DE

Río Guadiana

Plaza de Toros
C. de Don Benito

N-V
Badajoz 60
PL. DEL DR. VINUESA
N-630
Sevilla 164

0    100    200 m

222

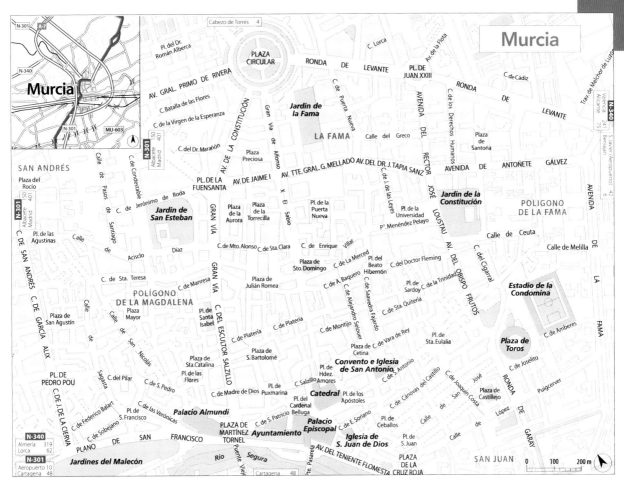

**Murcia**

Cabezo de Torres 4

N-301  A-7
N-340
Murcia
N-301
N-340  MU-603

C. del Dr. Román Alberca
PLAZA CIRCULAR
C. Lorca
Av. de la Flota
RONDA DE LEVANTE
PL. DE JUAN XXIII
C. de Cádiz
RONDA DE LEVANTE
AV. GRAL. PRIMO DE RIVERA
C. Batalla de las Flores
C. de la Virgen de la Esperanza
Gran Vía de Alfonso X el Sabio
C. de Puerta Nueva
Jardín de la Fama
AVENIDA DEL RECTOR
C. de los Derechos Humanos
Plaza de Santoña
Trav. de Melchor de Luzón
Valencia 241
Bernabal 75
Alicante 6
S. Javier (Aeropuerto) 42
N-340
LA FAMA
Calle del Greco
AVENIDA DE ANTOÑETE GÁLVEZ
POLÍGONO DE LA FAMA
AV. DE LA CONSTITUCIÓN
C. del Dr. Marañón
Plaza Preciosa
AV. DE JAIME I
AV. TTE. GRAL. G. MELLADO
AV. DEL DR. J. TAPIA SANZ
C. de J. de las Leyes
JOSÉ LOUSTAU
Jardín de la Constitución
AVENIDA DE LA FAMA
PL. DE LA FUENSANTA
Plaza de la Aurora
Plaza de la Torrecilla
Pl. de la Puerta Nueva
Pl. de la Universidad
Pº. Menéndez Pelayo
Calle de Ceuta
SAN ANDRÉS
Plaza del Rocío
N-301  Albacete 150
Madrid 401
C. de Pasos
C. de Condestable
Calle de Santiago
C. de Jerónimo de Roda
Jardín de San Esteban
GRAN VÍA
Diaz
Acisclo
C. de Mto. Alonso
C. de Sta. Clara
C. de Enrique Villar
AV. DEL OBISPO FRUTOS
C. del Cigarral
Calle de Melilla
N-301  Albacete 150
Madrid 401
Pl. de las Agustinas
Calle
C. de Sta. Teresa
C. de Manresa
Plaza de Julián Romea
Plaza de Sto. Domingo
C. de La Merced
Pl. del Beato Hibernón
C. del Doctor Fleming
Estadio de la Condomina
C. DE SAN ANDRÉS
Plaza de San Agustín
POLÍGONO DE LA MAGDALENA
Plaza Mayor
GRAN VÍA
Pl. de Santa Isabel
C. DEL ESCULTOR SALZILLO
Plaza de Sta. Catalina
C. de Platería
C. de Platería
Plaza de S. Bartolomé
C. de A. Baquero
C. de Saavedra Fajardo
C. de Alejandro Seiquer
C. de Montijo
C. de Vara de Rey
Pl. de Sardoy
C. de la Trinidad
C. de Sta. Quiteria
Pl. de Sta. Eulalia
C. de Amberes
Plaza de Toros
C. de Joselito
C. DE GARCÍA ALIX
PL. DE PEDRO POU
C. DE J. DE LA CIERVA
Sagasta
C. del Pilar
C. de S. Pedro
C. de Madre de Dios
Plaza de las Flores
C. de Puxmarina
Pl. de Hdez. Amores
C. Salzillo
Convento e Iglesia de San Antonio
C. de Antonio
C. de Cánovas del Castillo
C. de Joaquín Costa
José
Plaza de Castillejo
RONDA DE GARAY
Puigcerver
N-340  Almería 319
Lorca 62
N-301  Aeropuerto 10
Cartagena 48
C. de Federico Balart
C. de Sobejano
S. Francisco
Pl. de las Verónicas
Palacio Almundí
Pl. de S. Patricio
Catedral
Pl. del Cardenal Belluga
Pl. de los Apóstoles
Pl. de E. Soriano
C. de Ceballos
Pl. de Ceballos
Calle
Pl. de S. Juan
SAN JUAN
PLANO DE SAN FRANCISCO
PLAZA DE MARTÍNEZ TORNEL
Ayuntamiento
Palacio Episcopal
Iglesia de S. Juan de Dios
PLAZA DE LA CRUZ ROJA
Jardines del Malecón
Río
Puente Viejo
Segura
AV. DEL TENIENTE FLOMESTA
Cartagena 48
0 100 200 m

---

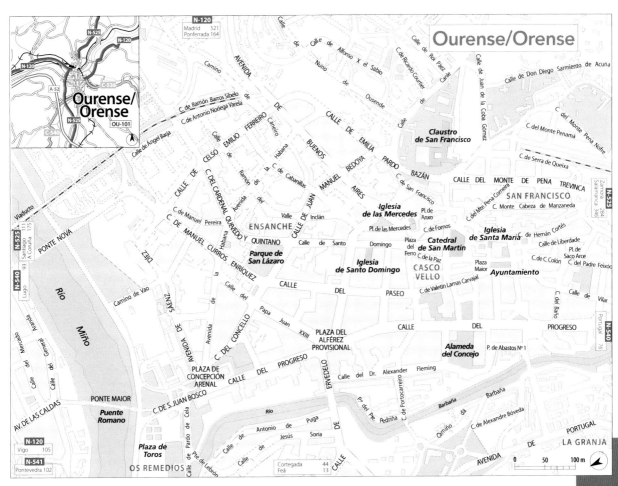

**Ourense/Orense**

N-120  Madrid 521
Ponferrada 164
N-525
N-120
C-533
Ourense/Orense
N-525  OU-101
C-540
C. de Ángel Barja
AVENIDA DE
Camino
Calle de Alfonso X el Sabio
C. de Ricardo Courter
Calle de Rol Paez
Calle de Juan de la Coba Gómez
Calle de Don Diego Sarmiento de Acuña
Nuno
Ousende
C. del Monte Pena Nofre
C. del Monte Penamá
C. de Ramón Barros Sibelo
C. de Antonio Noriega Varela
CALLE DE EMILIA
C. de Serra de Queixa
N-525  Santiago 111
A Coruña 175
Viaducto
CALLE DE CELSO EMILIO FERREIRO
C. DEL CARDENAL QUEVEDO Y
C. de Manuel Pereira
C. DE MANUEL CURROS ENRÍQUEZ
BUENOS
MANUEL BEDOYA
AIRES
Cameiro
Habana
C. de Cabanillas
Ramón del
Valle de Inclán
PARDO BAZÁN
C. de San Francisco
Claustro de San Francisco
CALLE DEL MONTE DE PENA TREVINCA
Zamora 264
Salamanca 346
N-525
N-525  Santiago 111
A Coruña 175
PONTE NOVA
N-540  Lugo 93
Río Miño
Camino de Vao
SÁENZ
la
CALLE DE JUAN XXIII
Calle de Santo Domingo
Iglesia de las Mercedes
Pl. de Arxeo
Pl. de las Mercedes
C. de Fornos
ENSANCHE
QUINTANO
Parque de San Lázaro
Iglesia de Santo Domingo
CALLE DEL
PASEO
Catedral de San Martín
C. de la Paz
Plaza del Ferro
CASCO VELLO
Iglesia de Santa María
C. de Hernán Cortés
Calle de Liberdade
Pl. de Saco Arce
C. de C. Colón
C. del Padre Feixóo
Plaza Maior
Ayuntamiento
SAN FRANCISCO
C. del Mte. Pena Corneira
C. Monte Cabeza de Manzaneda
C. de Valentín Lamas Carvajal
Calle de Vilar
C. del Baño
Portugal 76
N-540
PONTE MAIOR
Puente Romano
C. DE S. JUAN BOSCO
Río
AVENIDA DE DIEZ
AV. DEL CONCELLO
CALLE DEL PROGRESO
PLAZA DE CONCEPCIÓN ARENAL
ERVEDELO
PLAZA DEL ALFÉREZ PROVISIONAL
Calle del Dr. Alexander Fleming
CALLE DEL PROGRESO
Alameda del Concejo
P. de Abastos Nº 1
AV. DE LAS CALDAS
Plaza de Toros
OS REMEDIOS
Río
Antonio Puga
Jesús Soria
C. de Portocarreiro
Pe. del Pre.
Pedriña
Barbaña
Barbaña
C. de Alexandre Bóveda
Camiño
PORTUGAL DE
LA GRANJA
AVENIDA
N-120  Vigo 105
N-541  Pontevedra 102
Cortegada 44
Feá 13
0 50 100 m

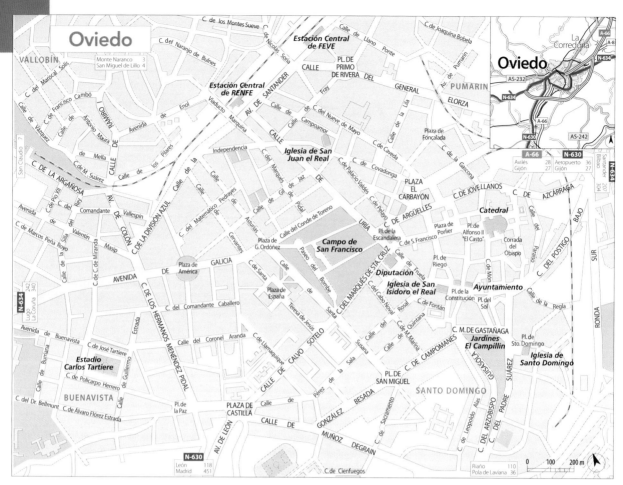

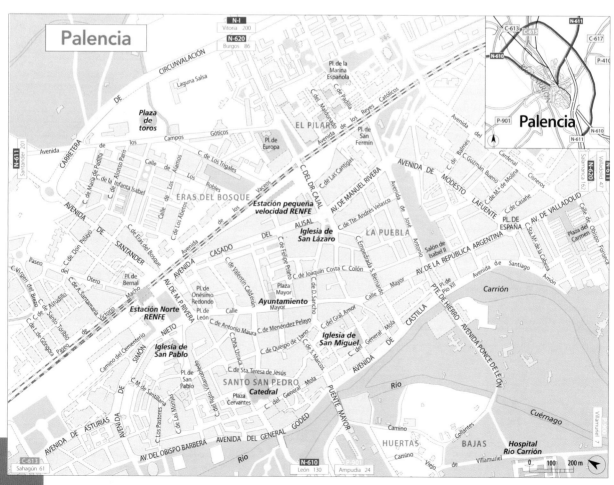

**Palma de Mallorca**

**Las Palmas de Gran Canaria**

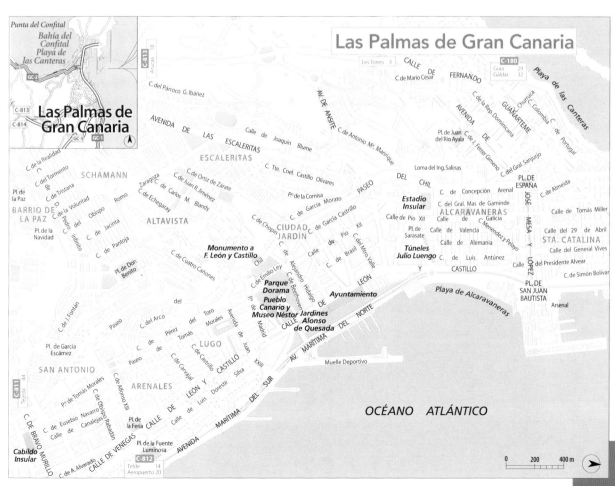

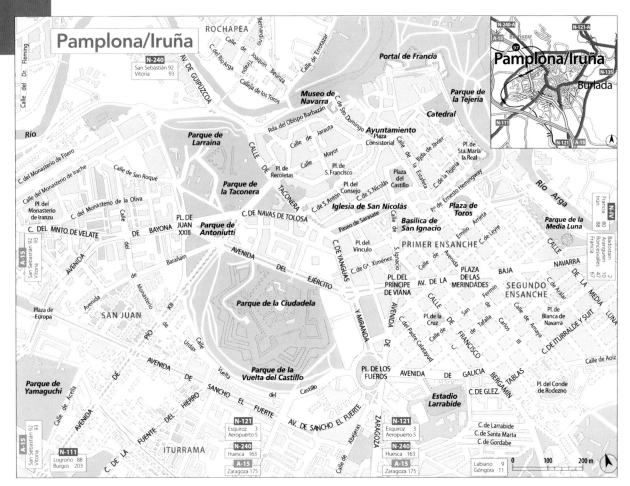

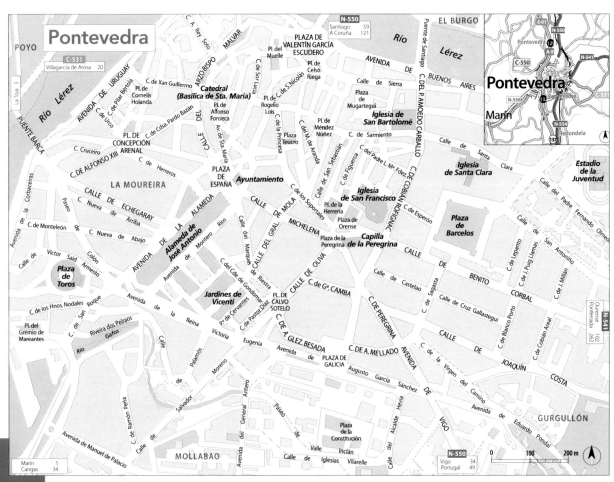

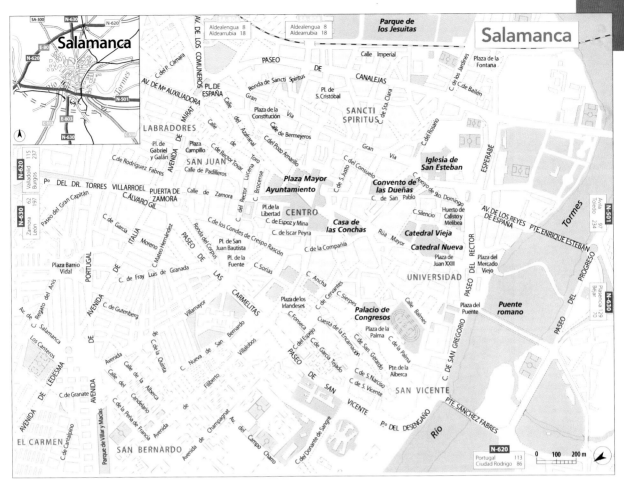

Salamanca

- SA-300
- N-630
- N-620
- E-80
- N-620

**Salamanca**

- N-501
- E-803
- N-630
- CL-510

Parque de los Jesuitas

Aldealengua 8
Aldearrubia 18

Aldealengua 8
Aldearrubia 18

Plaza de la Fontana

PASEO
Calle Imperial
DE
CANALEJAS
Calle de Sta. Clara
C. de Bailén

AV. DE LOS COMUNEROS
C.del P. Cámara
PL.DE ESPAÑA
Ronda de Sancti Spiritus
Calle Gran
Pl. de S. Cristóbal
Plaza de la Constitución
Via
Calle de Bermejeros
C.del Pozo Amarillo
SANCTI SPIRITUS
C.del Rosario

AV. DE Mª AUXILIADORA
MIRAT
Calle del Acafranal
Toro

LABRADORES
Pl. de Gabriel y Galán 115 237
Plaza Campillo
SAN JUAN
C.de Rodríguez Fabres
Calle de Padilleros
Lucena
C. de Rector Tovar
Brocense
C. del Consuelo
Via
Gran
Iglesia de San Esteban
Arroyo de Sto. Domingo
Convento de las Dueñas
ESPERABÉ

N-620 Valladolid 115 Burgos 237
Pº DEL DR. TORRES VILLARROEL
PUERTA DE ZAMORA
C.ÁLVARO GIL
Calle de Zamora
del Rector
Plaza Mayor
Ayuntamiento
C. de San Pablo
C. Silencio
Huerto de Calisto y Melibea
AV. DE LOS REYES DE ESPAÑA
Tormes

N-630 Zamora 62 León 197
Paseo del Gran Capitán
C. de García
C. de Mateo Hernández
Moreno Hernández
PASEO DE LAS CARMELITAS
PL.DE
CENTRO
Pl.de la Libertad
C. de Espoz y Mina
Casa de las Conchas
Rúa Mayor
Catedral Vieja
Catedral Nueva
Plaza de Juan XXIII
Plaza del Mercado Viejo
PTE.ENRIQUE ESTEBAN

Plaza Barrio Vidal
PORTUGAL
C. de García
C. de Gutenberg
Ronda del Corpus
C. de los Condes de Crespo Rascón
Pl. de San Juan Bautista
Pl. de la Fuente
C. Sorias
C. de Iscar Peyra
C. de la Compañía
C. Ancha
UNIVERSIDAD
PASEO DEL RECTOR
Avila 97 Toledo 234 N-501
Plasencia 129 Béjar 70 N-630

AVENIDA DE ITALIA
DE
C. de Fray Luis de Granada
Villamayor
Plaza de los Irlandeses
C. de Cervantes
Pl. de Sierpes
Palacio de Congresos
Plaza de la Palma
C. de la Palma
Plaza del Puente
Puente romano
PASEO DEL PROGRESO

Av. del regato del Anís
C. Salamanca
Los Canteros
AVENIDA DE LEDESMA
C. de Gutenberg
C. de San Bernardo
C. Fonseca
Cuesta de la Encarnación
C. del Espejo
C. de García Tejado
Pte. de la Alberca
C. de S. Narciso
C. de S. Vicente
C. DE SAN GREGORIO
Río

EL CARMEN
C. de Cantalpino
C. de Granate
Avenida
Calle de la Quinta
C. de la Alberca
Nueva de San Bernardo
Villalobos
Filiberto
de
PASEO DE SAN VICENTE
SAN VICENTE
PTE. SÁNCHEZ FABRES

SAN BERNARDO
C. de la Peña de Francia
C. del Candelario
Av. del Campo Charro
Av. de Champagnat
Avenida
C. del Doctor Pérez de Sangre
Pº DEL DESENGAÑO
Río

Parque de Villar y Macías

Portugal 113
Ciudad Rodrigo 86 N-620

0   100   200 m

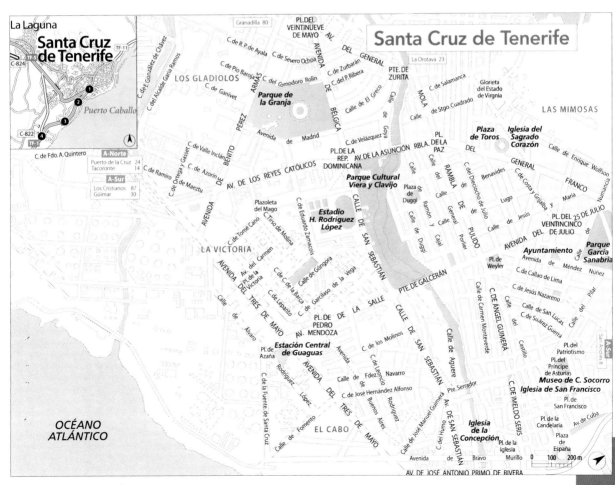

La Laguna
TF-11
C-824
TF-5
Santa Cruz de Tenerife
C-822
TF-5
C. de Fdo. A. Quintero

Puerto Caballo

A-Norte
Puerto de la Cruz 24
Tacoronte 14

A-Sur
Los Cristianos 87
Güímar 30

**Santa Cruz de Tenerife**

Granadilla 80
PL.DEL VEINTINUEVE DE MAYO
La Orotava 23

C. de R. P. de Ayala
C. de Severo Ochoa
AVENIDA
DEL
GENERAL
PTE.DE ZURITA
C. de Salamanca
Glorieta del Estado de Virginia

LOS GLADIOLOS
C. de Pío Baroja
C. del Comodoro Rolín
C. de Zurbarán
C. del P. Ribera
MOLA
C. de Stgo. Cuadrado
LAS MIMOSAS

C. del Alcalde Garía Ramos
C. de González de Chávez
C. de Ganivet
ARMAS
PÉREZ
Parque de la Granja
Calle de El Greco
Calle
de
Goya
DEL
Plaza de Toros
Iglesia del Sagrado Corazón
Calle de Enrique Wolfson

BENITO
Avenida
de
Madrid
BÉLGICA
C. de Velázquez
PL.
RBLA. DE LA PAZ
Benavides
C. del Dieciocho de Julio
C. de Costa y Grijalba
GENERAL
FRANCO
Numancia

C. de Ramiro Ortega y Gasset
C. de Valle Inclán
C. de Azorín
AV. DE LOS REYES CATÓLICOS
PL.DE LA REP. DOMINICANA
AV. DE LA ASUNCIÓN
Parque Cultural Viera y Clavijo
Plaza de Duggi
RAMBLA DE PULIDO
Calle
Lugo
de Jesús
María
PL.DEL 25 DE JULIO
VEINTINCINCO DE JULIO

C. de Ramiro de Maeztu
Plazoleta del Mago
C. de Eduardo Zamacois
Estadio H. Rodríguez López
CALLE DE SAN SEBASTIÁN
Calle del Ramón y Cajal
Porlier
Calle de Duggi
AVENIDA
Ayuntamiento
Avenida de Méndez Núñez
Parque García Sanabria

AVENIDA
C. de Tomé Cano
Tirso de Molina
Av. del Carmen
C. de C. de la Barca
Calle de Góngora
Garcilaso de la Vega
Pl. de Weyler
C. de Callao de Lima
Calle
Castillo
Pl.del Patriotismo

LA VICTORIA
AVENIDA DE LA VICTORIA
C. de Lepanto
PL.DE DE LA SALLE
DE
SAN SEBASTIÁN
C. de Jesús Nazareno
Calle de San Lucas
C. de Suárez Guerra
Pl.del Príncipe de Asturias

AVENIDA DEL TRES DE MAYO
de Álvaro
PL.DE PEDRO MENDOZA
AV. MENDOZA
C. de los Molinos
C. DE ÁNGEL GUIMERÁ
Calle de Carmen Monteverde
Museo de C. Socorro
Iglesia de San Francisco

Estación Central de Guaguas
Pl. de Azaña
Avenida
Calle de Fdez. Navarro
CALLE DE SAN SEBASTIÁN
Calle de Aguere
C. DE IMELDO SERIS
Pl. de San Francisco
Pl. de la Candelaria
Av. de Cuba

Rodríguez López
AVENIDA DEL TRES DE MAYO
C. de Leoncio Rodríguez
Pte. Serrador
Iglesia de la Concepción
Plaza de España

OCÉANO ATLÁNTICO
C. de la Fuente de Santa Cruz
C. de José Hernández Alfonso
de Fomento
EL CABO
Buenos Aires
C. del Humo
C. de José Manuel Guimerá
Avenida
de
Bravo Murillo
Pl. de la Iglesia
0   100   200 m
AV. DE JOSÉ ANTONIO PRIMO DE RIVERA

# Santander

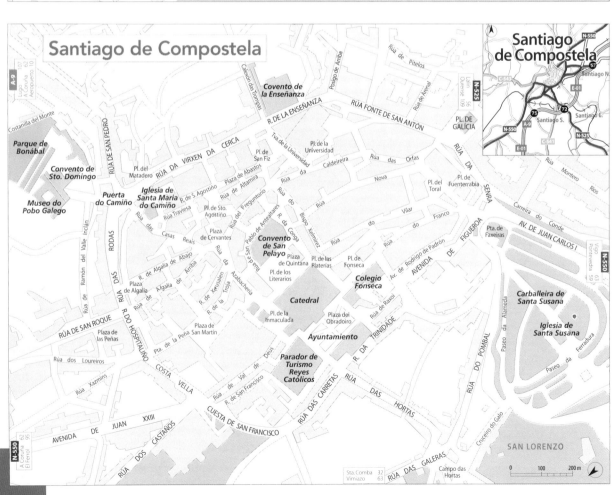

# Santiago de Compostela

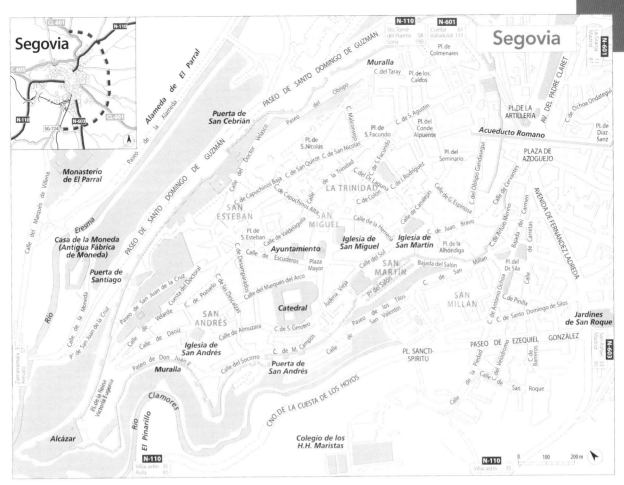

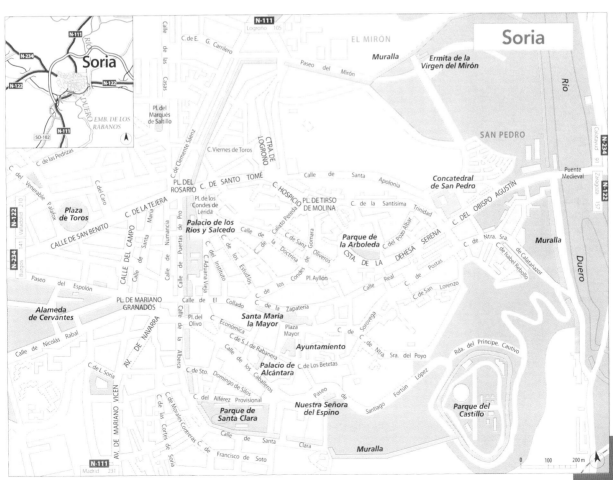

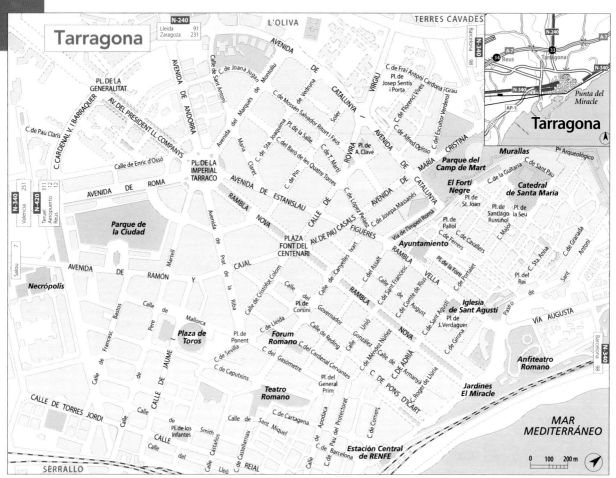

# Tarragona

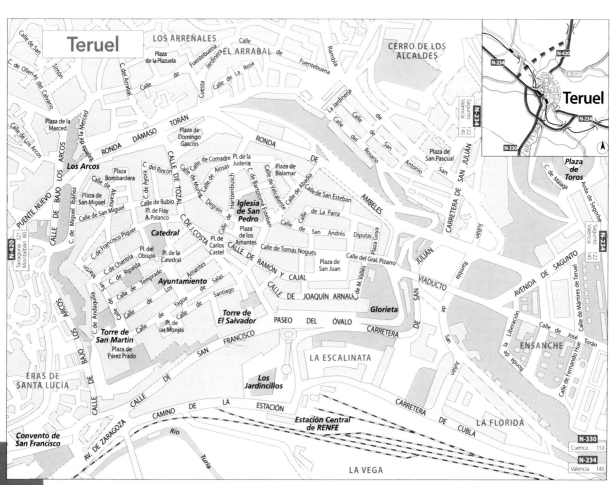

# Teruel

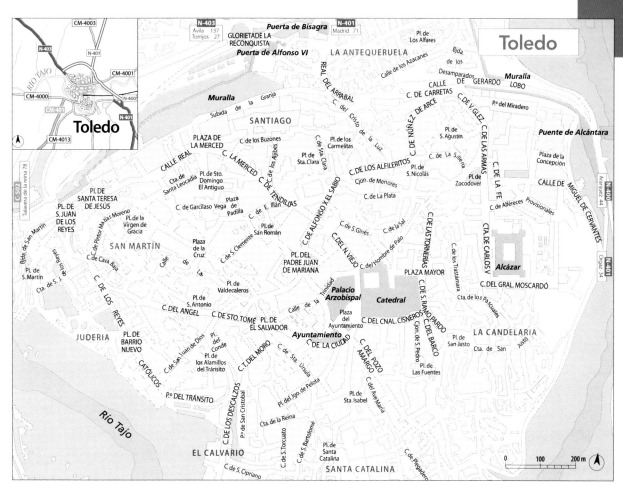

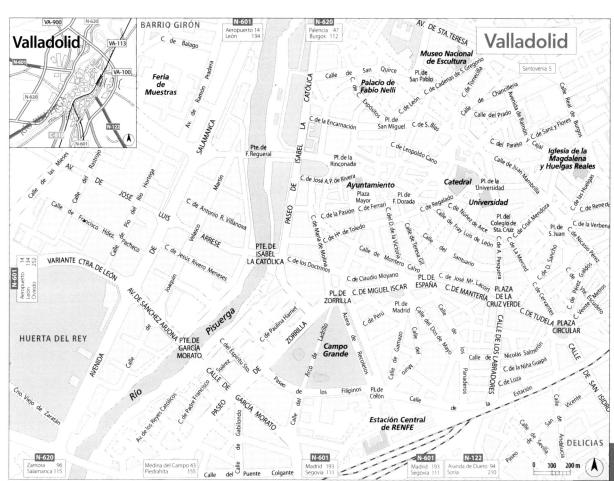

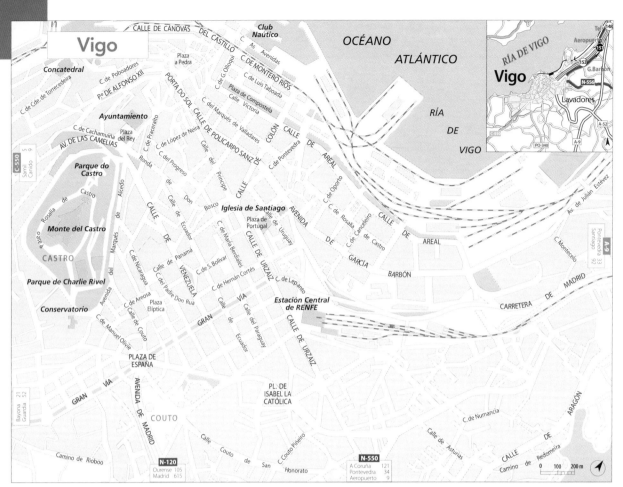

# Vigo

Concatedral
C. de Poboadores
C. de Cdte. de Torrecedeira
Po DE ALFONSO XII
CALLE DE CÁNOVAS
DEL CASTILLO
Plaza a Pedra
As Avenidas
C. DE MONTERO RÍOS
Club Náutico
C. de G. Olloqui
C. de Luis Taboada
Plaza de Compostela
Calle Victoria

OCÉANO
ATLÁNTICO

Ayuntamiento
C. de Cachamuiña
AV DE LAS CAMELIAS
Plaza del Rey
C. de Praceralto
PORTA DO SOL
CALLE DE POLICARPO SANZ DE
C. del Marqués de Valladares
COLÓN
CALLE DE AREAL

RÍA DE VIGO

Parque do Castro
Castro
Ronda
C. de López de Neira
C. del Progreso
C. del Príncipe
Calle del

Iglesia de Santiago
Bosco
C. de Ecuador
C. de María Berdiales
Plaza de Portugal

C. de Oporto
C. de Rosalía de Castro
C. de Canceleiro

CASTRO
Monte del Castro
Rosalía de
Castro
Marqués
de
Alcedo
C. de Nicaragua
C. del Padre Don Rua
Calle de Panamá
VENEZUELA
CALLE DE URZAIZ
C. de Hernán Cortés
C. de Lepanto

AVENIDA DE GARCÍA
BARBÓN
AREAL

Parque de Charlie Rivel
Avenida
del
Marqués
C. de Areosa
C. de S. Bolívar
Calle del Paraguay

Conservatorio
C. de Manuel Olivié
Calle de Couto
Plaza Elíptica
GRAN VÍA
Calle del Ecuador

Estación Central de RENFE
CALLE DE URZAIZ

PLAZA DE ESPAÑA
GRAN VÍA
AVENIDA DE MADRID
COUTO

PL. DE ISABEL LA CATÓLICA

PL. DE ISABEL LA CATÓLICA

Calle Couto
C. Couto Piñeiro
de San Honorato
Camino de Rioboo

C. de Numancia
Calle de Asturias
CALLE DE ARAGÓN
Camino de Redomeira

N-120
Ourense 105
Madrid 615

N-550
A Coruña 121
Pontevedra 34
Aeropuerto 9

RÍA DE VIGO
Vigo
Lavadores
G.Barbón

0 100 200 m

---

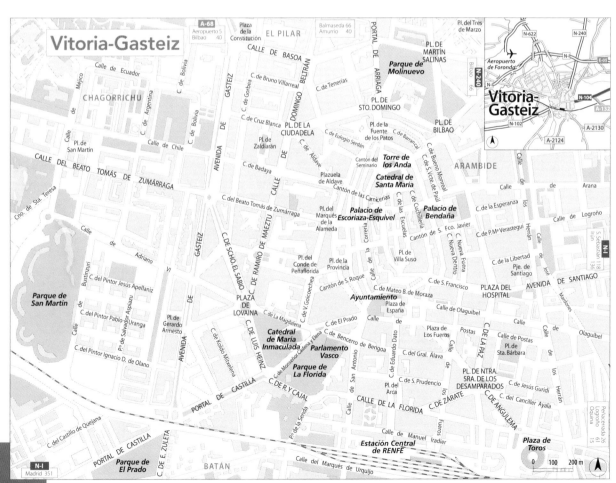

# Vitoria-Gasteiz

A-68
Aeropuerto 5
Bilbao 40
Plaza de la Constitución
CALLE DE BASOA
EL PILAR
Balmaseda 66
Amurrio 40
PORTAL DE ARRIAGA
PL. DEL TRES de Marzo
PL. DE MARTÍN SALINAS
Parque de Molinuevo

Calle de Ecuador
Méjico
C. de Bolivia
GASTEIZ
C. de Gorbea
C. de Bruno Villarreal
DOMINGO BELTRÁN
C. de Tenerías
PL. DE STO. DOMINGO
PL. DE BILBAO

CHAGORRICHU
de
C. de Argentina
C. de Bolivia
C. de Cruz Blanca
PL. DE LA CIUDADELA
Pl. de la Fuente de los Patos
ARAMBIDE
Calle
Arana

Calle
Pl. de San Martín
Calle de Chile
PL. de Zaldiarán
C. de Badaya
Plazuela de Aldave
Cantón del Seminario
Torre de los Anda
C. de Bueno Montreal
C. de S. Vcte. de Paúl
Calle
Logroño

CALLE DEL BEATO TOMÁS DE ZUMÁRRAGA
AVENIDA DE
C. del Beato Tomás de Zumárraga
Cantón de las Carnicerías
Catedral de Santa María
C. de las Cuchillería
C. de las Escuelas
Palacio de Bendaña
C. de la Esperanza
C. de P.Mª Verastegui

Calle
Adriano
Bustinzuri
C. del Pintor Jesús Apellaniz
GASTEIZ
C. DE SCHO. EL SABIO
C. DE RAMIRO DE MAEZTU
Pl. del Marqués de la Alameda
Palacio de Escoriaza-Esquivel
Correría
Cantón de S. Fco. Javier
Nueva Fuera
Nueva Dentro
Calle de la Libertad
Pje. de Santiago
AVENIDA DE SANTIAGO

Parque de San Martín
C. del Pintor Pablo Uranga
Pl. de Gerardo Armesto
VI
Pl. del Conde de Peñaflorida
Pl. de la Provincia
Pl. de Villa Suso
C. de S. Francisco
PLAZA DEL HOSPITAL

C. del Pintor Ignacio D. de Olano
Po de Salvador Azpiazu
PLAZA DE LOVAINA
C. DE LUIS HEINZ
C. de la Magdalena
Cantón de S. Roque
C. de Mateo B. de Moraza
Ayuntamiento
Plaza de España
Plaza de los Fueros
Calle de Postas
PL. de Sta. Bárbara

C. de Koldo Mitxelena
Catedral de María Inmaculada
C. de Montevideo
Pl. del Arca
Parlamento Vasco
C. de Bencerro de Bengoa
C. de Eduardo Dato
C. del Gral. Álava
C. DE LA PAZ
Calle de Postas
Olaguíbel

Parque de La Florida
C. DE R. Y CAJAL
C. de Montoya
Calle Cadena y Eleta
C. de S. Antonio
C. de S. Prudencio
PL. DE NTRA. SRA. DE LOS DESAMPARADOS
C. de Jesús Guridi

PORTAL DE CASTILLA
C. del Castillo de Quejana
C. DE E. ZULETA
Parque de El Prado
BATÁN
CALLE DE LA FLORIDA
C. DE ZÁRATE
Pl. del Arca
de
la Senda
Calle de Manuel Iradier
Fueros
Herrán
C. del Canciller Ayala
C. DE ANGULEMA

Estación Central de RENFE
Calle del Marqués de Urquijo
Plaza de Toros

N-I
Madrid 351

N-240
Bilbao 66

N-I
Peñacerrada 26
Logroño 61
Oquina

Aeropuerto de Forondo
Vitoria-Gasteiz

0 100 200 m

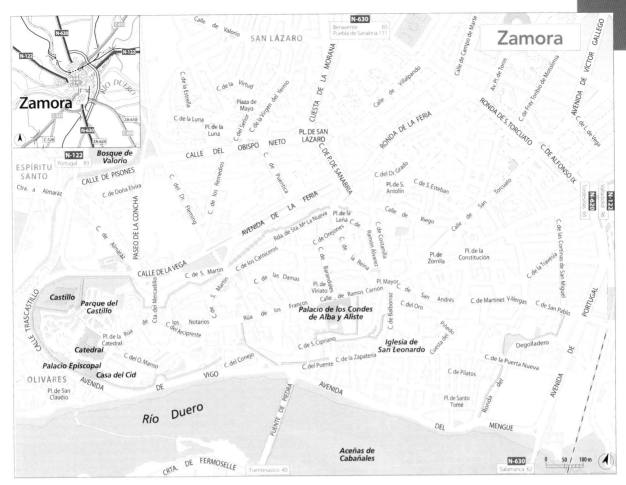

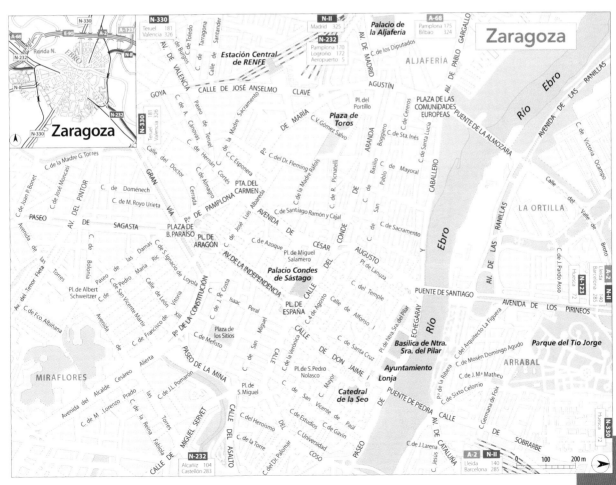

# Lisboa

Parque
Eduardo VII

PR. MARQUÊS
DE POMBAL

A-8
Madra
Torres Vedras

Praça
José Fontana

ESTEFÂNIA

R. Esc. Med. Veterinária

A-8
Madra
Torres Vedras

Rua Alexandre Braga

Hospital da
Estefânia

Amadora

Olivais

LISBOA

Aeroporto
Porto

A-1

RIO TEJO

Belém

Parque Eduardo VII

Jardim
Botânico

Academia
das Ciências

Parque
Mayer

Pr. da
Alegria

Praça
Príncipe
Real

Campo dos
Mártires da
Pátria

Largo Paço
da Rainha

GRAÇA

Hospital
de São José

Largo
das Olarias

Largo
da Graça

PRAÇA
DOS
RESTAURADORES

Palacio
da
Independência

Largo
Mártim
Moniz

Estação do
Rossio

Largo de
S. Domingos

Rossio

ROSSIO

CASTELO

Castelo
de S. Jorge

Praça Dom
Pedro IV

Praça da
Figueira

RUA DA BETESGA

BAIRRO ALTO

Largo do
Carmo

BAIXA

Largo Adelino A. da
Costa

Largo das
Portas do
Sol

Rua Garrett

Largo do
Camões

ALFAMA

Largo de
S. Martinho

Largo do Chafariz
de Dentro

Catedral
Sé Patriarcal

Praça do
Município

Câmara
Municipal

RUA DO COMÉRCIO

Praça Duque
de Terceira

Praça do
Comércio

Estação Cais
do Sodré

AV. RIBEIRA DAS NAUS

Cais das Colunas

Doca da Marinha

Rio Tejo

0    100   200 m

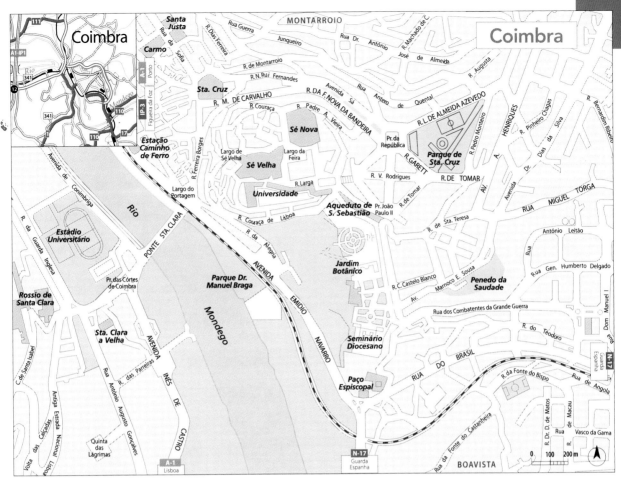

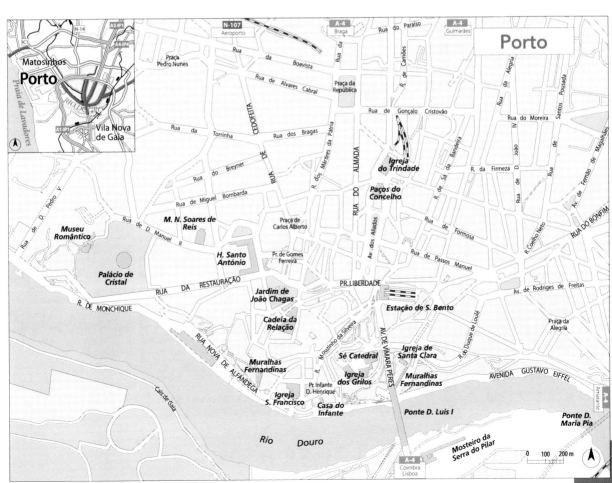

# Rutómetros

**A-2** Nomenclatura española

**E-90** Nomenclatura europea

**BURGOS** Inicio/final de recorrido

Enlace con autopista

Enlace con carreteras

**OÑA** **TUI** Acceso a poblaciones próximas

**Fraga** Área de servicio

**1** Acceso/salida

**km 2** Distancia kilométrica

Peaje

Nomenclatura:

**A-7** Autopista

**E 68** Nomenclatura europea

**432** Autovía

**N-II** Carretera nacional

**N-240** **C-246** Carretera comarcal de 1° orden, comarcal de 2° orden

Estación de servicio
Abastecimiento GPL
Cafetería/Bar
Restaurante
Picnic/Área de descanso
Tienda
Adaptado a minusválidos
Nursería
Parque infantil
Información
Ducha
Hotel
Fax
Cajero automático
Cambio de moneda
Taller mecánico
Túnel de lavado
Comunicación peatonal
Hotel (Portugal)
Acceso a aeropuerto

## España

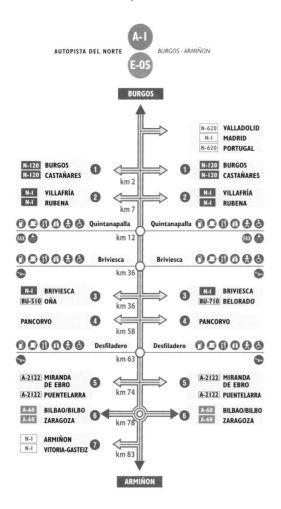

**AUTOPISTA DEL NORTE**  **A-1**  **E-05**  *BURGOS - ARMIÑON*

**BURGOS**

N-620 VALLADOLID
N-I MADRID
N-620 PORTUGAL

**1** N-120 BURGOS / N-120 CASTAÑARES
km 2
**1** N-120 BURGOS / N-120 CASTAÑARES

**2** N-I VILLAFRÍA / N-I RUBENA
km 7
**2** N-I VILLAFRÍA / N-I RUBENA

Quintanapalla — km 12 — Quintanapalla

Briviesca — km 36 — Briviesca

**3** N-I BRIVIESCA / BU-510 OÑA
km 36
**3** N-I BRIVIESCA / BU-710 BELORADO

**4** PANCORVO
km 58
**4** PANCORVO

Desfiladero — km 63 — Desfiladero

**5** A-2122 MIRANDA DE EBRO / A-2122 PUENTELARRA
km 74
**5** A-2122 MIRANDA DE EBRO / A-2122 PUENTELARRA

**6** A-68 BILBAO/BILBO / A-68 ZARAGOZA
km 78
**6** A-68 BILBAO/BILBO / A-68 ZARAGOZA

**7** N-I ARMIÑON / N-I VITORIA-GASTEIZ
km 83

**ARMIÑON**

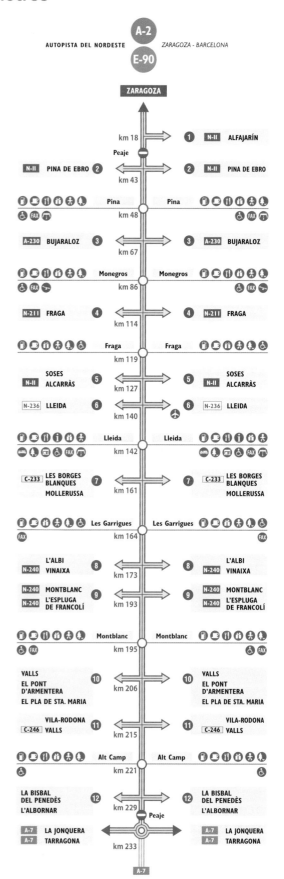

**AUTOPISTA DEL NORDESTE**  **A-2**  **E-90**  *ZARAGOZA - BARCELONA*

**ZARAGOZA**

km 18
**1** N-II ALFAJARÍN

Peaje
N-II PINA DE EBRO **2**
km 43
**2** N-II PINA DE EBRO

Pina — km 48 — Pina

A-230 BUJARALOZ **3**
km 67
**3** A-230 BUJARALOZ

Monegros — km 86 — Monegros

N-211 FRAGA **4**
km 114
**4** N-211 FRAGA

Fraga — km 119 — Fraga

N-II SOSES ALCARRÀS **5**
km 127
**5** N-II SOSES ALCARRÀS

N-236 LLEIDA **6**
km 140
**6** N-236 LLEIDA

Lleida — km 142 — Lleida

C-233 LES BORGES BLANQUES MOLLERUSSA **7**
km 161
**7** C-233 LES BORGES BLANQUES MOLLERUSSA

Les Garrigues — km 164 — Les Garrigues

N-240 L'ALBI VINAIXA **8**
km 173
**8** N-240 L'ALBI VINAIXA

N-240 MONTBLANC / N-240 L'ESPLUGA DE FRANCOLÍ **9**
km 193
**9** N-240 MONTBLANC / N-240 L'ESPLUGA DE FRANCOLÍ

Montblanc — km 195 — Montblanc

VALLS EL PONT D'ARMENTERA EL PLA DE STA. MARIA **10**
km 206
**10** VALLS EL PONT D'ARMENTERA EL PLA DE STA. MARIA

C-246 VILA-RODONA VALLS **11**
km 215
**11** C-246 VILA-RODONA VALLS

Alt Camp — km 221 — Alt Camp

LA BISBAL DEL PENEDÈS L'ALBORNAR **12**
km 229
**12** LA BISBAL DEL PENEDÈS L'ALBORNAR

Peaje
A-7 LA JONQUERA / A-7 TARRAGONA
km 233
A-7 LA JONQUERA / A-7 TARRAGONA

**A-7**

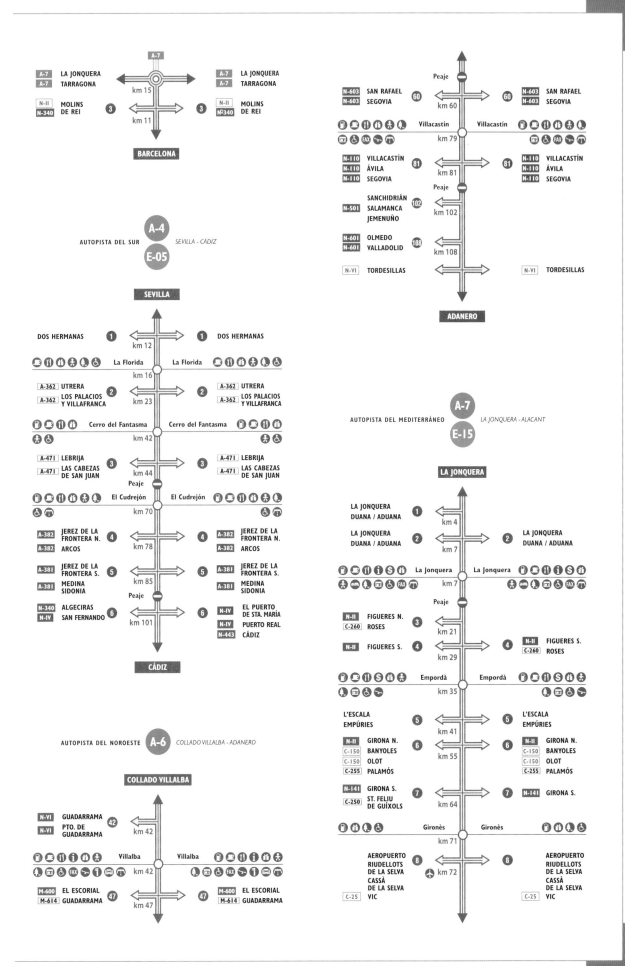

**A-7** LA JONQUERA
**A-7** TARRAGONA

**A-7** LA JONQUERA
**A-7** TARRAGONA

**A-7**
km 15

**N-II** MOLINS
**N-340** DE REI
❸

❸ **N-II** MOLINS
**N-340** DE REI

km 11

**BARCELONA**

**A-4**
**E-05**
AUTOPISTA DEL SUR   *SEVILLA - CÁDIZ*

**SEVILLA**

DOS HERMANAS ❶

❶ DOS HERMANAS
km 12

La Florida   La Florida
km 16

**A-362** UTRERA ❷
**A-362** LOS PALACIOS
Y VILLAFRANCA

❷ **A-362** UTRERA
**A-362** LOS PALACIOS
Y VILLAFRANCA
km 23

Cerro del Fantasma   Cerro del Fantasma
km 42

**A-471** LEBRIJA ❸
**A-471** LAS CABEZAS
DE SAN JUAN

❸ **A-471** LEBRIJA
**A-471** LAS CABEZAS
DE SAN JUAN
km 44

Peaje

El Cudrejón   El Cudrejón
km 70

**A-382** JEREZ DE LA ❹
FRONTERA N.
**A-382** ARCOS

❹ **A-382** JEREZ DE LA
FRONTERA N.
**A-382** ARCOS
km 78

**A-381** JEREZ DE LA ❺
FRONTERA S.
**A-381** MEDINA
SIDONIA

❺ **A-381** JEREZ DE LA
FRONTERA S.
**A-381** MEDINA
SIDONIA
km 85

Peaje

**N-340** ALGECIRAS
**N-IV** SAN FERNANDO ❻

km 101

❻ **N-IV** EL PUERTO
DE STA. MARÍA
**N-IV** PUERTO REAL
**N-443** CÁDIZ

**CÁDIZ**

AUTOPISTA DEL NOROESTE **A-6**  *COLLADO VILLALBA - ADANERO*

**COLLADO VILLALBA**

**N-VI** GUADARRAMA 42
**N-VI** PTO. DE
GUADARRAMA
km 42

Villalba   Villalba
km 42

**M-600** EL ESCORIAL 47
**M-614** GUADARRAMA
km 47

47 **M-600** EL ESCORIAL
**M-614** GUADARRAMA

Peaje

**N-603** SAN RAFAEL 60
**N-603** SEGOVIA

60 **N-603** SAN RAFAEL
**N-603** SEGOVIA
km 60

Villacastín   Villacastín
km 79

**N-110** VILLACASTÍN 81
**N-110** ÁVILA
**N-110** SEGOVIA

81 **N-110** VILLACASTÍN
**N-110** ÁVILA
**N-110** SEGOVIA
km 81

Peaje

**N-501** SANCHIDRIÁN 102
SALAMANCA
JEMENUÑO
km 102

**N-601** OLMEDO 108
**N-601** VALLADOLID
km 108

**N-VI** TORDESILLAS   **N-VI** TORDESILLAS

**ADANERO**

**A-7**
**E-15**
AUTOPISTA DEL MEDITERRÁNEO   *LA JONQUERA - ALACANT*

**LA JONQUERA**

LA JONQUERA ❶
DUANA / ADUANA
km 4

LA JONQUERA ❷
DUANA / ADUANA
km 7

❷ LA JONQUERA
DUANA / ADUANA

La Jonquera   La Jonquera
km 7

Peaje

**N-II** FIGUERES N. ❸
**C-260** ROSES
km 21

**N-II** FIGUERES S. ❹
km 29

❹ **N-II** FIGUERES S.
**C-260** ROSES

Empordà   Empordà
km 35

L'ESCALA ❺
EMPÚRIES
km 41

❺ L'ESCALA
EMPÚRIES

**N-II** GIRONA N. ❻
**C-150** BANYOLES
**C-150** OLOT
**C-255** PALAMÓS
km 55

❻ **N-II** GIRONA N.
**C-150** BANYOLES
**C-150** OLOT
**C-255** PALAMÓS

**N-141** GIRONA S. ❼
**C-250** ST. FELIU
DE GUÍXOLS
km 64

❼ **N-141** GIRONA S.

Gironès   Gironès
km 71

AEROPUERTO ❽
RIUDELLOTS
DE LA SELVA
CASSÀ
DE LA SELVA
**C-25** VIC
km 72

❽ AEROPUERTO
RIUDELLOTS
DE LA SELVA
CASSÀ
DE LA SELVA
**C-25** VIC

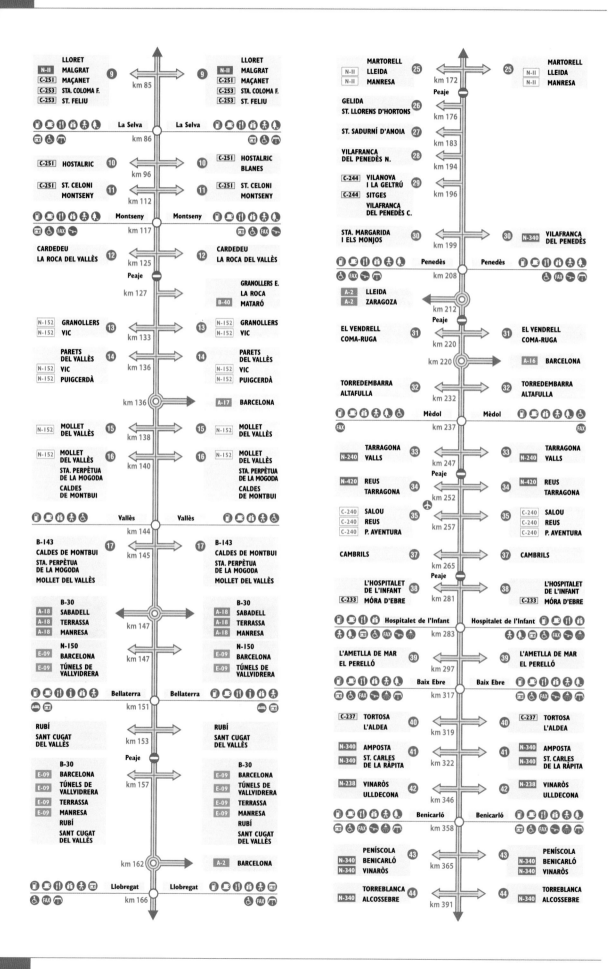

LLORET
N-II MALGRAT 9
C-251 MAÇANET
C-253 STA. COLOMA F.
C-253 ST. FELIU
km 85

La Selva
km 86

C-251 HOSTALRIC 10
km 96

C-251 ST. CELONI 11
MONTSENY
km 112

Montseny
km 117

CARDEDEU 12
LA ROCA DEL VALLÈS
km 125

Peaje
km 127

N-152 GRANOLLERS 13
N-152 VIC
km 133

PARETS 14
DEL VALLÈS
N-152 VIC
N-152 PUIGCERDÀ
km 136

km 136    A-17 BARCELONA

N-152 MOLLET 15
DEL VALLÈS
km 138

N-152 MOLLET 16
DEL VALLÈS
STA. PERPÈTUA
DE LA MOGODA
CALDES
DE MONTBUI
km 140

Vallès
km 144

B-143 17
CALDES DE MONTBUI
STA. PERPÈTUA
DE LA MOGODA
MOLLET DEL VALLÈS
km 145

B-30
A-18 SABADELL
A-18 TERRASSA
A-18 MANRESA
km 147

N-150
E-09 BARCELONA
E-09 TÚNELS DE
VALLVIDRERA
km 147

Bellaterra
km 151

RUBÍ
SANT CUGAT
DEL VALLÈS
km 153

Peaje

B-30
E-09 BARCELONA
E-09 TÚNELS DE
VALLVIDRERA
E-09 TERRASSA
E-09 MANRESA
RUBÍ
SANT CUGAT
DEL VALLÈS
km 157

km 162    A-2 BARCELONA

Llobregat
km 166

---

LLORET
N-II MALGRAT 9
C-251 MAÇANET
C-253 STA. COLOMA F.
C-253 ST. FELIU

La Selva

C-251 HOSTALRIC 10
BLANES

C-251 ST. CELONI 11
MONTSENY

Montseny

CARDEDEU 12
LA ROCA DEL VALLÈS

GRANOLLERS E.
LA ROCA
B-40 MATARÓ

N-152 GRANOLLERS 13
N-152 VIC

PARETS 14
DEL VALLÈS
N-152 VIC
N-152 PUIGCERDÀ

N-152 MOLLET 15
DEL VALLÈS

N-152 MOLLET 16
DEL VALLÈS
STA. PERPÈTUA
DE LA MOGODA
CALDES
DE MONTBUI

Vallès

B-143 17
CALDES DE MONTBUI
STA. PERPÈTUA
DE LA MOGODA
MOLLET DEL VALLÈS

B-30
A-18 SABADELL
A-18 TERRASSA
A-18 MANRESA

N-150
E-09 BARCELONA
E-09 TÚNELS DE
VALLVIDRERA

Bellaterra

RUBÍ
SANT CUGAT
DEL VALLÈS

B-30
E-09 BARCELONA
E-09 TÚNELS DE
VALLVIDRERA
E-09 TERRASSA
E-09 MANRESA
RUBÍ
SANT CUGAT
DEL VALLÈS

Llobregat

---

MARTORELL
N-II LLEIDA 25
N-II MANRESA
km 172
Peaje

GELIDA 26
ST. LLORENS D'HORTONS
km 176

ST. SADURNÍ D'ANOIA 27
km 183

VILAFRANCA 28
DEL PENEDÈS N.
km 194

C-244 VILANOVA 29
I LA GELTRÚ
C-244 SITGES
VILAFRANCA
DEL PENEDÈS C.
km 196

STA. MARGARIDA 30
I ELS MONJOS
km 199

Penedès
km 208

A-2 LLEIDA
A-2 ZARAGOZA
km 212
Peaje

EL VENDRELL 31
COMA-RUGA
km 220

km 220

TORREDEMBARRA 32
ALTAFULLA
km 232

Mèdol
km 237

N-240 TARRAGONA 33
VALLS
km 247
Peaje

N-420 REUS 34
TARRAGONA
km 252

C-240 SALOU 35
C-240 REUS
C-240 P. AVENTURA
km 257

CAMBRILS 37
km 265
Peaje

L'HOSPITALET 38
DE L'INFANT
C-233 MÓRA D'EBRE
km 281

Hospitalet de l'Infant
km 283

L'AMETLLA DE MAR 39
EL PERELLÓ
km 297

Baix Ebre
km 317

C-237 TORTOSA 40
L'ALDEA
km 319

N-340 AMPOSTA 41
N-340 ST. CARLES
DE LA RÀPITA
km 322

N-238 VINARÒS 42
ULLDECONA
km 346

Benicarló
km 358

N-340 PENÍSCOLA 43
N-340 BENICARLÓ
N-340 VINARÒS
km 365

N-340 TORREBLANCA 44
ALCOSSEBRE
km 391

---

MARTORELL
25 N-II LLEIDA
N-II MANRESA

30 N-340 VILAFRANCA
DEL PENEDÈS

Penedès

31 EL VENDRELL
COMA-RUGA

A-16 BARCELONA

32 TORREDEMBARRA
ALTAFULLA

Mèdol

33 N-240 TARRAGONA
VALLS

34 N-420 REUS
TARRAGONA

35 C-240 SALOU
C-240 REUS
C-240 P. AVENTURA

37 CAMBRILS

38 L'HOSPITALET
DE L'INFANT
C-233 MÓRA D'EBRE

Hospitalet de l'Infant

39 L'AMETLLA DE MAR
EL PERELLÓ

Baix Ebre

40 C-237 TORTOSA
L'ALDEA

41 N-340 AMPOSTA
N-340 ST. CARLES
DE LA RÀPITA

42 N-238 VINARÒS
ULLDECONA

Benicarló

43 N-340 PENÍSCOLA
N-340 BENICARLÓ
N-340 VINARÒS

44 N-340 TORREBLANCA
ALCOSSEBRE

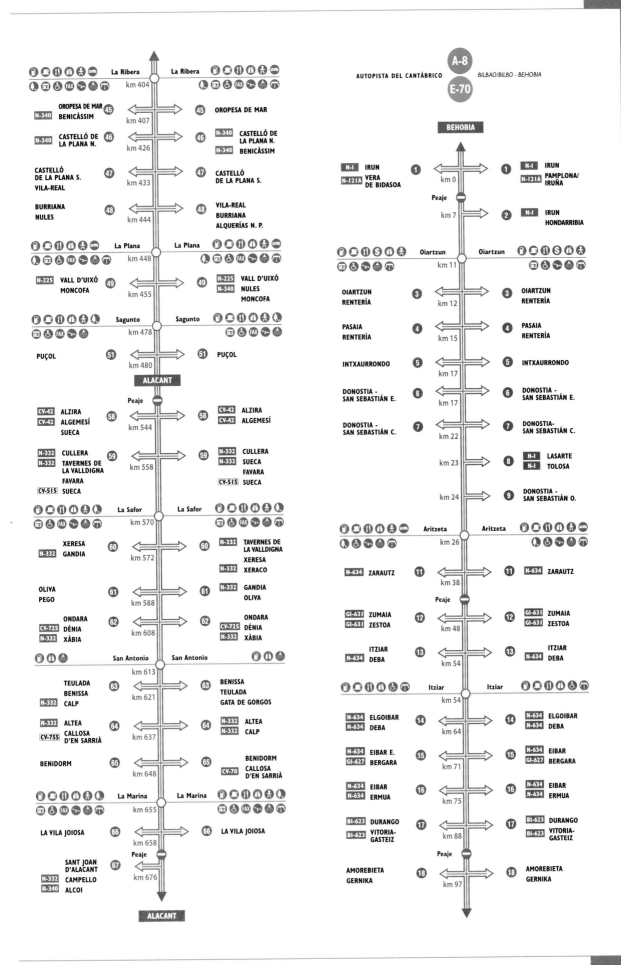

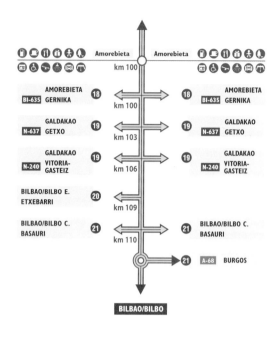

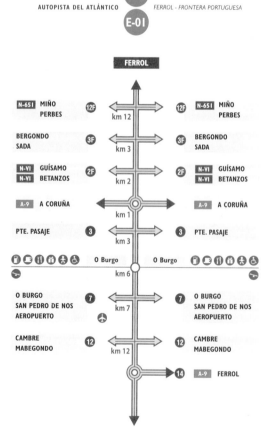

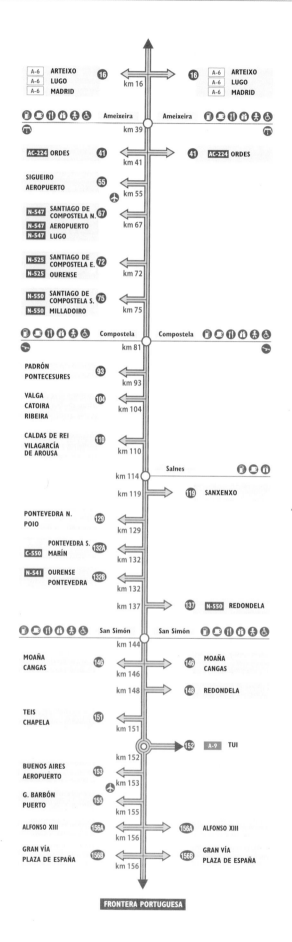

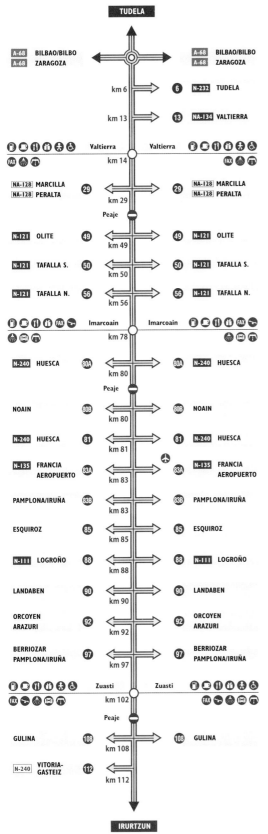

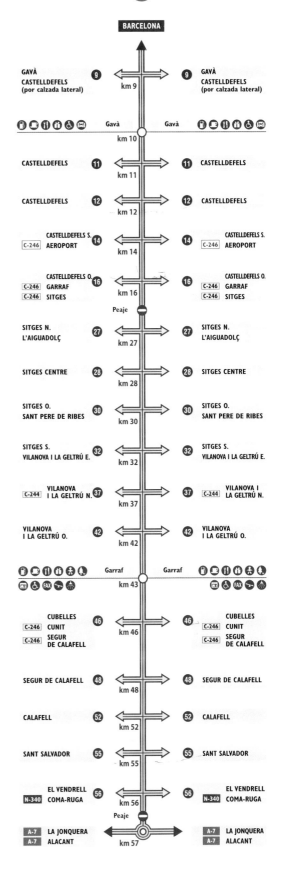

**TUDELA**

| | | |
|---|---|---|
| A-68 BILBAO/BILBO | | A-68 BILBAO/BILBO |
| A-68 ZARAGOZA | | A-68 ZARAGOZA |
| | km 6 | ⑥ N-232 TUDELA |
| | km 13 | ⑬ NA-134 VALTIERRA |
| Valtierra | km 14 | Valtierra |
| NA-128 MARCILLA ㉙ | km 29 | ㉙ NA-128 MARCILLA |
| NA-128 PERALTA | Peaje | NA-128 PERALTA |
| N-121 OLITE ㊾ | km 49 | ㊾ N-121 OLITE |
| N-121 TAFALLA S. ㊿ | km 50 | ㊿ N-121 TAFALLA S. |
| N-121 TAFALLA N. ㊶ | km 56 | ㊶ N-121 TAFALLA N. |
| Imarcoain | km 78 | Imarcoain |
| N-240 HUESCA ⑧⓪A | km 80 | ⑧⓪A N-240 HUESCA |
| | Peaje | |
| NOAIN ⑧⓪B | km 80 | ⑧⓪B NOAIN |
| N-240 HUESCA ⑧① | km 81 | ⑧① N-240 HUESCA |
| N-135 FRANCIA AEROPUERTO ⑧③A | km 83 | ⑧③A N-135 FRANCIA AEROPUERTO |
| PAMPLONA/IRUÑA ⑧③B | km 83 | ⑧③B PAMPLONA/IRUÑA |
| ESQUIROZ ⑧⑤ | km 85 | ⑧⑤ ESQUIROZ |
| N-111 LOGROÑO ⑧⑧ | km 88 | ⑧⑧ N-111 LOGROÑO |
| LANDABEN ⑨⓪ | km 90 | ⑨⓪ LANDABEN |
| ORCOYEN ARAZURI ⑨② | km 92 | ⑨② ORCOYEN ARAZURI |
| BERRIOZAR PAMPLONA/IRUÑA ⑨⑦ | km 97 | ⑨⑦ BERRIOZAR PAMPLONA/IRUÑA |
| Zuasti | km 102 | Zuasti |
| | Peaje | |
| GULINA ⑩⑧ | km 108 | ⑩⑧ GULINA |
| N-240 VITORIA-GASTEIZ ⑪② | km 112 | |

**IRURTZUN**

**BARCELONA**

| | | |
|---|---|---|
| GAVÀ CASTELLDEFELS (por calzada lateral) ⑨ | km 9 | ⑨ GAVÀ CASTELLDEFELS (por calzada lateral) |
| Gavà | km 10 | Gavà |
| CASTELLDEFELS ⑪ | km 11 | ⑪ CASTELLDEFELS |
| CASTELLDEFELS ⑫ | km 12 | ⑫ CASTELLDEFELS |
| CASTELLDEFELS S. ⑭ C-246 AEROPORT | km 14 | ⑭ CASTELLDEFELS S. C-246 AEROPORT |
| CASTELLDEFELS O. ⑯ C-246 GARRAF C-246 SITGES | km 16 | ⑯ CASTELLDEFELS O. C-246 GARRAF C-246 SITGES |
| | Peaje | |
| SITGES N. L'AIGUADOLÇ ㉗ | km 27 | ㉗ SITGES N. L'AIGUADOLÇ |
| SITGES CENTRE ㉘ | km 28 | ㉘ SITGES CENTRE |
| SITGES O. SANT PERE DE RIBES ㉚ | km 30 | ㉚ SITGES O. SANT PERE DE RIBES |
| SITGES S. VILANOVA I LA GELTRÚ E. ㉜ | km 32 | ㉜ SITGES S. VILANOVA I LA GELTRÚ E. |
| C-244 VILANOVA I LA GELTRÚ N. ㊲ | km 37 | ㊲ C-244 VILANOVA I LA GELTRÚ N. |
| VILANOVA I LA GELTRÚ O. ㊷ | km 42 | ㊷ VILANOVA I LA GELTRÚ O. |
| Garraf | km 43 | Garraf |
| CUBELLES ㊻ C-246 CUNIT C-246 SEGUR DE CALAFELL | km 46 | ㊻ CUBELLES C-246 CUNIT C-246 SEGUR DE CALAFELL |
| SEGUR DE CALAFELL ㊽ | km 48 | ㊽ SEGUR DE CALAFELL |
| CALAFELL ㊼ | km 52 | ㊼ CALAFELL |
| SANT SALVADOR ㊝ | km 55 | ㊝ SANT SALVADOR |
| EL VENDRELL ㊶ N-340 COMA-RUGA | km 56 | ㊶ EL VENDRELL N-340 COMA-RUGA |
| | Peaje | |
| A-7 LA JONQUERA A-7 ALACANT | km 57 | A-7 LA JONQUERA A-7 ALACANT |

241

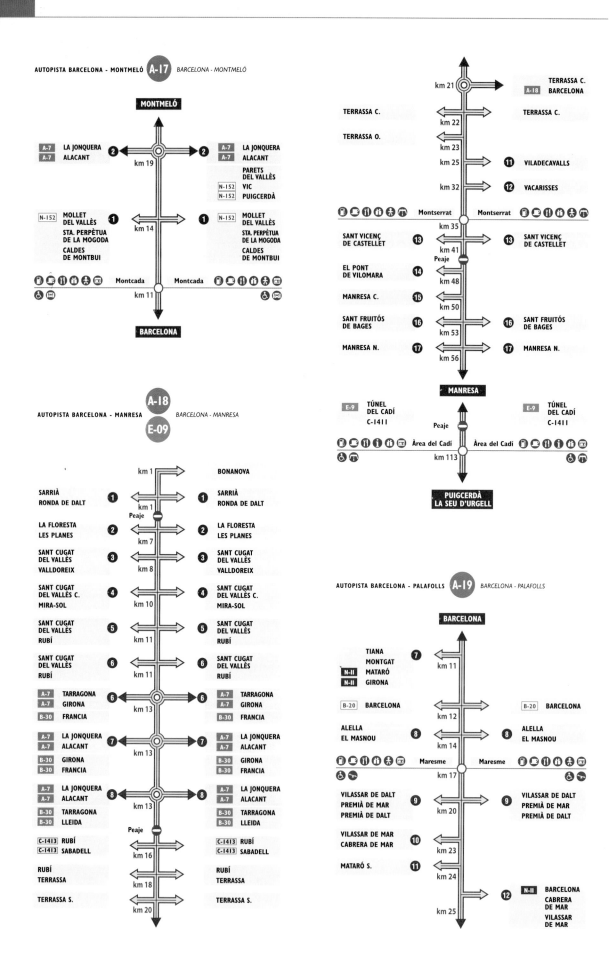

**AUTOPISTA BARCELONA - MONTMELÓ** A-17 *BARCELONA - MONTMELÓ*

MONTMELÓ

| A-7 | LA JONQUERA |
| A-7 | ALACANT |
km 19

| A-7 | LA JONQUERA |
| A-7 | ALACANT |

| | PARETS DEL VALLÈS |
| N-152 | VIC |
| N-152 | PUIGCERDÀ |

| N-152 | MOLLET DEL VALLÈS |
| | STA. PERPÈTUA DE LA MOGODA |
| | CALDES DE MONTBUI |
km 14

| N-152 | MOLLET DEL VALLÈS |
| | STA. PERPÈTUA DE LA MOGODA |
| | CALDES DE MONTBUI |

Montcada — Montcada
km 11

BARCELONA

**AUTOPISTA BARCELONA - MANRESA** A-18 E-09 *BARCELONA - MANRESA*

BONANOVA
km 1

| SARRIÀ | RONDA DE DALT |
km 1
Peaje

| SARRIÀ | RONDA DE DALT |

| LA FLORESTA | LES PLANES |
km 7

| LA FLORESTA | LES PLANES |

| SANT CUGAT DEL VALLÈS | VALLDOREIX |
km 8

| SANT CUGAT DEL VALLÈS | VALLDOREIX |

| SANT CUGAT DEL VALLÈS C. | MIRA-SOL |
km 10

| SANT CUGAT DEL VALLÈS C. | MIRA-SOL |

| SANT CUGAT DEL VALLÈS | RUBÍ |
km 11

| SANT CUGAT DEL VALLÈS | RUBÍ |

| SANT CUGAT DEL VALLÈS | RUBÍ |
km 11

| SANT CUGAT DEL VALLÈS | RUBÍ |

| A-7 | TARRAGONA |
| A-7 | GIRONA |
| B-30 | FRANCIA |
km 13

| A-7 | TARRAGONA |
| A-7 | GIRONA |
| B-30 | FRANCIA |

| A-7 | LA JONQUERA |
| A-7 | ALACANT |
| B-30 | GIRONA |
| B-30 | FRANCIA |
km 13

| A-7 | LA JONQUERA |
| A-7 | ALACANT |
| B-30 | GIRONA |
| B-30 | FRANCIA |

| A-7 | LA JONQUERA |
| A-7 | ALACANT |
| B-30 | TARRAGONA |
| B-30 | LLEIDA |
km 13

| A-7 | LA JONQUERA |
| A-7 | ALACANT |
| B-30 | TARRAGONA |
| B-30 | LLEIDA |

Peaje

| C-1413 | RUBÍ |
| C-1413 | SABADELL |
km 16

| C-1413 | RUBÍ |
| C-1413 | SABADELL |

| RUBÍ | TERRASSA |
km 18

| RUBÍ | TERRASSA |

TERRASSA S.
km 20

TERRASSA S.

---

km 21

| TERRASSA C. |
| A-18 | BARCELONA |

TERRASSA C.
km 22

TERRASSA C.

TERRASSA O.
km 23

km 25

VILADECAVALLS

km 32

VACARISSES

Montserrat — Montserrat
km 35

| SANT VICENÇ DE CASTELLET |
km 41
Peaje

| SANT VICENÇ DE CASTELLET |

| EL PONT DE VILOMARA |
km 48

MANRESA C.
km 50

| SANT FRUITÓS DE BAGES |
km 53

| SANT FRUITÓS DE BAGES |

MANRESA N.
km 56

MANRESA N.

MANRESA

| E-9 | TÚNEL DEL CADÍ C-1411 |
Peaje

| E-9 | TÚNEL DEL CADÍ C-1411 |

Àrea del Cadí — Àrea del Cadí
km 113

PUIGCERDÀ
LA SEU D'URGELL

**AUTOPISTA BARCELONA - PALAFOLLS** A-19 *BARCELONA - PALAFOLLS*

BARCELONA

| | TIANA |
| | MONTGAT |
| N-II | MATARÓ |
| N-II | GIRONA |
km 11

| B-20 | BARCELONA |
km 12

| B-20 | BARCELONA |

| ALELLA | EL MASNOU |
km 14

| ALELLA | EL MASNOU |

Maresme — Maresme
km 17

| VILASSAR DE DALT | PREMIÀ DE MAR | PREMIÀ DE DALT |
km 20

| VILASSAR DE DALT | PREMIÀ DE MAR | PREMIÀ DE DALT |

| VILASSAR DE MAR | CABRERA DE MAR |
km 23

MATARÓ S.
km 24

| N-II | BARCELONA CABRERA DE MAR VILASSAR DE MAR |
km 25

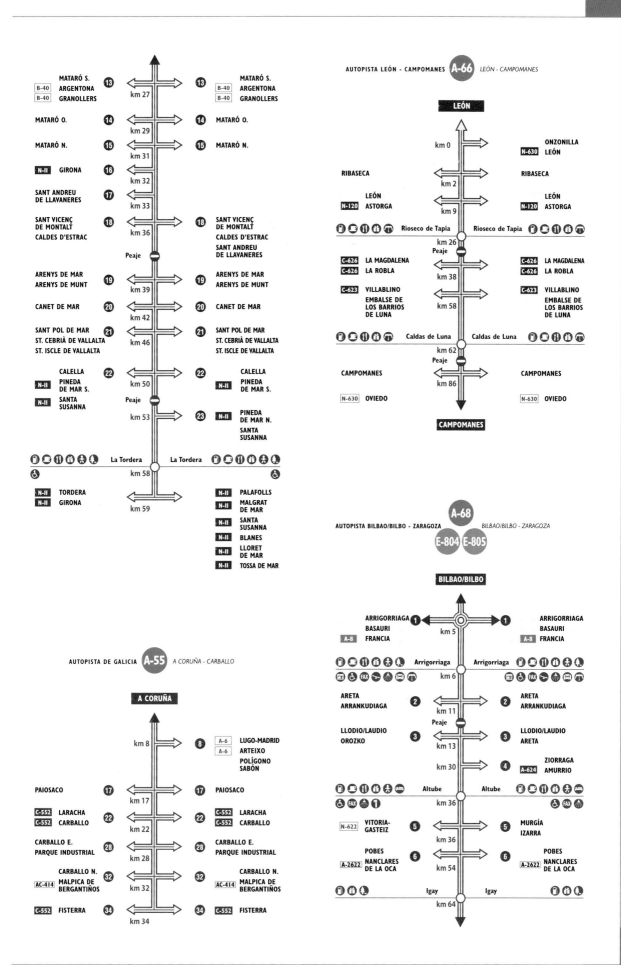

**MATARÓ S.** ⑬
B-40 **ARGENTONA**
B-40 **GRANOLLERS**
km 27
⑬ **MATARÓ S.**
**ARGENTONA** B-40
**GRANOLLERS** B-40

**MATARÓ O.** ⑭
km 29
⑭ **MATARÓ O.**

**MATARÓ N.** ⑮
km 31
⑮ **MATARÓ N.**

N-II **GIRONA** ⑯
km 32

**SANT ANDREU DE LLAVANERES** ⑰
km 33

**SANT VICENÇ DE MONTALT** ⑱
**CALDES D'ESTRAC**
km 36
⑱ **SANT VICENÇ DE MONTALT**
**CALDES D'ESTRAC**
**SANT ANDREU DE LLAVANERES**

Peaje

**ARENYS DE MAR** ⑲
**ARENYS DE MUNT**
km 39
⑲ **ARENYS DE MAR**
**ARENYS DE MUNT**

**CANET DE MAR** ⑳
km 42
⑳ **CANET DE MAR**

**SANT POL DE MAR** ㉑
**ST. CEBRIÀ DE VALLALTA**
**ST. ISCLE DE VALLALTA**
km 46
㉑ **SANT POL DE MAR**
**ST. CEBRIÀ DE VALLALTA**
**ST. ISCLE DE VALLALTA**

**CALELLA** ㉒
N-II **PINEDA DE MAR S.**
N-II **SANTA SUSANNA**
km 50
㉒ **CALELLA**
**PINEDA DE MAR S.** N-II

Peaje
km 53
㉓ **PINEDA DE MAR N.** N-II
**SANTA SUSANNA**

La Tordera
km 58
La Tordera

N-II **TORDERA**
N-II **GIRONA**
km 59
N-II **PALAFOLLS**
N-II **MALGRAT DE MAR**
N-II **SANTA SUSANNA**
N-II **BLANES**
N-II **LLORET DE MAR**
N-II **TOSSA DE MAR**

---

**LEÓN**

km 0
**ONZONILLA**
N-630 **LEÓN**

**RIBASECA**
km 2
**RIBASECA**

**LEÓN**
N-120 **ASTORGA**
km 9
**LEÓN**
N-120 **ASTORGA**

Rioseco de Tapia
km 26
Peaje
Rioseco de Tapia

C-626 **LA MAGDALENA**
C-626 **LA ROBLA**
km 38
C-626 **LA MAGDALENA**
C-626 **LA ROBLA**

C-623 **VILLABLINO**
**EMBALSE DE LOS BARRIOS DE LUNA**
km 58
C-623 **VILLABLINO**
**EMBALSE DE LOS BARRIOS DE LUNA**

Caldas de Luna
km 62
Peaje
Caldas de Luna

**CAMPOMANES**
km 86
**CAMPOMANES**

N-630 **OVIEDO**
N-630 **OVIEDO**

**CAMPOMANES**

---

**AUTOPISTA DE GALICIA** **A-55** *A CORUÑA - CARBALLO*

**A CORUÑA**

km 8
⑧ A-6 **LUGO-MADRID**
A-6 **ARTEIXO**
**POLÍGONO SABÓN**

**PAIOSACO** ⑰
km 17
⑰ **PAIOSACO**

C-552 **LARACHA** ㉒
C-552 **CARBALLO**
km 22
㉒ C-552 **LARACHA**
C-552 **CARBALLO**

**CARBALLO E.** ㉘
**PARQUE INDUSTRIAL**
km 28
㉘ **CARBALLO E.**
**PARQUE INDUSTRIAL**

**CARBALLO N.** ㉜
AC-414 **MALPICA DE BERGANTIÑOS**
km 32
㉜ **CARBALLO N.**
AC-414 **MALPICA DE BERGANTIÑOS**

C-552 **FISTERRA** ㉞
km 34
㉞ C-552 **FISTERRA**

---

**A-68**
**E-804** **E-805**

**BILBAO/BILBO**

**ARRIGORRIAGA** ①
**BASAURI**
A-8 **FRANCIA**
km 5
① **ARRIGORRIAGA**
**BASAURI**
A-8 **FRANCIA**

Arrigorriaga
km 6
Arrigorriaga

**ARETA** ②
**ARRANKUDIAGA**
km 11
② **ARETA**
**ARRANKUDIAGA**

Peaje

**LLODIO/LAUDIO** ③
**OROZKO**
km 13
③ **LLODIO/LAUDIO**
**ARETA**

km 30
④ **ZIORRAGA**
A-624 **AMURRIO**

Altube
km 36
Altube

N-622 **VITORIA-GASTEIZ** ⑤
km 36
⑤ **MURGÍA**
**IZARRA**

**POBES** ⑥
A-2622 **NANCLARES DE LA OCA**
km 54
⑥ **POBES**
A-2622 **NANCLARES DE LA OCA**

Igay
km 64
Igay

---

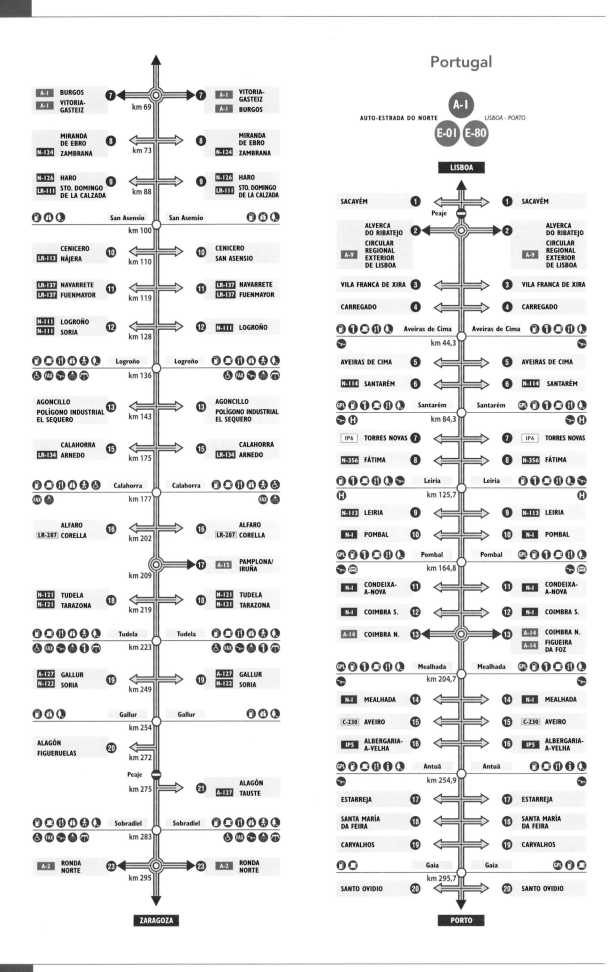

# Portugal

**AUTO-ESTRADA DO NORTE**  A-1  *LISBOA - PORTO*  E-01  E-80

## Left diagram (ZARAGOZA)

| | | |
|---|---|---|
| A-1 BURGOS / A-1 VITORIA-GASTEIZ | 7 ← → 7 | A-1 VITORIA-GASTEIZ / A-1 BURGOS |
| km 69 | | |
| MIRANDA DE EBRO / N-124 ZAMBRANA | 8 → ← 8 | MIRANDA DE EBRO / N-124 ZAMBRANA |
| km 73 | | |
| N-126 HARO / LR-111 STO. DOMINGO DE LA CALZADA | 9 → ← 9 | N-126 HARO / LR-111 STO. DOMINGO DE LA CALZADA |
| km 88 | | |
| San Asensio | | San Asensio |
| km 100 | | |
| CENICERO / LR-113 NÁJERA | 10 → ← 10 | CENICERO / SAN ASENSIO |
| km 110 | | |
| LR-137 NAVARRETE / LR-137 FUENMAYOR | 11 → ← 11 | LR-137 NAVARRETE / LR-137 FUENMAYOR |
| km 119 | | |
| N-111 LOGROÑO / N-111 SORIA | 12 → ← 12 | N-111 LOGROÑO |
| km 128 | | |
| Logroño | | Logroño |
| km 136 | | |
| AGONCILLO POLÍGONO INDUSTRIAL EL SEQUERO | 13 → ← 13 | AGONCILLO POLÍGONO INDUSTRIAL EL SEQUERO |
| km 143 | | |
| CALAHORRA / LR-134 ARNEDO | 15 → ← 15 | CALAHORRA / LR-134 ARNEDO |
| km 175 | | |
| Calahorra | | Calahorra |
| km 177 | | |
| ALFARO / LR-287 CORELLA | 16 → ← 16 | ALFARO / LR-287 CORELLA |
| km 202 | | |
| | 17 → A-15 PAMPLONA/IRUÑA | |
| km 209 | | |
| N-121 TUDELA / N-121 TARAZONA | 18 → ← 18 | N-121 TUDELA / N-121 TARAZONA |
| km 219 | | |
| Tudela | | Tudela |
| km 223 | | |
| A-127 GALLUR / N-122 SORIA | 19 → ← 19 | A-127 GALLUR / N-122 SORIA |
| km 249 | | |
| Gallur | | Gallur |
| km 254 | | |
| ALAGÓN FIGUERUELAS | 20 → | |
| km 272 | | |
| Peaje | | |
| km 275 | 21 → ALAGÓN A-127 TAUSTE | |
| Sobradiel | | Sobradiel |
| km 283 | | |
| A-2 RONDA NORTE | 23 ← → 23 | A-2 RONDA NORTE |
| km 295 | | |

**ZARAGOZA**

## Right diagram (LISBOA - PORTO)

**LISBOA**

| | | |
|---|---|---|
| SACAVÉM | 1 → ← 1 | SACAVÉM |
| Peaje | | |
| ALVERCA DO RIBATEJO / A-9 CIRCULAR REGIONAL EXTERIOR DE LISBOA | 2 → ← 2 | ALVERCA DO RIBATEJO / A-9 CIRCULAR REGIONAL EXTERIOR DE LISBOA |
| VILA FRANCA DE XIRA | 3 → ← 3 | VILA FRANCA DE XIRA |
| CARREGADO | 4 → ← 4 | CARREGADO |
| Aveiras de Cima | | Aveiras de Cima |
| km 44,3 | | |
| AVEIRAS DE CIMA | 5 → ← 5 | AVEIRAS DE CIMA |
| N-114 SANTARÉM | 6 → ← 6 | N-114 SANTARÉM |
| Santarém | | Santarém |
| km 84,3 | | |
| IP6 TORRES NOVAS | 7 → ← 7 | IP6 TORRES NOVAS |
| N-356 FÁTIMA | 8 → ← 8 | N-356 FÁTIMA |
| Leiria | | Leiria |
| km 125,7 | | |
| N-113 LEIRIA | 9 → ← 9 | N-113 LEIRIA |
| N-1 POMBAL | 10 → ← 10 | N-1 POMBAL |
| Pombal | | Pombal |
| km 164,8 | | |
| N-1 CONDEIXA-A-NOVA | 11 → ← 11 | N-1 CONDEIXA-A-NOVA |
| N-1 COIMBRA S. | 12 → ← 12 | N-1 COIMBRA S. |
| A-14 COIMBRA N. | 13 ← → 13 | A-14 COIMBRA N. / A-14 FIGUEIRA DA FOZ |
| Mealhada | | Mealhada |
| km 204,7 | | |
| N-1 MEALHADA | 14 → ← 14 | N-1 MEALHADA |
| C-230 AVEIRO | 15 → ← 15 | C-230 AVEIRO |
| IP5 ALBERGARIA-A-VELHA | 16 → ← 16 | IP5 ALBERGARIA-A-VELHA |
| Antuã | | Antuã |
| km 254,9 | | |
| ESTARREJA | 17 → ← 17 | ESTARREJA |
| SANTA MARÍA DA FEIRA | 18 → ← 18 | SANTA MARÍA DA FEIRA |
| CARVALHOS | 19 → ← 19 | CARVALHOS |
| Gaia | | Gaia |
| km 295,7 | | |
| SANTO OVIDIO | 20 → ← 20 | SANTO OVIDIO |

**PORTO**

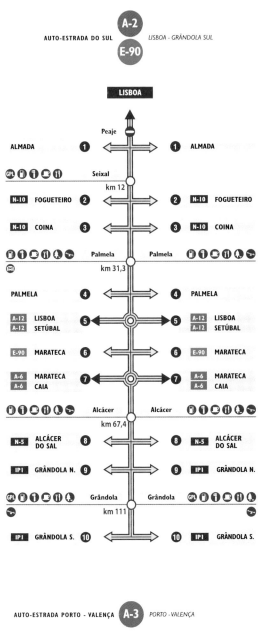

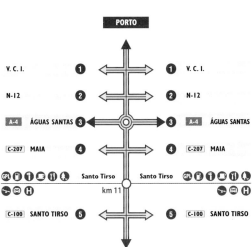

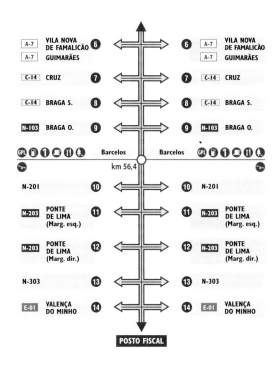

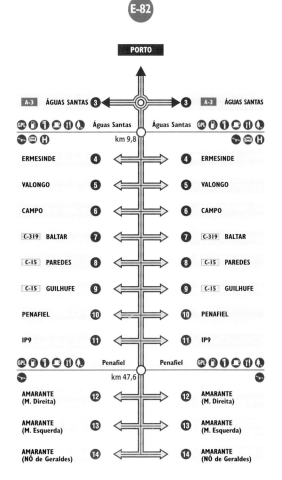

**AUTO-ESTRADA DA COSTA DO ESTORIL** A-5 *LISBOA - CASCAIS*

**LISBOA**

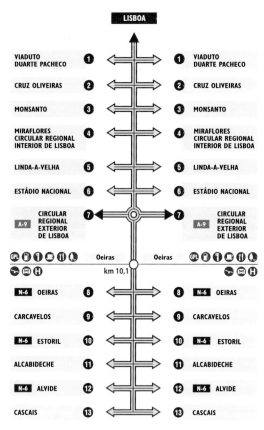

| | | | | |
|---|---|---|---|---|
| VIADUTO DUARTE PACHECO | ❶ | | ❶ | VIADUTO DUARTE PACHECO |
| CRUZ OLIVEIRAS | ❷ | | ❷ | CRUZ OLIVEIRAS |
| MONSANTO | ❸ | | ❸ | MONSANTO |
| MIRAFLORES CIRCULAR REGIONAL INTERIOR DE LISBOA | ❹ | | ❹ | MIRAFLORES CIRCULAR REGIONAL INTERIOR DE LISBOA |
| LINDA-A-VELHA | ❺ | | ❺ | LINDA-A-VELHA |
| ESTÁDIO NACIONAL | ❻ | | ❻ | ESTÁDIO NACIONAL |
| A-9 CIRCULAR REGIONAL EXTERIOR DE LISBOA | ❼ | | ❼ | CIRCULAR REGIONAL EXTERIOR DE LISBOA A-9 |

Oeiras — Oeiras

km 10,1

| | | | | |
|---|---|---|---|---|
| N-6 OEIRAS | ❽ | | ❽ | N-6 OEIRAS |
| CARCAVELOS | ❾ | | ❾ | CARCAVELOS |
| N-6 ESTORIL | ❿ | | ❿ | N-6 ESTORIL |
| ALCABIDECHE | ⓫ | | ⓫ | ALCABIDECHE |
| N-6 ALVIDE | ⓬ | | ⓬ | N-6 ALVIDE |
| CASCAIS | ⓭ | | ⓭ | CASCAIS |

**AUTO-ESTRADA MARATECA - CAIA** A-6 *MARATECA - POSTO FISCAL DO CAIA*

**MARATECA**

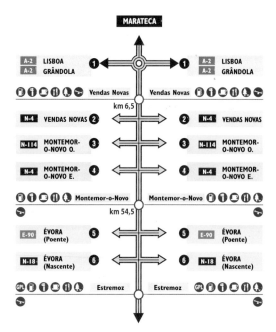

| | | | | |
|---|---|---|---|---|
| A-2 LISBOA / A-2 GRÂNDOLA | ❶ | | ❶ | A-2 LISBOA / A-2 GRÂNDOLA |

Vendas Novas — Vendas Novas

km 6,5

| | | | | |
|---|---|---|---|---|
| N-4 VENDAS NOVAS | ❷ | | ❷ | N-4 VENDAS NOVAS |
| N-114 MONTEMOR-O-NOVO O. | ❸ | | ❸ | N-114 MONTEMOR-O-NOVO O. |
| N-4 MONTEMOR-O-NOVO E. | ❹ | | ❹ | N-4 MONTEMOR-O-NOVO E. |

Montemor-o-Novo — Montemor-o-Novo

km 54,5

| | | | | |
|---|---|---|---|---|
| E-90 ÉVORA (Poente) | ❺ | | ❺ | E-90 ÉVORA (Poente) |
| N-18 ÉVORA (Nascente) | ❻ | | ❻ | N-18 ÉVORA (Nascente) |

Estremoz — Estremoz

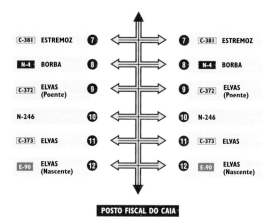

| | | | | |
|---|---|---|---|---|
| C-381 ESTREMOZ | ❼ | | ❼ | C-381 ESTREMOZ |
| N-4 BORBA | ❽ | | ❽ | N-4 BORBA |
| C-372 ELVAS (Poente) | ❾ | | ❾ | C-372 ELVAS (Poente) |
| N-246 | ❿ | | ❿ | N-246 |
| C-373 ELVAS | ⓫ | | ⓫ | C-373 ELVAS |
| E-90 ELVAS (Nascente) | ⓬ | | ⓬ | E-90 ELVAS (Nascente) |

**POSTO FISCAL DO CAIA**

**AUTO-ESTRADA CREL - CIRCULAR REGIONAL EXTERIOR DE LISBOA** A-9 *ESTÁDIO NACIONAL - ALVERCA DO RIBATEJO*

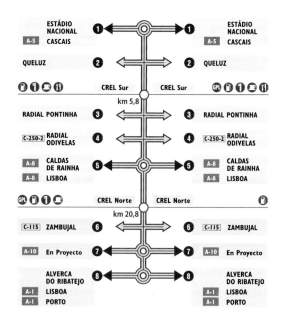

| | | | | |
|---|---|---|---|---|
| ESTÁDIO NACIONAL / A-5 CASCAIS | ❶ | | ❶ | ESTÁDIO NACIONAL / A-5 CASCAIS |
| QUELUZ | ❷ | | ❷ | QUELUZ |

CREL Sur — CREL Sur

km 5,8

| | | | | |
|---|---|---|---|---|
| RADIAL PONTINHA | ❸ | | ❸ | RADIAL PONTINHA |
| C-250-2 RADIAL ODIVELAS | ❹ | | ❹ | C-250-2 RADIAL ODIVELAS |
| A-8 CALDAS DE RAINHA / A-8 LISBOA | ❺ | | ❺ | A-8 CALDAS DE RAINHA / A-8 LISBOA |

CREL Norte — CREL Norte

km 20,8

| | | | | |
|---|---|---|---|---|
| C-115 ZAMBUJAL | ❻ | | ❻ | C-115 ZAMBUJAL |
| A-10 En Proyecto | ❼ | | ❼ | A-10 En Proyecto |
| ALVERCA DO RIBATEJO / A-1 LISBOA / A-1 PORTO | ❽ | | ❽ | ALVERCA DO RIBATEJO / A-1 LISBOA / A-1 PORTO |

**AUTO-ESTRADA SETÚBAL - MONTIJO** A-12 *SETÚBAL - MONTIJO*

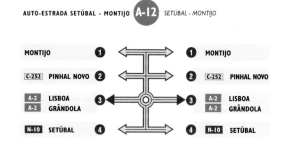

| | | | | |
|---|---|---|---|---|
| MONTIJO | ❶ | | ❶ | MONTIJO |
| C-252 PINHAL NOVO | ❷ | | ❷ | C-252 PINHAL NOVO |
| A-2 LISBOA / A-2 GRÂNDOLA | ❸ | | ❸ | A-2 LISBOA / A-2 GRÂNDOLA |
| N-10 SETÚBAL | ❹ | | ❹ | N-10 SETÚBAL |

246

## Información general

| | |
|---|---|
| **Código telefónico de España** | **+ 34** |
| Policía Nacional | 091 |
| Guardia Civil | 062 |
| Ertzaintza (País Vasco) | 088 |
| Mossos d'Esquadra (Cataluña) | |
| Barcelona | 933 009 191 |
| Tarragona | 977 235 828 |
| Lleida | 973 222 013 |
| Girona | 088 |
| Policía Foral (Navarra) | 948 221 802 |
| Cruz Roja Nacional | 913 354 545 |
| Dirección General de Tráfico (DGT) | 900 123 505 |
| Ayuda en Carretera | 917 421 213 |
| Tele-ruta | 915 352 222 |
| Servicio de Información Meteorológica | 906 365 365 |
| Información Toxicológica (24 horas) | 915 620 420 |
| Salvamento y Seguridad Marítima | 900 202 202 |
| Unión de Consumidores de España (UCE) | 915 233 444 |
| | 915 234 151 |

## Jefaturas provinciales de tráfico

| | | | |
|---|---|---|---|
| Álava | 945 222 058 | León | 987 254 055 |
| Albacete | 967 210 811 | Lleida | 973 269 700 |
| Alicante/Alacant | 965 125 466 | Lugo | 982 223 027 |
| Almería | 950 242 222 | Madrid | 913 018 500 |
| Asturias | 985 297 700 | Málaga | 952 357 200 |
| Ávila | 920 213 848 | Melilla | 952 683 508 |
| Badajoz | 924 230 366 | Murcia | 968 256 211 |
| Balears (Illes) | 971 465 262 | Navarra | 948 254 304 |
| Barcelona | 932 986 500 | Ourense | 988 234 311 |
| Burgos | 947 272 827 | Palencia | 979 700 505 |
| Cáceres | 927 225 249 | Palmas, Las | 928 366 838 |
| Cádiz | 956 273 847 | Pontevedra | 986 851 597 |
| Cantabria | 942 236 465 | Rioja, La | 941 261 616 |
| Castellón de la Plana / Castelló de la Plana | 964 210 822 | Salamanca | 923 267 908 |
| Ceuta | 956 513 201 | Sta. Cruz de Tenerife | 922 227 840 |
| Ciudad Real | 926 226 115 | Segovia | 921 461 907 |
| Córdoba | 957 203 033 | Sevilla | 954 621 111 |
| Coruña, A | 981 288 377 | Soria | 975 225 911 |
| Cuenca | 969 222 156 | Tarragona | 977 221 196 |
| Girona | 972 202 950 | Teruel | 978 604 605 |
| Granada | 958 156 950 | Toledo | 925 224 334 |
| Guadalajara | 949 230 011 | Valencia / València | 963 413 833 |
| Guipúzcoa | 943 452 000 | Valladolid | 983 302 555 |
| Huelva | 959 253 900 | Vizcaya | 944 421 300 |
| Huesca | 974 221 700 | Zamora | 980 521 562 |
| Jaén | 953 252 747 | Zaragoza | 976 358 900 |

## Servicios de Urgencia

| | Cruz Roja | Protección Civil | Teléfono Reducido | | Cruz Roja | Protección Civil | Teléfono Reducido |
|---|---|---|---|---|---|---|---|
| Álava | 945 222 222 | 945 252 239 | 088-112 | Lugo | 982 222 222 | 982 231 313 | 112 |
| | | 944 441 444 | | | | 900 444 222 | |
| Albacete | 967 222 222 | 967 223 400 | | Madrid | 915 222 222 | 915 371 700 | 112-085 |
| | | 967 599 800 | | | | 915 805 250 | |
| Alicante / Alacant | 965 222 222 | 965 211 139 | 085-112 | Málaga | 952 222 222 | 952 213 680 | |
| | | 962 759 060 | | Melilla | 952 672 222 | 952 674 534 | |
| Almería | 950 222 222 | 950 237 755 | | | | 952 674 000 | |
| Asturias | 985 711 777 | 985 238 292 | 1006 | Murcia | 968 222 222 | 968 214 607 | |
| Ávila | 920 222 222 | 920 250 784 | | Navarra | 948 222 266 | 948 812 700 | 112 |
| Badajoz | 924 222 222 | 924 210 500 | | | | 948 222 222 | |
| Balears (Illes) | 971 202 222 | 971 465 012 | | Ourense | 988 242 222 | 988 242 424 | 112 |
| | | 971 218 100 | | | | 900 444 222 | |
| Barcelona | 934 222 222 | 933 192 500 | | Palencia | 979 722 222 | 979 752 011 | 1006 |
| | | 935 867 979 | | Palmas, Las | 928 222 222 | 928 367 155 | 062 Guardia Civil |
| Burgos | 947 232 222 | 947 205 500 | | | | 922 632 131 | |
| Cáceres | 927 222 222 | 927 214 900 | | Pontevedra | 986 852 077 | 986 805 415 | 112 |
| Cádiz | 956 222 222 | 956 263 705 | | | | 900 444 222 | |
| Cantabria | 942 273 058 | 942 210 100 | | Rioja, La | 941 222 222 | 941 251 171 | 112-088 |
| Castellón de la Plana / Castelló de la Plana | 964 222 222 | 964 220 500 | 085-112 | | | 941 291 404 | |
| | | 962 759 060 | | Salamanca | 923 222 222 | 923 263 814 | |
| Ceuta | 956 502 222 | 956 512 523 | | Sta. Cruz de Tenerife | 922 281 800 | 922 274 900 | |
| Ciudad Real | 926 223 322 | 926 230 431 | | | | 922 632 131 | |
| | | 926 213 240 | | Segovia | 921 430 311 | 921 463 434 | |
| Córdoba | 957 292 222 | 957 238 700 | | | | 921 461 414 | |
| Coruña, A | 981 222 222 | 981 228 888 | 112 | Sevilla | 954 350 135 | 954 232 270 | |
| | | 900 444 222 | | | | 954 249 400 | |
| Cuenca | 969 222 200 | 969 212 149 | | Soria | 975 222 222 | 975 224 050 | |
| Girona | 972 222 222 | 972 209 930 | | Tarragona | 977 222 222 | 977 218 484 | |
| | | 935 867 979 | | | | 935 867 979 | |
| Granada | 958 222 222 | 958 278 650 | | Teruel | 978 602 222 | 978 602 500 | 112 |
| Guadalajara | 949 221 788 | 949 225 311 | | | | 976 281 234 | |
| Guipúzcoa | 943 222 222 | 943 462 953 | 088-112 | Toledo | 925 222 222 | 925 226 050 | |
| | | 944 441 444 | | Valencia / València | 963 606 211 | 963 919 000 | 085-112 |
| Huelva | 959 262 020 | 959 243 100 | | | | 962 759 060 | |
| Huesca | 974 222 222 | 974 221 540 | 112 | Valladolid | 983 222 222 | 983 338 288 | |
| | | 976 281 234 | | Vizcaya | 944 222 222 | 944 232 137 | 088-118 |
| Jaén | 953 251 540 | 953 220 650 | | | | 944 441 444 | |
| León | 987 222 222 | 987 227 350 | | Zamora | 980 523 300 | 980 530 525 | 1006 |
| Lleida | 973 266 666 | 973 241 512 | | | | 980 548 730 | |
| | | 935 867 979 | | Zaragoza | 976 222 222 | 976 288 574 | 112 |
| | | | | | | 976 281 234 | |

## Talleres oficiales (averías)

| | Asistencia 24 h | Atención al Cliente |
|---|---|---|
| ALFA ROMEO | 900 211 017 | 918 853 748 |
| AUDI | 900 132 132 | 902 454 575 |
| BMW | 900 100 482 | 913 350 505 |
| CITROËN | 900 515 253 | 915 851 100 |
| | 915 191 314 | |
| CHRYSLER | 900 101 504 | 918 435 943 |
| DAEWOO | 900 101 006 | 916 578 322 |
| FIAT | 900 211 018 | 918 853 747 |
| FORD | 900 145 145 | 915 718 096 |
| HONDA | 915 972 046 | 936 582 074 |
| HYUNDAI | 900 210 313 | 902 246 902 |
| | 913 995 211 | 915 224 914 |
| JEEP | 900 101 504 | 918 435 943 |
| KIA | 900 181 734 | 916 767 141 |
| LADA | 900 111 808 | 915 717 200 |
| | 915 933 333 | |
| LANCIA | 900 211 019 | 918 853 746 |
| LAND ROVER | 900 116 116 | 916 768 211 |
| MAZDA | 902 323 626 | |
| MERCEDES | 900 268 888 | 914 846 000 |
| | 949 268 888 | |
| MITSUBISHI | 913 255 555 | 913 877 400 |
| | 914 413 344 | |
| NISSAN | 900 200 094 | 902 118 085 |
| | 915 931 412 | |
| OPEL | 900 142 142 | 915 973 000 |
| PEUGEOT | 900 442 424 | 913 473 127 |
| RENAULT | 900 365 000 | 913 741 153 |
| | 915 563 999 | |
| ROVER | 900 116 116 | 916 768 211 |
| | 915 931 412 | |
| SAAB | 900 126 061 | 913 838 352 |
| SEAT | 900 600 400 | 900 210 619 |
| SKODA | 900 250 250 | 902 456 575 |
| | | 934 028 621 |
| SUZUKI | 900 225 522 | 953 693 050 |
| TATA | 902 115 394 | 902 300 320 |
| TOYOTA | 900 101 575 | 913 891 115 |
| | 900 330 330 | |
| VOLKSWAGEN | 900 100 238 | 934 028 100 |
| VOLVO | 915 558 100 | 915 624 820 |

## Asistencia en carretera

| | Asistencia 24 h | Atención al Cliente |
|---|---|---|
| ADA (Ayuda del Automovilista) | 902 232 423 | 914 131 044 |
| | 915 193 300 | |
| AHSA (Asociación Hispania de Servicios al Automovilista) | 913 594 605 | 913 093 201 |
| Ayuda General del Automóvil | 913 643 838 | 913 643 838 |
| DYA | 914 378 000 | 915 972 125 |
| Europe Assistance | 915 972 125 | 915 972 125 |
| Mondial Assistance | 914 413 344 | 914 413 344 |
| | 913 255 555 | |
| RACC (Reial Automòbil Club de Catalunya) | 902 106 106 | 902 307 307 |
| | 900 365 505 | |
| RACE (Real Automóvil Club de España) | 902 300 505 | 915 947 400 |

## Centros de ITV

ÁLAVA-JUNDIZ (945 290 510): Pol. ind. de Jundiz, C/. Lermandavide

ALBACETE-ALBACETE (967 215 973): Ctra. Mahora, km 3,7
ALBACETE-ALBACETE (967 210 774): Pol. ind. Campollano, C/. F, parc. 30
ALBACETE-ALMANSA (967 311 386): Pol. ind. Mugrón 2.ª fase, zona III, parc. 3
ALBACETE-HELLÍN (967 305 410): Pol. ind. de Hellín, parc. 45
ALBACETE-VILLARROBLEDO (967 145 362): Ctra. N-310, km 135

ALICANTE-ALCOY (965 545 455): Ctra. Font Rocha, s/n. .
ALICANTE-ALICANTE (965 115 394): Pol. ind. Pla La Vallonga, C/. 5
ALICANTE-ELCHE (965 444 004): Ctra. de Aspe, s/n.
ALICANTE-ORIHUELA-SAN BARTOLOMÉ (965 367 182): Ctra. Orihuela-Almoradi, km 8,300
ALICANTE-REDOVÁN (966 754 497): Ctra. N-340, km 29,400

ALMERÍA-ALBOX (950 120 902): Pol. ind. de Albox (Área de Servicio)
ALMERÍA-HUÉRCAL DE ALMERÍA (950 140 229): Paraje de la Cepa, s/n.
ALMERÍA-HUÉRCAL DE ALMERÍA (950 300 240): Paraje Zamarula s/n. Ctra. N-340, km 121
ALMERÍA-VERA (950 528 852): Autovía del Mediterráneo (acceso Sur)

ASTURIAS-EL ENTREGO (985 661 100): Pol. ind. de La Central, s/n.
ASTURIAS-GIJÓN (985 300 103): C/. Camino del Melón, s/n. (Tremañes)
ASTURIAS-JARRIO (985 473 638): Pol. ind. Río Pinto
ASTURIAS-LLANERA (985 263 317): Ctra. N-630, s/n.
ASTURIAS-MIERES (985 451 815): Pol. ind. Fábrica de Mieres

ÁVILA-AREVALO (920 303 358): Pol. ind. Tierras de Arévalo, parc. J.1
ÁVILA-ÁVILA (920 221 112): Ctra. Ávila-Burgohondo, km 2,4

BADAJOZ-BADAJOZ (924 271 102): Pol. ind. El Nevero
BADAJOZ-MÉRIDA (924 372 073): Pol. ind. El Prado de Mérida
BADAJOZ-VILLANUEVA DE LA SERENA (924 843 350): Ctra. Entrerrios
BADAJOZ-ZAFRA (924 554 441): Pol. ind. Los Caños

ILLES BALEARS-CIUTADELLA (MENORCA) (971 480 044): Ctra C-721, km 42,5
ILLES BALEARS-INCA (MALLORCA) (971 502 404): Avda. Jaime II, s/n.
ILLES BALEARS-MAÓ (971 354 502): Pol. ind. de Mahón, C/. Bajolipoima
ILLES BALEARS-MANACOR (971 555 457): Pol. ind. Manacor, C/. Olivaristas, s/n.
ILLES BALEARS-PALMA DE MALLORCA (971 265 950): Camí Son Fangos, s/n.
ILLES BALEARS-PALMA DE MALLORCA (971 297 906): Camí dels Reis, s/n. Pol. ind. Son Castelló
ILLES BALEARS-SANTA GERTRUDIS (EIVISSA) (971 315 970): Ctra. San Miguel, km 2

BARCELONA-ARGENTONA (937 994 211): Pol. ind. El Cross
BARCELONA-BADALONA (900 272 727): C/. Indústria, 427
BARCELONA-BARCELONA (934 871 515 y 900 101 020): C/. Diputació, 158-160
BARCELONA-BARCELONA (900 272 727): C/. Còrsega, 392
BARCELONA-BARCELONA (934 871 515 y 900-101020): C/. Motors, 136
BARCELONA-BARCELONA (900 272 727): Pje. Puigmadrona, 9-15
BARCELONA-BERGA (938 222 011): Pol. ind. Valldan, parc. 1.ª, nº 1
BARCELONA-CORNELLÀ (934 571 515 y 900 101 020): Pol. ind. Famades. Pº. Campsa, 64
BARCELONA-GRANOLLERS (938 497 611): Pol. ind. Congost; Avda. S. Julià, 253-255
BARCELONA-IGUALADA (938 052 444): Pol. ind. C/. Països Baixos, 18
BARCELONA-MANRESA (938 745 111): Pol. ind. Bufalvent, parc. 121
BARCELONA-OLÈRDOLA (938 923 311): Pol. ind. Sant Pere Molanta
BARCELONA-SANT JOAN DESPÍ (934 871 515 y 900 101 020): C/. Major, 3
BARCELONA-SANT JUST DESVERN (934 871 515 y 900 101 020): Avda. Riera, 19-21; Pol. ind. nº 1
BARCELONA-VIC (938 861 033): Pol. ind. de Vic
BARCELONA-VILADECAVALLS (937 807 555): Ctra. Terrassa a Olesa, km 1,8 ( Pol. ind. Can Trias)
BARCELONA-VILANOVA I LA GELTRÚ (938 144 222): Ronda Europa, s/n.; Pol. ind. Nº 2 de Roquetes

BURGOS-ARANDA DE DUERO (947 507 399): Ctra. N-I, km 161
BURGOS-BURGOS (947 481 680): Pol. ind. Taglosa, Naves 55-56
BURGOS-BURGOS (947 209 688): Pol. ind. de Villalonquéjar
BURGOS-MIRANDA DE EBRO (947 325 952): Pol. ind. de Bayas, parc. 33

CÁCERES-CÁCERES (927 232 577): Pol. ind. Aldea Moret
CÁCERES-PLASENCIA (927 411 870): Pol. ind. de Plasencia
CÁCERES-TRUJILLO (927 321 835): Ctra. Belén

CÁDIZ-ALGECIRAS (956 572 817): Pol. ind. Cortijo Real. C/. Deseos, 2
CÁDIZ-JEREZ DE LA FRONTERA (956 144 141): Avda. Alcalde Manuel Cantos Ropero
CÁDIZ-PUERTO REAL (956 590 612): Pol. ind. Tres Caminos, parc. 10-15 (2.ª fase)
CÁDIZ-SAN FERNANDO (956 883 520): C/. Santo Entierro, s/n.
CÁDIZ-VILLAMARTÍN (956 231 282): Pol. ind. El Chaparral

CANTABRIA-CORRALES DEL BUELNA (942 831 280): Pol. ind. Barros, parc. 19
CANTABRIA-MALIAÑO (942 369 044): Pol. ind. de Raos, parc. 10
CANTABRIA-OJÁIZ (942 339 506): Ojáiz-Peña Castillo

CASTELLÓN-CASTELLÓN DE LA PLANA (964 251 536): Avda. Valencia, 232
CASTELLÓN-VILLARREAL DE LOS INFANTES (964 535 400): N-340 km 55. C/. Azagador, s/n.
CASTELLÓN-VINAROZ (964 401 320): Calle en proyecto (perpendicular a la Avda. Gil de Atrocillo)

CEUTA-EL TARAJAL (956 507 374): Pol. ind. Alborán, Arroyo de Las Bombas

CIUDAD REAL-ALCÁZAR DE SAN JUAN (926 546 650): Pol. ind. Alcer; Avda. Institutos, s/n.
CIUDAD REAL-CIUDAD REAL (926 212 800): Ctra. de Piedrabuena, km 2
CIUDAD REAL-MANZANARES (926 612 393): Pol. ind. Manzares, 2.ª fase, parc. 111
CIUDAD REAL-PUERTOLLANO (926 410 814): Pol. ind.Puertollano, parc. 601

CÓRDOBA-CÓRDOBA (957 291 150): C/. Ingeniero Torres Quevedo, s/n.
CÓRDOBA-CÓRDOBA (957 202 577): C/. Ingeniero Torroja y Miret, s/n.
CÓRDOBA-LUCENA (957 502 772): Ctra. N-331 km 69,5
CÓRDOBA-POZOBLANCO (957 130 517): Pol. ind. Dehesa Boyal, parc. 57
CÓRDOBA-BAENA (957 671 250): Pol. ind. Los Llanos

A CORUÑA-ARTEIXO (981 602 720): Pol. ind. de Sabón, parc. 69
A CORUÑA-ESPÍRITU SANTO-SADA (981 611 661): Espiritu Santo, N-VI, km 582
A CORUÑA-NARÓN (981 315 051): Pol. ind. de La Gándara, parc. 106
A CORUÑA-ARTES-RIVEIRA (981 872 400): Ctra. C-500, km 43,6
A CORUÑA-CACHEIRAS-TEO (981 806 009): Ctra. Santiago-Estrada, km 5,5
A CORUÑA-SANTIAGO (981 571 100): Pol. ind. Tambre; Vía La Cierva, parc. 2

CUENCA-CUENCA (969 213 553): Pol. ind. Los Palancares, parc. 4
CUENCA-MOTILLA DEL PALANCAR (969 333 399): Ctra. N-320, km 71

GIRONA-BLANES (972 353 133): Ctra. de L'Estació, s/n.
GIRONA-CELRÀ (972 492 888): Pol. ind. Celrà
GIRONA-OLOT (972 269 576): Pol. ind. Pla de Baix
GIRONA-PALAMÓS (972 600 555): Pol. ind. Pla de Sant Joan
GIRONA-PUIGCERDÀ (972 140 660): Pol. ind. de L'Estació. C/. Zona ind., 2
GIRONA-RIPOLLÈS (972 714 045): Pla d´Ordina, s/n.
GIRONA-VILAMALLA (972 525 126): Pol. ind. Empordà Internacional

GRANADA-ALBOLOTE (958 466 862): Pol. ind. Juncaril, parc. 317-318
GRANADA-BAZA (958 342 098): Autovía A-92, Antigua N-342, km 194 (Cruce de «El Baúl»)
GRANADA-GRANADA (958 272 621): Avda. de Andalucía, s/n.
GRANADA-MOTRIL (958 600 116): Ctra. N-340 Motril-Almería km 1,300

GUADALAJARA-ALCOLEA DEL PINAR (949 300 380): Ctra. C-114, km 0,400
GUADALAJARA-GUADALAJARA (949 202 986): Pol. ind.El Balconcillo de Guadalajara, parc. 62

GUIPÚZCOA-BERGARA (943 760 490): C/. Amillaga, 4
GUIPÚZCOA-IRÚN (943 626 300): Centro de Transporte Zaiza
GUIPÚZCOA-URNIETA (943 550 000): Ctra. Andoain-Hernani. C/. Idiazábal, s/n.

HUELVA-HUELVA (959 245 186): Avda. Montenegro, 11
HUELVA-LA PALMA DEL CONDADO (959 400 957): Centro de Servicio y Equipamiento Comarcal
HUELVA-SAN JUAN DEL PUERTO (959 367 070): Pol. ind. La Duquesa, parc. 1
HUELVA-MINAS DE THARSIS (959 397 918): Pol. ind. Santa Bárbara, s/n.
HUELVA-ZALAMEA LA REAL (959 562 106): Pol. ind. El Tejerero (CN-435)

HUESCA-BARBASTRO (974 314 154): Pol. ind. Valle del Cinca, 51
HUESCA-FRAGA (974 472 258): Ctra. N-II, km 442
HUESCA-HUESCA (974 211 476): Ctra. A-123, km 68,300
HUESCA-MONZÓN (974 403 006): Pol. ind. Paules, parc. 52
HUESCA-SABIÑÁNIGO (974 481 919): Camino Aurín, s/n.
HUESCA-SARIÑENA (974 572 457): Avda. Fraga, 1

JAÉN-BEAS DE SEGURA (953 458 275): Pol. ind. Cornicabral, parc. 104
JAÉN-GUARROMÁN (953 671 316): Pol. ind. Guadiel, parc. 103-104
JAÉN-JAÉN (953 280 762): Pol. ind. Los Olivares. C/. Espeluy, 17
JAÉN-ÚBEDA (953 758 070): Ctra. N-321 (Úbeda-Baeza), km 1,4

LEÓN-CEMBRANOS (987 320 060): Ctra. de Zamora, km 11
LEÓN-ONZONILLA (987 254 099): Pol. ind. Onzonilla, P-G-20
LEÓN-PONFERRADA (987 455 651): Ctra. N-VI, km 394

LLEIDA-ARTESA DE SEGRE (973 402 223): Ctra. comarcal 1412, km: 0,800
LLEIDA-GRANYANELLA (973 532 225): Ctra. N-II, km 512,700
LLEIDA-LLEIDA (973 200 370): Pol. ind. El Segre. C/. Enginyer Mias, parc. 508
LLEIDA-MONTFERRER (973 351 654): Ctra. N-260 Puigcerdà-Sabiñánigo, km 230,5
LLEIDA-SOLSONA (973 481 669): Pol. ind. Els Ametllers, parc. 7
LLEIDA-TREMP (973 650 129): Ctra. comarcal 1412, km 54
LLEIDA-VIELHA-MIJARAN (973 641 166): Ctra. N-230, km 164,4

LUGO-FOZ (982 135 507): Ctra. C-642, km 412,5
LUGO-VIVERO (982 550 483): La Junquera, s/n.
LUGO-LUGO (982 209 037): Pol. ind. El Ceao, parc. 35
LUGO-MONFORTE DE LEMOS (982 410 412): Ribasaltas

MADRID-ARGANDA DEL REY (918 714 114): Ctra. N-III, km 25,200
MADRID-COSLADA (916 728 048): Ctra. N-II, km 15,400 (Pol. ind. de Coslada)
MADRID-GETAFE (916 958 658 y 916 955 762): Ctra. N-IV, km 15,400
MADRID-LEGANÉS (916 885 046): Pol. ind. Sra. Butarque. C/. Esteban Terradas, s/n.
MADRID-LOZOYUELA (918 694 212): Ctra. Madrid-Irún (N-I), km 67
MADRID-NAVAS DEL REY (918 650 591): Ctra. Alcorcón-Plasencia, km 41
MADRID-PARLA (916 982 612): Ctra. Parla-Pinto, km 1
MADRID-ROZAS, LAS (916 377 161): Ctra. N-VI, km 20,400
MADRID-SAN SEBASTIÁN DE LOS REYES (916 527 177): Ctra. N-I, km 23,500 (Desvío Algete)
MADRID-COLMENAR VIEJO (918 031 193): Ctra. M-607, km; Pol. ind. de Tres Cantos, Sector A, parc. 6
MADRID-VALLECAS (C,T.M.) (917 859 112): Ctra. Villaverde a Vallecas, km 3.500
MADRID-VILLALBA (918 511 687): Ctra. N-VI, km 37,600
MADRID-VILLAREJO DE SALVANÉS (918 745 363): Ctra. N-III, km 48,300

MÁLAGA-ALGARROBO (952 550 862): Ctra. Algarrobo, comarcal Ma-103, km 1,9
MÁLAGA-ESTEPONA (952 803 550): Pol. ind. de Estepona. C/. Graham Bell, 9
MÁLAGA-MÁLAGA (952 171 547): Pol. ind. de Guadalhorce. C/. Diderot, 1
MÁLAGA-EL PALO (952 207 003): C/. Escritor Fuentes y Cerdá, 1
MÁLAGA-RONDA (952 870 536): Pol. ind. El Fuerte. C/. Guadalquivir, 2

MELILLA-CIAMSA (952 673 827): Ctra. General Astillero, Km 2,6

MURCIA-ALCANTARILLA (968 890 039): Ctra. de Mula, km 1,8
MURCIA-CARAVACA DE LA CRUZ (968 725 502): Pol. ind. Cavila. Ctra. Granada, s/n.
MURCIA-CARTAGENA (968 528 319): La Asomada. Vere de San Félix
MURCIA-ESPINARDO (968 307 444): Pol. ind.; Avda. Juan Carlos I, s/n.
MURCIA-JUMILLA (968 782 518): Ctra. a Yecla. C-3314, km 42
MURCIA-LORCA (968 460 751): Pol. ind. de Lorca

NAVARRA-NOAIN (948 312 759): Pol. ind. Talluntxe II
NAVARRA-PAMPLONA (948 303 586): Mercairuña. C/. Soto Aizoain, s/n.
NAVARRA-PERALTA (948 750 554): C/. Daban, 56
NAVARRA-TUDELA (948 847 000): Pol. ind. Las Labradas, parc. 5.3 y 5.4

OURENSE-O BARCO (988 325 155): Avda. do Sil, 35
OURENSE-SAN CIPRIÁN DAS VIÑAS (988 249 712): Pol. ind. San Ciprián, parc. 16
OURENSE-VERÍN (988 411 539): Pol. ind. de Verín

PALENCIA-CERVERA DE PISUERGA (979 870 777): Ctra. Cervera-Aguilar, km 1
PALENCIA-PALENCIA (979 727 508): Pol. ind. Villalobón, parc. 54

LAS PALMAS-AGUIMES (928 182 020): Pol. ind. de Arinaga, parc. 193
LAS PALMAS-ANTIGUA (FUERTEVENTURA) (928 878 145): Ctra. Gran Canaria 810, km 21,800
LAS PALMAS-ARRECIFE (LANZAROTE) (928 811 473): Ctra. Arrecife-San Bartolomé, km 1,5
LAS PALMAS-SANTA MARÍA DE GUÍA (928 550 153): Ctra. C-810, km 24,200
LAS PALMAS-LAS PALMAS (928 480 751): Pol. ind. Lomo Blanco
LAS PALMAS-LAS PALMAS (928 260 639): Urb. Las Torres, zona ind. Lomo Blanco

PONTEVEDRA-SEQUEIROS-CURRO-BARRO (986 713 354): Ctra. Pontevedra, km 75
PONTEVEDRA-LALÍN (986 794 103): Ctra. 640, km 163,1
PONTEVEDRA-PONTEBORA (986 865 004): Puente Bora. Ctra. N-541, km 88,7
PONTEVEDRA-PORRIÑO (986 333 992): Pol. ind. Las Gándaras, parc. 1-1 A
PONTEVEDRA-VIGO-PEINADOR (986 486 936): Avda. del Aeropuerto, 770

LA RIOJA-CALAHORRA (941 146 814): Pol. ind. Las Tejerías, parc. E 7
LA RIOJA-LOGROÑO (941 291 158): Ctra. Pamplona-Cuesta de Pavia
LA RIOJA-LOGROÑO (941 208 295): Pol. ind. San Lázaro. C/. Prado Viejo, 28
LA RIOJA-SANTO DOMINGO DE LA CALZADA (941 342 710): Ctra. Burgos, km 46

SALAMANCA-BÉJAR (923 411 500): Ctra. N-630, km 410, 5 de Peña Caballera
SALAMANCA-CARBAJOSA SAGRADA (923 190 363): Pol. ind. Montalvo, C/. C, parc. 22
SALAMANCA-CASTELLANO DE MORISCOS (923 361 435): Pol. ind. C/. 1, parc. 108-109

STA. CRUZ DE TENERIFE-ARAFO (922 501 700): Pol. ind. Valle de Guimar
STA. CRUZ DE TENERIFE-EL PASO (LA PALMA) (922 485 952): Pº de Ronda, s/n.
STA. CRUZ DE TENERIFE-REALEJOS, LOS (922 345 359): C/. San Benito, 8
STA. CRUZ DE TENERIFE-ROSARIO, EL (922 619 322): Pol. ind. La Campana, Chorrillo, km 7
STA. CRUZ DE TENERIFE-SAN MIGUEL DE ABONA (922 730 476): Pol. ind. Las Chafiras, s/n.

SEGOVIA-CUÉLLAR (921 142 429): Ctra. 601, km 45,800
SEGOVIA-VALVERDE MAJANO (SEGOVIA) (921 490 023): Pol. ind. Nicomedes García, parc. 5 A

SEVILLA-CARMONA (954 191 300): Pol. ind. El Pilero
SEVILLA-GELVES (955 760 528): Autovía Coria del Río, km 4,4
SEVILLA-OSUNA (955 820 783): Área de Servicio Autovía A-92
SEVILLA-RINCONADA, LA (955 797 161): Ctra. Sevilla-Cazalla, km 9
SEVILLA-UTRERA (955 863 232): Pol. ind. El Torno
SEVILLA-MONTEQUINTO (955 679 135): Ctra. Alcalá-Dos Hermanas, km 4,5
SEVILLA-CAZALLA DE LA SIERRA (954 884 677): Pol. ind. El Lagar

SORIA-BURGO DE OSMA (975 360 217): C/. Universidad, 112
SORIA-SORIA (975 227 140): Ctra. de las Casas, s/n.

TARRAGONA-MONTBLANC (977 862 324): Ctra. Montblanc a Rojals, Partida de Viñols, s/n.
TARRAGONA-MORA LA NOVA (977 402 777): Pol. ind. Partida Aubals, C/. D
TARRAGONA-REUS (977 391 414): Ctra. N-340, km 1154
TARRAGONA-TARRAGONA (902 116 131): Bulladera, s/n.
TARRAGONA-TORTOSA (977 597 018): Pol. ind. Baix Ebre, parc. 81-84

TERUEL-ALCAÑIZ (978 831 855): Pol. ind. Las Horcas, s/n.
TERUEL-TERUEL (978 602 964): Pol. ind. La Paz, N-Sagunto Burgos, km 123

TOLEDO-OCAÑA (925 131 077): Ctra. N-IV, km 57,400
TOLEDO-TALAVERA DE LA REINA (925 801 990): Ctra. N-V, km 113
TOLEDO-TOLEDO (925 230 063): Pol. ind. Ntra. Sra. Benquerencia, s/n.
TOLEDO-YEBENES, LOS (925 321 002): Ctra. Toledo a Ciudad Real

VALENCIA-ALZIRA (962 418 273): Autovía C-3320, Pol. 44

VALENCIA-GANDÍA (962 862 233): Pol. ind. Alcodar
VALENCIA-MASALFASAR (961 400 661): C/. Azagador de Liria, s/n.
VALENCIA-ONTENIENTE (962 910 720): Avda. Ramón y Cajal, s/n.
VALENCIA-RIBARROJA DEL TURIA (961 668 181): Pol. ind. El Oliveral
VALENCIA-UTIEL (962 171 562): Pol. ind. El Melero, parc. 88 y 89

VALLADOLID-TORDESILLAS (983 771 151): Pol. ind. de la Vega, parc. 10
VALLADOLID-VALLADOLID (983 472 354): Pol. ind. Argales. C/. Vázquez Menchaca.
VALLADOLID-VALLADOLID (983 292 911): Pol. ind. San Cristóbal, parc. 16

VIZCAYA-AMOREBIETA (946 308 957): Pol. ind. Biarritz, s/n.
VIZCAYA-ARRIGORRIAGA (946 711 713): Autopista Bilbao-Zaragoza (Área de Servicio)

VIZCAYA-VALLE DE TRAPAGA (944 781 214): Barrio El Juncal, s/n.
VIZCAYA-ZAMUDIO (944 521 113): Pol. ind. Ugaldeguren 11, parc. 9-1

ZAMORA-BENAVENTE (980 636 799): Ctra. N-VI, km 261
ZAMORA-MORALES DEL VINO (980 570 025): Ctra. Salamanca, s/n.

ZARAGOZA-CALATAYUD (976 885 372): Pol. ind. La Charluca, P-M 24
ZARAGOZA-EJEA DE LOS CABALLEROS (976 664 451): Pol. ind. Valdeferrín, P-43
ZARAGOZA-TARAZONA (976 644 050): Pol. ind. de Tarazona
ZARAGOZA-UTEBO (976 785 474): Ctra. de Logroño, km 12,600
ZARAGOZA-ZARAGOZA (976 570 818): Pol. ind. de Malpica, parc. 24

## Aeropuertos

| Aeropuerto | km | Dirección | Teléfono | Fax |
|---|---|---|---|---|
| Alicante | 9 | 03071 Alicante | 966 919 000 | 965 284 443 |
| Almería | 10 | Ctra. de Níjar, km 9 04071 Almería | 950 213 700 | 950 213 858 |
| Asturias | 4 | Mun. de Castrillón A. C. 144 33400 Avilés / Asturias | 985 127 500 | 985 127 516 |
| Badajoz | 2,5 | Ctra. Badajoz-Balboa, s/n. Apdo. de Correos 122 06195 Badajoz | 924 210 400 | 924 210 410 |
| Barcelona | 12 | El Prat de Llobregat 08820 Barcelona | 932 983 838 | 924 210 410 |
| Bilbao | 9 | Ctra. Asua-Erletxes, s/n. 48150 Sondika / Vizcaya | 944 869 300 | 944 869 313 |
| Córdoba | 8 | 14005 Córdoba | 957 214 100 | 957 214 143 |
| Coruña, A | 10 | Apdo. de Correos 10 Ctra. Rutis-Vilaboa 15174 A Coruña | 981 187 200 | 981 187 239 |
| Fuerteventura | 5 | Matorral-Puerto del Rosario, s/n. 35600 Fuerteventura / Las Palmas | 928 860 600 | 928 860 530 |
| Girona | 16 | Vilobí d'Onyar 17185 Girona | 972 202 350 972 186 600 | 972 434 334 |
| Gran Canaria | 23 | 35230 Gran Canaria / Las Palmas | 928 579 000 | 928 579 117 |
| Granada | 17 | Aeropuerto de Granada-Chauchina 18329 Granada | 958 245 200 | 958 245 207 |
| Hierro | 2,5 | El Cangrejo, s/n. 38910 Valverde Hierro / Sta. Cruz de Tenerife | 922 553 700 | 922 553 731 |
| Ibiza-San José | 8 | 07800 Eivissa / Baleares | 971 809 000 | 971 809 287 |
| Jerez | 11 | 11401 Jerez de la Frontera / Cádiz | 956 150 000 | 956 150 061 |
| Lanzarote | 6 | Apdo. de Correos 86 Arrecife de Lanzarote 35500 Las Palmas | 928 823 450 | 928 813 534 |
| La Palma | 8 | Ap. Correos 195 Sta. Cruz de La Palma 38700 La Palma | 922 411 540 | 922 416 405 |
| Madrid-Barajas | 16 | 28042 Madrid | 913 936 000 | 913 936 200 |
| Madrid-Cuatro Vientos | -- | Ctra. de la Fortuna s/n. 28024 Madrid | 913 211 700 | 913 210 949 |
| Málaga | 10 | Avda. Comandante García Morato. Apdo. de Correos 371 y 375 29004 Málaga | 952 048 484 | 952 048 777 |
| Melilla | 4 | Ctra. de Yasinen, s/n. 52005 Melilla | 952 698 614 | 952 698 608 |
| Menorca | 5 | Ctra. San Clemente, s/n. 07712 Mahón / Menorca | 971 157 000 | 971 157 070 |
| Palma de Mallorca | 11 | Son San Juan 07000 Palma de Mallorca | 971 789 000 | 971 789 010 |
| Pamplona/Iruña | 6 | Ctra. de Bellaterra, s/n. 31110 Noain / Navarra | 948 168 700 | 948 168 707 |
| Reus | 8 | Autovía Tarragona-Reus, s/n. 43204 Reus / Tarragona | 977 779 800 | 977 779 812 |
| Sabadell | 2 | 08305 Sabadell / Barcelona | 937 282 100 | 937 282 105 |
| Salamanca | 15 | Ctra. de Madrid, km 14 37181 Matacán / Salamanca | 923 329 600 | 923 320 619 |
| San Javier-Murcia | 50 | Ctra. del Aeropuerto 30720 Santiago de la Ribera, Murcia | 968 172 000 | 968 172 033 |
| San Sebastián | 20 | Ctra. de Playaundy, s/n. 20820 Fuenterrabia / Guipúzcoa | 943 668 500 | 943 668 514 |
| Santander | 7 | Ctra. del Aeropuerto, s/n. Apdo. de Correos 097 39600 Maliaño / Cantabria | 942 202 100 | 942 202 152 |
| Santiago | 12 | 15820 Santiago de Compostela, A Coruña | 981 547 500 | 942 202 150 |
| Sevilla | 12 | Ctra. Nal. Madrid-Cádiz, km 532 41020 Sevilla | 954 449 000 | 954 449 025 |
| Tenerife-Norte | 13 | 38297 La Laguna / Tenerife | 922 635 800 | 922 635 859 |
| Tenerife Sur-Reina Sofía | 64 | 38610 Granadilla de Abona / Tenerife | 922 759 000 | 922 759 247 |
| Valencia | 8 | Ctra. Aeropuerto, s/n. 46940 Manises / Valencia | 963 709 500 | 963 709 951 |
| Valladolid | 14 | Ctra. Adanero-Gijón, s/n. 47620 Villanubla / Valladolid | 983 415 400 | 983 425 413 |
| Vigo | 10 | Avda. del Aeropuerto Apdo. de Correos 1553 36318 Vigo / Pontevedra | 986 268 200 | 986 268 210 |
| Vitoria | 11 | 01071 Vitoria | 945 163 500 | 945 163 551 |
| Zaragoza | 12 | Ctra. del Aeropuerto 50071 Zaragoza | 976 712 300 | 976 780 624 |

## Ferrocarriles

| RENFE | Información | RENFE | Información | RENFE | Información | RENFE | Información |
|---|---|---|---|---|---|---|---|
| Para Grupos | 902 105 205 | Cuenca | 969 220 720 | Palencia | 979 743 019 | Teruel | 978 610 202 |
| Internacional | 934 901 122 | Donostia-San Sebastián | 943 283 089 | Pamplona / Iruña | 948 130 202 | Toledo | 925 223 099 |
|  | 934 811 394 | Girona | 972 207 093 | Pontevedra | 986 857 602 | Valencia / València | 963 520 202 |
|  |  |  | 972 216 296 | Salamanca | 923 120 202 | Valladolid | 983 200 202 |
| Albacete | 967 210 202 | Granada | 958 271 272 | Santander | 942 280 202 | Vitoria-Gasteiz | 945 230 202 |
| Alicante/Alacant | 965 920 202 |  | 958 204 000 | Segovia | 921 420 774 | Zamora | 980 521 110 |
| Almería | 950 251 135 | Guadalajara | 949 212 850 | Sevilla (Santa Justa) | 954 540 202 |  | 980 521 956 |
| Ávila | 920 250 202 | Huelva | 959 245 614 | Soria | 975 230 202 | Zaragoza | 976 280 202 |
| Badajoz | 924 271 170 | Huesca | 974 242 159 | Tarragona | 977 240 202 |  |  |
| Barcelona (Sants) | 934 900 202 | Jaén | 953 270 202 |  |  |  |  |
| Bilbao (Abando) | 944 238 623 | León | 987 270 202 |  |  |  |  |
| Burgos | 947 203 560 | Lleida | 973 220 202 | **Coches** |  |  |  |
| Cáceres | 927 233 761 | Logroño | 941 240 202 |  |  |  |  |
| Cádiz | 956 254 301 | Lugo | 982 222 141 | **Servicio de AutoExpreso (nacional)** |  |  |  |
| Castellón de la Plana / |  | Madrid | 913 289 020 |  |  |  |  |
| Castelló de la Plana | 964 250 202 | Málaga | 952 360 202 |  |  |  |  |
| Ciudad Real | 926 220 202 | Murcia | 968 252 154 |  |  |  |  |
| Córdoba | 957 400 202 | Ourense | 988 210 202 |  |  |  |  |
| Coruña, A | 981 150 202 | Oviedo | 985 250 202 |  |  |  |  |

| Longitud vehículo | Menor de 3,81 m | De 3,91 a 4,42 m | De 4,43 a 5,50 m |
|---|---|---|---|
| Hasta 1 000 km | 5 700 Pta. | 7 800 pta. | 10 000 Pta. |
| Más 1 000 km | 7 800 Pta. | 10 800 pta. | 13 800 Pta. |

## Alquiler de coches (oficina central)

| Nombre | Localidad | Dirección | Teléfono Reservas | |
|--------|-----------|-----------|-------------------|--|
| ATESA | Madrid | Pº de la Castellana, | 902 100 101 | (a nivel nacional) |
| | | 130, 7.ª planta | 902 100 515 | (a nivel internacional) |
| AVIS | Madrid | C/. Agustín de Foxá, 27 | 902 135 531 | (a nivel nacional |
| | | | | e internacional) |
| EUROPCAR | Madrid | Avda. Partenón, 16-18, | 917 211 222 | (a nivel nacional |
| | | Campo de las Naciones | | e internacional) |
| HERTZ | Madrid | C/. Proción, 1, | 902 402 405 | (central reservas) |
| | | edificio Oficor | 915 097 300 | (oficina central) |

## Parques Nacionales

Organismo Autónomo de Parques Nacionales
Gran Vía de S. Francisco, 4. 28005 Madrid
Tel. 915 975 588 / Fax 915 975 567

• Parque Nacional d'Aigüestortes i Estany de Sant Maurici, 40 852 ha
Casa del Parc Nacional, Plaça del Treio, 3. 25528 Boí (Alta Ribargorça), Lleida
Tel./Fax 973 696 189
Casa del Parc Nacional, Prat de la Guarda, 4. 25597 Espot (Pallars Sobirà), Lleida

• Parque Nacional marítimo-terrestre Archipiélago de Cabrera, 10 025 ha
Plaza de España, 8, 1º. 07002 Palma de Mallorca
Tel. 971 725 010 / Fax 971 725 585

• Parque Nacional de Cabañeros, 39 310 ha
Pueblo Nuevo de Bullaque. 13194 Ciudad Real
Tel. 926 783 297 / Fax 926 783 297

• Parque Nacional de la Caldera de Taburiente, 4 690 ha
Ctra. de Padrón, 47. 38750 El Paso
Tel. 922 497 277 / Fax 922 497 081

• Parque Nacional de Garajonay, 3 974 ha
Ctra. Gral. del Sur, 6. Apdo. de Correos 92. San Sebastián de la Gomera
38800 Santa Cruz de Tenerife
Tel. 922 870 105 / Fax 922 870 362

• Parque Nacional de Doñana, 50 720 ha
Matalascañas-El Acebuche-Almonte. 21760 Matalascañas (Huelva)
Tel. 959 448 640 / Fax 959 448 576

• Parque Nacional de Ordesa y Monte Perdido, 15 608 ha
Plaza de Cervantes, 5, 4.ª planta. 22071 Huesca
Tel. 974 243 361 / Fax 974 242 725

• Parque Nacional de Picos de Europa, 64 660 ha
C/. Arquitecto Reguera, 13. 33004 Oviedo
Tel. 985 241 412 / Fax 985 273 945

• Parque Nacional de Las Tablas de Daimiel, 1 928 ha
Paseo del Carmen s/n. 13250 Daimiel-Ciudad Real
Tel. 926 851 097 / Fax 926 851 176

• Parque Nacional del Teide, 18 990 ha
C/. Emilio Calzadilla, 5, 4º piso. 38002 Santa Cruz de Tenerife
Tel. 922 290 129 / Fax 922 244 788

• Parque Nacional de Timanfaya, 5 107 ha
C/. Laguneta, 85. Tinajo, Lanzarote. 35560 Las Palmas
Tel. 928 840 238 / Fax 928 840 251

• Parque Nacional de Sierra Nevada, 86 208 ha
Ctra. Antigua de Sierra Nevada, km 7, 18071 Pinos Genil-Granada
Tel. 958 486 889

## Patrimonio de la Humanidad: www.unesco.org

**Fecha de declaración**

| | |
|--|--|
| 1984 | Centro histórico de Córdoba (Judería y Mezquita) |
| 1984 | La Alhambra, el Generalife y el barrio del Albaicín, Granada |
| 1984 | Catedral de Burgos |
| 1984 | Monasterio de El Escorial, Madrid |
| 1984 | Parc Güell, Palau Güell y la Casa Milà (la Pedrera), Barcelona |
| 1985 | Cueva de Altamira (pinturas rupestres), Cantabria |
| 1985 | Ciudad Vieja de Segovia y Acueducto |
| 1985 | Iglesias prerrománicas asturianas |
| 1985 | Casco Antiguo de Santiago de Compostela, A Coruña |
| 1985 | Casco Antiguo de Ávila y sus iglesias Extramuros |
| 1986 | Arquitectura mudéjar de Teruel |
| 1986 | Ciudad histórica de Toledo |
| 1986 | Parque Nacional de Garajonay de La Gomera, Sta. Cruz de Tenerife |
| 1986 | Casco Antiguo de Cáceres |
| 1987 | Catedral, Alcázar y Archivo de Indias, Sevilla |
| 1988 | Casco Antiguo de Salamanca |
| 1991 | Monasterio de Poblet, Tarragona |
| 1993 | Conjunto Arqueológico de Mérida |
| 1993 | Real Monasterio de Santa María de Guadalupe, Badajoz |
| 1993 | Camino de Santiago de Compostela |
| 1994 | Parque Nacional de Doñana, Huelva, Sevilla y Cádiz |
| 1996 | Centro Histórico Amurallado de Cuenca |
| 1996 | La Lonja de la Seda de Valencia |
| 1997 | Las Médulas, León |
| 1997 | Palau de la Música Catalana y Hospital de Sant Pau, Barcelona |
| 1997 | Monasterios de San Millán de Yuso y Suso, La Rioja |
| 1998 | Universidad y Recinto Histórico de Alcalá de Henares, Madrid |
| 1998 | Pinturas rupestres levantinas en la península Ibérica |

## Información meteorológica

| Capitales | Altitud (en m) | Mes más frío (temp. media en ºC) | Mes más cálido (temp. media en ºC) | Precipitación anual (en mm) |
|-----------|---------|----------------|----------------|---------------|
| Albacete | 686 | enero 4,8 | julio 24,0 | 357 |
| Alicante / Alacant | 3 | enero 11,6 | agosto 25,0 | 340 |
| Almería | 16 | enero 12,5 | agosto 26,0 | 230 |
| Ávila | 1 128 | enero 3,2 | julio 19,9 | 364 |
| Badajoz | 186 | enero 8,6 | julio 25,3 | 477 |
| Barcelona | 18 | enero 8,8 | agosto 23,1 | 601 |
| Bilbao | 19 | enero 8,8 | agosto 19,9 | 1 249 |
| Burgos | 860 | enero 2,6 | julio 18,4 | 689 |
| Cáceres | 439 | enero-diciembre 8,2 | julio-agosto 25,5 | 514 |
| Cádiz | 4 | enero 12,7 | agosto 24,5 | 573 |
| Castellón de la Plana / Castelló de la Plana | 30 | enero 10,1 | agosto 24,1 | 487 |
| Ceuta | 2 | enero 11,4 | agosto 22,1 | |
| Ciudad Real | 635 | enero 5,7 | julio 25,0 | 400 |
| Córdoba | 123 | enero 9,5 | julio 26,9 | 674 |
| Coruña, A | 5 | enero 10,2 | agosto 18,8 | 971 |
| Cuenca | 590 | enero 4,2 | julio 22,4 | 572 |
| Donostia-San Sebastián | 5 | enero 7,8 | agosto 18,7 | 1 529 |
| Girona | 75 | diciembre 2,7 | julio 22,6 | 812 |
| Granada | 685 | enero 7,0 | julio 25,1 | 402 |
| Guadalajara | 679 | enero 5,7 | julio 23,5 | 472 |
| Huelva | 56 | enero 12,2 | agosto 25,6 | 462 |
| Huesca | 488 | enero 4,7 | julio 23,3 | 485 |
| Jaén | 574 | enero 8,9 | julio 27,6 | |
| León | 838 | enero 3,1 | julio 19,6 | 532 |
| Lleida | 155 | enero 5,6 | julio 24,6 | 414 |
| Logroño | 384 | enero 5,8 | julio 22,2 | 442 |
| Lugo | 454 | enero 5,8 | agosto 17,5 | 1 136 |
| Madrid | 655 | enero 6,1 | julio 24,4 | 461 |
| Málaga | 8 | enero 12,1 | agosto 25,3 | 469 |
| Melilla | 2 | enero 13,2 | agosto 26,9 | |
| Murcia | 42 | enero 10,6 | agosto 24,6 | 288 |
| Ourense | 139 | enero 7,1 | julio 22,1 | 792 |
| Oviedo | 232 | enero 7,8 | agosto 18,5 | 964 |
| Palencia | 740 | enero 4,1 | julio 20,5 | 458 |
| Palma de Mallorca | 33 | enero 3,4 | agosto 17,7 | 449 |
| Palmas de Gran Canaria, Las | 13 | enero 17,5 | agosto 24,1 | 139 |
| Pamplona / Iruña | 449 | enero 4,6 | julio 20,4 | 863 |
| Pontevedra | 27 | enero 10,0 | julio 20,7 | 1 053 |
| Salamanca | 800 | enero 3,7 | julio 21,0 | 413 |
| Sta.Cruz de Tenerife | 4 | enero 17,9 | agosto 25,1 | |
| Santander | 15 | enero 9,7 | agosto 19,6 | 1 198 |
| Segovia | 1 001 | enero 4,0 | julio 21,8 | 981 |
| Sevilla | 7 | enero 10,7 | agosto 26,9 | |
| Soria | 1 063 | enero 2,9 | julio 19,9 | 574 |
| Tarragona | 51 | enero 9,8 | agosto 23,5 | 445 |
| Teruel | 915 | enero 3,8 | julio 21,5 | 381 |
| Toledo | 529 | diciembre 6,4 | julio 25,5 | 378 |
| Valencia / València | 16 | enero 11,4 | agosto 25,0 | 423 |
| Valladolid | 691 | enero 3,2 | julio 20,0 | 374 |
| Vitoria-Gasteiz | 525 | enero 4,6 | agosto 18,5 | 847 |
| Zamora | 900 | enero 4,3 | julio 21,8 | 359 |
| Zaragoza | 200 | enero 6,2 | julio 24,3 | 338 |

Secretaría General de Turismo. C/. José Lázaro Galdiano, 6. 28036 Madrid. Tel. 913 433 500

| Localidad | Dirección | Código Postal | Teléfono | Institución |
|---|---|---|---|---|
| Albacete | C/. del Tinte, 2 | 02071 Albacete | 967 580 522 | C. Industria, Comercio y Trabajo |
| Alicante/Alacant | Rambla de Méndez Núñez, 23 | 03002 Alicante | 965 200 000 | Generalitat Valenciana |
| Almería | Parque Nicolás Salmerón, s/n. (esquina Martínez Campos) | 04002 Almería | 950 274 355 | Turismo Andaluz. S. A. (Junta de Andalucía) |
| Almería | C/. Federico García Lorca, Mirador de la Rambla | 04004 Almería | 950 280 748 | Ayuntamiento |
| Ávila | Pl. de la Catedral, 4 | 05001 Ávila | 920 211 387 | Junta de Castilla y León |
| Badajoz | Pl. de la Libertad, 3 | 06001 Badajoz | 924 222 763 | Junta de Extremadura |
| Badajoz | Pje. de San Juan, s/n. | 06002 Badajoz | 924 224 981 | Ayuntamiento |
| Barcelona | Pl. Catalunya, 17 | 08002 Barcelona | 906 301 282 | Consorci de Turisme de |
| Barcelona | Pl. Països Catalans, s/n. | 08014 Barcelona | 934 914 431 | Ajuntament y Cambra de Comerç |
| Barcelona | Pg. de Gràcia, 105 | 08008 Barcelona | 934 849 800 | Ajuntament y Cambra de Comerç |
| Bilbao | Paseo del Arenal, I | 48005 Bilbao | 944 795 760 | Ayuntamiento |
| Burgos | Pl. Alonso Martínez, 7 | 09003 Burgos | 947 203 125 | Junta de Castilla y León |
| Burgos | Paseo del Espolón, I | 09003 Burgos | 947 278 710 | Ayuntamiento |
| Cáceres | Pl. Mayor, 37 | 10003 Cáceres | 927 246 347 | Junta de Extremadura |
| Cádiz | C/. Calderón de la Barca, I | 11003 Cádiz | 956 211 313 | Junta de Andalucía |
| Cádiz | Pl. San Juan de Dios, s/n. | 11403 Cádiz | 956 241 001 | Ayuntamiento |
| Castellón de la Plana / Castelló de la Plana | Pl. María Agustina, 5 | 12003 Castellón de la Plana | 964 358 000 | Conselleria de Turisme |
| Ceuta | C/. Padilla, s/n., edificio Ceuta Center, 2.ª planta | 51001 Ceuta | 956 514 092 | Gobierno Autonómico |
| Ceuta | Muelle Cañonero Dato, I | 51001 Ceuta | 956 258 200 | Ayuntamiento |
| Ciudad Real | C/. Alarcos, 21, 1° | 13080 Ciudad Real | 926 200 037 | Ayuntamiento |
| Córdoba | C/. Torrijos, 10 | 14003 Córdoba | 957 471 235 | Turismo Andaluz S. A. (Junta de Andalucía) |
| Córdoba | Pl. Judá Leví, s/n. | 14003 Córdoba | 957 200 522 | Ayuntamiento |
| Coruña, A | C/. Dársena de la Marina, s/n. | 15001 A Coruña | 981 221 822 | Xunta de Galicia |
| Coruña, A | Jardines de Méndez Núñez, s/n., edificio Atalaya | 15006 A Coruña | 981 216 161 | Ayuntamiento |
| Cuenca | Glorieta González Palencia, 2 | 16002 Cuenca | 969 178 800 | C. de Industria, Comercio y Turismo |
| Cuenca | Pl. Mayor, I | 16001 Cuenca | 969 232 119 | Ayuntamiento |
| Donostia-San Sebastián | C/. Fueros, I | 20005 San Sebastián | 943 023 150 | Gobierno Vasco |
| Donostia-San Sebastián | C/. Reina Regente, 8 | 20003 San Sebastián | 943 481 166 | Ayuntamiento |
| Eivissa | C/.Vara del Rey, 13, bajos | 07800 Eivissa | 971 301 900 | Conselleria de Turisme |
| Eivissa | C/. Antonio Riquer, 2 (puerto de Eivissa) | 07800 Eivissa | 971 301 900 | Ayuntamiento |
| Gijón | C/. Marqués de San Esteban, I | 33206 Gijón | 985 346 046 | C. de Industria, Comercio y Trabajo |
| Gijón | C/. Maternidad, 2 | 33207 Gijón | 985 341 771 | Ayuntamiento |
| Girona | Rambla de la Llibertat, I | 17004 Girona | 972 226 575 | Ajuntament y Generalitat |
| Girona | C/. Berenguer Carnicer, 3-5 | 17001 Girona | 972 211 678 | Ajuntament, Assoc. Guies Turístiques y Assoc. d'Hosteleria |
| Granada | Pl. Mariana Pineda, 10, 2ª | 18009 Granada | 958 226 688 | Diputación |
| Guadalajara | Pl. de los Caídos, 6 | 19001 Guadalajara | 949 211 626 | Junta de Castilla La Mancha, Ayuntamiento |
| Huelva | Avda. de Alemania, 12 | 21001 Huelva | 959 257 403 | Turismo Andaluz S. A. (Junta de Andalucía) |
| Huesca | Pl. de la Catedral, I | 22002 Huesca | 974 292 170 | Ayuntamiento |
| Jaén | C/. Arquitecto Berges, I | 23007 Jaén | 953 222 737 | Junta de Andalucía |
| Jaén | Pl. San Francisco, 2 | 23004 Jaén | 953 248 000 | Diputación |
| León | Pl. de la Regla, 3 | 24003 León | 987 237 082 | Junta de Castilla y León |
| Lleida | Avda. de Madrid, 36 | 25002 Lleida | 973 270 997 | Generalitat |
| Lleida | Pl. Mayor, 31 bis | 25007 Lleida | 973 700 319 | Ayuntamiento |
| Logroño | Paseo del Espolón, I | 26071 Logroño | 941 260 665 | Gobierno de la Rioja |
| Lugo | Pl. España, 27-29 (Galerías) | 27001 Lugo | 982 231 361 | Xunta de Galicia |
| Lugo | Pl. Maior, I | 27001 Lugo | 282 297 264 | Ayuntamiento |
| Madrid | C/. Duque de Medinaceli, 2 | 28014 Madrid | 914 294 951 | Comunidad de Madrid |
| Madrid | Pl. Mayor, 3 | 28012 Madrid | 913 665 477 | Ayuntamiento |
| Madrid | C/. Floridablanca, 10 (El Escorial) | 28200 Madrid | 918 901 554 | Comunidad de Madrid |
| Madrid | Estación de Chamartín. C/. Agustín de Foxà, s/n. | 28036 Madrid | 913 159 976 | Comunidad de Madrid |
| Mahón | Pl. de la Esplanada, 40 | 07703 Mahón | 971 363 790 | Consell Insular de Mahó |
| Málaga | Avda. de Cervantes, I (Paseo del Parque) | 29016 Málaga | 952 604 410 | Ayuntamiento |
| Melilla | Palacio de Congresos. C/. Fortuny, 21 | 52004 Melilla | 952 675 444 | Gobierno Autonómico |
| Mérida | C/. Sáenz de Buruaga, s/n. | 06800 Mérida | 924 315 353 | Ayuntamiento |
| Murcia | C/. San Cristóbal, 6, bajos | 30001 Murcia | 968 366 130 | Dirección General de Turismo |
| Ourense | C/. Curros Enríquez, I, bajos | 32003 Ourense | 988 372 020 | Xunta de Galicia |
| Oviedo | Pl. de Alfonso II el Casto, 6 | 33003 Oviedo | 985 213 385 | C. de Industria, Comercio y Turismo |
| Oviedo | C/. Marqués de Santa Cruz, s/n. | 33007 Oviedo | 985 227 586 | Ayuntamiento |
| Palencia | C/. Mayor, 105 | 34001 Palencia | 979 170 609 | Ayuntamiento |
| Palma de Mallorca | Pl. d'Espanya, s/n. | 07002 Palma de Mallorca | 971 711 527 | Ajuntament |
| Palma de Mallorca | Pl. de la Reina, 2 | 07012 Palma de Mallorca | 971 712 216 | Cosell Insular de Mallorca |
| Palmas de Gran Canaria, Las | C/. León y Castillo, 17 | 35003 Las Palmas de Gran Canaria | 928 362 222 | Cabildo Insular |
| Pamplona/Iruña | C/. Eslava, 1 | 31002 Pamplona/Iruña | 948 220 741 | Gobierno de Navarra |
| Pamplona/Iruña | Pl. San Francisco, I | 31001 Pamplona/Iruña | 948 206 540 | Gobierno de Navarra |
| Pontevedra | C/. General Gutiérrez Mellado | 36001 Pontevedra | 986 850 814 | Xunta de Galicia |
| Salamanca | Pl. Mayor, 14 | 37002 Salamanca | 923 218 342 | Ayuntamiento |
| Santa Cruz de Tenerife | Pl. de España | 38003 Santa Cruz de Tenerife | 922 239 592 | Cabildo Insular de Tenerife |
| Santa Cruz de Tenerife | Avda. Asuncionista, s/n. (Parque Viera y Clavijo) | 38006 Santa Cruz de Tenerife | 922 606 486 | Ayuntamiento |
| Santander | Pl. de Velarde, 5 | 39001 Santander | 942 310 708 | Consejería de Turismo |
| Santiago de Compostela | Plaza Galicia | 15706 Santiago de Compostela | 981 573 990 | Ayuntamiento |
| Segovia | Pl. Mayor, 10 | 40001 Segovia | 921 430 328 | Ayuntamiento |
| Segovia | Pl. del Azoguejo, I | 40001 Segovia | 921 462 906 | Patronato (mixto) |
| Sevilla | Aeropuerto. Autopista de San Pablo, s/n. | 41007 Sevilla | 954 449 128 | Junta de Andalucía |
| Sevilla | Estación de Santa Justa. Avda. de Kansas City, s/n. | 41007 Sevilla | 954 537 626 | Junta de Andalucía |
| Sevilla | Avda. de la Constitución, 21 B | 41004 Sevilla | 954 221 404 | Junta de Andalucía |
| Soria | Pl. Ramón y Cajal, s/n. | 42003 Soria | 975 212 052 | Ayuntamiento |
| Tarragona | C/. Major, 39 | 43003 Tarragona | 977 245 064 | Ajuntament |
| Tarragona | C/. Fortuny, 4 | 43003 Tarragona | 977 233 415 | Generalitat |
| Teruel | C/. Tomás Nougués, I | 44001 Teruel | 978 602 279 | Diputación General de Aragón |
| Toledo | C/. Puerta de Bisagra, s/n. | 45003 Toledo | 925 220 843 | Junta de Castilla La Mancha |
| Valencia | C/. Paz, 48 | 46003 Valencia | 963 986 422 | Ayuntamiento |
| Valladolid | C/. Santiago, 19 | 47001 Valladolid | 983 551 801 | Ayuntamiento |
| Valladolid | C/. Correos, s/n. | 47001 Valladolid | 983 344 013 | Junta de Castilla y León |
| Vitoria-Gasteiz | C/. Eduardo Dato, 11 | 01005 Vitoria-Gasteiz | 945 161 598 | Ayuntamiento |
| Zamora | C/. Santa Clara, 20 | 49015 Zamora | 980 531 845 | Junta de Castilla y León |
| Zaragoza | Glorieta Pío XII, s/n. | 50003 Zaragoza | 976 393 537 | Patronato Municipal |
| Zaragoza | Pl. de Sas, 7 (SIPA) | 50003 Zaragoza | 976 298 438 | Asociación de Entidad Pública |
| Zaragoza | Pl. del Pilar, 18 | 5003 Zaragoza | 976 201 200 | Ayuntamiento |
| Zaragoza | Pl. César Augusto. Torreón de la Zuda | 50003 Zaragoza | 976 393 537 | Ayuntamiento |

## Paradores de Turismo

| Localidad | Nombre | Dirección | Código Postal | Teléfono | Fax |
|---|---|---|---|---|---|
| Aiguablava | Parador d' Aiguablava | C/. Playa de Aiguablava, s/n. | 17255 | 972 622 162 | 972 622 166 |
| Alarcón | Parador de Alarcón | Avda. Amigos de los Castillos, 3 | 16213 | 969 330 315 | 969 330 303 |
| Albacete | Parador de Albacete | Ctra. N-301, km 251 | 02006 | 967 245 321 | 967 243 271 |
| Alcañiz | Parador de Alcañiz | C/. Castillo de los Calatravos, s/n. | 44600 | 978 830 400 | 978 830 366 |
| Almagro | Parador de Almagro | Ronda de San Francisco, 31 | 13270 | 926 860 100 | 926 860 150 |
| Antequera | Parador de Antequera | García de Olmo, s/n. | 29200 | 952 840 261 | 952 841 312 |
| Arcos de la Frontera | Parador de Arcos de la Frontera | Pl. del Cabildo, s/n. | 11630 | 965 700 500 | 965 701 116 |
| Argomániz | Parador Nacional Don Gaspar de Portolá | Ctra. N-I, km 363 | 01192 | 945 293 200 | 945 293 287 |
| Arties | Parador Nacional Don Gaspar de Portolá | C/. Afores, s/n. | 25599 | 973 640 801 | 973 641 001 |
| Ávila | Parador Raimundo de Borgoña | C/. Marqués Canales de Chozas, 2 | 05001 | 920 211 340 | 920.226 166 |
| Ayamonte | Parador de Ayamonte | El Castillo | 21400 | 959 320 700 | 959 320 700 |
| Baiona | Parador del Conde de Gondomar | C/. Monterreal, s/n. | 36300 | 986 355 000 | 986 355 076 |
| Benavente | Parador de Benavente | Paseo Ramón y Cajal, s/n. | 49600 | 980 630 304 | 980.630 303 |
| Benicarló | Parador de Benicarló | Avda. Papa Luna, 5 | 12580 | 964 470 100 | 964 470 934 |
| Bielsa | Parador de Bielsa | Valle de la Pineta de Bielsa | 22350 | 974 501 011 | 974 501 188 |
| Cáceres | Parador de Cáceres | C/. Ancha, 6 | 10003 | 927 211 759 | 927.211 729 |
| Cádiz | Parador Hotel Atlántico | Avda. Duque de Nájera, 9 | 11002 | 956 226 905 | 956 214 582 |
| Calahorra | Marco Fabio Quintiliano | C/. Era Alta, s/n. | 26500 | 941 130 358 | 941 135 139 |
| Cambados | Parador de Cambados-Albariño | Paseo de la Calzada, s/n. | 36630 | 986 542 250 | 986 542 068 |
| Cangas de Onís | Cangas de Onís | C/.Villanueva, s/n. | 33550 | 985 849 402 | |
| Cardona | Ducs de Cardona | Castell de Cardona | 08261 | 938 691 275 | 938 691 636 |
| Carmona | Parador Alcázar Rey Don Pedro | Parador de Turismo | 41410 | 954 141 010 | 954 141 712 |
| Cazorla | Parador de Cazorla | Ctra. de la Sierra, s/n. | 23470 | 953 727 075 | 953 727 077 |
| Cervera de Pisuerga | Parador Fuentes Carrionas | Ctra. de Resoba, km 2,5 | 34840 | 979 870 075 | 979 870 105 |
| Cervera de Pisuerga | Parador de Cervera | Ctra. de Resoba, km 2,5. | 34840 | 979 870 075 | 979 870 105 |
| Chinchón | Parador de Chinchón | C/. Regimiento de León, 1 | 28370 | 918 940 836 | 918 940 908 |
| Ciudad Rodrigo | Parador Enrique II | Pl. Castillo, 1 | 37500 | 923 460 150 | 923 460 404 |
| Córdoba | Parador de Córdoba | Avda. de la Arruzafa, s/n. | 14012 | 957 275 900 | 957 280 409 |
| Cruz de Tejeda | Parador de Cruz de Tejeda | C/. Cruz de Tejeda, s/n. | 35328 | 928 666 050 | 928 666 051 |
| Cuenca | Parador de Turismo de Cuenca | Paseo Hoz del Huécar, s/n. | 16001 | 969 232 320 | 969 232 534 |
| El Saler | Parador de El Saler | Saler, km 16. Avda. de los Pinares, 151 | 46012 | 961 611 186 | 961 627 016 |
| Ferrol | Parador de El Ferrol | C/. Almirante Fernández Martín, s/n. | 15401 | 981 356 720 | 981 356 720 |
| Fuente Dé | Parador de Fuente Dé | Ctra. de Fuente Dé, s/n. | 39588 | 942 736 651 | 942 736 654 |
| Gijón | Parador de Turismo de Gijón Molino Viejo | Parque Isabel la Católica, s/n. | 33203 | 985 370 511 | 985 370 233 |
| Granada | Parador de Granada | C/. Real de la Alhambra, s/n. | 18009 | 958 221 440 | 958 222 264 |
| Guadalupe | Parador de Guadalupe | C/. Marqués de la Romana, 12 | 10140 | 927 367 075 | 927 367 076 |
| Hondarribia | Parador de Hondarribia | Pl. de Armas, 14 | 20280 | 943 645 500 | 943 642 153 |
| Jaén | Parador de Jaén | Castillo de Santa Catalina | 23001 | 953 230 000 | 953 230 930 |
| Jarandilla de la Vera | Parador de Jarandilla de la Vera | Avda. García Prieto, s/n. | 10450 | 927 560 117 | 927 560 088 |
| Jávea / Xàbia | Parador de Jávea | C/. Playa del Arenal, 2 | 03730 | 965 790 200 | 965 790 308 |
| la Seu d'Urgell | Parador Nacional de la Seu d'Urgell | C/. Sant Domènec, 6 | 25700 | 973 352 000 | 973 352 309 |
| León | San Marcos | Pl. de San Marcos, 7 | 24001 | 987 237 300 | 987 233 458 |
| Les Masies de Roda | Parador Nacional de Vic | Ctra.Vic-Roda de Ter, km 14 | 08519 | 938 122 323 | 938 122 368 |
| Málaga | Parador Málaga del Golf | Autovía del Mediterráneo (a 10 km de Málaga) | 29080 | 952 381 255 | 952 388 963 |
| Málaga | Parador Málaga-Gibralfaro | C/. Castillo de Gibralfaro, s/n. | 29016 | 952 221 902 | 952 221 904 |
| Manzanares | Parador de Manzanares | Autovía de Andalucía, km 174 | 13200 | 926 610 400 | 926 610 935 |
| Mazagón | Parador de Mazagón | Ctra. Huelva-Matalascañas, km 24 | 21130 | 959 536 300 | 959 536 228 |
| Melilla | Don Pedro de Estopiñán | Avda. de Cándido Lobera, s/n. | 29801 | 952 684 940 | 952 683 486 |
| Mérida | Parador de Mérida | Pl. de la Constitución, 3 | 06800 | 924 313 800 | 924 319 208 |
| Mojácar | Parador de Mojácar | C/. Playa, s/n. | 04638 | 950 478 250 | 950 478 183 |
| Navarredonda de Gredos | Parador de Gredos | Ctra. Barraco-Béjar, km 43 | 05635 | 920 348 048 | 920 348 205 |
| Nerja | Parador de Nerja | C/. Almuñécar, 8 | 29780 | 952 520 050 | 952 521 995 |
| Olite | Parador de Olite | Pl. de los Teobaldos, 2 | 31390 | 948 740 000 | 948 740 201 |
| Oropesa | Parador de Oropesa | Pl. del Palacio, 1 | 45560 | 925 430 000 | 925 430 777 |
| Orotava, La | Las Cañadas del Teide | La Orotava, Tenerife | 38300 | 922 386 415 | 922 382 352 |
| Pontevedra | Parador de Pontevedra | C/. Barón, 19 | 36002 | 986 855 800 | 986 852 195 |
| Puebla de Sanabria | Parador de Puebla de Sanabria | Ctra. Lago, 18 | 49300 | 980 620 001 | 980 620 351 |
| Puerto del Rosario | Parador de Fuerteventura | C/. Playa Blanca, 45 | 35600 | 928 851 150 | 928 851 158 |
| Puerto Lumbreras | Parador de Puerto Lumbreras | Avda. Juan Carlos I, 77 | 30890 | 968 402 025 | 968 402 836 |
| Ribadeo | Parador de Ribadeo | C/. Amador Fernández, 7 | 27700 | 982 128 825 | 982 128 346 |
| Ronda | Parador de Ronda | Pl. de España, s/n. | 29400 | 952 877 500 | 952 878 188 |
| Salamanca | Parador de Salamanca | C/. Teso de la Feria, 2 | 37008 | 923 192 082 | 923 192 087 |
| San Sebastián de la Gomera | Parador de la Gomera | C/. Cerro la Horca, s/n. | 38800 | 922 871 100 | 922 871 116 |
| Santa Cruz de la Palma | Parador de Santa Cruz de la Palma | Avda. Marítima, 34 | 38700 | 922 412 340 | 922 411 856 |
| Santiago de Compostela | Parador Hotel Reyes Católicos | Pl. del Obradoiro, 1 | 15705 | 981 582 200 | 981 563 094 |
| Santillana del Mar | Parador de Santillana | Pl. de Ramón Pelayo, 8 | 39330 | 942 818 000 | 942 818 391 |
| Sto. Domingo de la Calzada | Parador Sto. Domingo de la Calzada | Pl. El Santo, 3 | 26250 | 941 340 300 | 941 340 325 |
| Segovia | Parador de Segovia | Ctra.Valladolid, La Lastrilla, s/n. | 40003 | 921 443 737 | 921 437 362 |
| Sigüenza | Parador de Sigüenza | Pl. del Castillo, s/n. | 19250 | 949 390 100 | 949 391 364 |

| Localidad | Nombre | Dirección | Código Postal | Teléfono | Fax |
|---|---|---|---|---|---|
| Soria | Parador Antonio Machado | Parque del Castillo, s/n. | 42005 | 975 240 800 | 975 240 803 |
| Sos del Rey Católico | Parador de Sos del Rey Católico | C/. Sainz de Vieña, s/n. | 50680 | 948 888 011 | 948 888 100 |
| Teruel | Parador de Teruel | Ctra. de Zaragoza, s/n. (Apdo. de Correos 67) | 44080 | 978 601 800 | 978 608 612 |
| Toledo | Parador Conde de Orgaz | Paseo del Cigarrales, s/n. | 45005 | 925 221 850 | 925 225 166 |
| Tordesillas | Parador de Tordesillas | Ctra. de Salamanca, 5 | 47100 | 983 770 051 | 983 771 013 |
| Tortosa | Parador de Tortosa | C/. Castell de la Suda, s/n. | 43500 | 977 444 450 | 977 444 458 |
| Trujillo | Parador de Trujillo | C/. Santa Beatriz de Silva, 1 | 10200 | 927 321 350 | 927 321 366 |
| Tui | Parador de Tui | Avda. de Portugal, s/n. | 36700 | 986 600 309 | 986 602 163 |
| Ubeda | Parador de Úbeda | Pl. Vázquez de Molina, 1 | 23400 | 953 750 345 | 953 751 259 |
| Valverde | Parador de Turismo del Hierro | C/. Las Playas, 26 | 38900 | 922 558 036 | 922 558 086 |
| Verin | Parador de Verin | C/. Subida al Castillo, s/n. | 32600 | 988 410 075 | 988 412 017 |
| Vic | Parador de Vic | Paratge Bac de Sau, s/n. | 08500 | 938 122 323 | 938 122 368 |
| Vielha | Parador de Vielha | Ctra. del Túnel, s/n. | 25530 | 973 640 100 | 973 641 100 |
| Vilalba | Parador de Vilalba | C/. Valeriano Valdesuso, s/n. | 27800 | 982 510 011 | 982 510 090 |
| Villafranca del Bierzo | Parador de Villafranca del Bierzo | Avda. Calvo Sotelo, s/n. | 24500 | 987 540 175 | 987 540 010 |
| Zafra | Parador de Zafra | Pl. Corazón de María, 7 | 06300 | 924 554 540 | 924 551 018 |
| Zamora | Parador de Zamora | Pl. de Viriato, 5 | 49001 | 980 514 497 | 980 530 063 |

# ANDORRA

## Información general

**Código telefónico de Andorra** + 376

| | | |
|---|---|---|
| Policía | oficina | 872 000 |
| | urgencias | 110 |
| Cruz Roja | | 825 225 |
| Bomberos | oficina | 800 020 |
| | urgencias | 118 |
| SUM (Servicio de Urgencias Médicas) | | 116 |
| Socorro de Montaña | | 112 |
| Información de Carreteras | | 848 / 884 |
| Información Meteorológica | | 848 / 851 |

## Ayuda y Asistencia en carretera

Automóbil Club d'Andorra
C/. Babot Camp, 13. Andorra la Vella. Tel. 803 400

## Deportes

• Caza y Pesca
C/. Babot Camp, 13. Andorra la Vella. Tel. 826 414

• Esquí
Federación Andorrana de Esquí
Avda. Dr. Mitjavila, 17. Edificio El Pasturé. Bloque 2, 1º
Andorra la Vella. Tel. 862 192

• Golf
Club de Golf del Principat
Avda. Verge del Pilar, 5, 2º 2ª. Andorra la Vella. Tel. 866 366

• Montañismo
Federación Andorrana de Montañismo
C/. Riberaygua, 39, 5º. Andorra la Vella. Tel. 867 444

• Tiro
Federación Andorrana de Tiro
Pl. Guillemó, 6, 3º. Pas de la Casa. Tel. 822 844

• Vela
Federación Andorrana de Vela
C/. Major, 1. Pas de la Casa. Tel. 855 160

## Fiestas locales de interés

| Parroquia | Fecha | Descripción |
|---|---|---|
| En todas las parroquias | 17 de enero | Fiesta de Sant Antoni Abad (degustación de escudella) |
| En todas las parroquias | 4-7 de marzo | Carnestoltess |
| En todas las parroquias | 23 de abril | Sant Jordi (fiesta del libro y de la rosa) |
| En todas la parroquias | 8 de setiembre | Fiesta patronal de Meritxell |
| Andorra la Vella | Variable | Carnavales |
| Andorra la Vella | 24 de junio | Fiesta de Sant Joan |
| Andorra la Vella | Primer sábado de agosto | Festa Major |
| Andorra la Vella | 22-24 de octubre | Feria de Andorra la Vella |
| Andorra la vella | Principios de noviembre | Castañada |
| Andorra la Vella | 26 de diciembre | Sant Esteve (patrón de Andorra la Vella) |
| Canillo | 17 de octubre | Feria del ganado y la artesanía |
| Sant Julià de Lòria | 3 de octubre | Feria de Rosario |

## Principales oficinas de turismo

| Parroquia | Oficina / Entidad | Dirección | Teléfono |
|---|---|---|---|
| Andorra la Vella | Ministeri de Turisme i Cultura | C/. Prat de la Creu, 62 | 875 700 |
| Andorra la Vella | Oficina d'Informació i Turisme del Comú | Avda. Meritxell, s/n. | 860 464 |
| Andorra la Vella | Oficina d'Informació i Turisme del Comú | Pl. de la Rotonda, s/n. | 827 117 |
| Andorra la Vella | Oficina de Turisme | C/. Doctor Vilanova, s/n. | 820 214 |
| Canillo | Caseta d'Informació i Turisme | Avda. Sant Joan de Caselles, s/n. | 851 002 |
| Encamp | Departament de Promoció i Turisme d'Encamp | Pl. Consell General, 1 | 831 405 |
| Encamp | Caseta de Promoció i Turisme del Pas de la Casa | Pl. de l'Esglèsia, s/n. | 855 292 |
| Encamp | Caseta d'Informació i Turisme del Pas de la Casa | C/. Sant Jordi, s/n. | 856 441 |
| Escaldes-Engordany | Caseta d'Informació i Turisme | Pl. Coprinceps, s/n | 820 963 |
| La Massana | Caseta d'Informació i Turisme | Pl. Caseta de La Massana, s/n | 835 693 |
| Ordino | Iniciativa Turística d'Ordino | C/. Nou Vial, s/n. | 737 080 |
| Sant Julià de Lòria | Oficina d'Informació i Turisme | Pl. de la Germandat, s/n | 844 345 |
| Sant Julià de Lòria | Caseta d'Informació i Turisme | C/. Francesc Cairat, s/n. | 841 352 |

## Información general

**Código telefónico de Portugal** + 351

| | |
|---|---|
| Servicios de Informaciones Nacionales | 118 |
| Urgencias | 112 |
| Policia de Seguridad Pública | 213 466 141 |
| | 213 474 730 |
| Guarda Nacional Republicana | 213 475 638 |

## Ayuda y asistencia en carretera

Asistencia ACP (Automóvel Club de Portugal)

• Pronto-Socorro: servicio permanente (24 horas)
219 429 103 (para contactar en caso de accidentes / averías ocurridas al sur de Coimbra)

• Pronto-Socorro: servicio permanente (24 horas)
22 056 732 (para contactar en caso de accidentes / averías ocurridas al norte de Coimbra)

## Ferrocarriles

| Caminhos de Ferro EP | Teléfono |
|---|---|
| Aveiro | 234 424 485 |
| Coimbra | 239 834 998 |
| Entroncamento | 249 716 335 |
| Faro | 289 801 726 |
| Lisboa | 218 884 025 |
| | 218 885 092 |
| Porto | 222 002 755 |
| | 225 364 224 |
| | 225 364 141 |

### Transporte de Automóviles

| | |
|---|---|
| Castelo Branco | 272 342 283 |
| Faro | 289 822 769 |
| Guarda | 271 211 565 |
| Lisboa (Sta. Apolónia) | 218 816 000 |
| Mangualde | 232 623 222 |
| Porto (Campanhã) | 225 191 300 |

## Patrimonio de la Humanidad

**Fecha de la declaración**

| | |
|---|---|
| 1983 | Área Central del pueblo de Angra do Heroismo en las Açores |
| 1983 | Monasterio de los Jerónimos y Torre de Belém en Lisboa |
| 1983 | Monasterio de Batalha |
| 1983 | Convento de Cristo en Tomar |
| 1988 | Centro Histórico de Évora |
| 1989 | Monasterio de Alcobaça |
| 1995 | Paisaje Cultural de Sintra |
| 1996 | Centro Histórico de Porto |
| 1998 | Pinturas Rupestres en el Vale de Côa |

## Emergencias

| | Emergencia | Policia | | Emergencia | Policia |
|---|---|---|---|---|---|
| ABRANTES | 112 | 241 362 222 | LISBOA | 112 | 213 466 141 |
| AÇORE | 112 | 295 282 022 | | | 213 474 730 |
| AVEIRO | 112 | 234 422 022 | MADEIRA | 112 | 291 208 200 |
| BARCELOS | 112 | 253 812 200 | PONTA DELGADA | 112 | 296 282 022 |
| BEJA | 112 | 284 313 150 | PORTALEGRE | 112 | 245 300 620 |
| BRAGA | 112 | 253 217 066 | PORTIMÃO | 112 | 282 417 717 |
| BRAGANÇA | 112 | 273 300 110 | PORTO | 112 | 222 006 821 |
| CALDAS DA RAINHA | 112 | 262 832 023 | PORTO SANTO | 112 | 291 982 423 |
| CARREGAL DO SAL | 112 | 232 968 134 | PÓVÓA DE VARZIM | 112 | 252 298 190 |
| CASTELO BRANCO | 112 | 272 340 622 | SANTARÉM | 112 | 243 322 022 |
| COIMBRA | 112 | 239 822 022 | SETÚBAL | 112 | 265 522 022 |
| ELVAS | 112 | 268 622 631 | TAVIRA | 112 | 281 322 022 |
| ESPINHO | 112 | 227 340 038 | TOMAR | 112 | 249 313 444 |
| ÉVORA | 112 | 266 702 022 | VIANA DO CASTELO | 112 | 258 809 880 |
| FARO | 112 | 289 822 022 | VILA REAL | 112 | 259 322 022 |
| | | 289 804 924 | VISEU | 112 | 232 422 040 |
| FIGUEIRA DA FOZ | 112 | 233 422 022 | LISBOA | Bomberos | 213 422 222 |
| GUARDA | 112 | 271 222 022 | | | 213 606 060 |
| GUIMARÃES | 112 | 253 513 334 | PORTO | Bomberos | 223 322 787 |
| HORTA | 112 | 292 292 022 | PORTO SANTO | Bomberos / Ambulancias | 291 982 354 |
| LAGOS | 112 | 282 762 930 | | | 291 982 379 |
| LEIRIA | 112 | 244 812 447 | | | |

## Parques Nacionales

**Instituto da Conservação da Natureza (ICN)**

| | |
|---|---|
| • Direcção de Serviços de Apoio às Áreas Protegidas | Rua Ferreira Lapa, 29. 1150 LISBOA. Tel. 213 523 317 |
| • Direcção de Serviços da Conservação da Natureza | Rua Ferreira Lapa, 38. 1150 LISBOA. Tel. 213 160 520 |
| **Parque Nacional de Peneda-Gerês. 72 000 ha** | Quinta das Parretas-Rodovia 4700 BRAGA. Tel. 253 613 166 / 7 / 8 |

## Deportes

| Deporte | Institución | Dirección | Teléfono | Fax |
|---|---|---|---|---|
| • Atletismo | Federação Portuguesa de Atletismo | Largo da Lagoa, 15 B 2795-116 LINDA-A-VELHA | 214 146 020 | 214 146 021 |
| • Caza y pesca | Federação Portuguesa de Pesca Desportiva | Rua Sociedade Farmacèutica, 56, 2° 1150-341 LISBOA | 213 521 370 | 213 563 147 |
| | Federação Portuguesa de Tiro com Armas de Caça | Alameda António Sérgio, 22, 8° C 1495-132 ALGÉS | 214 126 160 | 14 126 162 |
| • Ciclismo | Federação Portuguesa de Ciclismo | Rua de Campolide, 237 1070-030 LISBOA | 213 881 780 | 213 881 793 |
| • Esquí | Federação Portuguesa de Esqui | Edificio Central de Camionagem Apartado 514. São Lázaro 6200 COVILHÃ | 271 313 461 | 271 314 245 |
| • Golf | Federação Portuguesa de Golfe | Av. das Túlipas, edificio Miraflores, 17°. Miraflores 1495-161 ALGÉS | 214 123 780 | 214 107 972 |
| • Vela | Federação Portuguesa de Vela | Doca de Belém 1400-038 LISBOA | 213 647 324 | 213 620 215 |

## Fiestas locales de interés

| Localidad | Fecha | Fiesta | Localidad | Fecha | Fiesta |
|---|---|---|---|---|---|
| Áveiro | agosto | Festas da Ria | Mealhada | Carnaval | Grandes Corsos e Desfiles |
| Barcelos | 3 de mayo | Fiesta de las Cruces | Monsanto | Domingo siguiente | |
| | | Feria de alfarería, bailes | | al 3 de mayo | Fiesta del Castillo |
| Braga | 23-24 de junio | Festa de S. João Baptista-Arraiais | Ovar | Carnaval | Carnavales: desfiles de máscaras |
| Caldas da Rainha | 15 de mayo | Festas da Cidade | | | y carrozas |
| | 4-12 de julio | Feira Nacional de Cerâmica | Peniche | 1.er domingo de agosto | Festa de Nossa Senhora |
| Campo Maior | 1.ª semana de setiembre | Festa das Ruas ou | | | da Boa Viagem |
| | | Festa do Povo ou dos Artistas | Ponta Delgada | Pascua | Festa do Senhor Santo Cristo |
| Cascais | junio | Festas do Mar | | | dos Milagres |
| | julio | Feira do Artesanato | Porto | 24 de junio | São João |
| Coimbra | Finales de mayo | Queima das Fitas | Santa Maria da Feira | Desde el siglo XVI | Festa das Fogaceiras ou |
| | 1.ª semana de julio | Festas à Rainha Santa | | se celebra el día | das Fogaças en honor |
| Elvas | 20-25 de setiembre | Festa do Senhor Jesus da Piedade | | 20 de enero | de S. Sebastião |
| Fátima | 12-13 de mayo | 1.ª peregrinación anual | Sesimbra | 3-5 de mayo | Fiesta del Senhor das Chagas, |
| Funchal | 15 de agosto | Festa de Nossa Senhora do Monte | | | que data del s. XVI. Procesión |
| | 31 de diciembre | São Silvestre | Tavira | 13, 24 y 29 de junio | Festas da Cidade |
| Guimarães | 1.er domingo de agosto | Festas Gualterianas | | | en honor de los Santos Populares |
| | | con cortejo histórico | Terceira (ilha) Açores | junio | Festas do Divino Espírito Santo |
| Lamego | 8 de setiembre | Romería a Nossa Senhora | Tomar | En el mes de julio; | Festa dos Tabuleiros |
| | | dos Remédios | | cada tres años | Festa do Círio da Senhora da |
| Lisboa | 13 de junio | Santo António | | 1.er domingo de setiembre | Piedade |
| | junio | Festas da Cidade | Torres Vedras | Carnaval | Carnavales, batallas de flores |
| Loulé | Carnaval | Carnavales, batalla de flores, | Viana do Castelo | 20-23 de agosto | Festas da Senhora da Agonia |
| | | bailes folclóricos | | | con procesión de barcas |
| Loulé | Domingo de Pascua | Romería de Ntra. Sra. | Vila Franca do Lima | 2º domingo de mayo | Fiesta de las Rosas. |
| | | de la Piedad | | | Desfile de las Mordomas |

## Principales oficinas de turismo

Direcção-Geral do Turismo
Avda. António Augusto de Aguiar, 86
1004 Lisboa
Tel. 213 575 086 / 213 575 145 / 213 575 015
Fax 213 575 220

**Oficinas de ICEP**
(Investimentos, Comércio e Turismo de Portugal)

FARO
Aeroporto de Faro
Tel. 289 818 582

LISBOA
Palácio Foz-Praça dos Restauradores
1200 Lisboa
Tel. 213 463 658 / 213 466 307

Aeroporto de Lisboa
Tel. 218 494 323 / 218 493 689

PORTO
Praça D. João I, 43
4000 Porto
Tel. 222 057 514

Aeroporto Francisco Sá Carneiro
Tel. 229 412 534 / 229 482 441

VILAR FORMOSO
Vilar Formoso (Fronteira)
6355 Vilar Formoso
Tel. 271 512 202

**Oficinas de turismo**

ALENTEJO
Região de Turismo de Évora
ÉVORA - Rua de Aviz, 90. 7000 Évora
Tel. 266 742 534 / 266 742 535

Região de Turismo da Planície Dourada
BEJA - Praça da República, 12
7800 Beja
Tel. 284 310 150

Região de Turismo de São Mamede
PORTALEGRE - Estrada de Santana, 25
7300 Portalegre
Tel. 245 300 770

ALGARVE
Região de Turismo do Algarve
FARO - Avda. 5 de Outubro
8000 Faro
Tel. 289 800 400

BEIRAS
Comissão Municipal de Turismo de Castelo Branco
CASTELO BRANCO - Câmara Municipal
6000 Castelo Branco
Tel. 272 330 339

Região de Turismo do Centro
COIMBRA - Largo da Portagem
3000 Coimbra
Tel. 239 833 019 / 239 823 886 / 239 833 028

Região de Turismo Dão Lafões
VISEU - Avda. Gulberkian
3510 Viseu
Tel. 232 422 014

Região de Turismo da Rota da Luz
AVEIRO - Rua João Mendoça, 8
3800 Aveiro
Tel. 234423 680 / 234 420 760

Região de Turismo do Ribatejo
SANTARÉM - Rua Pedro de Santarém, 102
2000 Santarém
Tel. 243 330 330

Região de Turismo de Setúbal
SETÚBAL - Travessa Frei Gaspar, 10
29011 Setúbal Codex
Tel. 265 539 120 / 265 525 917

PORTO E NORTE DE PORTUGAL
Região de Turismo do Alto Minho
VIANA DO CASTELO - Castelo de Santiago da Barra
4900 Viana do Castelo
Tel. 258 820 270 / 258 829 798

Região de Turismo do Nordeste Transmontano
BRAGANÇA - Largo do Principal
5300 Bragança
Tel. 273 331 078

Região de Turismo da Serra do Marão
VILA REAL - Avda. 1º de Maio, 70, 1º C
5000 Vila Real
Tel. 259 322 819

Região de Turismo do Verde Minho
BRAGA - Praceta Dr. José Ferreira Salgado, 90, 6º
4700 Braga
Tel. 253 614 565

AÇORES
Direcção Regional de Turismo dos Açores
Rua Comendador Ernesto Rebelo, 14
9900 Horta-Faial
Tel. 292 200 500

MADEIRA
Direcção Regional de Turismo da Madeira
FUNCHAL - Avda. Arriaga, 16
9000 Funchal
Tel. 291 229 057

# Paradores (Pousadas)

## Pousadas regionales

Monte de Santa Luzia
4900-Viana do Castelo
Tel. 258 828 889

Nossa Senhora da Oliveira
Guimarães Codex
Apartado 101. 4801-Guimarães
Tel. 253 514 157

São Bartolomeu
5300-Bragança
Tel. 273 331 493

São Bento
4850-Vieira do Minho, Caniçada. (Peneda-Gerês)
Tel. 253 647 190

São Teotónio
Baluarte do Socorro, 4930-Valença do Minho
Tel. 251 824 020

Santa Catarina
Estrada da Barragem, Miranda do Douro, 5210
Miranda do Douro
Tel. 273 431 255

São Gonçalo
Curva do Lancete, Serra do Marão Ansiães
4600-Amarante
Tel. 255 461 113

Barão de Forrester
Rua José Rufino, 5070-Alijó
Tel. 259 959 215

Nossa Senhora das Neves
6350-Almeida
Tel. 271 542 832

São Jerónimo
3475-Caramulo (montañas de Caramulo) (Viseu)
Tel. 232 861 291

Santa Bárbara
E.N. 17 Póvoa das Quartas
3400-Oliveira do Hospital (Coimbra)
Tel. 238 609 652

São Lourenço
E.N. 232, Km 50 Penhas Douradas, 6260-Manteigas
(Serra da Estrela) (Guarda)
Tel. 275 982 450

Monsanto
6850-Medelim (en la Beira Alta), Monsanto
Tel. 277 314 471

Ria
Bico do Muranzel, E.N. 327, S. Jacinto, 3870-Murtosa
Tel. 234 838 332

Santo António
Rua Serém de Cima, 3750-Águeda
Tel. 234 523 230

Santa Cristina
3150-Condeixa-a-Nova
Tel. 239 941 286

São Pedro
2300-Castelo de Bode
Tel. 249 381 159

Mestre Afonso Domingues
Largo Mestre Afonso Domingues, 2440-Batalha (Leiria)
Tel. 244 765 260

Quinta da Ortiga
Apartado de Correos 67, 7540-Santiago do Cacé (Setúbal)
Tel. 269 822 074

Santa Maria
R. 24 de Janeiro, 7, 7330-Marvão
Tel. 245 993 201

São Miguel
7470-Sousel (Cerro de São Miguel)
Tel. 268 550 050

Santa Luzia
Av. de Badajoz, 7350-Elvas (Portalegre)
Tel. 268 622 128

Vale do Gaio
Barragem Tito Morais, 7595-Torrão (Setúbal)
Tel. 265 669 610

São Gens
Alto de São Gens, 7830-Serpa (Beja)
Tel. 284 544 724

São Tiago
Estrada de Lisboa, 7540-Santiago do Cacém (Setúbal)
Tel. 269 822 459

Santa Clara
Barragem de Santa Clara, 7665-Santa Clara-a-Velha (Beja)
Tel. 283 882 250

São Brás
8150-São Brás de Alportel
Tel. 289 842 305

Infante
Sagres 8650-Vila do Bispo (Faro)
Tel. 282 624 222

## Pousadas en Monumentos Nacionales

Dom Dinis
Praça da Liberdade, Terreiro
4920-Vila Nova de Cerveira (Viana do Castelo)
Tel. 251 708 120

Santa Maria do Bouro
Bouro-Santa Maria, 4720-Amares (Braga)
Tel. 253 371 970

Santa Marinha
Lugar da Costa Igreja Nova Silvares, 4800-Guimarães
Tel. 253 514 458

Castelo de Óbidos
Paço Real, 2510-Óbidos
Tel. 262 959 105

Dona Maria I
Edifício da Torre Largo do Palácio Nac. de Queluz
(Lisboa), 2745-Queluz
Tel. 214 356 158

Palmela
Castelo de Palmela, 2950-Palmela
Tel. 212 351 226

São Filipe
Castelo de São Filipe, 2900-Setúbal
Tel. 265 523 844

Dom Afonso II
Castelo do Alcácer, 7580-Alcácer do Sal (Setúbal)
Tel. 265 613 070

Flor da Rosa
7430-Crato (Portalegre)
Tel. 245 997 210

Rainha Santa Isabel
Largo Dom Dimis, 7100-Estremoz Codex (Évora)
Tel. 268 332 075

Nossa Senhora da Assunção
Apartado 61, 7040-Arraiolos (Évora)
Tel. 266 419 340

Dom João IV
Terreiro do Paço, 7160-Vila Viçosa (Évora)
Tel. 268 980 742

Pousada dos Lóios
7000-Évora
Tel. 266 704 051

Castelo de Alvito
Apartado 9, 7920-Alvito
Tel. 284 485 343

São Francisco
Largo das Nuno, 7800-Beja
Tel. 284 328 441

# Consejos y normas de seguridad vial (España)

## I. Estado del vehículo

**En caso de emprender un viaje es necesario llevar a cabo, con la antelación debida, una completa puesta a punto de su vehículo comprobando:**
- Niveles de líquido de frenos, aceite, líquido limpiaparabrisas, agua, y líquido dirección.
- Alumbrado en correcto funcionamiento y altura de los faros.
- Carga de batería y estado de sus bornes.
- Estado de los frenos.
- Estado de la dirección "sin holguras".
- Estado de las bujías.
- Estado y dibujo de rodadura de los neumáticos.
- Estado de las escobillas del limpiaparabrisas.
- Estado de los manguitos del motor y sus abrazaderas a partes fijas.
- Posición correcta de los asientos y sus anclajes.
- Posición correcta del retrovisor "sin ángulos muertos".
- Haga el engrase y cambie el aceite, si fuera necesario.
- Verifique, antes de iniciar el viaje, la presión de los neumáticos y acostúmbrese a circular con el depósito de combustible lleno; ante cualquier situación anómala (retenciones, accidentes, inclemencias meteorológicas, etc.) le será de gran ayuda.
- Compruebe que lleva en su vehículo los recambios imprescindibles como son: rueda de repuesto a su presión necesaria, elevador manual de vehículo (gato), correa de ventilador y juego de luces en perfecto estado.
- En caso de avería o accidente, retire rápidamente el vehículo de la calzada al arcén, y siempre que sea posible, sáquelo de la carretera; estableciendo, en cada caso, las medidas de seguridad vial necesarias.

## 2. Conducción en caravana

- Si viaja en caravana evite siempre que sea posible los adelantamientos y, si los realiza, no lo haga nunca a más de dos vehículos seguidos.
- Mantenga, en todo momento, las distancias de seguridad entre vehículos.
- En las travesías de núcleos urbanos, extreme su atención ante la presencia de niños, peatones y ciclomotores y recuerde que la velocidad máxima para circular por ellas es de 50 km/h.
- Si precisa detenerse, saque completamente el vehículo de la calzada al arcén y, si es posible, fuera de la carretera.
- Adecue su velocidad a la del tráfico que le rodea, olvídese de que la señalización le permite circular a mayores niveles.

## 3. Conducción en autopista y autovía

- En autopista y autovía circule siempre por el carril de la derecha. No cambie de carril más que cuando sea necesario para efectuar un adelantamiento. Una vez efectuado el mismo, vuelva gradualmente al carril derecho.
- Por ser el límite de velocidad 120 km/h, es necesario aumentar la distancia de seguridad entre vehículos.
- En autopista y autovía su vehículo ha de hacerse visible a los demás conductores mucho antes que en una carretera ordinaria, y ello a causa de las grandes velocidades con las que se circula. La mejor señal para advertir el adelantamiento a los demás en hacer destellos luminosos con las luces.
- Cuando tenga necesidad de cambiar de carril aplique la regla de seguridad: retrovisor - señal de maniobra, teniendo siempre presente que detrás pueden venir vehículos que marchen más rápidamente.
- Comience la maniobra de cambio de carril con mucha más antelación que en las carreteras ordinarias, de forma tal que los indicadores de dirección sean bien vistos, manteniendo éstos en funcionamiento durante toda la maniobra.
- Todo conductor que, por razones de emergencia, se vea obligado a circular con su vehículo a una velocidad inferior a 60 Km/h en autopistas o autovías deberá abandonarla en la primera salida.
- Si necesita detenerse retire el vehículo lo más posible de la calzada y arcén.

## 4. Conductor

**No olvide adoptar las precauciones elementales e imprescindibles para la conducción en las fechas de desplazamientos masivos y en recorridos de larga distancia.**
- La víspera del viaje procure descansar y dormir lo suficiente. Así podrá conducir relajado y sin somnolencia.
- Evite durante el viaje las comidas copiosas, ya que producen efectos negativos con amodorramiento y digestiones pesadas.

- Suprima igualmente cualquier bebida alcohólica. El alcohol disminuye los reflejos y crea una falsa sensación de seguridad. Además todo conductor queda obligado, bajo sanción, a someterse a las pruebas de alcoholemia, estupefacientes, psicotrópicos y otras análogas.
- Evite la conducción continuada durante muchas horas. Deténgase cada tres horas sacando el coche de la carretera, estire las piernas y respire aire puro, que nunca le vendrá mal. En cualquier caso, al menor síntoma de cansancio pare el coche fuera de la carretera y eche una cabezada.
- Los conductores y usuarios de motocicletas y ciclomotores deberán utilizar cascos protectores para circular por cualquier vía urbana o interurbana.
- Queda prohibido conducir utilizando auriculares conectados a aparatos reproductores de sonido o radioteléfonos.
- Recuerde que la distancia mínima de separación lateral para adelantar a peatones y vehículos de dos ruedas es de 1,50 metros.
- Mientras conduzca no se ponga metas, tiempos ni distancias.
- Adapte la velocidad a las condiciones de la vía.
- Lleve ropa cómoda y calzado adecuado para la conducción.
- Los objetos personales y los que pudiera necesitar durante el viaje, llévelos a mano.
- Si utiliza gafas graduadas no olvide llevar las de repuesto.

## 5. Preparación del viaje

**Antes de iniciar su viaje llame al Centro de Información de Tráfico, Teléfono 900 123 505, y solicite información sobre el estado de la circulación en la carretera que Vd. vaya a utilizar, así como datos sobre la situación meteorológica prevista en la zona, posibles itinerarios alternativos en caso de que existan retenciones de tráfico y cualquier otro tipo de información.**
- Programe con antelación el plan de viaje, evitando a ser posible los desplazamientos en días y horas punta.
- Si dispone del tiempo necesario, elija para los itinerarios las vías que, contando con las debidas condiciones de seguridad, soporten menor densidad de tráfico.
- Siempre que sea posible, adelante la salida o retrase el regreso evitando coincidir con desplazamientos masivos.

## 6. Cinturón de seguridad, pasajeros y carga

- Utilice el cinturón de seguridad en las vías urbanas e interurbanas. Su uso es obligatorio tanto para el conductor como para el ocupante de asiento delantero, así como ocupantes de los asientos traseros que dispongan de ellos.
- Evite el exceso de equipaje. Lleve sólo lo verdaderamente necesario y colóquelo adecuadamente. Si puede evitar el llevar baca en el coche, mejor.
- En ningún caso coloque objetos de forma que impidan la perfecta visibilidad del conductor por el espejo retrovisor interior. Coloque la carga de forma equilibrada dentro del coche.
- Queda prohibido circular con niños menores de 12 años, situados en los asientos delanteros del vehículo salvo que utilicen dispositivos homologados al efecto.
- El número máximo de personas que pueden transportarse no puede exceder del número de plazas para las que esté autorizado el vehículo, todas ellas emplazadas y acondicionadas en lugar destinado para ello.

## 7. Limitación de vehículos pesados

**Con objeto de incrementar la seguridad vial y la fluidez del tráfico en la red vial española, la Dirección General de Tráfico dictó la Resolución de fecha 4 de marzo de 1993 por la que se restringe la circulación de vehículos de transporte de mercancías de más de 3.500 Kg. de P.M.A. en determinadas carreteras, ciertos días del año.**
- Lo ideal sería que los señores transportistas no circulasen por las carreteras de mayor intensidad de tráfico los días y horas en que se desarrolla esta operación especial; pero si la necesidad de efectuar el viaje fuese ineludible, podrán encontrar siempre un itinerario alternativo.
- Por ello, el teléfono de información de Tráfico (Tel. 900 123 505) en servicio las 24 horas del día y las diferentes Jefaturas Provinciales informarán en todo momento de los itinerarios alternativos previstos.
- Complementariamente, las Fuerzas de Vigilancia de la Agrupación de Tráfico de la Guardia Civil, en función de las condiciones en que se esté desarrollando el tráfico durante las horas en que está permitida la circulación de los vehículos afectados por las restricciones, podrán espaciar su circulación, e incluso, si las circunstancias lo aconsejan, detenerla temporalmente, de acuerdo con lo establecido al respecto en el art. 39.2 del Reglamento General de Circulación.

# Índice de topónimos

## A

Aivado


Aivado P (C. B.) 112 C 1
Aivados P (Be.) 160 B 1
Aixirivall A 49 D 4
Aixovall A 49 D 1
Aizarna E (Gui.) 24 A 1
Aizarnazabal E (Gui.) 24 A 1
Ajalvir E (Mad.) 102 A 1
Ajamil E (La R.) 43 C 4
Ajarte E (Bur.) 23 C 4
Ajo E (Can.) 9 D 4
Ajo, El E (Áv.) 79 C 3
Ajofrín E (To.) 119 B 2
Ajuda P (Lis.) 126 C 3
Ajude P (Br.) 54 C 2
Ajuria E (Viz.) 23 B 1
Ajuy E (Las P.) 189 D 3
Ala P (Bra.) 56 C 3
Alacant → Alicante E (Ali.) 157 C 2
Alacón E (Te.) 86 C 2
Aladrén E (Zar.) 85 D 1
Alaejos E (Vall.) 59 B 5
Alagoa E (Po.) 14 B 5
Alagoa P (Fa.) 175 B 2
Alagoa P (Por.) 113 C 4
Alagoas P (Ave.) 74 B 2
Alagoas P (Guar.) 96 B 2
Alagón E (Các.) 97 C 5
Alagón E (Zar.) 65 D 2
Alagones, Los E (Te.) 87 B 4
Alaior E (Bal.) 90 C 2
Alaiza E (Ál.) 23 D 4
Alájar E (Huel.) 146 D 5
Alajeró E (S. Cruz T.) 194 B 2
Alaló E (So.) 63 A 5
Alalpardo E (Mad.) 82 A 5
Alameda E (Mál.) 166 A 5
Alameda de Cervera E (C. R.) 120 C 5
Alameda de Gardón, La E (Sa.) 76 D 5
Alameda de la Sagra E (To.) 101 C 5
Alameda del Obispo E (Cór.) 166 A 1
Alameda del Valle E (Mad.) 81 C 3
Alameda, La E (C. R.) 135 B 5
Alameda, La E (So.) 64 C 4
Alamedilla E (Gr.) 168 C 3
Alamedilla del Berrocal E (Áv.) 80 A 5
Alamedilla, La E (Sa.) 96 D 1
Alamedilla, La, lugar E (To.) 119 A 2
Alamicos, Los E (Alm.) 170 C 2
Alamillo E (C. R.) 133 D 5
Alamillo, El E (Cád.) 186 C 4
Alamín E (Mad.) 100 D 3
Alaminos E (Gua.) 83 B 4
Álamo P (Be.) 161 A 2
Álamo P (Fa.) 161 C 4
Álamo, El E (Las P.) 191 C 2
Álamo, El E (Mad.) 101 B 3
Álamo, El E (Sev.) 163 B 2
Álamos, Los E (Alm.) 170 A 3
Álamos, Los E (S. Cruz T.) 193 C 2
Alamús, els E (Ll.) 68 D 2
Alandroal P (Év.) 129 C 4
Alange E (Bad.) 131 C 4
Alanís E (Sev.) 148 B 4
Alaquàs E (Val.) 125 A 4
Alar del Rey E (Pa.) 20 D 5
Alará E (Alm.) 170 C 2
Alaraz E (Sa.) 79 B 4
Alarba E (Zar.) 85 A 1
Alarcia E (Bur.) 42 B 3
Alarcón E (Cu.) 122 B 3
Alarconas y Antorchas E (Cór.) 166 D 5
Alares, Los E (To.) 118 A 4
Alarilla E (Gua.) 82 D 4
Alaró E (Bal.) 91 D 2
Alàs i Cerc E (Ll.) 50 A 2
Alastuey E (Hues.) 46 B 1
Alatoz E (Alb.) 139 C 1
Alba E (Lu.) 3 C 5
Alba E (Te.) 85 C 5
Alba de Cerrato E (Pa.) 60 D 1
Alba de los Cardaños E (Pa.) 20 B 3
Alba de Tormes E (Sa.) 78 D 4
Alba de Yeltes E (Sa.) 77 C 5
Albacete E (Alb.) 138 D 2
Albagés, l' E (Ll.) 68 D 4
Albaicín, El E (Mál.) 180 C 1
Albaida E (Val.) 141 A 3
Albaida del Aljarafe E (Sev.) 163 C 4
Albaina E (Bur.) 23 C 5
Albal E (Val.) 125 A 4
Albalá E (Bad.) 130 A 3
Albalá de la Vega E (Pa.) 40 A 2
Albalá del Caudillo E (Các.) 115 C 5
Albaladejo E (C. R.) 137 A 5
Albaladejo del Cuende E (Cu.) 122 A 1
Albalat de la Ribera E (Val.) 141 A 1
Albalat dels Sorells E (Val.) 125 B 3
Albalat dels Tarongers E (Val.) 125 B 2
Albalate de Cinca E (Hues.) 67 D 2
Albalate de las Nogueras E (Cu.) 104 A 2
Albalate de Zorita E (Gua.) 103 A 3
Albalate del Arzobispo E (Te.) 86 D 1
Albalatillo E (Hues.) 67 B 2
Albánchez E (Alm.) 170 B 5
Albánchez de Úbeda E (J.) 168 B 1
Albandi E (Ast.) 6 C 3
Albanyà E (Gi.) 51 D 2
Albardo P (Guar.) 96 B 1
Albaredos E (Le.) 16 C 5
Albarellos E (Our.) 34 D 1
Albarellos E (Our.) 35 D 5
Albarellos E (Po.) 15 A 4
Albares E (Gua.) 102 D 3
Albares de la Ribera E (Le.) 17 C 5
Albaricoques E (Alm.) 184 C 3
Albarizas E (Mál.) 188 A 2
Albarracín E (Te.) 105 B 2
Albarraque P (Lis.) 126 B 3
Albarreal de Tajo E (To.) 118 D 1
Albarrol P (Lei.) 94 A 5
Albatana E (Alb.) 139 B 5
Albatàrrec E (Ll.) 68 C 3
Albatera E (Ali.) 156 B 3
Albeira P (Br.) 54 A 2
Albelda E (Hues.) 68 B 1
Albelda de Iregua E (La R.) 43 D 2
Albendea E (Cu.) 103 D 1
Albendiego E (Gua.) 82 D 1
Albendín E (Cór.) 166 D 2
Albentosa E (Te.) 106 C 4
Albeos E (Po.) 34 C 3
Alberca de Záncara, La E (Cu.) 121 D 3
Alberca, La E (Mu.) 156 A 5
Alberca, La E (Sa.) 97 D 1
Albercón E (Las P.) 191 A 2
Alberche del Caudillo E (To.) 99 D 5
Albergaria P (San.) 111 B 4
Albergaria
das Cabras P (Ave.) 74 B 3
Albergaria dos Doze P (Lei.) 93 D 5
Albergaria-a-Nova P (Ave.) 74 A 3
Albergaria-a-Velha P (Ave.) 74 A 4
Alberge P (Set.) 127 D 5
Albergue P (Ave.) 73 D 5
Albergueria E (Our.) 35 D 4
Albergueria
de Argañán, La E (Sa.) 96 D 1
Alberic E (Val.) 141 A 1
Alberite E (La R.) 43 D 2
Alberite de San Juan E (Zar.) 65 B 1
Albernoa P (Be.) 144 C 5
Albero Alto E (Hues.) 47 A 4
Albero Bajo E (Hues.) 47 A 5
Alberquilla, La E (Mu.) 154 C 3
Alberquilla, La E (Mu.) 156 A 2
Alberquilla, La E (Mu.) 171 A 2
Alberuela de la Liena E (Hues.) 47 C 4
Alberuela de Tubo E (Hues.) 67 B 1
Albesa E (Ll.) 68 C 2
Albeta E (Zar.) 65 B 1
Albi, l' E (Ll.) 69 A 4
Albillos E (Bur.) 41 C 3
Albinyana E (Ta.) 70 A 5
Albiol, l' E (Ta.) 69 B 5
Albir, l' E (Ali.) 141 D 5
Albires E (Le.) 39 B 3
Albixoi E (A Co.) 14 D 1
Albiztur E (Gui.) 24 B 2
Albizuelexaga-San Martín E (Viz.) 23 A 2
Albocácer/Albocàsser E (Cas.) 107 D 2
Albocàsser → Albocácer E (Cas.) 107 D 2
Albogas P (Lis.) 126 C 2
Alboim das Choças P (V. C.) 34 B 5
Alboloduy E (Alm.) 183 C 2
Albolote E (Gr.) 167 D 5
Albolleque E (Gua.) 102 C 1
Albondón E (Gr.) 182 C 3
Albons E (Gi.) 52 C 3
Alborache E (Val.) 124 C 4
Alboraia → Alboraya E (Val.) 125 B 3
Alboraya/Alboraia E (Val.) 125 B 3
Alborea E (Alb.) 123 C 5
Alboreca E (Gua.) 83 C 1
Alborés E (A Co.) 13 C 2
Alborge E (Zar.) 67 A 5
Albornos E (Áv.) 79 D 4
Albox E (Alm.) 170 B 4
Albudeite E (Mu.) 155 C 4
Albuera, La E (Bad.) 130 C 4
Albufeira P (Fa.) 174 A 3
Albuixech E (Val.) 125 B 3
Albujón E (Mu.) 172 B 2
Albuñán E (Gr.) 168 D 5
Albuñol E (Gr.) 182 C 4
Albuñuelas E (Gr.) 168 C 5
Albuñuelas E (Gr.) 181 D 3
Alburejos, Los E (Cád.) 186 B 2
Alburitel P (San.) 111 D 1
Alburquerque E (Bad.) 114 B 5
Alcabideche P (Lis.) 126 B 3
Alcabón E (To.) 100 C 5
Alcabre E (Po.) 33 D 2
Alcácer do Sal P (Set.) 143 D 1
Alcácer/Alcàsser E (Val.) 125 A 4
Alcáçovas P (Év.) 144 B 1
Alcadozo E (Alb.) 138 C 5
Alcafache P (Vis.) 75 A 5
Alcafozes P (C. B.) 96 A 5
Alcahozo E (Cu.) 123 A 4
Alcaidaria P (Lei.) 93 C 5
Alcaide E (Alm.) 170 C 1
Alcaide P (C. B.) 95 C 3
Alcaidía, La E (Cór.) 166 C 3
Alcainça Grande P (Lis.) 126 C 2
Alcaine E (Te.) 86 C 3
Alcains P (C. B.) 95 C 5
Alcalá E (Mu.) 171 A 2
Alcalá E (S. Cruz T.) 195 B 4
Alcalà de Chivert/
Alcalà de Xivert E (Cas.) 108 A 2
Alcalá de Ebro E (Zar.) 65 D 1
Alcalá de Guadaira E (Sev.) 164 B 4
Alcalá de Gurrea E (Hues.) 46 C 4
Alcalá de Henares E (Mad.) 102 B 1
Alcalá de la Selva E (Te.) 106 C 2
Alcalá de la Vega E (Cu.) 105 B 5
Alcalá de los Gazules E (Cád.) 186 C 2
Alcalá de Moncayo E (Zar.) 64 D 2
Alcalà de Xivert →
Alcalà de Chivert E (Cas.) 108 A 2
Alcalá del Júcar E (Alb.) 139 C 1
Alcalá del Obispo E (Hues.) 47 A 4
Alcalá del Río E (Sev.) 164 A 3
Alcalá del Valle E (Cád.) 179 B 3
Alcalá la Real E (J.) 167 B 4
Alcalalí E (Ali.) 141 D 4
Alcampell E (Hues.) 48 B 5
Alcanadre E (La R.) 44 B 2
Alcanar E (Ta.) 88 C 5
Alcanara
y Los Búcanos, La E (Mu.) 171 B 3
Alcanar-Platja E (Ta.) 88 C 5
Alcanede P (San.) 111 B 3
Alcanena P (San.) 111 C 3
Alcanhões P (San.) 111 C 4
Alcanó E (Ll.) 68 C 4
Alcántara E (Các.) 114 C 2
Alcantarilha P (Fa.) 174 A 2
Alcantarilla E (Alb.) 153 D 2
Alcantarilla E (Mu.) 155 D 5
Alcantarilla, La E (Cór.) 166 C 4
Alcántera de Xúquer E (Val.) 140 D 2
Alcantud E (Cu.) 104 A 1
Alcañices E (Zam.) 57 C 2
Alcañiz E (Te.) 87 C 2
Alcañizo E (To.) 99 B 5
Alcaracejos E (Cór.) 149 C 2
Alcaravela P (San.) 112 C 2
Alcaraz E (Alb.) 137 D 5
Alcaria P (Be.) 145 A 2
Alcaria P (C. B.) 95 C 3
Alcaria P (Fa.) 174 B 2
Alcaria P (Lei.) 111 B 2
Alcaria Alta P (Fa.) 161 A 3
Alcaria Cova P (Fa.) 161 B 3
Alcaria dos Javazes P (Be.) 161 B 3
Alcaria Longa P (Be.) 160 D 2
Alcaria Queimada P (Fa.) 161 A 3
Alcaria Ruiva P (Be.) 161 A 1
Alcarias P (Be.) 144 A 5
Alcarias P (Fa.) 161 A 4
Alcarias P (Fa.) 174 D 2
Alcarraques P (Co.) 94 A 2
Alcarràs E (Ll.) 68 C 3
Alcarva P (Guar.) 75 D 2
Alcàsser → Alcácer E (Val.) 125 A 4
Alcaucín E (Mál.) 181 A 3
Alcaudete E (J.) 167 A 3
Alcaudete de la Jara E (To.) 117 D 1
Alcaudique E (Alm.) 183 A 3
Alcazaba E (Bad.) 130 D 2
Alcazaba, La E (Alm.) 182 D 4
Alcázar E (Gr.) 182 B 3
Alcázar de San Juan E (C. R.) 120 C 4
Alcázar del Rey E (Cu.) 103 A 4
Alcazarén E (Vall.) 60 B 5
Alcázares, Los E (Mu.) 172 C 1
Alceda E (Can.) 21 C 1
Alcedo de Alba E (Le.) 18 D 4
Alcoba E (C. R.) 118 C 5
Alcoba de la Ribera E (Le.) 38 C 1
Alcoba de la Torre E (So.) 62 B 2
Alcobaça P (Lei.) 111 A 2
Alcobendas E (Mad.) 101 D 1
Alcobertas P (San.) 111 B 3
Alcocèber/Alcossebre E (Cas.) 108 A 3
Alcocer E (Gua.) 103 C 1
Alcocer de Planes/
Alcosser de Planes E (Ali.) 141 A 4
Alcocero de Mola E (Bur.) 42 B 2
Alcochete P (Set.) 127 A 3
Alcoentre P (Lis.) 111 A 5
Alcofra P (Vis.) 74 C 4
Alcogulhe P (Lei.) 111 B 1
Alcohujate E (Cu.) 103 C 2
Alcoi → Alcoy E (Ali.) 141 A 4
Alcoitão P (Lis.) 126 B 3
Alcolea E (Alm.) 183 A 2
Alcolea E (Cór.) 150 A 5
Alcolea de Calatrava E (C. R.) 135 A 2
Alcolea de Cinca E (Hues.) 67 D 2
Alcolea de las Peñas E (Gua.) 83 B 1
Alcolea de Tajo E (To.) 117 B 1
Alcolea del Pinar E (Gua.) 83 D 2
Alcolea del Río E (Sev.) 164 C 2
Alcoleja E (Ali.) 141 B 4
Alcoletge E (Ll.) 68 D 2
Alcollarín E (Các.) 116 B 5
Alconaba E (So.) 63 D 2
Alconada E (Sa.) 79 A 3
Alconada de Maderuelo E (Seg.) 62 A 4
Alconadilla E (Seg.) 62 A 4
Alconchel E (Bad.) 130 A 5
Alconchel de Ariza E (Zar.) 84 B 1
Alconchel de la Estrella E (Cu.) 121 C 2
Alconera E (Bad.) 147 A 1
Alcongosta P (C. B.) 95 C 3
Alcóntar E (Alm.) 169 C 5
Alcora, l' → Alcora E (Cas.) 107 B 4
Alcora/Alcora, l' E (Cas.) 107 B 4
Alcoraia, l' →
Alcoraya, La E (Ali.) 156 D 2
Alcoraya, La/Alcoraia, l' E (Ali.) 156 D 2
Alcorcillo E (Zam.) 57 C 2
Alcorcón E (Mad.) 101 C 2
Alcorisa E (Te.) 87 A 3
Alcorlo, lugar E (Gua.) 82 D 2
Alcorneo E (Các.) 114 A 4
Alcornocal, El E (C. R.) 134 C 1
Alcornocal, El E (Cór.) 149 A 3
Alcornocalejo, lugar E (Sev.) 164 B 2
Alcornocalejos E (Cád.) 178 B 5
Alcornocosa, La E (Sev.) 163 C 1
Alcorochel P (San.) 111 D 3
Alcoroches E (Gua.) 84 D 5
Alcôrrego P (Por.) 128 D 1
Alcorriol P (San.) 111 D 2
Alcossebre → Alcocèber E (Cas.) 108 A 3
Alcosser de Planes →
Alcocer de Planes E (Ali.) 141 A 4
Alcotas E (Te.) 106 C 5
Alcoutim P (Fa.) 161 C 3
Alcover E (Ta.) 69 C 5
Alcoy/Alcoi E (Ali.) 141 A 4
Alcozar E (So.) 62 B 3
Alcozarejos E (Alb.) 139 A 1
Alcubierre E (Hues.) 66 D 1
Alcubilla de Avellaneda E (So.) 62 B 2
Alcubilla de las Peñas E (So.) 83 C 1
Alcubilla de Nogales E (Zam.) 38 B 4
Alcubilla del Marqués E (So.) 62 C 3
Alcubillas E (C. R.) 136 C 4
Alcubillas Altas, Las E (Alm.) 183 D 1
Alcublas E (Val.) 124 C 1
Alcúdia E (Bal.) 92 B 1
Alcúdia de Crespins, l' E (Val.) 140 D 2
Alcudia de Guadix E (Gr.) 168 D 5
Alcudia de Monteagud E (Alm.) 170 B 5
Alcúdia de Veo, l' E (Cas.) 107 A 5
Alcúdia, l' E (Ali.) 141 A 4
Alcúdia, l' E (Val.) 141 A 1
Alcuéscar E (Các.) 131 C 1
Alcuetas E (Le.) 39 A 3
Alcuneza E (Gua.) 83 C 2
Alcútar E (Gr.) 182 C 2
Alda E (Ál.) 23 D 4
Aldaia E (Val.) 125 A 4
Aldán E (Po.) 33 D 2
Aldão P (Br.) 54 C 3
Aldatz E (Na.) 24 C 3
Aldea E (Lu.) 3 C 4
Aldea Blanca E (Las P.) 191 D 3
Aldea Blanca E (S. Cruz T.) 195 D 5
Aldea de Arriba E (Our.) 35 A 4
Aldea de Fuente
Carretero E (Cór.) 165 B 2
Aldea de San Esteban E (So.) 62 C 3
Aldea de San Miguel E (Vall.) 60 B 4
Aldea de Tejada E (Huel.) 163 B 3
Aldea de Trujillo E (Các.) 116 A 3
Aldea del Cano E (Các.) 115 B 5
Aldea del Fresno E (Mad.) 100 D 2
Aldea del Obispo E (Sa.) 76 D 4
Aldea del Pinar E (Bur.) 62 C 1
Aldea del Puente, La E (Le.) 39 B 1
Aldea del Rey E (C. R.) 135 C 4
Aldea del Rey Niño E (Áv.) 80 A 5
Aldea en Cabo E (To.) 100 C 3
Aldea Real E (Seg.) 81 A 1
Aldea, l' E (Ta.) 88 D 4
Aldeacentenera E (Các.) 116 C 3
Aldeacipreste E (Sa.) 98 A 2
Aldeacueva E (Viz.) 22 B 1
Aldeadávila de la Ribera E (Sa.) 57 A 5
Aldeahermosa E (J.) 152 C 2
Aldealabad E (Áv.) 79 D 5
Aldealabad del Mirón E (Áv.) 79 A 5
Aldealafuente E (So.) 64 A 2
Aldealba de Hortaces E (Sa.) 97 A 1
Aldealbar E (Vall.) 60 D 4
Aldealcorvo E (Seg.) 81 C 1
Aldealengua E (Sa.) 78 D 2
Aldealengua e Pedraza E (Seg.) 81 C 2
Aldealengua
de Santa María E (Seg.) 62 A 4
Aldealgordo de Abajo E (Sa.) 78 B 4
Aldealices E (So.) 64 A 1
Aldealobos E (La R.) 44 A 3
Aldealpozo E (So.) 64 A 2
Aldealseñor E (So.) 64 A 1
Aldeamayor
de San Martín E (Vall.) 60 B 4
Aldeanueva de Atienza E (Gua.) 82 D 1
Aldeanueva
de Barbarroya E (To.) 117 C 2
Aldeanueva de Ebro E (La R.) 44 C 3
Aldeanueva
de Figueroa E (Sa.) 78 D 1
Aldeanueva
de Guadalajara E (Gua.) 82 D 5
Aldeanueva
de la Serrezuela E (Seg.) 61 C 4
Aldeanueva de la Sierra E (Sa.) 77 D 5
Aldeanueva de la Vera E (Các.) 98 C 4
Aldeanueva
de Portanovis E (Sa.) 77 A 4
Aldeanueva
de San Bartolomé E (To.) 117 B 2
Aldeanueva
de Santa Cruz E (Áv.) 99 A 2
Aldeanueva del Camino E (Các.) 98 A 3
Aldeanueva
del Campanario E (Seg.) 61 D 5
Aldeanueva
del Codonal E (Seg.) 80 B 2
Aldeanueva del Monte E (Seg.) 62 A 5
Aldeaquemada E (J.) 152 B 2
Aldearrodrigo E (Sa.) 78 B 1
Aldearrubia E (Sa.) 78 D 2
Aldeasaz E (Seg.) 81 B 2
Aldeaseca E (Áv.) 80 A 2
Aldeaseca de Alba E (Sa.) 79 A 4
Aldeaseca de Armuña E (Sa.) 78 C 2
Aldeaseca
de la Frontera E (Sa.) 79 B 3
Aldeasoña E (Seg.) 61 B 4
Aldeatejada E (Sa.) 78 C 3
Aldeavieja E (Áv.) 80 C 4
Aldeavieja de Tormes E (Sa.) 78 C 5
Aldeávila de Revilla E (Sa.) 77 D 3
Aldehorno E (Seg.) 61 C 4
Aldehuela E (Các.) 97 B 2
Aldehuela E (Gua.) 84 D 4
Aldehuela E (Seg.) 81 B 2
Aldehuela E (Te.) 106 A 3
Aldehuela de Ágreda E (So.) 64 C 1
Aldehuela
de Calatañazor E (So.) 63 B 2
Aldehuela
de la Bóveda E (Sa.) 78 A 3
Aldehuela de Liestos E (Zar.) 85 A 2
Aldehuela de Periáñez E (So.) 64 A 1
Aldehuela de Yeltes E (Sa.) 77 C 5
Aldehuela del Codonal E (Seg.) 80 B 2
Aldehuela del Jerte E (Các.) 97 C 4

Alpandeire


Aldehuela del Rincón E (So.) 63 C1
Aldehuela, La E (Áv.) 99 A2
Aldehuela, La E (Mad.) 102 A5
Aldehuelas, Las E (So.) 43 D5
Aldeia P (Ave.) 73 D2
Aldeia P (San.) 112 B1
Aldeia P (Vis.) 74 D3
Aldeia Ana de Aviz P (Lei.) 94 B5
Aldeia Cimeira P (C. B.) 113 A1
Aldeia da Biscaia P (Év.) 128 B5
Aldeia da Cruz P (Lei.) 94 B5
Aldeia da Dona P (Guar.) 96 C1
Aldeia da Mata P (Por.) 113 A4
Aldeia da Ponte P (Guar.) 96 C1
Aldeia da Portela P (Set.) 126 D5
Aldeia da Ribeira P (C. B.) 94 C5
Aldeia da Ribeira P (Guar.) 96 C1
Aldeia da Ribeira P (San.) 111 B3
Aldeia da Serra P (Év.) 128 C3
Aldeia da Serra P (Guar.) 75 D5
Aldeia da Serra P (Lei.) 112 A1
Aldeia da Tôr P (Fa.) 174 C2
Aldeia das Amoreiras P (Be.) 160 A1
Aldeia das Dez P (Co.) 95 A2
Aldeia de Além P (San.) 111 B3
Aldeia de Eiras P (San.) 112 D2
Aldeia de Ferreira P (Év.) 129 C5
Aldeia de Irmãos P (Set.) 126 D5
Aldeia de Joanes P (C. B.) 95 C3
Aldeia de João Pires P (C. B.) 96 A4
Aldeia de Nacomba P (Vis.) 75 C2
Aldeia de Paio Pires P (Set.) 126 D4
Aldeia de Palheiros P (Be.) 160 A2
Aldeia de Ruins P (Be.) 144 A4
Aldeia de Santa Margarida P (C. B.) 96 A4
Aldeia de Santa Margarida P (San.) 112 B3
Aldeia de Santo António P (Guar.) 96 B2
Aldeia de São Brás do Regedouro P (Év.) 144 C1
Aldeia do Bispo P (C. B.) 96 A3
Aldeia do Bispo P (Guar.) 96 A1
Aldeia do Bispo P (Guar.) 96 C2
Aldeia do Cano P (Set.) 143 C5
Aldeia do Carvalho P (C. B.) 95 C2
Aldeia do Carvalho P (Vis.) 75 A5
Aldeia do Futuro P (Set.) 143 C2
Aldeia do Juzo P (Lis.) 126 B3
Aldeia do Mato P (San.) 112 B2
Aldeia do Meco P (Set.) 126 C5
Aldeia do Pinto P (Be.) 145 B5
Aldeia do Pombal P (Por.) 129 D2
Aldeia do Souto P (C. B.) 95 D2
Aldeia dos Delbas P (Be.) 144 A5
Aldeia dos Fernandes P (Be.) 160 B2
Aldeia dos Gagos P (San.) 112 B1
Aldeia dos Neves P (Be.) 160 C2
Aldeia Formosa P (Co.) 95 A1
Aldeia Fundeira P (Lei.) 94 B4
Aldeia Galega da Merceana P (Lis.) 110 D5
Aldeia Gavinha P (Lis.) 110 D5
Aldeia Grande P (Lis.) 110 D5
Aldeia Grande P (Set.) 127 A5
Aldeia Nova P (Bra.) 57 D3
Aldeia Nova P (Év.) 129 C3
Aldeia Nova P (Guar.) 76 C4
Aldeia Nova P (Guar.) 75 D4
Aldeia Nova P (Guar.) 96 A1
Aldeia Nova P (San.) 111 D1
Aldeia Nova P (Vis.) 75 B3
Aldeia Nova do Cabo P (C. B.) 95 C3
Aldeia Nova da Favela P (Be.) 160 B2
Aldeia Nova do Barroso P (V. R.) 55 B1
Aldeia Rica P (Guar.) 75 D4
Aldeia São Francisco de Assis P (C. B.) 95 B3
Aldeia Velha P (Co.) 94 D3
Aldeia Velha P (Guar.) 96 C2
Aldeia Velha P (Guar.) 75 D4
Aldeia Velha P (Por.) 128 C1
Aldeia Viçosa P (Guar.) 75 D5
Aldeias P (Guar.) 95 C1
Aldeias P (Vis.) 75 B1
Aldeias de Montoito P (Év.) 129 B5
Aldeire E (Gr.) 182 D1
Aldeonsancho E (Seg.) 81 C1
Aldeonte E (Seg.) 61 D5
Aldeyuso E (Vall.) 61 A3
Aldixe E (Lu.) 3 D4
Aldosende E (Lu.) 15 C4
Aldover E (Ta.) 88 C3
Aldreu P (Br.) 53 D2
Aleas E (Gua.) 82 C3
Aledo E (Mu.) 171 B1
Alegia/Alegría de Oria E (Gui.) 24 B2
Alegrete P (Por.) 113 D5
Alegría de Oria → Alegia E (Gui.) 24 B2
Alegría-Dulantzi E (Ál.) 23 C4
Aleixar, l' E (Ta.) 69 B5
Aleje E (Le.) 19 C4
Alejos, Los E (Alb.) 154 A1
Alella E (Bar.) 71 B3
Além do Rio P (V. C.) 53 C1
Alencarce de Baixo P (Co.) 93 D3
Alencarce de Cima P (Co.) 93 D3
Alende E (Po.) 14 A5
Alenquer P (Lis.) 127 A1
Alentisca P (Por.) 129 D2
Alentisque E (So.) 64 A4
Alentorn E (Ll.) 49 B5
Aler E (Hues.) 48 B4
Alera E (Zar.) 45 C3
Alerre E (Hues.) 46 D4
Alesanco E (La R.) 43 A2
Alesón E (La R.) 43 B2
Alfacar E (Gr.) 168 A5
Alfafar E (Val.) 125 A4
Alfafar P (Co.) 94 A3
Alfafara E (Ali.) 140 D4
Alfahuara E (Alm.) 170 B2
Alfaião P (Bra.) 57 A1
Alfaiates P (Guar.) 96 C1
Alfaix E (Alm.) 184 D1
Alfajarín E (Zar.) 66 C3
Alfambra E (Te.) 106 A1
Alfambras P (Fa.) 159 A4
Alfamén E (Zar.) 65 C4
Alfandega da Fé P (Bra.) 56 C4
Alfántega E (Hues.) 67 D1
Alfanzina P (Fa.) 173 D3
Alfara de Algimia E (Val.) 125 A1
Alfara de Carles E (Ta.) 88 B3
Alfara del Patriarca E (Val.) 125 A3
Alfaraz de Sayago E (Zam.) 78 A1
Alfarazes P (Guar.) 76 A5
Alfarb → Alfarp E (Val.) 124 D5
Alfarela de Jales P (V. R.) 55 C4
Alfarim P (Set.) 126 C5
Alfarnate E (Mál.) 180 D2
Alfarnatejo E (Mál.) 180 D2
Alfaro E (La R.) 44 D4
Alfarp/Alfarb E (Val.) 124 D5
Alfarràs E (Ll.) 68 C1
Alfarrasí E (Val.) 141 A3
Alfàs del Pi, l' E (Ali.) 141 C5
Alfauir E (Val.) 141 B3
Alfávila, La E (J.) 167 B3
Alfeição P (Fa.) 174 C2
Alfeiria P (Lis.) 126 D1
Alfeizerão P (Lei.) 110 D2
Alfena P (Port.) 54 A5
Alfera, La E (Alb.) 154 A1
Alferce P (Fa.) 159 D4
Alferrarede P (San.) 112 B3
Alfés E (Ll.) 68 C3
Alfinach E (Val.) 125 B2
Alfocea E (Zar.) 66 A2
Alfondeguilla/Fondeguilla E (Cas.) 125 B1
Alfoquia, La E (Alm.) 170 C4
Alforgemel P (San.) 111 B4
Alforja E (Ta.) 69 B5
Alfornón E (Gr.) 182 C3
Alforque E (Zar.) 67 A5
Alfouvar de Baixo P (Lis.) 126 C2
Alfouvés P (San.) 111 B4
Alfoz E (Lu.) 4 A3
Alfoz de Bricia E (Bur.) 21 C3
Alfrivida P (C. B.) 113 C1
Alfundão P (Be.) 144 B3
Algaba, La E (Sev.) 163 D3
Algadefe E (Le.) 38 D3
Algaiarens, lugar E (Bal.) 90 B1
Algaiat → Algayat E (Ali.) 156 B2
Algaida E (Bal.) 92 A4
Algaida E (Mu.) 155 D4
Algaida y Gata E (Cór.) 166 D5
Algaida, La E (Alm.) 183 C4
Algaida, La E (Cád.) 177 B3
Algaidón, El E (Mu.) 154 D2
Algalé P (Set.) 144 A2
Algallarín E (Cór.) 150 C5
Algámitas E (Sev.) 179 B2
Algar E (Cád.) 178 C4
Algar E (Cór.) 166 D4
Algar de Mesa E (Gua.) 84 C1
Algar de Palancia E (Val.) 125 A1
Algar, El E (Mu.) 172 C2
Algarão P (Lei.) 111 A3
Algarbes, Los E (Cór.) 165 D2
Algarga E (Gua.) 102 D4
Algarinejo E (Gr.) 167 A5
Algarra E (Cu.) 105 B5
Algarrobo E (Mál.) 181 B4
Algarrobo-Costa E (Mál.) 181 B4
Algars E (Ali.) 141 A4
Algarvia P (Aç.) 109 D4
Algatocín E (Mál.) 187 B1
Algayat/Algaiat E (Ali.) 156 B2
Algayón E (Hues.) 68 B1
Algaz P (San.) 112 A2
Alge P (Lei.) 94 B4
Algeciras E (Cád.) 187 A4
Algemesí E (Val.) 141 A1
Algeráz P (Vis.) 75 A5
Algeriz P (V. R.) 55 D3
Algerri E (Ll.) 68 C1
Algeruz P (Set.) 127 B4
Algés P (Lis.) 126 C3
Algete E (Mad.) 82 A5
Algezares E (Mu.) 156 A5
Algide P (Br.) 54 D4
Algimia de Alfara E (Val.) 125 A2
Algimia de Almonacid E (Cas.) 107 A5
Alginet E (Val.) 125 A5
Algoceira P (Be.) 159 B2
Algoda-Matola E (Ali.) 156 C3
Algodonales E (Cád.) 178 D3
Algodor E (Mad.) 101 C5
Algodor P (Be.) 161 A1
Algodre E (Zam.) 58 D3
Algodres P (Guar.) 75 C4
Algodres P (Guar.) 76 B2
Algora E (Gua.) 83 B3
Algorfa E (Ali.) 156 C4
Algorós E (Ali.) 156 C3
Algosinho P (Bra.) 57 B5
Algoso P (Bra.) 57 B4
Algoz P (Fa.) 174 A2
Alguaire E (Ll.) 68 C2
Alguazas E (Mu.) 155 D4
Alguber P (Lis.) 111 A4
Algueirão Mem Martins P (Lis.) 126 B2
Alguenya, l' → Algueña E (Ali.) 156 B2
Algueña/Alguenya, l' E (Ali.) 156 B2
Alhabia E (Alm.) 183 C2
Alhadas P (Co.) 93 C2
Alhagüeces E (Mu.) 171 A1
Alhais P (Lei.) 93 B4
Alhais P (Vis.) 75 B3
Alhama E (Ali.) 141 D5
Alhama de Almería E (Alm.) 183 D2
Alhama de Aragón E (Zar.) 64 C5
Alhama de Granada E (Gr.) 181 B2
Alhama de Murcia E (Mu.) 171 C1
Alhambra E (C. R.) 136 D3
Alhambras, Las E (Te.) 106 B4
Alhanchete, El E (Alm.) 170 D5
Alhandra P (Lis.) 127 A2
Alharilla E (J.) 151 A5
Alhaurín de la Torre E (Mál.) 180 B5
Alhaurín el Grande E (Mál.) 180 A5
Alhendín E (Gr.) 181 D1
Alhões P (Vis.) 74 D2
Alhóndiga E (Gua.) 103 A1
Alhondiguilla, La E (Gr.) 167 C4
Alhos Vedros P (Set.) 126 D4
Alía E (Các.) 117 B4
Aliaga E (Te.) 86 C5
Aliaguilla E (Cu.) 123 C2
Alías, Los E (Alm.) 184 C1
Alicante/Alacant E (Ali.) 157 C2
Alicate E (Mál.) 188 A2
Alicún E (Alm.) 183 C2
Alicún de Ortega E (Gr.) 168 D3
Alienes E (Ast.) 5 C4
Alija de la Ribera E (Le.) 38 D1
Alija del Infantado E (Le.) 38 B4
Alijão P (Br.) 54 D4
Alijó P (V. R.) 55 D5
Alimonde P (Bra.) 56 D1
Alins E (Hues.) 48 C1
Alins E (Ll.) 29 C5
Alins del Monte E (Hues.) 48 A5
Alinyà E (Ll.) 49 D3
Alió E (Ta.) 69 D5
Alique E (Gua.) 103 C1
Alisar, El E (Sev.) 163 C2
Aliseda E (Các.) 114 D4
Aliseda de Tormes, La E (Áv.) 99 A2
Alisios, Los E (S. Cruz T.) 196 B2
Alitaje E (Gr.) 167 D5
Aliud E (So.) 64 A3
Aljabaras, Las E (Cór.) 149 A5
Aljambra E (Alm.) 170 C4
Aljaraque E (Huel.) 176 B2
Aljariz E (Alm.) 170 D5
Aljezur P (Fa.) 159 B4
Aljibe y las Brancas de Sicilia, El E (Mu.) 171 A2
Aljorra, La E (Mu.) 172 B2
Aljubarrota P (Lei.) 111 A2
Aljube E (Alb.) 139 A5
Aljucén E (Bad.) 131 B2
Aljucer E (Mu.) 156 A5
Aljustrel P (Be.) 144 B5
Alkaiaga E (Na.) 12 D5
Alkiza E (Gui.) 24 B1
Alkotz E (Na.) 24 D3
Almaça P (Vis.) 94 C1
Almaceda P (C. B.) 95 B4
Almacelles E (Ll.) 68 B2
Almácetas, Las, lugar E (Alm.) 169 D4
Almáciga E (S. Cruz T.) 196 C1
Almaciles E (Gr.) 154 A5
Almáchar E (Mál.) 180 D4
Almada P (Set.) 126 C4
Almada de Ouro P (Fa.) 161 C4
Almadén E (C. R.) 133 D4
Almadén de la Plata E (Sev.) 147 D5
Almadena P (Fa.) 173 B2
Almadenejos E (C. R.) 134 A4
Almadenes E (Mu.) 155 B3
Almadrones E (Gua.) 83 B3
Almafrà E (Ali.) 156 C1
Almagarinos E (Le.) 17 D5
Almagreira P (Aç.) 109 D5
Almagreira P (Lei.) 93 C4
Almagro E (C. R.) 135 D3
Almagros, Los E (Mu.) 171 D1
Almajalejo E (Alm.) 170 C4
Almajano E (So.) 63 D1
Almajar E (Cád.) 177 C5
Almalaguês P (Co.) 94 A3
Almaluez E (So.) 64 A5
Almandoz E (Na.) 25 A2
Almansa E (Alb.) 140 A3
Almansas, Las E (J.) 152 D5
Almansil P (Fa.) 174 C3
Almanza E (Le.) 19 D5
Almanzora E (Alm.) 170 C4
Almarail E (So.) 63 D3
Almaraz E (Các.) 116 C1
Almaraz de Duero E (Zam.) 58 B4
Almarcha, La E (Cu.) 121 D2
Almarchal, El E (Cád.) 186 B4
Almarda E (Val.) 125 C2
Almargem P (Vis.) 75 A3
Almargem do Bispo P (Lis.) 126 C2
Almargen E (Mál.) 179 C2
Almargens P (Fa.) 174 D2
Almarza E (So.) 43 D5
Almarza de Cameros E (La R.) 43 C3
Almàssera E (Val.) 125 B3
Almassora → Almazora E (Cas.) 107 C5
Almatret E (Ll.) 68 B5
Almatriche E (Las P.) 191 D1
Almayate Alto E (Mál.) 181 A4
Almayate Bajo E (Mál.) 181 A4
Almazán E (So.) 63 C4
Almazcara E (Le.) 17 B5
Almazora/Almassora E (Cas.) 107 C5
Almazorre E (Hues.) 47 C3
Almazul E (So.) 64 B3
Almedíjar E (Cas.) 125 A1
Almedina E (C. R.) 137 A5
Almedina, La, lugar E (J.) 152 D5
Almedinilla E (Cór.) 167 A4
Almegíjar E (Gr.) 182 C3
Almeida P (Guar.) 76 C4
Almeida de Sayago E (Zam.) 58 A5
Almeidinha P (Vis.) 75 B5
Almeirim P (Be.) 160 B1
Almeirim P (San.) 111 C5
Almenar E (Ll.) 68 C1
Almenar de Soria E (So.) 64 A2
Almenara E (Cas.) 125 B1
Almenara de Adaja E (Vall.) 80 B1
Almenara de Tormes E (Sa.) 78 B2
Almendra E (Sa.) 57 C5
Almendra E (Zam.) 58 B3
Almendra P (Guar.) 76 B2
Almendral E (Bad.) 130 C5
Almendral E (Các.) 97 D4
Almendral de la Cañada E (To.) 100 A3
Almendral, El E (Alm.) 183 D1
Almendral, El E (Cád.) 185 D1
Almendral, El E (Gr.) 181 A2
Almendralejo E (Bad.) 131 B4
Almendricos E (Mu.) 171 A4
Almendro, El E (Huel.) 161 D3
Almendros E (Cu.) 103 A5
Almendros, Los E (Mad.) 102 A3
Almendros, Los E (Sa.) 78 C2
Almensilla E (Sev.) 163 D4
Almería E (Alm.) 183 D3
Almerimar E (Alm.) 183 B4
Almeza, La E (Val.) 106 A5
Almicerán, El E (J.) 169 B1
Almiruete E (Gua.) 82 C2
Almiserà E (Val.) 141 B3
Almoçageme P (Lis.) 126 B2
Almocáizar E (Alm.) 184 C1
Almócita E (Alm.) 183 B2
Almochuel E (Zar.) 66 D5
Almodôvar P (Be.) 160 C2
Almodóvar del Campo E (C. R.) 134 D4
Almodóvar del Pinar E (Cu.) 122 C2
Almodóvar del Río E (Cór.) 165 C1
Almofala P (Guar.) 76 D3
Almofala P (Vis.) 75 B2
Almofala P (Vis.) 74 C5
Almofrela P (Port.) 54 D5
Almogadel P (San.) 112 A1
Almogía E (Mál.) 180 B3
Almograve P (Be.) 159 B1
Almoguera E (Gua.) 102 D3
Almohaja E (Te.) 85 B5
Almoharín E (Các.) 131 D1
Almoines E (Val.) 141 C2
Almoinha P (Set.) 126 D5
Almolda, La E (Zar.) 67 B3
Almonacid de la Cuba E (Zar.) 66 B5
Almonacid de la Sierra E (Zar.) 65 C4
Almonacid de Toledo E (To.) 119 C2
Almonacid de Zorita E (Gua.) 103 A2
Almonacid del Marquesado E (Cu.) 121 B1
Almonaster la Real E (Huel.) 146 C5
Almonda P (San.) 111 C3
Almontarás E (Gr.) 169 B1
Almonte E (Huel.) 163 A5
Almoradí E (Ali.) 156 C4
Almoraima E (Cád.) 187 A3
Almorchón E (Bad.) 133 A4
Almornos P (Lis.) 126 C2
Almorox E (To.) 100 C3
Almorquim P (Lis.) 126 B2
Almoster E (Ta.) 69 B5
Almoster P (Lei.) 94 A5
Almoster P (San.) 111 B4
Almudáfar E (Hues.) 68 A2
Almudaina E (Ali.) 141 B4
Almudaina, S' E (Bal.) 90 B2
Almudena, La E (Mu.) 154 C5
Almudévar E (Hues.) 46 C5
Almunia de Doña Godina, La E (Zar.) 65 C4
Almunia de San Juan E (Hues.) 48 A5
Almunia del Romeral, La E (Hues.) 47 A3
Almunias, Las E (Hues.) 47 C3
Almuniente E (Hues.) 47 A5
Almuña E (Ast.) 5 C3
Almuñécar E (Gr.) 181 D4
Almuradiel E (C. R.) 152 A1
Almussafes E (Val.) 125 A5
Alobras E (Te.) 105 C3
Alocén E (Gua.) 103 B1
Alojera E (S. Cruz T.) 194 B1
Alomartes E (Gr.) 167 C5
Alón E (A Co.) 13 D2
Alonso de Ojeda E (Các.) 132 A1
Alonsotegi E (Viz.) 22 D1
Aloños E (Can.) 21 C1
Álora E (Mál.) 180 A3
Alorna P (San.) 111 C5
Alòs de Balaguer E (Ll.) 49 A5
Alós d'Isil E (Ll.) 29 B4
Alosno E (Huel.) 162 A2
Alovera E (Gua.) 82 C5
Alozaina E (Mál.) 179 D4
Alp E (Gi.) 50 C2
Alpalhão P (Por.) 113 B4
Alpandeire E (Mál.) 179 B5

Alpanseque


| | | | | |
|---|---|---|---|---|
| Alpanseque | E | (So.) | 83 | B 1 |
| Alparatas, Las | E | (Alm.) | 184 | D 1 |
| Alparrache | E | (So.) | 63 | D 3 |
| Alpartir | E | (Zar.) | 65 | C 4 |
| Alpatró | E | (Ali.) | 141 | B 3 |
| Alpedreira | P | (Por.) | 130 | A 3 |
| Alpedrete | E | (Mad.) | 81 | B 5 |
| Alpedrete de la Sierra | E | (Gua.) | 82 | B 3 |
| Alpedrinha | P | (C. B.) | 95 | C 3 |
| Alpedriz | P | (Lei.) | 111 | A 1 |
| Alpedroches | E | (Gua.) | 83 | A 1 |
| Alpens | E | (Bar.) | 50 | D 3 |
| Alpeñes | E | (Te.) | 86 | A 4 |
| Alpera | E | (Alb.) | 139 | D 2 |
| Alpiarça | P | (San.) | 111 | D 4 |
| Alpicat | E | (Ll.) | 68 | C 2 |
| Alporchinhos | P | (Fa.) | 173 | D 3 |
| Alporchones | E | (Mu.) | 171 | B 2 |
| Alportel | P | (Fa.) | 174 | D 2 |
| Alpouvar | P | (Fa.) | 174 | A 2 |
| Alpuente | E | (Val.) | 124 | A 1 |
| Alqueidão | P | (Co.) | 93 | C 3 |
| Alqueidão | P | (Co.) | 95 | B 3 |
| Alqueidão | P | (Lei.) | 94 | A 5 |
| Alqueidão | P | (Lis.) | 126 | B 2 |
| Alqueidão | P | (San.) | 111 | D 1 |
| Alqueidão | P | (San.) | 111 | D 2 |
| Alqueidão | P | (San.) | 111 | B 3 |
| Alqueidão | P | (San.) | 112 | B 2 |
| Alqueidão | P | (San.) | 111 | C 3 |
| Alqueidão da Serra | P | (Lei.) | 111 | B 2 |
| Alqueidão de Arrimal | P | (Lei.) | 111 | B 2 |
| Alqueidão de Santo Amaro | P | (San.) | 112 | B 1 |
| Alqueidão do Mato | P | (San.) | 111 | B 3 |
| Alquería | E | (Mál.) | 180 | D 3 |
| Alqueria Blanca | E | (Bal.) | 92 | C 5 |
| Alqueria d'Asnar, l' | E | (Ali.) | 141 | A 4 |
| Alquería de Abajo, La | E | (Alm.) | 170 | B 1 |
| Alqueria de la Comtessa, l' → Alquería de la Condesa | E | (Val.) | 141 | C 3 |
| Alquería de la Condesa/Alqueria de la Comtessa, l' | E | (Val.) | 141 | C 3 |
| Alquería del Fargue | E | (Gr.) | 182 | A 1 |
| Alquería, La | E | (Alm.) | 183 | A 4 |
| Alquería, La | E | (Gr.) | 169 | D 2 |
| Alquería, La | E | (Mál.) | 180 | B 4 |
| Alquería, La | E | (Mu.) | 155 | C 1 |
| Alquerías → Lugar de Casillas | E | (Mu.) | 156 | A 4 |
| Alquerías del Niño Perdido/Alqueries, les | E | (Cas.) | 107 | C 5 |
| Alquerías Valencia | E | (Cas.) | 125 | C 1 |
| Alqueries de Benifloret | E | (Ali.) | 141 | A 4 |
| Alqueries, les → Alquerías del Niño Perdido | E | (Cas.) | 107 | C 5 |
| Alquerubim | P | (Ave.) | 74 | A 4 |
| Alqueva | P | (Év.) | 145 | B 2 |
| Alqueve | P | (Co.) | 94 | D 2 |
| Alquézar | E | (Hues.) | 47 | C 4 |
| Alquián, El | E | (Alm.) | 184 | A 3 |
| Alquibla, La | E | (Mu.) | 155 | C 4 |
| Alquife | E | (Gr.) | 182 | D 1 |
| Alquité | E | (Seg.) | 62 | B 5 |
| Alsasua → Altsasu | E | (Na.) | 24 | A 3 |
| Alsodux | E | (Alm.) | 183 | C 2 |
| Alta Mora | P | (Fa.) | 161 | B 4 |
| Altabix | E | (Ali.) | 156 | D 2 |
| Altable | E | (Bur.) | 42 | D 1 |
| Altafulla | E | (Ta.) | 89 | D 1 |
| Altamira | E | (A Co.) | 2 | C 4 |
| Altamira-San Kristobal | E | (Viz.) | 11 | B 4 |
| Altamiros | E | (Áv.) | 79 | D 5 |
| Altarejos | E | (Cu.) | 121 | D 1 |
| Alte | P | (Fa.) | 174 | B 2 |
| Altea | E | (Ali.) | 141 | D 5 |
| Altea la Vella → Altea la Vieja | E | (Ali.) | 141 | D 5 |
| Altea la Vieja/Altea la Vella | E | (Ali.) | 141 | D 5 |
| Alter do Chão | P | (Por.) | 113 | B 5 |
| Alter Pedroso | P | (Por.) | 113 | B 5 |
| Altet | E | (Ll.) | 69 | C 2 |
| Altet, El/Altet, l' | E | (Ali.) | 157 | C 2 |
| Altet, l' → Altet, El | E | (Ali.) | 157 | C 2 |
| Altico, El | E | (Alb.) | 138 | A 5 |
| Altico, El | E | (J.) | 151 | D 3 |
| Alto | E | (Lu.) | 16 | A 3 |
| Alto | E | (Lu.) | 15 | D 2 |
| Alto da Guerra | P | (Set.) | 127 | A 5 |
| Alto da Serra | P | (San.) | 111 | A 3 |
| Alto de la Mesa | E | (Huel.) | 163 | A 1 |
| Alto de la Muela | E | (Zar.) | 65 | D 3 |
| Alto do Moinho | P | (Set.) | 126 | C 4 |
| Alto Fica | P | (Fa.) | 174 | B 2 |
| Alto Palomo | E | (Mu.) | 155 | C 3 |
| Altobar de la Encomienda | E | (Le.) | 38 | C 4 |
| Altobordo | E | (Mu.) | 171 | B 3 |
| Altorricón | E | (Hues.) | 68 | B 1 |
| Altos-Arroyos, Los | E | (S. Cruz T.) | 196 | A 2 |
| Altsasu/Alsasua | E | (Na.) | 24 | A 3 |
| Altura | E | (Cas.) | 124 | D 1 |
| Altura | P | (Fa.) | 175 | B 2 |
| Alturas do Barroso | P | (V. R.) | 55 | B 2 |
| Altzaa | E | (Viz.) | 23 | C 1 |
| Altzaga | E | (Gui.) | 24 | B 2 |
| Altzibar-Karrika | E | (Gui.) | 12 | C 5 |
| Altzo | E | (Gui.) | 24 | B 2 |
| Altzola | E | (Gui.) | 23 | D 1 |
| Altzorritz → Alzórriz | E | (Na.) | 25 | B 5 |
| Altzusta | E | (Viz.) | 23 | B 2 |
| Alumbres | E | (Mu.) | 172 | C 2 |
| Alustante | E | (Gua.) | 85 | A 5 |
| Alva | P | (Vis.) | 74 | D 3 |
| Alvações de Tanha | P | (V. R.) | 55 | B 5 |
| Alvações do Corgo | P | (V. R.) | 55 | B 5 |
| Alvadia | P | (V. R.) | 55 | B 3 |
| Alvados | P | (Lei.) | 111 | C 2 |
| Alvaiade | P | (C. B.) | 113 | B 1 |
| Alvaiázere | P | (Lei.) | 94 | A 5 |
| Alvalade | P | (Set.) | 143 | D 4 |
| Alvarado-La Risca | E | (Bad.) | 130 | C 3 |
| Alvarães | P | (V. C.) | 53 | D 2 |
| Alvaré | E | (Ast.) | 6 | C 2 |
| Alvaredo | P | (V. C.) | 34 | C 3 |
| Alvaredos | P | (Bra.) | 56 | C 1 |
| Alvarelhos | P | (Port.) | 54 | A 4 |
| Alvarelhos | P | (V. R.) | 56 | A 2 |
| Alvarenga | P | (Ave.) | 74 | C 2 |
| Alvarenga | P | (Port.) | 54 | C 4 |
| Alvares | P | (Be.) | 161 | A 1 |
| Alvares | P | (Co.) | 94 | C 4 |
| Alvarim | P | (Ave.) | 74 | B 5 |
| Alvarim | P | (Vis.) | 94 | C 1 |
| Alvarinhos | P | (Lis.) | 126 | B 2 |
| Álvaro | P | (C. B.) | 94 | D 4 |
| Alvega | P | (San.) | 112 | C 3 |
| Alveite Grande | P | (Co.) | 94 | B 2 |
| Alveite Pequeno | P | (Co.) | 94 | C 3 |
| Alvelos | P | (Br.) | 54 | A 3 |
| Alvendre | P | (Guar.) | 76 | A 5 |
| Alverca da Beira | P | (Guar.) | 76 | A 4 |
| Alverca do Ribatejo | P | (Lis.) | 126 | D 2 |
| Alves | P | (Be.) | 161 | B 2 |
| Alvide | P | (Lis.) | 126 | B 3 |
| Alviobeira | P | (San.) | 112 | A 1 |
| Alvisquer | P | (Por.) | 112 | D 3 |
| Alvite | P | (Br.) | 54 | D 3 |
| Alvite | P | (V. R.) | 55 | B 3 |
| Alvite | P | (Vis.) | 75 | B 2 |
| Alvites | P | (Bra.) | 56 | B 3 |
| Alvito | P | (Be.) | 144 | C 2 |
| Alvito | P | (Br.) | 54 | A 2 |
| Alvito da Beira | P | (C. B.) | 95 | A 5 |
| Alvoco da Serra | P | (Guar.) | 95 | B 2 |
| Alvoco das Várzeas | P | (Co.) | 95 | A 2 |
| Alvoeira | P | (Co.) | 94 | D 2 |
| Alvor | P | (Fa.) | 173 | C 2 |
| Alvora | P | (V. C.) | 34 | B 5 |
| Alvorge | P | (Lei.) | 94 | A 4 |
| Alvorninha | P | (Lei.) | 111 | A 3 |
| Alvre | P | (Port.) | 74 | B 1 |
| Alxán | E | (Po.) | 34 | A 3 |
| Alxán | E | (Po.) | 34 | A 2 |
| Alzina, l' | E | (Ll.) | 69 | C 1 |
| Alzinar, l' | E | (Bar.) | 70 | B 4 |
| Alzira | E | (Val.) | 141 | A 1 |
| Alzórriz/Altzorritz | E | (Na.) | 25 | B 5 |
| Allariz | E | (Our.) | 35 | B 3 |
| Allariz | E | (Po.) | 33 | D 1 |
| Allendelagua | E | (Can.) | 10 | C 4 |
| Allepuz | E | (Te.) | 106 | C 1 |
| Alles | E | (Ast.) | 8 | B 5 |
| Allo | E | (Na.) | 44 | B 1 |
| Allonca, A | E | (Lu.) | 16 | D 1 |
| Alloza | E | (Te.) | 86 | D 3 |
| Allueva | E | (Te.) | 86 | A 2 |
| Amadora | P | (Lis.) | 126 | C 3 |
| Amaiur/Maia | E | (Na.) | 25 | B 1 |
| Amalloa | E | (Viz.) | 11 | C 5 |
| Amandi | E | (Ast.) | 7 | A 4 |
| Amarante | E | (Lu.) | 15 | B 4 |
| Amarante | P | (Port.) | 54 | D 5 |
| Amareleja | P | (Be.) | 145 | D 3 |
| Amarelhe | P | (Port.) | 74 | D 1 |
| Amarelle | E | (A Co.) | 14 | C 2 |
| Amares | P | (Br.) | 54 | B 2 |
| Amarguilla | E | (Alm.) | 169 | C 5 |
| Amaro | P | (Fa.) | 175 | A 3 |
| Amasa | E | (Gui.) | 24 | B 1 |
| Amatos | E | (Sa.) | 78 | D 3 |
| Amatos de Alba | E | (Sa.) | 78 | D 3 |
| Amatos de Salvatierra | E | (Sa.) | 78 | C 5 |
| Amatriáin | E | (Na.) | 45 | A 1 |
| Amavida | E | (Áv.) | 79 | C 5 |
| Amaya | E | (Bur.) | 21 | A 5 |
| Amayas | E | (Gua.) | 84 | C 2 |
| Amayuelas de Arriba | E | (Pa.) | 40 | C 3 |
| Ambás | E | (Ast.) | 6 | C 3 |
| Ambasaguas | E | (Viz.) | 22 | B 1 |
| Ambasaguas de Curueño | E | (Le.) | 19 | A 5 |
| Ambel | E | (Zar.) | 65 | A 2 |
| Ambingue | E | (Ast.) | 7 | B 5 |
| Ambite | E | (Mad.) | 102 | C 2 |
| Ambres | E | (Ast.) | 17 | C 1 |
| Ambroa | E | (A Co.) | 3 | A 4 |
| Ambrona | E | (So.) | 83 | C 1 |
| Ambrosero | E | (Can.) | 10 | A 4 |
| Ambroz | E | (Gr.) | 181 | D 1 |
| Ameal | P | (Ave.) | 74 | B 3 |
| Ameal | P | (Lei.) | 94 | B 4 |
| Ameal | P | (Lis.) | 110 | C 5 |
| Amedo | P | (Bra.) | 56 | A 5 |
| Ameixede | P | (Port.) | 74 | C 1 |
| Ameixeira | E | (Po.) | 34 | C 3 |
| Ameixenda | E | (A Co.) | 13 | B 2 |
| Ameixenda | E | (A Co.) | 14 | A 2 |
| Ameixial | P | (Fa.) | 160 | C 4 |
| Ameixial | P | (San.) | 127 | D 1 |
| Ameixiosa | P | (Vis.) | 74 | D 2 |
| Ameixoeira | P | (Lis.) | 126 | C 3 |
| Amêndoa | P | (C. B.) | 112 | C 2 |
| Amendoeira | P | (Bra.) | 56 | C 3 |
| Amendoeira da Serra | P | (Be.) | 161 | A 1 |
| Amendoeira do Campo | P | (Be.) | 144 | D 5 |
| Amer | E | (Gi.) | 51 | D 4 |
| Ames | E | (A Co.) | 14 | A 3 |
| Ames | E | (A Co.) | 14 | A 2 |
| Améscoa Baja | E | (Na.) | 24 | B 4 |
| Ametlla de Casserres, l' | E | (Bar.) | 50 | C 4 |
| Ametlla de Mar, l' | E | (Ta.) | 89 | A 3 |
| Ametlla de Merola, l' | E | (Bar.) | 50 | C 5 |
| Ametlla del Vallès, l' | E | (Bar.) | 71 | B 2 |
| Ameyugo | E | (Bur.) | 22 | D 5 |
| Amezketa | E | (Gui.) | 24 | B 2 |
| Amiadoso | E | (Our.) | 35 | B 3 |
| Amiais | P | (Vis.) | 75 | B 4 |
| Amiais de Baixo | P | (San.) | 111 | C 3 |
| Amiais de Cima | P | (San.) | 111 | C 3 |
| Amial | P | (Ave.) | 74 | A 4 |
| Amieira | P | (C. B.) | 94 | D 4 |
| Amieira | P | (Co.) | 93 | D 2 |
| Amieira | P | (Év.) | 145 | B 2 |
| Amieira | P | (Lei.) | 93 | B 5 |
| Amieira | P | (San.) | 111 | D 1 |
| Amieira Cova | P | (Por.) | 112 | D 3 |
| Amieira do Tejo | P | (Por.) | 113 | A 3 |
| Amieiro | P | (V. R.) | 55 | D 5 |
| Amil | E | (Po.) | 14 | A 5 |
| Amioso | P | (C. B.) | 94 | C 5 |
| Amioso do Senhor | P | (Co.) | 94 | C 4 |
| Amiudal | E | (Our.) | 34 | C 1 |
| Amoedo | E | (Po.) | 34 | A 2 |
| Amoeiro | E | (Our.) | 35 | A 1 |
| Amonde | P | (V. C.) | 53 | D 1 |
| Amor | P | (Lei.) | 93 | B 5 |
| Amora | P | (Set.) | 126 | D 4 |
| Amorebieta | E | (Viz.) | 23 | B 1 |
| Amoreira | P | (Co.) | 94 | C 4 |
| Amoreira | P | (Fa.) | 161 | A 4 |
| Amoreira | P | (Guar.) | 76 | B 5 |
| Amoreira | P | (Lei.) | 110 | D 3 |
| Amoreira | P | (Lis.) | 126 | C 2 |
| Amoreira | P | (Por.) | 128 | B 1 |
| Amoreira | P | (San.) | 127 | D 1 |
| Amoreira | P | (San.) | 112 | B 3 |
| Amoreira da Gândara | P | (Ave.) | 74 | A 5 |
| Amoreiras | P | (Guar.) | 76 | A 5 |
| Amoreiras | P | (Vis.) | 75 | A 1 |
| Amoreiras-Gare | P | (Be.) | 159 | D 1 |
| Amorim | P | (Port.) | 53 | D 3 |
| Amorín | E | (Po.) | 33 | D 4 |
| Amoroce | E | (Our.) | 35 | A 3 |
| Amorosa | P | (Fa.) | 160 | A 4 |
| Amoroto | E | (Viz.) | 11 | C 5 |
| Amparo, El | E | (S. Cruz T.) | 195 | C 2 |
| Ampolla, l' | E | (Ta.) | 88 | D 3 |
| Amposta | E | (Ta.) | 88 | C 4 |
| Ampudia | E | (Pa.) | 60 | A 1 |
| Ampuero | E | (Can.) | 10 | B 5 |
| Ampuyenta, La | E | (Las P.) | 190 | A 3 |
| Amurrio | E | (Ál.) | 22 | D 2 |
| Amusco | E | (Pa.) | 40 | C 4 |
| Amusquillo | E | (Vall.) | 60 | D 2 |
| Anadia | P | (Ave.) | 94 | A 1 |
| Anadón | E | (Te.) | 86 | A 2 |
| Anagueis | P | (Co.) | 94 | A 3 |
| Anais | P | (V. C.) | 54 | A 1 |
| Anaya | E | (Seg.) | 80 | D 3 |
| Anaya de Alba | E | (Sa.) | 78 | D 4 |
| Anayo | E | (Ast.) | 7 | B 4 |
| Anca | E | (A Co.) | 3 | A 3 |
| Ançã | P | (Co.) | 94 | A 2 |
| Ancas | P | (Ave.) | 74 | A 5 |
| Ancede | P | (Port.) | 74 | D 1 |
| Ancéis | E | (A Co.) | 2 | C 4 |
| Anciles | E | (Hues.) | 28 | B 5 |
| Ancillo | E | (Can.) | 10 | A 4 |
| Ancín/Antzin | E | (Na.) | 24 | A 5 |
| Anclas, Las | E | (Gua.) | 103 | B 1 |
| Ancorados | E | (Po.) | 14 | B 4 |
| Anços | P | (Lei.) | 93 | D 4 |
| Anchuela del Campo | E | (Gua.) | 84 | C 2 |
| Anchuela del Pedregal | E | (Gua.) | 84 | D 4 |
| Anchuelo | E | (Mad.) | 102 | B 1 |
| Anchuras | E | (C. R.) | 117 | D 4 |
| Andabao | E | (A Co.) | 14 | D 2 |
| Andaluz | E | (So.) | 63 | A 4 |
| Andam | P | (Lei.) | 111 | B 2 |
| Andatza | E | (Gui.) | 24 | B 1 |
| Andavías | E | (Zam.) | 58 | B 3 |
| Andeiro | E | (A Co.) | 2 | C 4 |
| Andenes, Los | E | (S. Cruz T.) | 196 | B 2 |
| Andés | E | (Ast.) | 5 | A 3 |
| Andilla | E | (Val.) | 124 | B 1 |
| Andoain | E | (Gui.) | 24 | B 1 |
| Andoin | E | (Ál.) | 24 | A 4 |
| Andoio | E | (A Co.) | 2 | B 5 |
| Andorinha | P | (Co.) | 94 | D 1 |
| Andorinha | P | (Co.) | 93 | D 2 |
| Andorra | E | (Te.) | 87 | A 2 |
| Andorra la Vella | A | | 49 | D 1 |
| Andosilla | E | (Na.) | 44 | C 2 |
| Andra Mari | E | (Viz.) | 10 | D 5 |
| Andrade | E | (A Co.) | 2 | D 3 |
| Andrães | P | (V. R.) | 55 | B 5 |
| Andraitx | E | (Bal.) | 91 | B 4 |
| Andrés | P | (Lei.) | 93 | D 5 |
| Andrés | P | (San.) | 112 | A 1 |
| Andreses, Los | E | (Huel.) | 146 | B 4 |
| Andreus | P | (San.) | 112 | C 2 |
| Andújar | E | (J.) | 151 | A 4 |
| Anelhe | P | (V. R.) | 55 | C 2 |
| Anento | E | (Zar.) | 85 | C 2 |
| Anero | E | (Can.) | 9 | D 4 |
| Anes | E | (Ast.) | 6 | D 4 |
| Aneto | E | (Hues.) | 48 | D 1 |
| Anfeoz | E | (Our.) | 35 | A 3 |
| Angeja | P | (Ave.) | 74 | A 4 |
| Ángeles, Los | E | (Cád.) | 187 | A 2 |
| Ángeles, Los | E | (Cór.) | 165 | B 1 |
| Angiozar | E | (Gui.) | 23 | D 2 |
| Anglades, les | E | (Gi.) | 52 | A 3 |
| Anglès | E | (Gi.) | 51 | D 4 |
| Anglesola | E | (Ll.) | 69 | B 2 |
| Angón | E | (Gua.) | 83 | A 2 |
| Angoren | E | (Po.) | 34 | A 2 |
| Angostina | E | (Can.) | 10 | B 5 |
| Angosto | E | (Bur.) | 22 | B 3 |
| Angosto de Arriba | E | (Alm.) | 169 | D 5 |
| Angostura, La | E | (Áv.) | 99 | A 2 |
| Angostura, La | E | (Las P.) | 191 | D 2 |
| Angra do Heroísmo | P | (Aç.) | 109 | A 5 |
| Anguciana | E | (La R.) | 43 | A 1 |
| Angueira | P | (Bra.) | 57 | C 3 |
| Angüés | E | (Hues.) | 47 | B 4 |
| Anguiano | E | (La R.) | 43 | B 3 |
| Anguijes, Los | E | (Alb.) | 138 | C 3 |
| Anguita | E | (Gua.) | 83 | D 2 |
| Anguix | E | (Bur.) | 61 | B 2 |
| Anguix | E | (Gua.) | 103 | B 2 |
| Anhões | P | (V. C.) | 34 | B 4 |
| Aniés | E | (Hues.) | 46 | C 3 |
| Anieves | E | (Ast.) | 6 | C 5 |
| Aniñón | E | (Zar.) | 64 | D 4 |
| Anissó | P | (Br.) | 54 | C 2 |
| Anjarón | E | (Cór.) | 166 | B 4 |
| Anjos | P | (Aç.) | 109 | D 5 |
| Anjos | P | (Br.) | 54 | D 2 |
| Anleo | E | (Ast.) | 5 | A 3 |
| Anllares del Sil | E | (Le.) | 17 | B 3 |
| Anllo | E | (Lu.) | 35 | C 1 |
| Anllo | E | (Our.) | 34 | D 1 |
| Anllóns | E | (A Co.) | 1 | D 4 |
| Anna | E | (Val.) | 140 | D 2 |
| Anobra | P | (Co.) | 93 | D 3 |
| Anoeta | E | (Gui.) | 24 | B 1 |
| Anorias, Las | E | (Alb.) | 139 | B 4 |
| Anós | E | (A Co.) | 1 | D 5 |
| Anoves, les | E | (Ll.) | 49 | C 4 |
| Anquela del Ducado | E | (Gua.) | 84 | B 3 |
| Anquela del Pedregal | E | (Gua.) | 84 | D 4 |
| Anreade | P | (Vis.) | 74 | D 1 |
| Anroig/Enroig | E | (Cas.) | 107 | D 1 |
| Anserall | E | (Ll.) | 49 | D 2 |
| Anseriz | P | (Co.) | 94 | D 2 |
| Ansião | P | (Lei.) | 94 | A 5 |
| Ansó | E | (Hues.) | 26 | B 4 |
| Ansoain | E | (Na.) | 25 | A 4 |
| Ansul | P | (Guar.) | 76 | C 4 |
| Anta | P | (Ave.) | 73 | D 1 |
| Anta de Rioconejos | E | (Zam.) | 37 | B 4 |
| Antanhol | P | (Co.) | 94 | A 3 |
| Antas | E | (Alm.) | 170 | D 5 |
| Antas | E | (Po.) | 34 | B 1 |
| Antas | P | (Br.) | 53 | D 2 |
| Antas | P | (V. C.) | 34 | A 5 |
| Antas | P | (Vis.) | 75 | C 4 |
| Antas | P | (Vis.) | 75 | D 2 |
| Antas de Ulla | E | (Lu.) | 15 | B 3 |
| Antella | E | (Val.) | 140 | D 1 |
| Antenza | E | (Hues.) | 48 | C 4 |
| Anteporta | P | (San.) | 111 | A 4 |
| Antequera | E | (Mál.) | 180 | B 2 |
| Antes | E | (A Co.) | 13 | D 2 |
| Antes | P | (Ave.) | 94 | A 1 |
| Antigo | P | (V. R.) | 55 | C 1 |
| Antigua | E | (Las P.) | 190 | A 3 |
| Antigua, La | E | (Le.) | 38 | C 4 |
| Antigüedad | E | (Pa.) | 41 | A 5 |
| Antilla, La | E | (Huel.) | 175 | D 2 |
| Antillón | E | (Hues.) | 47 | B 5 |
| Antime | P | (Br.) | 54 | C 3 |
| Antimio de Abajo | E | (Le.) | 38 | D 1 |
| Antimio de Arriba | E | (Le.) | 38 | D 1 |
| Antius | E | (Bar.) | 70 | B 1 |
| Antões | P | (Lei.) | 93 | C 4 |
| Antolinos, Los | E | (Mu.) | 172 | C 1 |
| Antoñán del Valle | E | (Le.) | 38 | B 1 |
| Antoñana | E | (Ál.) | 23 | D 5 |
| Antoñanes del Páramo | E | (Le.) | 38 | C 2 |
| Antromero | E | (Ast.) | 6 | C 3 |
| Antuñano | E | (Bur.) | 22 | C 1 |
| Antuzede | P | (Co.) | 94 | A 2 |
| Antzin → Ancín | E | (Na.) | 24 | A 5 |
| Antzuola | E | (Gui.) | 23 | D 2 |
| Anue | E | (Na.) | 25 | A 3 |
| Ánxeles | E | (A Co.) | 14 | C 2 |
| Ánxeles | E | (A Co.) | 15 | A 2 |
| Ánxeles, Os | E | (A Co.) | 15 | A 2 |
| Ánxeles, Os | E | (A Co.) | 14 | A 3 |
| Anxeriz | E | (A Co.) | 14 | A 1 |
| Anyós | A | | 50 | A 1 |
| Anzánigo | E | (Hues.) | 46 | C 2 |
| Anzas | E | (Lu.) | 4 | C 3 |
| Anzó | E | (Po.) | 14 | D 4 |
| Anzola | E | (Gr.) | 167 | C 5 |
| Añá | E | (A Co.) | 14 | D 2 |
| Añana-Gesaltza/Salinas de Añana | E | (Ál.) | 22 | D 4 |
| Añastro | E | (Bur.) | 23 | B 5 |
| Añavieja | E | (So.) | 64 | C 1 |
| Añaza | E | (S. Cruz T.) | 196 | B 2 |
| Añe | E | (Seg.) | 80 | D 2 |
| Añina-Polila | E | (Cád.) | 177 | C 4 |
| Añón de Moncayo | E | (Zar.) | 64 | D 2 |
| Añora | E | (Cór.) | 149 | D 2 |
| Añorbe | E | (Na.) | 24 | D 5 |
| Añover de Tajo | E | (To.) | 101 | C 5 |
| Añover de Tormes | E | (Sa.) | 78 | B 1 |
| Aoiz/Agoitz | E | (Na.) | 25 | B 4 |
| Aos | E | (Na.) | 25 | B 4 |
| Aostri de Losa | E | (Bur.) | 22 | D 3 |
| Aparecida, La | E | (Ali.) | 156 | B 4 |
| Aparecida, La | E | (Mu.) | 172 | B 2 |
| Apariços | P | (Lei.) | 111 | C 1 |
| Apelação | P | (Lis.) | 126 | D 2 |
| Aperregi | E | (Ál.) | 23 | A 3 |
| Apiche | E | (Mu.) | 171 | A 2 |
| Apiés | E | (Hues.) | 47 | A 3 |
| Apinaniz | E | (Ál.) | 23 | C 5 |
| Apostiça | P | (Set.) | 126 | D 5 |
| Aprikano | E | (Ál.) | 23 | A 4 |
| Apúlia | P | (Br.) | 53 | D 3 |
| Aquilué | E | (Hues.) | 46 | D 2 |
| Ara | E | (Hues.) | 46 | D 1 |
| Ará, La | E | (Ast.) | 6 | B 5 |

Arrés


Arabayona E (Sa.) 79 A 2
Arabexo E (A Co.) 14 A 1
Aracena E (Huel.) 146 D 5
Arada P (Ave.) 73 D 2
Aradas P (Ave.) 73 D 4
Arades E (A Co.) 14 B 2
Arafo E (S.Cruz T.) 196 B 3
Aragoncillo E (Gua.) 84 B 3
Aragosa E (Gua.) 83 B 3
Araguás E (Hues.) 47 D 1
Aragüés del Puerto E (Hues.) 26 C 5
Arahal E (Sev.) 164 D 5
Arahuetes E (Seg.) 81 C 1
Araia E (Ál.) 23 D 3
Araitz E (Na.) 24 C 2
Arakaldo E (Viz.) 23 A 2
Arakil E (Na.) 24 C 3
Aral, El E (Sev.) 163 D 3
Aralla de Luna E (Le.) 18 C 3
Arama E (Gui.) 24 A 2
Aramaio E (Ál.) 23 C 2
Aramil E (Ast.) 6 D 4
Aramunt E (Ll.) 49 A 3
Aranarache/ Aranaratxe E (Na.) 24 A 4
Aranaratxe → Aranarache E (Na.) 24 A 4
Arancedo E (Ast.) 5 A 3
Arancón E (So.) 64 A 2
Aranda de Duero E (Bur.) 61 D 3
Aranda de Moncayo E (Zar.) 64 D 3
Aranda, Los E (Cór.) 166 C 3
Arándiga E (Zar.) 65 B 4
Arandilla E (Bur.) 62 B 2
Arandilla del Arroyo E (Cu.) 103 D 1
Aránegas, Los E (Alm.) 170 B 2
Aranga E (A Co.) 3 A 5
Arangas E (Ast.) 8 A 5
Arango E (Ast.) 6 A 3
Aranguren E (Na.) 25 A 4
Aranguren E (Viz.) 22 D 1
Aranhas P (C. B.) 96 B 4
Aranjassa, S' E (Bal.) 91 D 4
Aranjuez E (Mad.) 101 D 5
Arano E (Na.) 24 C 1
Arànser E (Ll.) 50 A 1
Arante E (Lu.) 4 C 3
Arantza E (Na.) 24 D 1
Arantzazu E (Gui.) 23 D 3
Arantzazu E (Viz.) 23 B 2
Aranyó, l' E (Ll.) 69 C 2
Aranzueque E (Gua.) 102 D 1
Arañuel E (Cas.) 107 A 4
Arão P (Fa.) 173 C 2
Arão P (V. C.) 34 A 4
Arapiles E (Sa.) 78 C 3
Aras E (Na.) 43 D 1
Aras de Alpuente E (Val.) 105 D 5
Arasán E (Hues.) 48 B 1
Arascués E (Hues.) 46 D 3
Arauxo E (Our.) 34 D 5
Arauzo de Miel E (Bur.) 62 B 1
Arauzo de Salce E (Bur.) 62 B 1
Arauzo de Torre E (Bur.) 62 B 2
Araya E (S.Cruz T.) 196 B 2
Arazede P (Co.) 93 D 2
Arazuri E (Na.) 24 D 4
Arbancón E (Gua.) 82 D 3
Arbaniés E (Hues.) 47 B 4
Arbeca E (Ll.) 69 A 3
Arbeitza → Arbeiza E (Na.) 24 B 5
Arbeiza/Arbeitza E (Na.) 24 B 5
Arbejal E (Pa.) 20 C 3
Arbejales E (Las P.) 191 C 2
Arbeteta E (Gua.) 83 D 5
Arbizu E (Na.) 24 B 3
Arbo E (Po.) 34 C 3
Arboç, l' E (Ta.) 70 B 5
Arboçar, l' E (Bar.) 70 C 4
Árbol E (Lu.) 3 D 4
Arboleas E (Alm.) 170 C 4
Arboleda, La/ Zugaztieta E (Viz.) 10 D 5
Arboledas, Las E (Mu.) 155 C 4
Arboleja, La E (Mu.) 156 A 5
Arbolí E (Ta.) 69 A 5
Arbón E (Ast.) 5 A 3
Arbúcies E (Gi.) 51 C 5
Arbués E (Hues.) 46 B 1
Arbuniel E (J.) 168 A 2
Arca E (A Co.) 14 C 2
Arca E (Po.) 14 B 4
Arcã P (V. R.) 55 C 5
Arca P (Vis.) 74 C 4
Arcahueja E (Le.) 39 A 1
Arcallana E (Ast.) 5 D 3
Arcas E (Cu.) 104 B 5
Arcas P (Ave.) 74 B 4
Arcas P (Bra.) 56 C 2
Arcas P (Vis.) 75 D 2
Arcas P (Vis.) 75 A 3
Arcas P (Vis.) 75 B 2
Arcavell E (Ll.) 49 D 1
Arce E (Can.) 9 B 4
Arcediano E (Sa.) 78 D 2
Arcena P (Lis.) 126 D 2
Arcenillas E (Zam.) 58 C 4
Arcentales E (Viz.) 22 C 1
Arcicóllar E (To.) 101 A 4
Arcillo E (Zam.) 58 A 4
Arco P (Bra.) 56 B 5
Arco da Calheta P (Ma.) 109 D 2
Arco de Baúlhe P (Br.) 55 A 3
Arco de São Jorge P (Ma.) 110 B 1
Arco, El E (Sa.) 78 B 1
Arconada E (Bur.) 42 A 1
Arconada E (Pa.) 40 C 3
Arcones E (Seg.) 81 D 2
Arcos E (A Co.) 13 B 2
Arcos E (Bur.) 41 D 3
Arcos E (Lu.) 15 B 4
Arcos E (Our.) 35 A 1
Arcos E (Our.) 36 C 1
Arcos E (Po.) 34 B 3
Arcos E (Po.) 14 B 4
Arcos P (Ave.) 94 A 1
Arcos P (Év.) 129 B 3
Arcos P (Port.) 53 D 3
Arcos P (V. C.) 53 D 1
Arcos P (V. R.) 55 C 1
Arcos P (Vis.) 75 C 1
Arcos de Jalón E (So.) 84 A 1
Arcos de la Cantera E (Cu.) 104 A 4
Arcos de la Frontera E (Cád.) 178 B 4
Arcos de la Polvorosa E (Zam.) 38 C 5
Arcos de la Sierra E (Cu.) 104 B 2
Arcos de las Salinas E (Te.) 106 A 5
Arcos de Valdevez P (V. C.) 34 B 5
Arcos, Los E (Na.) 44 A 1
Arcossó P (V. R.) 55 C 2
Arcozelo P (Br.) 54 A 2
Arcozelo P (Port.) 73 D 1
Arcozelo P (V. C.) 54 A 1
Arcozelo da Serra P (Guar.) 75 B 5
Arcozelo das Maias P (Vis.) 74 B 4
Arcozelos P (Vis.) 75 C 2
Arcs, els E (Ll.) 69 A 2
Arcucelos E (Our.) 35 D 4
Arcusa E (Hues.) 47 D 2
Archena E (Mu.) 155 D 4
Árchez E (Mál.) 181 B 3
Archidona E (Mál.) 180 C 1
Archidona E (Sev.) 163 C 1
Archilla E (Gua.) 83 A 5
Archillas, Los, lugar E (Gr.) 182 C 3
Archivel E (Mu.) 154 C 4
Ardaitz E (Na.) 25 B 3
Ardales E (Mál.) 179 D 3
Ardanatz → Ardanaz E (Na.) 25 B 5
Ardanaz/Ardanatz E (Na.) 25 B 5
Ardaña E (A Co.) 2 A 5
Ardãos P (V. R.) 55 C 1
Ardegão P (Br.) 54 D 4
Ardegão P (V. C.) 54 A 2
Ardemil E (A Co.) 14 C 1
Ardesaldo E (Ast.) 5 D 4
Ardèvol E (Ll.) 70 A 1
Ardiaca E (Ta.) 89 B 2
Ardido P (Lei.) 111 A 2
Ardisa E (Zar.) 46 B 3
Ardisana E (Ast.) 7 D 4
Ardite, lugar E (Mál.) 179 D 4
Arditurri E (Gui.) 12 D 5
Ardón E (Le.) 38 D 2
Ardoncino E (Le.) 38 D 1
Areal P (Vis.) 74 C 4
Areas E (Po.) 34 A 4
Areas E (Po.) 34 B 2
Areas E (Po.) 34 A 3
Areatza E (Viz.) 23 B 2
Arecida E (S.Cruz T.) 193 B 3
Areeiro P (Fa.) 174 C 3
Areeiros E (Po.) 34 A 2
Arega P (Lei.) 94 B 5
Areia P (Br.) 53 D 3
Areia P (Co.) 93 D 1
Areia P (Lis.) 126 A 3
Areia P (Por.) 112 D 3
Areia P (Port.) 53 D 4
Areia Branca P (Lis.) 110 C 4
Areias P (Br.) 54 A 2
Areias P (Bra.) 56 A 5
Areias P (San.) 112 A 1
Areias P (San.) 112 C 3
Areias de Vilar P (Br.) 54 A 2
Areias Gordas P (Set.) 127 A 4
Areiltza-Olazar E (Viz.) 23 A 2
Areirinha P (Lei.) 110 D 4
Arejos, Los E (Mu.) 171 B 4
Arelho P (Lei.) 110 D 3
Arellano E (Na.) 44 B 1
Arén E (Hues.) 48 D 3
Arena, La E (Viz.) 10 D 5
Arenal E (Cád.) 178 D 3
Arenal E (Can.) 9 C 5
Arenal d'en Castell, S' E (Bal.) 90 C 1
Arenal, El E (Áv.) 99 C 3
Arenal, El E (Seg.) 81 C 1
Arenal, S' E (Bal.) 91 D 4
Arenales E (Cór.) 166 A 4
Arenales E (Gr.) 167 D 5
Arenales de San Gregorio E (C. R.) 120 D 5
Arenales del Sol, Los/ Arenals del Sol E (Ali.) 157 C 3
Arenales, Los E (Ast.) 6 C 4
Arenales, Los E (Gr.) 167 A 5
Arenales, Los E (Sev.) 165 A 4
Arenals del Sol → Arenales del Sol, Los E (Ali.) 157 C 3
Arenas E (Ast.) 6 D 4
Arenas E (Ast.) 7 A 5
Arenas E (Mál.) 181 B 3
Arenas de Iguña E (Can.) 21 B 1
Arenas de San Juan E (C. R.) 136 A 1
Arenas de San Pedro E (Áv.) 99 C 3
Arenas del Rey E (Gr.) 181 C 2
Arenas, Las E (Ast.) 8 A 5
Arenas, Las E (Mad.) 101 D 3
Arenas, Las E (S.Cruz T.) 196 A 2
Arenas, Las E (Sev.) 177 D 3
Arenas-Areeta, Las E (Viz.) 10 D 5
Arene-Pelaio Deuna E (Viz.) 11 B 4
Arenes, Ses, lugar E (Bal.) 90 A 2
Arengades-Enginyers E (Gi.) 52 B 2
Arenillas E (So.) 63 A 5
Arenillas de Muñó E (Bur.) 41 C 3
Arenillas de Nuño Pérez E (Pa.) 40 C 1
Arenillas de Riopisuerga E (Bur.) 41 A 2
Arenillas de San Pelayo E (Pa.) 40 B 1
Arenillas de Valderaduey E (Le.) 39 C 3
Arenillas de Villadiego E (Bur.) 41 B 1
Arenillas, lugar E (Sev.) 164 B 2
Arenosos, Los E (Mál.) 179 A 4
Arens de Lledó E (Te.) 88 A 2
Arensandiaga E (Viz.) 23 A 1
Arentim P (Br.) 54 A 3
Arenys de Mar E (Bar.) 71 C 2
Arenys de Munt E (Bar.) 71 C 2
Arenzana de Abajo E (La R.) 43 B 2
Arenzana de Arriba E (La R.) 43 B 2
Areños E (Pa.) 20 C 3
Ares E (A Co.) 2 D 3
Ares del Maestrat → Ares del Maestre E (Cas.) 107 C 1
Ares del Maestre/ Ares del Maestrat E (Cas.) 107 C 1
Areso E (Na.) 24 C 2
Arespalditza → Respaldiza E (Ál.) 22 D 2
Aretxabaleta E (Ál.) 23 B 4
Aretxabaleta E (Gui.) 23 C 2
Àreu E (Ll.) 29 C 5
Arevalillo E (Áv.) 79 A 5
Arevalillo de Cega E (Seg.) 81 C 1
Arévalo E (Áv.) 80 A 2
Arévalo de la Sierra E (So.) 43 D 5
Arez P (Por.) 113 A 3
Arez P (Set.) 143 D 1
Arfa E (Ll.) 49 D 2
Arga de Baixo P (V. C.) 33 D 5
Arga de Cima P (V. C.) 33 D 5
Arga de São João P (V. C.) 33 D 5
Argalo E (A Co.) 13 C 3
Argallón E (Cór.) 148 D 3
Argamasilla de Alba E (C. R.) 136 D 1
Argamasilla de Calatrava E (C. R.) 135 A 4
Argamasón E (Alb.) 138 C 3
Argamasón, El E (Alm.) 184 D 2
Argamassa, S' E (Bal.) 90 A 4
Argame E (Ast.) 6 B 5
Argana P (Bra.) 56 B 2
Argana Alta E (Las P.) 192 C 4
Argana Baja E (Las P.) 192 C 4
Arganda del Rey E (Mad.) 102 A 3
Argandoña E (Ál.) 23 C 4
Arganil P (Co.) 94 D 2
Arganil P (San.) 112 D 1
Arganza E (Ast.) 5 C 5
Arganza E (Le.) 17 A 5
Argañín E (Zam.) 57 D 4
Argañoso E (Le.) 37 D 1
Argavieso E (Hues.) 47 A 4
Argayo del Sil E (Le.) 17 B 4
Argea P (San.) 111 D 3
Argecilla E (Gua.) 83 A 3
Argela P (V. C.) 33 D 5
Argelaguer E (Gi.) 51 D 2
Argelita E (Cas.) 107 A 4
Argemil P (V. R.) 56 A 1
Argençola E (Bar.) 69 D 2
Argente E (Te.) 85 D 5
Argentera, l' E (Ta.) 89 A 1
Argentona E (Bar.) 71 C 2
Argés E (To.) 119 A 1
Argilaga, l' E (Ta.) 69 D 5
Argolibio E (Ast.) 7 C 5
Argomaiz E (Ál.) 23 C 4
Argomedo E (Bur.) 21 C 3
Argomil P (Guar.) 76 A 5
Argomilla E (Can.) 9 C 5
Argoncilhe P (Ave.) 74 A 1
Argoños E (Can.) 10 A 4
Argovejo E (Le.) 19 C 3
Argozelo P (Bra.) 57 A 2
Argozón E (Lu.) 15 B 5
Argual E (S.Cruz T.) 193 B 3
Arguayo E (S.Cruz T.) 195 C 3
Arguedas E (Na.) 45 A 4
Arguedeira P (Vis.) 75 B 2
Argüelles E (Ast.) 6 C 4
Arguellite E (Alb.) 153 D 2
Argüero E (Ast.) 7 A 3
Arguineguín E (Las P.) 191 B 4
Arguís E (Hues.) 46 D 3
Arguisuelas E (Cu.) 122 D 1
Argujillo E (Zam.) 58 D 5
Aria E (Na.) 25 C 3
Ariant, lugar E (Bal.) 92 A 1
Ariany E (Bal.) 92 B 3
Aribe E (Na.) 25 C 3
Aricera P (Vis.) 75 B 1
Arico E (S.Cruz T.) 196 A 4
Arico el Nuevo E (S.Cruz T.) 196 A 4
Arico Viejo E (S.Cruz T.) 196 A 4
Arieiro P (Ave.) 73 D 5
Ariéstolas E (Hues.) 47 D 5
Arija E (Bur.) 21 B 3
Arinhos P (Ave.) 94 A 1
Arinsal A 29 D 5
Ariñez E (Las P.) 191 C 2
Ariño E (Te.) 86 D 2
Ariola P (Guar.) 76 A 2
Aris E (Po.) 34 A 1
Arisgotas E (To.) 119 B 3
Aristot E (Ll.) 50 A 2
Ariz P (Port.) 74 C 1
Ariz P (Vis.) 75 B 2
Ariza E (Zar.) 64 B 5
Arizala E (Na.) 24 B 5
Arizkun E (Na.) 25 B 1
Arjona E (J.) 151 A 5
Arjonilla E (J.) 151 A 5
Arkiskil E (Na.) 24 C 2
Arkortxa E (Viz.) 23 A 1
Arlanza E (Le.) 17 C 5
Arlanzón E (Bur.) 42 A 3
Arlós E (Ast.) 6 B 3
Armada E (A Co.) 2 D 3
Armada, A E (Our.) 34 D 2
Armadouro P (Co.) 95 A 4
Armal E (Ast.) 5 A 4
Armallones E (Gua.) 84 A 4
Armamar P (Vis.) 75 B 1
Armañanzas E (Na.) 44 A 1
Armarção de Pera P (Fa.) 173 D 3
Armariz E (Our.) 35 B 3
Armellada E (Le.) 38 B 1
Armental E (Our.) 35 B 1
Armenteira E (Po.) 33 D 1
Armentera, l' E (Gi.) 52 B 3
Armenteros E (Sa.) 78 D 5
Armentia E (Ál.) 23 B 4
Armentia E (Bur.) 23 B 5
Armentón E (A Co.) 2 B 4
Armeñime E (S.Cruz T.) 195 C 4
Armil P (Br.) 54 C 3
Armilla E (Gr.) 181 D 1
Armillas E (Te.) 86 B 3
Armintza E (Viz.) 11 A 4
Armiñon E (Ál.) 23 A 5
Armunia E (Le.) 38 D 1
Armuña E (Seg.) 80 D 2
Armuña de Almanzora E (Alm.) 170 A 5
Armuña de Tajuña E (Gua.) 102 D 1
Arnadelo E (Le.) 16 D 5
Arnal P (Bra.) 55 D 5
Arnal P (Lei.) 93 D 5
Arnao E (Ast.) 6 B 3
Arnas P (Vis.) 75 D 3
Arnedillo E (La R.) 44 A 3
Arnedo F (Bur.) 21 C 3
Arnedo E (La R.) 44 B 3
Arnedo, lugar E (Alb.) 138 B 1
Arnego E (Po.) 15 A 5
Arnego E (Po.) 14 D 3
Arneiro E (Lu.) 3 D 5
Arneiro P (Lis.) 126 B 3
Arneiro P (Lis.) 110 D 5
Arneiro P (Por.) 113 B 2
Arneiro P (San.) 94 A 5
Arneiro das Milhariças P (San.) 111 C 3
Arneiro de Tremês P (San.) 111 C 3
Arneiros P (Lis.) 126 C 1
Arneiros P (Vis.) 75 A 1
Arnes E (Ta.) 88 A 3
Arneva E (Ali.) 156 B 4
Arnoia E (Our.) 34 D 2
Arnóia P (Br.) 54 D 4
Arnois E (Po.) 14 C 3
Arnoso E (Po.) 34 A 3
Arnoso (Santa Eulália) P (Br.) 54 A 3
Arnozela P (Br.) 54 D 4
Arnuero E (Can.) 10 A 4
Aro E (A Co.) 13 D 2
Arobes E (Ast.) 7 C 4
Aroche E (Huel.) 146 B 5
Aroeiras P (Lei.) 93 D 5
Arões P (Ave.) 74 B 3
Arona E (S.Cruz T.) 195 D 4
Arosa P (Br.) 55 A 3
Arosa P (Br.) 54 C 2
Arou E (A Co.) 1 B 5
Arouca P (Ave.) 74 C 2
Arousa E (Po.) 13 D 5
Arquillinos E (Zam.) 58 C 2
Arquillos E (J.) 152 A 3
Arrabal P (Lei.) 111 C 1
Arrabal P (Lei.) 111 B 2
Arrabal (Oia) E (Po.) 33 C 4
Arrabal de Portillo E (Vall.) 60 B 4
Arrabal de San Sebastián E (Sa.) 77 A 5
Arrabal Santa Bárbara, lugar E (Te.) 105 B 2
Arrabal, El E (Cu.) 105 C 5
Arrabalde E (Zam.) 38 B 4
Arrabaldo E (Our.) 35 A 2
Arrabassada i Savinosa E (Ta.) 89 D 1
Arracó, S' E (Bal.) 91 A 4
Arraia-Maeztu E (Ál.) 23 D 5
Arraiolos P (Év.) 128 C 4
Arraioz E (Na.) 25 A 2
Arraitz-Orkin E (Na.) 25 A 3
Arrancacepas E (Cu.) 103 D 3
Arrancada do Vouga P (Ave.) 74 A 4
Arranhó P (Lis.) 126 D 1
Arrankudiaga E (Viz.) 23 A 1
Arrarats E (Na.) 24 D 2
Arrasate o Mondragón E (Gui.) 23 C 2
Arrate E (Gui.) 23 D 1
Arratzu E (Viz.) 11 B 5
Arraya de Oca E (Bur.) 42 B 2
Arrayanes-Cruz-la Laguna E (J.) 151 D 4
Arre E (Na.) 25 A 4
Arreba E (Bur.) 21 D 3
Arreciadas P (San.) 112 B 3
Arrecife E (Cór.) 165 D 2
Arrecife E (Las P.) 192 C 4
Arredondo E (Can.) 10 A 5
Arreigada P (Port.) 54 B 5
Arreiro P (Lei.) 111 A 2
Arrentela P (Set.) 126 D 4
Arrepiado P (San.) 112 A 3
Arrés E (Hues.) 46 B 1

Arres de Jos

Arres de Jos E (Ll.) 28 C4
Arretxalde (Lezama) E (Viz.) 11 A5
Arriacha Cimeira P (Por.) 112 D3
Arriacha Fundeira P (Por.) 112 D3
Arriano E (Ál.) 22 D4
Arriate E (Mál.) 179 B4
Arribe (Araitz) E (Na.) 24 C2
Arrieta E (Las P.) 192 D3
Arrieta E (Viz.) 11 B5
Arrieta-Mendi E (Gui.) 23 D2
Arrifana P (Ave.) 74 A2
Arrifana P (Co.) 94 A3
Arrifana P (Co.) 94 B2
Arrifana P (Guar.) 76 A5
Arrifana P (Guar.) 95 B1
Arrifana P (Guar.) 96 C1
Arrifana P (Lis.) 111 B4
Arrifana P (San.) 112 B3
Arrifes P (Aç.) 109 A4
Arrigorriaga E (Viz.) 23 A1
Arrimal P (Lei.) 111 B3
Arriondas E (Ast.) 7 C4
Arrizada P (Fa.) 160 D3
Arroa-Bekoa E (Gui.) 12 A5
Arroa-Goikoa E (Gui.) 24 A1
Arroba de los Montes E (C. R.) 134 B1
Arroes E (Ast.) 7 A3
Arroios P (V. R.) 55 B5
Arrolobos E (Các.) 97 D2
Arronches P (Por.) 129 D1
Arróniz E (Na.) 44 B1
Arrotea E (Po.) 34 A3
Arroteia P (Fa.) 175 A3
Arroturas E (J.) 152 D4
Arrouquelas P (San.) 111 B4
Arroxo E (Lu.) 35 D1
Arroxo E (Lu.) 16 C2
Arroyal E (Bur.) 41 D2
Arroyal E (Can.) 21 B3
Arroyo E (Huel.) 146 C5
Arroyo Aceituno, El E (Alm.) 170 C5
Arroyo Albánchez, El E (Alm.) 170 B5
Arroyo Ancón E (Mál.) 180 A3
Arroyo Canales E (J.) 153 C3
Arroyo Cerezo E (Val.) 105 C4
Arroyo Corrales E (Mál.) 180 A3
Arroyo de Coche E (Mál.) 180 C3
Arroyo de Cuéllar E (Seg.) 60 C5
Arroyo de la Encomienda E (Vall.) 60 A3
Arroyo de la Luz E (Các.) 115 A3
Arroyo de la Miel-Benalmádena Costa E (Mál.) 180 B5
Arroyo de la Plata E (Sev.) 163 C2
Arroyo de las Fraguas E (Gua.) 82 C2
Arroyo de los Olivos E (Mál.) 180 B4
Arroyo de Priego E (Cór.) 166 D5
Arroyo de Salas E (Bur.) 42 C5
Arroyo de San Serván E (Bad.) 131 A3
Arroyo de San Zadornil E (Bur.) 22 C4
Arroyo de Verdelecho E (Alm.) 183 D1
Arroyo del Cerezo E (Cór.) 166 D5
Arroyo del Ojanco E (J.) 153 A2
Arroyo Hurtado E (Mu.) 155 A4
Arroyo Medina, El E (Alm.) 170 B4
Arroyo Molinos E (Cád.) 179 A3
Arroyo Molinos, lugar E (J.) 169 A2
Arroyofrío E (Alb.) 153 C2
Arroyofrío E (Te.) 105 B3
Arroyomolinos E (Các.) 131 C1
Arroyomolinos E (Mad.) 101 B3
Arroyomolinos de la Vera E (Các.) 98 B4
Arroyomolinos de León E (Huel.) 147 A4
Arroyuelo E (Bur.) 22 B4
Arroyuelos E (Cór.) 166 C4
Arruazu E (Na.) 24 B3
Arrúbal E (La R.) 44 A2
Arruda dos Pisões P (San.) 111 B4
Arruda dos Vinhos P (Lis.) 126 D1
Arséguel E (Ll.) 50 A2
Arsenal de la Carraca E (Cád.) 185 D1
Artà E (Bal.) 92 D2
Arta E (Viz.) 23 C1
Artabia → Artavia E (Na.) 24 B5
Artaix → Artaj E (Val.) 124 C1
Artaj/Artaix E (Val.) 124 C1
Artajo/Artaxo E (Na.) 25 C5
Artajona E (Na.) 44 D1
Artana E (Cas.) 107 B5
Artasona E (Hues.) 48 A4
Artasona del Llano E (Hues.) 46 D5
Artavia/Artabia E (Na.) 24 B5
Artaxo → Artajo E (Na.) 25 C5
Artazu E (Na.) 24 C5
Artea E (Viz.) 23 B2
Arteaga de Arriba E (Alb.) 138 A5
Arteas de Abajo E (Cas.) 106 C5
Arteixo E (A Co.) 2 B4
Artenara E (Las P.) 191 B2
Artés E (Bar.) 70 D1
Artesa E (Cas.) 107 B5
Artesa de Lleida E (Ll.) 68 D3
Artesa de Segre E (Ll.) 49 B5
Artieda E (Na.) 25 C5
Artieda E (Zar.) 46 A1
Arties E (Ll.) 28 D4
Arto E (Hues.) 46 D2
Artola E (Mál.) 187 D1
Artoño E (Po.) 15 A3
Artozqui E (Na.) 25 C4
Artze E (Na.) 25 B4
Artze E (Na.) 24 D2
Artziniega E (Ál.) 22 C2
Arucas E (Las P.) 191 C1
Arure E (S. Cruz T.) 194 B2
Árvore P (Port.) 53 D4
Arvoredo P (Vis.) 75 B4
Arzádegos E (Our.) 56 A1
Arzallus E (Gui.) 24 A1
Arzila P (Co.) 93 D3
Arzúa E (A Co.) 14 D2
Ascara E (Hues.) 46 C1
Ascarza E (Bur.) 23 B4
Ascaso E (Hues.) 47 C1
Ascó E (Ta.) 88 C1
Ascoy E (Mu.) 155 C3
Asdrúbal E (C. R.) 135 A5
Asegur E (Các.) 97 C1
Asensios, Los E (Alm.) 170 B2
Asenso E (A Co.) 13 C2
Asiain E (Na.) 24 D4
Asiego E (Ast.) 8 A5
Asín E (Zar.) 46 A3
Asín de Broto E (Hues.) 47 B1
Askartza E (Ál.) 23 C4
Asma E (Lu.) 15 B5
Asma E (Lu.) 15 C5
Asnela P (Br.) 55 A3
Asomada, La E (Las P.) 190 B2
Asomada, La E (Las P.) 192 B4
Aspa E (Ll.) 68 D3
Aspariegos E (Zam.) 58 D2
Aspe E (Ali.) 156 C2
Asperelo E (Po.) 15 A5
Aspilla E (Alm.) 170 A3
Asprella E (Ali.) 156 D3
Aspurz E (Na.) 25 D5
Assafora P (Lis.) 126 B2
Assanha da Paz P (Lei.) 93 C4
Assares P (Bra.) 56 B4
Asseiceira P (San.) 111 A4
Asseiceira P (San.) 112 A2
Asseiceira Grande P (Lis.) 126 C1
Assenta P (Lis.) 110 B5
Assentiz P (San.) 111 B4
Assentiz P (San.) 111 D2
Asso-Veral E (Zar.) 26 A5
Assumar P (Por.) 129 C1
Assunção P (Por.) 129 D1
Assureiras P (V. R.) 55 D1
Astariz E (Our.) 35 A2
Asteasu E (Gui.) 24 B1
Astepe E (Viz.) 23 B1
Asterria E (Viz.) 23 B2
Asterrika E (Viz.) 11 D5
Astigarraga E (Gui.) 12 C5
Astillero, El E (Can.) 9 C4
Astor, l' E (Bar.) 69 D2
Astorga E (Le.) 38 A1
Astrain E (Na.) 24 D4
Astromil P (Port.) 54 B5
Astudillo E (Pa.) 40 D4
Astúlez E (Ál.) 22 D4
Astureses E (Our.) 34 D1
Asturianos E (Zam.) 37 B4
Atadoa P (Co.) 94 A3
Atães P (Br.) 54 B1
Atães P (Br.) 54 C3
Ataíde P (Port.) 54 C5
Ataíja de Baixo P (Lei.) 111 B2
Ataíja de Cima P (Lei.) 111 B2
Atajate E (Mál.) 179 A5
Atalaia P (C. B.) 112 D1
Atalaia P (C. B.) 113 B1
Atalaia P (Guar.) 76 B4
Atalaia P (Lis.) 110 D5
Atalaia P (Por.) 112 D3
Atalaia P (San.) 112 B2
Atalaia P (San.) 112 A3
Atalaia P (Set.) 127 A3
Atalaia do Campo P (C. B.) 95 C4
Atalaya E (Bad.) 147 A2
Atalaya E (Mu.) 171 C2
Atalaya de Cuenca, lugar E (Cu.) 104 B5
Atalaya del Cañavate E (Cu.) 122 A3
Atalaya, La E (Las P.) 191 C1
Atalaya, La E (Mál.) 180 C1
Atalaya, La E (Sa.) 97 B1
Atalaya-Isdabe E (Mál.) 187 D2
Atalayuela, lugar E (J.) 169 A2
Atallu E (Na.) 24 B2
Atán (Mazaricos) E (A Co.) 13 C2
Atanzón E (Gua.) 82 D5
Atapuerca E (Bur.) 42 A2
Ataquines E (Vall.) 80 A1
Atarés E (Hues.) 46 C1
Atarfe E (Gr.) 167 D5
Atarrabia → Villava E (Na.) 25 A4
Ataun E (Gui.) 24 A3
Atauta E (So.) 62 C4
Atazar, El E (Mad.) 82 A3
Atea E (Zar.) 85 A1
Ateca E (Zar.) 64 D5
Atei P (V. R.) 55 A3
Atenor P (Bra.) 57 B4
Atez E (Na.) 24 D3
Atiães P (Br.) 54 A2
Atiaga E (Ál.) 22 D4
Atienza E (Gua.) 83 A1
Atilhó P (V. R.) 55 B1
Atios E (Po.) 34 A3
Atochares E (Alm.) 184 B3
Atouguia P (San.) 111 D1
Atouguia da Baleia P (Lei.) 110 C3
Atrozela P (Lis.) 126 B3
Atxondo E (Viz.) 23 C2
Atxuri E (Viz.) 11 A5
Atzavares, les E (Ali.) 156 D3
Atzeneta d'Albaida, l' → Adzaneta de Albaida E (Val.) 141 A3
Atzeneta del Maestrat E (Cas.) 107 C3
Atzúvia, l' → Adsubia E (Ali.) 141 C3
Audanzas del Valle E (Le.) 38 C4
Aulabar E (J.) 168 B2
Aulaga, La E (Sev.) 163 B2
Aulago E (Alm.) 183 C1
Aulesti E (Viz.) 11 C5
Auñón E (Gua.) 103 B1
Aurín E (Hues.) 47 A1
Auritz E (Na.) 24 D2
Auritz/Burguete E (Na.) 25 C3
Aurizberri/Espinal E (Na.) 25 B3
Aurrekoetxe E (Viz.) 11 A5
Ausejo E (La R.) 44 A2
Ausejo de la Sierra E (So.) 63 D1
Ausias March E (Val.) 124 D5
Ausines, Los E (Bur.) 42 A3
Autilla del Pino E (Pa.) 40 B5
Autillo de Campos E (Pa.) 40 A4
Autol E (La R.) 44 B3
Auza E (Na.) 24 D3
Auzotxikia E (Gui.) 24 B2
Avanca P (Ave.) 74 A3
Avantos P (Bra.) 56 B3
Avarientos E (Các.) 97 C4
Ave Casta P (San.) 112 A1
Avedillo de Sanabria E (Zam.) 37 A4
Aveinte E (Áv.) 79 D4
Aveiras de Baixo P (Lis.) 111 B5
Aveiras de Cima P (Lis.) 111 A5
Aveiro P (Ave.) 73 D4
Avelal P (Vis.) 75 B4
Avelanoso P (Bra.) 57 C2
Avelar P (Lei.) 94 A5
Avelãs da Ribeira P (Guar.) 76 A4
Avelãs de Ambom P (Guar.) 76 A5
Avelãs de Caminho P (Ave.) 74 A5
Avelãs de Cima P (Ave.) 74 A5
Aveleda P (Br.) 54 B3
Aveleda P (Bra.) 37 A5
Aveleda P (Port.) 54 C4
Aveleda P (Port.) 53 D4
Aveledas P (V. R.) 56 A1
Aveledo P (Co.) 94 B2
Aveleira P (C. B.) 112 B2
Aveleira P (Co.) 94 B2
Aveleira P (Lei.) 94 A5
Aveleiras P (Guar.) 75 D4
Aveleiras P (V. C.) 34 B5
Avelinha P (Vis.) 75 A4
Aveloso P (Guar.) 76 A2
Avellà, l' → Avella, La E (Cas.) 107 D1
Avella, La/Avellà, l' E (Cas.) 107 D1
Avellanar E (Các.) 97 C2
Avellaneda E (Áv.) 99 A2
Avellanes, les E (Ll.) 48 D5
Avellanosa de Muñó E (Bur.) 41 C5
Avellanosa del Páramo E (Bur.) 41 C2
Avenal P (Co.) 94 A3
Avenal P (Lis.) 110 D5
Aveno E (Ast.) 6 D4
A-Ver-o-Mar P (Port.) 53 C3
Aves P (Port.) 54 B4
Avessada P (Lis.) 126 C2
Avessada P (San.) 112 D3
Avessadas P (Port.) 54 C5
Avià E (Bar.) 50 C4
Aviados E (Le.) 19 A4
Avidagos P (Bra.) 56 A4
Avidos P (Br.) 54 A4
Ávila E (Áv.) 80 A5
Avilés E (Ast.) 6 B3
Avilés E (Mu.) 154 D5
Avín E (Ast.) 7 D5
Avintes P (Port.) 74 A1
Avinyó E (Bar.) 50 D5
Avinyonet de Puigventós E (Gi.) 52 A2
Avinyonet del Penedès E (Bar.) 70 C4
Aviñante de la Peña E (Pa.) 20 B4
Avión E (Our.) 34 C1
Avis P (Por.) 128 D1
Avô P (Co.) 95 A2
Avões P (Vis.) 75 A1
Axpe E (Viz.) 23 C2
Ayacata E (Las P.) 191 C2
Ayacor/Aiacor E (Val.) 140 D2
Ayagaures E (Las P.) 191 C3
Ayamonte E (Huel.) 175 C2
Ayechu E (Na.) 25 C4
Ayegui E (Na.) 24 B5
Ayelo de Rugat/Aielo de Rugat E (Val.) 141 B3
Ayera E (Hues.) 47 A4
Ayerbe E (Hues.) 46 C3
Ayesa E (Na.) 45 B1
Aylagas E (So.) 62 D2
Aylanes E (Bur.) 21 D4
Ayllón E (Seg.) 62 B4
Ayna E (Alb.) 154 B1
Ayódar E (Cas.) 107 A5
Ayoluengo E (Bur.) 21 C5
Ayones E (Ast.) 5 C4
Ayoo de Vidriales E (Zam.) 38 A4
Ayora E (Val.) 140 A2
Ayuela E (Pa.) 20 B5
Ayuelas E (Bur.) 22 D5
Az E (Po.) 15 A4
Azabal E (Các.) 97 C2
Azadinos E (Le.) 18 D5
Azagra E (Na.) 44 C3
Azaila E (Te.) 66 D5
Azambuja P (Lis.) 127 B1
Azambujeira P (Lei.) 110 D4
Azambujeira P (San.) 111 B4
Azanúy E (Hues.) 48 A5
Azañón E (Gua.) 83 C5
Azara E (Hues.) 47 C4
Azarbe E (Mu.) 156 A4
Azares del Páramo E (Le.) 38 B3
Azaruja P (Év.) 129 A4
Azcona/Azkona E (Na.) 24 C5
Azedia P (Lis.) 126 D1
Azeitada P (San.) 111 C5
Azelha P (Lei.) 111 B2
Azenha P (Ave.) 93 D1
Azenha P (Co.) 93 C3
Azenha P (Lei.) 93 D5
Azenha Nova P (Co.) 93 C2
Azenha Velha P (Lis.) 110 B5
Azenhas P (Lis.) 126 B1
Azenhas do Mar P (Lis.) 126 B2
Ázere P (Co.) 94 C1
Ázere P (V. C.) 34 B5
Azervadinha P (San.) 127 D2
Azevedo P (Port.) 53 D4
Azevedo P (V. C.) 33 C5
Azevo P (Guar.) 76 B3
Azias P (V. C.) 54 B1
Azinhaga P (San.) 111 D4
Azinhal P (Be.) 160 D1
Azinhal P (Be.) 160 C3
Azinhal P (Fa.) 161 C4
Azinhal P (Fa.) 160 B4
Azinhal P (Guar.) 76 C4
Azinhal P (San.) 112 C1
Azinheira P (C. B.) 112 C1
Azinheira P (San.) 111 A4
Azinheira dos Barros P (Set.) 143 D3
Azinhoso P (Bra.) 57 A4
Azkarai E (Viz.) 22 D1
Azkoaga E (Ál.) 23 C2
Azkoitia E (Gui.) 24 A1
Azkona → Azcona E (Na.) 24 C5
Azkue → San Roque E (Gui.) 23 D1
Azlor E (Hues.) 47 C4
Aznalcázar E (Sev.) 163 C4
Aznalcóllar E (Sev.) 163 C3
Azões P (Br.) 54 A1
Azofra E (La R.) 43 A2
Azohía, La E (Mu.) 172 A3
Azoia P (Lei.) 111 B1
Azóia P (Lis.) 126 A3
Azóia P (Set.) 126 C5
Azóia de Baixo P (San.) 111 C4
Azóia de Cima P (San.) 111 C4
Azoños E (Can.) 9 C4
Azores E (Cór.) 167 A4
Azpeitia E (Gui.) 24 A1
Azpilgoeta E (Gui.) 23 D1
Aztegieta E (Ál.) 23 B4
Azuaga E (Bad.) 148 B3
Azuara E (Zar.) 66 B5
Azucaica E (To.) 119 B1
Azucarera, La E (Zam.) 59 A4
Azuébar E (Cas.) 125 A1
Azueira P (Lis.) 126 C1
Azuel E (Cór.) 150 C2
Azuelo E (Na.) 43 D1
Azuqueca de Henares E (Gua.) 102 C1
Azurara P (Port.) 53 D4
Azurva P (Ave.) 73 D4
Azurveira P (Ave.) 73 D5
Azután E (To.) 117 B1

# B

Baamonde E (Lu.) 3 C5
Baamorto E (Lu.) 15 D5
Babe P (Bra.) 57 A1
Babilafuente E (Sa.) 79 A2
Babio E (Po.) 33 D3
Baçal P (Bra.) 57 A1
Bacares E (Alm.) 169 D5
Bacariza E (Alb.) 138 D3
Bacarot, El E (Ali.) 157 C2
Bacoco E (Bad.) 113 D5
Bacoi E (Lu.) 4 A3
Bácor-Olivar E (Gr.) 169 A3
Bachiller, El, lugar E (Alb.) 139 C3
Badajoz E (Bad.) 130 B3
Badalona E (Bar.) 71 B3
Badamalos P (Guar.) 96 C1
Badames E (Can.) 10 A5
Badarán E (La R.) 43 A2
Bade P (V. C.) 34 A4
Bádenas E (Te.) 85 D2
Badia Blava E (Bal.) 91 D4
Badia de Palma E (Bal.) 91 B4
Badia del Vallès E (Bar.) 71 A3
Badia Gran E (Bal.) 91 D5
Badilla E (Zam.) 57 D4
Badim P (V. C.) 34 B4
Badolatosa E (Sev.) 166 A5
Badorc, El E (Bar.) 70 B3
Badules E (Zar.) 85 C1
Baells E (Hues.) 48 B5
Baena E (Cór.) 166 D2
Baeres E (Ast.) 6 D5
Baeza E (J.) 152 A5
Bafareira P (C. B.) 95 A5
Bagà E (Bar.) 50 C2
Bagoada P (V. C.) 33 D5
Bagueixe P (Bra.) 56 D3
Bagueixos E (Lu.) 15 D2
Báguena E (Te.) 85 C2
Bagüés E (Zar.) 46 A1
Baguín E (Po.) 33 D1
Bagunte P (Port.) 53 D4
Bahabón E (Vall.) 60 D4
Bahabón de Esgueva E (Bur.) 61 D1
Bahía Dorada E (Mál.) 187 C2
Baião P (Port.) 54 D5
Baiãs P (Fa.) 174 A2
Baiasca E (Ll.) 49 B1
Baides E (Gua.) 83 B2
Baies, les → Bayas, Las E (Ali.) 156 D3
Bailén E (J.) 151 C4

Barrio Nuevo, El,


Bailo E (Hues.) 46 B 1
Baíllo E (Le.) 37 B 3
Baíña E (Ast.) 6 C 5
Baíña E (Po.) 33 C 3
Baíñas E (A Co.) 13 C 1
Baio E (A Co.) 1 C 5
Baio Grande E (A Co.) 1 C 5
Baiões P (Vis.) 74 D 3
Baión E (Po.) 13 D 5
Baiona E (Po.) 33 C 3
Bairrada P (San.) 112 B 2
Bairrada P (San.) 112 A 2
Bairradas P (San.) 111 A 4
Bairral P (Ave.) 74 C 2
Bairrão P (Lei.) 94 B 4
Bairro P (Br.) 54 B 4
Bairro P (Lei.) 110 D 3
Bairro P (Lis.) 111 A 5
Bairro P (San.) 111 D 2
Bairro da Figueira P (Lei.) 111 A 3
Bairro da Mosca P (Set.) 127 A 3
Bairro da Sapec P (Set.) 127 A 5
Bairro de Almeirim P (Év.) 128 D 5
Bairro de Dona
Constância P (San.) 111 B 4
Bairro do Degebe P (Év.) 128 D 4
Bairro dos Cadoços P (Set.) 143 C 2
Bairro Novo P (Év.) 129 A 4
Bairros P (Ave.) 74 C 1
Bairros dos Mortais P (San.) 111 B 3
Baixa da Banheira P (Set.) 126 D 4
Baixinho P (San.) 111 B 4
Bajamar E (S.Cruz T.) 196 B 1
Bajauri E (Bur.) 23 C 5
Bajos y Tagoro E (S.Cruz T.) 196 A 2
Bakaiku E (Na.) 24 B 3
Bakedano →
Baquedano E (Na.) 24 B 4
Bakio E (Viz.) 11 A 4
Baladejos, Los E (Cád.) 186 B 2
Balado E (A Co.) 14 C 1
Balaguer E (Ll.) 68 D 1
Balança P (Br.) 54 C 1
Balanegra E (Alm.) 183 A 4
Balanzas, Los E (Mu.) 172 C 2
Balax E (Gr.) 169 C 4
Balazar P (Br.) 54 B 3
Balazar P (Port.) 53 D 3
Balazote E (Alb.) 138 B 3
Balbacil E (Gua.) 84 B 2
Balbarda E (Áv.) 79 D 5
Balbases, Los E (Bur.) 41 B 3
Balboa E (Bad.) 130 C 2
Balboa E (Le.) 16 D 4
Balcaide E (A Co.) 14 A 3
Balconchán E (Zar.) 85 B 2
Balcones, Los E (Ali.) 156 C 5
Balcones, Los E (Gr.) 169 A 4
Balconete E (Gua.) 83 A 5
Baldazos E (Mu.) 171 B 2
Baldellou E (Hues.) 48 C 5
Baldio E (Các.) 98 C 5
Baldio P (Év.) 129 C 5
Baldíos, Los E (S.Cruz T.) 196 B 2
Baldomar E (Ll.) 49 B 5
Baldornón E (Ast.) 6 D 4
Baldos P (Vis.) 75 C 2
Baldovar E (Val.) 124 A 1
Balea E (Po.) 33 C 1
Baleira E (Lu.) 16 B 2
Baleizão P (Be.) 145 A 4
Balenyà E (Bar.) 71 A 1
Balenyà E (Bar.) 51 A 5
Balerma E (Alm.) 183 A 4
Baliarrain E (Gui.) 24 B 2
Balisa E (Seg.) 80 C 2
Balmaseda E (Viz.) 22 C 1
Balmori E (Ast.) 8 A 4
Balneario
del Cantalar, lugar E (Mu.) 154 B 4
Balneario Retortillo E (Sa.) 77 B 4
Baloca P (Ave.) 74 B 2
Balocas P (Co.) 94 D 2
Balón E (A Co.) 2 D 3
Balones E (Ali.) 141 B 4
Balonga E (Mu.) 156 A 2
Balouta E (Le.) 17 A 3
Balsa E (Lu.) 3 D 3
Balsa P (Por.) 113 D 4
Balsa P (Port.) 54 A 5
Balsa P (V. R.) 55 C 4
Balsa de Ves E (Alb.) 123 D 5
Balsapintada E (Mu.) 172 A 1
Balsareny E (Bar.) 50 C 5
Balsas P (Co.) 93 D 1
Balsas P (San.) 112 A 4
Balsicas E (Mu.) 172 B 1
Balsillas, lugar E (Gr.) 169 B 4
Baltanás E (Pa.) 60 D 1
Baltar E (Lu.) 4 A 5
Baltar E (Our.) 35 B 5
Baltar E (Po.) 14 A 4
Baltar P (Port.) 54 B 5
Baltezana E (Can.) 10 C 5
Baltrozes P (Vis.) 75 D 2
Balugães P (Br.) 53 D 2
Balurcos de Baixo P (Fa.) 161 B 3
Balurcos de Cima P (Fa.) 161 B 3
Ballabriga E (Hues.) 48 C 2
Ballesta, La E (Cór.) 149 C 3
Ballestero, El E (Alb.) 137 D 3
Ballesteros E (C. R.) 119 B 5
Ballesteros E (Mu.) 154 D 5
Ballesteros
de Calatrava E (C. R.) 135 B 3
Ballesteros, lugar E (Cu.) 104 B 5
Ballobar E (Hues.) 68 A 3
Ballota E (Ast.) 5 D 3
Bama E (A Co.) 14 C 3
Bamba E (Zam.) 58 D 4
Bamio E (Po.) 13 D 4
Bamiro E (A Co.) 1 C 5
Banaguás E (Hues.) 46 C 1
Banariés E (Hues.) 46 D 4
Banastás E (Hues.) 46 D 4
Banastón E (Hues.) 47 D 2
Banática P (Set.) 126 C 3
Bancalàs, els E (Cas.) 107 C 3
Bancalejo, El E (Alm.) 170 C 3
Bances E (Ast.) 6 A 3
Banda de las Rosas E (S.Cruz T.) 194 B 1
Bandaliés E (Hues.) 47 A 4
Bandarises P (Vis.) 74 D 4
Bande E (Our.) 35 A 4
Bandeira E (Po.) 14 C 4
Bandeiras P (Aç.) 109 B 3
Bandoxa E (A Co.) 2 D 5
Banecidas E (Le.) 39 C 1
Bangueses E (Our.) 34 D 4
Bangueses de Abaixo E (Our.) 34 D 4
Banhos P (Ave.) 93 D 1
Banuncias E (Le.) 38 D 1
Banyalbufar E (Bal.) 91 B 3
Banyeres de Mariola E (Ali.) 140 D 4
Banyeres del Penedès E (Ta.) 70 A 5
Banyoles E (Gi.) 52 A 3
Banzás E (A Co.) 13 D 2
Baña, A E (A Co.) 13 D 2
Baña, La E (Le.) 37 A 3
Bañaderos E (Las P.) 191 C 1
Bañares E (La R.) 43 A 2
Bañeza, La E (Le.) 38 B 3
Baño E (A Co.) 13 B 3
Bañobárez E (Sa.) 77 A 3
Bañón E (Te.) 85 D 4
Baños de Agua
Hedionda E (J.) 167 B 2
Baños de Alcantud,
lugar E (Cu.) 104 A 1
Baños de Cerrato E (Pa.) 60 C 1
Baños de Ebro E (Ál.) 43 B 1
Baños de la Encina E (J.) 151 C 3
Baños de Ledesma E (Sa.) 78 B 2
Baños de Molgas E (Our.) 35 C 3
Baños de Montemayor E (Các.) 98 B 2
Baños de Panticosa E (Hues.) 27 A 4
Baños de Río Tobía E (La R.) 43 B 3
Baños de Rioja E (La R.) 43 A 1
Baños de Tajo E (Gua.) 84 C 5
Baños de Valdearados E (Bur.) 62 A 2
Baños de Zújar, lugar E (Gr.) 169 B 3
Baños y Mendigo E (Mu.) 172 A 1
Baños, Los E (Gr.) 181 B 2
Baños, Los E (Mu.) 155 C 4
Baños, Los E (Mu.) 156 A 3
Bañuelos E (Gua.) 63 A 5
Bañuelos de Bureba E (Bur.) 42 B 1
Bañuelos del Rudrón E (Bur.) 21 C 5
Bañugues E (Ast.) 6 C 2
Baquedano/Bakedano E (Na.) 24 B 4
Baquerín de Campos E (Pa.) 40 A 5
Baraçais P (Lei.) 110 D 4
Baraçal P (Guar.) 75 D 4
Baraçal P (Guar.) 96 B 1
Bárago E (Can.) 20 B 2
Baraguás E (Hues.) 46 D 1
Barahona de Fresno E (Seg.) 62 A 5
Barahonda Vieja E (Mu.) 139 C 5
Barajas E (Áv.) 99 B 2
Barajas de Melo E (Cu.) 103 A 4
Barakaldo E (Viz.) 10 D 5
Baralho P (San.) 112 C 4
Baralla E (Lu.) 16 B 3
Barallobre E (A Co.) 2 D 3
Barán E (Lu.) 15 D 4
Baranbio E (Ál.) 23 A 2
Baranda E (Bur.) 22 A 2
Barañain E (Na.) 24 D 4
Barão de São João P (Fa.) 173 B 2
Barão de São Miguel P (Fa.) 173 A 2
Baraona E (So.) 63 B 5
Barásoain E (Na.) 45 A 1
Barazón E (A Co.) 15 A 3
Barbacena P (Por.) 129 D 2
Barbacena, lugar E (Sev.) 163 B 3
Barbadás E (Our.) 35 B 2
Barbadelo E (Lu.) 16 A 4
Barbadillo E (Sa.) 78 B 3
Barbadillo de Herreros E (Bur.) 42 C 4
Barbadillo
del Mercado E (Bur.) 42 B 5
Barbadillo del Pez E (Bur.) 42 C 4
Barbaido P (C. B.) 95 B 5
Barbalimpia E (Cu.) 104 A 5
Barbalos E (Sa.) 78 A 5
Barbantes E (Our.) 35 A 2
Barbaño E (Bad.) 131 A 3
Barbarin E (Na.) 44 B 1
Barbaruens E (Hues.) 48 A 1
Barbastro E (Hues.) 47 D 5
Barbate E (Cád.) 186 B 4
Barbatona E (Gua.) 83 C 2
Barbecho E (Ast.) 6 D 4
Barbeira E (A Co.) 13 D 2
Barbeiros E (A Co.) 14 C 1
Barbeita P (V. C.) 34 B 4
Barbeito E (A Co.) 14 D 1
Barbeito P (Vis.) 75 A 4
Barbens E (Ll.) 69 B 2
Barberà de la Conca E (Ta.) 69 C 4
Barberà del Vallès E (Bar.) 71 A 3
Barboa E (Ál.) 22 D 4
Bárboles E (Zar.) 65 D 2
Barbolla E (Seg.) 61 D 5
Barbolla, La E (Gua.) 83 B 1
Barbudo E (Po.) 34 B 1
Barbudo P (Br.) 54 B 2
Barbués E (Hues.) 47 A 5
Barbuñales E (Hues.) 47 C 5
Barca E (So.) 63 C 4
Barca
de la Florida, La E (Cád.) 178 A 4
Barca, La E (Ast.) 5 D 5
Barca, La E (Cád.) 186 A 3
Barca, La E (Huel.) 161 D 4
Bárcabo E (Hues.) 47 D 3
Barcala E (Po.) 14 A 4
Barcarena P (Lis.) 126 C 3
Barcarrota E (Bad.) 130 C 5
Barcebal E (So.) 62 D 3
Barcebalejo E (So.) 62 D 3
Barceíno E (Sa.) 77 B 2
Barcel P (Bra.) 56 A 4
Barcela E (Po.) 34 C 3
Barcelinhos P (Br.) 54 A 3
Barcelona E (Bar.) 71 A 4
Barceloneta E (Gi.) 52 A 5
Barcelos P (Br.) 53 D 2
Bárcena E (Can.) 21 C 1
Bárcena de Campos E (Pa.) 40 C 1
Bárcena de Cicero E (Can.) 10 A 4
Bárcena de la Abadía E (Le.) 17 B 4
Bárcena
de Pie de Concha E (Can.) 21 B 2
Bárcena de Pienza E (Bur.) 22 A 3
Bárcena del Bierzo E (Le.) 17 B 5
Bárcena
del Monasterio E (Ast.) 5 B 4
Bárcena Mayor E (Can.) 21 A 2
Barcenaciones E (Can.) 9 A 5
Bárcenas E (Bur.) 22 A 2
Barcenilla E (Can.) 9 B 4
Barcenillas E (Can.) 20 D 1
Barcenillas
de Cerezos E (Bur.) 22 A 2
Barcenillas
del Ribero E (Bur.) 22 A 2
Barceo E (Sa.) 77 B 2
Barcia E (Ast.) 5 C 3
Barcia E (Our.) 34 D 2
Barcia E (Po.) 34 C 1
Barcial de la Loma E (Vall.) 39 B 5
Barcial del Barco E (Zam.) 38 C 5
Barcience E (To.) 100 D 5
Barciles Alto, lugar E (To.) 101 C 5
Barcina
de los Montes E (Bur.) 22 B 5
Barcina del Barco E (Bur.) 22 C 4
Barcinas E (Gr.) 168 A 4
Barco P (Br.) 54 B 3
Barco P (C. B.) 95 B 3
Barco de Ávila, El E (Áv.) 98 D 2
Barco
de Valdeorras, O E (Our.) 36 C 1
Barcones E (So.) 63 A 5
Barcos P (Vis.) 75 C 1
Barcouço P (Ave.) 94 A 2
Barchín del Hoyo E (Cu.) 122 B 2
Bardallur E (Zar.) 65 D 2
Bardaos E (A Co.) 3 A 2
Bardaos E (A Co.) 14 B 1
Bardauri E (Bur.) 23 A 5
Bardena del Caudillo E (Zar.) 45 D 4
Bardetes, Ses E (Bal.) 90 C 5
Baredo E (Po.) 33 C 3
Bareyo E (Can.) 10 A 4
Bargas E (To.) 101 B 5
Bargís, lugar E (Gr.) 182 B 3
Bargota E (Na.) 44 A 1
Barillas E (Na.) 45 A 5
Barinaga E (Viz.) 23 C 1
Barinas E (Mu.) 156 A 3
Bariones de la Vega E (Le.) 38 D 4
Barizo E (A Co.) 1 D 4
Barjacoba E (Zam.) 36 C 4
Barjas E (Le.) 16 C 5
Barlovento E (S.Cruz T.) 193 C 2
Barluenga E (Hues.) 47 A 3
Barniedo de la Reina E (Le.) 19 D 3
Baró, El E (Val.) 125 A 3
Baró, lugar E (Bur.) 22 C 3
Baroja E (Ál.) 23 B 5
Barona, la E (Cas.) 107 C 3
Baroncelle E (Lu.) 3 D 4
Baronia de Rialb, la E (Ll.) 49 C 5
Baronzás E (Our.) 35 C 4
Baroña E (A Co.) 13 C 4
Barós E (Hues.) 46 D 1
Barosa P (Lei.) 111 B 1
Barosa, La E (Le.) 36 D 1
Barqueira, A E (A Co.) 3 B 2
Barqueiros P (Br.) 53 D 3
Barqueres, les E (Bar.) 71 C 2
Barqueros E (Ast.) 5 A 3
Barqueros E (Mu.) 155 C 5
Barquilla E (Sa.) 76 D 4
Barquilla de Pinares E (Các.) 98 D 4
Barquillo, El E (Áv.) 98 D 2
Barquiña E (A Co.) 13 D 3
Barra Cheia P (Set.) 126 D 4
Barraca
d'Aigües Vives, la E (Val.) 141 B 1
Barracão P (Guar.) 96 A 1
Barracão P (Lei.) 93 C 5
Barracas E (Cas.) 106 C 5
Barracel E (Our.) 35 B 3
Barraco, El E (Áv.) 100 B 1
Barracón, lugar E (Cór.) 166 B 4
Barracha P (Fa.) 174 D 2
Barrachina E (Te.) 85 D 3
Barrada P (Év.) 145 C 1
Barrada P (Fa.) 160 D 3
Barrada P (San.) 112 C 3
Barrado E (Các.) 98 B 4
Barral E (A Co.) 14 B 1
Barral-Correlos E (Lu.) 4 A 3
Barrán E (Our.) 15 A 5
Barranca, La E (Mad.) 81 B 4
Barrancão P (Fa.) 173 B 3
Barranco
de la Madera E (Mál.) 179 C 3
Barranco
de la Montesina E (J.) 152 D 4
Barranco
de las Lajas E (S.Cruz T.) 196 B 2
Barranco
de Quiles, El E (Alm.) 170 B 3
Barranco de Zafra E (Mál.) 180 B 4
Barranco
del Agua, El, lugar E (Mál.) 180 C 1
Barranco del Sol E (Mál.) 180 B 3
Barranco do Velho P (Fa.) 174 C 2
Barranco Ferrer E (Gr.) 182 B 4
Barranco Grande E (S.Cruz T.) 196 B 2
Barranco Hondo E (S.Cruz T.) 196 B 2
Barranco la Arena E (S.Cruz T.) 196 A 2
Barranco Longo P (Fa.) 174 A 2
Barranco Molax E (Mu.) 155 C 3
Barrancos P (Be.) 146 B 3
Barrancos, Los E (Cád.) 178 B 4
Barrancos, Los E (Mad.) 101 B 1
Barranch E (Bal.) 90 A 2
Barranda E (Mu.) 154 C 4
Barranquete, El E (Alm.) 184 B 3
Barranquillo
de Andrés, El E (Las P.) 191 B 3
Barrantes E (Po.) 13 D 5
Barrantes E (Po.) 33 D 4
Barrantes P (Lei.) 110 D 3
Barrañán E (A Co.) 2 B 4
Barrasa E (Bur.) 22 B 2
Barratera E (Mu.) 155 C 3
Barrax E (Alb.) 138 A 2
Barreda E (Ast.) 6 C 4
Barreda E (Can.) 9 B 4
Barredos E (Ast.) 6 D 5
Barreira P (Guar.) 76 A 3
Barreira P (Lei.) 111 B 1
Barreira P (San.) 111 D 1
Barreiralva P (Lis.) 126 B 1
Barreiras P (Lei.) 93 D 4
Barreiras P (Lis.) 110 D 4
Barreiras P (Por.) 112 C 4
Barreiras do Tejo P (San.) 112 B 3
Barreirinha P (San.) 111 B 3
Barreiro P (Set.) 126 D 4
Barreiro de Além P (Ave.) 74 A 3
Barreiro de Besteiros P (Vis.) 74 C 5
Barreiros E (Lu.) 16 B 2
Barreiros E (Lu.) 4 B 3
Barreiros P (Lei.) 93 B 5
Barreiros P (V. R.) 56 A 2
Barreiros P (Vis.) 75 B 4
Barrela P (V. R.) 55 C 4
Barrela, A E (Lu.) 15 B 5
Barren-Aldea E (Gui.) 24 A 3
Barrenta P (Lei.) 111 C 2
Barreosa P (Guar.) 95 A 2
Barrera, La E (Las P.) 191 D 2
Barreras E (Sa.) 77 A 2
Barreras, Las E (Gr.) 182 B 3
Barres E (Ast.) 4 D 3
Barretos P (Por.) 113 D 3
Barri de Mar →
Barrio-Mar E (Cas.) 125 C 2
Barriada
de Alcora, La E (Alm.) 183 B 2
Barriada de la Paz E (Sev.) 165 D 4
Barriada del Romeral E (Gr.) 182 B 4
Barriada Estación E (Mál.) 180 A 3
Barriada Estación E (Mál.) 179 A 5
Barriada Obrera
del Sur E (Te.) 86 B 4
Barriaga, lugar E (Cór.) 165 D 2
Barrientos E (Le.) 38 B 2
Barriga E (Bur.) 22 C 3
Barrigões P (Fa.) 160 C 4
Barrika E (Viz.) 10 D 4
Barril P (Lis.) 126 B 1
Barril P (Vis.) 94 C 1
Barril de Alva P (Co.) 94 D 2
Barrillos E (Le.) 19 A 5
Barrillos
e las Arrimadas E (Le.) 19 B 4
Barriños, Los, lugar E (Huel.) 161 B 2
Barrio E (Ál.) 22 D 4
Barrio E (Ast.) 19 B 1
Bàrrio P (Lei.) 111 A 2
Bàrrio P (V. C.) 34 A 5
Barrio Arroyo E (Val.) 123 D 3
Barrio de Archilla E (Alm.) 183 C 4
Barrio de Arriba E (Can.) 9 D 5
Barrio de Cascalla E (Our.) 36 D 1
Barrio de Díaz Ruiz E (Bur.) 22 B 5
Barrio de la Puebla, El E (Pa.) 20 B 5
Barrio de la Puente E (Le.) 18 A 4
Barrio de la Tercia E (Le.) 18 D 3
Barrio de la Vega E (Gr.) 182 A 1
Barrio de las Ollas E (Le.) 19 B 4
Barrio de Lomba E (Zam.) 37 A 4
Barrio de Muñó E (Bur.) 41 B 4
Barrio
de Nuestra Señora E (Le.) 19 A 5
Barrio de Peral E (Mu.) 172 B 2
Barrio de Pinilla E (Le.) 18 D 5
Barrio de Rábano E (Zam.) 37 A 4
Barrio de Santa María E (Pa.) 20 D 4
Barrio de Santa María E (To.) 99 D 5
Barrio del Santuario E (Alb.) 139 D 1
Barrio Estación E (Le.) 19 A 4
Barrio Nuevo E (Cád.) 186 A 3
Barrio Nuevo E (Gr.) 169 D 3
Barrio Nuevo E (Gr.) 169 D 1
Barrio Nuevo,
El, lugar E (Alb.) 138 D 4

Borraxeiros

Bercedo E (Bur.) 22 A 2
Berceo E (La R.) 43 A 3
Bercero E (Vall.) 59 C 3
Berceruelo E (Vall.) 59 C 3
Bercial E (Seg.) 80 C 3
Bercial de San Rafael, El E (To.) 117 C 1
Bercial de Zapardiel E (Áv.) 79 D 2
Bercial, El E (To.) 117 B 1
Bercianos de Aliste E (Zam.) 57 D 1
Bercianos de Valverde E (Zam.) 38 B 5
Bercianos de Vidriales E (Zam.) 38 B 4
Bercianos del Páramo E (Le.) 38 C 2
Bercianos del Real Camino E (Le.) 39 C 2
Bercimuel E (Seg.) 62 A 5
Bercimuelle E (Sa.) 98 D 1
Bérchules E (Gr.) 182 C 2
Berdejo E (Zar.) 64 C 3
Berdeogas E (A Co.) 13 B 1
Berdia E (A Co.) 14 B 2
Berdillo E (A Co.) 2 A 5
Berdoias E (A Co.) 13 B 1
Berducedo E (Ast.) 5 A 5
Berducido E (Po.) 34 B 2
Berdún E (Hues.) 26 B 5
Beresmo E (Our.) 34 C 1
Berga E (Bar.) 50 C 4
Berganciano E (Sa.) 77 D 1
Berganúy E (Hues.) 48 C 3
Berganzo E (Ál.) 23 B 5
Bergara E (Gui.) 23 D 2
Bergasa E (La R.) 44 B 3
Bergasillas Bajera E (La R.) 44 B 3
Berge E (Te.) 87 A 3
Bergondo E (A Co.) 2 D 4
Bergua E (Hues.) 47 B 1
Beriain E (Na.) 25 A 5
Beringel P (Be.) 144 C 3
Beringelinho P (Be.) 160 C 2
Berja E (Alm.) 183 A 3
Berlanas, Las E (Áv.) 80 A 4
Berlanga E (Bad.) 148 A 2
Berlanga de Duero E (So.) 63 A 4
Berlanga del Bierzo E (Le.) 17 B 4
Berlangas de Roa E (Bur.) 61 C 2
Berlengas P (Co.) 93 C 1
Bermeja, La E (Mu.) 155 C 4
Bermejal E (Huel.) 162 C 4
Bermellar E (Sa.) 77 A 2
Bermeo E (Viz.) 11 B 4
Bermés E (Po.) 14 D 4
Bermillo de Alba E (Zam.) 58 A 3
Bermillo de Sayago E (Zam.) 57 D 4
Bermún E (A Co.) 13 B 2
Bernagoitia E (Viz.) 23 B 1
Bernales E (Can.) 10 B 5
Bernardos E (Seg.) 80 D 1
Bernedo E (Ál.) 23 C 5
Berninches E (Gua.) 103 B 1
Bernueces E (Ast.) 6 D 3
Bernués E (Hues.) 46 C 1
Bernúy E (To.) 100 B 5
Bernuy de Coca E (Seg.) 80 B 1
Bernúy de Porreros E (Seg.) 81 A 2
Bernúy-Salinero E (Áv.) 80 B 5
Bernúy-Zapardiel E (Áv.) 79 D 3
Berodia E (Ast.) 8 A 5
Berrande E (Our.) 36 B 5
Berredo E (Our.) 35 B 3
Berredo E (Po.) 15 A 3
Berreo E (A Co.) 14 B 2
Berres E (Po.) 14 B 4
Berrioplano E (Na.) 24 D 4
Berriozar E (Na.) 25 A 4
Berriz E (Viz.) 23 C 1
Berro E (Alb.) 138 B 4
Berro, El E (Mu.) 155 B 5
Berrobi E (Gui.) 24 B 2
Berrocal E (Huel.) 163 A 2
Berrocal de Huebra E (Sa.) 78 A 4
Berrocal de Salva Tierra E (Sa.) 78 C 5
Berrocalejo E (Các.) 117 A 1
Berrocalejo de Aragona E (Áv.) 80 B 5
Berrocales del Jarama, Los E (Mad.) 102 A 1
Berroeta E (Na.) 25 A 2
Berrón, El E (Ast.) 6 D 4
Berrozo E (Po.) 14 C 5
Berroztegieta E (Ál.) 23 B 4
Berrueces E (Vall.) 39 C 5
Berrueco E (Zar.) 85 B 2
Berrueco, El E (Mad.) 82 A 3
Berrueco, El, lugar E (J.) 167 C 1
Bertamiráns (Ames) E (A Co.) 14 A 3
Bertoa E (A Co.) 2 A 4
Bértola E (Po.) 34 A 1
Beruete E (Na.) 24 D 2
Berzocana E (Các.) 116 D 4
Berzosa E (Mad.) 81 B 5
Berzosa E (So.) 62 C 3
Berzosa de Bureba E (Bur.) 22 C 5
Berzosa de los Hidalgos E (Pa.) 20 C 5
Berzosa del Lozoya E (Mad.) 82 A 3
Berzosilla E (Pa.) 21 B 4
Berzosilla, La E (Mad.) 81 B 5
Besalú E (Gi.) 51 D 3
Besande E (Le.) 19 D 3
Bescanó E (Gi.) 51 D 4
Bescaran E (Ll.) 50 A 1
Bescós de Garcipollera E (Hues.) 26 D 5
Beselga P (San.) 112 A 2
Beselga P (Vis.) 75 D 2
Beseño E (A Co.) 14 D 3
Besians E (Hues.) 48 A 3
Besora E (Ll.) 50 A 4
Besouro P (Fa.) 174 C 3
Bespén E (Hues.) 47 B 4
Besteiras P (Ave.) 74 A 3
Besteiras P (San.) 112 B 1
Besteiros P (Be.) 161 A 3
Besteiros P (Br.) 54 B 2
Besteiros P (Fa.) 160 C 4
Besteiros P (Por.) 113 D 5
Besteiros P (Port.) 54 B 5
Bestida P (Ave.) 73 D 3
Bestué E (Hues.) 47 D 1
Besullo E (Ast.) 17 B 1
Betán E (Our.) 35 C 3
Betancuria E (Las P.) 190 A 3
Betanzos E (A Co.) 2 D 4
Betelu E (Na.) 24 C 2
Bétera E (Val.) 125 A 3
Betés de Sobremonte E (Hues.) 27 A 5
Betesa E (Hues.) 48 C 2
Beteta E (Cu.) 104 B 1
Betis E (Cád.) 186 C 5
Betolatza E (Ál.) 23 B 3
Betoñu E (Ál.) 23 B 4
Betote E (Lu.) 16 A 4
Betren E (Ll.) 28 D 4
Betunes P (Fa.) 174 C 2
Betxi E (Cas.) 107 B 5
Beuda E (Gi.) 51 D 2
Bexo E (A Co.) 13 D 4
Bezana E (Bur.) 21 C 3
Bezanes E (Ast.) 19 B 1
Bezares E (La R.) 43 B 2
Bezas E (Te.) 105 C 2
Bezerreira P (Vis.) 74 C 5
Béznar E (Gr.) 182 A 3
Biañez E (Viz.) 22 B 1
Biar E (Ali.) 140 C 5
Bias do Sul P (Fa.) 175 A 3
Biasteri → Laguardia E (Ál.) 43 C 1
Bica P (Lei.) 111 A 2
Bicas P (San.) 112 B 4
Bicesse P (Lis.) 126 B 3
Bico P (V. C.) 34 A 5
Bicorp E (Val.) 140 C 1
Bicos P (Be.) 143 C 5
Bidania E (Gui.) 24 A 2
Bidankoze → Vidángoz E (Na.) 26 A 4
Bidaurreta → Vidaurreta E (Na.) 24 C 4
Biduedo E (Our.) 35 A 1
Biduido E (A Co.) 14 A 3
Biedes E (Ast.) 7 B 4
Biedes E (Ast.) 6 B 4
Biel E (Zar.) 46 A 2
Bielba E (Can.) 8 C 5
Bielsa E (Hues.) 27 D 5
Bienservida E (Alb.) 153 C 1
Bienvenida E (Bad.) 147 C 2
Bienvenida E (C. R.) 134 B 5
Bierge E (Hues.) 47 C 4
Biescas E (Hues.) 27 A 5
Bigastro E (Ali.) 156 B 4
Bigorne P (Vis.) 75 A 2
Bigues E (Bar.) 71 A 2
Bigüezal E (Na.) 25 D 5
Bijuesca E (Zar.) 64 C 3
Bikarregi E (Viz.) 23 B 2
Bilar → Elvillar E (Ál.) 43 C 1
Bilbao, lugar E (Sev.) 165 A 5
Bilbao/Bilbo E (Viz.) 11 A 5
Bilbo → Bilbao E (Viz.) 11 A 5
Bilhó P (V. R.) 55 A 4
Biloda E (Ál.) 23 B 4
Biloria → Viloria E (Na.) 24 A 5
Billabona → Villabona E (Gui.) 24 B 1
Billela E (Viz.) 11 A 4
Bimeda E (Ast.) 17 B 2
Bimenes E (Ast.) 6 D 5
Binaced E (Hues.) 67 D 1
Binacua E (Hues.) 46 C 1
Binéfar E (Hues.) 68 A 1
Biniali E (Bal.) 91 D 3
Biniamar E (Bal.) 91 D 2
Biniancolla-Punta Prima E (Bal.) 90 D 3
Biniaraix E (Bal.) 91 C 2
Biniés E (Hues.) 26 B 5
Binisafua Roters E (Bal.) 90 D 3
Binissalem E (Bal.) 91 D 3
Binixica E (Bal.) 90 C 3
Biosca E (Ll.) 69 D 1
Biota E (Zar.) 45 D 3
Bioucas P (San.) 112 B 2
Birre P (Lis.) 126 B 3
Bisaurri E (Hues.) 48 B 1
Bisbal de Falset, la E (Ta.) 68 D 5
Bisbal del Penedès, la E (Ta.) 70 A 5
Bisbal d'Empordà, la E (Gi.) 52 B 4
Biscainhas P (Co.) 93 C 2
Biscainho P (San.) 127 C 2
Biscarrués E (Hues.) 46 B 3
Biscoitos P (Aç.) 109 A 5
Bisimbre E (Zar.) 65 B 1
Bisjueces E (Bur.) 22 A 3
Bismula P (Guar.) 96 C 1
Bispeira P (Vis.) 74 B 3
Bitarães P (Port.) 54 B 5
Bítem E (Ta.) 88 C 3
Bitoriano E (Ál.) 23 A 3
Biure E (Gi.) 52 A 1
Biure E (Ta.) 69 D 3
Biurrun E (Na.) 24 D 5
Bizarril P (Guar.) 76 C 3
Bizmay, El E (Alm.) 170 B 1
Blacos E (So.) 63 A 2
Blacha E (Áv.) 99 C 1
Blanca E (Mu.) 155 C 3
Blancafort E (Ta.) 69 C 4
Blancares Nuevos, lugar E (Alb.) 138 B 2
Blancares Viejos, lugar E (Alb.) 138 B 2
Blancas E (Te.) 85 B 4
Blancos E (Mu.) 155 D 4
Blancos E (Our.) 35 B 4
Blanes E (Gi.) 72 A 1
Blanquitos, Los E (S. Cruz T.) 195 D 4
Blascoeles E (Áv.) 80 C 4
Blascomillán E (Áv.) 79 C 4
Blasconuño de Matacabras E (Áv.) 79 D 1
Blascosancho E (Áv.) 80 B 3
Blázquez, Los E (Cór.) 148 D 1
Blecua E (Hues.) 47 B 4
Bleda, La E (Bar.) 70 B 4
Blesa E (Te.) 86 B 2
Bliecos E (So.) 64 A 4
Blimea E (Ast.) 6 D 5
Blocona E (So.) 83 D 1
Boa E (A Co.) 13 C 3
Boa Farinha P (C. B.) 112 C 1
Boa Ventura P (Ma.) 110 B 1
Boa Vista P (Lei.) 93 C 5
Boada E (Sa.) 77 C 4
Boada de Campos E (Pa.) 39 D 5
Boada de Roa E (Bur.) 61 B 2
Boadella d'Empordà E (Gi.) 52 A 2
Boadilla E (Sa.) 77 D 4
Boadilla de Rioseco E (Pa.) 39 D 4
Boadilla del Camino E (Pa.) 40 D 3
Boadilla del Monte E (Mad.) 101 C 2
Boado E (A Co.) 14 D 2
Boal E (Ast.) 5 A 4
Boaldeia P (Vis.) 74 D 4
Boalhosa P (V. C.) 54 B 1
Boalo, El E (Mad.) 81 B 5
Boaña de Arriba E (A Co.) 13 D 1
Boaño E (A Co.) 1 C 5
Boassas P (Vis.) 74 D 1
Boavista P (Co.) 93 B 3
Boavista P (Fa.) 174 D 3
Boavista P (Lei.) 110 D 3
Boavista P (Lei.) 111 A 2
Boavista P (Lei.) 110 D 4
Boavista P (Lis.) 110 C 5
Boavista P (Lis.) 110 B 5
Boavista dos Pinheiros P (Be.) 159 C 2
Bobadela P (Co.) 95 A 1
Bobadela P (V. R.) 55 C 1
Bobadela P (V. R.) 56 A 1
Bobadilla E (Gr.) 181 D 1
Bobadilla E (J.) 167 A 2
Bobadilla E (La R.) 43 B 3
Bobadilla E (Mál.) 180 A 2
Bobadilla del Campo E (Vall.) 79 C 1
Bobadilla-Estación E (Mál.) 180 A 2
Bobal P (V. R.) 55 A 4
Bobar, El E (Alm.) 184 A 3
Bobes E (Ast.) 6 C 4
Bobia E (Ast.) 7 D 5
Boborás E (Our.) 34 D 1
Boca P (Ave.) 73 D 5
Boca de Huérgano E (Le.) 19 D 3
Bocacara E (Sa.) 77 B 5
Bocado P (Co.) 94 D 2
Bocairent E (Val.) 140 D 4
Bocaleones E (Cád.) 178 D 3
Boceguillas E (Seg.) 61 D 5
Bocígano E (Gua.) 82 B 2
Bocigas E (Vall.) 80 B 1
Bocigas de Perales E (So.) 62 B 3
Bocos E (Bur.) 22 A 3
Bocos de Duero E (Vall.) 61 A 3
Boche E (Alb.) 154 A 2
Bochones E (Gua.) 83 A 1
Bodaño E (Po.) 14 D 4
Bodas, Las E (Le.) 19 B 4
Bodegones, Los E (Huel.) 176 D 2
Bodera, La E (Gua.) 83 A 1
Bodiosa P (Vis.) 74 D 4
Bodón, El E (Sa.) 97 A 1
Bodonal de la Sierra E (Bad.) 146 D 3
Bodurria E (Gr.) 169 B 4
Boebre E (A Co.) 2 D 3
Boecillo E (Vall.) 60 A 3
Boedo E (A Co.) 2 C 4
Boelhe P (Port.) 74 C 1
Boente E (Po.) 34 B 2
Boeza E (Le.) 17 D 5
Bofinho P (Lei.) 94 A 5
Bogajo E (Sa.) 77 B 3
Bogalhal P (Guar.) 76 B 3
Bogarra E (Alb.) 138 A 5
Bogarre E (Gr.) 168 B 4
Bogas de Baixo P (C. B.) 95 A 4
Bogas de Cima P (C. B.) 95 B 4
Bogas do Meio P (C. B.) 95 B 4
Bohodón, El E (Áv.) 80 A 3
Bohonal E (Bad.) 118 A 5
Bohonal de Ibor E (Các.) 116 D 1
Bohoyo E (Áv.) 98 D 2
Boí E (Ll.) 48 D 1
Boialvo P (Ave.) 74 B 5
Boiça do Louro P (Lis.) 111 A 4
Boiças P (San.) 111 A 4
Boidobra P (C. B.) 95 C 2
Boim P (Port.) 54 C 5
Boimente E (Lu.) 3 D 2
Boimo P (V. C.) 34 C 5
Boimorto E (A Co.) 14 D 2
Boimorto E (Our.) 35 B 1
Boiro E (A Co.) 13 D 4
Boisan E (Le.) 37 D 2
Boivães P (V. C.) 54 B 1
Boivão P (V. C.) 34 A 4
Boixadors E (Bar.) 70 A 1
Boizán E (Lu.) 3 C 4
Bojal, El E (Mu.) 156 A 5
Bola, A E (Our.) 35 A 3
Bolaimi E (Alm.) 170 C 3
Bolaños de Calatrava E (C. R.) 135 D 3
Bolaños de Campos E (Vall.) 39 B 5
Bolbaite E (Val.) 140 D 2
Boldú E (Ll.) 69 B 2
Bolea E (Hues.) 46 D 3
Boleiros P (San.) 111 C 2
Boleta P (Co.) 93 D 2
Bolfiar P (Ave.) 74 A 5
Bolho P (Co.) 94 A 1
Bolhos P (Lei.) 110 C 4
Bolibar E (Gui.) 23 C 3
Bolibar E (Viz.) 23 C 1
Boliqueime P (Fa.) 174 B 2
Bolmente E (Lu.) 35 C 1
Bolmir E (Can.) 21 A 3
Bolnuevo E (Mu.) 171 D 3
Bolo, O E (Our.) 35 A 1
Bolo, O E (Our.) 36 C 2
Bolos E (Po.) 14 B 4
Boltaña E (Hues.) 47 C 2
Bolulla E (Ali.) 141 C 4
Bolvir E (Gi.) 50 C 1
Bollacín E (Can.) 21 C 2
Bólliga E (Cu.) 103 D 3
Bollullos de la Mitación E (Sev.) 163 D 4
Bollullos Par del Condado E (Huel.) 163 A 4
Bom Sucesso P (Co.) 93 C 2
Bomba, La E (Gi.) 52 B 2
Bombardeira P (Lis.) 110 B 5
Bombarral P (Lei.) 110 D 4
Bombel P (Év.) 127 D 4
Bon E (Po.) 33 D 2
Bon Vento P (Lei.) 110 D 4
Bonabal P (Lis.) 110 B 5
Bonansa E (Hues.) 48 C 2
Bonanza E (Cád.) 177 B 3
Bonares E (Huel.) 162 D 4
Bonastre E (Ta.) 70 A 5
Bonaterra E (Ta.) 70 A 5
Bonavista E (Ta.) 89 C 1
Bonete E (Alb.) 139 C 3
Boniches E (Cu.) 105 A 5
Bonielles E (Ast.) 6 B 4
Bonilla E (Cu.) 103 C 3
Bonilla de la Sierra E (Áv.) 99 B 1
Bonillo, El E (Alb.) 137 C 3
Bonitos P (Lei.) 93 C 4
Bonmatí E (Gi.) 51 D 4
Bono E (Hues.) 48 D 1
Bonrepòs i Mirambell E (Val.) 125 A 3
Bonxe E (Lu.) 15 D 1
Boñar E (Le.) 19 B 4
Boo E (Ast.) 18 C 1
Boo E (Can.) 9 B 4
Boo E (Can.) 9 C 4
Boós E (So.) 63 A 3
Boqueixón E (A Co.) 14 C 3
Boquerizo E (Ast.) 8 B 4
Boquilobo P (San.) 111 D 3
Boquiñeni E (Zar.) 65 C 1
Bora E (Po.) 34 A 1
Borau E (Hues.) 26 C 5
Borba P (Br.) 54 D 4
Borba P (Év.) 129 C 3
Borba da Montanha P (Br.) 54 D 4
Borba de Godim P (Port.) 54 C 4
Borbalán E (S. Cruz T.) 194 B 2
Borbela P (V. R.) 55 B 4
Borbén E (Po.) 34 B 2
Borbotó E (Val.) 125 A 3
Borcos E (Bur.) 41 C 1
Bordalba E (Zar.) 64 B 4
Bordalos P (Por.) 128 D 1
Bordecorex E (So.) 63 B 5
Bordeira P (Fa.) 174 C 2
Bordeira P (Fa.) 173 A 2
Bordeiro P (Co.) 94 C 3
Bordeje E (So.) 63 C 4
Bòrdes, es E (Ll.) 28 C 4
Bordeta, La E (Ll.) 68 C 3
Bordils E (Gi.) 52 B 4
Bordinheira P (Lis.) 110 C 5
Bordón E (Te.) 87 A 5
Bordonhos P (Vis.) 74 D 3
Borge, El E (Mál.) 180 D 4
Borges Blanques, les E (Ll.) 69 A 3
Borges del Camp, les E (Ta.) 89 B 1
Borgonyà E (Bar.) 51 A 4
Borgonyà E (Gi.) 52 A 3
Borines E (Ast.) 7 B 4
Borja E (Zar.) 65 A 1
Borjabad E (So.) 63 D 3
Borleña E (Can.) 21 B 1
Bormate E (Alb.) 139 A 1
Bormoio E (A Co.) 1 D 5
Bormujos E (Sev.) 163 D 4
Bornacha P (Fa.) 175 B 2
Borneiro E (A Co.) 1 C 5
Bornes P (Bra.) 56 C 4
Bornes de Aguiar P (V. R.) 55 C 3
Bornos E (Cád.) 178 B 3
Boroa E (Viz.) 23 B 1
Borobia E (So.) 64 C 3
Borox E (To.) 101 C 4
Borralha P (Ave.) 74 A 5
Borralha P (V. R.) 55 A 2
Borralhal P (Vis.) 74 C 5
Borrassà E (Gi.) 52 A 2
Borrastre E (Hues.) 47 B 1
Borraxeiros E (Po.) 15 A 3

Borreco


| Name | | Province | Page | Grid |
|---|---|---|---|---|
| Borreco | P | (San.) | 111 | D3 |
| Borredà | E | (Bar.) | 50 | D3 |
| Borrenes | E | (Le.) | 37 | A1 |
| Borriana → Burriana | E | (Cas.) | 107 | C5 |
| Borricén | E | (Mu.) | 172 | C2 |
| Borrifáns | E | (A Co.) | 14 | D1 |
| Borriol | E | (Cas.) | 107 | C4 |
| Bortedo | E | (Bur.) | 22 | C1 |
| Bosc de la Batllòria, el | E | (Gi.) | 71 | C1 |
| Boscdetosca | E | (Gi.) | 51 | C3 |
| Boscos de Tarragona, els | E | (Ta.) | 89 | D1 |
| Bosque | E | (A Co.) | 2 | D3 |
| Bosque (Cabana) | E | (A Co.) | 1 | D4 |
| Bosque, El | E | (Cád.) | 178 | D4 |
| Bossòst | E | (Ll.) | 28 | C4 |
| Bostronizo | E | (Can.) | 21 | B1 |
| Bot | E | (Ta.) | 88 | B2 |
| Botão | P | (Co.) | 94 | A2 |
| Botarell | E | (Ta.) | 89 | B1 |
| Botaya | E | (Hues.) | 46 | C1 |
| Boticas | P | (V. R.) | 55 | C2 |
| Botija | E | (Các.) | 115 | D4 |
| Bótoa | E | (Bad.) | 130 | B1 |
| Botorrita | E | (Zar.) | 66 | A4 |
| Botos | E | (Po.) | 14 | D4 |
| Bouça | P | (Bra.) | 56 | B2 |
| Bouça | P | (C. B.) | 95 | C2 |
| Bouça | P | (Co.) | 94 | B4 |
| Bouça Cova | P | (Guar.) | 76 | A4 |
| Bouça Fria | P | (Br.) | 55 | A3 |
| Bouças Donas | P | (V. C.) | 34 | C5 |
| Bouceguedim | P | (Ave.) | 74 | C2 |
| Bouceiros | P | (Lei.) | 111 | C2 |
| Bouçoães | P | (V. R.) | 56 | B1 |
| Bougado (Santiago) | P | (Port.) | 54 | A4 |
| Bouro (Santa Maria) | P | (Br.) | 54 | C2 |
| Bouro (Santa Marta) | P | (Br.) | 54 | C2 |
| Bousés | E | (Our.) | 35 | D5 |
| Bouxinhas | P | (Lei.) | 94 | A5 |
| Bouza | E | (Our.) | 35 | A2 |
| Bouza | E | (Our.) | 34 | C1 |
| Bouza, La | E | (Sa.) | 76 | D3 |
| Bouzas | E | (Le.) | 37 | B1 |
| Bouzón | E | (Po.) | 34 | A3 |
| Bóveda | E | (Lu.) | 15 | D2 |
| Bóveda | E | (Lu.) | 15 | D5 |
| Bóveda | E | (Lu.) | 15 | C2 |
| Bóveda | E | (Lu.) | 15 | C1 |
| Bóveda | E | (Our.) | 35 | C3 |
| Bóveda | E | (Our.) | 35 | B1 |
| Bóveda de la Ribera | E | (Bur.) | 22 | B3 |
| Bóveda de Toro, La | E | (Zam.) | 59 | A5 |
| Bóveda del Río Almar | E | (Sa.) | 79 | B3 |
| Bovera | E | (Ll.) | 68 | C5 |
| Box | E | (Ast.) | 6 | C4 |
| Boxinos | P | (C. B.) | 95 | B4 |
| Boya | E | (Zam.) | 37 | C5 |
| Bozoo | E | (Bur.) | 22 | D5 |
| Brabos | E | (Áv.) | 79 | D4 |
| Braçais | P | (Lei.) | 94 | B5 |
| Braçal | P | (Co.) | 94 | C3 |
| Bracana | E | (Cór.) | 167 | B4 |
| Brácana | E | (Gr.) | 167 | B5 |
| Bràfim | E | (Ta.) | 69 | D5 |
| Braga | P | (Br.) | 54 | B2 |
| Bragada | P | (Bra.) | 56 | D2 |
| Bragadas | P | (V. R.) | 55 | B2 |
| Bragade | E | (A Co.) | 2 | D5 |
| Bragado | P | (V. R.) | 55 | C2 |
| Bragança | P | (Bra.) | 56 | D1 |
| Bragança | P | (Lis.) | 110 | D5 |
| Brahojos de Medina | E | (Vall.) | 79 | C1 |
| Branca | P | (Ave.) | 74 | A3 |
| Branca | P | (San.) | 127 | C2 |
| Brancanes | P | (Fa.) | 174 | D3 |
| Brandara | P | (V. C.) | 54 | A1 |
| Brandariz | E | (Po.) | 14 | C3 |
| Brandeso | E | (A Co.) | 14 | D3 |
| Brandilanes | E | (Zam.) | 57 | D3 |
| Brandim | P | (V. R.) | 55 | A1 |
| Brandomés | E | (Po.) | 14 | C3 |
| Brandomil | E | (A Co.) | 13 | C1 |
| Brandoñas | E | (A Co.) | 13 | C1 |
| Branqueira | P | (Fa.) | 174 | B3 |
| Brántega | E | (Po.) | 15 | A3 |
| Branzá | E | (A Co.) | 14 | D3 |
| Branzelo | P | (Port.) | 74 | B1 |
| Braña, A | E | (Lu.) | 16 | B1 |
| Braña, La | E | (Ast.) | 4 | D3 |
| Braña, La | E | (Ast.) | 6 | B3 |
| Braña, La | E | (Le.) | 19 | B3 |
| Brañas | E | (A Co.) | 15 | B2 |
| Brañas Verdes | E | (A Co.) | 1 | B5 |
| Brañillín | E | (Ast.) | 18 | C3 |
| Braño | E | (A Co.) | 13 | C3 |
| Brañosera | E | (Pa.) | 20 | D3 |
| Brañuelas | E | (Le.) | 17 | D5 |
| Braojos | E | (Mad.) | 81 | D2 |
| Brasal | E | (A Co.) | 13 | C2 |
| Brasfemes | P | (Co.) | 94 | A2 |
| Brates | E | (A Co.) | 14 | D2 |
| Bravães | P | (V. C.) | 54 | B1 |
| Bravos | E | (Lu.) | 3 | D2 |
| Bravos, Los | E | (Huel.) | 146 | C4 |
| Brazacorta | E | (Bur.) | 62 | B2 |
| Brazatortas | E | (C. R.) | 134 | D5 |
| Brazoes | P | (San.) | 112 | A2 |
| Brazuelo | E | (Le.) | 37 | D1 |
| Brea | E | (A Co.) | 2 | A5 |
| Brea | E | (A Co.) | 14 | B1 |
| Brea de Aragón | E | (Zar.) | 65 | A4 |
| Brea de Tajo | E | (Mad.) | 102 | D3 |
| Breda | E | (Gi.) | 71 | C1 |
| Brejão | P | (Be.) | 159 | B2 |
| Brejo | P | (Lei.) | 94 | B5 |
| Brejo Fundeiro | P | (C. B.) | 112 | C2 |
| Brejo Mouro | P | (Set.) | 143 | D2 |
| Brejoeira | P | (San.) | 127 | D2 |
| Brejos | P | (Fa.) | 174 | A3 |
| Brejos Correteiros | P | (Set.) | 127 | A4 |
| Brejos da Moita | P | (Set.) | 127 | A4 |
| Brejos de Azeitão | P | (Set.) | 126 | D5 |
| Brejos de Canes | P | (Set.) | 127 | B5 |
| Brenes | E | (Sev.) | 164 | A3 |
| Brenha | P | (Co.) | 93 | C2 |
| Brenla | E | (A Co.) | 1 | D5 |
| Breña Alta | E | (S.Cruz T.) | 193 | C3 |
| Breña Baja | E | (S.Cruz T.) | 193 | C3 |
| Breña, La | E | (Las P.) | 191 | D2 |
| Breñas, Las | E | (Las P.) | 192 | B5 |
| Bres | E | (Ast.) | 4 | C4 |
| Brescos | P | (Set.) | 143 | B3 |
| Bretanha | P | (Aç.) | 109 | A4 |
| Bretó | E | (Zam.) | 58 | C1 |
| Bretocino | E | (Zam.) | 58 | C1 |
| Bretoña | E | (Lu.) | 4 | B4 |
| Bretún | E | (So.) | 43 | D5 |
| Brexo | E | (A Co.) | 2 | C4 |
| Briallos | E | (Po.) | 14 | A5 |
| Brías | E | (So.) | 63 | A5 |
| Bribes | E | (A Co.) | 2 | C4 |
| Bricia | E | (Ast.) | 8 | A4 |
| Bricia | E | (Bur.) | 21 | C3 |
| Brieva | E | (Seg.) | 81 | A2 |
| Brieva de Cameros | E | (La R.) | 43 | B4 |
| Brieves | E | (Ast.) | 5 | C3 |
| Brihuega | E | (Gua.) | 83 | A4 |
| Brime de Sog | E | (Zam.) | 38 | A4 |
| Brime de Urz | E | (Zam.) | 38 | B5 |
| Brimeda | E | (Le.) | 38 | A1 |
| Brincones | E | (Sa.) | 77 | C1 |
| Brinches | P | (Be.) | 145 | A4 |
| Brinkola | E | (Gui.) | 23 | D3 |
| Briñas | E | (La R.) | 43 | A1 |
| Brión | E | (A Co.) | 14 | A3 |
| Brión | E | (A Co.) | 2 | D3 |
| Briones | E | (La R.) | 43 | B1 |
| Briongos | E | (Bur.) | 62 | A1 |
| Brisas, Las | E | (Gua.) | 103 | B1 |
| Britelo | P | (Br.) | 54 | D4 |
| Britelo | P | (V. C.) | 34 | C5 |
| Britiande | P | (Vis.) | 75 | B1 |
| Brito | P | (Br.) | 54 | B3 |
| Brito | P | (Bra.) | 56 | B1 |
| Brito de Baixo | P | (Bra.) | 56 | C1 |
| Briviesca | E | (Bur.) | 42 | B1 |
| Brizuela | E | (Bur.) | 21 | D3 |
| Broega | P | (Set.) | 127 | A4 |
| Brogueira | P | (San.) | 111 | D3 |
| Bronco, El | E | (Các.) | 97 | C3 |
| Bronchales | E | (Te.) | 105 | A1 |
| Broño | E | (A Co.) | 13 | D2 |
| Brosmos | E | (Lu.) | 35 | D1 |
| Brotas | P | (Év.) | 128 | B2 |
| Broto | E | (Hues.) | 27 | B5 |
| Broullón | E | (Po.) | 33 | D2 |
| Brovales | E | (Bad.) | 146 | D2 |
| Broza | E | (Lu.) | 15 | D5 |
| Brozas | E | (Các.) | 114 | D2 |
| Bruc, el | E | (Bar.) | 70 | C2 |
| Brucardes, les | E | (Bar.) | 70 | C1 |
| Bruçó | P | (Bra.) | 57 | A5 |
| Brucs | E | (Gi.) | 51 | A3 |
| Brués | E | (Our.) | 34 | D1 |
| Brufe | P | (Br.) | 54 | C1 |
| Brugos de Fenar | E | (Le.) | 18 | D4 |
| Bruguera | E | (Gi.) | 52 | B5 |
| Bruguerol | E | (Gi.) | 52 | C5 |
| Brujuelo | E | (J.) | 167 | D1 |
| Brul | E | (Ast.) | 4 | D3 |
| Brull, el | E | (Bar.) | 71 | B1 |
| Brullés | E | (Bur.) | 41 | B1 |
| Brunete | E | (Mad.) | 101 | B2 |
| Brunhais | P | (Br.) | 54 | C2 |
| Brunheda | P | (Bra.) | 56 | A4 |
| Brunheiras | P | (Be.) | 143 | B5 |
| Brunheirinho | P | (San.) | 112 | C4 |
| Brunhos | P | (Co.) | 93 | C3 |
| Brunhosinho | P | (Bra.) | 57 | B4 |
| Brunhoso | P | (Bra.) | 56 | D4 |
| Brunyola | E | (Gi.) | 51 | D5 |
| Buarcos | P | (Co.) | 93 | B3 |
| Búbal | E | (Lu.) | 35 | B1 |
| Buberos | E | (So.) | 64 | A3 |
| Bubierca | E | (Zar.) | 64 | D5 |
| Bubión | E | (Gr.) | 182 | B2 |
| Buçaco | P | (Ave.) | 94 | B1 |
| Bucarrero | E | (Can.) | 9 | D5 |
| Bucelas | P | (Lis.) | 126 | D2 |
| Bucesta | E | (La R.) | 43 | D3 |
| Buciegas | E | (Cu.) | 103 | D2 |
| Buciños | E | (Lu.) | 15 | B5 |
| Bucos | P | (Br.) | 54 | D2 |
| Buchabade | E | (Po.) | 34 | B1 |
| Budens | P | (Fa.) | 173 | A2 |
| Budia | E | (Gua.) | 83 | B5 |
| Budiño | E | (A Co.) | 14 | C2 |
| Budiño | E | (Po.) | 34 | A3 |
| Buelles | E | (Ast.) | 8 | C5 |
| Buen Paso | E | (S.Cruz T.) | 195 | D2 |
| Buen Suceso | E | (Bad.) | 147 | A1 |
| Buenache de Alarcón | E | (Cu.) | 122 | B2 |
| Buenache de la Sierra | E | (Cu.) | 104 | C4 |
| Buenafuente del Sistal, La | E | (Gua.) | 84 | A4 |
| Buenamadre | E | (Sa.) | 77 | C3 |
| Buenamesón | E | (Mad.) | 102 | C4 |
| Buenas Noches | E | (Mál.) | 187 | C2 |
| Buenasbodas | E | (To.) | 117 | D2 |
| Buenaventura | E | (To.) | 99 | D3 |
| Buenavista | E | (Gr.) | 181 | B1 |
| Buenavista | E | (Sa.) | 78 | C4 |
| Buenavista → Sierra, La | E | (Cór.) | 166 | B3 |
| Buenavista de Abajo | E | (S.Cruz T.) | 193 | C3 |
| Buenavista de Arriba | E | (S.Cruz T.) | 193 | C3 |
| Buenavista de Valdavia | E | (Pa.) | 20 | B5 |
| Buenavista del Norte | E | (S.Cruz T.) | 195 | B2 |
| Buendía | E | (Cu.) | 103 | B2 |
| Buenlugar | E | (Las P.) | 191 | C1 |
| Bueña | E | (Te.) | 85 | C5 |
| Buera | E | (Hues.) | 47 | C4 |
| Buerba | E | (Hues.) | 47 | C1 |
| Bueres | E | (Ast.) | 19 | B1 |
| Buesa | E | (Hues.) | 47 | B1 |
| Buetas | E | (Hues.) | 48 | A2 |
| Bueu | E | (Po.) | 33 | D2 |
| Bufaganyes | E | (Gi.) | 52 | B5 |
| Bufalhão | P | (Co.) | 94 | C2 |
| Bufali | E | (Val.) | 141 | A3 |
| Bufarda | P | (Lei.) | 110 | C4 |
| Bugalhão | P | (V. R.) | 55 | A2 |
| Bugalhos | P | (San.) | 111 | C3 |
| Bugallido | E | (A Co.) | 14 | A3 |
| Bugarín | E | (Po.) | 34 | B3 |
| Bugariña | E | (Po.) | 34 | C2 |
| Bugarra | E | (Val.) | 124 | C3 |
| Bugedo | E | (Bur.) | 22 | D5 |
| Bugéjar | E | (Gr.) | 170 | A1 |
| Búger | E | (Bal.) | 92 | A2 |
| Buitrago | E | (Sev.) | 164 | B3 |
| Buitrago | E | (So.) | 63 | D1 |
| Buitrago del Lozoya | E | (Mad.) | 81 | D3 |
| Buitrón, El | E | (Huel.) | 162 | D2 |
| Buiza | E | (Le.) | 18 | D3 |
| Bujalance | E | (Cór.) | 150 | C5 |
| Bujalaro | E | (Gua.) | 83 | A3 |
| Bujaraloz | E | (Zar.) | 67 | B4 |
| Bujarrabal | E | (Gua.) | 83 | C2 |
| Bujeo, El | E | (Cád.) | 186 | D5 |
| Bularros | E | (Áv.) | 79 | D4 |
| Bulbuente | E | (Zar.) | 65 | A1 |
| Bulnes | E | (Ast.) | 20 | A1 |
| Bullas | E | (Mu.) | 155 | A4 |
| Bunheiro | P | (Ave.) | 73 | D3 |
| Bunhosa | P | (Co.) | 93 | C2 |
| Buniel | E | (Bur.) | 41 | C3 |
| Bunyola | E | (Bal.) | 91 | C3 |
| Buñales | E | (Hues.) | 47 | A5 |
| Buño | E | (A Co.) | 1 | D4 |
| Buñol | E | (Val.) | 124 | C4 |
| Buñuel | E | (Na.) | 45 | B5 |
| Burato | E | (A Co.) | 13 | D4 |
| Burbáguena | E | (Te.) | 85 | C2 |
| Burbia | E | (Le.) | 17 | A4 |
| Burbunera | E | (Cór.) | 166 | D4 |
| Burela | E | (Lu.) | 4 | A2 |
| Burés | E | (A Co.) | 13 | D4 |
| Burés, El | E | (Bar.) | 70 | C2 |
| Bureta | E | (Zar.) | 65 | B1 |
| Burete | E | (Mu.) | 154 | D4 |
| Burga | P | (Bra.) | 56 | C4 |
| Burgães | P | (Port.) | 54 | B4 |
| Burganes de Valverde | E | (Zam.) | 38 | C5 |
| Burgás | E | (Lu.) | 3 | C4 |
| Burgau | P | (Fa.) | 173 | B3 |
| Burgelu → Elburgo | E | (Ál.) | 23 | C4 |
| Burgi → Burgui | E | (Na.) | 26 | A5 |
| Burgo | E | (Lu.) | 3 | C3 |
| Burgo | P | (Ave.) | 74 | B2 |
| Burgo de Ebro, El | E | (Zar.) | 66 | C3 |
| Burgo de Osma, El | E | (So.) | 62 | D3 |
| Burgo Ranero, El | E | (Le.) | 39 | B2 |
| Burgo, El | E | (Mál.) | 179 | C4 |
| Burgo, O | E | (A Co.) | 2 | C4 |
| Burgohondo | E | (Áv.) | 100 | A2 |
| Burgomillodo | E | (Seg.) | 61 | C5 |
| Burgos | E | (Bur.) | 41 | D3 |
| Burgueira | E | (Po.) | 33 | C4 |
| Burguete → Auritz | E | (Na.) | 25 | C3 |
| Burgui/Burgi | E | (Na.) | 26 | A5 |
| Burguillos | E | (Sev.) | 164 | A2 |
| Burguillos de Toledo | E | (To.) | 119 | B1 |
| Burguillos del Cerro | E | (Bad.) | 146 | D1 |
| Burinhosa | P | (Lei.) | 111 | A1 |
| Buriz | E | (Lu.) | 3 | B4 |
| Burjassot | E | (Val.) | 125 | A3 |
| Burjulú | E | (Alm.) | 171 | A5 |
| Burlada | E | (Na.) | 25 | A4 |
| Burón | E | (Le.) | 19 | C2 |
| Burrero, El | E | (Las P.) | 191 | D3 |
| Burres | E | (A Co.) | 14 | D2 |
| Burriana/Borriana | E | (Cas.) | 107 | C5 |
| Burrueco | E | (Alb.) | 138 | B5 |
| Buruaga | E | (Ál.) | 23 | B3 |
| Burujón | E | (To.) | 118 | D1 |
| Burunchel | E | (J.) | 153 | A5 |
| Buscalque | E | (Our.) | 34 | D5 |
| Buscás | E | (A Co.) | 14 | C1 |
| Buscastell | E | (Bal.) | 89 | C4 |
| Busdongo de Arbás | E | (Le.) | 18 | C3 |
| Buseu | E | (Ll.) | 49 | B2 |
| Busmayor | E | (Le.) | 16 | C5 |
| Busmente-Herias-La Muria | E | (Ast.) | 5 | A4 |
| Busnela | E | (Bur.) | 21 | C2 |
| Busot | E | (Ali.) | 157 | C1 |
| Busquístar | E | (Gr.) | 182 | C3 |
| Bustantegua | E | (Can.) | 21 | D1 |
| Bustarenga | P | (Vis.) | 74 | C3 |
| Bustares | E | (Gua.) | 82 | D1 |
| Bustarviejo | E | (Mad.) | 81 | D4 |
| Buste, El | E | (Zar.) | 65 | A1 |
| Busteliño | E | (Our.) | 35 | C3 |
| Bustelo | E | (Our.) | 35 | C3 |
| Bustelo | P | (Ave.) | 74 | B5 |
| Bustelo | P | (Port.) | 54 | D5 |
| Bustelo | P | (Port.) | 54 | C5 |
| Bustelo | P | (Port.) | 54 | A5 |
| Bustelo | P | (V. R.) | 55 | D1 |
| Bustelo | P | (Vis.) | 74 | D2 |
| Bustelo | P | (Vis.) | 75 | B2 |
| Bustidoño | E | (Can.) | 21 | B3 |
| Bustillo de Cea | E | (Le.) | 39 | D1 |
| Bustillo de Chaves | E | (Vall.) | 39 | C4 |
| Bustillo de la Vega | E | (Pa.) | 40 | A2 |
| Bustillo del Monte | E | (Can.) | 21 | B4 |
| Bustillo del Oro | E | (Zam.) | 59 | A2 |
| Bustillo del Páramo | E | (Bur.) | 41 | C1 |
| Bustillo del Páramo | E | (Le.) | 38 | C2 |
| Bustillo del Páramo de Carrión | E | (Pa.) | 40 | A2 |
| Busto | E | (Ast.) | 5 | C3 |
| Busto | E | (Lu.) | 16 | A5 |
| Busto | E | (Po.) | 14 | D4 |
| Busto de Bureba | E | (Bur.) | 22 | C5 |
| Busto de Treviño | E | (Bur.) | 23 | B5 |
| Busto, El | E | (Na.) | 44 | A1 |
| Busto, O | E | (A Co.) | 13 | D1 |
| Bustos | E | (Le.) | 38 | A2 |
| Bustos | P | (Ave.) | 73 | D5 |
| Bustriguado | E | (Can.) | 8 | D5 |
| Busturenga | P | (Ave.) | 74 | A4 |
| Busturia | E | (Viz.) | 11 | B4 |
| Butjosa, La | E | (Bar.) | 70 | C1 |
| Butsènit | E | (Ll.) | 69 | A1 |
| Butsènit | E | (Ll.) | 68 | C3 |
| Buxán | E | (A Co.) | 14 | A3 |
| Buxán | E | (A Co.) | 14 | A2 |
| Buxán | E | (A Co.) | 13 | B1 |
| Buxantes | E | (A Co.) | 13 | B2 |
| Buzanada | E | (S.Cruz T.) | 195 | D5 |


# C


| Name | | Province | Page | Grid |
|---|---|---|---|---|
| Ca l'Avi | E | (Bar.) | 70 | B4 |
| Ca l'Esteper | E | (Bar.) | 71 | A2 |
| Ca n'Amat | E | (Bar.) | 70 | C3 |
| Ca n'Amat | E | (Bar.) | 70 | D3 |
| Caamaño | E | (A Co.) | 13 | C4 |
| Caamouco | E | (A Co.) | 2 | D3 |
| Caaveiro | E | (A Co.) | 3 | A3 |
| Cabacés | E | (Ta.) | 68 | D5 |
| Cabaco, El | E | (Sa.) | 77 | D5 |
| Cabaços | P | (Fa.) | 161 | A4 |
| Cabaços | P | (Lei.) | 94 | A5 |
| Cabaços | P | (V. C.) | 54 | A1 |
| Cabaços | P | (Vis.) | 75 | C2 |
| Cabalar | E | (A Co.) | 3 | A3 |
| Cabaleiros | E | (A Co.) | 14 | B1 |
| Caballar | E | (Seg.) | 81 | B2 |
| Caballeros, Los | E | (Gr.) | 182 | C2 |
| Caballón, lugar | E | (Huel.) | 162 | D3 |
| Cabana | E | (A Co.) | 1 | D4 |
| Cabana Maior | P | (V. C.) | 34 | B5 |
| Cabanabona | E | (Ll.) | 69 | C1 |
| Cabanas | E | (A Co.) | 2 | D3 |
| Cabanas | E | (Lu.) | 3 | C2 |
| Cabanas | E | (Our.) | 36 | A2 |
| Cabanas | P | (Fa.) | 175 | B3 |
| Cabanas | P | (Port.) | 54 | B4 |
| Cabanas | P | (Set.) | 127 | A4 |
| Cabanas | P | (V. R.) | 55 | C3 |
| Cabanas | P | (V. R.) | 55 | D3 |
| Cabanas de Baixo | P | (Bra.) | 76 | B1 |
| Cabanas de Cima | P | (Bra.) | 56 | B5 |
| Cabanas de Torres | P | (Lis.) | 110 | D5 |
| Cabanas de Viriato | P | (Vis.) | 94 | D1 |
| Cabanas do Chão | P | (Lis.) | 110 | D5 |
| Cabanelas | P | (Ave.) | 74 | B2 |
| Cabanelas | P | (Br.) | 54 | A2 |
| Cabanelas | P | (Bra.) | 56 | B3 |
| Cabanelas | P | (Port.) | 53 | D5 |
| Cabanella | E | (Ast.) | 5 | A3 |
| Cabanelles | E | (Gi.) | 52 | A2 |
| Cabanes | E | (Cas.) | 107 | D3 |
| Cabanes | E | (Gi.) | 52 | B2 |
| Cabanillas | E | (Na.) | 45 | B5 |
| Cabanillas | E | (So.) | 63 | D5 |
| Cabanillas de la Sierra | E | (Mad.) | 81 | D4 |
| Cabanillas de San Justo | E | (Le.) | 17 | C5 |
| Cabanillas del Campo | E | (Gua.) | 82 | C5 |
| Cabanyes | E | (Gi.) | 52 | C5 |
| Cabanyes, les | E | (Bar.) | 70 | B4 |
| Cabanzón | E | (Can.) | 8 | C5 |
| Cabañaquinta | E | (Ast.) | 18 | D1 |
| Cabañas | E | (Bur.) | 42 | A3 |
| Cabañas de Aliste | E | (Zam.) | 57 | D1 |
| Cabañas de Castilla, Las | E | (Pa.) | 40 | D2 |
| Cabañas de Ebro | E | (Zar.) | 65 | D2 |
| Cabañas de la Dornilla | E | (Le.) | 17 | B5 |
| Cabañas de la Sagra | E | (To.) | 101 | B5 |
| Cabañas de Polendos | E | (Seg.) | 81 | A2 |
| Cabañas de Sayago | E | (Zam.) | 58 | B5 |
| Cabañas de Tera | E | (Zam.) | 38 | A5 |
| Cabañas de Virtus, lugar | E | (Bur.) | 21 | C3 |
| Cabañas de Yepes | E | (To.) | 120 | A1 |
| Cabañas del Castillo | E | (Các.) | 116 | D3 |
| Cabañas Raras | E | (Le.) | 17 | A5 |
| Cabañas, lugar | E | (Cád.) | 179 | A3 |
| Cabañeros | E | (Le.) | 38 | D3 |
| Cabañes de Esgueva | E | (Bur.) | 61 | C1 |
| Cabañuelas, Las | E | (Alm.) | 183 | C3 |
| Cabárceno | E | (Can.) | 9 | C5 |
| Cabarcos | E | (Le.) | 36 | D1 |
| Cabarcos | E | (Lu.) | 4 | B3 |
| Cabeça | P | (Guar.) | 95 | B2 |
| Cabeça Boa | P | (Bra.) | 76 | B1 |
| Cabeça da Igreja | P | (Bra.) | 36 | B5 |
| Cabeça das Mós | P | (San.) | 112 | C3 |
| Cabeça das Pombas | P | (Lei.) | 111 | B3 |
| Cabeça de Carneiro | P | (Év.) | 129 | C5 |
| Cabeça do Poço | P | (C. B.) | 112 | C1 |
| Cabeça Gorda | P | (Be.) | 144 | D4 |
| Cabeça Gorda | P | (Lis.) | 110 | C5 |
| Cabeça Gorda | P | (San.) | 111 | B4 |
| Cabeça Gorda | P | (San.) | 111 | C3 |

Carvalhais


Cañadas de Haches de Abajo E (Alb.) 138 B5
Cañadas de Haches de Arriba E (Alb.) 138 B5
Cañadas del Romero E (Mu.) 171 D2
Cañadilla, La E (Te.) 86 D4
Cañadillas, Las E (Sev.) 163 C2
Cañal, El E (Cád.) 186 B3
Cañamaque E (So.) 64 A4
Cañamares E (C. R.) 137 B4
Cañamares E (Cu.) 104 A2
Cañamares E (Gua.) 83 A1
Cañamero E (Các.) 117 A4
Cáñar E (Gr.) 182 B3
Cañar, El E (Alb.) 154 D2
Cañarejo E (Mu.) 171 B2
Cañarico E (Mu.) 155 D5
Cañas E (A Co.) 2 C5
Cañas E (La R.) 43 A2
Cañavate, El E (Cu.) 122 A3
Cañaveral E (Các.) 115 B1
Cañaveral de León E (Huel.) 147 A4
Cañaveras E (Cu.) 103 D2
Cañaveruelas E (Cu.) 103 C2
Cañeda E (Can.) 21 A3
Cañete E (Cu.) 105 A5
Cañete de las Torres E (Cór.) 166 D1
Cañete la Real E (Mál.) 179 C2
Cañicera E (So.) 62 D5
Cañiza, A E (Po.) 34 C3
Cañizal E (Zam.) 79 A1
Cañizar E (Gua.) 82 D4
Cañizar de Amaya E (Bur.) 41 A1
Cañizar de Argaño E (Bur.) 41 B2
Cañizar del Olivar E (Te.) 86 C4
Cañizares E (Cu.) 104 A1
Cañizares, lugar E (Gua.) 84 C4
Cañizo E (Zam.) 58 D2
Caño E (Ast.) 7 C5
Caño Quebrado E (J.) 167 C1
Cañón, El, lugar E (Bur.) 22 C3
Caños de Meca, Los E (Cád.) 186 A4
Cañuelo, El E (Cór.) 167 A3
Cañuelo, El E (Sev.) 163 C2
Cañuelo, El E (Sev.) 179 C1
Capafonts E (Ta.) 69 B5
Caparacena E (Gr.) 167 D5
Caparica P (Set.) 126 C4
Caparide P (Lis.) 126 B3
Caparroces, Los E (Alm.) 170 A3
Caparrosa P (Vis.) 74 D4
Caparroses, Los E (Alm.) 171 B4
Caparrosinha P (Vis.) 74 D5
Caparroso E (Na.) 45 A3
Capçanes E (Ta.) 88 D1
Capdella E (Ll.) 49 A1
Capdellà, Es E (Bal.) 91 B4
Capdepera E (Bal.) 92 D2
Capdesaso E (Hues.) 67 B1
Capela E (A Co.) 15 A2
Capela P (Port.) 74 B1
Capela P (San.) 112 D2
Capelas P (Aç.) 109 A4
Capelas P (Lis.) 110 C4
Capelins P (Év.) 129 C5
Capelo P (Aç.) 109 A3
Capeludos P (V. R.) 55 C2
Capella E (Hues.) 48 B3
Capellades E (Bar.) 70 B3
Capicorb E (Cas.) 108 A3
Capileira E (Gr.) 182 B2
Capilla E (Bad.) 133 B3
Capillas E (Pa.) 39 D5
Capinha P (C. B.) 95 D3
Capitorno P (Co.) 94 B2
Capmany E (Gi.) 52 A1
Capolat E (Bar.) 50 B4
Caprés E (Mu.) 156 A3
Captivadors, els E (Ali.) 141 C5
Capuchos P (Set.) 126 C4
Carabantes E (So.) 64 C3
Carabanzo E (Ast.) 18 C1
Carabaña E (Mad.) 102 C3
Carabias E (Gua.) 83 B2
Carabias E (Seg.) 61 D4
Carabusino E (Các.) 97 C1
Caracena E (So.) 62 D5
Caracena del Valle E (Cu.) 103 C4
Caracuel de Calatrava E (C. R.) 135 A3
Caramos P (Port.) 54 C4
Caramujeira P (Fa.) 173 D3
Caramulo P (Vis.) 74 C5
Caranceja E (Can.) 9 A5
Carande E (Le.) 19 D3
Carandia E (Can.) 9 B5
Caranguejeira P (Lei.) 111 C1
Carantoña E (A Co.) 1 B5
Carapeços P (Br.) 53 D2
Carapetosa P (C. B.) 113 B1
Carapinha P (Co.) 94 C2
Carapinhal P (Lei.) 94 B5
Carapinheira P (Co.) 93 D2
Carapinheira P (Lis.) 126 C1
Carapito P (Guar.) 75 D4
Carapito P (Vis.) 75 C2
Carasa E (Can.) 10 A4
Carasoles, Los E (Alm.) 170 C4
Carataunas E (Gr.) 182 B3
Caravaca E (Mál.) 180 D3
Caravaca de la Cruz E (Mu.) 154 D4
Caravelas P (Bra.) 56 B4
Caravia E (Ast.) 6 C4
Carazo E (Bur.) 42 B5
Carazo E (Lu.) 16 A1
Carazuelo E (So.) 64 A2
Carbajal de Fuentes E (Le.) 39 A4
Carbajal de la Legua E (Le.) 18 D5
Carbajal de Rueda E (Le.) 19 C5
Carbajal de Valderaduey E (Le.) 39 D1
Carbajales de Alba E (Zam.) 58 A2
Carbajales de la Encomienda E (Zam.) 37 C4
Carbajalinos E (Zam.) 37 B4
Carbajo E (Các.) 114 A2
Carbajosa E (Zam.) 58 A3
Carbajosa de Armuña E (Sa.) 78 C2
Carbajosa de la Sagrada E (Sa.) 78 C3
Carballa E (Po.) 34 A1
Carballal E (A Co.) 14 B2
Carballal E (Po.) 34 A2
Carballeda E (A Co.) 2 D2
Carballeda E (Our.) 15 A5
Carballeda E (Our.) 36 D2
Carballeda de Avia E (Our.) 34 D2
Carballedo E (Lu.) 15 B5
Carballedo E (Po.) 34 B1
Carballido E (Lu.) 15 D2
Carballido E (Lu.) 4 A3
Carballido E (Lu.) 4 C5
Carballido E (Lu.) 3 D4
Carballiño, O E (Our.) 34 D1
Carballo E (A Co.) 2 A5
Carballo E (Ast.) 17 C1
Carballo E (Lu.) 15 B2
Carballo E (Lu.) 15 C4
Carballo E (Lu.) 16 B4
Carballo (Verea) E (Our.) 35 A4
Carballo, O E (A Co.) 2 C4
Carballosa E (A Co.) 13 C4
Carbayin E (Ast.) 6 D4
Carbellino E (Zam.) 57 D5
Carbia E (Po.) 14 D3
Carboentes E (Po.) 15 A5
Carbonal, El E (Sev.) 164 B2
Carbonera E (Pa.) 40 A1
Carbonera de Frentes E (So.) 63 C2
Carboneras E (Alm.) 184 D2
Carboneras E (Huel.) 147 A5
Carboneras de Guadazaón E (Cu.) 122 D1
Carboneras, Las E (Bad.) 130 C2
Carbonero de Ahusín E (Seg.) 80 D2
Carbonero el Mayor E (Seg.) 80 D2
Carboneros E (J.) 151 D3
Carbuelo P (Port.) 74 B1
Carcaboso E (Các.) 97 C4
Carcabuey E (Cór.) 166 D4
Carcacía E (A Co.) 14 A3
Carcaixent E (Val.) 141 A1
Carção P (Bra.) 57 B3
Carçãozinho P (Bra.) 56 D2
Cárcar E (Na.) 44 C2
Carcastillo E (Na.) 45 B2
Carcavelos P (Lis.) 126 B3
Carceda E (Ast.) 17 B1
Carcedo E (Ast.) 5 C3
Carcedo de Bureba E (Bur.) 42 A1
Carcedo de Burgos E (Bur.) 41 D3
Carcelén E (Alb.) 139 C1
Càrcer E (Val.) 140 D2
Carche, El E (Mu.) 155 D1
Cárchel E (J.) 167 D2
Carchelejo E (J.) 167 D2
Carchena E (Sev.) 163 D5
Carchuna E (Gr.) 182 B4
Cardais P (San.) 111 D3
Cardal P (San.) 112 B2
Cardalda E (Po.) 13 D5
Cardama E (A Co.) 14 C2
Cardanha P (Bra.) 56 C5
Cardaño de Abajo E (Pa.) 20 A3
Cardaño de Arriba E (Pa.) 20 A3
Cardeal P (Co.) 94 B4
Cardeal P (Guar.) 96 B2
Cardedeu E (Bar.) 71 B2
Cardeiro E (A Co.) 14 D2
Cardeita E (Our.) 35 C3
Cardejón E (So.) 64 B3
Cardelle E (Our.) 34 C1
Cárdenas E (La R.) 43 B2
Cardenchosa, La E (Bad.) 148 C3
Cardenchosa, La E (Cór.) 149 A3
Cardenete E (Cu.) 123 A2
Cardeña E (Cór.) 150 C3
Cardeñadijo E (Bur.) 41 D3
Cardeñajimeno E (Bur.) 41 D3
Cardeñosa E (Áv.) 80 A4
Cardeñosa E (Gua.) 83 A2
Cardeñosa de Volpejera E (Pa.) 40 B3
Cardeñuela-Riopico E (Bur.) 42 A2
Cardes E (Ast.) 7 B5
Cardiel de los Montes E (To.) 100 A4
Cardiel, lugar E (Hues.) 68 A4
Cardigos P (San.) 112 D1
Cardo E (Ast.) 6 C3
Cardoiço Negrelos P (Co.) 94 D1
Cardón E (Las P.) 189 D4
Cardona E (Bar.) 50 B5
Cardonera, La E (Las P.) 191 B2
Cardones E (Las P.) 191 C1
Cardosa P (C. B.) 95 A5
Cardosa, La E (Ll.) 69 C2
Cardosas P (Fa.) 173 C2
Cardosas P (Lis.) 126 D1
Cardoso de la Sierra, El E (Gua.) 82 A2
Caregue E (Ll.) 49 B1
Carelle E (A Co.) 15 A2
Carenas E (Zar.) 64 D5
Carenque P (Lis.) 126 C3
Caria P (C. B.) 95 D2
Caria P (Vis.) 74 D4
Caria P (Vis.) 75 C2
Caridad, La E (S. Cruz T.) 196 B1
Caridad, La (Franco, El) E (Ast.) 5 A3
Caridade P (Év.) 145 B1
Caridade, A E (Our.) 35 D5
Cariñena E (Zar.) 65 D5
Cariño E (A Co.) 3 B1
Cariseda E (Le.) 17 B3
Caritat, La E (Bar.) 71 B3
Caritel E (Po.) 34 B1
Carlão P (V. R.) 55 D4
Carlet E (Val.) 125 A5
Carlos, Los E (Gr.) 182 B4
Carlota, La E (Cór.) 165 D2
Carme E (Bar.) 70 B3
Carmen, El E (Cu.) 122 B5
Carmena E (To.) 100 C5
Cármenes E (Le.) 18 D3
Carmona E (A Co.) 3 B1
Carmona E (Can.) 20 D1
Carmona E (Sev.) 164 C3
Carmonita E (Bad.) 131 B1
Carnaxide P (Lis.) 126 C3
Carne Assada P (Lis.) 126 B2
Carneiro P (Port.) 55 A5
Carnero E (Sa.) 78 B3
Carnés E (A Co.) 1 B5
Carnicães P (Guar.) 75 D4
Carnide P (Lei.) 93 B5
Carnide P (Lei.) 93 C5
Carnide P (Lis.) 126 C3
Carnota E (A Co.) 13 B3
Carnota P (Lis.) 126 D1
Caroi E (Po.) 34 B1
Carolina, La E (J.) 151 D3
Caroyas E (Ast.) 5 C3
Carpallhosa P (Lei.) 93 C5
Carpinteiro P (Guar.) 76 A5
Carpio E (Vall.) 79 C1
Carpio de Azaba E (Sa.) 77 A5
Carpio de Tajo, El E (To.) 118 C1
Carpio Medianero E (Áv.) 79 A5
Carpio, El E (Cór.) 150 B5
Carpio-Bernardo E (Sa.) 78 D3
Carquejo P (Ave.) 94 A2
Cárquere P (Vis.) 75 A1
Carracedelo E (Le.) 37 A1
Carracedo E (Our.) 35 B1
Carracedo E (Po.) 14 A4
Carracedo E (Zam.) 38 A4
Carracedo da Serra E (Our.) 36 B4
Carracedo del Monasterio E (Le.) 17 A5
Carraclaca E (Mu.) 171 B2
Carragosa P (Bra.) 56 D1
Carragosela P (Co.) 94 D2
Carragosela P (Guar.) 95 B1
Carral E (A Co.) 2 C5
Carral E (Le.) 38 B2
Carral E (Lu.) 15 C1
Carralcova P (V. C.) 34 B5
Carramaiza E (Gr.) 169 B2
Carranque E (To.) 101 B4
Carranza E (Viz.) 22 B1
Carrapatas P (Bra.) 56 C3
Carrapateira P (Fa.) 175 B2
Carrapateira P (Fa.) 173 A2
Carrapatelo P (Év.) 145 B1
Carrapatoso P (San.) 112 B2
Carrapichana P (Guar.) 75 C5
Carrasca, La E (Cór.) 167 A4
Carrasca, La E (J.) 167 B2
Carrasca, La, lugar E (Alm.) 184 D1
Carrascal E (Sa.) 78 B2
Carrascal E (Seg.) 81 B2
Carrascal E (Zam.) 58 B4
Carrascal P (Co.) 93 C3
Carrascal P (Év.) 128 D3
Carrascal P (Lei.) 111 A2
Carrascal P (San.) 112 D3
Carrascal de Barregas E (Sa.) 78 C2
Carrascal de Velambélez E (Sa.) 78 B2
Carrascal del Obispo E (Sa.) 78 A4
Carrascal del Río E (Seg.) 61 C5
Carrascalejo E (Áv.) 98 D2
Carrascalejo E (Các.) 117 B2
Carrascalejo de Huebra E (Sa.) 78 A4
Carrascalejo, El E (Bad.) 131 B2
Carrascalet, El E (Val.) 141 A1
Carrascalina E (Sa.) 78 B2
Carrascalinho P (Fa.) 159 B3
Carrascas P (Lei.) 111 C2
Carrasco E (J.) 153 C3
Carrasco E (Sa.) 77 C1
Carrascosa E (Alb.) 153 C1
Carrascosa E (Cu.) 84 B5
Carrascosa de Abajo E (So.) 62 D4
Carrascosa de Arriba E (So.) 62 C5
Carrascosa de Haro E (Cu.) 121 C3
Carrascosa de Henares E (Gua.) 82 D3
Carrascosa de la Sierra E (So.) 64 A1
Carrascosa de Tajo E (Gua.) 83 D5
Carrascosa del Campo E (Cu.) 103 B5
Carrascosilla, lugar E (Cu.) 103 C4
Carrascoy E (Mu.) 172 A1
Carraspite, lugar E (Mál.) 181 B4
Carrasqueira P (Be.) 159 B1
Carrasqueira P (Fa.) 174 A2
Carrasqueira P (Lis.) 126 D1
Carrasqueira P (Set.) 143 B1
Carrasqueiro P (Co.) 94 C4
Carrasquilla E (Mu.) 155 A4
Carrasquilla, lugar E (J.) 150 D5
Carratraca E (Mál.) 179 D3
Carraxo E (Our.) 35 D4
Carrazeda de Ansiães P (Bra.) 56 A5
Carrazede P (San.) 112 A2
Carrazedo P (Ave.) 74 B4
Carrazedo P (Br.) 54 D2
Carrazedo P (Br.) 54 B2
Carrazedo P (Bra.) 56 D1
Carrazedo P (Vis.) 75 C1
Carrazedo da Cabugueira P (V. R.) 55 C2
Carrazedo de Montenegro P (V. R.) 55 D3
Carrazedo do Alvão P (V. R.) 55 B3
Carreço P (V. C.) 53 C1
Carregado P (Lis.) 127 A1
Carregais P (C. B.) 113 A1
Carregais P (Guar.) 75 C5
Carregal P (Co.) 95 A3
Carregal P (Lei.) 94 A5
Carregal P (Lei.) 110 D3
Carregal P (Vis.) 74 B4
Carregal P (Vis.) 74 D4
Carregal P (Vis.) 75 C2
Carregal do Sal P (Vis.) 94 D1
Carregosa P (Ave.) 74 B2
Carregosa P (Ave.) 73 D5
Carregueira P (Lis.) 126 B1
Carregueira P (San.) 112 C2
Carregueira P (San.) 111 D2
Carregueira P (San.) 112 A3
Carregueira P (Set.) 127 A4
Carregueiro P (Be.) 144 B5
Carregueiro P (Lei.) 93 D4
Carregueiros P (San.) 112 A2
Carreira E (A Co.) 13 C5
Carreira E (A Co.) 1 D5
Carreira P (Br.) 54 B4
Carreira P (Br.) 54 A3
Carreira P (Port.) 54 A4
Carreira do Mato P (San.) 112 B2
Carreiras P (Lis.) 126 D1
Carreiras P (Por.) 113 C4
Carreiros P (Co.) 93 C1
Carreiros P (Lei.) 110 D4
Carrejo E (Can.) 9 A5
Carrentías Medias E (Ali.) 156 B4
Carreña (Cabrales) E (Ast.) 8 A5
Carrer de Baix, El E (Bar.) 71 A2
Carrer de Cal Rossell, El E (Bar.) 70 B4
Carrera de la Viña, La E (Gr.) 167 A5
Carrera, La E (Ast.) 6 D4
Carrera, La E (Áv.) 98 D2
Carrera, La E (Le.) 38 A1
Carrera, La E (S. Cruz T.) 195 D2
Carreras, Las E (Viz.) 10 D5
Carreros E (Sa.) 78 A3
Carretera E (Ast.) 4 D3
Carretera al Portal E (Cád.) 185 D1
Carretera de Extremadura E (Mad.) 101 B3
Carretera del Empalme E (Huel.) 175 D2
Carretera Estación E (Mu.) 155 C3
Carretería E (Las P.) 191 C1
Carretón, El E (S. Cruz T.) 196 B3
Carreu E (Ll.) 49 B3
Carrias E (Bur.) 42 B2
Carriazo E (Can.) 9 D4
Carriço P (Lei.) 93 B4
Carrícola E (Val.) 141 A3
Carriches E (To.) 100 C5
Carril E (Po.) 13 D4
Carril P (San.) 112 B1
Carril P (San.) 112 A2
Carrió (Bergondo) E (A Co.) 2 D4
Carrión de Calatrava E (C. R.) 135 C2
Carrión de los Céspedes E (Sev.) 163 B4
Carrión de los Condes E (Pa.) 40 B2
Carrión, El E (Las P.) 191 D3
Carriones, Los E (Gr.) 169 C2
Carris E (Po.) 34 C3
Carris P (Ave.) 73 D5
Carritos P (Co.) 93 C3
Carritxó, Es E (Bal.) 92 C4
Carrizal E (Las P.) 191 D3
Carrizal E (Le.) 19 D4
Carrizo de la Ribera E (Le.) 38 C1
Carrizosa E (C. R.) 136 D3
Carroça, Sa E (Bal.) 89 D5
Carrocera E (Le.) 18 C4
Carromeu P (Co.) 93 C1
Carroqueiro P (C. B.) 96 A4
Carros P (Be.) 161 A2
Carrús E (Ali.) 156 C2
Cartagena E (Mu.) 172 B2
Cartagena, Lo E (Ali.) 156 C3
Cartajima E (Mál.) 179 B5
Cártama E (Mál.) 180 B4
Cartaojal E (Mál.) 180 C1
Cartaria P (Lei.) 93 D5
Cartavio E (Ast.) 5 A3
Cartaxo P (San.) 111 B5
Cartaya E (Huel.) 162 A4
Carteire E (Lu.) 15 C3
Cartellà E (Gi.) 52 A4
Cartelle E (Our.) 35 A3
Cartelle E (Our.) 34 D2
Cartes E (Can.) 9 B5
Carteya-Guadarranque E (Cád.) 187 A4
Cartim P (Ave.) 74 B3
Cartirana E (Hues.) 47 A1
Cartuja Baja E (Zar.) 66 B3
Cartuja de Monegros, La E (Hues.) 67 A2
Carucedo E (Le.) 37 A1
Carva P (V. R.) 55 D4
Carvajales, Los E (Mál.) 180 A1
Carvalha P (Lis.) 126 D1
Carvalha P (Vis.) 75 B2
Carvalhais P (Bra.) 56 B3
Carvalhais P (Co.) 93 B3
Carvalhais P (Co.) 94 B2
Carvalhais P (Lei.) 93 D5
Carvalhais P (San.) 111 B3
Carvalhais P (Vis.) 74 C3

Celada de la Torre


Celada de la Torre E (Bur.) 41 D2
Celada de Roblecedo E (Pa.) 20 C3
Celada del Camino E (Bur.) 41 B3
Celada, La E (Cór.) 166 D5
Celada-Marlantes E (Can.) 21 A3
Celadas E (Te.) 105 D1
Celadas, Las E (Bur.) 41 C1
Celadilla del Páramo E (Le.) 38 C1
Celadilla del Río E (Pa.) 20 A5
Celadilla-Sotobrín E (Bur.) 41 D2
Cela-Estación E (Alm.) 169 D4
Celanova E (Our.) 35 A3
Celas E (A Co.) 2 C4
Celas P (Bra.) 56 C2
Celavente E (Our.) 36 C2
Celavisa P (Co.) 94 D3
Celeiro E (Lu.) 4 B3
Celeiro E (Lu.) 3 D2
Celeiros E (Our.) 36 A3
Celeirós E (Our.) 35 D2
Celeiros E (Po.) 34 B3
Celeirós P (Br.) 54 B3
Celeirós P (V. R.) 55 C5
Celeirós P (V. R.) 55 D2
Celigueta/Zeligeta E (Na.) 25 B5
Celín E (Alm.) 183 B3
Celis E (Can.) 8 C5
Celorico da Beira P (Guar.) 75 D5
Celorico de Basto P (Br.) 54 D4
Celorio E (Ast.) 8 A4
Celrà E (Gi.) 52 A4
Céltigos E (Lu.) 16 A3
Celucos E (Can.) 8 C5
Cella E (Te.) 105 C1
Cellera de Ter, la E (Gi.) 51 D4
Celles E (Ast.) 6 D4
Cellorigo E (La R.) 22 D5
Cem Soldos P (San.) 112 A2
Cembranos E (Le.) 38 D1
Cembrero E (Pa.) 40 C1
Cementerio E (Mu.) 171 A2
Cenascuras E (Gr.) 169 A4
Cendejas de Enmedio E (Gua.) 83 A3
Cendejas de la Torre E (Gua.) 83 A3
Cenegro E (So.) 62 B4
Cenera E (Ast.) 18 C1
Cenes de la Vega E (Gr.) 182 A1
Cenicero E (La R.) 43 B1
Cenicientos E (Mad.) 100 C3
Cenizate E (Alb.) 123 A5
Centeáns E (Po.) 34 A3
Centelles E (Bar.) 71 A1
Centenera E (Gua.) 82 D5
Centenera E (Hues.) 48 B3
Centenera de Andaluz E (So.) 63 B4
Centenera del Campo E (So.) 63 C4
Centenero E (Hues.) 46 C2
Centenillo, El E (J.) 151 C2
Central Térmica
Puente Nuevo E (Cór.) 149 C4
Centroña E (A Co.) 2 D3
Ceo E (Po.) 34 B2
Cepães P (Br.) 54 C3
Cepeda E (Sa.) 98 A1
Cepeda la Mora E (Áv.) 99 C1
Cepedelo E (Our.) 36 C4
Cepelos P (Ave.) 74 B3
Cepero, El, lugar E (Alb.) 139 C4
Cepillo, El, lugar E (Alb.) 137 C4
Cepões P (Vis.) 75 B1
Cepões P (Vis.) 75 A4
Cepos P (Co.) 94 D3
Cequelinos E (Po.) 34 C3
Cerbón E (So.) 64 A1
Cerca de Arriba E (Ast.) 6 D3
Cerca Velha P (Fa.) 174 B2
Cercadillo E (Gua.) 83 B1
Cercadillos E (Las P.) 191 B2
Cercado, El E (Alm.) 170 C2
Cercado, El E (S. Cruz T.) 194 B2
Cercados de Espinos E (Las P.) 191 B3
Cercados, Los E (Las P.) 191 C3
Cercal P (Co.) 93 C3
Cercal P (Lei.) 94 B4
Cercal P (Lis.) 111 A4
Cercal P (San.) 111 C1
Cercal P (Set.) 143 B5
Cerceda E (A Co.) 2 B5
Cerceda E (A Co.) 14 C2
Cerceda E (Mad.) 81 B5
Cercedilla E (Mad.) 81 A4
Cercio E (Po.) 14 D4
Cercio P (Bra.) 57 C4
Cercosa P (Vis.) 94 B1
Cercosa P (Vis.) 74 C4
Cercs E (Bar.) 50 C3
Cerdà E (Val.) 140 D2
Cerdal P (V. C.) 34 A4
Cerdanyola del Vallès E (Bar.) 71 A3
Cerdedelo E (Our.) 36 A4
Cerdedo E (Po.) 14 B5
Cerdedo P (V. R.) 55 A2
Cerdeira E (Our.) 35 B3
Cerdeira P (Co.) 94 D2
Cerdeira P (Guar.) 96 B1
Cerdeira P (V. R.) 55 C3
Cerdeira P (Vis.) 94 B1
Cerdeira P (Vis.) 75 B3
Cerdido E (A Co.) 3 B2
Cerdigo E (Can.) 10 C4
Cereceda E (Ast.) 7 B4
Cereceda E (Áv.) 98 D2
Cereceda E (Bur.) 22 A4
Cereceda E (Can.) 10 B5
Cereceda E (Gua.) 83 C5
Cereceda de la Sierra E (Sa.) 77 D5
Cerecinos de Campos E (Zam.) 59 A1
Cerecinos del Carrizal E (Zam.) 58 C2
Cereixedo E (Lu.) 16 D4
Cereixido E (Lu.) 16 C2
Cereixo E (A Co.) 1 B5
Cereixo E (Po.) 14 B4
Cerejais P (Bra.) 56 C5
Cerejeira P (C. B.) 113 A1
Cerejeira P (San.) 112 A2
Cerejeiras P (Co.) 94 B4
Cerejo P (Guar.) 76 A4
Cereo E (A Co.) 1 D5
Ceresa E (Hues.) 47 D1
Ceresola E (Hues.) 47 B2
Cerezal E (Các.) 97 C2
Cerezal de Aliste E (Zam.) 58 A3
Cerezal de la Guzpeña E (Le.) 19 D4
Cerezal
de Peñahorcada E (Sa.) 77 A1
Cerezal de Puertas E (Sa.) 77 C2
Cerezal de Sanabria E (Zam.) 37 C4
Cerezales del Condado E (Le.) 19 B5
Cerezo E (Các.) 97 C3
Cerezo de Abajo E (Seg.) 81 D1
Cerezo de Arriba E (Seg.) 82 A1
Cerezo de Mohernando E (Gua.) 82 C3
Cerezo de Río Tirón E (Bur.) 42 C1
Cerezo, El E (J.) 153 C4
Cerezos, Los E (Te.) 106 B4
Cerler E (Hues.) 28 B5
Cermoño E (Ast.) 5 D4
Cernache P (Co.) 94 A3
Cernache do
Bom Jardim P (C. B.) 94 B5
Cernadilla E (Zam.) 37 C5
Cernado E (Our.) 36 B3
Cernecina E (Zam.) 58 A4
Cernégula E (Bur.) 21 D5
Cerollera, La E (Te.) 87 C3
Cerponzóns E (Po.) 34 A1
Cerqueda E (A Co.) 1 D4
Cerquedo P (Co.) 94 B1
Cerradura, La E (J.) 167 D2
Cerrajón, El E (J.) 167 B3
Cerralba E (Mál.) 180 A4
Cerralbo E (Sa.) 77 A2
Cerralbos, Los E (To.) 100 B5
Cerratón de Juarros E (Bur.) 42 B2
Cerrazo E (Can.) 9 A4
Cerreda E (Our.) 35 C1
Cerredelo E (Our.) 35 B4
Cerredo E (Ast.) 5 B4
Cerredo E (Ast.) 17 C3
Cerricos, Los E (Alm.) 170 B3
Cerrillares, Los, lugar E (Mu.) 139 C5
Cerrillo de Maracena E (Gr.) 181 D1
Cerrillos, Los, lugar E (C. R.) 136 D2
Cerro P (Fa.) 160 B4
Cerro Alarcón E (Mad.) 101 A1
Cerro da Vinha P (Fa.) 161 B3
Cerro de Águia P (Fa.) 174 A3
Cerro de Andévalo, El E (Huel.) 162 B1
Cerro de
Santiago, lugar E (Huel.) 163 B4
Cerro do Ouro P (Fa.) 174 A2
Cerro Lobo E (Alb.) 138 D4
Cerro Muriano E (Cór.) 149 D5
Cerro Negro E (Gr.) 182 B3
Cerro Perea E (Sev.) 165 C3
Cerro, El E (Mál.) 181 A3
Cerro, El E (Sa.) 98 A2
Cerroblanco E (Alb.) 137 D4
Cerrogordo, El E (Alm.) 170 B4
Cerva P (V. R.) 55 A3
Cervães P (Br.) 54 A2
Cervantes E (Lu.) 16 C3
Cervatos E (Can.) 21 A3
Cervatos de la Cueza E (Pa.) 40 A3
Cervela E (Lu.) 15 D4
Cervelló E (Bar.) 70 D4
Cervera E (Ll.) 69 C2
Cervera de Buitrago E (Mad.) 82 A3
Cervera
de la Cañada E (Zar.) 64 D4
Cervera de los Montes E (To.) 99 D4
Cervera de Pisuerga E (Pa.) 20 C4
Cervera del Llano E (Cu.) 121 D1
Cervera del Maestrat
→ Cervera del
Maestre E (Cas.) 108 A1
Cervera del Maestre/
Cervera del Maestrat E (Cas.) 108 A1
Cervera del Rincón E (Te.) 86 A4
Cervera del Río Alhama E (La R.) 44 C5
Cerveruela E (Zar.) 85 D1
Cervià de les Garrigues E (Ll.) 69 A4
Cervià de Ter E (Gi.) 52 A3
Cervillego de la Cruz E (Vall.) 79 D1
Cervo E (A Co.) 3 A1
Cervo E (Lu.) 4 A2
Cesar P (Ave.) 74 A2
Céspedes E (Bur.) 22 A3
Céspedes E (Cór.) 165 B1
Cespedosa de Agadones E (Sa.) 97 B1
Cespedosa de Tormes E (Sa.) 98 D1
Cespón E (A Co.) 13 D4
Cestona → Zestoa E (Gui.) 24 A1
Cesuras E (A Co.) 2 D5
Cesuris E (Our.) 36 B2
Cete P (Port.) 54 B5
Cetina E (Zar.) 64 C5
Ceuta E (Ce.) 188 B5
Ceuti E (Mu.) 155 D4
Cevico de la Torre E (Pa.) 60 C1
Cevico Navero E (Pa.) 61 A1
Cexo E (Our.) 35 A3
Cezura E (Pa.) 21 A4
Ciadoncha E (Bur.) 41 B4
Ciaño E (Ast.) 6 D5
Cibanal E (Zam.) 57 C5
Cibea E (Ast.) 17 C2
Cibões P (Br.) 54 C1
Ciborro P (Év.) 128 B3
Cibuyo E (Ast.) 17 B1
Cicere E (A Co.) 13 D1
Cicouro P (Bra.) 57 C2
Cid Toledo E (Cór.) 166 B3
Cida E (Ast.) 6 B4
Cida, A E (Our.) 14 D5
Cidad de
Valdeporres, lugar E (Bur.) 21 C3
Cidade P (Lei.) 110 D3
Cidadelha de Jales P (V. R.) 55 C3
Cidadelhe P (Guar.) 76 B3
Cidadelhe P (V. C.) 34 C5
Cidadelhe P (V. R.) 55 A5
Cidamón E (La R.) 43 A1
Cidones E (So.) 63 C1
Cidral P (San.) 111 A4
Ciempozuelos E (Mad.) 101 D4
Cierva, La E (Cád.) 178 C3
Cierva, La E (Cu.) 104 D4
Cieza E (Mu.) 155 C3
Cifuentes E (Gua.) 83 C4
Cifuentes de Rueda E (Le.) 19 B5
Cigales E (Vall.) 60 A2
Cigudosa E (So.) 64 B1
Cigüenza E (Bur.) 22 A3
Ciguera E (Le.) 19 C3
Cigüñuela E (Vall.) 59 D3
Cihuela E (So.) 64 C4
Cihuri E (La R.) 43 A1
Cijuela E (Gr.) 181 C1
Ciladas P (Év.) 129 D3
Cilanco E (Alb.) 123 C5
Cillamayor E (Pa.) 20 D4
Cillán E (Áv.) 79 D5
Cillanueva E (Le.) 38 D1
Cillaperlata E (Bur.) 22 B4
Cillas E (Gua.) 84 D3
Cilleros E (Các.) 96 D4
Cilleros de la Bastida E (Sa.) 78 A5
Cilleruelo E (Alb.) 138 A4
Cilleruelo de Abajo E (Bur.) 61 C1
Cilleruelo de Arriba E (Bur.) 61 D1
Cilleruelo de Bezana E (Bur.) 21 C3
Cilleruelo de Bricia E (Bur.) 21 C3
Cilleruelo de
San Mamés E (Seg.) 62 A4
Cilloruelo E (Sa.) 78 D3
Cima de Vila E (Lu.) 15 C1
Cima de Vila E (Our.) 35 B2
Cima de Vila E (Our.) 35 D4
Cimada, La E (Mál.) 179 B3
Cimadas Cimeiras P (C. B.) 112 D1
Cimadas Fundeiras P (C. B.) 112 D1
Cimadevilla E (Ast.) 7 A3
Cimanes de la Vega E (Le.) 38 D4
Cimanes del Tejar E (Le.) 18 C5
Cimballa E (Zar.) 84 D2
Cimbres P (Vis.) 75 B1
Cimo de Vila P (Port.) 55 A5
Cimo de Vila de
Castanheira P (V. R.) 56 A1
Cimo dos Ribeiros P (San.) 112 C2
Cinco Casas E (C. R.) 136 C1
Cinco Olivas E (Zar.) 67 A5
Cinco Vilas P (Guar.) 76 C4
Cinconogueiras E (Our.) 35 B1
Cincovillas E (Gua.) 83 A1
Cinctorres E (Cas.) 87 B5
Cinés E (A Co.) 2 D5
Cinfães P (Vis.) 74 D1
Cinge E (Lu.) 4 C3
Cinta, La E (Alm.) 170 C5
Cintrão P (Lei.) 110 D4
Cintruénigo E (Na.) 44 D4
Ciñera E (Le.) 18 D3
Cional E (Zam.) 37 C5
Cipérez E (Sa.) 77 C2
Ciquiril E (Po.) 14 B5
Cira E (Po.) 14 C3
Cirat E (Cas.) 107 A4
Cirauqui/Zirauki E (Na.) 24 C5
Circes E (A Co.) 14 D3
Cirés E (Hues.) 48 C2
Ciria E (So.) 64 C3
Ciriza/Ziritza E (Na.) 24 D4
Ciruela E (So.) 63 A4
Ciruelas E (Gua.) 82 D4
Ciruelos E (To.) 101 D5
Ciruelos de Cervera E (Bur.) 62 A1
Ciruelos de Coca E (Seg.) 80 B1
Ciruelos del Pinar E (Gua.) 84 A2
Cirueña E (La R.) 43 A2
Cirujales E (Le.) 18 A4
Cirujales del Río E (So.) 64 A1
Cirujeda E (Te.) 86 C4
Cisla E (Áv.) 79 C3
Cisnera, La E (S. Cruz T.) 196 A4
Cisneros E (Pa.) 40 A3
Cisnes, urbanización Los E (Sa.) 78 D3
Cistella E (Gi.) 52 A2
Cisterna P (Bra.) 36 B5
Cistérniga E (Vall.) 60 B3
Cistierna E (Le.) 19 C4
Citores del Páramo E (Bur.) 41 B2
Ciudad Jardín
Virgen del Milagro E (Pa.) 40 C5
Ciudad Quesada E (Ali.) 156 C4
Ciudad Real E (C. R.) 135 B2
Ciudad Rodrigo E (Sa.) 77 A5
Ciudalcampo E (Mad.) 81 D5
Ciutadella de Menorca E (Bal.) 90 A2
Ciutadilla E (Ll.) 69 C3
Cívica E (Gua.) 83 B4
Civís E (Ll.) 49 D1
Civit E (Ll.) 69 D3
Cizur E (Na.) 24 D4
Cizur Mayor/
Zizur Nagusia E (Na.) 24 D4
Claras P (Lei.) 93 B4
Claravalls E (Ll.) 69 B2
Clareanes P (Fa.) 174 C2
Clares E (Gua.) 84 B2
Clarés de Ribota E (Zar.) 64 D4
Clariana E (Bar.) 70 B5
Clariana E (Bar.) 70 A2
Clariana de Cardener E (Ll.) 50 A5
Clarines P (Fa.) 161 A3
Claveros, Los E (Alm.) 169 D4
Clavijo E (La R.) 43 D2
Clavinque E (Sev.) 164 B4
Clua, La E (Ll.) 49 B5
Coalla E (Ast.) 6 A4
Coaña E (Ast.) 5 A3
Coaxe E (Po.) 14 A4
Cobarredeiras E (A Co.) 2 D2
Cobaticas E (Mu.) 172 D2
Cobatillas E (Mu.) 156 A4
Cobatillas E (Te.) 86 C5
Cobatillas, Las E (Alm.) 154 A5
Cobatillas, Las, lugar E (Cád.) 186 C2
Cobatillas, lugar E (Alb.) 154 D1
Cobatillas, lugar E (Cór.) 165 C1
Cóbdar E (Alm.) 170 B5
Cobeja E (To.) 101 C5
Cobeña E (Mad.) 102 A1
Cobertelada E (So.) 63 C4
Cobertinha P (Vis.) 74 D3
Cobeta E (Gua.) 84 B3
Cobisa E (To.) 119 B1
Cobo, El E (Mu.) 154 D3
Cobos de Cerrato E (Pa.) 41 B5
Cobos de Fuentidueña E (Seg.) 61 B5
Cobos de Segovia E (Seg.) 80 C3
Cobos Junto
a la Molina E (Bur.) 41 D1
Cobrana E (Le.) 17 B5
Cobre P (Lis.) 126 B3
Cobreces E (Can.) 9 A4
Cobreros E (Zam.) 37 A4
Cobres E (Po.) 34 A2
Cobro P (Bra.) 56 A4
Coca E (Seg.) 80 C1
Coca de Alba E (Sa.) 79 A3
Cocañín E (Ast.) 6 D5
Cocentaina E (Ali.) 141 A4
Cocón, El E (Mu.) 171 B4
Cocoteros, Los E (Las P.) 192 D4
Coculina E (Bur.) 41 C1
Cochadas P (Co.) 93 C1
Cocharro P (San.) 127 C1
Codal P (Ave.) 74 B2
Codaval P (V. R.) 55 D4
Codeçais P (Bra.) 56 A4
Codeçais P (Vis.) 75 A2
Codeçais P (Vis.) 75 A3
Codeceda P (Br.) 54 B1
Codeceira P (Lei.) 111 C1
Codeçoso P (V. R.) 55 B1
Codeçoso P (V. R.) 55 A2
Codes E (Gua.) 84 B2
Codesal E (Zam.) 37 C5
Codeseda E (Po.) 14 B5
Codesedo E (Our.) 35 C3
Codesido E (Lu.) 3 C4
Codeso E (A Co.) 14 C3
Codesoso E (A Co.) 15 A2
Codesseiro P (Guar.) 76 A4
Codessoso P (V. R.) 55 B2
Codo E (Zar.) 66 C5
Codoñera, La E (Te.) 87 C3
Codornillos E (Le.) 39 C2
Codorniz E (Seg.) 80 B2
Codos E (Zar.) 65 C5
Codosera, La E (Bad.) 114 A5
Coelhal P (Co.) 94 D4
Coelhal P (Lei.) 94 C4
Coelheira P (Lei.) 94 B4
Coelheira P (Vis.) 74 C3
Coelhoso P (Bra.) 57 A2
Coelhoso P (Vis.) 74 C5
Coence E (Lu.) 15 B3
Coentral P (Lei.) 94 C4
Coentral das Barreiras P (Lei.) 94 C4
Coeses E (Lu.) 15 D2
Cofiñal E (Le.) 19 B2
Cofita E (Hues.) 47 D5
Cofrentes E (Val.) 124 A5
Cogeces de Íscar E (Vall.) 60 B4
Cogeces del Monte E (Vall.) 60 D4
Cogollo E (Ast.) 6 B3
Cogollor E (Gua.) 83 B4
Cogollos E (Bur.) 41 D4
Cogollos de Guadix E (Gr.) 168 D5
Cogollos Vega E (Gr.) 168 A5
Cogolludo E (Gua.) 82 D3
Cogorderos E (Le.) 38 A1
Cogul, el E (Ll.) 68 D4
Cogula P (Guar.) 76 A3
Cogullada, la E (Val.) 141 A1
Cogullos E (Bur.) 21 D3
Coimbra P (Co.) 94 A2
Coimbra P (Lei.) 110 C3
Coimbrão P (Lei.) 93 B4
Coimbrões P (Vis.) 75 A5
Coín E (Mál.) 180 A5
Coina P (Set.) 126 D4
Coira E (Our.) 35 B3
Coiras E (Our.) 15 A5
Coiro E (A Co.) 13 C2
Coiro E (Po.) 33 D2
Coirón E (Po.) 33 D1
Coirós E (A Co.) 2 D4
Coito P (Co.) 94 D1
Coja P (Co.) 94 D2
Coja P (Guar.) 75 C3
Cojáyar E (Gr.) 182 D3

Dorrón


Curas, Los E (Mu.) 171 C3
Curbe E (Hues.) 67 A1
Cures E (A Co.) 13 C4
Curiel de Duero E (Vall.) 61 A3
Curillas E (Le.) 38 A2
Curopos P (Bra.) 56 B1
Currais P (Ave.) 74 B3
Currais P (Fa.) 160 D4
Curral das Freiras P (Ma.) 110 B2
Curral dos Boieiros P (Fa.) 175 A2
Currás E (Our.) 35 B2
Currás E (Po.) 33 D4
Currás E (Po.) 14 A5
Currelos E (Lu.) 15 C4
Currelos P (Vis.) 94 D1
Curro E (Po.) 14 A5
Curros P (V. R.) 55 D3
Curros P (V. R.) 55 C2
Curtis E (A Co.) 15 A1
Curtis-Estación E (A Co.) 14 D1
Curva, La E (Alm.) 183 A4
Curvaceira P (Vis.) 75 B5
Curvaceiras Grandes P (San.) 112 A2
Curvaceiras Pequenas P (San.) 112 A2
Curval P (Ave.) 74 A3
Curvatos P (Be.) 160 C3
Curvos P (Br.) 53 D2
Cusanca E (Our.) 14 D5
Custóias P (Guar.) 76 A1
Custóias P (Port.) 53 D5
Cutanda E (Te.) 85 D3
Cútar E (Mál.) 180 D3
Cutián E (Po.) 14 B5
Cuzcurrita de Juarros E (Bur.) 42 A3
Cuzcurrita de Río Tirón E (La R.) 42 D1

## CH

Chã P (Ave.) 74 B3
Chã P (San.) 111 C2
Chã P (V. R.) 55 D4
Chã P (V. R.) 55 B1
Chã de Baixo P (San.) 111 C3
Chã de Cima P (San.) 111 C3
Chacim P (Bra.) 56 C4
Chacín E (A Co.) 13 C2
Chacones, Los E (Alm.) 170 B4
Chafiras, Las E (S. Cruz T.) 195 D5
Chagarcía Medianero E (Sa.) 79 A5
Chaguazoso E (Our.) 36 B3
Chaguazoso E (Our.) 36 C5
Chaherrero E (Áv.) 79 D3
Chaián E (A Co.) 14 B2
Chain E (Po.) 34 B2
Chainça P (Co.) 94 A4
Chainça P (Lei.) 111 B2
Chainça P (San.) 112 B3
Chalamera E (Hues.) 67 D2
Chamadouro P (Vis.) 94 C1
Chamartín E (Áv.) 79 D5
Chaminé P (San.) 112 B4
Chamoim P (Br.) 54 C1
Champana P (Fa.) 175 B2
Chamusca P (Co.) 95 A1
Chamusca P (San.) 111 D4
Chan E (Po.) 34 B2
Chan, A (Cotobade) E (Po.) 34 B1
Chança P (Por.) 113 A4
Chança-Gare P (Co.) 94 A4
Chancelaria P (Por.) 113 A5
Chancelaria P (San.) 111 D2
Chandoiro E (Our.) 36 B2
Chandrexa E (Our.) 35 D2
Chano E (Le.) 17 A3
Chans, As E (Po.) 34 B3
Chantada E (Lu.) 15 B5
Chañe E (Seg.) 60 C5
Chao E (A Co.) 2 D4
Chao E (Lu.) 3 C4
Chao E (Lu.) 4 B2
Chão da Feira P (Lei.) 111 B2
Chão da Parada P (Lei.) 110 D3
Chão da Vã P (C. B.) 95 B5
Chão das Donas P (Fa.) 173 C2
Chão das Eiras P (San.) 112 A1
Chão das Maias P (San.) 112 B2
Chão de Codes P (San.) 112 C2
Chão de Couce P (Lei.) 94 A5
Chão de Lamas P (Co.) 94 A3
Chão de Lopes P (San.) 112 C2
Chão de Lopes Pequeno P (San.) 112 C2
Chão de Lucas P (San.) 112 B3
Chão de Maçãs P (San.) 111 D1
Chão de Pias P (Lei.) 111 B2
Chão do Carvalho P (Ave.) 74 B3
Chão do Galego P (C. B.) 113 A1
Chão do Porto P (V. C.) 33 D5
Chão do Sapo P (Lis.) 110 D4
Chão Pardo P (Lei.) 111 B2
Chão Sobral P (Co.) 95 A2
Chaorna E (So.) 84 A1
Chaos E (Lu.) 3 D2
Chãos P (C. B.) 95 C3
Chãos P (Guar.) 76 A3
Chãos P (Lei.) 94 B5
Chãos P (Lei.) 111 A3
Chãos P (Lei.) 111 A2
Chãos P (Lis.) 126 C1
Chãos P (San.) 112 A1
Chãos P (San.) 111 A3
Chãos P (Set.) 143 B4
Chapa Fridão P (Port.) 54 D4
Chaparral E (Mu.) 155 A4
Chaparral P (Set.) 143 C5
Chaparral Alto, El E (Alm.) 170 A3
Chaparral, El E (Ali.) 156 D4
Chaparral, El E (Gr.) 167 D5
Chapas, Las E (Mál.) 188 A2
Chapatales, Los E (Sev.) 178 A1
Chapela E (Po.) 34 A2
Chapinería E (Mad.) 100 D2
Chapinha P (Co.) 94 B3
Chapinheira P (Co.) 94 C3
Charán E (Mu.) 154 C3
Charco de los Hurones E (Cád.) 178 C4
Charco del Pino E (S. Cruz T.) 195 D4
Charco del Tamujo E (C. R.) 119 B5
Charco Dulce E (Cád.) 186 B2
Charcofrío, lugar E (Sev.) 163 B3
Charche, El E (Alm.) 170 C2
Charches E (Gr.) 169 A5
Charilla E (J.) 167 C3
Charneca P (Lei.) 94 A5
Charneca P (Lei.) 93 D4
Charneca P (Lis.) 126 B3
Charneca P (Lis.) 126 B1
Charneca P (Lis.) 126 C3
Charneca P (San.) 111 B4
Charneca P (San.) 111 D3
Charneca da Caparica P (Set.) 126 C4
Charnequinhas P (Set.) 143 C5
Charo E (Hues.) 48 A2
Charruada P (San.) 111 D2
Chãs P (Guar.) 76 B2
Chãs P (Lei.) 93 B5
Chãs P (Lei.) 93 C4
Chãs de Égua P (Co.) 95 A2
Chãs de Tavares P (Vis.) 75 C5
Chasna E (S. Cruz T.) 196 A2
Chatún E (Seg.) 60 D5
Chauchina E (Gr.) 181 C1
Chaulines, Los E (Gr.) 182 C4
Chavães P (Port.) 54 D5
Chavães P (Vis.) 75 C1
Chave E (A Co.) 13 D3
Chave E (Lu.) 15 C4
Chave P (Ave.) 74 B2
Chaveira P (San.) 112 D1
Chaveiral P (Guar.) 95 A1
Chaves P (V. R.) 55 D1
Chaviães P (V. C.) 34 C3
Chavião P (V. C.) 34 A5
Chavín E (Lu.) 3 D2
Chayofa E (S. Cruz T.) 195 C5
Checa E (Gua.) 84 D5
Cheiras P (Guar.) 76 B5
Cheires P (V. R.) 55 C5
Cheleiros P (Lis.) 126 B2
Cheles E (Bad.) 129 D5
Chelo P (Co.) 94 B2
Chelva E (Val.) 124 A2
Chella E (Val.) 140 D2
Chequilla E (Gua.) 84 D5
Chera E (Val.) 124 B3
Chércoles E (So.) 64 A5
Chercos E (Alm.) 170 B5
Chericoca, La, lugar E (Alb.) 138 C3
Cherín E (Gr.) 183 A2
Chert/Xert E (Cas.) 108 A1
Cheste E (Val.) 124 C3
Chía E (Hues.) 48 B1
Chica-Carlota, La E (Cór.) 165 D2
Chiclana de la Frontera E (Cád.) 185 D2
Chiclana de Segura E (J.) 152 D2
Chiguergue E (S. Cruz T.) 195 C3
Chilches E (Mál.) 180 D4
Chilches/Xilxes E (Cas.) 125 C1
Chiloeches E (Gua.) 102 C1
Chillarón de Cuenca E (Cu.) 104 A4
Chillarón del Rey E (Gua.) 83 B5
Chillón E (C. R.) 133 D4
Chilluévar E (J.) 152 D5
Chimeneas E (Gr.) 181 C1
Chimiche E (S. Cruz T.) 196 A4
Chimillas E (Hues.) 46 D4
Chinas, Las E (Huel.) 146 C5
Chinchilla de Monte-Aragón E (Alb.) 139 A3
Chinchón E (Mad.) 102 A4
Chío E (S. Cruz T.) 195 C3
Chipar de Cima P (Ave.) 93 D1
Chipiona E (Cád.) 177 A4
Chiprana E (Zar.) 67 C5
Chiqueda P (Lei.) 111 A2
Chirán E (Alm.) 183 A3
Chirche E (S. Cruz T.) 195 C4
Chirivel E (Alm.) 170 B3
Chiriveta E (Hues.) 48 C4
Chirles/Xirles E (Ali.) 141 C5
Chirritana, La E (Cór.) 165 A2
Chisagües E (Hues.) 27 D5
Chite E (Gr.) 182 A3
Chiva de Morella/Xiva de Morella E (Cas.) 87 C5
Chiva E (Val.) 124 C4
Chive, El E (Alm.) 184 C1
Cho E (S. Cruz T.) 195 D5
Choca do Mar P (Ave.) 73 D5
Choça Queimada P (Fa.) 161 B4
Chodes E (Zar.) 65 B4
Chodos/Xodos E (Cas.) 107 B3
Chopera, La E (Mad.) 101 B1
Chopos, Los E (J.) 167 B3
Chorense P (Br.) 54 C1
Chorente E (Lu.) 15 D4
Chorente P (Br.) 54 A3
Choriza, La E (Alb.) 138 B3
Chorosas P (Co.) 93 D1
Chorro, El E (Mál.) 180 A3
Chosendo P (Vis.) 75 D2
Chospes, Los E (Alb.) 137 D4
Choutaria P (Lis.) 126 C2
Chouto P (San.) 112 A4
Chóvar E (Cas.) 125 B1
Chozas E (J.) 153 B3
Chozas de Abajo E (Le.) 38 C1
Chozas de Arriba E (Le.) 38 C1
Chozas de Canales E (To.) 101 A4
Chucena E (Huel.) 163 B4
Chuche, El E (Alm.) 183 D3
Chueca E (To.) 119 B2
Chulilla E (Val.) 124 B2
Chumberas, Las E (S. Cruz T.) 196 B2
Chumillas E (Cu.) 122 C2
Churra E (Mu.) 156 A4
Churriana E (Mál.) 180 B5
Churriana de la Vega E (Gr.) 181 D1

## D

Dacón E (Our.) 35 A1
Dade P (Vis.) 74 D4
Daganzo de Arriba E (Mad.) 102 A1
Dagorda P (Lis.) 110 D4
Daimalos-Vados, lugar E (Mál.) 181 B3
Daimés E (Ali.) 156 D3
Daimiel E (C. R.) 135 D2
Daimús E (Val.) 141 C2
Daimuz E (Alm.) 170 B3
Daires P (Vis.) 74 B5
Dalí E (Alm.) 169 D4
Dalías E (Alm.) 183 B3
Dalvares P (Vis.) 75 B1
Dama, La E (S. Cruz T.) 194 B2
Damil E (Lu.) 15 D1
Dantxarinea E (Na.) 25 A1
Darbo E (Po.) 33 D2
Dardavaz P (Vis.) 94 C1
Darei P (Vis.) 75 B4
Darmós E (Ta.) 88 D1
Darnius E (Gi.) 52 A1
Daroca E (Zar.) 85 B2
Daroca de Rioja E (La R.) 43 C2
Darque P (V. C.) 53 C1
Darrical E (Alm.) 183 A3
Darro E (Gr.) 168 C5
Das E (Gi.) 50 C2
Daspera P (C. B.) 95 A5
Daya Nueva E (Ali.) 156 C4
Daya Vieja E (Ali.) 156 C4
De la Loma E (Gr.) 182 A3
Deán Grande E (A Co.) 13 C5
Deão P (V. C.) 53 D1
Deba E (Gui.) 11 D5
Decermilo P (Vis.) 75 B4
Degaña E (Ast.) 17 B3
Degolados P (San.) 112 D2
Degollada, La E (S. Cruz T.) 196 A4
Dégracia Cimeira P (Por.) 112 D3
Dégracia Fundeira P (Por.) 112 D3
Degracias P (Co.) 93 D4
Degrada E (Lu.) 16 D3
Dehesa E (Gr.) 181 B1
Dehesa Baja, La E (S. Cruz T.) 196 A2
Dehesa de Campoamor E (Ali.) 156 C5
Dehesa de los Montes E (Gr.) 180 D1
Dehesa de Marinartín E (Mad.) 101 B3
Dehesa de Montejo E (Pa.) 20 C4
Dehesa de Perosín E (Sa.) 96 D2
Dehesa de Romanos E (Pa.) 20 C5
Dehesa de San Isidro, lugar E (Huel.) 163 A4
Dehesa de Val, La E (Alb.) 138 A5
Dehesa de Villandrando E (Pa.) 41 A4
Dehesa del Cañaveral E (Cór.) 166 C5
Dehesa Mayor E (Seg.) 60 D5
Dehesa Mayorga E (Bad.) 114 A5
Dehesa, La E (Alb.) 154 A4
Dehesa, La E (Alb.) 154 B2
Dehesa, La E (Alb.) 138 B5
Dehesa, La E (Huel.) 163 A1
Dehesa, La E (Mad.) 101 C1
Dehesas E (Le.) 37 A1
Dehesas de Guadix E (Gr.) 168 D3
Dehesas Viejas E (Gr.) 168 A4
Dehesas, Las E (Mad.) 81 A4
Dehesas, Las E (S. Cruz T.) 195 D2
Dehesilla E (Gr.) 166 D5
Deià → Deyá E (Bal.) 91 C2
Deifontes E (Gr.) 168 A5
Deilão P (Bra.) 57 B1
Deilão P (Vis.) 74 D2
Deixa-o-Resto P (Set.) 143 B3
Deixebre E (A Co.) 14 C2
Deleitosa E (Các.) 116 C2
Delfià E (Gi.) 52 B1
Delgada P (Lei.) 110 D4
Delgadas, Las E (Huel.) 163 A2
Delgadillo E (Gr.) 168 C4
Delika E (Ál.) 22 D3
Delongo P (San.) 112 A2
Deltebre E (Ta.) 88 D4
Demetrios, Los E (Cu.) 104 C2
Demo P (Lei.) 111 C2
Dénia E (Ali.) 142 A3
Denúy E (Hues.) 48 C1
Deocriste P (V. C.) 53 D1
Derde E (Alm.) 170 B1
Derio E (Viz.) 11 A5
Derramadero, lugar E (Alb.) 154 B1
Derramador, El E (Ali.) 156 C3
Derramador, El E (Val.) 123 D4
Derrea da Cimeira P (Lei.) 94 C4
Desamparados, Los E (Ali.) 156 B4
Desbarate P (Fa.) 174 D2
Descargamaría E (Các.) 97 B2
Descoberto P (C. B.) 95 B4
Desejosa P (Vis.) 75 C1
Desierto, El E (S. Cruz T.) 195 D4
Desojo E (Na.) 44 A1
Despujol, El E (Bar.) 51 A4
Desteriz E (Our.) 34 D3
Destriana E (Le.) 38 A2
Destriz P (Vis.) 74 B4
Deva E (Ast.) 6 D3
Dévanos E (So.) 64 C1
Devesa E (Lu.) 15 C2
Devesa E (Our.) 15 A5
Devesa E (Our.) 36 A5
Devesa E (Po.) 14 A5
Devesa de Boñar, La E (Le.) 19 B4
Devesa de Curueño E (Le.) 19 A5
Devesa, A E (Lu.) 4 C3
Devesa, A E (Po.) 14 A4
Devesos E (A Co.) 3 C2
Dexo E (A Co.) 2 C3
Deyá/Deià E (Bal.) 91 C2
Deza E (So.) 64 B4
Dianteiro P (Vis.) 74 C3
Díaz, Los E (Mu.) 172 B3
Dicastillo E (Na.) 44 B1
Diego Álvaro E (Áv.) 79 A5
Diezma E (Gr.) 168 B5
Dílar E (Gr.) 182 A2
Dima E (Viz.) 23 B2
Dine P (Bra.) 36 C5
Diogo Dias P (Fa.) 160 D3
Diogo Martins P (Be.) 161 A3
Diomondi E (Lu.) 15 C5
Dios Le Guarde E (Sa.) 77 C5
Dioses, Los E (Alm.) 170 C5
Distriz E (Lu.) 35 D1
Distriz E (Lu.) 3 C4
Diustes E (So.) 43 D4
Doade E (Lu.) 35 D1
Doade E (Our.) 34 C1
Dobres E (Can.) 20 B2
Dobro E (Bur.) 21 D4
Doctoral, El E (Las P.) 191 D3
Dodro E (A Co.) 14 A4
Dogueno P (Be.) 160 C3
Doiras E (Ast.) 5 A4
Dois Portos P (Lis.) 126 D1
Dólar E (Gr.) 183 A1
Dolores E (Ali.) 156 C4
Dolores E (Mu.) 172 C1
Dolores, Los E (Ali.) 156 C3
Dolores, Los E (Mu.) 172 B2
Dom Durão P (Lis.) 110 D4
Domaio E (Po.) 34 A2
Dombate E (A Co.) 1 C5
Dombellas E (So.) 63 C1
Domenes E (Alm.) 169 C5
Domeny-Taialà E (Gi.) 52 A4
Domeño E (Val.) 124 B2
Domeño (Romanzado) E (Na.) 25 C5
Dómez E (Zam.) 57 D2
Dominga Chã P (Guar.) 76 A4
Domingão P (Por.) 112 C5
Domingo García E (Seg.) 80 C2
Domingo Pérez E (Gr.) 168 A3
Domingo Pérez E (To.) 100 B5
Domingo Señor E (Sa.) 78 A4
Domingos da Vinha P (Por.) 112 D3
Dominguizo P (C. B.) 95 C3
Don Álvaro E (Bad.) 131 C3
Don Benito E (Bad.) 132 A2
Don Gonzalo E (Mu.) 154 D5
Dona Bolida P (San.) 111 C4
Dona Maria P (Lis.) 126 C2
Donadillo E (Zam.) 37 C4
Donadío E (J.) 152 B5
Donado E (Zam.) 37 C4
Donai P (Bra.) 56 D1
Donalbai E (Lu.) 15 C1
Donamaria E (Na.) 24 D2
Donas E (Po.) 33 D3
Donas P (C. B.) 95 C3
Donatos, Los E (Alm.) 169 D4
Doncos E (Lu.) 16 C4
Done Bikendi Harana E (Ál.) 23 D5
Donelo P (V. R.) 75 C1
Doney de la Requejada E (Zam.) 37 B4
Doneztebe/Santesteban E (Na.) 24 D2
Donhierro E (Seg.) 80 A2
Donillas E (Le.) 18 A5
Doniños E (A Co.) 2 D3
Donís E (Lu.) 16 D3
Donjimeno E (Áv.) 79 D3
Donões P (V. R.) 55 B1
Donón E (Po.) 33 C2
Donostia-San Sebastián E (Gui.) 12 C5
Donramiro E (Po.) 14 D4
Donvidas E (Áv.) 80 A2
Doña Ana E (Mál.) 180 B4
Doña Blanca E (Cád.) 177 C5
Doña Inés E (Mu.) 154 D5
Doña María E (Alm.) 183 C1
Doña Mencía E (Cór.) 166 D3
Doña Rama E (Cór.) 149 A3
Doña Santos E (Bur.) 62 B1
Doñinos de Ledesma E (Sa.) 78 A2
Doñinos de Salamanca E (Sa.) 78 C3
Dor E (A Co.) 1 B5
Dordóniz E (Bur.) 23 B5
Dorna P (V. R.) 55 D2
Dorna P (Vis.) 74 C5
Dornelas E (Po.) 34 A3
Dornelas P (Ave.) 74 B3
Dornelas P (Br.) 54 B2
Dornelas P (Guar.) 75 C4
Dornelas P (V. R.) 55 B2
Dornelas do Zêzere P (Co.) 95 A3
Dornes P (San.) 112 B1
Doroña E (A Co.) 3 A4
Doroño E (Bur.) 23 B4
Dorrao/Torrano E (Na.) 24 B4
Dòrria E (Gi.) 50 D2
Dorrón E (Po.) 33 D1

Dos Aguas


Dos Aguas E (Val.) 124 C5
Dos Hermanas E (Sev.) 164 A5
Dos Torres
de Mercader E (Te.) 87 A4
Dosbarrios E (To.) 120 A1
Doso E (A Co.) 3 A3
Dosrius E (Bar.) 71 C2
Dossãos P (Br.) 54 B1
Dos-Torres E (Cór.) 149 D1
Douro P (Lei.) 94 B5
Dozón E (Po.) 15 A5
Drago, El E (Cád.) 178 A4
Dragonal E (Las P.) 191 D1
Dragonte E (Le.) 16 D5
Driebes E (Gua.) 102 D3
Drova, La E (Val.) 141 B2
Duana, la → Aduanas E (Ali.) 142 A3
Duáñez E (So.) 63 D2
Duas Igrejas P (Ave.) 74 A2
Duas Igrejas P (Br.) 54 A1
Duas Igrejas P (Bra.) 57 C4
Duas Igrejas P (Port.) 54 C5
Dúas Igrexas E (Po.) 14 C5
Dúdar E (Gr.) 182 A1
Dueñas E (Pa.) 60 B1
Duesaigües E (Ta.) 89 A1
Dueso E (Can.) 10 A4
Duesos E (Ast.) 7 C4
Duio E (A Co.) 13 A2
Dumbría E (A Co.) 13 B1
Dunas, Las E (Sa.) 78 C2
Duques, Los E (Val.) 123 D4
Durana E (Ál.) 23 B3
Durango E (Viz.) 23 C1
Duratón E (Seg.) 61 D5
Durazno, El E (S.Cruz T.) 196 A2
Dúrcal E (Gr.) 182 A2
Durón E (Gua.) 83 B5
Durrães P (Br.) 53 D2
Durro E (Ll.) 48 D1
Durruma Kanpezu E (Ál.) 23 D5
Duruelo E (Áv.) 80 A5
Duruelo E (Seg.) 81 D1
Duruelo de la Sierra E (So.) 43 A5


# E


Ea E (Viz.) 11 C4
Eaurta → Jaurrieta E (Na.) 25 D3
Écija E (Sev.) 165 C3
Echarren E (Na.) 24 C5
Echarri/Etxarri E (Na.) 24 D4
Edral P (Bra.) 56 B1
Edrosa P (Bra.) 56 C1
Edroso P (Bra.) 36 B5
Edroso P (Bra.) 56 C2
Ega P (Co.) 93 D3
Egea E (Hues.) 48 B2
Eguaria P (Lis.) 126 B2
Egües E (Na.) 25 A4
Egulbati E (Na.) 25 A4
Eguzkialdea E (Na.) 24 D1
Ehari E (Ál.) 23 B4
Eibar E (Gui.) 23 D1
Eidián E (Po.) 15 A3
Eira de Ana P (Br.) 53 D2
Eira dos Vales P (Co.) 94 B3
Eira Pedrinha P (Co.) 94 A3
Eira Vedra P (Br.) 54 D2
Eira Velha P (C. B.) 112 C1
Eirado P (Guar.) 75 C3
Eirado P (V. C.) 34 B4
Eiras E (Our.) 35 A2
Eiras P (Co.) 94 A2
Eiras P (Lis.) 126 D1
Eiras P (V. C.) 34 B5
Eiras P (V. R.) 55 D1
Eiras, As E (Po.) 33 D5
Eirigo P (Vis.) 74 B5
Eiriz P (Port.) 54 B4
Eiriz P (V. R.) 55 C3
Eirol P (Ave.) 74 A4
Eirón E (A Co.) 13 D2
Eirós E (Po.) 34 A1
Eitzaga E (Viz.) 23 C1
Eivados P (Bra.) 56 A3
Eivissa E (Bal.) 89 D4
Eixo P (Ave.) 73 D4
Eja P (Port.) 74 B1
Ejea de los Caballeros E (Zar.) 45 D4
Ejeme E (Sa.) 78 D4
Ejep E (Hues.) 48 A3
Ejido, El E (Alm.) 183 B4
Ejulve E (Te.) 86 D4
Ekora → Yécora E (Ál.) 43 D1
Elantxobe E (Viz.) 11 B4
Elbarrena E (Gui.) 24 B1
Elbete E (Na.) 25 A2
Elburgo/Burgelu E (Ál.) 23 C4
Elcano E (Na.) 25 A4
Elciego/Eltziego E (Ál.) 43 C1
Elcoaz E (Na.) 25 C4
Elche de la Sierra E (Alb.) 154 C1
Elche/Elx E (Ali.) 156 D3
Elda E (Ali.) 156 C1
Elduain E (Gui.) 24 B2
Elechas E (Can.) 9 C4
Eleizalde (Amoroto) E (Viz.) 11 C5
Elejalde Forua E (Viz.) 11 B5
Elexalde E (Viz.) 23 A1
Elgea E (Ál.) 23 C3
Elgeta E (Gui.) 23 C2
Elgoibar E (Gui.) 23 D1
Elgorriaga E (Na.) 24 D2
Eliana, l' E (Val.) 124 D3
Elizondo (Baztan) E (Na.) 25 A2
Eljas E (Các.) 96 C3
Elkano E (Gui.) 12 A5
Elo → Monreal E (Na.) 25 B5
Elorrio E (Viz.) 23 C2
Elorz E (Na.) 25 A4
Elosu E (Gui.) 23 D2
Eltzaburu E (Na.) 24 D3
Eltziego → Elciego E (Ál.) 43 C1
Elvas P (Por.) 130 A3
Elvillar/Bilar E (Ál.) 43 C1
Elviria E (Mál.) 188 B2
Elx → Elche E (Ali.) 156 D3
Éller E (Ll.) 50 B1
Embid E (Gua.) 84 D3
Embid de Ariza E (Zar.) 64 C5
Embid de la Ribera E (Zar.) 65 A4
Embún E (Hues.) 26 B5
Emerandos E (Viz.) 11 B4
Empalme E (Po.) 33 D1
Empalme, El E (Cas.) 108 A4
Emparedada, lugar E (Cór.) 165 C1
Emperador E (Val.) 125 B3
Empúria-Brava E (Gi.) 52 C2
Empúries E (Gi.) 52 C3
Ena E (Hues.) 46 C2
Enate E (Hues.) 47 D4
Encamp A 30 A5
Encarnação P (Lis.) 126 B1
Encarnación, La E (Mu.) 154 D4
Encarnaciones, Las E (Sev.) 179 A2
Encebras, Las E (Mu.) 155 D2
Encima Angulo E (Bur.) 22 C2
Encín y La Canaleja, El E (Mad.) 102 B1
Encina de San Silvestre E (Sa.) 77 D2
Encina, La E (Ali.) 140 B4
Encina, La E (Sa.) 97 A1
Encinacorba E (Zar.) 65 C5
Encinahermosa, lugar E (Alb.) 138 A2
Encinar
de los Reyes, El E (Mad.) 101 D1
Encinar,
urbanización El E (Sa.) 78 D3
Encinarejo de Córdoba E (Cór.) 165 D1
Encinares E (Áv.) 98 D2
Encinares, Los E (J.) 167 C2
Encinas E (Seg.) 61 D5
Encinas de Abajo E (Sa.) 78 D3
Encinas de Arriba E (Sa.) 78 D4
Encinas de Esgueva E (Vall.) 61 A2
Encinas Reales E (Cór.) 166 C5
Encinasola E (Huel.) 146 B3
Encinasola de
las Minayas E (Sa.) 78 A2
Encinasola de
los Comendadores E (Sa.) 77 B2
Encinedo E (Le.) 37 B3
Encinilla-Grija E (Sev.) 177 D3
Encinillas E (Seg.) 81 A2
Encio E (Bur.) 22 D5
Enciso E (La R.) 44 A4
Encomienda de
Mudela, lugar E (C. R.) 135 D5
Encomienda, La E (Cu.) 121 C3
Encourados P (Br.) 54 A3
Encrobas, As E (A Co.) 2 C5
Endrinal E (Sa.) 78 B5
Eneritz → Enériz E (Na.) 24 D5
Enériz/Eneritz E (Na.) 24 D5
Enfesta E (A Co.) 14 B2
Enfesta E (A Co.) 2 D4
Enfesta E (Our.) 35 D5
Enfesta (Pontecesures) E (Po.) 14 A4
Enfistiella, La E (Ast.) 18 D1
Énguera E (Val.) 140 C2
Enguídanos E (Cu.) 123 A2
Enillas, Las E (Zam.) 58 B4
Enix E (Alm.) 183 C3
Énova, l' E (Val.) 141 A2
Enquerentes E (A Co.) 14 C3
Enroig → Anroig E (Cas.) 107 D1
Entins E (A Co.) 13 D3
Entoma E (Our.) 36 D1
Entradas P (Be.) 160 C1
Entrago E (Ast.) 18 A1
Entrala E (Zam.) 58 C4
Entralgo E (Ast.) 18 D1
Entrambasaguas E (Bur.) 22 C2
Entrambasaguas E (Can.) 9 D4
Entrambasaugas E (Lu.) 15 C3
Entrambasmestas E (Can.) 21 C1
Entre Ambos-os-Rios P (V. C.) 34 C5
Entre-a-Serra P (C. B.) 94 D5
Entrecinsa E (Our.) 36 B4
Entrecruces E (A Co.) 2 A5
Entredicho, El E (Mu.) 154 A5
Entrego, El E (Ast.) 6 D5
Entrena E (La R.) 43 C2
Entrepeñas E (Zam.) 37 B4
Entrerríos E (Bad.) 132 B2
Entrerríos E (Mál.) 188 B1
Entrialgo E (Ast.) 6 B3
Entrimo E (Our.) 34 D5
Entrín Alto E (Bad.) 130 D4
Entrín Bajo E (Bad.) 130 D4
Entroncamento P (San.) 111 D3
Entroncamento P (Set.) 127 A3
Envendos P (San.) 112 D2
Enviny E (Ll.) 49 B2
Enxabarda P (C. B.) 95 B3
Enxameia P (Guar.) 76 A2
Enxames E (Our.) 36 A5
Enxames P (C. B.) 95 D3
Enxara do Bispo P (Lis.) 126 C1
Enxofães P (Co.) 94 A1
Epele E (Gui.) 24 C1
Épila E (Zar.) 65 C3
Era E (Ast.) 6 A3
Era Alta E (Mu.) 155 D5
Era de la Viña E (Cád.) 179 A3
Erada P (C. B.) 95 B3
Erandio E (Viz.) 10 D5
Erandio-Goikoa E (Viz.) 10 D5
Eras, Las E (Alb.) 139 C1
Eras, Las E (S.Cruz T.) 196 A4
Eratsun E (Na.) 24 D2
Erbecedo E (A Co.) 2 A5
Erbedeiro E (Lu.) 15 C5
Erbille E (Po.) 34 A3
Erbogo E (A Co.) 14 A3
Ercina, La E (Le.) 19 B4
Erdozain E (Na.) 25 B4
Ereira P (Co.) 93 C3
Ereira P (Lis.) 110 D5
Ereira P (San.) 111 B5
Ereiras P (Lei.) 93 D4
Ereño E (Viz.) 11 C5
Ereñozu E (Gui.) 24 C1
Eresué E (Hues.) 48 B1
Ergoien E (Gui.) 12 C5
Eria, La E (Ast.) 6 C3
Erias E (Các.) 97 B2
EricE (Atez) E (Na.) 24 D3
EricE (Iza) E (Na.) 24 D3
Ericeira P (Lis.) 126 B1
Eriste E (Hues.) 28 B5
Erjos E (S.Cruz T.) 195 C3
Erjos del Tanque E (S.Cruz T.) 195 C3
Erla E (Zar.) 46 A4
Ermedelo E (A Co.) 13 D3
Ermelo P (V. C.) 34 C5
Ermelo P (V. R.) 55 A4
Ermesinde P (Port.) 54 A5
Ermida E (A Co.) 13 D2
Ermida P (Bra.) 56 C1
Ermida P (C. B.) 112 D1
Ermida P (Co.) 93 C1
Ermida P (V. C.) 34 C5
Ermida P (V. R.) 55 B5
Ermida P (Vis.) 74 D2
Ermida, A E (Our.) 14 C5
Ermidas-Aldeia P (Set.) 143 D4
Ermidas-Sado P (Set.) 143 D4
Ermigeira P (Lis.) 110 C5
Ermita de la Esperanza E (Cór.) 166 B3
Ermita de Patiño E (Mu.) 156 A5
Ermita del Ramonete E (Mu.) 171 C3
Ermita Nueva E (J.) 167 C4
Ermita Nueva →
Sangonera la Verde E (Mu.) 155 D5
Ermita
Virgen de la Sierra E (Cór.) 166 C3
Ermita, l' →
Ermita, La E (Ali.) 158 A1
Ermita, La E (Gr.) 169 B2
Ermita, La/Ermita, l' E (Ali.) 158 A1
Ermitabarri-Ibarra E (Viz.) 23 A2
Ermo E (A Co.) 3 B2
Ermua E (Viz.) 23 C1
Ernes E (Lu.) 16 D1
Erra P (San.) 127 D1
Erratzu E (Na.) 25 B1
Errenteria E (Viz.) 11 B5
Errenteria → Rentería E (Gui.) 12 C5
Errezil E (Gui.) 24 A1
Errezu → Riezu E (Na.) 24 C4
Erribera E (Ál.) 22 C4
Errigoiti/Rigoitia E (Viz.) 11 B5
Erro E (Na.) 25 B3
Erroitegi E (Ál.) 23 D4
Erronkari → Roncal E (Na.) 26 A4
Errotaldea E (Gui.) 24 B2
Erts A 29 D 5
Erustes E (To.) 100 B5
Ervas Tenras P (Guar.) 76 A4
Ervedal P (Co.) 95 A1
Ervedal P (Co.) 93 C2
Ervedal P (Por.) 129 A1
Ervedeira P (Lei.) 93 B4
Ervedo P (V. R.) 55 D1
Ervedosa P (Bra.) 56 B2
Ervedosa P (Guar.) 76 A3
Ervedosa do Douro P (Vis.) 75 C1
Ervedoso P (Ave.) 74 B3
Ervideira P (Lei.) 94 C4
Ervideira P (Por.) 112 C5
Ervideiro P (Br.) 54 D3
Ervidel P (Be.) 144 B4
Ervilhais P (Vis.) 74 C1
Ervilhal P (Vis.) 74 D3
Es Cap de Barbària E (Bal.) 90 C5
Esa → Yesa E (Na.) 25 C5
Esblada E (Ta.) 70 A4
Escabralhado P (Guar.) 96 C1
Escacena del Campo E (Huel.) 163 B4
Escairón E (Lu.) 15 C5
Escala, l' E (Gi.) 52 C3
Escalada E (Bur.) 21 C4
Escalada E (Huel.) 146 C5
Escalante E (Can.) 10 A4
Escaldes-Engordany, les A 50 A1
Escalera E (Gua.) 84 B4
Escalhão P (Guar.) 76 C2
Escaló E (Ll.) 29 B5
Escalona E (Hues.) 47 D1
Escalona E (To.) 100 C4
Escalona del Prado E (Seg.) 81 A1
Escalona, La E (S.Cruz T.) 195 D4
Escalonilla E (Áv.) 100 A1
Escalonilla E (To.) 100 C5
Escalos de Baixo P (C. B.) 95 D5
Escalos de Cima P (C. B.) 95 D5
Escamilla E (Gua.) 103 C1
Escamplero E (Ast.) 6 B4
Escanilla E (Hues.) 47 D3
Escaño E (Bur.) 21 D3
Escañuela E (J.) 167 B1
Escapães P (Ave.) 74 A2
Escarabajosa de
Cabezas E (Seg.) 81 A2
Escarabajosa de Cuéllar E (Seg.) 60 D4
Escarabote E (A Co.) 13 C4
Escardarcs E (Gi.) 50 C1
Escarei P (V. R.) 55 B3
Escariche E (Gua.) 102 D2
Escarigo P (C. B.) 95 D2
Escarigo P (Guar.) 76 D3
Escarihuela, La E (Mu.) 171 A3
Escariz (São Mamede) P (Br.) 54 A2
Escaro, lugar E (Le.) 19 D2
Escaroupim P (San.) 127 B1
Escároz/Ezkaroze E (Na.) 25 D3
Escarrilla E (Hues.) 27 A4
Escart E (Ll.) 49 B1
Escàs A 29 D 5
Escatelares P (Set.) 143 B3
Escatrón E (Zar.) 67 A5
Esclanyà E (Gi.) 52 C4
Esclavitud E (A Co.) 14 A3
Esclet E (Gi.) 52 A5
Escó E (Zar.) 25 D5
Escóbados de Abajo E (Bur.) 22 A5
Escobar de Campos E (Le.) 39 D3
Escobar de Polendos E (Seg.) 81 A2
Escobar, El E (Mu.) 172 A1
Escobedo E (Can.) 9 C5
Escobedo E (Can.) 9 C4
Escober de Tábara E (Zam.) 58 A1
Escobonal, El E (S.Cruz T.) 196 A3
Escobosa de Almazán E (So.) 63 D4
Escombreras E (Mu.) 172 C3
Escopete E (Gua.) 102 D2
Escorca E (Bal.) 91 D2
Escorial, El E (Mad.) 101 A1
Escorihuela E (Te.) 106 A1
Escornabois E (Our.) 35 C4
Escorratel, El E (Ali.) 156 B4
Escós E (Ll.) 49 B2
Escoura P (Port.) 74 A1
Escoural P (Ave.) 94 B1
Escoural P (Co.) 93 C1
Escóznar E (Gr.) 167 C5
Escuadra E (Po.) 34 B1
Escuadro E (Po.) 14 C4
Escuadro E (Zam.) 58 A5
Escucha E (Te.) 86 B4
Escudeiros P (Br.) 54 B3
Escuelas, Las E (J.) 168 A1
Escuer E (Hues.) 27 A5
Escuernavacas E (Sa.) 77 B2
Esculca P (Co.) 94 D2
Escúllar E (Alm.) 183 B1
Escullos, Los E (Alm.) 184 C3
Escuredo E (Le.) 18 B5
Escuredo E (Zam.) 37 B3
Escurial E (Các.) 132 A1
Escurial de la Sierra E (Sa.) 78 A5
Escurquela P (Vis.) 75 C2
Escusa P (Por.) 113 C4
Escusa P (Por.) 112 D4
Escusa (Ribadumia) E (Po.) 13 D5
Escúzar E (Gr.) 181 D2
Esfiliana E (Gr.) 168 D5
Esfrega P (C. B.) 95 A5
Esglésies, les E (Ll.) 48 D2
Esgos E (Our.) 35 C2
Esgueira P (Ave.) 73 D4
Esguevillas de Esgueva E (Vall.) 60 C2
Eskantzana E (Ál.) 23 A5
Eskoriatza E (Gui.) 23 C3
Eslava E (Na.) 45 B1
Eslida E (Cas.) 125 B1
Esmelle E (A Co.) 2 D2
Esmolfe P (Vis.) 75 B4
Esmoriz P (Ave.) 73 D2
Esmorode E (A Co.) 13 D1
Espada, La E (Mu.) 155 D3
Espadanal P (Co.) 94 D1
Espadanedo P (Bra.) 56 C2
Espadanedo P (Vis.) 74 C1
Espadaña E (Sa.) 77 C2
Espadañedo E (Zam.) 37 C4
Espadilla E (Cas.) 107 A4
Espadín, El E (Alm.) 170 C2
Espaén E (Ll.) 49 C2
Espargo P (Ave.) 74 A2
Espariz P (Co.) 94 D2
Esparra, l' E (Gi.) 51 D5
Esparragal E (Mu.) 156 A4
Esparragal E (Mu.) 171 A3
Esparragal, El E (Cór.) 167 A3
Esparragal, El, lugar E (Cád.) 186 C1
Esparragalejo E (Bad.) 131 B2
Esparragosa de
la Serena E (Bad.) 132 C5
Esparragosa de Lares E (Bad.) 133 A2
Esparreguera E (Bar.) 70 C3
Espartal, El E (Mad.) 82 A4
Espartinas E (Sev.) 163 D4
Esparza E (Na.) 25 D4
Espasande E (Ast.) 4 C4
Espasande E (Lu.) 4 B4
Espasante E (A Co.) 3 C1
Especiosa P (Bra.) 57 C3
Espedrada P (Guar.) 76 A4
Espeja E (Sa.) 76 D5
Espeja de San Marcelino E (So.) 62 C2
Espejo E (Cór.) 166 B2
Espejón E (So.) 62 C1
Espejos
de la Reina, Los E (Le.) 19 D3
Espeliz E (Alm.) 184 A2
Espelt, l' E (Bar.) 70 A2
Espelúy E (J.) 151 B4
Espera E (Cád.) 178 B3
Esperança P (Br.) 54 C2
Esperança P (Por.) 130 A1
Esperante E (Lu.) 15 B4

Fenazar


| | | | | |
|---|---|---|---|---|
| Esperanza, La | E | (Gr.) | 181 | A1 |
| Esperanzas, Las | E | (Mu.) | 172 | C1 |
| Esperela | E | (Lu.) | 16 | B2 |
| Espés | E | (Hues.) | 48 | C1 |
| Espiçandeira | P | (Lis.) | 126 | D1 |
| Espiche | P | (Fa.) | 173 | B2 |
| Espiel | E | (Cór.) | 149 | C3 |
| Espierba | E | (Hues.) | 27 | D5 |
| Espigas | E | (A Co.) | 13 | C2 |
| Espina de Tremor | E | (Le.) | 18 | A4 |
| Espina, La | E | (Ast.) | 5 | D4 |
| Espina, La | E | (Le.) | 19 | D4 |
| Espinal → Aurizberri | E | (Na.) | 25 | B3 |
| Espinama | E | (Can.) | 20 | A2 |
| Espinar, El | E | (Seg.) | 80 | D5 |
| Espinar, El, lugar | E | (To.) | 119 | C1 |
| Espinardo | E | (Mu.) | 156 | A4 |
| Espinaredo | E | (Ast.) | 7 | B5 |
| Espinavell | E | (Gi.) | 51 | B1 |
| Espindo | P | (Br.) | 54 | D2 |
| Espinelves | E | (Gi.) | 51 | B5 |
| Espinhal | P | (Co.) | 94 | B3 |
| Espinhal | P | (Co.) | 94 | B4 |
| Espinhal | P | (Guar.) | 96 | A2 |
| Espinhal | P | (Guar.) | 76 | B5 |
| Espinheira | P | (Co.) | 73 | D5 |
| Espinheira | P | (Lei.) | 110 | D3 |
| Espinheira | P | (Lis.) | 111 | A5 |
| Espinheira | P | (San.) | 111 | B3 |
| Espinheiro | P | (Co.) | 94 | B3 |
| Espinheiro | P | (Co.) | 93 | D1 |
| Espinheiro | P | (Guar.) | 75 | D4 |
| Espinheiro | P | (Lei.) | 111 | B2 |
| Espinheiro | P | (San.) | 112 | B2 |
| Espinheiro | P | (San.) | 111 | C3 |
| Espinhel | P | (Ave.) | 74 | A5 |
| Espinho | P | (Ave.) | 73 | D1 |
| Espinho | P | (Vis.) | 74 | C4 |
| Espinho | P | (Vis.) | 75 | A5 |
| Espinho | P | (Vis.) | 75 | D1 |
| Espinho | P | (Vis.) | 94 | B1 |
| Espinho Grande | P | (C. B.) | 113 | A1 |
| Espinho Pequeno | P | (C. B.) | 113 | A1 |
| Espinhosa | P | (Bra.) | 56 | B1 |
| Espinhosa | P | (Vis.) | 75 | D1 |
| Espinhosela | P | (Bra.) | 56 | D1 |
| Espinilla | E | (Can.) | 21 | A2 |
| Espino | E | (Mál.) | 181 | A3 |
| Espino de la Orbada | E | (Sa.) | 79 | A2 |
| Espino de los Doctores | E | (Sa.) | 78 | A2 |
| Espino, El | E | (Le.) | 17 | B4 |
| Espino, El | E | (So.) | 64 | A1 |
| Espinos, Los | E | (Las P.) | 191 | A2 |
| Espinosa de Cerrato | E | (Pa.) | 41 | B5 |
| Espinosa de Cervera | E | (Bur.) | 62 | A1 |
| Espinosa de Henares | E | (Gua.) | 82 | D3 |
| Espinosa de la Ribera | E | (Le.) | 18 | C5 |
| Espinosa de los Caballeros | E | (Áv.) | 80 | B2 |
| Espinosa de los Monteros | E | (Bur.) | 22 | A2 |
| Espinosa de Villagonzalo | E | (Pa.) | 40 | D1 |
| Espinosa del Camino | E | (Bur.) | 42 | B2 |
| Espinosilla de San Bartolomé | E | (Bur.) | 41 | C1 |
| Espinoso del Rey | E | (To.) | 118 | A2 |
| Espiñeira | E | (Lu.) | 4 | B3 |
| Espiñeira | E | (Our.) | 14 | D5 |
| Espiño | E | (Our.) | 36 | C3 |
| Espiño | E | (Our.) | 35 | C5 |
| Espiñoso | E | (Our.) | 35 | A3 |
| Espirdo | E | (Seg.) | 81 | A2 |
| Espirito Santo | E | (Po.) | 33 | D2 |
| Espírito Santo | P | (Be.) | 161 | A2 |
| Espírito Santo | P | (Co.) | 93 | D3 |
| Espite | P | (San.) | 111 | D1 |
| Espiunca | P | (Ave.) | 74 | C2 |
| Esplegares | E | (Gua.) | 83 | D4 |
| Espluga Calba, l' | E | (Ll.) | 69 | B3 |
| Espluga de Francolí, l' | E | (Ta.) | 69 | B4 |
| Esplugues de Llobregat | E | (Bar.) | 71 | A4 |
| Esplús | E | (Hues.) | 68 | A1 |
| Espolla | E | (Gi.) | 52 | B1 |
| Esponellà | E | (Gi.) | 52 | A3 |
| Esporles | E | (Bal.) | 91 | C3 |
| Esporões | P | (Br.) | 54 | B3 |
| Esporões | P | (Guar.) | 76 | A3 |
| Esposa | E | (Hues.) | 26 | C5 |
| Esposade | P | (Port.) | 74 | A1 |
| Esposende | P | (Br.) | 53 | D2 |
| Espot | E | (Ll.) | 29 | B5 |
| Espragosa | P | (Be.) | 160 | D2 |
| Espronceda | E | (Na.) | 44 | A1 |
| Espumaderas, Las, lugar | E | (J.) | 153 | B4 |
| Espunyola, l' | E | (Bar.) | 50 | B4 |
| Esquedas | E | (Hues.) | 46 | D3 |
| Esquio | P | (Co.) | 94 | B4 |
| Esquivel | E | (Sev.) | 164 | A3 |
| Esquivias | E | (To.) | 101 | C4 |
| Establés | E | (Gua.) | 84 | B2 |
| Establiments | E | (Bal.) | 91 | C3 |
| Estacada, La | E | (Mu.) | 155 | C1 |
| Estação | P | (San.) | 112 | B4 |
| Estacas | E | (Po.) | 34 | B2 |
| Estacas | E | (Po.) | 14 | A4 |
| Estació de Sant Vicenç de Calders, l' | E | (Ta.) | 70 | A5 |
| Estació, l' → Estación, La | E | (Ali.) | 156 | C2 |
| Estación | E | (Lu.) | 16 | A5 |
| Estación | E | (Mál.) | 180 | B4 |
| Estación | E | (Mu.) | 171 | A3 |
| Estación | E | (To.) | 101 | C4 |
| Estación de Aljucén | E | (Bad.) | 131 | B2 |
| Estación de Almonaster | E | (Huel.) | 146 | C5 |
| Estación de Archidona | E | (Mál.) | 180 | C1 |
| Estación de Arroyo-Malpartida | E | (Các.) | 115 | A3 |
| Estación de Begíjar | E | (J.) | 152 | A5 |
| Estación de Cabra | E | (J.) | 168 | C2 |
| Estación de Chinchilla | E | (Alb.) | 139 | A3 |
| Estación de El Espinar | E | (Seg.) | 81 | A4 |
| Estación de Espelúy | E | (J.) | 151 | C5 |
| Estación de Fernán Núñez | E | (Cór.) | 166 | B2 |
| Estación de Ferrocarril | E | (Sev.) | 164 | B3 |
| Estación de Gorafe | E | (Gr.) | 169 | A4 |
| Estación de Guadix | E | (Gr.) | 168 | D5 |
| Estación de Huelma | E | (J.) | 168 | C2 |
| Estación de Huesa | E | (J.) | 168 | C2 |
| Estación de Huétor Tájar | E | (Gr.) | 181 | B1 |
| Estación de La Calahorra, lugar | E | (Gr.) | 169 | A5 |
| Estación de Linares-Baeza | E | (J.) | 151 | D4 |
| Estación de Moreda | E | (Gr.) | 168 | C4 |
| Estación de Obejo | E | (Cór.) | 149 | D4 |
| Estación de Pedro-Martínez | E | (Gr.) | 168 | C3 |
| Estación de Río Záncara | E | (C. R.) | 121 | A5 |
| Estación de Salinas | E | (Mál.) | 180 | D1 |
| Estación de Vadollano | E | (J.) | 151 | D4 |
| Estación Emperador | E | (To.) | 119 | B5 |
| Estación Férrea | E | (Cád.) | 187 | A4 |
| Estación Férrea | E | (Mu.) | 155 | C3 |
| Estación Ferrocarril | E | (Các.) | 114 | A4 |
| Estación Ferrocarril | E | (Huel.) | 163 | B4 |
| Estación Mora de Rubielos | E | (Te.) | 106 | C4 |
| Estación Portazgo | E | (Zar.) | 66 | B1 |
| Estación Urda Peleches | E | (To.) | 119 | C4 |
| Estación y Pajares, La | E | (Mad.) | 101 | A1 |
| Estación, La | E | (Alm.) | 183 | C1 |
| Estación, La | E | (Alm.) | 183 | B1 |
| Estación, La | E | (Alm.) | 171 | A4 |
| Estación, La | E | (Áv.) | 80 | C5 |
| Estación, La | E | (Áv.) | 80 | B3 |
| Estación, La | E | (C. R.) | 134 | D5 |
| Estación, La | E | (Cór.) | 166 | D3 |
| Estación, La | E | (Cór.) | 166 | C3 |
| Estación, La | E | (Cór.) | 150 | C5 |
| Estación, La | E | (Cór.) | 165 | A2 |
| Estación, La | E | (Gr.) | 169 | A5 |
| Estación, La | E | (Mad.) | 101 | B1 |
| Estación, La | E | (Mad.) | 100 | D1 |
| Estación, La | E | (Mad.) | 81 | B5 |
| Estación, La | E | (Pa.) | 20 | C4 |
| Estación, La | E | (Sa.) | 78 | A3 |
| Estación, La | E | (Sa.) | 78 | B3 |
| Estación, La | E | (Sa.) | 79 | B1 |
| Estación, La | E | (Te.) | 87 | A1 |
| Estación, La | E | (To.) | 101 | D4 |
| Estación, La | E | (Zam.) | 58 | D3 |
| Estación, La, lugar | E | (Alm.) | 183 | B1 |
| Estación, La, lugar | E | (Bad.) | 131 | B5 |
| Estación, La, lugar | E | (Bad.) | 147 | B1 |
| Estación, La, lugar | E | (Mál.) | 179 | B4 |
| Estación, La/ Estació, l' | E | (Ali.) | 156 | C2 |
| Estación, lugar | E | (Cád.) | 187 | A4 |
| Estada | E | (Hues.) | 48 | A4 |
| Estadilla | E | (Hues.) | 48 | A4 |
| Estall | E | (Hues.) | 48 | C4 |
| Estamariu | E | (Ll.) | 50 | A2 |
| Estancos, Los | E | (Las P.) | 190 | B2 |
| Estanquillo, El | E | (S. Cruz T.) | 194 | C2 |
| Estany d'en Mas, S' | E | (Bal.) | 92 | C4 |
| Estany, l' | E | (Bar.) | 51 | A5 |
| Estanyol | E | (Gi.) | 51 | D4 |
| Estaña | E | (Hues.) | 48 | B4 |
| Estaràs | E | (Ll.) | 69 | D2 |
| Estarreja | P | (Ave.) | 73 | D3 |
| Estartit, l' | E | (Gi.) | 52 | C3 |
| Estás | E | (Po.) | 33 | D4 |
| Estébanez de la Calzada | E | (Le.) | 38 | B2 |
| Estebanvela | E | (Seg.) | 62 | B5 |
| Esteiramantens | P | (Fa.) | 175 | A3 |
| Esteiro | E | (A Co.) | 3 | A2 |
| Esteiro | E | (A Co.) | 13 | C3 |
| Esteiro | E | (A Co.) | 13 | D4 |
| Esteiro | P | (Co.) | 95 | A4 |
| Estela | P | (Port.) | 53 | D3 |
| Estela Montes | P | (Fa.) | 174 | B2 |
| Estella del Marqués | E | (Cád.) | 177 | D4 |
| Estella/Lizarra | E | (Na.) | 24 | B5 |
| Estellenchs | E | (Bal.) | 91 | B3 |
| Estepa | E | (Sev.) | 165 | D5 |
| Estepa de San Juan | E | (So.) | 63 | D1 |
| Estépar | E | (Bur.) | 41 | C3 |
| Estepona | E | (Mál.) | 187 | C2 |
| Ester | P | (Vis.) | 74 | D2 |
| Esteras de Lubia | E | (So.) | 64 | A2 |
| Esteras de Medinaceli | E | (So.) | 83 | D2 |
| Estercuel | E | (Te.) | 86 | C3 |
| Esteriz | E | (Po.) | 33 | D3 |
| Esterri d'Àneu | E | (Ll.) | 29 | B5 |
| Esterri de Cardós | E | (Ll.) | 29 | C5 |
| Estesos, Los | E | (Cu.) | 121 | D5 |
| Estet | E | (Hues.) | 48 | C1 |
| Estevais | P | (Bra.) | 56 | B5 |
| Estevais | P | (Bra.) | 56 | D5 |
| Estevais | P | (C. B.) | 112 | B1 |
| Esteval | P | (Fa.) | 174 | C3 |
| Esteval dos Mouros | P | (Fa.) | 174 | B2 |
| Esteveira | P | (Fa.) | 174 | B2 |
| Esteveira | P | (San.) | 112 | C4 |
| Estevês | P | (C. B.) | 113 | A1 |
| Estevesiños | E | (Our.) | 35 | D5 |
| Estibeira | P | (Be.) | 159 | B2 |
| Estiche de Cinca | E | (Hues.) | 67 | D1 |
| Estivella | E | (Val.) | 125 | B2 |
| Esto | E | (A Co.) | 1 | D5 |
| Estói | P | (Fa.) | 174 | D3 |
| Estollo | E | (La R.) | 43 | A3 |
| Estômbar | P | (Fa.) | 173 | D2 |
| Estopiñán | E | (Hues.) | 48 | C5 |
| Estorãos | P | (V. C.) | 53 | D1 |
| Estorde | E | (A Co.) | 13 | B2 |
| Estoril | P | (Lis.) | 126 | B3 |
| Estorniho | P | (Lei.) | 110 | D4 |
| Estorninhos | P | (Fa.) | 175 | B2 |
| Estorninos | E | (Các.) | 114 | C1 |
| Estrada | P | (Lei.) | 93 | D4 |
| Estrada | P | (Lei.) | 110 | C4 |
| Estrada da Bouça | P | (Lei.) | 93 | C5 |
| Estrada, A | E | (Po.) | 14 | B4 |
| Estramil | E | (A Co.) | 2 | B4 |
| Estrecho de San Ginés, El | E | (Mu.) | 172 | C2 |
| Estrecho, El | E | (Mu.) | 172 | A2 |
| Estreito | P | (C. B.) | 95 | A4 |
| Estreito | P | (San.) | 111 | D1 |
| Estreito da Calheta | P | (Ma.) | 109 | D2 |
| Estreito de Câmara de Lobos | P | (Ma.) | 110 | B2 |
| Estrela | P | (Be.) | 145 | C2 |
| Estrella, La | E | (To.) | 117 | C2 |
| Estremera | E | (Mad.) | 102 | D4 |
| Estremoz | P | (Év.) | 129 | B3 |
| Estribeiro | P | (Lis.) | 111 | A5 |
| Estriégana | E | (Gua.) | 83 | C2 |
| Estrivela | E | (Po.) | 34 | A1 |
| Estubeny | E | (Val.) | 140 | D2 |
| Esturãos | P | (V. R.) | 55 | D2 |
| Etayo | E | (Na.) | 24 | B5 |
| Etreros | E | (Seg.) | 80 | C3 |
| Etxalar | E | (Na.) | 25 | A1 |
| Etxaleku | E | (Na.) | 24 | D3 |
| Etxano | E | (Viz.) | 23 | B1 |
| Etxarri → Echarri | E | (Na.) | 24 | D4 |
| Etxarri-Aranatz | E | (Na.) | 24 | B3 |
| Etxauri | E | (Na.) | 24 | D4 |
| Etxebarria | E | (Viz.) | 23 | C1 |
| Euba | E | (Viz.) | 23 | B1 |
| Eucisia | P | (Bra.) | 56 | C5 |
| Eugenia | P | (C. B.) | 96 | B4 |
| Eugi | E | (Na.) | 25 | B3 |
| Eulate | E | (Na.) | 24 | A4 |
| Eume | E | (A Co.) | 3 | A3 |
| Eurovillas | E | (Mad.) | 102 | C2 |
| Évora | P | (Év.) | 128 | D5 |
| Évora de Alcobaça | P | (Lei.) | 111 | A2 |
| Évora Monte | P | (Év.) | 129 | A3 |
| Extramiana | E | (Bur.) | 22 | B4 |
| Extremo | P | (V. C.) | 34 | B4 |
| Ézaro | E | (A Co.) | 13 | B2 |
| Ezcaray | E | (La R.) | 42 | D3 |
| Ezkaroze → Escároz | E | (Na.) | 25 | D3 |
| Ezkio | E | (Gui.) | 24 | A2 |
| Ezkio-Itsaso | E | (Gui.) | 24 | A2 |
| Ezkurra | E | (Na.) | 24 | D2 |
| Ezprogui | E | (Na.) | 45 | B1 |
| Ezquerra | E | (Bur.) | 42 | C2 |
| Eztuniga → Zúñiga | E | (Na.) | 24 | A5 |


# F


| | | | | |
|---|---|---|---|---|
| Faba-Bargelas, La | E | (Le.) | 16 | C4 |
| Fabara | E | (Zar.) | 87 | D1 |
| Fabero | E | (Le.) | 17 | B4 |
| Fábrica Azucarera | E | (Zar.) | 65 | C3 |
| Fábrica de Giner, la → Primera del Río | E | (Cas.) | 87 | C5 |
| Fábrica del Pedroso | E | (Sev.) | 148 | B5 |
| Fábrica, La | E | (Bar.) | 70 | C2 |
| Fábrica, La | E | (Gr.) | 181 | A1 |
| Facinas | E | (Cád.) | 186 | C4 |
| Facós | E | (Our.) | 34 | D4 |
| Facha | P | (V. C.) | 54 | A1 |
| Facheca/Fageca | E | (Ali.) | 141 | B4 |
| Facho | P | (Lei.) | 111 | A2 |
| Facho | P | (Port.) | 53 | D4 |
| Fadón | E | (Zam.) | 58 | A4 |
| Faedal, El | E | (Ast.) | 5 | D4 |
| Faedo | E | (Ast.) | 6 | A3 |
| Faedo | E | (Ast.) | 5 | D3 |
| Fafe | P | (Br.) | 54 | C3 |
| Fafião | P | (V. R.) | 54 | D1 |
| Fagajesto | E | (Las P.) | 191 | B2 |
| Fageca → Facheca | E | (Ali.) | 141 | B4 |
| Fago | E | (Hues.) | 26 | B5 |
| Fagundo | E | (S. Cruz T.) | 193 | B2 |
| Faia | P | (Br.) | 55 | A3 |
| Faia | P | (Guar.) | 75 | D5 |
| Faia | P | (Vis.) | 75 | C2 |
| Faial | P | (Ma.) | 110 | B1 |
| Faial da Terra | P | (Aç.) | 109 | D5 |
| Faião | P | (Lis.) | 126 | B2 |
| Fail | P | (Vis.) | 74 | D5 |
| Faiões | P | (V. R.) | 55 | D1 |
| Faisca | E | (A Co.) | 2 | D3 |
| Faitús | E | (Gi.) | 51 | B2 |
| Fajã da Ovelha | P | (Ma.) | 109 | D1 |
| Fajã de Cima | P | (Aç.) | 109 | B4 |
| Fajã Grande | P | (Aç.) | 109 | A2 |
| Fajão | P | (Co.) | 94 | D3 |
| Fajarda | P | (San.) | 127 | C1 |
| Fajãzinha | P | (Aç.) | 109 | A2 |
| Fajões | P | (Ave.) | 74 | B2 |
| Fajozes | P | (Port.) | 53 | D4 |
| Falachos | P | (Guar.) | 76 | A4 |
| Falagueira | P | (Por.) | 113 | A3 |
| Falagueira Venda Nova | P | (Lis.) | 126 | C3 |
| Falces | E | (Na.) | 44 | D2 |
| Falfosa | P | (Fa.) | 174 | C3 |
| Falgorosa | P | (Ave.) | 74 | B5 |
| Falgoselhe | P | (Ave.) | 74 | B5 |
| Falgueiras | P | (Bra.) | 56 | C2 |
| Fals | E | (Bar.) | 70 | B1 |
| Falset | E | (Ta.) | 89 | A1 |
| Famalicão | P | (Guar.) | 95 | D1 |
| Famalicão | P | (Lei.) | 110 | D2 |
| Famelga | E | (Po.) | 34 | B1 |
| Famões | P | (Lei.) | 110 | D4 |
| Famorca | E | (Ali.) | 141 | B4 |
| Fanadia | P | (Lei.) | 110 | D3 |
| Fanadix | E | (Ali.) | 142 | A4 |
| Fandinhães | P | (Port.) | 74 | C1 |
| Fangarifau | P | (Set.) | 127 | C5 |
| Fanhais | P | (Lei.) | 111 | A1 |
| Fanhões | P | (Lis.) | 126 | D2 |
| Fanlillo | E | (Hues.) | 47 | B1 |
| Fanlo | E | (Hues.) | 27 | C5 |
| Fanzara | E | (Cas.) | 107 | B5 |
| Fânzeres | P | (Port.) | 54 | A5 |
| Fañabé | E | (S. Cruz T.) | 195 | C4 |
| Fañanás | E | (Hues.) | 47 | A4 |
| Fao | E | (A Co.) | 14 | C3 |
| Fão | P | (Br.) | 53 | D3 |
| Far d'Empordà, el | E | (Gi.) | 52 | B2 |
| Faraján | E | (Mál.) | 179 | B5 |
| Faramontanos de Tábara | E | (Zam.) | 58 | B1 |
| Faramontaos | E | (Our.) | 35 | A1 |
| Faramontaos | E | (Our.) | 35 | C2 |
| Farasdués | E | (Zar.) | 45 | D3 |
| Fareja | P | (Br.) | 54 | C3 |
| Fareja | P | (Vis.) | 75 | A2 |
| Farejinhas | P | (Vis.) | 75 | A2 |
| Farelos | P | (Fa.) | 161 | A3 |
| Farena | E | (Ta.) | 69 | B5 |
| Farga de Bebié, La | E | (Gi.) | 51 | A3 |
| Farga de Moles, La | E | (Ll.) | 49 | D1 |
| Faria | P | (Br.) | 53 | D3 |
| Farinha Branca | P | (Por.) | 128 | B1 |
| Fariza | E | (Zam.) | 57 | C4 |
| Farlete | E | (Zar.) | 66 | D2 |
| Farminhão | P | (Vis.) | 74 | D5 |
| Farnadeiros | E | (Lu.) | 15 | D3 |
| Faro | E | (Le.) | 17 | B3 |
| Faro | E | (Lu.) | 3 | D1 |
| Faro | P | (Fa.) | 174 | C3 |
| Faro do Alentejo | P | (Be.) | 144 | C3 |
| Farrapa | E | (A Co.) | 13 | B1 |
| Farrera | E | (Ll.) | 49 | C1 |
| Fárrio | P | (San.) | 111 | D1 |
| Fartosas | P | (Co.) | 94 | A4 |
| Farves | P | (Vis.) | 74 | C4 |
| Fasgar | E | (Le.) | 17 | D4 |
| Fasnia | E | (S. Cruz T.) | 196 | A3 |
| Fataga | E | (Las P.) | 191 | C3 |
| Fatarella, la | E | (Ta.) | 88 | B1 |
| Fataunços | P | (Vis.) | 74 | D4 |
| Fatela | P | (C. B.) | 95 | D3 |
| Fátima | E | (Gr.) | 169 | C1 |
| Fátima | P | (San.) | 111 | C2 |
| Faucena | E | (Gr.) | 168 | B4 |
| Faura | E | (Val.) | 125 | B2 |
| Favacal | P | (Co.) | 94 | B4 |
| Favaios | P | (V. R.) | 55 | D5 |
| Favais | P | (V. R.) | 55 | B3 |
| Favara | E | (Val.) | 141 | B1 |
| Favões | P | (Port.) | 74 | C1 |
| Fayón | E | (Zar.) | 68 | B5 |
| Fayos, Los | E | (Zar.) | 64 | D1 |
| Fazamões | P | (Vis.) | 75 | A1 |
| Fazenda | P | (Por.) | 112 | D4 |
| Fazenda das Lajes | P | (Aç.) | 109 | A2 |
| Fazendas de Almeirim | P | (San.) | 111 | D5 |
| Fazouro | E | (Lu.) | 4 | B2 |
| Feal | E | (A Co.) | 2 | D2 |
| Feáns | E | (A Co.) | 2 | C4 |
| Feás | E | (A Co.) | 3 | B1 |
| Feás | E | (Our.) | 35 | B5 |
| Feás | E | (Our.) | 34 | D1 |
| Febres | P | (Co.) | 93 | D1 |
| Febró, la | E | (Ta.) | 69 | B5 |
| Feces de Abaixo | E | (Our.) | 55 | D1 |
| Fechaladrona | E | (Ast.) | 18 | D1 |
| Feijó | P | (Set.) | 126 | C4 |
| Feira | P | (Ave.) | 74 | A2 |
| Feira | P | (Ave.) | 74 | B4 |
| Feira do Monte | E | (Lu.) | 3 | D5 |
| Feirão | P | (Vis.) | 75 | A1 |
| Feiro | P | (V. C.) | 53 | D1 |
| Feital | P | (Guar.) | 76 | A4 |
| Feiteira | P | (Ave.) | 73 | D5 |
| Feiteira | P | (Fa.) | 160 | D4 |
| Feitos | P | (Br.) | 53 | D2 |
| Feitosa | P | (V. C.) | 54 | A1 |
| Feitoso | P | (Co.) | 93 | C2 |
| Feitoso | P | (Lei.) | 111 | A3 |
| Feixe | P | (San.) | 128 | A1 |
| Felanitx | E | (Bal.) | 92 | B4 |
| Felechares de la Valdería | E | (Le.) | 38 | A3 |
| Feleches | E | (Ast.) | 6 | D4 |
| Felechosa | E | (Ast.) | 19 | A2 |
| Felgar | P | (Bra.) | 56 | C5 |
| Felgueira | P | (Ave.) | 74 | B3 |
| Felgueira | P | (Vis.) | 94 | C1 |
| Felgueiras | P | (Br.) | 54 | D3 |
| Felgueiras | P | (Bra.) | 56 | C4 |
| Felgueiras | P | (Bra.) | 76 | C1 |
| Felgueiras | P | (Port.) | 54 | C4 |
| Felgueiras | P | (Vis.) | 75 | A1 |
| Felgueirasa | P | (Co.) | 95 | A1 |
| Felguera | E | (Ast.) | 18 | B1 |
| Felguera, La | E | (Ast.) | 18 | C1 |
| Felguerina | E | (Ast.) | 19 | B1 |
| Feli | E | (Mu.) | 171 | B3 |
| Felipa, La | E | (Alb.) | 139 | A2 |
| Felix | E | (Alm.) | 183 | C3 |
| Felmil | E | (Lu.) | 3 | D5 |
| Felmín | E | (Le.) | 18 | D3 |
| Femés | E | (Las P.) | 192 | B5 |
| Fenais da Ajuda | P | (Aç.) | 109 | C4 |
| Fenais da Luz | P | (Aç.) | 109 | B4 |
| Fenazar | E | (Mu.) | 155 | D3 |

Fene E (A Co.) 2 D3
Férez E (Alb.) 154 C2
Feria E (Bad.) 131 A5
Fermedo P (Ave.) 74 B2
Fermelã P (Ave.) 74 A4
Fermentães P (Bra.) 56 D2
Fermentãos P (Vis.) 74 D2
Fermentelos P (Ave.) 74 A5
Fermontelos P (Vis.) 74 D3
Fermoselle E (Zam.) 57 C5
Fernán Núñez E (Cór.) 166 A2
Fernán Pérez E (Alm.) 184 C3
Fernancaballero E (C. R.) 135 B1
Fernandes P (Be.) 161 B2
Fernandilho P (Fa.) 161 A4
Fernandina, La E (J.) 151 D3
Fernandinho P (Lis.) 126 C1
Fernando Pó P (Set.) 127 C4
Fernão Ferro P (Set.) 126 D4
Fernão Joanes P (Guar.) 95 D1
Fernão Vaz P (Be.) 160 A2
Ferradosa P (Bra.) 56 C5
Ferradosa P (Bra.) 56 B2
Ferragudo P (Év.) 145 C1
Ferragudo P (Fa.) 173 C2
Ferral P (V. R.) 55 A1
Ferral del Bernesga E (Le.) 18 D5
Ferraria E (Lu.) 16 A5
Ferraria P (Lei.) 111 A1
Ferraria P (Por.) 112 D3
Ferraria de São João P (Co.) 94 B4
Ferrarias P (Fa.) 174 B3
Ferrarias P (Fa.) 174 A2
Ferrarias P (Lei.) 94 A5
Ferrarias Cimeiras P (C. B.) 113 B1
Ferreira E (A Co.) 3 A3
Ferreira E (A Co.) 1 D5
Ferreira E (Gr.) 182 D1
Ferreira E (Lu.) 35 C1
Ferreira E (Lu.) 4 A2
Ferreira P (Bra.) 56 C2
Ferreira P (Port.) 54 B5
Ferreira P (V. C.) 34 A5
Ferreira de Aves P (Vis.) 75 B3
Ferreira do Alentejo P (Be.) 144 B3
Ferreira do Zêzere P (San.) 112 B1
Ferreira-a-Nova P (Co.) 93 C2
Ferreiras P (Fa.) 174 A2
Ferreirim P (Vis.) 75 B1
Ferreirim P (Vis.) 75 C2
Ferreiro E (A Co.) 14 D2
Ferreiró P (Port.) 53 D4
Ferreiroa E (Po.) 15 A4
Ferreirola E (Gr.) 182 C3
Ferreiros E (Lu.) 16 B3
Ferreiros E (Our.) 34 D5
Ferreiros E (Our.) 35 B1
Ferreirós E (Po.) 14 D3
Ferreirós E (Po.) 14 A4
Ferreiros P (Ave.) 94 A1
Ferreiros P (Ave.) 74 A3
Ferreiros P (Br.) 54 B2
Ferreiros P (Br.) 54 C2
Ferreiros P (Bra.) 56 B1
Ferreiros P (V. C.) 34 B5
Ferreiros de Arriba E (Lu.) 16 B5
Ferreiros de Avões P (Vis.) 75 A1
Ferreiros de Tendais P (Vis.) 74 D1
Ferreiros de Valboa E (Lu.) 16 B4
Ferreirós do Dão P (Vis.) 94 D1
Ferreirúa E (Lu.) 16 A5
Ferreirúa E (Our.) 35 C1
Ferrel P (Lei.) 110 C3
Ferrera E (Ast.) 7 A5
Ferrera E (Ast.) 5 C3
Ferreras E (Le.) 18 B5
Ferreras de Abajo E (Zam.) 58 A1
Ferreras de Arriba E (Zam.) 57 D1
Ferreries E (Bal.) 90 B2
Ferrero E (Ast.) 6 C2
Ferreros E (Ast.) 6 B5
Ferreros E (Zam.) 37 B4
Ferreruela de Huerva E (Te.) 85 D2
Ferreruela de Tábara E (Zam.) 58 A2
Ferro P (C. B.) 95 C2
Ferro, Lo E (Mu.) 172 B1
Ferrocinto P (Vis.) 74 D4
Ferroi E (Lu.) 15 D3
Ferrol E (A Co.) 2 D3
Ferronha P (Vis.) 75 D2
Fervença P (Br.) 54 D4
Fervença P (V. R.) 55 A4
Fervenzas E (A Co.) 3 A5
Fervidelas P (V. R.) 55 A1
Festín E (Po.) 34 B2
Fet, lugar E (Hues.) 48 C4
Fetais P (Lei.) 110 C3
Fetais P (Lis.) 126 D1
Feteira P (Lei.) 93 C5
Feteira P (Lis.) 110 C4
Feteiras P (Aç.) 109 A4
Feteiras P (Lei.) 94 A5
Fétil P (Lei.) 93 D5
Fiães P (Ave.) 74 A2
Fiães P (Guar.) 75 D4
Fiães P (V. C.) 34 C3
Fiães P (V. R.) 56 A1
Fiães do Rio P (V. R.) 55 A1
Fiães do Tâmega P (V. R.) 55 C2
Fiais da Beira P (Co.) 94 D1
Fial P (Ave.) 74 A4
Fiestras E (Our.) 35 C4
Figaredo E (Ast.) 18 C1
Figaró (Montmany) E (Bar.) 71 A1
Figarol E (Na.) 45 B2
Figarona E (Ast.) 6 D4
Figols E (Bar.) 50 C3
Fígols E (Ll.) 49 D3
Figueira P (Ave.) 74 B5
Figueira P (Bra.) 56 D5
Figueira P (Fa.) 173 A3
Figueira P (Fa.) 173 C2
Figueira P (Lei.) 94 B5
Figueira P (Port.) 74 B1
Figueira P (Vis.) 75 B1
Figueira da Foz P (Co.) 93 B3
Figueira de Castelo Rodrigo P (Guar.) 76 C3
Figueira do Lorvão P (Co.) 94 B2
Figueira dos Cavaleiros P (Be.) 144 A3
Figueira e Barros P (Por.) 129 A1
Figueiras E (Lu.) 4 A3
Figueiras P (Lei.) 93 C5
Figueiras P (Set.) 127 C4
Figueiredo P (Ave.) 74 C2
Figueiredo P (Br.) 54 B3
Figueiredo P (Br.) 54 B2
Figueiredo P (C. B.) 94 D5
Figueiredo P (Guar.) 95 B1
Figueiredo P (Lis.) 126 C1
Figueiredo das Donas P (Vis.) 74 D4
Figueiredo de Alva P (Vis.) 74 D3
Figueirido E (Po.) 34 A1
Figueirinha P (Be.) 160 D2
Figueiró E (Po.) 33 D4
Figueiró P (Port.) 54 B4
Figueiró da Granja P (Guar.) 75 C5
Figueiró da Serra P (Guar.) 75 C5
Figueiró do Campo P (Co.) 93 D3
Figueiró dos Vinhos P (Lei.) 94 B5
Figueiroa E (A Co.) 3 B1
Figueiros P (Lis.) 111 A4
Figuera, la E (Ta.) 68 D5
Figueral, Es E (Bal.) 90 A3
Figueras E (Ast.) 4 C3
Figueres E (Gi.) 52 B2
Figuerinha P (Bra.) 57 B4
Figuerola del Camp E (Ta.) 69 C4
Figuerola d'Orcau E (Ll.) 49 A4
Figueroles E (Cas.) 107 B4
Figueruela de Abajo E (Zam.) 57 B1
Figueruela de Arriba E (Zam.) 57 B1
Figueruela de Sayago E (Zam.) 58 A5
Figueruelas E (Zar.) 65 D2
Filgueira E (A Co.) 15 A2
Filgueira E (Lu.) 15 B3
Filgueira E (Po.) 34 D3
Filgueira E (Po.) 14 D4
Filgueira E (Po.) 14 B5
Filgueira de Barranca E (A Co.) 2 D5
Filgueira de Traba E (A Co.) 14 D1
Filhós P (San.) 111 C3
Filiel E (Le.) 37 C2
Finca España E (S. Cruz T.) 196 B2
Finca Fierro E (Our.) 35 B2
Fines E (Alm.) 170 B4
Finestras, lugar E (Hues.) 48 C5
Finestrat E (Ali.) 141 C5
Finisterre → Fisterra E (A Co.) 13 A2
Finos, Los E (Alm.) 170 B3
Fiñana E (Alm.) 183 B1
Fiolhoso P (V. R.) 55 D4
Fión E (Lu.) 15 C5
Firgas E (Las P.) 191 C1
Firvedas P (V. R.) 55 B1
Fiscal E (Hues.) 47 B1
Fiscal P (Br.) 54 B2
Fisterra/Finisterre E (A Co.) 13 A2
Fisteus E (A Co.) 15 A1
Fistéus E (Lu.) 36 B1
Fitero E (Na.) 44 C5
Fitoiro E (Our.) 36 A2
Flaçà E (Gi.) 52 B4
Flamengos P (Aç.) 109 A3
Flariz E (Our.) 35 C5
Flecha de Torío, La E (Le.) 19 A4
Flecha, La E (Vall.) 60 A3
Flechas E (Zam.) 37 B5
Flix E (Ta.) 68 C5
Flor da Rosa P (Co.) 94 A3
Flor da Rosa P (Por.) 113 B4
Flor del Camp E (Ta.) 89 B1
Florderrei E (Our.) 36 A5
Florejacs E (Ll.) 69 C1
Flores E (Zam.) 57 D2
Flores de Ávila E (Áv.) 79 C3
Flores del Sil E (Le.) 37 B1
Floresta, la E (Bar.) 71 A3
Floresta, la E (Bar.) 71 B3
Floresta, la E (Ll.) 69 A3
Florida de Liébana E (Sa.) 78 C2
Florida, La E (Bar.) 71 A3
Florida, La E (S. Cruz T.) 195 D3
Fogars de Montclús E (Bar.) 71 C1
Fogars de Tordera E (Bar.) 71 D1
Fogueteiro P (Set.) 126 D4
Foia, La E (Ali.) 156 D3
Foia, la → Foya, La E (Cas.) 107 B4
Foios E (Val.) 125 B3
Fóios P (Guar.) 96 C2
Foitos P (Lei.) 93 C4
Foixà E (Gi.) 52 B4
Fojedo E (Le.) 38 C1
Fojo Lobal P (V. C.) 54 A1
Foldada E (Pa.) 20 D4
Folgorosa P (Lis.) 110 D5
Folgosa E (Lu.) 16 A2
Folgosa P (Co.) 94 C3
Folgosa P (Vis.) 75 A4
Folgosa P (Vis.) 75 B1
Folgosa do Madalena P (Guar.) 95 B1
Folgosa do Salvador P (Guar.) 95 B1
Folgosinho P (Guar.) 75 C5
Folgoso E (Our.) 35 B2
Folgoso E (Our.) 35 C4
Folgoso E (Po.) 14 C5
Folgoso P (Ave.) 74 B1
Folgoso P (Vis.) 75 A2
Folgoso de la Carballeda E (Zam.) 37 C5
Folgoso de la Ribera E (Le.) 17 C5
Folgoso do Courel E (Lu.) 16 B5
Folgueiras E (Lu.) 16 C3
Folgueiro E (Lu.) 3 D1
Folgueras E (Ast.) 6 A3
Folgueroles E (Bar.) 51 B5
Folhada P (Port.) 54 D5
Folhadal P (Vis.) 75 A5
Folhadela P (V. R.) 55 B5
Folhadosa P (Guar.) 95 A1
Folharido P (Ave.) 74 B3
Folques P (Co.) 94 D2
Folladela E (A Co.) 15 A2
Folledo E (Le.) 18 C3
Follente E (Po.) 14 A5
Folloso E (Le.) 18 A4
Fombellida E (Vall.) 61 A2
Fombuena E (Zar.) 85 D1
Fompedraza E (Vall.) 61 A3
Foncastín E (Vall.) 59 C4
Foncea E (La R.) 42 D1
Foncebadón E (Le.) 37 C1
Fonciello E (Ast.) 6 C4
Foncuberta E (Our.) 35 C2
Fondarella E (Ll.) 69 A2
Fondeguilla → Alfondeguilla E (Cas.) 125 B1
Fondó E (Ali.) 156 B1
Fondo E (Ast.) 6 C3
Fondó de Les Neus, el → Hondón de las Nieves E (Ali.) 156 C2
Fondó dels Frares, el → Hondón de los Frailes E (Ali.) 156 B3
Fondón E (Alm.) 183 B2
Fondós E (Po.) 14 B5
Fonelas E (Gr.) 168 D4
Fonfría E (Lu.) 16 C1
Fonfría E (Te.) 85 D2
Fonfría E (Zam.) 57 D2
Fonoll, el E (Ta.) 69 C3
Fonollosa E (Bar.) 70 B1
Fonsagrada, A E (Lu.) 16 C1
Font Calent E (Ali.) 156 D2
Font de la Figuera, la E (Val.) 140 B4
Font de Sa Cala E (Bal.) 92 D2
Font del Còdol, la E (Bar.) 70 C3
Font d'en Carròs, la E (Val.) 141 C3
Font d'en Segures, la → Fuente En-Segures E (Cas.) 107 C2
Font Granada, la E (Bar.) 71 A2
Font, Sa E (Bal.) 90 A4
Fontaciera E (Ast.) 6 D3
Fontainhas P (Br.) 53 D3
Fontainhas P (Lei.) 111 B3
Fontainhas P (San.) 111 C4
Fontainhas P (San.) 111 D1
Fontainhas P (San.) 112 A2
Fontainhas P (San.) 111 C1
Fontainhas P (Vis.) 75 B4
Fontán E (A Co.) 2 D4
Fontanales E (Las P.) 191 C2
Fontanar E (Gua.) 82 C5
Fontanar E (J.) 169 A2
Fontanar de Alarcón, El, lugar E (Alb.) 138 B4
Fontanar de las Viñas E (Alb.) 138 C5
Fontanar, El E (Cór.) 166 A3
Fontanarejo E (C. R.) 134 B1
Fontanars dels Alforins E (Val.) 140 C4
Fontaneira E (Lu.) 16 B2
Fontanelas P (Lis.) 126 B2
Fontanil de los Oteros E (Le.) 39 A2
Fontanilla E (Huel.) 161 C4
Fontanillas de Castro E (Zam.) 58 C2
Fontanilles E (Gi.) 52 C4
Fontanosas E (C. R.) 134 B4
Fontañera, La E (Các.) 113 D4
Fontão P (Guar.) 95 B2
Fontão P (V. C.) 53 D1
Fontclara E (Gi.) 52 C4
Fontcoberta E (Gi.) 52 A3
Fonte Arcada P (Guar.) 75 D5
Fonte Arcada P (Port.) 54 B5
Fonte Arcada P (Vis.) 75 C2
Fonte Barreira P (Set.) 127 C4
Fonte Boa P (Br.) 53 D3
Fonte Boa dos Nabos P (Lis.) 126 B1
Fonte Coberta P (Br.) 54 A3
Fonte da Matosa P (Fa.) 173 D2
Fonte da Pedra P (San.) 111 C4
Fonte da Telha P (Set.) 126 C4
Fonte de Aldeia P (Bra.) 57 C4
Fonte de Don João P (San.) 112 A2
Fonte do Corcho P (Fa.) 160 D4
Fonte Fria P (Guar.) 75 C4
Fonte Grada P (Lis.) 110 C5
Fonte Longa P (Bra.) 56 A5
Fonte Longa P (C. B.) 113 B1
Fonte Longa P (Guar.) 76 A2
Fonte Longa P (San.) 111 B3
Fonte Mercê P (V. R.) 56 A3
Fonte Santa P (Lei.) 111 A2
Fonte Santa P (San.) 112 A3
Fonte Soeiro P (Év.) 129 C4
Fonte Zambujo P (Fa.) 161 B3
Fontearcada E (Our.) 35 B4
Fontecada E (A Co.) 13 D2
Fontecha E (Le.) 38 C2
Fontecha E (Pa.) 20 B4
Fontefría E (Our.) 35 A1
Fonteira P (V. R.) 55 C5
Fonteita E (Lu.) 16 A2
Fontelas P (V. R.) 75 A1
Fontelo P (Vis.) 75 B1
Fontellas E (Na.) 45 A5
Fontemanha P (Ave.) 74 B5
Fontenla E (Po.) 34 B3
Fontenla e Cachadas E (Po.) 14 A5
Fonteo E (Lu.) 16 B2
Fonterma P (Co.) 93 C2
Fontes P (Fa.) 173 D2
Fontes P (Lei.) 111 C1
Fontes P (V. R.) 55 B5
Fontes Barrosas P (Bra.) 56 D1
Fonteta E (Gi.) 52 B4
Fontetxa E (Ál.) 22 D5
Fontihoyuelo E (Vall.) 39 C4
Fontilles E (Ali.) 141 D4
Fontinha P (Ave.) 74 A4
Fontinha P (Co.) 93 D1
Fontinha P (Lei.) 93 D5
Fontioso E (Bur.) 41 D5
Fontiveros E (Áv.) 79 D3
Fontoria E (Le.) 17 A4
Fontoria de Cepeda E (Le.) 38 A1
Fontpineda E (Bar.) 70 D4
Fonts, les → Fuentes, Las E (Cas.) 108 B3
Fontscaldes E (Ta.) 69 C4
Fonz E (Hues.) 48 A5
Fonzaleche E (La R.) 42 D1
Foradada E (Ll.) 69 B1
Foradada del Toscar E (Hues.) 48 A2
Forca P (Vis.) 75 C3
Forcada P (Ave.) 74 A5
Forcadela E (Po.) 33 D4
Forcalhos P (Guar.) 96 D2
Forcall E (Cas.) 87 B5
Forcarei E (Po.) 14 C5
Forcas E (Our.) 35 D2
Forcat E (Hues.) 48 C1
Forès E (Ta.) 69 C3
Forfoleda E (Sa.) 78 C2
Forjães P (Br.) 53 D2
Forles P (Vis.) 75 B3
Formão P (Lei.) 94 B4
Formariz E (Zam.) 57 C5
Formariz P (V. C.) 34 A5
Formentera del Segura E (Ali.) 156 C4
Formiche Alto E (Te.) 106 B2
Formiche Bajo E (Te.) 106 B3
Formigais P (San.) 112 A1
Formigal E (Hues.) 27 A4
Formigal P (Co.) 93 C3
Formigal P (Lei.) 110 D3
Formigal P (San.) 111 C1
Formigales E (Hues.) 48 A2
Formil P (Bra.) 56 D1
Formilo P (Vis.) 75 B1
Forna E (Le.) 37 A3
Fornalha P (Be.) 160 C3
Fornalha P (Fa.) 174 D3
Fornalha P (Fa.) 159 D4
Fornalhas Velhas P (Be.) 143 D5
Fornalutx E (Bal.) 91 D2
Fornea P (Co.) 95 A3
Fornea, A E (Lu.) 4 B3
Fornelo P (Port.) 53 D4
Fornelo P (Vis.) 74 C3
Fornelo do Monte P (Vis.) 74 C4
Fornelos E (A Co.) 1 C5
Fornelos E (Po.) 34 B3
Fornelos E (Po.) 33 C4
Fornelos P (Br.) 53 D3
Fornelos P (Br.) 54 C3
Fornelos P (V. C.) 54 A1
Fornelos P (V. R.) 55 B5
Fornelos P (Vis.) 74 C1
Fornelos de Montes E (Po.) 34 B2
Fornells E (Bal.) 90 C1
Fornells E (Gi.) 52 C4
Fornells de la Selva E (Gi.) 52 A5
Fornes E (Gr.) 181 C2
Fornillos E (Hues.) 47 D5
Fornillos de Aliste E (Zam.) 57 D2
Fornillos de Apiés E (Hues.) 47 A3
Fornillos de Fermoselle E (Zam.) 57 C4
Forninhos P (Guar.) 75 C4
Forno Telheiro P (Guar.) 75 D4
Fórnoles E (Te.) 87 C3
Fornos P (Ave.) 74 A2
Fornos P (Ave.) 74 C1
Fornos P (Bra.) 76 D1
Fornos de Algodres P (Guar.) 75 C5
Fornos de Ledra P (Bra.) 56 B2
Fornos do Pinhal P (V. R.) 56 A2
Fornos Maceira Dão P (Vis.) 75 A5
Foro E (A Co.) 15 A1
Foro de Albergaria P (Set.) 143 C2
Foronda E (Ál.) 23 B3
Foros da Adúa P (Év.) 128 B4
Foros da Amora P (Set.) 126 D4
Foros da Biscaia P (San.) 127 D1
Foros da Boa Vista P (Set.) 127 C3
Foros da Caiada P (Be.) 143 C5
Foros da Fonte Seca P (Év.) 129 B4
Foros da Palhota P (Év.) 127 D3
Foros de Amendonça P (Set.) 128 A5
Foros de Mora P (Év.) 128 B2
Foros de Salvaterra P (San.) 127 B1
Foros do Almada P (San.) 127 C2
Foros do Arrão P (Por.) 112 B5
Foros do Biscainho P (San.) 127 C2
Foros do Domingão P (Por.) 112 C5
Foros do Mocho P (Por.) 128 B1
Foros do Queimado P (Év.) 129 A4
Foros do Rebocho P (San.) 127 D2
Forques, les E (Gi.) 52 B2
Fortaleny E (Val.) 141 B1
Fortaleza E (Gr.) 167 B5

281

Gabaldón

# G


| | | | | |
|---|---|---|---|---|
| Gabaldón | E | (Cu.) | 122 | C 3 |
| Gabarderal | E | (Na.) | 45 | C 1 |
| Gabasa | E | (Hues.) | 48 | B 5 |
| Gabia Chica | E | (Gr.) | 181 | D 1 |
| Gabia Grande | E | (Gr.) | 181 | D 1 |
| Gabiria | E | (Gui.) | 24 | A 2 |
| Gabrieis | P | (San.) | 111 | D 2 |
| Gacia | E | (Alm.) | 171 | A 4 |
| Gádor | E | (Alm.) | 183 | D 2 |
| Gaeiras | P | (Lei.) | 110 | D 3 |
| Gaena-Casas Gallegas | E | (Cór.) | 166 | C 4 |
| Gafanha da Boa Hora | P | (Ave.) | 73 | C 5 |
| Gafanha da Encarnação | P | (Ave.) | 73 | C 4 |
| Gafanha da Nazaré | P | (Ave.) | 73 | D 4 |
| Gafanha d'Aquém | P | (Ave.) | 73 | C 4 |
| Gafanha do Areão | P | (Ave.) | 73 | C 5 |
| Gafanha do Carmo | P | (Ave.) | 73 | C 4 |
| Gafanhão | P | (Vis.) | 74 | D 2 |
| Gafanhoeira (São Pedro) | P | (Év.) | 128 | C 3 |
| Gafanhoeiras | P | (Év.) | 145 | B 1 |
| Gafarillos | E | (Alm.) | 184 | C 2 |
| Gáfete | P | (Por.) | 113 | B 4 |
| Gafoi | E | (A Co.) | 14 | D 2 |
| Gagos | P | (Br.) | 54 | D 3 |
| Gagos | P | (Guar.) | 76 | B 5 |
| Gaià | E | (Bar.) | 50 | C 5 |
| Gaià | E | (Gi.) | 52 | B 5 |
| Gaia | P | (Port.) | 74 | D 1 |
| Gaianes | E | (Ali.) | 141 | A 3 |
| Gaiate | P | (Co.) | 94 | B 3 |
| Gaibiel | E | (Cas.) | 107 | A 5 |
| Gaibor | E | (Lu.) | 3 | C 5 |
| Gaidovar | E | (Cád.) | 179 | A 4 |
| Gaifar | P | (V. C.) | 54 | A 2 |
| Gaindola | E | (Na.) | 25 | C 2 |
| Gaintza | E | (Na.) | 24 | B 3 |
| Gaintza → Gainza | E | (Gui.) | 24 | B 2 |
| Gainza/Gaintza | E | (Gui.) | 24 | B 2 |
| Gaio | P | (Lei.) | 111 | A 2 |
| Gaio | P | (Set.) | 127 | A 4 |
| Gaiolo | P | (San.) | 111 | D 2 |
| Gaioso | E | (Lu.) | 15 | C 1 |
| Gajanejos | E | (Gua.) | 83 | A 4 |
| Gajates | E | (Sa.) | 79 | A 4 |
| Galafura | P | (V. R.) | 55 | B 5 |
| Galamares | P | (Lis.) | 126 | B 2 |
| Galapagar | E | (J.) | 167 | D 1 |
| Galapagar | E | (Mad.) | 101 | B 1 |
| Galapagares | E | (So.) | 62 | D 4 |
| Galápagos | E | (Gua.) | 82 | B 5 |
| Galar | E | (Na.) | 25 | A 4 |
| Galarde | E | (Bur.) | 42 | B 3 |
| Galaroza | E | (Huel.) | 146 | C 5 |
| Galartza | E | (Viz.) | 23 | C 1 |
| Galatzo | E | (Bal.) | 91 | B 3 |
| Galbarra | E | (Na.) | 24 | A 5 |
| Galbarros | E | (Bur.) | 42 | B 1 |
| Galbárruli | E | (La R.) | 22 | D 5 |
| Galdakao | E | (Viz.) | 23 | A 1 |
| Galdames | E | (Viz.) | 22 | D 1 |
| Galdames Goitia | E | (Viz.) | 10 | C 5 |
| Gáldar | E | (Las P.) | 191 | B 1 |
| Galega | P | (San.) | 112 | D 2 |
| Galegos | E | (A Co.) | 14 | C 1 |
| Galegos | E | (Lu.) | 4 | B 5 |
| Galegos | P | (Br.) | 54 | C 2 |
| Galegos | P | (Por.) | 113 | D 4 |
| Galegos | P | (Port.) | 54 | B 5 |
| Galegos (Santa Maria) | P | (Br.) | 54 | A 2 |
| Galende | E | (Zam.) | 37 | A 4 |
| Galera | E | (Gr.) | 169 | D 2 |
| Galera y los Jopos, La | E | (Mu.) | 171 | A 3 |
| Galera, la | E | (Ta.) | 88 | C 4 |
| Gález | E | (Our.) | 34 | D 5 |
| Galga, La | E | (S. Cruz T.) | 193 | C 2 |
| Galguera, La | E | (Ast.) | 8 | A 4 |
| Galhardo | P | (Vis.) | 94 | B 1 |
| Galifa | E | (Mu.) | 172 | B 2 |
| Galilea | E | (Bal.) | 91 | B 3 |
| Galilea | E | (La R.) | 44 | A 2 |
| Galíndez | E | (Seg.) | 81 | C 2 |
| Galindo Béjar | E | (Sa.) | 78 | D 4 |
| Galindo y Perahúy | E | (Sa.) | 78 | B 3 |
| Galinduste | E | (Sa.) | 78 | D 5 |
| Galisancho | E | (Sa.) | 78 | D 4 |
| Galisteo | E | (Các.) | 97 | C 5 |
| Galisteu | P | (Guar.) | 75 | D 5 |
| Galisteu Cimeiro | P | (C. B.) | 112 | D 1 |
| Galisteu Fundeiro | P | (C. B.) | 112 | D 1 |
| Galiza | P | (Lis.) | 126 | B 3 |
| Galizano | E | (Can.) | 9 | D 4 |
| Galizes | P | (Co.) | 95 | A 2 |
| Galizuela | E | (Bad.) | 133 | A 2 |
| Galoze → Gallués | E | (Na.) | 25 | D 4 |
| Galpe | P | (Co.) | 94 | A 2 |
| Galvã | P | (Vis.) | 75 | B 1 |
| Galve | E | (Te.) | 86 | B 5 |
| Galve de Sorbe | E | (Gua.) | 82 | C 1 |
| Galvecito | E | (Cád.) | 177 | C 5 |
| Galveias | P | (Por.) | 112 | C 5 |
| Gálvez | E | (To.) | 118 | D 2 |
| Gálvez, Los | E | (Gr.) | 182 | C 3 |
| Gálvez, Los | E | (Gr.) | 182 | B 4 |
| Gallardos, Los | E | (Alm.) | 184 | D 1 |
| Gallardos, Los | E | (Gr.) | 169 | C 4 |
| Gallecs | E | (Bar.) | 71 | A 2 |
| Gallega, La | E | (Bur.) | 62 | C 1 |
| Gallego | E | (Alb.) | 154 | C 2 |
| Gallegos | E | (Ast.) | 6 | C 5 |
| Gallegos | E | (Áv.) | 79 | D 5 |
| Gallegos | E | (Seg.) | 81 | C 2 |
| Gallegos de Argañán | E | (Sa.) | 76 | D 5 |
| Gallegos de Curueño | E | (Le.) | 19 | A 4 |
| Gallegos de Hornija | E | (Vall.) | 59 | C 3 |
| Gallegos de Sobrinos | E | (Áv.) | 79 | C 4 |
| Gallegos de Solmirón | E | (Sa.) | 98 | D 1 |
| Gallegos del Campo | E | (Zam.) | 57 | C 1 |
| Gallegos del Pan | E | (Zam.) | 58 | D 3 |
| Gallegos del Río | E | (Zam.) | 57 | D 2 |
| Galleguillos | E | (Sa.) | 79 | A 4 |
| Galleguillos de Campos | E | (Le.) | 39 | C 3 |
| Gallejones | E | (Bur.) | 21 | D 4 |
| Galletas, Las | E | (S. Cruz T.) | 195 | D 5 |
| Gallifa | E | (Bar.) | 71 | A 2 |
| Gallinero | E | (So.) | 43 | D 5 |
| Gallinero de Cameros | E | (La R.) | 43 | C 4 |
| Galliners | E | (Gi.) | 52 | A 3 |
| Gallipienzo | E | (Na.) | 45 | B 1 |
| Gallocanta | E | (Zar.) | 85 | B 2 |
| Gallués/Galoze | E | (Na.) | 25 | D 4 |
| Gallur | E | (Zar.) | 65 | C 1 |
| Gama | E | (Can.) | 10 | A 4 |
| Gamarra Nagusia | E | (Ál.) | 23 | B 4 |
| Gambelas | P | (Fa.) | 174 | C 3 |
| Gambia | P | (Set.) | 127 | B 5 |
| Gamelas | P | (Guar.) | 76 | B 4 |
| Gamelas | P | (Lei.) | 110 | D 4 |
| Gamitas, Las, lugar | E | (Bad.) | 131 | D 3 |
| Gamiz-Fika | E | (Viz.) | 11 | A 5 |
| Gamonal | E | (To.) | 99 | C 5 |
| Gamonal de la Sierra | E | (Áv.) | 79 | C 5 |
| Gamones | E | (Zam.) | 57 | D 4 |
| Gamonoso | E | (C. R.) | 117 | D 4 |
| Ganade | E | (Our.) | 35 | B 4 |
| Gáname | E | (Zam.) | 58 | A 4 |
| Gançaria | P | (San.) | 111 | B 3 |
| Ganceiros | E | (Our.) | 34 | D 5 |
| Ganchosa, La | E | (Sev.) | 148 | A 5 |
| Gándara | E | (A Co.) | 14 | C 2 |
| Gándara | E | (Po.) | 34 | A 3 |
| Gándara | E | (Po.) | 33 | C 5 |
| Gándara | E | (Po.) | 33 | D 2 |
| Gândara | P | (Ave.) | 74 | B 4 |
| Gândara | P | (Ave.) | 93 | D 1 |
| Gándara (Boimorto) | E | (A Co.) | 14 | D 2 |
| Gándara (Narón) | E | (A Co.) | 2 | D 3 |
| Gandarela | P | (Br.) | 54 | B 4 |
| Gandarela | P | (Br.) | 54 | D 3 |
| Gandarilla | E | (Can.) | 8 | C 5 |
| Gandesa | E | (Ta.) | 88 | B 2 |
| Gandia | E | (Val.) | 141 | C 2 |
| Gandra | P | (Br.) | 53 | D 3 |
| Gandra | P | (Port.) | 54 | B 5 |
| Gandra | P | (V. C.) | 34 | A 4 |
| Gandra | P | (V. C.) | 54 | A 1 |
| Gandra Chão | P | (V. C.) | 34 | A 4 |
| Gandufe | P | (V. C.) | 54 | A 1 |
| Gandufe | P | (Vis.) | 75 | A 5 |
| Gandul-Marchenilla | E | (Sev.) | 164 | B 4 |
| Ganfei | P | (V. C.) | 34 | A 4 |
| Gangosa, La | E | (Alm.) | 183 | C 3 |
| Ganzo | E | (Can.) | 9 | B 5 |
| Gañinas de la Vega | E | (Pa.) | 40 | A 1 |
| Garaballa | E | (Cu.) | 123 | C 1 |
| Garabato, El | E | (Cór.) | 165 | C 2 |
| Garachico | E | (S. Cruz T.) | 193 | C 2 |
| Garachico | E | (S. Cruz T.) | 195 | C 2 |
| Garafía | E | (S. Cruz T.) | 193 | B 2 |
| Garagaltza | E | (Gui.) | 23 | D 2 |
| Garagartza | E | (Gui.) | 23 | C 2 |
| Garaioa | E | (Na.) | 25 | C 3 |
| Garaioltza | E | (Viz.) | 11 | A 5 |
| Garaño | E | (Le.) | 18 | C 4 |
| Garapacha, La | E | (Mu.) | 155 | D 3 |
| Garay | E | (Viz.) | 23 | C 1 |
| Garbajosa | E | (Gua.) | 83 | D 2 |
| Garbayuela | E | (Bad.) | 133 | C 2 |
| Garbet | E | (Gi.) | 52 | C 1 |
| Garcão | P | (V. C.) | 34 | B 5 |
| Garcia | E | (Ta.) | 88 | D 1 |
| Garcia | P | (Lei.) | 93 | B 5 |
| Garcías, Los | E | (Mu.) | 172 | A 1 |
| Garcías, Los, lugar | E | (Gr.) | 182 | B 4 |
| Garciaz | E | (Các.) | 116 | C 4 |
| Garcibuey | E | (Sa.) | 98 | A 1 |
| Garcíez | E | (J.) | 167 | C 1 |
| Garcíez | E | (J.) | 168 | B 1 |
| Garcíez-Jimena | E | (J.) | 152 | A 5 |
| Garcihernández | E | (Sa.) | 79 | A 3 |
| Garcillán | E | (Seg.) | 80 | D 3 |
| Garcinarro | E | (Cu.) | 103 | B 3 |
| Garciotum | E | (To.) | 100 | B 4 |
| Garcirrey | E | (Sa.) | 77 | D 3 |
| Gardata-Artikas | E | (Viz.) | 11 | C 5 |
| Garde | E | (Na.) | 26 | A 4 |
| Gares → Puente la Reina | E | (Na.) | 24 | D 5 |
| Garfe | P | (Br.) | 54 | C 3 |
| Garfín | E | (Le.) | 19 | B 5 |
| Gargáligas | E | (Bad.) | 132 | C 2 |
| Gargallà | E | (Bar.) | 50 | B 5 |
| Gargallo | E | (Te.) | 86 | D 4 |
| Gargallóns | E | (Po.) | 14 | A 5 |
| Garganchón | E | (Bur.) | 42 | C 3 |
| Garganta | P | (V. R.) | 55 | C 5 |
| Garganta de los Hornos | E | (Áv.) | 99 | B 1 |
| Garganta de los Montes | E | (Mad.) | 81 | D 3 |
| Garganta del Villar | E | (Áv.) | 99 | C 1 |
| Garganta la Olla | E | (Các.) | 98 | B 4 |
| Garganta, La | E | (C. R.) | 150 | C 1 |
| Garganta, La | E | (Các.) | 98 | B 2 |
| Garganta, La, lugar | E | (J.) | 153 | B 3 |
| Gargantáns | E | (Po.) | 14 | A 5 |
| Gargantiel | E | (C. R.) | 134 | A 4 |
| Gargantilla | E | (Các.) | 98 | A 3 |
| Gargantilla | E | (To.) | 117 | C 3 |
| Gargantilla del Lozoya | E | (Mad.) | 81 | D 3 |
| Gárgoles de Abajo | E | (Gua.) | 83 | C 4 |
| Gárgoles de Arriba | E | (Gua.) | 83 | C 4 |
| Gargüera | E | (Các.) | 98 | A 4 |
| Garidells, els | E | (Ta.) | 69 | C 5 |
| Garinoain | E | (Na.) | 45 | A 1 |
| Garita, La | E | (Las P.) | 191 | D 2 |
| Garlitos | E | (Bad.) | 133 | C 3 |
| Garnatilla, La | E | (Gr.) | 182 | B 4 |
| Garòs | E | (Ll.) | 28 | D 4 |
| Garraf | E | (Bar.) | 70 | D 5 |
| Garrafe de Torío | E | (Le.) | 19 | A 4 |
| Garralda | E | (Na.) | 25 | C 3 |
| Garrapata, La | E | (Cád.) | 178 | B 4 |
| Garrapinillos | E | (Zar.) | 66 | A 2 |
| Garray | E | (So.) | 63 | D 1 |
| Garres, Los | E | (Mu.) | 156 | A 5 |
| Garrida | E | (Po.) | 33 | D 3 |
| Garriga, la | E | (Bar.) | 71 | B 2 |
| Garrigàs | E | (Gi.) | 52 | B 3 |
| Garrigoles | E | (Gi.) | 52 | B 3 |
| Garriguella | E | (Gi.) | 52 | B 1 |
| Garrobo | P | (Fa.) | 175 | A 2 |
| Garrobo, El | E | (Sev.) | 163 | C 2 |
| Garrovilla, La | E | (Bad.) | 131 | A 2 |
| Garrovillas | E | (Các.) | 115 | A 2 |
| Garrucha | E | (Alm.) | 184 | D 4 |
| Garvão | P | (Be.) | 160 | A 1 |
| Garvín | E | (Các.) | 117 | A 2 |
| Gasco, El | E | (Các.) | 97 | C 2 |
| Gascones | E | (Mad.) | 81 | D 2 |
| Gascueña | E | (Cu.) | 103 | C 3 |
| Gascueña de Bornova | E | (Gua.) | 82 | D 1 |
| Gaserans | E | (Gi.) | 71 | D 1 |
| Gaspalha | P | (C. B.) | 94 | D 4 |
| Gaspara, La | E | (Mál.) | 187 | C 2 |
| Gasparillo | E | (Alm.) | 170 | B 5 |
| Gasparões | P | (Be.) | 144 | B 4 |
| Gasteiz → Vitoria | E | (Ál.) | 23 | B 4 |
| Gastor, El | E | (Cád.) | 179 | A 3 |
| Gata | E | (Các.) | 97 | A 3 |
| Gata | P | (Guar.) | 76 | A 5 |
| Gata de Gorgos | E | (Ali.) | 142 | A 4 |
| Gatão | P | (Port.) | 54 | D 4 |
| Gataria | P | (Lis.) | 126 | D 1 |
| Gateira | P | (Guar.) | 76 | A 3 |
| Gateros | E | (Alm.) | 170 | C 3 |
| Gatika | E | (Viz.) | 11 | A 5 |
| Gatões | P | (Co.) | 93 | C 2 |
| Gatón de Campos | E | (Vall.) | 39 | D 5 |
| Gatos, Los | E | (Alm.) | 170 | C 2 |
| Gátova | E | (Val.) | 124 | D 1 |
| Gaucín | E | (Mál.) | 187 | B 1 |
| Gaula | P | (Ma.) | 110 | C 2 |
| Gausac | E | (Ll.) | 28 | D 4 |
| Gavà | E | (Bar.) | 70 | D 4 |
| Gavamar | E | (Bar.) | 70 | D 5 |
| Gavarda | E | (Val.) | 140 | D 1 |
| Gavàs | E | (Ll.) | 29 | B 5 |
| Gave | P | (V. C.) | 34 | C 4 |
| Gavea | P | (V. C.) | 33 | D 5 |
| Gavet de la Conca | E | (Ll.) | 49 | A 4 |
| Gavião | P | (C. B.) | 113 | B 2 |
| Gavião | P | (Por.) | 112 | D 3 |
| Gavião | P | (Por.) | 128 | B 1 |
| Gavião | P | (San.) | 112 | A 4 |
| Gaviãozinho | P | (San.) | 112 | A 4 |
| Gavieira | P | (V. C.) | 34 | C 4 |
| Gavilanes | E | (Áv.) | 99 | D 3 |
| Gavilanes | E | (Le.) | 38 | B 1 |
| Gavilanes, Los | E | (S. Cruz T.) | 196 | A 4 |
| Gavín | E | (Hues.) | 27 | A 5 |
| Gazeo | E | (Ál.) | 23 | D 4 |
| Gázquez, Los | E | (Alm.) | 170 | B 3 |
| Gázquez, Los | E | (Alm.) | 170 | D 3 |
| Gaztelu | E | (Gui.) | 24 | B 2 |
| Gazteluberri → Castillo-Nuevo | E | (Na.) | 25 | D 5 |
| Gea de Albarracín | E | (Te.) | 105 | C 2 |
| Gebelim | P | (Bra.) | 56 | C 4 |
| Gedrez | E | (Ast.) | 17 | B 2 |
| Gejo de Diego Gómez | E | (Sa.) | 78 | A 2 |
| Gejo de los Reyes | E | (Sa.) | 77 | D 1 |
| Gejuelo del Barro | E | (Sa.) | 77 | D 2 |
| Geldo | E | (Cas.) | 125 | A 1 |
| Gelibra, La, lugar | E | (Gr.) | 181 | D 4 |
| Gelida | E | (Bar.) | 70 | C 3 |
| Gelsa | E | (Zar.) | 66 | D 4 |
| Gelves | E | (Sev.) | 163 | D 4 |
| Gema | E | (Sa.) | 77 | B 2 |
| Gema | E | (Zam.) | 58 | C 4 |
| Geme | P | (Br.) | 54 | B 2 |
| Gémeos | P | (Br.) | 54 | D 4 |
| Gemeses | P | (Br.) | 53 | D 3 |
| Gemunde | P | (Port.) | 53 | D 5 |
| Gemuño | E | (Áv.) | 80 | A 5 |
| Genalguacil | E | (Mál.) | 187 | B 1 |
| Génave | E | (J.) | 153 | B 3 |
| Genestacio de la Vega | E | (Le.) | 38 | B 3 |
| Genestosa | E | (Le.) | 18 | B 2 |
| Genestoso | E | (Ast.) | 17 | C 2 |
| Geneto | E | (S. Cruz T.) | 196 | B 2 |
| Genevilla/Uxanuri | E | (Na.) | 23 | D 5 |
| Genicera | E | (Le.) | 19 | A 3 |
| Genilla | E | (Cór.) | 166 | D 4 |
| Genísio | P | (Bra.) | 57 | C 3 |
| Génova | E | (Bal.) | 91 | C 4 |
| Genovés | E | (Val.) | 141 | A 2 |
| Ger | E | (Gi.) | 50 | C 1 |
| Geraldes | P | (Lei.) | 110 | C 4 |
| Geraldos | P | (Be.) | 160 | C 1 |
| Geras | E | (Le.) | 18 | C 3 |
| Geraz do Lima (Santa Leocádia) | P | (V. C.) | 53 | D 1 |
| Geraz do Lima (Santa Maria) | P | (V. C.) | 53 | D 1 |
| Geraz do Minho | P | (Br.) | 54 | C 2 |
| Gerb | E | (Ll.) | 68 | D 1 |
| Gerena | E | (Sev.) | 163 | C 3 |
| Gerendiain | E | (Na.) | 24 | D 3 |
| Gérgal | E | (Alm.) | 183 | D 1 |
| Geria | E | (Vall.) | 59 | D 3 |
| Gerindote | E | (To.) | 100 | D 5 |
| Germán, El | E | (Alm.) | 170 | C 4 |
| Germil | P | (V. C.) | 54 | C 1 |
| Germil | P | (Vis.) | 75 | B 4 |
| Gernika-Lumo | E | (Viz.) | 11 | B 5 |
| Gerona → Girona | E | (Gi.) | 52 | A 4 |
| Gerri de la Sal | E | (Ll.) | 49 | B 2 |
| Gerrikaitz | E | (Viz.) | 23 | C 1 |
| Gertusa, lugar | E | (Zar.) | 67 | A 5 |
| Gesalibar | E | (Gui.) | 23 | C 2 |
| Gésera | E | (Hues.) | 47 | A 2 |
| Gestaçô | P | (Port.) | 55 | A 5 |
| Gestalgar | E | (Val.) | 124 | B 3 |
| Gesteira | P | (Co.) | 93 | D 3 |
| Gestosa | P | (Bra.) | 36 | B 5 |
| Gestosa | P | (Vis.) | 94 | C 1 |
| Gestoso | E | (Le.) | 16 | C 5 |
| Gestoso | P | (Vis.) | 74 | C 3 |
| Getafe | E | (Mad.) | 101 | C 3 |
| Getares, lugar | E | (Cád.) | 187 | A 5 |
| Getaria | E | (Gui.) | 12 | A 5 |
| Gete | E | (Bur.) | 42 | B 5 |
| Gete | E | (Le.) | 18 | D 3 |
| Getxo | E | (Viz.) | 10 | D 5 |
| Gévora del Caudillo | E | (Bad.) | 130 | B 2 |
| Gião | P | (Ave.) | 74 | A 2 |
| Gião | P | (Fa.) | 174 | D 3 |
| Gião | P | (Port.) | 53 | D 4 |
| Gibaja | E | (Can.) | 10 | B 5 |
| Gibalbín | E | (Cád.) | 178 | A 3 |
| Gibraleón | E | (Huel.) | 162 | B 4 |
| Gibralgalia | E | (Mál.) | 180 | A 4 |
| Gibraltar (Reino Unido) | G | (Gib.) | 187 | A 4 |
| Giela | P | (V. C.) | 34 | B 5 |
| Giesteira | P | (Ave.) | 74 | A 5 |
| Giesteira | P | (San.) | 111 | C 2 |
| Giesteiras Cimeiras | P | (C. B.) | 113 | A 1 |
| Giesteiras Fundeiras | P | (C. B.) | 113 | A 1 |
| Gijano | E | (Bur.) | 22 | C 1 |
| Gijón | E | (Ast.) | 6 | D 3 |
| Gijún | E | (Ast.) | 6 | D 4 |
| Gil García | E | (Áv.) | 98 | C 2 |
| Gil Márquez | E | (Huel.) | 146 | B 5 |
| Gila, La | E | (Alb.) | 139 | C 1 |
| Gilbuena | E | (Áv.) | 98 | C 2 |
| Gilde | P | (Ave.) | 74 | B 2 |
| Gilena | E | (Sev.) | 165 | D 5 |
| Gilet | E | (Val.) | 125 | B 2 |
| Gilico | E | (Mu.) | 155 | A 3 |
| Gilma | E | (Alm.) | 183 | C 1 |
| Gilmonde | P | (Br.) | 53 | D 3 |
| Gillué | E | (Hues.) | 47 | B 2 |
| Gimenells | E | (Ll.) | 68 | B 2 |
| Gimialcón | E | (Áv.) | 79 | C 3 |
| Gimileo | E | (La R.) | 43 | A 1 |
| Gimonde | P | (Bra.) | 57 | A 1 |
| Ginasté | E | (Hues.) | 48 | C 1 |
| Ginebrosa, La | E | (Te.) | 87 | C 3 |
| Gines | E | (Sev.) | 163 | D 4 |
| Ginestar | E | (Ta.) | 88 | C 2 |
| Gineta, La | E | (Alb.) | 138 | C 1 |
| Gineta, La | E | (Mu.) | 156 | A 4 |
| Ginete, El | E | (Alb.) | 154 | C 1 |
| Ginete, El | E | (Alb.) | 154 | B 1 |
| Ginetes | P | (Aç.) | 109 | A 4 |
| Giniginamar | E | (Las P.) | 190 | A 4 |
| Ginzo de Limia → Xinzo de Limia | E | (Our.) | 35 | C 4 |
| Giões | P | (Fa.) | 161 | A 3 |
| Girabolhos | P | (Guar.) | 75 | B 5 |
| Girona/Gerona | E | (Gi.) | 52 | A 4 |
| Gironda, La | E | (Sev.) | 178 | C 1 |
| Gironella | E | (Bar.) | 50 | C 4 |
| Gisclareny | E | (Bar.) | 50 | B 3 |
| Gistaín | E | (Hues.) | 28 | A 5 |
| Gitanos, Los | E | (Gr.) | 167 | B 5 |
| Gleva, La | E | (Bar.) | 51 | A 4 |
| Glória | P | (Év.) | 129 | B 3 |
| Glória | P | (San.) | 127 | C 1 |
| Goá | E | (Lu.) | 3 | D 5 |
| Goães | P | (Br.) | 54 | A 1 |
| Goães | P | (Br.) | 54 | C 2 |
| Gobernador | E | (Gr.) | 168 | C 4 |
| Goberno | E | (Lu.) | 4 | A 5 |
| Gobiendes | E | (Ast.) | 7 | B 4 |
| Goda | P | (Ave.) | 74 | A 1 |
| Godall | E | (Ta.) | 88 | C 5 |
| Godán | E | (Ast.) | 5 | D 4 |
| Godella | E | (Val.) | 125 | A 3 |
| Godelleta | E | (Val.) | 124 | C 4 |
| Godigana | P | (Lis.) | 126 | B 2 |
| Godim | P | (V. R.) | 55 | B 5 |
| Godinhaços | P | (Br.) | 54 | B 1 |
| Godinhela | P | (Co.) | 94 | B 3 |
| Godojos | E | (Zar.) | 64 | C 5 |
| Godóns | E | (Po.) | 34 | C 2 |
| Godos | E | (Ast.) | 6 | B 4 |
| Godos | E | (Po.) | 14 | A 5 |
| Godos | E | (Te.) | 85 | D 3 |
| Goente | E | (A Co.) | 3 | B 3 |
| Goi | E | (Lu.) | 16 | A 2 |
| Goialdea | E | (Gui.) | 24 | A 3 |
| Goián | E | (Lu.) | 35 | C 1 |
| Goián | E | (Po.) | 33 | D 4 |
| Goiás | E | (Po.) | 14 | D 4 |
| Goiballea | E | (Gui.) | 24 | B 1 |
| Goiburu o San Esteban | E | (Gui.) | 24 | B 1 |
| Goierri | E | (Viz.) | 10 | D 4 |
| Goierri | E | (Viz.) | 11 | A 5 |
| Goikolexea | E | (Viz.) | 11 | B 5 |
| Goim | P | (Ave.) | 74 | A 2 |
| Góios | P | (Br.) | 53 | D 2 |
| Góios | P | (Br.) | 54 | A 3 |
| Goiriz | E | (Lu.) | 3 | D 4 |
| Gois | P | (Be.) | 160 | D 2 |
| Góis | P | (Co.) | 94 | C 3 |
| Goitaa | E | (Viz.) | 23 | C 1 |
| Goiuri | E | (Ál.) | 23 | A 3 |
| Goizueta | E | (Na.) | 24 | C 1 |
| Goja | P | (Vis.) | 74 | D 3 |

Guísamo


Gójar E (Gr.) 182 A 1
Golães P (Br.) 54 C 3
Golán E (A Co.) 15 A 2
Golbardo E (Can.) 9 A 5
Golco E (Gr.) 182 D 2
Golegã P (San.) 111 D 3
Golernio E (Bur.) 23 B 4
Goleta, A E (Po.) 14 B 5
Goleta, La E (Ast.) 7 B 4
Goleta, La E (Las P.) 191 D 3
Golfar P (Guar.) 75 D 3
Golfo, El (Frontera) E (S. Cruz T.) 194 C 4
Golmar E (A Co.) 3 A 1
Golmar E (A Co.) 2 B 5
Golmayo E (So.) 63 C 2
Golmés E (Ll.) 69 A 2
Golosalvo E (Alb.) 123 A 5
Golpejas E (Sa.) 78 B 2
Golpejera E (Sa.) 78 B 3
Golpilhal P (Co.) 94 B 2
Golpilhares P (Co.) 94 C 3
Gollizo, El E (Alb.) 153 D 1
Gómara E (So.) 64 A 3
Gomareites E (Our.) 35 C 3
Gomariz E (Our.) 35 C 2
Gombrèn E (Gi.) 50 D 2
Gomeán E (Lu.) 16 A 3
Gomecello E (Sa.) 78 D 2
Gomes Aires P (Be.) 160 B 2
Gomesende E (Our.) 34 D 3
Gometxa E (Ál.) 23 B 4
Gómez Velasco E (Sa.) 79 A 4
Gomeznarro E (Vall.) 79 D 1
Gomezserracín E (Seg.) 60 D 5
Gomide P (Br.) 54 B 1
Gonça P (Br.) 54 C 3
Gonçalo P (Guar.) 95 D 1
Gonçalo Bocas P (Guar.) 76 A 5
Gonçalves P (Fa.) 175 A 3
Gonçalvinho P (Lis.) 126 B 1
Goncinha P (Fa.) 174 C 3
Gondalães P (Port.) 54 B 5
Gondar E (Po.) 33 D 1
Gondar E (Po.) 14 A 4
Gondar P (Port.) 54 D 5
Gondar P (V. C.) 33 D 5
Gondarém P (Br.) 54 D 3
Gondarém P (V. C.) 33 D 5
Gondemaria P (San.) 111 D 1
Gondesende P (Bra.) 56 D 1
Gondiães P (Br.) 55 B 2
Gondim P (Port.) 54 A 4
Gondim P (V. C.) 34 A 4
Gondomar E (Po.) 33 D 3
Gondomar P (Br.) 54 B 1
Gondomar P (Br.) 54 C 3
Gondomar P (Port.) 54 A 5
Gondomar P (Vis.) 75 B 2
Gondomil P (V. C.) 34 A 4
Gondoriz P (Br.) 54 C 1
Gondoriz P (V. C.) 34 B 5
Gondramaz P (Co.) 94 B 3
Gondrame E (Lu.) 15 D 3
Gondrás E (Lu.) 4 A 2
Gondulfes E (Our.) 36 A 5
Gontalde E (A Co.) 1 D 5
Gontán E (Our.) 35 A 3
Gontar E (Alb.) 153 D 3
Gonte E (A Co.) 13 D 2
Gontim P (Br.) 54 D 3
Gonzar E (A Co.) 14 C 2
Góñar E (Alm.) 170 D 3
Goñi E (Na.) 24 C 4
Gopegi E (Ál.) 23 B 3
Gor E (Gr.) 169 A 4
Gorafe E (Gr.) 168 D 4
Gordaliza de la Loma E (Vall.) 39 C 4
Gordaliza del Pino E (Le.) 39 C 2
Gordexola E (Viz.) 22 D 1
Gordo, El E (Các.) 117 A 1
Gordoncillo E (Le.) 39 A 4
Gordos P (Co.) 93 D 2
Gordún E (Zar.) 45 D 1
Gorga E (Ali.) 141 B 4
Gorgollitas, Las E (J.) 153 C 3
Gorgoracha, La E (Gr.) 182 A 4
Gorgua E (Our.) 34 D 3
Gorgullos E (A Co.) 14 B 1
Gorjão P (San.) 112 B 5
Gorjões P (Fa.) 174 C 2
Gorliz E (Viz.) 11 A 4
Gormaig E (Ali.) 141 A 4
Gormaz E (So.) 62 D 4
Gornal, la E (Bar.) 70 B 5
Gornazo E (Can.) 9 B 4
Goro, El E (Las P.) 191 D 2
Gorordo E (Viz.) 11 A 5
Gorozika E (Viz.) 23 B 1
Gorrebusto E (Ál.) 43 D 1
Gorriti E (Na.) 24 C 2
Gorriztaran E (Na.) 24 C 2
Gorxá E (A Co.) 15 A 1
Gorza → Güesa E (Na.) 25 D 4
Gosende P (Port.) 74 D 1
Gosende P (Vis.) 75 A 2
Gósol E (Ll.) 50 B 3
Gostei P (Bra.) 56 D 1
Gotarrendura E (Áv.) 80 A 4
Gotarta E (Ll.) 48 D 2
Gotor E (Zar.) 65 A 3
Goujoim P (Vis.) 75 C 1
Gouvães da Serra P (V. R.) 55 B 3
Gouvães do Douro P (V. R.) 55 C 5
Gouveia P (Bra.) 56 C 5
Gouveia P (Guar.) 95 C 1
Gouveia P (Lis.) 126 B 2
Gouveia P (Port.) 54 D 5
Gouveias P (Guar.) 76 A 4
Gouviães P (Vis.) 75 B 1
Gouvinhas P (V. R.) 55 C 5
Gouxa E (Po.) 15 A 5
Gouxaria P (San.) 111 C 3
Gouxaria P (San.) 111 C 5
Gove P (Port.) 74 D 1
Goyanes E (A Co.) 13 C 4
Gozón de Ucieza E (Pa.) 40 B 2
Graba E (Po.) 14 C 4
Graça P (Lei.) 94 B 5
Gracieira P (Lei.) 93 D 5
Gracieira P (Lei.) 110 D 4
Grada P (Ave.) 94 A 2
Grade P (V. C.) 34 B 5
Gradefes E (Le.) 19 B 5
Gradil P (Lis.) 126 C 1
Gradiz P (Guar.) 75 C 3
Grado E (Ast.) 6 A 4
Grado del Pico E (Seg.) 62 C 5
Grado, El E (Hues.) 48 A 4
Grageras, Las E (J.) 167 B 3
Graices E (Our.) 35 B 1
Grainho P (Fa.) 161 A 4
Grainho P (San.) 111 C 4
Graja de Campalbo E (Cu.) 123 D 1
Graja de Iniesta E (Cu.) 123 A 3
Graja, La E (Cór.) 165 B 2
Grajal de Campos E (Le.) 39 D 3
Grajal de Ribera E (Le.) 38 C 4
Grajalejo de las Matas E (Le.) 39 B 2
Grajera E (Seg.) 61 D 5
Grajuela, La E (Alb.) 138 C 1
Grajuela, La E (Mu.) 172 C 1
Gralhas P (V. R.) 35 B 5
Gralheira P (Fa.) 174 C 2
Gralheira P (Vis.) 74 C 3
Gralheira P (Vis.) 74 D 2
Gralhós P (Bra.) 57 A 3
Gralhos P (Fa.) 159 C 4
Gramaços P (Co.) 95 A 2
Gramatinha P (Lei.) 94 A 5
Gramedo E (Zam.) 37 C 4
Graminhal P (Vis.) 75 B 2
Gran Chaparral, El E (To.) 99 D 5
Gran Tarajal E (Las P.) 190 A 4
Granada E (Gr.) 182 A 1
Granada de Río Tinto, La E (Huel.) 163 A 1
Granada, la E (Bar.) 70 B 4
Granadella, la E (Ll.) 68 D 4
Granadilla E (Cór.) 166 C 4
Granadilla de Abona E (S. Cruz T.) 195 D 4
Granado, El E (Huel.) 161 C 3
Granados, Los E (S. Cruz T.) 194 B 2
Granátula de Calatrava E (C. R.) 135 C 4
Granda E (Ast.) 6 C 4
Granda, La E (Ast.) 6 C 3
Grandaços P (Be.) 160 B 1
Grandais P (Bra.) 56 D 1
Grandal E (A Co.) 3 A 4
Grandas de Salime E (Ast.) 4 D 5
Grandes E (Áv.) 79 D 4
Grandes E (Sa.) 77 D 2
Grandival E (Bur.) 23 B 5
Grândola P (Set.) 143 C 2
Grandoso E (Le.) 19 B 4
Granel, El E (S. Cruz T.) 193 C 2
Granera E (Bar.) 70 D 1
Granho P (San.) 127 C 1
Granja P (Ave.) 74 B 3
Granja P (Bra.) 57 B 3
Granja P (Bra.) 57 B 4
Granja P (Co.) 94 B 3
Granja P (Év.) 145 D 2
Granja P (Guar.) 76 A 4
Granja P (Lei.) 93 B 5
Granja P (Port.) 73 D 1
Granja P (V. R.) 55 D 5
Granja P (V. R.) 55 C 2
Granja P (Vis.) 75 A 2
Granja P (Vis.) 75 D 2
Granja de Ançã P (Co.) 94 A 2
Granja de la Costera, la E (Val.) 140 D 2
Granja de Moreruela E (Zam.) 58 C 1
Granja de Rocamora E (Ali.) 156 B 3
Granja de San Vicente, La E (Le.) 17 D 5
Granja de Santa Inés E (Zar.) 65 D 1
Granja de Torrehermosa E (Bad.) 148 C 2
Granja d'Escarp, la E (Ll.) 68 B 4
Granja do Tedo P (Vis.) 75 C 1
Granja do Ulmeiro P (Co.) 93 D 3
Granja Muedra E (Vall.) 60 B 2
Granja Nova P (V. R.) 55 B 3
Granja Nova P (Vis.) 75 B 2
Granja San Pedro E (Zar.) 64 B 5
Granja, La E (Các.) 98 A 3
Granja, La E (Mu.) 171 A 2
Granja, La E (Sa.) 79 A 3
Granja, La → San Ildefonso E (Seg.) 81 B 3
Granja, La/Cruce, El E (Mad.) 102 A 1
Granjal P (Vis.) 94 C 1
Granjal P (Vis.) 75 C 3
Granjilla, La E (Mad.) 101 D 1
Granjinha P (Vis.) 75 C 1
Granjuela, La E (Cór.) 149 A 2
Granollers E (Bar.) 71 B 2
Granollers de la Plana E (Bar.) 51 B 4
Granollers de Rocacorba E (Gi.) 51 D 4
Granota, La E (Gi.) 52 A 5
Granucillo E (Zam.) 38 B 4
Granxa E (Po.) 33 D 3
Granxa, A E (Our.) 35 D 5
Granyanella E (Ll.) 69 C 2
Granyena de les Garrigues E (Ll.) 68 C 4
Granyena de Segarra E (Ll.) 69 C 2
Graña E (A Co.) 13 C 5
Graña E (Lu.) 4 A 4
Graña de Umia E (Po.) 14 C 4
Graña, A E (Our.) 35 B 3
Graña, A E (Po.) 13 D 5
Graña, A E (Po.) 34 C 2
Grañas E (A Co.) 3 C 2
Grañén E (Hues.) 47 A 5
Grañena E (J.) 167 D 1
Grañeras, Las E (Le.) 39 B 2
Grañón E (La R.) 42 D 2
Grao, El/Grau, el E (Cas.) 125 C 1
Grao/Grau de Castelló, el E (Cas.) 107 D 5
Grao/Grau, el E (Val.) 141 C 2
Gratallops E (Ta.) 88 D 1
Grau de Castelló, el → Grao E (Cas.) 107 D 5
Grau, el → Grao E (Val.) 141 C 2
Grau, el → Grao, El E (Cas.) 125 C 1
Grau, Es E (Bal.) 90 D 2
Graugés E (Bar.) 50 C 4
Graus E (Hues.) 48 A 3
Grávalos E (La R.) 44 C 4
Gravanço P (Ave.) 74 A 5
Gravinhas de Baixo P (Co.) 95 A 1
Gravinhas de Cima P (Co.) 95 A 1
Graya E (Alb.) 154 A 2
Grazalema E (Cád.) 179 A 4
Gredilla de Sedano E (Bur.) 21 D 5
Gredilla la Polera E (Bur.) 41 D 1
Gregos P (Bra.) 57 B 4
Gresande E (Po.) 14 D 4
Griego, El E (Alb.) 138 B 5
Griegos E (Te.) 105 A 2
Grifa E (Po.) 34 C 1
Grijalba E (Bur.) 41 A 2
Grijalba de Vidriales E (Zam.) 38 B 4
Grijera, lugar E (Pa.) 20 D 4
Grijó P (Port.) 74 A 1
Grijó de Parada P (Bra.) 57 A 2
Grijó de Vale Benfeito P (Bra.) 56 C 3
Grijota E (Pa.) 40 B 5
Grilo E (Ast.) 4 D 3
Grilo P (Port.) 74 D 1
Grimaldo E (Các.) 115 B 1
Grimancelos P (Br.) 54 A 3
Griñón E (Mad.) 101 C 3
Grions E (Gi.) 71 D 1
Grisaleña E (Bur.) 42 C 1
Grisel E (Zar.) 64 D 1
Grisén E (Zar.) 65 D 2
Grisuela E (Zam.) 57 C 2
Grisuela del Páramo E (Le.) 38 C 2
Grixalva E (A Co.) 15 A 1
Grixó E (Our.) 34 D 3
Grixoa E (A Co.) 13 D 1
Grixoa E (Our.) 34 D 1
Grocinas P (Co.) 94 A 4
Grolos E (Lu.) 15 D 3
Groo, El E (Sa.) 77 D 1
Grou E (Our.) 34 D 5
Grou P (Lei.) 93 B 4
Grove, O E (Po.) 13 D 5
Grovelas P (V. C.) 54 B 1
Grulleros E (Le.) 38 D 1
Grullos E (Ast.) 6 A 4
Guadabraz, lugar E (J.) 153 B 3
Guadahortuna E (Gr.) 168 B 3
Guadajira E (Bad.) 130 D 3
Guadajoz E (Sev.) 164 C 3
Guadalajara E (Gua.) 82 C 5
Guadalaviar E (Te.) 104 D 2
Guadalcacín E (Cád.) 177 D 4
Guadalcanal E (Sev.) 148 A 4
Guadalcázar E (Cór.) 165 D 1
Guadalema de los Quinteros E (Sev.) 178 B 1
Guadalén E (J.) 152 A 4
Guadalest E (Ali.) 141 C 4
Guadalimar E (J.) 151 D 4
Guadalix de la Sierra E (Mad.) 81 D 4
Guadalmedina, lugar E (Mál.) 180 C 4
Guadalmez E (C. R.) 133 C 4
Guadalmina E (Mál.) 187 D 2
Guadalperales, Los E (Bad.) 132 C 1
Guadalpín-Río Verde E (Mál.) 188 A 1
Guadalupe E (Các.) 117 A 4
Guadalupe E (Lu.) 3 C 4
Guadalupe P (Aç.) 109 A 1
Guadalupe de Maciascoque E (Mu.) 155 D 5
Guadamanil, lugar E (Cád.) 179 A 2
Guadamur E (To.) 119 A 1
Guadapero E (Sa.) 77 C 5
Guadarrama E (Mad.) 81 A 5
Guadasequies/Guadasséquies E (Val.) 141 A 3
Guadasséquies → Guadasequies E (Val.) 141 A 3
Guadassuar E (Val.) 141 A 1
Guadiana del Caudillo E (Bad.) 130 D 2
Guadiaro E (Cád.) 187 B 3
Guadilla de Villamar E (Bur.) 41 A 1
Guadix E (Gr.) 168 D 5
Guadramil P (Bra.) 37 B 5
Guadramiro E (Sa.) 77 B 2
Guainos Altos E (Alm.) 182 D 4
Guainos Bajos E (Alm.) 182 D 4
Guájar Alto E (Gr.) 181 D 3
Guájar Faragüit E (Gr.) 182 A 3
Guájar Fondón E (Gr.) 182 A 3
Gualba E (Bar.) 71 C 1
Gualchos E (Gr.) 182 B 4
Gualda E (Gua.) 83 B 5
Gualda E (Ll.) 68 C 2
Gualdim P (Co.) 94 D 2
Gualta E (Gi.) 52 C 4
Guamasa E (S. Cruz T.) 196 B 2
Guancha, La E (S. Cruz T.) 195 D 2
Guapa, La E (Gr.) 182 C 4
Guarazoca E (S. Cruz T.) 194 C 4
Guarda P (Guar.) 76 A 5
Guarda, A/Guardia, La E (Po.) 33 C 5
Guarda, La E (Bad.) 132 B 4
Guardamar E (Val.) 141 C 2
Guardamar del Segura E (Ali.) 156 D 4
Guardão P (Vis.) 74 C 5
Guàrdia d'Ares, La E (Ll.) 49 C 2
Guardia de Jaén, La E (J.) 167 D 2
Guàrdia de Tremp E (Ll.) 49 A 4
Guàrdia, La E (Ll.) 69 B 2
Guardia, La E (To.) 120 A 1
Guardia, La → Guarda, A E (Po.) 33 C 5
Guardias Viejas E (Alm.) 183 B 4
Guardiola de Berguedà E (Bar.) 50 C 3
Guardiola de Font-rubí E (Bar.) 70 B 4
Guardo E (Pa.) 20 A 4
Guareña E (Áv.) 79 D 5
Guareña E (Bad.) 131 D 3
Guargacho → Monte, El E (S. Cruz T.) 195 D 4
Guarnizo E (Can.) 9 C 4
Guaro E (Mál.) 179 D 5
Guarrate E (Zam.) 59 A 5
Guarromán E (J.) 151 D 3
Guasa E (Hues.) 46 D 1
Guaso E (Hues.) 47 D 2
Guatiza E (Las P.) 192 D 4
Guayonge E (S. Cruz T.) 196 A 2
Guaza E (S. Cruz T.) 195 C 5
Guaza de Campos E (Pa.) 39 D 4
Guazamara E (Alm.) 171 A 4
Gucherre P (San.) 111 B 4
Gúdar E (Te.) 106 C 1
Gudillos E (Seg.) 81 A 5
Gudino E (Sa.) 78 A 2
Gudiña, A E (Our.) 36 B 4
Guedelhas P (Be.) 160 C 3
Guedieiros P (Vis.) 75 C 2
Güéjar Sierra E (Gr.) 182 B 1
Güel E (Hues.) 48 B 3
Güemes E (Can.) 9 D 4
Güeñes E (Viz.) 22 D 1
Gueral P (Br.) 53 D 3
Guerras, Las, lugar E (Gr.) 181 C 4
Guerreiros P (Lis.) 126 C 2
Guerreiros do Rio P (Fa.) 161 C 4
Güesa/Gorza E (Na.) 25 D 4
Guesálaz E (Na.) 24 C 4
Guetim P (Port.) 73 D 1
Güevéjar E (Gr.) 168 A 5
Guía E (S. Cruz T.) 196 A 2
Guia P (Fa.) 174 A 2
Guia P (Lei.) 93 C 4
Guía de Isora E (S. Cruz T.) 195 C 4
Guía, La E (Mu.) 172 B 2
Guiães P (V. R.) 55 B 5
Guiamets, els E (Ta.) 88 D 1
Guidões P (Port.) 53 D 4
Guiende E (A Co.) 13 D 4
Guijar, El E (Seg.) 81 B 1
Guijarrosa, La E (Cór.) 165 D 2
Guijillo, El E (Huel.) 162 D 3
Guijo de Ávila E (Sa.) 98 C 1
Guijo de Coria E (Các.) 97 B 4
Guijo de Galisteo E (Các.) 97 B 4
Guijo de Granadilla E (Các.) 97 D 3
Guijo de Santa Bárbara E (Các.) 98 C 3
Guijo, El E (Cád.) 178 A 4
Guijo, El E (Cór.) 149 D 1
Guijo, El E (Huel.) 163 A 3
Guijo, El E (Mad.) 81 B 5
Guijosa E (Gua.) 83 C 2
Guijosa E (So.) 62 C 2
Guijuelo E (Sa.) 98 C 1
Guijuelos, Los E (Áv.) 98 D 2
Guilfrei E (Lu.) 16 B 3
Guilhabreu P (Port.) 53 D 4
Guilhadeses P (V. C.) 34 B 5
Guilheiro P (Guar.) 75 D 3
Guilhofrei P (Br.) 54 D 2
Guilhovai P (Ave.) 73 D 2
Guilhufe P (Port.) 54 B 5
Guils de Cerdaña E (Gi.) 50 C 1
Guillamil E (Our.) 35 B 3
Guillar E (Lu.) 15 D 1
Guillar E (Po.) 15 A 4
Guillarei E (Po.) 34 A 4
Guillena E (Sev.) 163 D 3
Güímar E (S. Cruz T.) 196 B 3
Guimara E (Le.) 17 A 3
Guimarães P (Br.) 54 C 3
Guimarães P (Vis.) 75 A 4
Guimarães de Tavares P (Vis.) 75 B 5
Guimarán E (Ast.) 6 C 3
Guimarei E (Lu.) 15 C 2
Guimarei E (Our.) 35 D 5
Guimarei P (Port.) 54 A 4
Güime E (Las P.) 192 C 4
Guimerà E (Ll.) 69 C 3
Guimil P (V. C.) 34 B 4
Guincho, El E (S. Cruz T.) 195 D 5
Guindos, Los, lugar E (J.) 151 D 2
Guingueta d'Àneu, la E (Ll.) 29 B 5
Guingueta, La E (Gi.) 50 C 1
Guinicio E (Bur.) 22 D 5
Guiraos, Los E (Alm.) 171 A 4
Guirela P (Ave.) 74 B 1
Guísamo E (A Co.) 2 D 4

Guisande


Guisande P (Ave.) 74 A2
Guisande P (Br.) 54 B3
Guisando E (Áv.) 99 B3
Guissona E (Ll.) 69 C1
Guistola P (Ave.) 74 B5
Guitiriz E (Lu.) 3 B5
Guix, el E (Bar.) 70 C1
Guixaró, El E (Bar.) 50 C4
Guixers E (Ll.) 50 A3
Guizaburuaga E (Viz.) 11 C5
Guizado P (Lei.) 110 D3
Guizán E (Po.) 34 A2
Gulanes E (Po.) 34 A3
Guldriz E (A Co.) 13 D1
Gulpilhares P (Port.) 73 D1
Gullade E (Lu.) 35 D1
Gumá E (Bur.) 62 A3
Gumiei P (Vis.) 74 D4
Gumiel de Hizán E (Bur.) 61 D2
Gumiel de Mercado E (Bur.) 61 C2
Gundiás E (Our.) 35 B3
Gundibós E (Lu.) 35 D1
Guntín E (Lu.) 15 C3
Guntín E (Lu.) 3 C4
Guntín de Pallares E (Lu.) 15 C3
Guntumil E (Our.) 35 A5
Gunyoles, les E (Bar.) 70 C4
Gurb E (Bar.) 51 A5
Gures E (A Co.) 13 B2
Gurp E (Ll.) 48 D3
Gurrea de Gállego E (Hues.) 46 B5
Gurueba, La E (Can.) 21 C1
Gurugú, El E (Mad.) 102 B2
Gurulles E (Ast.) 6 A4
Gusendos de los Oteros E (Le.) 39 A2
Gustei E (Our.) 35 B1
Gutar E (J.) 152 D3
Gutierre-Muñoz E (Áv.) 80 B3
Guxinde E (Our.) 34 D4
Guzmán E (Bur.) 61 B2


# H


Haba, La E (Bad.) 132 B3
Hacinas E (Bur.) 42 B5
Hacho, El E (Gr.) 168 C3
Haedillo, lugar E (Bur.) 42 B3
Haedo de las Pueblas E (Bur.) 21 C2
Haedo de Linares E (Bur.) 21 D3
Haizkoeta E (Ál.) 23 A4
Hardales, Los E (Cád.) 186 A2
Haría E (Las P.) 192 D3
Haro E (La R.) 43 A1
Hayas, Las E (S.Cruz T.) 194 B2
Hayuela, La E (Can.) 8 D5
Haza E (Bur.) 61 C3
Haza de la Concepción E (Các.) 98 A5
Haza del Trigo E (Gr.) 182 C4
Hazas E (Can.) 22 A1
Hazas de Cesto E (Can.) 10 A4
Hecho E (Hues.) 26 B4
Hedradas, Las E (Zam.) 36 C4
Hedroso E (Zam.) 36 D4
Helecha E (Can.) 21 B1
Helecha de Valdivia E (Pa.) 21 A4
Helechal E (Bad.) 133 A5
Helechosa de los Montes E (Bad.) 117 D5
Helenos P (Lei.) 93 C4
Helguera E (Can.) 21 B2
Helmántico, El E (Sa.) 78 C2
Hellín E (Alb.) 155 A1
Henarejos E (Cu.) 123 B1
Henche E (Gua.) 83 B5
Herada E (Can.) 22 A1
Heras de Ayuso E (Gua.) 82 D4
Heras de la Peña, Las E (Pa.) 20 A4
Herbers → Herbés E (Cas.) 87 C4
Herbés/Herbers E (Cas.) 87 C4
Herbón E (A Co.) 14 A4
Herbosa E (Bur.) 21 C3
Herce E (La R.) 44 A3
Herdade P (C. B.) 95 A5
Herdade P (C. B.) 94 C5
Herdeiros P (San.) 112 C2
Heredad, La E (Alm.) 183 B1
Heredia E (Ál.) 23 D4
Herencia E (C. R.) 120 B5
Herencias, Las E (To.) 117 D1
Herguijuela E (Áv.) 99 B2
Herguijuela E (Các.) 116 B4
Herguijuela de Ciudad-Rodrigo E (Sa.) 97 A1
Herguijuela de la Sierra E (Sa.) 97 D1
Herguijuela del Campo E (Sa.) 78 B5
Herguijuela, La E (Các.) 116 A1
Hérmedes de Cerrato E (Pa.) 61 A1
Hermigua E (S.Cruz T.) 194 C1
Hermisende E (Zam.) 36 D5
Hermosa E (Can.) 9 D5
Hermosilla E (Bur.) 22 B5
Hermosillo E (Áv.) 98 D2
Hernán Cortés E (Bad.) 132 A2
Hernancobo, lugar E (Sa.) 78 C4
Hernández, Los E (Alm.) 169 D4
Hernani E (Gui.) 12 C5
Hernán-Pérez E (Các.) 97 B3
Hernansancho E (Áv.) 80 A3
Hernán-Valle E (Gr.) 168 D4
Hernialde E (Gui.) 24 B2
Herrada del Manco, lugar E (Mu.) 140 A5
Herradón de Pinares E (Áv.) 100 B1
Herradura, La E (Alm.) 171 A4
Herradura, La E (Gr.) 181 D4
Herramélluri E (La R.) 42 D1
Herrán E (Bur.) 22 C4
Herrán, La E (Can.) 9 C5
Herrera E (Can.) 9 C4
Herrera E (Sev.) 165 D4
Herrera de Alcántara E (Các.) 113 C2
Herrera de Duero E (Vall.) 60 B3
Herrera de Ibio E (Can.) 9 A5
Herrera de la Mancha E (C. R.) 136 C2
Herrera de los Navarros E (Zar.) 85 D1
Herrera de Pisuerga E (Pa.) 40 D1
Herrera de Soria E (So.) 62 D2
Herrera de Valdecañas E (Pa.) 41 A5
Herrera de Valdivielso E (Bur.) 22 A4
Herrera del Duque E (Bad.) 133 C1
Herrera, La E (Alb.) 138 B3
Herrera, La E (Viz.) 22 C1
Herrera-Puente del Condado E (J.) 152 C4
Herreras, Los E (Alm.) 170 C5
Herrería E (Gua.) 84 C3
Herrería de Santa Cristina E (Cu.) 104 A1
Herrería, La E (Alb.) 138 C5
Herrería, La E (Alm.) 184 C1
Herrería, La E (Cór.) 165 C1
Herrerías, Las E (Huel.) 161 D2
Herrerías, Las E (Le.) 16 C5
Herreros E (So.) 63 B1
Herreros E (Vall.) 59 C4
Herreros de Jamuz E (Le.) 38 A3
Herreros de Rueda E (Le.) 19 C5
Herreros de Suso E (Áv.) 79 C4
Herreruela E (Các.) 114 C3
Herreruela de Castillería E (Pa.) 20 C3
Herreruela de Oropesa E (To.) 117 B1
Herrezuelo E (Sa.) 78 D4
Herrín de Campos E (Vall.) 39 D4
Herrumblar, El E (Cu.) 123 A4
Hervás E (Các.) 98 B3
Hervededo E (Le.) 17 A5
Herves E (A Co.) 2 C5
Hervías E (La R.) 43 A2
Hidalga, La E (S.Cruz T.) 196 B3
Hiendelaencina E (Gua.) 82 D2
Hierro E (Bur.) 22 B3
Hierro E (Sev.) 148 C5
Higón E (Bur.) 21 C3
Higuera E (Các.) 116 C2
Higuera de Calatrava E (J.) 167 A1
Higuera de la Serena E (Bad.) 132 B5
Higuera de la Sierra E (Huel.) 147 A5
Higuera de las Dueñas E (Áv.) 100 B3
Higuera de Llerena E (Bad.) 147 D2
Higuera de Vargas E (Bad.) 146 B1
Higuera la Real E (Bad.) 146 D3
Higuera, La E (Alb.) 139 C4
Higuera, La E (Áv.) 99 C3
Higuera, La E (S.Cruz T.) 195 D4
Higueral E (Alm.) 169 D4
Higueral E (J.) 168 D1
Higueral, El E (Cór.) 166 D5
Higueras E (Cas.) 106 D5
Higueras, Las E (Cór.) 167 A4
Higuerón, El E (Cór.) 165 D1
Higueruela E (Alb.) 139 B2
Higueruelas E (Val.) 124 B1
Hija de Dios, La E (Áv.) 99 D1
Híjar E (Alb.) 154 C1
Híjar E (Gr.) 181 D1
Híjar E (Te.) 87 A1
Hijas E (Can.) 9 B5
Hijate, El E (Alm.) 169 C4
Hijes E (Gua.) 82 D1
Hijosa de Boedo E (Pa.) 40 D1
Hinestrosa E (Bur.) 41 A3
Hiniesta, La E (Zam.) 58 B3
Hiniestra E (Bur.) 42 A2
Hinojal E (Các.) 115 B2
Hinojal de Riopisuerga E (Bur.) 40 D1
Hinojales E (Huel.) 146 D4
Hinojar E (Mu.) 171 B2
Hinojar de Cervera E (Bur.) 42 A5
Hinojar del Rey E (Bur.) 62 B2
Hinojares E (J.) 169 A2
Hinojedo E (Can.) 9 B4
Hinojos E (Huel.) 163 B5
Hinojosa E (Gua.) 84 C2
Hinojosa de Duero E (Sa.) 76 D2
Hinojosa de Jarque E (Te.) 86 B5
Hinojosa de la Sierra E (So.) 63 C1
Hinojosa de San Vicente E (To.) 100 A4
Hinojosa del Campo E (So.) 64 B2
Hinojosa del Duque E (Cór.) 149 B1
Hinojosa del Valle E (Bad.) 147 C1
Hinojosa, La E (Cu.) 121 D2
Hinojosa, La E (So.) 62 C2
Hinojosas de Calatrava E (C. R.) 135 A5
Hinojosos, Los E (Cu.) 121 A3
Hío E (Po.) 33 D2
Hiriberri/Villanueva de Aezkoa E (Na.) 25 C3
Hirmes E (Alm.) 183 A3
Hiruela, La E (Mad.) 82 A2
Hita E (Gua.) 82 D4
Hito, El E (Cu.) 121 B1
Holguera E (Các.) 97 B5
Hombrados E (Gua.) 85 A4
Hombres Olivais P (Lis.) 126 D3
Honcalada E (Vall.) 79 D1
Hondarribia/Fuenterrabía E (Gui.) 12 D4
Hondón de las Nieves/Fondó de Les Neus, el E (Ali.) 156 C2
Hondón de los Frailes/Fondó dels Frares, el E (Ali.) 156 B3
Hondura E (Sa.) 78 A5
Honquilana, lugar E (Vall.) 80 A1
Honrubia E (Cu.) 122 A3
Honrubia de la Cuesta E (Seg.) 61 D4
Hontalbilla E (Seg.) 61 A5
Hontanar E (To.) 118 B3
Hontanares E (Áv.) 99 C4
Hontanares E (Gua.) 83 B4
Hontanares de Eresma E (Seg.) 81 A3
Hontanas E (Bur.) 41 B3
Hontanaya E (Cu.) 121 A2
Hontangas E (Bur.) 61 C3
Hontecillas E (Cu.) 122 B2
Hontoba E (Gua.) 102 D2
Hontomín E (Bur.) 41 D1
Hontoria E (Ast.) 7 D4
Hontoria E (Seg.) 81 A3
Hontoria de Cerrato E (Pa.) 60 C1
Hontoria de la Cantera E (Bur.) 41 D4
Hontoria de Río Franco E (Bur.) 41 B5
Hontoria de Valdearados E (Bur.) 62 A2
Hontoria del Pinar E (Bur.) 62 C1
Horcadas E (Le.) 19 D3
Horcajada de la Torre E (Cu.) 103 C5
Horcajada, La E (Áv.) 98 D1
Horcajo E (Các.) 97 B2
Horcajo de la Ribera E (Áv.) 99 A2
Horcajo de la Sierra E (Mad.) 81 D2
Horcajo de las Torres E (Áv.) 79 C2
Horcajo de los Montes E (C. R.) 118 A5
Horcajo de Montemayor E (Sa.) 98 B2
Horcajo de Santiago E (Cu.) 120 D1
Horcajo Medianero E (Sa.) 79 A5
Horcajo, El E (Alb.) 137 D4
Horcajo, El E (Sev.) 177 D2
Horcajuelo de la Sierra E (Mad.) 82 A2
Horche E (Gua.) 102 D1
Hormaza E (Bur.) 41 B3
Hormazas, Las E (Bur.) 41 B1
Hormigos E (To.) 100 C4
Hormilla E (La R.) 43 B2
Hormilleja E (La R.) 43 B2
Horna E (Alb.) 139 A3
Horna E (Bur.) 22 A3
Horna E (Gua.) 83 C1
Hornachos E (Bad.) 131 D5
Hornachuelos E (Cór.) 165 B1
Hornedo E (Can.) 9 D4
Hornera, La E (Mu.) 155 D4
Hornes E (Bur.) 22 B2
Hornico, El E (Mu.) 154 B5
Hornija E (Le.) 16 D5
Hornillalastra E (Bur.) 22 A2
Hornillalatorre E (Bur.) 22 A2
Hornillayuso E (Bur.) 22 A3
Hornillo, El E (Áv.) 99 C3
Hornillo, El E (S.Cruz T.) 194 B2
Hornillos de Cameros E (La R.) 43 D3
Hornillos de Cerrato E (Pa.) 40 D5
Hornillos de Eresma E (Vall.) 60 A5
Hornillos del Camino E (Bur.) 41 B3
Horno-Ciego E (Alb.) 154 A1
Hornos E (J.) 168 C1
Hornos E (J.) 153 B3
Hornos de Moncalvillo E (La R.) 43 C2
Horra, La E (Bur.) 61 C2
Horta E (Le.) 16 D5
Horta P (Aç.) 109 A3
Horta P (Ave.) 94 A1
Horta P (Guar.) 76 A1
Horta da Vilariça P (Bra.) 56 B5
Horta de Sant Joan E (Ta.) 88 A2
Horta, S' E (Bal.) 92 C5
Hortas de Baixo P (Por.) 130 A1
Hortas de Cima P (Por.) 114 A5
Hortas do Tabual P (Fa.) 173 A3
Hortezuela E (So.) 63 A4
Hortezuela de Océn, La E (Gua.) 83 D3
Hortezuelos E (Bur.) 62 A1
Hortichuela E (J.) 167 B4
Hortichuela E (Mu.) 172 B1
Hortichuelas E (Alm.) 184 C3
Hortigosa de Ríoalmar E (Áv.) 79 C5
Hortigüela E (Bur.) 42 B5
Hortinhas P (Év.) 129 C4
Hortizuela, lugar E (Cu.) 104 A5
Hortunas E (Val.) 124 A4
Hospital E (Lu.) 36 B1
Hospital de Órbigo E (Le.) 38 B1
Hospitales, Los E (Gr.) 167 B5
Hospitalet de l'Infant, l' E (Ta.) 89 A2
Hospitalet de Llobregat, l' E (Bar.) 71 A4
Hostafrancs E (Ll.) 69 C1
Hostal de Ipiés E (Hues.) 47 A2
Hostal del Ciervo, lugar E (Zar.) 67 B4
Hostalet, l' E (Gi.) 72 A1
Hostalets de Balenyà, els E (Bar.) 71 A1
Hostalets de Pierola, els E (Bar.) 70 C3
Hostalets d'en Bas, els E (Gi.) 51 C3
Hostalets, els E (Gi.) 52 B2
Hostalets, els E (Ta.) 89 D1
Hostalets-Can Lleó, els E (Bar.) 70 B4
Hostalnou, l' E (Ll.) 68 D1
Hostalnou, l' → Segunda del Río E (Cas.) 87 C5
Hostalric E (Gi.) 71 D1
Hoya de Santa Ana, lugar E (Alb.) 139 B4
Hoya del Campo E (Mu.) 155 C3
Hoya del Conejo, La, lugar E (Alb.) 137 C4
Hoya del Salobral E (J.) 167 D3
Hoya Grande E (S.Cruz T.) 193 C2
Hoya, La E (Alm.) 170 C4
Hoya, La E (Alm.) 170 B4
Hoya, La E (Mu.) 171 B2
Hoya, La E (Sa.) 98 C2
Hoya-Gonzalo E (Alb.) 139 B3
Hoyales de Roa E (Bur.) 61 C3
Hoyamorena E (Mu.) 172 C2
Hoyas, Las E (Alb.) 154 A1
Hoyas, Las, lugar E (Bur.) 21 D2
Hoyo de Manzanares E (Mad.) 81 B5
Hoyo de Pinares, El E (Áv.) 100 C1
Hoyo Tabares-Moreno y Vicenta E (Mál.) 179 B4
Hoyo, El E (C. R.) 151 B2
Hoyo, El E (Cór.) 149 A3
Hoyocasero E (Áv.) 99 C2
Hoyorredondo E (Áv.) 99 A1
Hoyos E (Các.) 96 D3
Hoyos de Miguel Muñoz E (Áv.) 99 C2
Hoyos del Collado E (Áv.) 99 B2
Hoyos del Espino E (Áv.) 99 B2
Hoyos, Los E (Las P.) 191 D2
Hoyuelos E (Seg.) 80 C2
Hoyuelos de la Sierra E (Bur.) 42 C4
Hoz de Abajo E (So.) 62 C5
Hoz de Anero E (Can.) 9 D4
Hoz de Arreba E (Bur.) 21 C3
Hoz de Arriba E (So.) 62 C5
Hoz de Barbastro E (Hues.) 47 D4
Hoz de Jaca E (Hues.) 27 A5
Hoz de la Vieja, La E (Te.) 86 B3
Hoz de Valdivielso E (Bur.) 22 A4
Hoz, La E (Alb.) 137 D5
Hoz, La E (Cór.) 166 D5
Hozabejas E (Bur.) 22 A5
Hoznayo E (Can.) 9 D4
Huarte/Uharte E (Na.) 25 A4
Huebro E (Alm.) 184 B2
Huecas E (To.) 100 D5
Huécija E (Alm.) 183 C2
Huélaga E (Các.) 97 A4
Huélago E (Gr.) 168 C4
Huélamo E (Cu.) 104 D3
Huelga, La E (Alm.) 184 C1
Huelma E (J.) 168 B2
Huelmos de Cañedo E (Sa.) 78 C1
Huelva E (Huel.) 176 B2
Huelvácar E (Cád.) 186 B1
Huelves E (Cu.) 103 A5
Huéneja E (Gr.) 183 A1
Huera de Dego E (Ast.) 7 C5
Huerbas E (Alb.) 153 D4
Huércal de Almería E (Alm.) 184 A3
Huércal-Overa E (Alm.) 170 D4
Huércanos E (La R.) 43 B2
Huerce, La E (Gua.) 82 C1
Huércemes E (Cu.) 123 A2
Huerces E (Ast.) 6 D3
Huerga de Frailes E (Le.) 38 B2
Huerga de Garavalles E (Le.) 38 B2
Huergas de Babia E (Le.) 18 A3
Huergas de Gordón E (Le.) 18 D4
Huérguina E (Cu.) 105 A5
Huérmeces E (Bur.) 41 C1
Huérmeces del Cerro E (Gua.) 83 B2
Huérmeda E (Zar.) 65 A5
Huerres E (Ast.) 7 B3
Huerrios E (Hues.) 46 D4
Huerta E (Mu.) 154 D4
Huerta E (Sa.) 78 D3
Huerta E (Seg.) 81 D1
Huerta de Abajo E (Bur.) 42 C4
Huerta de Arriba E (Bur.) 42 D4
Huerta de la Obispalía E (Cu.) 103 D5
Huerta de Llano de Brujas E (Mu.) 156 A5
Huerta de Marojales E (Cu.) 104 C2
Huerta de San Benito E (Mu.) 156 A5
Huerta de Valdecarábanos E (To.) 119 D1
Huerta de Vero E (Hues.) 47 C4
Huerta del Colegio E (Sev.) 165 C5
Huerta del Manco E (J.) 153 C4
Huerta del Marquesado E (Cu.) 105 A4
Huerta del Raal E (Mu.) 156 B4
Huerta del Rey E (Bur.) 62 B1
Huerta Grande E (Huel.) 162 A2
Huerta Real E (Gr.) 169 C3
Huerta, La E (Alm.) 170 D5
Huerta, La E (Ast.) 6 D5
Huerta, La E (Mu.) 156 B4
Huerta, La E (Mu.) 156 A3
Huertahernando E (Gua.) 84 A4
Huertapelayo E (Gua.) 84 A4
Huertas de Cansa, Las E (Các.) 113 D4
Huertas de la Magdalena E (Các.) 116 A4
Huertas de la Manga E (Sev.) 166 A5
Huertas del Ingeniero E (Cór.) 165 D4
Huertas del Río E (Mál.) 180 C2
Huertas del Sauceral, Las E (C. R.) 117 D4
Huertas Familiares de San Fernando E (Cór.) 150 C5
Huertas y Cercados E (Gr.) 169 B4
Huertas y Extramuros E (J.) 151 A4
Huertas y Montes E (Mál.) 179 D3
Huertas, Las E (Mál.) 179 D4
Huérteles E (So.) 43 D5
Huertezuelas E (C. R.) 151 C1
Huerto E (Hues.) 47 B5
Huertos, Los E (Cu.) 105 C5
Huertos, Los E (Seg.) 80 C2
Huesa E (J.) 168 D1
Huesa del Común E (Te.) 86 B2
Huesas, Las E (Las P.) 191 D2
Huesca E (Hues.) 47 A4

Huéscar E (Gr.) 169 D 1
Huete E (Cu.) 103 B 4
Huétor Santillán E (Gr.) 168 A 5
Huétor Tájar E (Gr.) 181 B 1
Huétor Vega E (Gr.) 182 A 1
Huetos E (Gua.) 83 C 4
Huetre E (Các.) 97 C 1
Hueva E (Gua.) 103 A 1
Huévar E (Sev.) 163 C 4
Huidobro E (Bur.) 21 D 4
Huitar Mayor E (Alm.) 170 A 4
Humada E (Bur.) 21 A 5
Humanes E (Gua.) 82 C 4
Humanes de Madrid E (Mad.) 101 C 3
Humbridilla, La E (Las P.) 191 B 3
Humienta E (Bur.) 41 D 3
Humilladero E (Mál.) 180 A 1
Humo E (Cór.) 166 B 3
Hunfrias, Las E (To.) 117 D 3
Hurchillo E (Ali.) 156 B 4
Hurona, La E (Mu.) 155 D 3
Hurones E (Bur.) 41 D 2
Hurtada E (Sa.) 76 D 5
Hurtumpascual E (Áv.) 79 C 5
Husillos E (Pa.) 40 C 4

## I

Ibahernando E (Các.) 116 A 5
Ibarbia E (Gui.) 24 A 1
Ibargoiti E (Na.) 25 B 5
Ibarra E (Gui.) 24 B 2
Ibarra E (Viz.) 11 A 5
Ibarra E (Viz.) 23 A 2
Ibarra (Aramaio) E (Ál.) 23 C 2
Ibarrangelu E (Viz.) 11 C 4
Ibarrola-Urriola E (Viz.) 11 C 5
Ibarruri E (Viz.) 23 B 1
Ibarsos, els E (Cas.) 107 C 3
Ibdes E (Zar.) 84 D 1
Ibeas de Juarros E (Bur.) 42 A 3
Ibi E (Ali.) 140 D 5
Ibias E (Ast.) 16 D 2
Ibieca E (Hues.) 47 B 4
Iboya E (Ast.) 6 B 3
Iboybó E (S. Cruz T.) 195 C 4
Ibrillos E (Bur.) 42 D 2
Ibros E (J.) 152 A 4
Iciz E (Na.) 25 D 4
Icod de los Vinos E (S. Cruz T.) 195 D 2
Icod el Alto E (S. Cruz T.) 195 D 2
Icor E (S. Cruz T.) 196 A 4
Idanha P (Cas.) 126 C 3
Idanha-a-Nova P (C. B.) 96 A 5
Idanha-a-Velha P (C. B.) 96 A 4
Idiazabal E (Gui.) 24 A 3
Idotorre →
  San Pedro E (Gui.) 23 D 1
Ifanes P (Bra.) 57 D 3
Ifre-Pastrana E (Mu.) 171 C 3
Igaegi E (Ál.) 23 A 5
Igantzi E (Na.) 24 D 1
Igea E (La R.) 44 B 5
Igeldo E (Gui.) 12 B 5
Iglesia, La E (Can.) 9 D 5
Iglesiapinta E (Bur.) 42 B 4
Iglesiarrubia E (Bur.) 41 C 5
Iglesias E (Bur.) 41 B 3
Iglesuela del Cid, La E (Te.) 107 B 1
Iglesuela, La E (To.) 100 A 3
Igorre E (Viz.) 23 B 1
Igreja Nova P (Bra.) 54 A 2
Igreja Nova P (Lis.) 126 C 2
Igreja Nova P (San.) 112 B 1
Igrejinha P (Év.) 128 D 4
Igrexa E (Lu.) 3 D 2
Igrexafeita E (A Co.) 3 A 3
Igriés E (Hues.) 46 D 3
Igualada E (Bar.) 70 B 3
Igualeja E (Mál.) 179 B 5
Igüeña E (S. Cruz T.) 196 B 2
Igueste E (S. Cruz T.) 196 B 2
Igueste de San Andrés E (S. Cruz T.) 196 C 1
Igúzquiza E (Na.) 24 B 5
Ihabar E (Na.) 24 C 3
Ikaztegieta E (Gui.) 24 B 2
Ilanes E (Zam.) 37 A 4
Ilche E (Hues.) 47 D 5
Ilha P (Lei.) 93 C 4
Ilha da Culatra P (Fa.) 174 D 4
Ilhavo P (Av.) 73 D 4
Illa E (Our.) 34 D 5
Illa de Arousa E (Po.) 13 D 5

Illán de Vacas E (To.) 100 B 5
Illana E (Gua.) 103 B 4
Illano E (Ast.) 4 D 4
Illar E (Alm.) 183 C 2
Illes, les E (Bar.) 70 C 3
Illescas E (To.) 101 C 4
Illobre E (A Co.) 14 B 3
Illora E (Gr.) 167 C 5
Illueca E (Zar.) 65 A 3
Imada E (S. Cruz T.) 194 B 2
Imarcoain/
  Imarkoain E (Na.) 25 A 5
Imarkoain →
  Imarcoain E (Na.) 25 A 5
Imende E (A Co.) 2 A 4
Imón E (Gua.) 83 B 1
Imora, La E (J.) 167 C 1
Ina, La E (Cád.) 177 D 5
Inácios P (Co.) 93 C 2
Inbuluzketa E (Na.) 25 A 3
Inca E (Bal.) 92 A 2
Incinillas E (Bur.) 22 A 3
Incio, O E (Lu.) 16 A 5
Inchola E (Mu.) 171 D 1
Indias, Las E (S. Cruz T.) 193 B 4
Indioteria, Sa E (Bal.) 91 C 3
Inés E (So.) 62 C 4
Inespal E (Ast.) 6 B 3
Inestrillas E (La R.) 44 C 5
Infantas P (Br.) 54 C 3
Infantas, Las E (J.) 151 C 5
Infantas, Las E (Mad.) 101 D 5
Infantes E (Lei.) 110 D 3
Infesta P (Br.) 54 D 4
Infesta P (V. C.) 34 A 5
Infias P (Br.) 54 B 4
Infias P (Guar.) 75 C 5
Infiesto E (Ast.) 7 B 4
Ingarnal P (C. B.) 95 B 4
Ingenio E (Las P.) 191 D 3
Ingilde P (Port.) 74 D 1
Inguanzo E (Ast.) 8 A 5
Inguias P (C. B.) 95 D 2
Iniesta E (Cu.) 122 D 4
Iniéstola E (Gua.) 83 D 3
Inogés E (Zar.) 65 B 5
Insalde P (V. C.) 34 A 4
Instinción E (Alm.) 183 C 2
Insua E (A Co.) 3 B 2
Insua E (A Co.) 2 D 4
Insua E (Lu.) 15 C 4
Insua E (Lu.) 3 C 5
Insua E (Po.) 34 B 1
Insua E (Po.) 14 D 3
Insua P (Vis.) 75 B 4
Intorcisa E (Pa.) 20 A 4
Inviernas, Las E (Gua.) 83 B 3
Iñás E (A Co.) 2 C 4
Iñés E (Sa.) 78 B 5
Iñigo E (Sa.) 78 D 5
Iñigo Blasco E (Sa.) 78 D 5
Iraeta E (Gui.) 24 A 1
Iraitzoz E (Na.) 24 D 3
Iran E (Ll.) 48 D 1
Irañeta E (Na.) 24 C 3
Iratzagorria E (Viz.) 22 C 1
Irauregi E (Viz.) 22 D 1
Ircio E (Bur.) 23 A 5
Irede de Luna E (Le.) 18 B 4
Iria E (A Co.) 14 A 4
Iria Flavia E (A Co.) 14 A 4
Irián E (Le.) 18 B 4
Iriépal E (Gua.) 82 C 5
Irijó P (Ave.) 74 B 3
Irivo P (Port.) 54 B 5
Irixo, O E (Our.) 14 D 5
Iruecha E (So.) 84 B 2
Iruela E (Le.) 37 B 3
Iruela, La E (J.) 152 D 5
Iruelos E (Sa.) 77 C 1
Irueste E (Gua.) 83 A 5
Irun E (Gui.) 12 D 5
Irunberri → Lumbier E (Na.) 25 C 5
Iruña → Pamplona E (Na.) 25 A 4
Irura E (Gui.) 24 B 1
Iruraitz Gauna E (Ál.) 23 C 4
Irureta E (Na.) 24 B 1
Iruretaegia E (Na.) 24 B 1
Irurita E (Na.) 25 A 4
Irurozqui (Urraul Alto) E (Na.) 25 C 4
Irurtzun E (Na.) 24 D 3
Is E (Ast.) 5 A 3
Isaba/Izaba E (Na.) 26 A 4
Isabel, La, lugar E (Huel.) 161 C 2
Isabela, La E (J.) 151 B 3
Isar E (Bur.) 41 B 2

Íscar E (Vall.) 60 B 5
Isidros, Los E (Val.) 123 C 4
Isil E (Ll.) 29 B 5
Isla E (Can.) 10 A 4
Isla Cristina E (Huel.) 175 C 2
Isla de Canela E (Huel.) 175 C 2
Isla del Moral E (Huel.) 175 C 2
Isla del Vicario E (Sev.) 165 C 3
Isla Plana E (Mu.) 172 A 3
Isla Playa E (Can.) 10 A 4
Isla Redonda E (Sev.) 165 D 4
Isla, La E (Ast.) 7 C 3
Islallana E (La R.) 43 C 3
Islares E (Can.) 10 B 4
Islas, Las E (C. R.) 134 D 1
Islica, La E (Alm.) 184 D 2
Islote, El E (Las P.) 192 C 4
Isna P (C. B.) 95 A 5
Isoba E (Le.) 19 B 2
Isona E (Ll.) 49 B 4
Isora E (S. Cruz T.) 194 C 4
Isóvol E (Gi.) 50 C 1
Ispaster-Elejalde E (Viz.) 11 C 5
Isso E (Alb.) 155 A 1
Istán E (Mál.) 187 D 1
Isuerre E (Zar.) 45 D 1
Itero de la Vega E (Pa.) 40 D 3
Itero del Castillo E (Bur.) 40 D 3
Itero Seco E (Pa.) 40 C 2
Itrabo E (Gr.) 181 D 4
Itsaso E (Gui.) 24 A 2
Itsasondo E (Gui.) 24 A 2
Ituero E (Alb.) 138 A 4
Ituero E (So.) 63 D 3
Ituero de Azaba E (Sa.) 96 D 1
Ituero y Lama E (Seg.) 80 C 4
Ituren E (Na.) 24 D 2
Iturmendi E (Na.) 24 B 3
Iturrioz E (Gui.) 12 C 5
Itzalzu → Izalzu E (Na.) 25 D 3
Itziar E (Gui.) 11 D 5
Iurre E (Gui.) 24 A 2
Iurreta E (Viz.) 23 C 1
Ivanrey E (Sa.) 77 A 5
Ivars de Noguera E (Ll.) 68 C 1
Ivars d'Urgell E (Ll.) 69 B 2
Ivorra E (Ll.) 69 D 1
Iza E (Na.) 24 D 3
Izaba → Isaba E (Na.) 26 A 4
Izagre E (Le.) 39 B 3
Izal E (Na.) 25 D 4
Izalzu/Itzalzu E (Na.) 25 D 3
Izana E (So.) 63 C 3
Izara E (Can.) 21 A 3
Izarra E (Ál.) 23 A 3
Izarraitz E (Gui.) 24 A 1
Izartza E (Ál.) 23 C 4
Izcala E (Sa.) 78 C 1
Izcalina, La E (Sa.) 78 B 1
Izco E (Na.) 25 B 5
Izeda P (Bra.) 57 A 3
Iznájar E (Cór.) 166 D 5
Iznalloz E (Gr.) 168 A 4
Iznate E (Mál.) 181 A 4
Iznatoraf E (J.) 152 D 4
Izoria E (Ál.) 22 D 2
Izurdiaga E (Na.) 24 D 3
Izurtza → Izurza E (Viz.) 23 B 2
Izurza/Izurtza E (Viz.) 23 B 2

## J

Jábaga E (Cu.) 104 A 4
Jabalcón E (Gr.) 169 B 3
Jabalera E (Cu.) 103 B 3
Jabaloyas E (Te.) 105 C 3
Jabalquinto E (J.) 151 C 4
Jabares de los Oteros E (Le.) 39 A 2
Jaboneros, lugar E (Mál.) 180 D 4
Jabugo E (Huel.) 146 C 5
Jabuguillo E (Huel.) 147 A 5
Jaca E (Hues.) 46 D 1
Jacarilla E (Ali.) 156 B 4
Jacintos, Los E (Alm.) 170 B 4
Jadraque E (Gua.) 83 A 3
Jaén E (J.) 167 C 1
Jafre E (Gi.) 52 B 3
Jaganta E (Te.) 87 B 4
Jaitz →
  Salinas de Oro E (Na.) 24 C 4
Jaizubia E (Gui.) 12 C 5
Jalance E (Val.) 140 A 4

Jalón de Cameros E (La R.) 43 C 3
Jalón/Xaló E (Ali.) 141 D 4
Jambrina E (Zam.) 58 C 4
Jamilena E (J.) 167 C 2
Jamprestes P (San.) 112 A 1
Jámula, La E (Gr.) 169 C 3
Jana, la E (Cas.) 108 A 1
Janarde P (Ave.) 74 C 2
Janardo P (Lei.) 93 B 2
Janas P (Lis.) 126 B 2
Jandilla, lugar E (Cád.) 186 B 3
Janeiro de Cima P (C. B.) 95 A 4
Jara, La E (Cád.) 177 B 4
Jara, La E (Cór.) 165 B 2
Jara, La/Xara, la E (Ali.) 141 D 3
Jaraba E (Zar.) 84 C 1
Jarafuel E (Val.) 140 A 1
Jaraguas E (Val.) 123 C 3
Jaraicejo E (Các.) 116 B 2
Jaraices E (Áv.) 79 D 3
Jaraiz de la Vera E (Các.) 98 B 4
Jaral, El E (Alm.) 170 A 4
Jaral, El E (Cád.) 179 A 3
Jaramillo de la Fuente E (Bur.) 42 B 4
Jaramillo Quemado E (Bur.) 42 B 4
Jaramillo, El E (Cór.) 166 D 5
Jarana E (Cád.) 185 D 1
Jarandilla de la Vera E (Các.) 98 C 4
Jarata E (Cór.) 166 A 3
Jaray E (So.) 64 B 2
Jarceley E (Ast.) 5 C 5
Jarda, La E (Cád.) 178 C 5
Jardia P (Lis.) 127 A 2
Jardim do Mar P (Ma.) 109 A 2
Jardín, El E (Alb.) 138 A 4
Jardo P (Guar.) 76 C 5
Jarilla E (Các.) 98 A 3
Jarilla, La E (Sev.) 164 A 3
Jarillas, Las E (Sev.) 164 B 1
Jarque E (Zar.) 65 A 3
Jarque de la Val E (Te.) 86 B 5
Jartos E (Alb.) 154 A 2
Jasa E (Hues.) 26 C 5
Játar E (Gr.) 181 C 3
Jatiel E (Te.) 87 A 1
Jau, El E (Gr.) 181 D 1
Jauca Alta E (Alm.) 169 D 4
Jauca Baja E (Alm.) 169 D 4
Jauca, La E (Gr.) 169 C 4
Jauja E (Cór.) 166 B 5
Jaulín E (Zar.) 66 A 4
Jauntsarats E (Na.) 24 D 3
Jauregi E (Gui.) 12 B 5
Jauro E (Alm.) 170 D 5
Jaurrieta/Eaurta E (Na.) 25 D 3
Jauta E (Cór.) 166 D 4
Jautor, lugar E (Cád.) 186 D 3
Javali P (Fa.) 174 D 2
Javalí Nuevo E (Mu.) 155 D 5
Javalí Viejo E (Mu.) 155 D 5
Jàvea/Xàbia E (Ali.) 142 A 4
Javier/Xabier E (Na.) 45 C 1
Javierregay E (Hues.) 46 B 1
Javierrelatre E (Hues.) 46 D 2
Jayena E (Gr.) 181 C 2
Jazente P (Port.) 54 D 5
Jédula E (Cád.) 178 A 4
Jemenuño E (Seg.) 80 C 3
Jerez de la Frontera E (Cád.) 177 C 4
Jerez de los Caballeros E (Bad.) 146 C 2
Jerez del Marquesado E (Gr.) 182 D 1
Jérica E (Cas.) 106 D 5
Jerónimos y Aviseses E (Mu.) 172 C 1
Jerte E (Các.) 98 B 3
Jerumelo P (Lis.) 126 C 2
Jesufrei P (Br.) 54 A 3
Jesús Pobre E (Ali.) 142 A 3
Jesús, El E (S. Cruz T.) 193 B 3
Jete E (Gr.) 181 D 4
Jijona/Xixona E (Ali.) 141 A 5
Jimena E (J.) 168 B 1
Jimena de la Frontera E (Cád.) 187 A 2
Jimenado E (Mu.) 172 B 1
Jiménez de Jamuz E (Le.) 38 B 3
Jimera de Líbar E (Mál.) 179 A 5
Jinámar E (Las P.) 191 D 2
Jirueque E (Gua.) 83 A 3
Joane P (Br.) 54 B 3
Joanet E (Gi.) 51 C 5
Joaninho P (San.) 111 B 4
João Antão P (Guar.) 96 A 1
João Serra P (Be.) 160 D 1
Joara E (Le.) 39 D 2
Joarilla de las Matas E (Le.) 39 C 3
Jódar E (J.) 168 B 1

Jodra de Cardos E (So.) 63 C 5
Jodra del Pinar E (Gua.) 83 C 2
Jokano E (Ál.) 23 A 4
Jola E (Các.) 113 D 4
Jolda (Madalena) P (V. C.) 54 A 1
Jomezana E (Ast.) 18 C 2
Jonquera, la E (Gi.) 52 A 1
Jorairátar E (Gr.) 182 D 3
Jorba E (Bar.) 70 A 2
Jorcas E (Te.) 106 C 1
Jordana P (Fa.) 174 D 3
Jorox E (Mál.) 179 D 4
Jorquera E (Alb.) 139 B 1
Josa E (Te.) 86 C 3
José Antonio E (Cád.) 178 A 4
Jou P (V. R.) 55 D 3
Jovim P (Port.) 74 A 1
Joya, La E (Huel.) 162 B 1
Joya, La E (Mál.) 180 B 3
Joyosa, La E (Zar.) 65 D 2
Juan Antón E (Sev.) 163 B 2
Juan Fernández E (S. Cruz T.) 196 B 1
Juan Gallego E (Las P.) 191 D 3
Juan Grande E (Las P.) 191 D 3
Juan Mayor E (S. Cruz T.) 193 C 3
Juan Vich E (Val.) 124 A 5
Juanetes, Los E (Mu.) 171 A 1
Juarros de Riomoros E (Seg.) 80 D 3
Juarros de Voltoya E (Seg.) 80 C 2
Jubalcoi E (Ali.) 156 D 2
Júbar E (Gr.) 182 D 2
Jubera E (So.) 83 D 1
Jubrique E (Mál.) 187 B 1
Jucaini E (Alm.) 170 D 5
Judes E (So.) 84 B 2
Judío, El E (Huel.) 162 B 4
Jueus E (Vis.) 74 C 5
Jugueiros P (Port.) 54 C 4
Juguelhe P (Br.) 55 A 2
Juià E (Gi.) 52 A 4
Juízo P (Guar.) 76 B 3
Juliana, La E (Fa.) 175 A 2
Julião E (Fa.) 175 A 2
Jumilla E (Mu.) 155 C 1
Jun E (Gr.) 168 A 5
Junça P (Guar.) 76 C 5
Juncais P (C. B.) 113 A 2
Juncal P (Lei.) 111 B 2
Juncal do Campo P (C. B.) 95 C 5
Juncal, El E (Las P.) 191 B 2
Juncales, Los E (Cád.) 178 D 3
Juncalillo E (Las P.) 191 B 2
Juncares, Los E (Cór.) 166 D 5
Junceira P (San.) 112 A 2
Junciana E (Áv.) 98 D 2
Juncosa E (Ll.) 68 D 4
Juncosa
  del Montmell, la E (Ta.) 70 A 5
Juneda E (Ll.) 69 A 3
Jungueiros P (Be.) 144 A 4
Junqueira P (Ave.) 74 B 3
Junqueira P (Bra.) 56 B 5
Junqueira P (Bra.) 57 A 4
Junqueira P (Fa.) 175 C 2
Junqueira P (Lei.) 111 A 2
Junqueira P (Port.) 53 D 4
Junqueira P (V. R.) 55 D 3
Junqueira de Tera P (Zam.) 37 D 5
Juntas, Las E (Alm.) 170 C 1
Juntas, Las E (Gr.) 169 A 5
Juntas, Las, lugar E (Gr.) 169 B 3
Junzano E (Hues.) 47 B 4
Jurados, Los, lugar E (Alm.) 171 B 4
Juromenha P (Év.) 129 D 4
Juseu E (Hues.) 48 A 4
Juslibol E (Zar.) 66 B 2
Justel E (Zam.) 37 C 4
Justes P (V. R.) 55 C 4
Juviles E (Gr.) 182 C 2
Juzbado E (Sa.) 78 B 2
Júzcar E (Mál.) 179 B 5

## K

Kanpaneta →
  Campanas E (Na.) 25 A 5
Kanpantxu E (Viz.) 11 A 5
Karkamu E (Ál.) 22 D 4
Komunioi →
  Comunión E (Ál.) 22 D 5
Kortezubi E (Viz.) 11 B 5
Kripan → Cripán E (Ál.) 43 C 1

285

Labacengos

# L


| | | | | |
|---|---|---|---|---|
| Labacengos | E | (A Co.) | 3 | B 2 |
| Labajos | E | (Seg.) | 80 | B 4 |
| Labarces | E | (Can.) | 8 | D 5 |
| Labastida/Bastida | E | (Ál.) | 43 | B 1 |
| Labata | E | (Hues.) | 47 | B 3 |
| Labiarón | E | (Ast.) | 4 | D 5 |
| Labio | E | (Lu.) | 16 | A 2 |
| Laborato | P | (Fa.) | 161 | A 3 |
| Laborcillas | E | (Gr.) | 168 | C 4 |
| Labores, Las | E | (C. R.) | 120 | A 5 |
| Laborins | P | (Co.) | 94 | B 2 |
| Labrada | E | (Lu.) | 3 | B 4 |
| Labrada | E | (Lu.) | 4 | A 4 |
| Labrengos | P | (Ave.) | 93 | D 1 |
| Labros | E | (Gua.) | 84 | C 2 |
| Labruge | P | (Port.) | 53 | D 4 |
| Labrugeira | P | (Lis.) | 110 | D 5 |
| Labruja | P | (V. C.) | 34 | A 5 |
| Labrujó | P | (V. C.) | 34 | A 5 |
| Labuerda | E | (Hues.) | 47 | D 1 |
| Lácara | E | (Bad.) | 131 | A 2 |
| Laceiras | P | (Vis.) | 94 | D 1 |
| Laceiras | P | (Vis.) | 74 | B 5 |
| Lacort | E | (Hues.) | 47 | C 1 |
| Lacorvilla | E | (Zar.) | 46 | B 4 |
| Lacuadrada | E | (Hues.) | 47 | C 5 |
| Láchar | E | (Gr.) | 181 | C 1 |
| Lada | E | (Ast.) | 6 | D 5 |
| Ladeira | P | (C. B.) | 95 | B 4 |
| Ladeira | P | (C. B.) | 112 | C 1 |
| Ladeira | P | (San.) | 112 | D 2 |
| Ladeira do Fárrio | P | (San.) | 93 | D 5 |
| Laderas del Campillo | E | (Mu.) | 156 | A 4 |
| Ladoeiro | P | (C. B.) | 114 | A 1 |
| Ladreda | P | (Vis.) | 74 | D 3 |
| Ladrido | E | (A Co.) | 3 | C 1 |
| Ladrillar | E | (Các.) | 97 | C 1 |
| Ladrugães | P | (V. R.) | 55 | A 1 |
| Ladruñán | E | (Te.) | 87 | A 4 |
| Lafortunada | E | (Hues.) | 47 | D 1 |
| Lagarejos de la Carballeda | E | (Zam.) | 37 | B 4 |
| Lagarelhos | P | (Bra.) | 56 | C 1 |
| Lagarelhos | P | (V. R.) | 55 | D 2 |
| Lagares | P | (Co.) | 95 | A 1 |
| Lagares | P | (Co.) | 93 | D 2 |
| Lagares | P | (Port.) | 74 | B 1 |
| Lagares | P | (Port.) | 54 | C 4 |
| Lagares | P | (Vis.) | 74 | D 1 |
| Lagares, Los | E | (Mál.) | 180 | A 4 |
| Lagarinhos | P | (Guar.) | 95 | B 1 |
| Lagarteira | P | (Lei.) | 94 | A 4 |
| Lagartera | E | (To.) | 99 | B 5 |
| Lagartóns | E | (Po.) | 14 | B 4 |
| Lagartos | E | (Pa.) | 39 | D 2 |
| Lagata | E | (Zar.) | 86 | B 1 |
| Lage | P | (Vis.) | 74 | D 5 |
| Lageosa | P | (Guar.) | 96 | D 2 |
| Lageosa | P | (Vis.) | 75 | A 4 |
| Lages | P | (Vis.) | 75 | B 4 |
| Lago | E | (A Co.) | 2 | D 2 |
| Lago | E | (A Co.) | 13 | C 2 |
| Lago | E | (Lu.) | 4 | A 1 |
| Lago | E | (Our.) | 35 | A 1 |
| Lago | P | (Br.) | 54 | B 2 |
| Lago Bom | P | (V. R.) | 55 | C 3 |
| Lago de Babia | E | (Le.) | 17 | D 3 |
| Lagoa | E | (Lu.) | 4 | A 3 |
| Lagoa | P | (Aç.) | 109 | B 5 |
| Lagoa | P | (Br.) | 54 | D 3 |
| Lagoa | P | (Bra.) | 56 | D 4 |
| Lagoa | P | (C. B.) | 112 | C 1 |
| Lagoa | P | (Co.) | 93 | C 1 |
| Lagoa | P | (Fa.) | 173 | D 2 |
| Lagoa | P | (Lei.) | 93 | B 5 |
| Lagoa | P | (Lis.) | 126 | B 1 |
| Lagoa | P | (San.) | 112 | A 1 |
| Lagoa da Palha | P | (Set.) | 127 | A 4 |
| Lagoa das Eiras | P | (San.) | 127 | B 1 |
| Lagoa das Talas | P | (Lei.) | 111 | A 3 |
| Lagoa de Albufeira | P | (Set.) | 126 | C 5 |
| Lagoa de Santo André | P | (Set.) | 143 | B 3 |
| Lagoa do Chão | P | (Lei.) | 111 | B 2 |
| Lagoa do Furadouro | P | (San.) | 111 | D 2 |
| Lagoa do Grou | P | (San.) | 112 | A 1 |
| Lagoa Parada | P | (Lei.) | 93 | D 4 |
| Lagoa Ruiva | P | (Lei.) | 111 | C 2 |
| Lagoas | P | (Co.) | 93 | D 1 |
| Lagoas | P | (V. R.) | 56 | A 2 |
| Lagoiços | P | (San.) | 128 | A 2 |
| Lagomar | P | (Bra.) | 56 | D 1 |
| Lagos | E | (Gr.) | 182 | B 4 |
| Lagos | E | (Mál.) | 181 | B 4 |
| Lagos | P | (Fa.) | 173 | B 2 |
| Lagos da Beira | P | (Co.) | 95 | A 1 |
| Lagostelle | E | (Lu.) | 3 | B 5 |
| Lagran | E | (Ál.) | 23 | C 5 |
| Lagualva de Cima | P | (San.) | 111 | D 4 |
| Laguardia/Biasteri | E | (Ál.) | 43 | C 1 |
| Laguarres | E | (Hues.) | 48 | B 3 |
| Laguarta | E | (Hues.) | 47 | B 2 |
| Lagueruela | E | (Te.) | 85 | D 2 |
| Laguna Dalga | E | (Le.) | 38 | C 2 |
| Laguna de Cameros | E | (La R.) | 43 | C 4 |
| Laguna de Contreras | E | (Seg.) | 61 | B 4 |
| Laguna de Duero | E | (Vall.) | 60 | A 3 |
| Laguna de Negrillos | E | (Le.) | 38 | D 3 |
| Laguna de Santiago | E | (S.Cruz T.) | 194 | C 2 |
| Laguna de Zoñar | E | (Cór.) | 166 | A 3 |
| Laguna del Marquesado | E | (Cu.) | 105 | A 4 |
| Laguna del Portil, La | E | (Huel.) | 176 | A 2 |
| Laguna Rodrigo | E | (Seg.) | 80 | C 3 |
| Laguna, La | E | (Ast.) | 6 | B 3 |
| Laguna, La | E | (J.) | 151 | D 5 |
| Laguna, La | E | (S.Cruz T.) | 193 | B 3 |
| Laguna, La | E | (S.Cruz T.) | 196 | B 2 |
| Laguna, La, lugar | E | (Alb.) | 139 | D 2 |
| Lagunarrota | E | (Hues.) | 47 | C 5 |
| Lagunas de Somoza | E | (Le.) | 37 | D 2 |
| Lagunas, Las | E | (Mál.) | 188 | B 1 |
| Lagunaseca | E | (Cu.) | 104 | C 1 |
| Lagunetas, Las | E | (Las P.) | 191 | C 2 |
| Lagunilla | E | (Sa.) | 98 | A 2 |
| Lagunilla de la Vega | E | (Pa.) | 40 | A 2 |
| Lagunilla del Jubera | E | (La R.) | 44 | A 3 |
| Lagunillas, Las | E | (Cór.) | 166 | D 4 |
| Lahiguera | E | (J.) | 151 | B 5 |
| Laias | E | (Our.) | 35 | A 2 |
| Laiño | E | (A Co.) | 14 | A 4 |
| Laioso | E | (Our.) | 35 | B 3 |
| Lajares | E | (Las P.) | 190 | B 1 |
| Laje | P | (Br.) | 54 | B 2 |
| Lajedo | P | (Aç.) | 109 | A 2 |
| Lajeosa | P | (Co.) | 95 | A 1 |
| Lajeosa | P | (Co.) | 94 | D 1 |
| Lajeosa | P | (Vis.) | 74 | D 5 |
| Lajeosa do Mondego | P | (Guar.) | 75 | D 5 |
| Lajes | P | (Aç.) | 109 | A 2 |
| Lajes | P | (Aç.) | 109 | A 5 |
| Lajes | P | (Fa.) | 174 | D 2 |
| Lajes | P | (Guar.) | 95 | B 1 |
| Lajes das Flores | P | (Aç.) | 109 | A 2 |
| Lajes do Pico | P | (Aç.) | 109 | C 4 |
| Lajinhas | P | (Ave.) | 74 | A 3 |
| Lajita, La | E | (Las P.) | 189 | D 5 |
| Lakuntza | E | (Na.) | 24 | B 3 |
| Lalim | P | (Vis.) | 75 | A 1 |
| Lalín | E | (Po.) | 14 | D 4 |
| Laluenga | E | (Hues.) | 47 | C 5 |
| Lalueza | E | (Hues.) | 67 | B 1 |
| Lama | P | (Br.) | 54 | A 2 |
| Lama | P | (Port.) | 54 | A 4 |
| Lama Chã | P | (V. R.) | 55 | B 1 |
| Lama de Arcos | P | (V. R.) | 56 | A 1 |
| Lama, A | E | (Po.) | 34 | B 1 |
| Lamadrid | E | (Can.) | 8 | D 5 |
| Lamagrande | E | (Le.) | 16 | D 5 |
| Lamalonga | E | (Our.) | 36 | C 3 |
| Lamalonga | P | (Bra.) | 56 | B 2 |
| Lamarosa | P | (Co.) | 93 | D 2 |
| Lamarosa | P | (San.) | 111 | B 4 |
| Lamas | E | (A Co.) | 3 | A 2 |
| Lamas | E | (A Co.) | 14 | B 3 |
| Lamas | E | (A Co.) | 1 | C 5 |
| Lamas | E | (A Co.) | 13 | B 2 |
| Lamas | E | (Lu.) | 16 | C 3 |
| Lamas | E | (Our.) | 35 | A 1 |
| Lamas | E | (Our.) | 34 | D 1 |
| Lamas | P | (Ave.) | 74 | B 2 |
| Lamas | P | (Co.) | 94 | A 3 |
| Lamas | P | (Lis.) | 110 | D 4 |
| Lamas | P | (V. R.) | 55 | B 3 |
| Lamas | P | (Vis.) | 75 | B 3 |
| Lamas | P | (Vis.) | 75 | A 3 |
| Lamas de Campos | E | (Lu.) | 4 | C 5 |
| Lamas de Moreira | E | (Lu.) | 16 | C 2 |
| Lamas de Mouro | P | (V. C.) | 34 | C 4 |
| Lamas de Olo | P | (V. R.) | 55 | B 4 |
| Lamas de Orelhão | P | (Bra.) | 56 | A 4 |
| Lamas de Podence | P | (Bra.) | 56 | C 3 |
| Lamas do Vouga | P | (Ave.) | 74 | A 4 |
| Lamas, As | E | (Our.) | 35 | B 4 |
| Lamasadera | E | (Hues.) | 67 | C 1 |
| Lamata | E | (Hues.) | 47 | D 3 |
| Lamçães | P | (V. R.) | 55 | C 4 |
| Lamedo | E | (Can.) | 20 | C 2 |
| Lamegal | P | (Guar.) | 76 | B 4 |
| Lamegal | P | (Vis.) | 75 | B 4 |
| Lamego | P | (Vis.) | 75 | B 1 |
| Lameira | P | (Br.) | 54 | D 3 |
| Lameira | P | (Lei.) | 93 | B 5 |
| Lameira | P | (Lei.) | 111 | A 2 |
| Lameira d'Ordem | P | (C. B.) | 113 | A 2 |
| Lameiras | P | (Guar.) | 76 | B 4 |
| Lameiras | P | (San.) | 112 | B 2 |
| Lamela | E | (Po.) | 14 | C 4 |
| Lamelas | P | (Port.) | 54 | A 4 |
| Laminador, El | E | (Alb.) | 153 | D 1 |
| Lamosa | E | (Po.) | 34 | C 3 |
| Lamosa | P | (Vis.) | 75 | C 3 |
| Lamoso | P | (Bra.) | 57 | B 5 |
| Lamoso | P | (Port.) | 54 | B 4 |
| Lampaça | P | (V. R.) | 56 | B 1 |
| Lampai | E | (A Co.) | 14 | A 3 |
| Lampaza | E | (Our.) | 35 | B 4 |
| Lampreia | P | (San.) | 112 | C 3 |
| Lamuño | E | (Ast.) | 6 | A 3 |
| Lanaja | E | (Hues.) | 67 | A 2 |
| Lanave | E | (Hues.) | 47 | A 2 |
| Lançada | P | (Set.) | 127 | A 3 |
| Lanção | P | (Bra.) | 56 | D 2 |
| Láncara | E | (Lu.) | 16 | A 3 |
| Lanciego/Lantziego | E | (Ál.) | 43 | C 1 |
| Lancha del Genil | E | (Gr.) | 182 | A 1 |
| Lancharejo | E | (Áv.) | 98 | D 2 |
| Lanchares | E | (Can.) | 21 | B 2 |
| Lanchuelas, Las | E | (Các.) | 113 | D 4 |
| Landal | P | (Lei.) | 111 | A 4 |
| Landeira | P | (Év.) | 127 | C 4 |
| Landeira | P | (Vis.) | 74 | C 3 |
| Landerbaso | E | (Gui.) | 24 | C 1 |
| Landete | E | (Cu.) | 105 | C 5 |
| Landía | E | (Ast.) | 6 | D 4 |
| Landim | P | (Br.) | 54 | A 4 |
| Landoi | E | (A Co.) | 3 | B 1 |
| Landraves | E | (Bur.) | 21 | D 3 |
| Landrove | E | (Lu.) | 3 | D 2 |
| Laneros, Los | E | (Gr.) | 169 | B 2 |
| Lanestosa | E | (Viz.) | 22 | B 1 |
| Langa | E | (Áv.) | 79 | D 2 |
| Langa de Duero | E | (So.) | 62 | B 3 |
| Langa del Castillo | E | (Zar.) | 85 | B 1 |
| Langa, La | E | (Cu.) | 103 | B 4 |
| Langayo | E | (Vall.) | 61 | A 3 |
| Langosto | E | (So.) | 63 | C 1 |
| Langraiz Oka → Nanclares de la Oca | E | (Ál.) | 23 | A 4 |
| Langre | E | (Can.) | 9 | D 4 |
| Langre | E | (Le.) | 17 | B 4 |
| Langreo | E | (Ast.) | 6 | D 5 |
| Languilla | E | (Seg.) | 62 | B 4 |
| Langullo | E | (Our.) | 36 | B 2 |
| Lanhas | P | (Br.) | 54 | B 2 |
| Lanhelas | P | (V. C.) | 33 | D 5 |
| Lanheses | P | (V. C.) | 53 | D 1 |
| Lanhoso | P | (Br.) | 54 | C 2 |
| Lanjarón | E | (Gr.) | 182 | A 3 |
| Lanseros | E | (Zam.) | 37 | C 4 |
| Lantadilla | E | (Pa.) | 40 | D 3 |
| Lantañón | E | (Po.) | 14 | A 5 |
| Lantarou | E | (A Co.) | 13 | C 3 |
| Lanteira | E | (Gr.) | 182 | D 1 |
| Lantejuela, La | E | (Sev.) | 165 | B 4 |
| Lanteno | E | (Ál.) | 22 | D 2 |
| Lantueno | E | (Can.) | 21 | B 2 |
| Lantz | E | (Na.) | 25 | A 3 |
| Lantziego → Lanciego | E | (Ál.) | 43 | C 1 |
| Lanzá | E | (A Co.) | 14 | D 1 |
| Lanzahita | E | (Áv.) | 99 | D 3 |
| Lanzarote | E | (Las P.) | 191 | C 2 |
| Lanzas Agudas | E | (Viz.) | 22 | B 1 |
| Lanzós | E | (Lu.) | 3 | D 4 |
| Lanzós | E | (Lu.) | 3 | C 4 |
| Lanzuela | E | (Te.) | 85 | D 2 |
| Lañas | E | (A Co.) | 2 | B 4 |
| Laño | E | (Bur.) | 23 | C 5 |
| Lapa | P | (San.) | 111 | B 5 |
| Lapa | P | (V. C.) | 34 | B 4 |
| Lapa de Tourais | P | (Guar.) | 95 | B 1 |
| Lapa do Lobo | P | (Vis.) | 95 | A 1 |
| Lapa dos Dinheiros | P | (Guar.) | 95 | B 1 |
| Lapa Furada | P | (Lei.) | 111 | C 2 |
| Lapa, La | E | (Bad.) | 147 | A 1 |
| Lapas | P | (San.) | 111 | D 3 |
| Lapela | P | (V. C.) | 34 | A 4 |
| Lapela | P | (V. R.) | 55 | A 1 |
| Laperdiguera | E | (Hues.) | 47 | C 5 |
| Lapoblación | E | (Na.) | 43 | D 1 |
| Lapuebla de Labarca | E | (Ál.) | 43 | C 1 |
| Lara | P | (V. C.) | 34 | A 4 |
| Lara de los Infantes | E | (Bur.) | 42 | A 4 |
| Laracha | E | (A Co.) | 2 | B 4 |
| Laranjeira | P | (Lei.) | 111 | A 3 |
| Laranjeiras | P | (Fa.) | 161 | C 3 |
| Laranjeiro | P | (Set.) | 126 | D 3 |
| Laranueva | E | (Gua.) | 83 | C 3 |
| Laraxe | E | (A Co.) | 3 | A 3 |
| Laraxe | E | (Po.) | 14 | D 3 |
| Larçã | P | (Co.) | 94 | A 2 |
| Lardeira | E | (Our.) | 36 | D 2 |
| Lardeiros | E | (A Co.) | 14 | C 2 |
| Lardero | E | (La R.) | 43 | D 2 |
| Lardosa | P | (C. B.) | 95 | C 4 |
| Laredo | E | (Can.) | 10 | B 4 |
| Lares | P | (Co.) | 93 | C 3 |
| Largo, El | E | (Alm.) | 171 | A 5 |
| Larín | E | (A Co.) | 2 | B 4 |
| Larinho | P | (Bra.) | 56 | C 5 |
| Lariño | E | (A Co.) | 13 | B 3 |
| Lario | E | (Le.) | 19 | C 2 |
| Laroá | E | (Our.) | 35 | C 4 |
| Laroles | E | (Gr.) | 183 | A 2 |
| Larouco | E | (Our.) | 36 | B 2 |
| Laroya | E | (Alm.) | 170 | A 5 |
| Larrabetzu | E | (Viz.) | 23 | A 1 |
| Larraga | E | (Na.) | 44 | C 1 |
| Larraintzar | E | (Na.) | 24 | D 3 |
| Larraona | E | (Na.) | 24 | A 4 |
| Larrasoaina | E | (Na.) | 25 | A 3 |
| Larraul | E | (Gui.) | 24 | B 1 |
| Larraun | E | (Na.) | 24 | C 3 |
| Larrauri-Markaida | E | (Viz.) | 11 | A 4 |
| Larrés | E | (Hues.) | 47 | A 1 |
| Larrinbe | E | (Ál.) | 22 | D 2 |
| Larrion | E | (Na.) | 24 | B 5 |
| Larrodrigo | E | (Sa.) | 78 | D 4 |
| Larués | E | (Hues.) | 46 | B 1 |
| Larva | E | (J.) | 168 | C 1 |
| Las | E | (Our.) | 35 | A 2 |
| Lasarte-Oria | E | (Gui.) | 12 | B 5 |
| Lascasas | E | (Hues.) | 47 | A 4 |
| Lascellas | E | (Hues.) | 47 | C 4 |
| Lascuarre | E | (Hues.) | 48 | B 3 |
| Lasieso | E | (Hues.) | 46 | D 2 |
| Laspaúles | E | (Hues.) | 48 | C 1 |
| Laspuña | E | (Hues.) | 47 | D 1 |
| Lastanosa | E | (Hues.) | 67 | C 1 |
| Lastra del Cano, La | E | (Áv.) | 99 | A 2 |
| Lastra, A | E | (Lu.) | 16 | B 2 |
| Lastra, La | E | (Áv.) | 99 | A 2 |
| Lastra, La | E | (Pa.) | 20 | B 3 |
| Lastras de Cuéllar | E | (Seg.) | 61 | A 5 |
| Lastras de la Torre | E | (Bur.) | 22 | C 3 |
| Lastras del Pozo | E | (Seg.) | 80 | D 3 |
| Lastres | E | (Ast.) | 7 | B 3 |
| Lastrilla | E | (Pa.) | 21 | A 4 |
| Lastrilla, La | E | (Seg.) | 81 | A 3 |
| Lastur | E | (Gui.) | 23 | D 1 |
| Latedo | E | (Zam.) | 57 | B 2 |
| Latores | E | (Ast.) | 6 | B 4 |
| Latorre | E | (Hues.) | 47 | D 2 |
| Latorrecilla | E | (Hues.) | 47 | D 2 |
| Latras | E | (Hues.) | 46 | D 2 |
| Latre | E | (Hues.) | 46 | D 2 |
| Laudio → Llodio | E | (Ál.) | 22 | D 2 |
| Laujar de Andarax | E | (Alm.) | 183 | A 2 |
| Laukariz | E | (Viz.) | 11 | A 5 |
| Laukiz | E | (Viz.) | 11 | A 5 |
| Laundos | P | (Port.) | 53 | D 3 |
| Laurgain | E | (Gui.) | 24 | A 1 |
| Lavacolhos | P | (C. B.) | 95 | B 3 |
| Lavaderos, lugar | E | (Te.) | 86 | B 4 |
| Lavadores | E | (Po.) | 33 | D 2 |
| Lavadores | P | (Port.) | 53 | D 5 |
| Lavandeira | P | (Ave.) | 73 | D 5 |
| Lavandeira | P | (Bra.) | 56 | A 5 |
| Lavandera | E | (Ast.) | 6 | D 4 |
| Lavandera | E | (Le.) | 19 | A 3 |
| Lavanteira | P | (Ave.) | 74 | A 5 |
| Lavares | E | (Ast.) | 7 | A 4 |
| Lavares | E | (Ast.) | 6 | B 3 |
| Lavegadas | P | (Co.) | 94 | C 2 |
| Lavegadas | P | (Co.) | 94 | B 3 |
| Lavegadas | P | (Lei.) | 93 | B 5 |
| Laveiras | P | (Lis.) | 126 | C 3 |
| Lavercos | P | (Port.) | 74 | B 1 |
| Lavern | E | (Bar.) | 70 | C 4 |
| Laviados | P | (Bra.) | 57 | A 1 |
| Laviana | E | (Ast.) | 6 | B 3 |
| Lavio | E | (Ast.) | 5 | D 4 |
| Lavos | P | (Co.) | 93 | B 3 |
| Lavra | P | (Port.) | 53 | D 4 |
| Lavradas | P | (V. C.) | 54 | B 1 |
| Lavradas | P | (V. R.) | 55 | B 1 |
| Lavradio | P | (San.) | 111 | C 1 |
| Lavradio | P | (Set.) | 126 | D 4 |
| Lavre | P | (Év.) | 128 | A 3 |
| Laxe | E | (A Co.) | 2 | C 4 |
| Laxe | E | (A Co.) | 1 | C 4 |
| Laxe | E | (Lu.) | 15 | B 5 |
| Laxe, A | E | (Po.) | 34 | B 2 |
| Laxe, A | E | (Po.) | 15 | A 4 |
| Laxe, A | E | (Po.) | 14 | B 5 |
| Layana | E | (Zar.) | 45 | C 3 |
| Layna | E | (So.) | 84 | A 2 |
| Layos | E | (To.) | 119 | A 2 |
| Laza | E | (Our.) | 35 | D 4 |
| Lazagurría | E | (Na.) | 44 | A 1 |
| Lazarim | P | (Vis.) | 75 | A 1 |
| Lázaro | P | (Ave.) | 74 | B 2 |
| Lazkao | E | (Gui.) | 24 | A 2 |
| Lazkaomendi | E | (Gui.) | 24 | A 2 |
| Leaburu | E | (Gui.) | 24 | B 2 |
| Leache | E | (Na.) | 45 | B 1 |
| Lebanza | E | (Pa.) | 20 | C 3 |
| Lébor | E | (Mu.) | 171 | B 2 |
| Lebozán | E | (Our.) | 34 | C 1 |
| Lebozán | E | (Po.) | 14 | D 5 |
| Lebrancón | E | (Gua.) | 84 | B 4 |
| Lebrija | E | (Sev.) | 177 | D 2 |
| Lebução | P | (V. R.) | 56 | A 1 |
| Leça da Palmeira | P | (Port.) | 53 | D 5 |
| Leça do Bailio | P | (Port.) | 53 | D 5 |
| Leceia | P | (Lis.) | 126 | C 3 |
| Leceñes | E | (Ast.) | 6 | D 4 |
| Lécera | E | (Zar.) | 86 | C 1 |
| Leces | E | (Ast.) | 7 | C 4 |
| Lecina | E | (Hues.) | 47 | C 3 |
| Leciñana de Mena | E | (Bur.) | 22 | B 2 |
| Leciñana de Tobalina | E | (Bur.) | 22 | C 4 |
| Leciñena | E | (Zar.) | 66 | C 1 |
| Lecrín | E | (Gr.) | 182 | A 2 |
| Lechago | E | (Te.) | 85 | C 3 |
| Lechón | E | (Zar.) | 85 | C 2 |
| Lechuza, La | E | (Las P.) | 191 | C 2 |
| Ledanca | E | (Gua.) | 83 | A 3 |
| Ledaña | E | (Cu.) | 123 | A 5 |
| Ledesma | E | (A Co.) | 14 | C 3 |
| Ledesma | E | (Sa.) | 78 | A 2 |
| Ledesma de la Cogolla | E | (La R.) | 43 | B 3 |
| Ledesma de Soria | E | (So.) | 64 | A 3 |
| Ledia → Liédena | E | (Na.) | 25 | C 5 |
| Ledigos | E | (Pa.) | 40 | A 2 |
| Ledoño | E | (A Co.) | 2 | C 4 |
| Ledrada | E | (Sa.) | 98 | C 1 |
| Ledrado | E | (So.) | 43 | D 5 |
| Leganés | E | (Mad.) | 101 | C 2 |
| Leganiel | E | (Cu.) | 103 | A 4 |
| Legarda | E | (Na.) | 24 | D 5 |
| Legaria | E | (Na.) | 24 | A 5 |
| Legazpi | E | (Gui.) | 23 | D 2 |
| Legorreta | E | (Gui.) | 24 | B 2 |
| Légua | P | (Port.) | 54 | D 5 |
| Leguatiano | E | (Ál.) | 23 | B 3 |
| Leião | P | (Lis.) | 126 | C 3 |
| Leiguarda | E | (Ast.) | 5 | D 4 |
| Leiloio | E | (A Co.) | 2 | A 4 |
| Leintz-Gatzaga/Salinas de Léniz | E | (Gui.) | 23 | C 3 |
| Leioa | E | (Viz.) | 10 | D 5 |
| Leira | E | (A Co.) | 14 | C 1 |
| Leira | E | (Our.) | 36 | C 1 |
| Leiradas | P | (Br.) | 55 | A 3 |
| Leirado | E | (Po.) | 34 | B 3 |
| Leiria | P | (Lei.) | 111 | B 1 |
| Leiro | E | (A Co.) | 2 | D 4 |
| Leiro | E | (A Co.) | 2 | D 5 |
| Leiro | E | (Our.) | 34 | D 1 |
| Leirós | P | (V. R.) | 55 | C 4 |
| Leirosa | P | (Co.) | 93 | B 3 |
| Leitões | P | (Br.) | 54 | B 3 |
| Leitões | P | (Co.) | 93 | C 1 |
| Leitza | E | (Na.) | 24 | C 2 |
| Leiva | E | (La R.) | 42 | D 1 |
| Leiva | E | (Mu.) | 171 | D 3 |
| Lekaroz | E | (Na.) | 25 | A 2 |
| Lekeitio | E | (Viz.) | 11 | C 5 |
| Lekunberri | E | (Na.) | 24 | C 3 |
| Lema | E | (A Co.) | 14 | D 2 |
| Lema | E | (A Co.) | 2 | A 4 |
| Lemaio | E | (A Co.) | 2 | A 4 |
| Lemede | P | (Co.) | 93 | D 1 |
| Lemenhe | P | (Br.) | 54 | A 3 |
| Lemoa | E | (Viz.) | 23 | B 1 |
| Lemoiz | E | (Viz.) | 11 | A 4 |
| Lemorieta | E | (Viz.) | 23 | B 1 |
| Lences de Bureba | E | (Bur.) | 22 | A 5 |
| Lendínez | E | (J.) | 167 | A 1 |
| Lendo | E | (A Co.) | 2 | B 4 |
| Lendoiro | E | (A Co.) | 2 | C 4 |
| Lente | P | (Port.) | 53 | D 4 |

Luzás


| | | | | |
|---|---|---|---|---|
| Lentegí | E | (Gr.) | 181 | D 3 |
| Lentiscais | P | (C. B.) | 113 | C 1 |
| Lentiscal, El | E | (Cád.) | 186 | C 5 |
| Lentisqueira | P | (Co.) | 93 | C 1 |
| Leomil | P | (Guar.) | 76 | C 5 |
| Leomil | P | (Vis.) | 75 | B 2 |
| León | E | (Le.) | 18 | D 5 |
| Leoz | E | (Na.) | 25 | A 5 |
| Lepe | E | (Huel.) | 175 | D 2 |
| Lérez | E | (Po.) | 34 | A 1 |
| Lerga | E | (Na.) | 45 | B 1 |
| Lérida → Lleida | E | (Ll.) | 68 | C 3 |
| Lerín | E | (Na.) | 44 | C 2 |
| Lerma | E | (Bur.) | 41 | C 5 |
| Lermilla | E | (Bur.) | 42 | A 1 |
| Leroño | E | (A Co.) | 14 | A 3 |
| Lés | E | (Ll.) | 28 | C 4 |
| Lesaka | E | (Na.) | 24 | D 1 |
| Lesende | E | (A Co.) | 13 | D 3 |
| Lesón | E | (A Co.) | 13 | C 4 |
| Lesta | E | (A Co.) | 14 | B 1 |
| Lestedo | E | (A Co.) | 14 | B 3 |
| Lestrove | E | (A Co.) | 14 | A 4 |
| Letea | E | (Gui.) | 24 | A 1 |
| Letur | E | (Alb.) | 154 | B 2 |
| Letux | E | (Zar.) | 66 | B 5 |
| Levegada | P | (San.) | 112 | B 2 |
| Lever | P | (Port.) | 74 | A 1 |
| Levide | P | (Vis.) | 74 | C 4 |
| Levinco | E | (Ast.) | 18 | D 1 |
| Levira | P | (Ave.) | 94 | A 1 |
| Levirinho | P | (Port.) | 74 | A 1 |
| Lexo | E | (Lu.) | 16 | B 3 |
| Leza | E | (Ál.) | 43 | C 1 |
| Leza de Río Leza | E | (La R.) | 43 | D 3 |
| Lezama | E | (Ál.) | 22 | D 2 |
| Lezama | E | (Viz.) | 11 | A 5 |
| Lezana de Mena | E | (Bur.) | 22 | B 2 |
| Lezaun | E | (Na.) | 24 | B 4 |
| Lezírias | P | (Guar.) | 75 | D 3 |
| Lezo | E | (Gui.) | 12 | C 5 |
| Lezuza | E | (Alb.) | 137 | D 3 |
| Liáns | E | (A Co.) | 2 | C 4 |
| Liaño | E | (Can.) | 9 | C 4 |
| Libardón | E | (Ast.) | 7 | B 4 |
| Liber | E | (Lu.) | 16 | C 3 |
| Librán | E | (Le.) | 17 | B 4 |
| Libreros | E | (Cád.) | 186 | B 3 |
| Librilla | E | (Mu.) | 155 | C 5 |
| Librilleras, Las | E | (Mu.) | 171 | C 3 |
| Libros | E | (Te.) | 105 | D 4 |
| Liceia | P | (Co.) | 93 | C 2 |
| Liceras | E | (So.) | 62 | C 5 |
| Lidón | E | (Te.) | 85 | D 4 |
| Liédena/Ledia | E | (Na.) | 25 | C 5 |
| Liegos | E | (Le.) | 19 | C 2 |
| Lieiro | E | (Lu.) | 4 | A 1 |
| Liencres | E | (Can.) | 9 | C 4 |
| Liendo | E | (Can.) | 10 | B 4 |
| Lieres | E | (Ast.) | 6 | D 4 |
| Liérganes | E | (Can.) | 9 | D 5 |
| Lierta | E | (Hues.) | 46 | D 3 |
| Liesa | E | (Hues.) | 47 | B 4 |
| Liétor | E | (Alb.) | 154 | C 1 |
| Ligares | P | (Bra.) | 76 | C 1 |
| Ligonde | E | (Lu.) | 15 | B 3 |
| Ligos | E | (So.) | 62 | B 4 |
| Ligüerre de Ara | E | (Hues.) | 47 | C 1 |
| Ligüerzana | E | (Pa.) | 20 | C 4 |
| Líjar | E | (Alm.) | 170 | B 5 |
| Lijar, lugar | E | (Cád.) | 179 | A 3 |
| Lijó | P | (Br.) | 54 | A 2 |
| Lijóu | E | (Ast.) | 4 | D 5 |
| Likoa | E | (Viz.) | 11 | C 5 |
| Lilela | P | (V. R.) | 56 | A 3 |
| Lillo | E | (To.) | 120 | B 2 |
| Lillo del Bierzo | E | (Le.) | 17 | B 4 |
| Limeira | P | (San.) | 112 | A 3 |
| Limés | E | (Ast.) | 17 | B 1 |
| Limianos de Sanabria | E | (Zam.) | 37 | A 4 |
| Limits, els | E | (Gi.) | 52 | A 1 |
| Limodre | E | (A Co.) | 2 | D 3 |
| Limões | P | (V. R.) | 55 | B 3 |
| Limones | E | (Gr.) | 167 | C 4 |
| Limpias | E | (Can.) | 10 | B 5 |
| Linaio | E | (A Co.) | 13 | D 3 |
| Linarejos | E | (Zam.) | 37 | B 5 |
| Linarejos, lugar | E | (J.) | 151 | D 4 |
| Linares | E | (Ast.) | 6 | D 5 |
| Linares | E | (Bur.) | 21 | D 3 |
| Linares | E | (Can.) | 8 | B 5 |
| Linares | E | (J.) | 151 | D 4 |
| Linares de Bricia | E | (Bur.) | 21 | C 4 |
| Linares de la Sierra | E | (Huel.) | 146 | D 5 |
| Linares de Mora | E | (Te.) | 106 | D 2 |
| Linares de Riofrío | E | (Sa.) | 78 | A 5 |
| Linares del Acebo | E | (Ast.) | 17 | C 1 |
| Linás de Broto | E | (Hues.) | 27 | B 5 |
| Líncora | E | (Lu.) | 15 | C 5 |
| Linda-a-Pastora | P | (Lis.) | 126 | C 3 |
| Linda-a-Velha | P | (Lis.) | 126 | C 3 |
| Lindín | E | (Lu.) | 4 | B 4 |
| Lindoso | P | (V. C.) | 34 | C 5 |
| Línea de la Concepción, La | E | (Cád.) | 187 | A 4 |
| Linejo | E | (Sa.) | 78 | A 3 |
| Linhaceira | P | (San.) | 112 | A 2 |
| Linhares | P | (Bra.) | 55 | D 5 |
| Linhares | P | (Guar.) | 75 | D 5 |
| Linhares | P | (V. C.) | 34 | A 5 |
| Linhó | P | (Lis.) | 126 | B 3 |
| Linyola | E | (Ll.) | 69 | A 2 |
| Liñares | E | (Lu.) | 16 | C 4 |
| Liñares | E | (Our.) | 34 | C 1 |
| Lira | E | (A Co.) | 13 | B 3 |
| Lira | E | (Po.) | 34 | B 3 |
| Lires | E | (A Co.) | 13 | A 1 |
| Liri | E | (Hues.) | 48 | B 1 |
| Lírios | P | (Co.) | 93 | D 1 |
| Lisboa | P | (Lis.) | 126 | D 3 |
| Lisboinha | P | (Lei.) | 94 | A 5 |
| Litago | E | (Zar.) | 64 | D 1 |
| Liteiros | P | (San.) | 111 | D 3 |
| Litera | E | (Hues.) | 48 | C 4 |
| Litera | E | (Hues.) | 68 | B 3 |
| Litos | E | (Zam.) | 38 | A 5 |
| Lituénigo | E | (Zar.) | 64 | D 1 |
| Livramento | P | (Aç.) | 109 | B 5 |
| Livramento | P | (Lis.) | 126 | B 3 |
| Lixa do Alvão | P | (V. R.) | 55 | B 3 |
| Lizarra → Estella | E | (Na.) | 24 | B 5 |
| Lizarraga | E | (Na.) | 24 | B 4 |
| Lizartza | E | (Gui.) | 24 | B 2 |
| Lizaso | E | (Na.) | 24 | D 3 |
| Lizoain | E | (Na.) | 25 | B 4 |
| Loarre | E | (Hues.) | 46 | C 3 |
| Lobagueira | P | (Lis.) | 110 | D 5 |
| Lobanes | E | (Our.) | 35 | A 1 |
| Lobão | P | (Ave.) | 74 | A 2 |
| Lobão da Beira | P | (Vis.) | 74 | D 5 |
| Lobás | E | (Our.) | 35 | B 5 |
| Lobatos | P | (Co.) | 94 | D 4 |
| Lobatos e Lobatinhos | P | (Co.) | 94 | D 4 |
| Lobeira | E | (Our.) | 34 | D 4 |
| Lobeiros | P | (Lei.) | 111 | A 3 |
| Lobelhe do Mato | P | (Vis.) | 75 | A 5 |
| Lobera de la Vega | E | (Pa.) | 40 | A 1 |
| Lobera de Onsella | E | (Zar.) | 46 | A 1 |
| Lobeznos | E | (Zam.) | 37 | A 4 |
| Lobillo, El, lugar | E | (C. R.) | 136 | D 2 |
| Lobios | E | (Lu.) | 35 | D 1 |
| Lobios | E | (Our.) | 34 | D 5 |
| Lobo Morto | P | (San.) | 111 | A 3 |
| Lobón | E | (Bad.) | 130 | D 3 |
| Lobos, Los | E | (Alm.) | 171 | A 5 |
| Lobosillo | E | (Mu.) | 172 | B 2 |
| Lobras | E | (Gr.) | 182 | C 3 |
| Lóbrega | E | (Gr.) | 153 | D 5 |
| Lobres | E | (Gr.) | 182 | A 4 |
| Lobrigos | P | (V. R.) | 55 | B 5 |
| Locaiba | E | (Alm.) | 170 | B 4 |
| Lodares | E | (So.) | 83 | D 1 |
| Lodares | P | (Port.) | 54 | B 5 |
| Lodares de Osma | E | (So.) | 62 | D 3 |
| Lodares del Monte | E | (So.) | 63 | C 4 |
| Lodões | P | (Bra.) | 56 | B 5 |
| Lodosa | E | (Na.) | 44 | B 2 |
| Lodoselo | E | (Our.) | 35 | C 4 |
| Lodoso | E | (Bur.) | 41 | C 2 |
| Loeches | E | (Mad.) | 102 | B 2 |
| Loentia | E | (Lu.) | 16 | A 1 |
| Logares | E | (Lu.) | 4 | C 5 |
| Logoaça | P | (Bra.) | 76 | D 1 |
| Logrezana | E | (Ast.) | 6 | C 3 |
| Logroño | E | (La R.) | 43 | D 2 |
| Logrosán | E | (Các.) | 116 | D 5 |
| Loiba | E | (A Co.) | 3 | C 1 |
| Loimil | E | (Po.) | 14 | C 4 |
| Loiola | E | (Gui.) | 24 | A 1 |
| Loira | E | (A Co.) | 3 | A 2 |
| Lois | E | (Le.) | 19 | C 3 |
| Lois | E | (Po.) | 13 | D 5 |
| Loivo | P | (V. C.) | 33 | D 5 |
| Loivos da Ribeira | P | (Port.) | 75 | A 1 |
| Loivos do Monte | P | (Port.) | 54 | D 5 |
| Loja | E | (Gr.) | 181 | A 1 |
| Lojilla | E | (Gr.) | 167 | B 4 |
| Loma Cabrera | E | (Alm.) | 184 | A 3 |
| Loma de Marcos | E | (Gr.) | 167 | A 4 |
| Loma de María Ángela | E | (J.) | 153 | A 4 |
| Loma de Montija | E | (Bur.) | 22 | A 2 |
| Loma de Ucieza | E | (Pa.) | 40 | B 2 |
| Loma Somera | E | (Can.) | 21 | B 4 |
| Loma, La | E | (Gua.) | 84 | A 3 |
| Loma, La | E | (Mu.) | 172 | A 2 |
| Lomar | P | (Br.) | 54 | B 3 |
| Lomas | E | (Pa.) | 40 | B 3 |
| Lomas de Villamediana | E | (Bur.) | 21 | C 3 |
| Lomas del Gállego, Las | E | (Zar.) | 66 | B 1 |
| Lomas del Saliente | E | (Các.) | 98 | D 4 |
| Lomas, Las | E | (Cád.) | 186 | B 3 |
| Lomas, Las | E | (Mál.) | 180 | A 4 |
| Lomas, Las | E | (Mu.) | 172 | B 2 |
| Lomba | E | (A Co.) | 13 | C 4 |
| Lomba | P | (Ave.) | 74 | C 3 |
| Lomba | P | (Co.) | 94 | D 2 |
| Lomba | P | (Guar.) | 96 | A 1 |
| Lomba | P | (Port.) | 54 | D 5 |
| Lomba | P | (Port.) | 74 | B 1 |
| Lomba da Fazenda | P | (Aç.) | 109 | D 4 |
| Lomba da Maia | P | (Aç.) | 109 | C 4 |
| Lomba de Alveite | P | (Co.) | 94 | C 3 |
| Lomba do Poço Frio | P | (Co.) | 93 | C 2 |
| Lombada | P | (Co.) | 94 | B 2 |
| Lombador | P | (Be.) | 160 | C 2 |
| Lombardos | P | (Be.) | 161 | B 2 |
| Lombo | P | (Bra.) | 56 | D 4 |
| Lombos | P | (Fa.) | 173 | D 2 |
| Lomero | E | (Huel.) | 162 | B 1 |
| Lomilla | E | (Pa.) | 20 | D 4 |
| Lominchar | E | (To.) | 101 | B 4 |
| Lomitos, Los | E | (Las P.) | 191 | C 1 |
| Lomo Blanco | E | (Las P.) | 191 | D 1 |
| Lomo de Mena | E | (S. Cruz T.) | 196 | A 3 |
| Lomo del Balo | E | (S. Cruz T.) | 194 | B 2 |
| Lomo del Cementerio | E | (Las P.) | 191 | D 2 |
| Lomo del Centro | E | (S. Cruz T.) | 193 | C 3 |
| Lomo El Sabinal | E | (Las P.) | 191 | D 2 |
| Lomo Magullo | E | (Las P.) | 191 | D 2 |
| Lomo Oscuro | E | (S. Cruz T.) | 193 | C 3 |
| Lomoquiebre | E | (Las P.) | 191 | B 3 |
| Lomoviejo | E | (Vall.) | 79 | D 1 |
| Lon | E | (Can.) | 20 | B 1 |
| Longares | E | (Zar.) | 65 | D 4 |
| Longás | E | (Zar.) | 46 | A 1 |
| Longomel | P | (Por.) | 112 | C 4 |
| Longos | P | (Br.) | 54 | B 3 |
| Longos Vales | P | (V. C.) | 34 | B 4 |
| Longra | P | (Vis.) | 75 | C 1 |
| Longroiva | P | (Guar.) | 76 | A 2 |
| Longuera-Toscal | E | (S. Cruz T.) | 195 | D 2 |
| Loña do Monte | E | (Our.) | 35 | C 2 |
| Loñoa | E | (Our.) | 35 | B 2 |
| Lope Amargo | E | (Cór.) | 166 | B 1 |
| Lopera | E | (J.) | 150 | D 5 |
| Loporzano | E | (Hues.) | 47 | A 4 |
| Lora de Estepa | E | (Sev.) | 165 | D 5 |
| Lora del Río | E | (Sev.) | 164 | D 2 |
| Loranca de Tajuña | E | (Gua.) | 102 | D 2 |
| Loranca del Campo | E | (Cu.) | 103 | B 4 |
| Lorbé | E | (A Co.) | 2 | D 3 |
| Lorbés | E | (Zar.) | 26 | A 5 |
| Lorca | E | (Mu.) | 171 | A 2 |
| Lorca/Lorkua | E | (Na.) | 24 | C 5 |
| Lorcha/Orxa, l' | E | (Ali.) | 141 | B 3 |
| Lordelo | E | (Our.) | 34 | D 3 |
| Lordelo | P | (Br.) | 54 | B 4 |
| Lordelo | P | (Port.) | 54 | B 5 |
| Lordelo | P | (Port.) | 74 | D 1 |
| Lordelo | P | (V. C.) | 34 | A 4 |
| Lordelo | P | (V. R.) | 55 | B 4 |
| Lordemão | P | (Co.) | 94 | A 2 |
| Lordosa | P | (Vis.) | 75 | A 4 |
| Loredo | E | (Ast.) | 6 | C 5 |
| Loredo | E | (Can.) | 9 | D 4 |
| Lorenzana | E | (Le.) | 18 | D 5 |
| Lores | E | (Pa.) | 20 | C 3 |
| Lores | E | (Po.) | 33 | D 1 |
| Loreto | E | (Gr.) | 181 | B 1 |
| Loriana | E | (Ast.) | 6 | B 4 |
| Loriga | P | (Guar.) | 95 | B 2 |
| Lorigas, Las | E | (Mu.) | 154 | C 3 |
| Loriguilla | E | (Val.) | 124 | D 3 |
| Lorkua → Lorca | E | (Na.) | 24 | C 5 |
| Loroñe | E | (Ast.) | 7 | C 4 |
| Loroño | E | (A Co.) | 13 | C 1 |
| Lorquí | E | (Mu.) | 155 | D 4 |
| Lorvão | P | (Co.) | 94 | B 2 |
| Losa del Obispo | E | (Val.) | 124 | B 2 |
| Losa, La | E | (Cu.) | 122 | B 4 |
| Losa, La | E | (Seg.) | 81 | A 4 |
| Losacino | E | (Zam.) | 58 | A 2 |
| Losacio | E | (Zam.) | 58 | A 2 |
| Losada | E | (Le.) | 17 | C 5 |
| Losana de Pirón | E | (Seg.) | 81 | B 2 |
| Losanglis | E | (Hues.) | 46 | C 3 |
| Losar de la Vera | E | (Các.) | 98 | C 4 |
| Losar del Barco, El | E | (Áv.) | 98 | D 2 |
| Loscorrales | E | (Hues.) | 46 | C 3 |
| Loscos | E | (Te.) | 86 | A 2 |
| Losilla | E | (Zam.) | 58 | B 2 |
| Losilla y San Adrián, La | E | (Le.) | 19 | B 4 |
| Losilla, La | E | (Alm.) | 170 | C 3 |
| Losilla, La | E | (So.) | 64 | A 1 |
| Lotão | P | (Fa.) | 161 | A 3 |
| Loubite | P | (Fa.) | 173 | D 2 |
| Loulé | P | (Fa.) | 174 | C 2 |
| Loumão | P | (Vis.) | 74 | D 4 |
| Lourdes | E | (A Co.) | 14 | D 1 |
| Loure | P | (Ave.) | 74 | A 4 |
| Loureda | E | (A Co.) | 2 | B 4 |
| Loureda | E | (A Co.) | 14 | C 3 |
| Loureda | P | (V. C.) | 34 | B 5 |
| Louredo | E | (Lu.) | 15 | C 5 |
| Louredo | E | (Our.) | 35 | A 1 |
| Louredo | E | (Po.) | 34 | A 2 |
| Louredo | P | (Ave.) | 74 | A 2 |
| Louredo | P | (Br.) | 54 | D 2 |
| Louredo | P | (Br.) | 54 | C 2 |
| Louredo | P | (Port.) | 54 | D 5 |
| Louredo | P | (Port.) | 54 | B 5 |
| Louredo | P | (V. R.) | 55 | A 5 |
| Louredo | P | (Vis.) | 74 | D 1 |
| Loureira | P | (Br.) | 54 | B 2 |
| Loureira | P | (Lei.) | 112 | A 1 |
| Loureira | P | (Lei.) | 93 | D 5 |
| Loureira | P | (Lei.) | 111 | C 1 |
| Loureiro | E | (Our.) | 34 | D 1 |
| Loureiro | E | (Our.) | 35 | A 1 |
| Loureiro | E | (Po.) | 34 | B 1 |
| Loureiro | E | (Po.) | 14 | C 5 |
| Loureiro | P | (Ave.) | 74 | A 3 |
| Loureiro | P | (Lis.) | 126 | D 2 |
| Loureiro | P | (V. R.) | 55 | A 5 |
| Loureiro de Silgueiros | P | (Vis.) | 74 | D 5 |
| Loureiros | E | (A Co.) | 2 | A 5 |
| Lourel | P | (Lis.) | 126 | B 2 |
| Lourenços | P | (Co.) | 93 | D 4 |
| Lourenzá | E | (Lu.) | 4 | B 3 |
| Loures | P | (Lis.) | 126 | D 2 |
| Loureses | E | (Our.) | 35 | B 4 |
| Loureza | E | (Po.) | 33 | D 4 |
| Louriçal | P | (Lei.) | 93 | C 4 |
| Louriçal do Campo | P | (C. B.) | 95 | C 4 |
| Louriceira | P | (C. B.) | 112 | C 2 |
| Louriceira | P | (Lei.) | 94 | C 4 |
| Louriceira | P | (San.) | 111 | C 3 |
| Louriceira | P | (San.) | 111 | B 4 |
| Louriceira de Cima | P | (Lis.) | 126 | D 1 |
| Lourido | E | (A Co.) | 2 | D 2 |
| Lourido | E | (Ast.) | 4 | C 4 |
| Lourido | E | (Po.) | 34 | B 2 |
| Lourinhã | P | (Lis.) | 110 | C 4 |
| Lourinha de Baixo | P | (Vis.) | 94 | B 1 |
| Lourinha de Cima | P | (Vis.) | 94 | B 1 |
| Lourinhal | P | (Vis.) | 94 | B 1 |
| Lourizán | E | (Po.) | 34 | A 1 |
| Lourizela | P | (Ave.) | 74 | B 4 |
| Louro | E | (A Co.) | 13 | B 3 |
| Louro | E | (Po.) | 14 | A 4 |
| Louro | P | (Br.) | 54 | A 3 |
| Lourosa | P | (Ave.) | 74 | A 2 |
| Lourosa | P | (Co.) | 94 | D 2 |
| Lourosa | P | (Vis.) | 74 | C 5 |
| Lousa | P | (Bra.) | 76 | B 1 |
| Lousa | P | (C. B.) | 95 | D 5 |
| Lousa | P | (C. B.) | 112 | C 2 |
| Lousã | P | (Co.) | 94 | B 3 |
| Lousa | P | (Lis.) | 126 | C 2 |
| Lousa | P | (Vis.) | 74 | C 4 |
| Lousada | E | (Lu.) | 15 | D 3 |
| Lousada | E | (Lu.) | 3 | C 3 |
| Lousada | E | (Lu.) | 16 | C 5 |
| Lousada | E | (Lu.) | 16 | A 4 |
| Lousada | P | (Ave.) | 74 | A 1 |
| Lousada | P | (Port.) | 54 | C 4 |
| Lousado | P | (Br.) | 54 | A 4 |
| Lousame | E | (A Co.) | 13 | D 3 |
| Lóuzara | E | (Lu.) | 16 | B 4 |
| Lovelhe | P | (V. C.) | 33 | D 4 |
| Lovingos | E | (Seg.) | 60 | D 4 |
| Loxo | E | (A Co.) | 14 | C 3 |
| Loza | E | (Ast.) | 5 | A 3 |
| Lozoya | E | (Mad.) | 81 | C 3 |
| Lozoyuela | E | (Mad.) | 81 | D 3 |
| Lúa | E | (Lu.) | 16 | B 1 |
| Luanco | E | (Ast.) | 6 | C 2 |
| Luaña | E | (A Co.) | 13 | D 3 |
| Luarca | E | (Ast.) | 5 | B 3 |
| Lubia | E | (So.) | 63 | C 3 |
| Lubián | E | (Zam.) | 36 | D 4 |
| Lubre | E | (A Co.) | 2 | D 4 |
| Lubrín | E | (Alm.) | 170 | C 5 |
| Lucainena | E | (Alm.) | 183 | A 2 |
| Lucainena de las Torres | E | (Alm.) | 184 | B 2 |
| Lúcar | E | (Alm.) | 170 | A 4 |
| Lucena | E | (Cór.) | 166 | C 4 |
| Lucena de Jalón | E | (Zar.) | 65 | C 3 |
| Lucena del Cid/Llucena | E | (Cas.) | 107 | B 4 |
| Lucena del Puerto | E | (Huel.) | 162 | D 4 |
| Luceni | E | (Zar.) | 65 | C 1 |
| Lucenza | E | (Our.) | 35 | C 5 |
| Luces | E | (Ast.) | 7 | B 3 |
| Luci | E | (A Co.) | 14 | B 3 |
| Luciana | E | (C. R.) | 134 | D 2 |
| Lucillo de Somoza | E | (Le.) | 37 | D 2 |
| Lucillos | E | (To.) | 100 | B 5 |
| Lucín | E | (A Co.) | 13 | C 2 |
| Luco de Bordón | E | (Te.) | 87 | B 4 |
| Luco de Jiloca | E | (Te.) | 85 | C 2 |
| Ludares | P | (V. R.) | 55 | C 5 |
| Ludeiros | E | (Our.) | 34 | D 5 |
| Ludiente | E | (Cas.) | 107 | A 4 |
| Lué | E | (Ast.) | 7 | B 3 |
| Luelmo | E | (Zam.) | 57 | D 4 |
| Luesia | E | (Zar.) | 46 | A 2 |
| Luesma | E | (Zar.) | 85 | D 1 |
| Lufrei | P | (Port.) | 54 | D 5 |
| Lugán | E | (Le.) | 19 | B 4 |
| Lugar de Abajo | E | (Ast.) | 6 | B 5 |
| Lugar de Arriba | E | (Ast.) | 6 | B 5 |
| Lugar de Casillas o Alquerías | E | (Mu.) | 156 | A 4 |
| Lugar de Don Juan → Palmar, El | E | (Mu.) | 156 | A 5 |
| Lugar de Maria Martins | P | (C. B.) | 96 | B 4 |
| Lugar Nuevo | E | (Zar.) | 84 | D 1 |
| Lugar Nuevo de Fenollet/Llocnou d'en Fenollet | E | (Val.) | 141 | A 2 |
| Lugar Nuevo de la Corona | E | (Val.) | 125 | A 4 |
| Lugar Nuevo, El | E | (Alb.) | 153 | D 1 |
| Lugarejos | E | (Las P.) | 191 | B 2 |
| Lugás | E | (Ast.) | 7 | A 4 |
| Lugo | E | (Ast.) | 6 | C 4 |
| Lugo | E | (Lu.) | 15 | D 2 |
| Lugo de Llanera | E | (Ast.) | 6 | C 4 |
| Lugones | E | (Ast.) | 6 | C 4 |
| Lugros | E | (Gr.) | 168 | C 5 |
| Lugueros | E | (Le.) | 19 | A 3 |
| Luia | E | (A Co.) | 3 | C 1 |
| Luintra | E | (Our.) | 35 | C 1 |
| Luiña | E | (Ast.) | 17 | A 3 |
| Luisiana, La | E | (Sev.) | 165 | B 3 |
| Lújar | E | (Gr.) | 182 | B 4 |
| Lukiao | E | (Ál.) | 23 | A 3 |
| Lumajo | E | (Le.) | 17 | D 2 |
| Lumbier/Irunberri | E | (Na.) | 25 | C 5 |
| Lumbrales | E | (Sa.) | 76 | D 3 |
| Lumbreras | E | (La R.) | 43 | C 4 |
| Lumeras | E | (Le.) | 17 | A 4 |
| Lumiar | P | (Lis.) | 126 | C 3 |
| Lumiares | P | (Vis.) | 75 | B 1 |
| Lumías | E | (So.) | 63 | A 5 |
| Lumpiaque | E | (Zar.) | 65 | C 3 |
| Luna | E | (Zar.) | 46 | A 4 |
| Luneda | E | (Po.) | 34 | C 3 |
| Luou | E | (A Co.) | 14 | A 3 |
| Lupiana | E | (Gua.) | 82 | D 5 |
| Lupiñén | E | (Hues.) | 46 | C 4 |
| Lupión | E | (J.) | 152 | A 5 |
| Luque | E | (Cór.) | 166 | D 3 |
| Luquin | E | (Na.) | 44 | B 1 |
| Lurda, La | E | (Sa.) | 79 | A 3 |
| Lurdes | E | (Bar.) | 71 | A 3 |
| Lusa, La, lugar | E | (Bur.) | 21 | D 1 |
| Lusinde | P | (Vis.) | 75 | B 4 |
| Luso | P | (Ave.) | 94 | B 1 |
| Lustosa | P | (Port.) | 54 | B 4 |
| Luxaondo | E | (Ál.) | 22 | D 2 |
| Luyego de Somoza | E | (Le.) | 37 | D 2 |
| Luz | P | (Aç.) | 109 | A 1 |
| Luz | P | (Év.) | 145 | C 2 |
| Luz | P | (Fa.) | 173 | B 2 |
| Luz | P | (Fa.) | 175 | A 3 |
| Luz, La | E | (S. Cruz T.) | 196 | B 1 |
| Luz, La | E | (S. Cruz T.) | 195 | D 2 |
| Luzaga | E | (Gua.) | 83 | D 3 |
| Luzaide/Valcarlos | E | (Na.) | 25 | C 2 |
| Luzás | E | (Hues.) | 48 | C 4 |

Luzelos

Luzelos P (Guar.) 76 B3
Luzianes-Gare P (Be.) 159 D2
Luzim P (Port.) 54 C5
Luzmela E (Can.) 9 A5
Luzón E (Gua.) 84 A2

# LL

Llabià E (Gi.) 52 C4
Llac del Cigne, El E (Gi.) 52 A5
Llacuna, la E (Bar.) 70 A3
Lladó E (Gi.) 52 A2
Lladorre E (Ll.) 29 C5
Lladrós E (Ll.) 29 C5
Lladurs E (Ll.) 50 A4
Llafranc E (Gi.) 52 C5
Llagosta, la E (Bar.) 71 A3
Llagostera E (Gi.) 52 A5
Llama E (Le.) 19 B4
Llamas de Cabrera E (Le.) 37 B2
Llamas de la Ribera E (Le.) 18 C5
Llamas de Laciana E (Le.) 17 D3
Llamas de Rueda E (Le.) 19 C5
Llambilles E (Gi.) 52 A5
Llamero E (Ast.) 6 B4
Llames Alto E (Ast.) 7 A4
Llamosos, Los E (So.) 63 C3
Llanars E (Gi.) 51 B2
Llánaves de la Reina E (Le.) 20 A2
Llançà E (Gi.) 52 C1
Llanera E (Ll.) 50 A5
Llanera de Ranes E (Val.) 140 D2
Llanes E (Ast.) 8 A4
Llanillo E (Bur.) 21 B5
Llanillos, Los E (S.Cruz T.) 194 B4
Llanito, El E (S.Cruz T.) 193 C3
Llano E (Ast.) 17 B1
Llano Campos E (S.Cruz T.) 194 C1
Llano de Bureba E (Bur.) 22 A5
Llano de Con E (Ast.) 7 D5
Llano de Don Antonio, El E (Alm.) 184 D2
Llano de la Mata, lugar E (J.) 152 C3
Llano de los Olleres E (Alm.) 170 B4
Llano de Olmedo E (Vall.) 60 B5
Llano del Beal E (Mu.) 172 C2
Llano del Espino E (Alm.) 170 B4
Llano del Moro E (S.Cruz T.) 196 B2
Llano Espinar E (Cór.) 166 B3
Llano Grande E (S.Cruz T.) 193 C2
Llano Negro E (S.Cruz T.) 193 B2
Llano, El E (Ast.) 4 C4
Llano, El E (Mu.) 155 D4
Llanos E (Ast.) 18 D2
Llanos E (Can.) 9 C5
Llanos de Alba E (Le.) 18 D4
Llanos de Antequera E (Mál.) 180 B2
Llanos de Aridane, Los E (S.Cruz T.) 193 B3
Llanos de Don Juan E (Cór.) 166 C4
Llanos de la Concepción E (Las P.) 190 A2
Llanos de Tormes, Los E (Áv.) 98 D2
Llanos de Valdeón, Los E (Le.) 19 D1
Llanos de Vicar E (Alm.) 183 C4
Llanos del Caudillo E (C. R.) 136 B1
Llanos del Mayor, Los E (Alm.) 170 D5
Llanos del Sotillo E (J.) 151 A4
Llanos, Los E (Alb.) 138 D3
Llanos, Los E (Alm.) 170 C4
Llanos, Los E (Cór.) 165 C1
Llanos, Los E (Cór.) 166 B3
Llanos, Los E (Gr.) 181 B1
Llanos, Los E (J.) 153 B2
Llanos, Los E (Mad.) 81 B5
Llanos, Los E (Mál.) 187 C2
Llanos, Los → Mellizas, Las E (Mál.) 180 A3
Llantones E (Ast.) 6 D3
Llantrales E (Ast.) 6 A4
Llaos, Los E (Can.) 8 D4
Llardecans E (Ll.) 68 C4
Llatazos E (Can.) 10 B4
Llauri E (Val.) 141 B1
Llavorre E (Ll.) 29 B5
Llavorsí E (Ll.) 49 C1
Llazos, Los E (Pa.) 20 C3
Lledó E (Te.) 88 A3
Lleida/Lérida E (Ll.) 68 C3
Llen E (Sa.) 78 B4
Llera E (Bad.) 147 D1
Llera de Lorio E (Ast.) 19 A1
Llerana E (Can.) 9 C5
Llerena E (Bad.) 147 D3
Llerona E (Bar.) 71 B2
Llers E (Gi.) 52 A2
Llert E (Hues.) 48 B2
Lles de Cerdanya E (Ll.) 50 B2
Llesp E (Ll.) 48 D1
Llessui E (Ll.) 49 B1
Llíber E (Ali.) 141 D4
Lliçà d'Amunt E (Bar.) 71 A2
Lliçà de Vall E (Bar.) 71 A2
Lligallo de Gànguil, el E (Ta.) 88 D4
Lligallo del Roig, el E (Ta.) 88 D4
Llimiana E (Ll.) 49 A4
Llinars (Castellar del Riu) E (Bar.) 50 B3
Llinars del Vallès E (Bar.) 71 B2
Llindars E (Ll.) 69 D2
Lliors E (Gi.) 51 C5
Llíria E (Val.) 124 D2
Llívia E (Gi.) 50 C1
Llívia E (Ll.) 68 C2
Llivis, els E (Cas.) 87 C5
Lloar, el E (Ta.) 88 D1
Llobera E (Ll.) 49 D5
Llocnou de Sant Jeroni E (Val.) 141 B3
Llocnou d'en Fenollet → Lugar Nuevo de Fenollet E (Val.) 141 A2
Llodio/Laudio E (Ál.) 22 D2
Llofriu E (Gi.) 52 C4
Llombai E (Val.) 124 D5
Llombards, Es E (Bal.) 92 B5
Llombera E (Le.) 18 D4
Llorà E (Gi.) 51 D4
Llorac E (Ta.) 69 D3
Lloredo E (Can.) 9 A5
Llorenç del Penedès E (Ta.) 70 A5
Llorengoz E (Bur.) 22 D3
Lloret de Mar E (Gi.) 72 A1
Lloret de Vista Alegre E (Bal.) 92 A3
Llosa de Camacho/ Llosa de Camatxo, la E (Ali.) 141 D4
Llosa de Camatxo, la → Llosa de Camacho E (Ali.) 141 D4
Llosa de Ranes E (Val.) 140 D2
Llosa, la E (Cas.) 125 B1
Llosa, la E (Ta.) 89 B1
Lloseta E (Bal.) 91 D2
Llosses, les E (Gi.) 50 D3
Llubí E (Bal.) 92 A2
Lluc E (Bal.) 91 D2
Lluçà E (Bar.) 50 D4
Lluçars E (Ll.) 49 B5
Llucena → Lucena del Cid E (Cas.) 107 B4
Llucmaçanes E (Bal.) 90 D3
Llucmajor E (Bal.) 92 A4
Llumes E (Zar.) 84 D1
Llutxent E (Val.) 141 B3

# M

Mabegondo E (A Co.) 2 D5
Maçã P (Set.) 126 D5
Macael E (Alm.) 170 A5
Maçainhas de Baixo P (Guar.) 75 D5
Maçaira P (Bra.) 56 B1
Maçal do Chão P (Guar.) 76 A4
Maçanet de Cabrenys E (Gi.) 51 D1
Maçanet de la Selva E (Gi.) 72 A1
Maçanet Residencial Parc E (Gi.) 71 D1
Macanhas P (C. B.) 96 A1
Mação P (San.) 112 D2
Macarca P (Lei.) 110 D2
Maçãs P (Bra.) 36 D5
Maçãs de Caminho P (Lei.) 94 A5
Maçãs de Dona Maria P (Lei.) 94 A5
Macastre E (Val.) 124 C4
Macayo E (S.Cruz T.) 194 B1
Maceda E (A Co.) 15 A2
Maceda E (Our.) 35 C2
Maceda P (Ave.) 73 D2
Macedo de Cavaleiros P (Bra.) 56 C3
Macedo do Mato P (Bra.) 56 D3
Macedo do Peso P (Bra.) 57 A4
Maceira E (Po.) 34 C2
Maceira P (Guar.) 95 B1
Maceira P (Guar.) 75 D4
Maceira P (Lei.) 111 B1
Maceira P (Lis.) 126 C2
Maceirinha P (Lei.) 111 B1
Macenda E (A Co.) 13 D4
Macendo E (Our.) 35 A2
Macieira P (Ave.) 74 B3
Macieira P (C. B.) 94 C5
Macieira P (Vis.) 94 B1
Macieira P (Vis.) 75 D2
Macieira P (Vis.) 94 B1
Macieira P (Vis.) 74 D3
Macieira da Maia P (Port.) 53 D4
Macieira de Alcôba P (Ave.) 74 B4
Macieira de Rates P (Br.) 53 D3
Macieira de Sarnes P (Ave.) 74 A2
Macieira do Loureiro P (Ave.) 74 A3
Macinhata de Seixa P (Ave.) 74 A3
Macinhata do Vouga P (Ave.) 74 A4
Macisvenda E (Mu.) 156 A3
Maçoida P (Ave.) 74 B4
Maçores P (Bra.) 76 C1
Maços P (V. R.) 55 D2
Macotera E (Sa.) 79 B4
Maçussa P (Lis.) 111 B5
Machacón E (Sa.) 78 D3
Machados P (Be.) 145 C3
Machados P (Fa.) 174 D2
Macharaviaya E (Mál.) 180 D4
Machede P (Év.) 129 A5
Mácher E (Las P.) 192 B4
Machero, El, lugar E (Alb.) 155 B2
Machico P (Ma.) 110 C2
Machio P (Co.) 94 D4
Machio de Baixo P (Co.) 94 D4
Machorras, Las, lugar E (Bur.) 21 D2
Madail P (Ave.) 74 A3
Madalena P (Aç.) 109 B3
Madalena P (Port.) 73 D1
Madalena P (Port.) 54 B5
Madalena P (San.) 112 A2
Madalena do Mar P (Ma.) 110 A2
Madanela, A E (Our.) 35 C5
Madanela, A E (Po.) 14 A5
Madarcos E (Mad.) 82 A2
Madeirã P (C. B.) 94 C4
Madeirã P (San.) 112 A3
Maderal, El E (Zam.) 58 C5
Maderne E (Lu.) 16 C1
Maderuelo E (Seg.) 62 A4
Madorra P (V. C.) 53 D1
Madrelagua E (Las P.) 191 C2
Madremanya E (Gi.) 52 B4
Madrid E (Mad.) 101 D2
Madrid de las Caderechas E (Bur.) 22 A4
Madridanos E (Zam.) 58 D4
Madridejos E (To.) 120 A4
Madrigal E (Gua.) 83 A1
Madrigal de la Vera E (Các.) 99 A4
Madrigal de las Altas Torres E (Áv.) 79 C2
Madrigal del Monte E (Bur.) 41 D4
Madrigalejo E (Các.) 132 C1
Madrigalejo del Monte E (Bur.) 41 D4
Madriguera E (Seg.) 62 B5
Madrigueras E (Alb.) 122 D5
Madrigueras E (Cád.) 178 D3
Madriles, Los E (Mu.) 155 A3
Madriñán E (Po.) 14 D4
Madrona E (Seg.) 81 A3
Madroñal E (Cór.) 150 C4
Madroñal E (Sa.) 97 D1
Madroñera E (Các.) 116 B4
Madroño, El E (Alb.) 138 B4
Madroño, El E (Sev.) 163 A2
Madruédano E (So.) 62 D5
Madureira P (Ave.) 74 A5
Maella E (Zar.) 87 D1
Maello E (Áv.) 80 C4
Mafet E (Ll.) 69 B1
Mafra P (Lis.) 126 C1
Mafrade P (Fa.) 161 A4
Magacela E (Bad.) 132 B3
Magalha P (V. R.) 55 C5
Magalofes E (A Co.) 2 D3
Magallón E (Zar.) 65 B1
Magalluf E (Bal.) 91 B4
Magán E (Po.) 14 A4
Magán E (To.) 101 B5
Magaña E (So.) 64 B1
Magariños E (Po.) 14 A4
Magaz de Abajo E (Le.) 17 A5
Magaz de Arriba E (Le.) 17 A5
Magaz de Cepeda E (Le.) 38 A1
Magaz de Pisuerga E (Pa.) 40 C5
Magazos E (Áv.) 80 A2
Magazos E (Lu.) 3 D2
Magdalena E (Po.) 14 C5
Magdalena E (Viz.) 11 D5
Magdalena, La E (Can.) 10 B5
Magdalena, La E (Sa.) 98 D1
Magoito P (Fa.) 161 B4
Magoito P (Lis.) 126 B2
Magraners, els E (Ll.) 68 C3
Magrelos P (Port.) 74 C1
Magueija P (Vis.) 75 A1
Máguez E (Las P.) 192 D3
Maguilla E (Bad.) 148 A2
Mahamud E (Bur.) 41 B4
Mahide E (Zam.) 57 C1
Mahón → Maó E (Bal.) 90 D2
Mahora E (Alb.) 139 A1
Maia P (Aç.) 109 C4
Maia P (Aç.) 109 D5
Maia P (Port.) 53 D5
Maia → Amaiur E (Na.) 25 B1
Maià de Montcal E (Gi.) 51 D2
Maiados P (Vis.) 75 B5
Maials E (Ll.) 68 C4
Maianca E (A Co.) 2 C4
Maians E (Bar.) 70 B2
Maicas E (Te.) 86 B3
Maillo, El E (Sa.) 77 D5
Mainar E (Zar.) 85 C1
Mainetes, Los, lugar E (Alb.) 139 B5
Maior E (Lu.) 4 B4
Maiorca P (Co.) 93 C3
Maiorga P (Lei.) 111 A2
Maiorga P (San.) 112 B3
Maire de Castroponce E (Zam.) 38 C4
Mairena E (Gr.) 182 D2
Mairena del Alcor E (Sev.) 164 B4
Mairena del Aljarafe E (Sev.) 163 D4
Mairos P (V. R.) 56 A1
Maitino E (Ali.) 156 D3
Majada, La E (Mu.) 171 C2
Majadahonda E (Mad.) 101 C1
Majadales, Los E (Sev.) 164 C2
Majadas E (Các.) 98 B5
Majadas, Las E (Cu.) 104 C3
Majadilla, La E (Las P.) 191 D2
Majaelrayo E (Gua.) 82 B2
Maján E (So.) 64 A4
Majaneque E (Cór.) 165 D1
Majanicho E (Las P.) 190 B1
Majones E (Hues.) 26 B5
Majúa, La E (Le.) 18 A3
Majuges E (Sa.) 77 B2
Mal Pas-Bonaire E (Bal.) 92 B1
Mala E (Las P.) 192 D3
Mala P (Ave.) 94 A1
Malacuera E (Gua.) 83 A4
Málaga E (Mál.) 180 C4
Málaga del Fresno E (Gua.) 82 C4
Malagón E (C. R.) 135 C1
Malaguilla E (Gua.) 82 C4
Malahá, La E (Gr.) 181 D1
Malanquilla E (Zar.) 64 C3
Malaqueijo P (San.) 111 B4
Malarranha P (Év.) 128 D2
Malásia P (Lei.) 110 D3
Malavenda P (Co.) 93 D4
Malcata P (Guar.) 96 B2
Malcocinado E (Bad.) 148 B4
Malcocinado E (Cád.) 186 B3
Maldà E (Ll.) 69 B3
Maldonado E (Alb.) 139 B1
Maleján E (Zar.) 65 A1
Malfeitoso P (Vis.) 74 C3
Malgrat de Mar E (Bar.) 72 A2
Malhada P (C. B.) 112 B1
Malhada P (Vis.) 75 A3
Malhada Chã P (Co.) 95 A3
Malhada do Cervo P (C. B.) 95 B5
Malhada do Peres P (Fa.) 175 A2
Malhada Sorda P (Guar.) 76 C5
Malhada Velha P (C. B.) 95 B4
Malhada Velha P (Co.) 94 B4
Malhadal P (C. B.) 112 D1
Malhadas P (Bra.) 57 C3
Malhadas P (Lei.) 94 A4
Malhadas da Serra P (Co.) 94 D3
Malhadinha P (Be.) 143 B5
Malhadinhas P (San.) 127 B1
Malhão P (Fa.) 174 A2
Malhão P (Fa.) 175 A2
Malhão P (Fa.) 160 B4
Malhou P (San.) 111 C3
Maliaño E (Can.) 9 C4
Malillos E (Le.) 39 A2
Malillos E (Zam.) 58 A4
Maljoga P (C. B.) 112 D1
Malnombre E (Las P.) 189 C5
Malón E (Zar.) 45 A5
Malpaís E (S.Cruz T.) 196 B3
Malpaíses (Abajo) E (S.Cruz T.) 193 C3
Malpaíses (Arriba) E (S.Cruz T.) 193 C3
Malpartida E (Sa.) 79 B4
Malpartida P (Guar.) 76 C4
Malpartida de Cáceres E (Các.) 115 A4
Malpartida de Corneja E (Áv.) 99 A1
Malpartida de la Serena E (Bad.) 132 C4
Malpartida de Plasencia E (Các.) 97 D5
Malpesa, lugar E (Cu.) 103 D5
Malpica de Arba E (Zar.) 45 D3
Malpica de Bergantiños E (A Co.) 1 D4
Malpica de Tajo E (To.) 118 B1
Malpica do Tejo P (C. B.) 113 D2
Malpique P (C. B.) 95 D2
Malpique P (San.) 112 B3
Malta P (Bra.) 56 C3
Malta P (Guar.) 76 B4
Malta P (Port.) 53 D4
Maluenda E (Zar.) 65 A5
Malva E (Zam.) 58 D2
Malvas E (Po.) 33 D4
Malveira P (Lis.) 126 C1
Malveira da Serra P (Lis.) 126 B3
Malla E (Bar.) 51 A5
Malla, la E (Val.) 125 A3
Mallabia E (Viz.) 23 C1
Malladas E (Các.) 96 D4
Malladina, La, lugar E (Le.) 17 B5
Mallecina E (Ast.) 5 D4
Mallén E (Zar.) 65 B1
Malleza E (Ast.) 5 D3
Mallo de Luna E (Le.) 18 B3
Mallol, El E (Gi.) 51 B3
Mallón E (A Co.) 13 D1
Mallou E (A Co.) 13 B3
Mamarrosa P (Ave.) 73 D5
Mamblas E (Áv.) 79 C2
Mambrilla de Castrejón E (Bur.) 61 B3
Mambrillas de Lara E (Bur.) 42 A4
Mami, El E (Alm.) 184 A3
Mamola, La E (Gr.) 182 C4
Mamolar E (Bur.) 62 B1
Mámoles E (Zam.) 57 C4
Mamouros P (Vis.) 75 A3
Manacor E (Bal.) 92 C3
Manadas P (Aç.) 109 C3
Managarai E (Ál.) 22 D2
Manantiales, Los E (Mad.) 101 B2
Mancebas P (Lis.) 126 C2
Mancelos P (Port.) 54 C5
Mancenlle E (Po.) 34 A1
Mancera de Abajo E (Sa.) 79 B3
Mancera de Arriba E (Áv.) 79 B4
Manceras E (Sa.) 77 C1
Manciles E (Bur.) 41 B2
Mancor de la Vall E (Bal.) 91 D2
Mançores P (Vis.) 74 B5
Mancha Blanca E (Las P.) 192 B4
Mancha Real E (J.) 168 A1
Mancha, La E (S.Cruz T.) 195 C2
Manchas, Las E (S.Cruz T.) 195 C3
Manchas, Las E (S.Cruz T.) 193 B3
Mancheño E (Alm.) 154 B5
Manchica, A E (Our.) 35 A3
Manchita E (Bad.) 131 D3
Manchones E (Zar.) 85 B1
Mandaio E (A Co.) 2 D5
Mandayona E (Gua.) 83 B3
Mandiá E (A Co.) 2 D2
Mandín E (Our.) 55 D1
Manduas E (Po.) 14 C4
Maneje E (Las P.) 192 C4
Manga del Mar Menor, La E (Mu.) 172 D1
Manganeses de la Lampreana E (Zam.) 58 C2
Manganeses de la Polvorosa E (Zam.) 38 C5
Mangide P (Guar.) 76 C4
Mangualde P (Vis.) 75 B5
Mangualde da Serra P (Guar.) 95 B1
Manhente P (Br.) 54 A2
Manhouce P (Vis.) 74 C3
Manhufe P (Port.) 54 C5
Manhuncelos P (Port.) 74 C1
Manigoto P (Guar.) 76 B4
Manilva E (Mál.) 187 B3
Manín E (Our.) 34 D5
Manique de Cima P (Lis.) 126 B3
Manique do Intendente P (Lis.) 111 B4
Manises E (Val.) 125 A3

Matreros, Los

Manjabálago E (Áv.) 79 C 5
Manjarrés E (La R.) 43 B 2
Manjirón E (Mad.) 81 D 3
Manjoeira P (Lis.) 126 D 2
Manjoya E (Ast.) 6 C 4
Manlleu E (Bar.) 51 B 4
Manosalva E (Cór.) 166 D 2
Manquillos E (Pa.) 40 B 4
Manresa E (Bar.) 70 C 1
Mansilla de Burgos E (Bur.) 41 C 2
Mansilla de la Sierra E (La R.) 43 A 4
Mansilla de las Mulas E (Le.) 39 A 1
Mansilla del Páramo E (Le.) 38 C 2
Mansilla Mayor E (Le.) 39 A 1
Mansores P (Ave.) 74 B 2
Manta Rota P (Fa.) 175 B 2
Mántaras E (A Co.) 3 A 4
Manteigas P (Guar.) 95 C 1
Mantiel E (Gua.) 83 B 5
Mantinos E (Pa.) 20 A 4
Manuel E (Val.) 141 A 2
Manuel Galo P (Be.) 160 D 2
Manyanet E (Ll.) 49 A 1
Manzalvos E (Our.) 36 C 5
Manzanal de Arriba E (Zam.) 37 C 5
Manzanal de los Infantes E (Zam.) 37 C 4
Manzanal del Barco E (Zam.) 58 B 3
Manzanal del Puerto E (Le.) 17 D 5
Manzanares E (C. R.) 136 B 2
Manzanares de Rioja E (La R.) 43 A 2
Manzanares el Real E (Mad.) 81 C 4
Manzaneda E (Ast.) 6 C 5
Manzaneda E (Le.) 37 C 3
Manzaneda E (Our.) 36 B 2
Manzaneda de Torío E (Le.) 19 A 4
Manzanedillo E (Bur.) 21 D 3
Manzanedo E (Bur.) 21 D 3
Manzanedo de Valdueza E (Le.) 37 B 1
Manzaneque E (To.) 119 C 3
Manzanera E (Te.) 106 B 4
Manzaneruela E (Cu.) 105 C 5
Manzanete E (Cád.) 186 B 4
Manzanil E (Gr.) 181 A 1
Manzanilla E (Huel.) 163 B 4
Manzanillo E (Vall.) 61 A 3
Manzanillo, lugar E (Gr.) 168 A 3
Manzano, El E (Huel.) 146 C 5
Manzano, El E (Sa.) 77 C 1
Mañaria E (Viz.) 23 B 2
Mañeru E (Na.) 24 C 5
Mañicas, Las, lugar E (Alm.) 184 B 2
Mañón E (A Co.) 3 C 2
Mao E (Lu.) 16 A 4
Maó/Mahón E (Bal.) 90 D 2
Maoño E (Can.) 9 C 4
Maqueda E (To.) 100 C 4
Mar E (Ast.) 7 A 3
Mar P (Br.) 53 D 2
Mar e Guerra P (Fa.) 174 C 3
Mara E (Zar.) 65 B 5
Maracena E (Gr.) 181 D 1
Maragota P (Fa.) 175 A 3
Maranchón E (Gua.) 84 A 2
Maranhão P (Por.) 128 C 1
Marantes E (A Co.) 14 B 2
Maranyà E (Gi.) 52 B 3
Maraña E (Le.) 19 C 2
Marañón E (Na.) 23 D 5
Marañón, lugar E (C. R.) 120 C 5
Marañosa, La E (Mad.) 101 D 3
Marateca P (Set.) 127 C 4
Maravillas, Las E (Bal.) 91 D 4
Marazoleja E (Seg.) 80 D 3
Marazovel E (So.) 63 B 5
Marazuela E (Seg.) 80 C 3
Marbella E (Mál.) 188 A 2
Marbella Este E (Mál.) 188 A 2
Marçà E (Ta.) 89 A 1
Marcaláin/Markalain E (Na.) 24 D 3
Marcelinos E (Alm.) 170 C 4
Marcelle E (A Co.) 14 A 2
Marcelle E (Lu.) 35 D 1
Marcén E (Hues.) 47 A 5
Marcenado E (Ast.) 6 D 4
Marcilla E (Na.) 44 D 3
Marcilla de Campos E (Pa.) 40 C 3
Marco de Canaveses P (Port.) 54 C 5
Marco, El E (Bad.) 114 A 5
Marcón E (Po.) 34 A 1
Marcos, Los E (Val.) 123 C 4
Marchagaz E (Các.) 97 C 3
Marchal E (Gr.) 168 C 5
Marchal de Araoz, El, lugar E (Alm.) 183 D 3
Marchal del Abogado E (Alm.) 169 D 5
Marchal, El E (Alm.) 170 A 4
Marchal, El E (Alm.) 170 B 5
Marchal, El E (Alm.) 170 C 5
Marchalejo, lugar E (Gr.) 168 C 5
Marchamalo E (Gua.) 82 C 5
Marchamona, lugar E (Mál.) 181 A 2
Marchante E (Alm.) 184 A 2
Marchena E (Gr.) 182 A 2
Marchena E (J.) 153 D 3
Marchena E (Sev.) 164 D 4
Mardos, Los E (Alb.) 139 B 5
Mareco P (Vis.) 75 C 4
Marecos P (Port.) 54 B 5
Marei E (Lu.) 16 A 3
Marentes E (Ast.) 16 D 2
Mareny Blau E (Val.) 125 B 5
Mareny de Barraquetes E (Val.) 125 B 5
Mareo de Arriba E (Ast.) 6 D 3
Marés P (Lis.) 111 A 5
Margalef E (Ta.) 68 D 5
Marganell E (Bar.) 70 C 2
Margaride E (Po.) 14 C 4
Margem P (Por.) 112 D 4
Margen, El E (Alm.) 170 B 3
Margen, El E (Gr.) 169 D 2
Margolles E (Ast.) 7 C 4
Margudgued E (Hues.) 47 D 2
María E (Alm.) 170 B 2
María Aparicio E (Cór.) 166 C 1
María de Huerva E (Zar.) 66 A 3
María de la Salut E (Bal.) 92 B 3
Maria Gomes P (Co.) 94 D 4
María Jiménez E (S. Cruz T.) 196 C 2
Maria Vinagre P (Fa.) 159 B 3
Marialba de la Ribera E (Le.) 38 D 1
Marialva P (Guar.) 76 A 3
Mariana E (Cu.) 104 B 4
Marianaia P (San.) 112 A 2
Marianas P (Co.) 93 C 2
Marianos P (San.) 111 D 5
Maribáñez E (Sev.) 178 A 1
Marigenta E (Huel.) 163 A 2
Marigutiérrez, lugar E (Alb.) 138 A 2
Mariminguez E (Alb.) 139 B 1
Marín E (Gui.) 23 C 3
Marín E (Po.) 34 A 1
Marina Manrera E (Bal.) 92 B 1
Marina, La E (Ali.) 156 D 3
Marinaleda E (Sev.) 165 C 4
Marinas E (Ast.) 6 B 4
Marinas, Las E (Alm.) 183 C 4
Marines E (Val.) 124 D 2
Marines, les E (Ali.) 142 A 3
Marines, Los E (Huel.) 146 D 5
Marines, Los E (Mál.) 180 D 3
Marinha P (Ave.) 73 D 3
Marinha P (Lei.) 94 B 5
Marinha P (Lei.) 111 B 2
Marinha da Guia P (Lei.) 93 C 4
Marinha das Ondas P (Co.) 93 B 4
Marinha Grande P (Lei.) 111 B 1
Marinhais P (San.) 127 C 1
Marinhão P (Br.) 54 D 3
Marinhas P (Br.) 53 D 2
Mariña, A E (A Co.) 2 D 3
Maripérez, lugar E (Alb.) 138 A 2
Marismillas E (Sev.) 177 D 2
Maritenda P (Fa.) 174 B 2
Mariz E (Lu.) 15 B 5
Mariz E (Lu.) 15 B 1
Mariz P (Br.) 53 D 3
Marjaliza E (To.) 119 B 3
Markalain → Marcaláin E (Na.) 24 D 3
Markina-Xemein E (Viz.) 11 C 5
Marlín E (Áv.) 79 D 4
Marlofa E (Zar.) 65 D 2
Marmelal P (C. B.) 113 A 2
Marmelar P (Be.) 145 A 3
Marmeleira P (San.) 111 B 4
Marmeleira P (Vis.) 94 B 1
Marmeleiro P (C. B.) 112 C 1
Marmeleiro P (Fa.) 161 C 3
Marmeleiro P (Guar.) 96 B 1
Marmeleiro P (San.) 112 A 2
Marmelete P (Fa.) 159 B 4
Marmelos P (Bra.) 56 B 4
Marmelos P (Év.) 129 C 5
Marmellar de Abajo E (Bur.) 41 C 2
Marmellar de Arriba E (Bur.) 41 C 2
Mármol, El E (J.) 152 A 4
Marmolejo E (J.) 150 D 4
Marne E (Le.) 39 A 1
Maro E (Mál.) 181 C 4
Maroñas E (A Co.) 13 C 2
Maroteras E (J.) 151 A 4
Marpequeña E (Las P.) 191 D 2
Marques P (Lei.) 112 A 1
Marquès, el E (Gi.) 71 D 1
Marqués, El, lugar E (Alm.) 170 C 2
Marquesado, El E (Cád.) 185 D 2
Márquiz de Alba E (Zam.) 58 A 2
Marracos E (Zar.) 46 B 4
Marrancos P (Br.) 54 A 2
Marratxí E (Bal.) 91 D 3
Marrazes P (Lei.) 111 B 1
Marrón E (Can.) 10 B 5
Marroquina, La E (Cád.) 185 D 1
Marroquín-Encina Hermosa E (J.) 167 B 3
Marrozos E (A Co.) 14 B 3
Marruas P (San.) 111 D 3
Marrube E (Lu.) 15 C 5
Marrubio E (Le.) 37 B 2
Marrubio E (Our.) 35 D 2
Marrupe E (To.) 100 A 4
Martagina, lugar E (Mál.) 187 B 3
Marteleira P (Lis.) 110 C 4
Martiago E (Sa.) 97 B 1
Martialay E (So.) 63 D 2
Martiherrero E (Áv.) 80 A 5
Martilandrán E (Các.) 97 C 2
Martillán E (Sa.) 77 A 4
Martillué E (Hues.) 46 D 1
Martim P (Br.) 54 A 3
Martim P (V. R.) 55 D 4
Martim Afonso P (Lis.) 126 D 1
Martim Longo P (Fa.) 161 A 3
Martimporra (Bimenes) E (Ast.) 6 D 5
Martín E (Gr.) 169 B 1
Martín E (Lu.) 15 D 5
Martín E (Lu.) 16 B 1
Martín de la Jara E (Sev.) 179 C 1
Martín de Yeltes E (Sa.) 77 C 4
Martín del Río E (Te.) 86 B 4
Martín González E (Cór.) 166 C 5
Martín Malo E (J.) 151 D 3
Martín Miguel E (Seg.) 80 D 3
Martín Muñoz de la Dehesa E (Seg.) 80 A 2
Martín Muñoz de las Posadas E (Seg.) 80 B 2
Martinamor E (Sa.) 78 D 4
Martinchel P (San.) 112 B 2
Martindegi E (Gui.) 12 C 5
Martinet E (Ll.) 50 B 2
Martinete, El E (Alm.) 170 D 5
Martinete, El E (Cór.) 166 C 4
Martínez E (Áv.) 79 A 5
Martínez del Puerto, Los E (Mu.) 156 B 5
Martínez, Los E (Ali.) 156 C 4
Martingança P (Lei.) 111 A 1
Martinhanes P (Be.) 160 D 2
Martins Joanes P (Lis.) 110 D 5
Martiñán E (Our.) 35 A 4
Martioda E (Ál.) 23 B 4
Martorell E (Bar.) 70 D 3
Martorelles E (Bar.) 71 A 3
Martos E (J.) 167 B 2
Maruanas E (Cór.) 150 B 5
Marugán E (Seg.) 80 C 3
Maruri E (Viz.) 11 A 4
Marvão P (Co.) 93 D 1
Marvão P (Por.) 113 D 4
Marvila P (Lei.) 94 B 5
Marvila P (San.) 112 A 4
Marxuquera Alta E (Val.) 141 C 2
Marxuquera Baixa E (Val.) 141 B 2
Marzà E (Gi.) 52 B 2
Marzagán E (Las P.) 191 D 2
Marzagão P (Bra.) 56 A 5
Marzales E (Vall.) 59 C 3
Marzán E (Le.) 18 A 4
Marzán E (Lu.) 4 B 2
Marzaniella E (Ast.) 6 B 3
Marzoa E (A Co.) 14 C 2
Mas Bo E (Bar.) 71 A 2
Mas Carpa E (Ta.) 89 C 1
Mas de Barberans E (Ta.) 88 B 4
Mas de Calaf E (Cas.) 107 D 3
Mas de la Correntilla E (Cas.) 107 C 4
Mas de las Matas E (Te.) 87 B 3
Mas del Jutge, el → Masía del Juez E (Val.) 124 D 4
Mas del Lleó E (Ll.) 68 B 2
Mas del Olmo E (Val.) 105 D 4
Mas dels Frares E (Cas.) 107 D 4
Mas d'en Bosc, El E (Ta.) 89 B 1
Mas d'en Queixa E (Cas.) 107 D 3
Mas d'en Ramona E (Cas.) 107 D 2
Mas d'en Rieres E (Cas.) 108 A 2
Mas d'en Serra E (Bar.) 70 C 5
Mas d'en Toni → Masía de Toni E (Cas.) 107 B 2
Mas Flacià, el E (Gi.) 72 A 1
Mas Mates E (Gi.) 52 C 2
Mas Planoi, el E (Bar.) 70 C 2
Mas Rovira E (Bar.) 70 D 4
Masa E (Bur.) 21 D 5
Masada del Masagarejo, lugar E (Cu.) 105 B 4
Masalavés/Massalavés E (Val.) 141 A 1
Masarac E (Gi.) 52 B 1
Masarrochos/Massarojos E (Val.) 125 A 3
Masca E (S. Cruz T.) 195 B 3
Mascaraque E (To.) 119 C 2
Mascarell E (Cas.) 125 C 1
Mascarenhas P (Bra.) 56 B 3
Mascotelos P (Br.) 54 B 3
Masdache E (Las P.) 192 C 4
Masdenverge E (Ta.) 88 C 4
Masegosa E (Cu.) 104 C 1
Masegoso E (Alb.) 138 A 4
Masegoso E (Te.) 105 B 3
Masegoso de Tajuña E (Gua.) 83 B 4
Masella E (Gi.) 50 C 2
Maset, el E (Bar.) 70 C 3
Masía de Brusca, La/Masía d'en Brusca E (Cas.) 107 D 2
Masía de Dolç, lugar E (Cas.) 107 B 1
Masía de Toni/Mas d'en Toni E (Cas.) 107 B 2
Masía del Juez/Mas del Jutge, el E (Val.) 124 D 4
Masía d'en Brusca → Masía de Brusca, La E (Cas.) 107 D 2
Maside E (Lu.) 16 A 4
Maside E (Our.) 35 A 1
Masies de Dalt E (Gi.) 52 B 2
Masies de Roda, les E (Bar.) 51 B 4
Masies de Voltregà, les E (Bar.) 51 A 4
Masllorenç E (Ta.) 69 D 5
Masma E (Lu.) 4 B 3
Masmullar E (Mál.) 180 D 3
Masnou, el E (Bar.) 71 B 3
Masó, la E (Ta.) 69 C 5
Masos de Pals, els E (Gi.) 52 C 4
Masos de Vespella, els E (Ta.) 69 D 5
Maspalomas E (Las P.) 191 C 4
Maspujols E (Ta.) 89 B 1
Masquefa E (Bar.) 70 C 3
Masriudoms E (Ta.) 89 A 2
Masroig, el E (Ta.) 88 D 1
Massalavés → Masalavés E (Val.) 141 A 1
Massalcoreig E (Ll.) 68 B 4
Massalfassar E (Val.) 125 B 3
Massamá P (Lis.) 126 C 3
Massamagrell E (Val.) 125 B 3
Massana, la A 29 D 5
Massanassa E (Val.) 125 A 4
Massanes E (Gi.) 71 D 1
Massarojos → Masarrochos E (Val.) 125 A 3
Massoteres E (Ll.) 69 D 1
Masueco E (Sa.) 77 A 1
Masvidal E (Gi.) 51 B 5
Mata E (Bur.) 41 D 1
Mata E (Gi.) 52 A 3
Mata P (C. B.) 95 D 5
Mata P (Co.) 94 A 3
Mata P (Guar.) 75 D 4
Mata P (Lei.) 93 C 5
Mata P (Lis.) 126 D 1
Mata P (Lis.) 126 D 1
Mata P (San.) 93 D 5
Mata P (San.) 111 D 2
Mata Bejid E (J.) 168 A 2
Mata da Rainha P (C. B.) 95 D 4
Mata de Alcántara E (Các.) 114 C 2
Mata de Armuña, La E (Sa.) 78 C 2
Mata de Bérbula, La E (Le.) 19 A 4
Mata de Cuéllar E (Seg.) 60 C 4
Mata de Curueño, La E (Le.) 19 A 4
Mata de la Riba, La E (Le.) 19 B 4
Mata de Ledesma, La E (Sa.) 78 A 2
Mata de Lobos P (Guar.) 76 C 3
Mata de los Olmos, La E (Te.) 86 D 3
Mata de Monteagudo, La E (Le.) 19 C 4
Mata de Morella, la E (Cas.) 87 B 5
Mata de Pinyana, la E (Ll.) 68 C 2
Mata de Quintanar E (Seg.) 81 A 2
Mata del Páramo, La E (Le.) 38 C 2
Mata do Duque P (San.) 127 C 2
Mata do Rei P (San.) 111 B 3
Mata Mourisca P (Lei.) 93 C 4
Mata, La E (Ali.) 156 D 4
Mata, La E (Ast.) 6 A 4
Mata, La E (Cád.) 177 B 5
Mata, La E (Seg.) 81 C 2
Mata, La E (To.) 100 C 5
Matabuena E (Seg.) 81 C 2
Matacães P (Lis.) 110 C 5
Matachana E (Le.) 17 C 5
Matadeón de los Oteros E (Le.) 39 A 2
Matadepera E (Bar.) 70 D 2
Mataduços P (Ave.) 73 D 4
Mataelpino E (Mad.) 81 B 4
Matagorda E (Alm.) 183 B 4
Matalascañas → Torre de la Higuera E (Huel.) 177 A 2
Matalavilla E (Le.) 17 C 3
Matalebreras E (So.) 64 B 1
Matalobos del Páramo E (Le.) 38 C 2
Mataluenga E (Le.) 18 C 5
Matallana de Torío E (Le.) 19 A 3
Matallana de Valmadrigal E (Le.) 39 B 2
Matamá E (Our.) 35 D 4
Matamá E (Po.) 33 D 3
Matamala E (Sa.) 78 D 3
Matamala E (Seg.) 81 C 2
Matamala de Almazán E (So.) 63 C 4
Matamorisca E (Pa.) 20 D 4
Matamorosa E (Can.) 21 A 3
Matança P (Guar.) 75 C 4
Matancinha P (Vis.) 75 A 1
Matanegra, lugar E (Bad.) 147 C 2
Matanza de Acentejo, La E (S. Cruz T.) 196 A 2
Matanza de los Oteros E (Le.) 39 A 3
Matanza de Soria E (So.) 62 C 3
Matanza, La E (Mu.) 156 A 4
Matanza, La, lugar E (Alb.) 154 D 1
Matanza, La, lugar E (Alm.) 184 B 2
Mataotero E (Le.) 17 C 3
Mataporquera E (Can.) 21 A 4
Matapozuelos E (Vall.) 60 A 4
Mataró E (Bar.) 71 C 3
Matarredonda E (Sev.) 165 D 4
Matarrosa del Sil E (Le.) 17 B 4
Matarrubia E (Gua.) 82 B 3
Matarrubia E (Mad.) 81 A 5
Matas P (Co.) 93 C 4
Matas P (Lis.) 110 C 4
Matas, Las E (Mad.) 101 B 1
Matas, Las E (Sev.) 164 D 5
Matasejún E (So.) 44 A 5
Matea, La E (J.) 153 C 4
Matela P (Bra.) 57 A 3
Matela P (Vis.) 75 C 4
Matellanes E (Zam.) 57 C 2
Mateos, Los E (Mu.) 172 B 2
Matet E (Cas.) 107 A 5
Mateus P (V. R.) 55 B 5
Matidero, lugar E (Hues.) 47 C 2
Matienzo E (Can.) 10 A 5
Matienzo E (Viz.) 22 B 1
Matilla de Arzón E (Zam.) 38 D 4
Matilla de los Caños E (Vall.) 59 D 3
Matilla de los Caños del Río E (Sa.) 78 A 3
Matilla la Seca E (Zam.) 58 D 3
Matilla, La E (Las P.) 190 B 2
Matilla, La E (Seg.) 81 C 1
Matillas E (Gua.) 83 A 3
Matío E (A Co.) 1 C 5
Mato P (V. C.) 54 A 2
Mato de Miranda P (San.) 111 D 4
Mato Santo Espírito P (Fa.) 175 A 2
Mato Serrão P (Fa.) 173 D 2
Matoeira P (Lei.) 110 D 3
Matorral, El E (Las P.) 190 B 3
Matorral, El E (Las P.) 191 D 3
Matos P (Co.) 93 B 3
Matos P (Lei.) 93 B 5
Matos P (Port.) 53 D 5
Matos P (San.) 112 A 1
Matos P (San.) 112 A 3
Matos P (Vis.) 74 C 1
Matos da Ranha P (Lei.) 93 C 5
Matosinhos P (Port.) 53 D 5
Matosinhos P (V. R.) 55 D 2
Matosos P (Lei.) 93 D 4
Matreros, Los E (Alm.) 170 D 5

Matueca de Torío


Matueca de Torío E (Le.) 19 A 4
Matute E (La R.) 43 A 3
Matute de Almazán E (So.) 63 C 4
Maureles P (Port.) 54 C 5
Maus E (Our.) 35 C 3
Maxiais P (C. B.) 113 C 1
Maxial P (C. B.) 95 A 4
Maxial P (Lis.) 110 D 5
Maxial P (San.) 112 B 2
Maxial de Além P (San.) 112 B 2
Maxieira P (San.) 111 C 2
Maya, La E (Sa.) 78 C 5
Mayalde E (Zam.) 58 B 5
Mayordomo, El E (Alm.) 184 C 1
Mayorga E (Vall.) 39 B 4
Maza E (Ast.) 7 A 5
Mazagatos E (Seg.) 62 B 4
Mazagón E (Huel.) 176 C 3
Mazaleón E (Te.) 87 D 2
Mazalinos E (Áv.) 98 C 2
Mazalvete E (So.) 64 A 2
Mazaneda E (Ast.) 6 C 2
Mazarambroz E (To.) 119 B 2
Mazarefes P (V. C.) 53 D 1
Mazarete E (Gua.) 84 B 2
Mazaricos E (A Co.) 13 C 2
Mazariegos E (Pa.) 40 A 5
Mazarrón E (Mu.) 171 D 3
Mazarulleque E (Alm.) 184 B 3
Mazarulleque E (Cu.) 103 B 4
Mazas, Las E (Ast.) 6 B 5
Mazaterón E (So.) 64 B 4
Mazedo P (V. C.) 34 B 4
Mazes P (Vis.) 75 A 2
Mazmela E (Gui.) 23 C 3
Mazouco P (Bra.) 76 D 1
Mazueco E (Bur.) 42 A 4
Mazuecos E (Gua.) 102 D 3
Mazuecos
de Valdeginate E (Pa.) 40 A 4
Mazuela E (Bur.) 41 B 4
Mazuelo de Muñó E (Bur.) 41 C 3
Mazuza E (Mu.) 154 B 3
Meã P (Vis.) 75 B 4
Meã P (Vis.) 74 D 2
Meabia E (Po.) 14 C 4
Meadela P (V. C.) 53 C 1
Mealha P (Fa.) 160 D 4
Mealhada P (Ave.) 94 A 1
Meanes E (Cas.) 107 C 3
Meangos E (A Co.) 2 D 5
Meáns E (A Co.) 13 C 1
Meaño E (Po.) 33 D 1
Meãs P (Co.) 95 A 3
Meãs do Campo P (Co.) 93 D 2
Meca P (Lis.) 111 A 5
Mecerreyes E (Bur.) 42 A 4
Mecina Alfahar E (Gr.) 182 D 2
Mecina Bombarón E (Gr.) 182 D 2
Mecina Fondales E (Gr.) 182 C 3
Mecina Tedel E (Gr.) 182 D 3
Meco E (Mad.) 102 B 1
Meco P (Co.) 93 D 2
Meda E (Lu.) 16 A 2
Meda E (Lu.) 35 D 1
Meda P (Guar.) 76 A 2
Meda de Mouros P (Co.) 94 D 2
Médano, El E (S. Cruz T.) 196 A 5
Medas P (Port.) 74 B 1
Medeiros E (Our.) 35 D 5
Medeiros P (V. R.) 55 B 1
Medelim P (C. B.) 96 A 4
Medelo P (Br.) 54 C 3
Medellín E (Bad.) 132 A 2
Meder E (Po.) 34 B 3
Mederos E (Las P.) 191 A 2
Mediana de Aragón E (Zar.) 66 C 4
Mediana de Voltoya E (Áv.) 80 B 5
Medianías, Las E (Las P.) 191 D 2
Medida, La E (S. Cruz T.) 196 B 3
Medín E (A Co.) 14 D 2
Medina Azahara E (Cór.) 149 D 5
Medina de las Torres E (Bad.) 147 B 2
Medina de Pomar E (Bur.) 22 A 3
Medina de Rioseco E (Vall.) 59 C 1
Medina del Campo E (Vall.) 59 D 5
Medinaceli E (So.) 83 D 1
Medina-Sidonia E (Cád.) 186 B 2
Medinilla E (Áv.) 98 C 1
Medinilla de la Dehesa E (Bur.) 41 C 3
Medinyà E (Gi.) 52 A 4
Mediona E (Bar.) 70 B 3
Medranda E (Gua.) 83 A 3
Medrano E (La R.) 43 C 2
Medroa P (San.) 112 B 2
Medrões P (V. R.) 55 A 5
Médulas, Las E (Le.) 37 A 1
Megeces E (Vall.) 60 B 4
Megide P (Port.) 73 D 1
Megina E (Gua.) 84 D 5
Mei P (V. C.) 34 B 5
Meia Praia P (Fa.) 173 B 2
Meia Via P (San.) 111 D 3
Meia Viana P (Fa.) 159 C 4
Meijinhos P (Vis.) 75 A 1
Meilán E (Lu.) 15 D 2
Meilán E (Lu.) 4 B 4
Meimão P (C. B.) 96 B 2
Meimoa P (C. B.) 96 A 3
Meinedo P (Port.) 54 C 5
Meios P (Guar.) 95 D 1
Meira E (Lu.) 4 B 5
Meira E (Po.) 33 D 2
Meira E (Po.) 14 A 4
Meirama E (A Co.) 2 C 5
Meiraos E (Lu.) 16 B 5
Meirás E (A Co.) 2 D 2
Meirás E (A Co.) 2 D 4
Meire E (A Co.) 15 A 3
Meirinhas P (Lei.) 93 C 5
Meirinhos P (Bra.) 56 D 5
Meirol E (Po.) 34 B 3
Meis E (Po.) 14 A 5
Meis E (Po.) 13 D 5
Meixedo P (Bra.) 56 D 1
Meixedo P (V. C.) 53 D 1
Meixedo P (V. R.) 55 B 1
Meixedo P (Vis.) 75 B 1
Meixide P (V. R.) 55 C 1
Meixo E (Our.) 35 A 2
Meixomil P (Port.) 54 B 4
Méizara E (Le.) 38 C 2
Mejorada E (To.) 99 D 5
Mejorada del Campo E (Mad.) 102 A 2
Mejorito, El E (Sa.) 77 C 5
Mela, La E (Alm.) 184 C 1
Melcões P (Vis.) 75 A 1
Meleças P (Lis.) 126 C 2
Melegís E (Gr.) 182 A 3
Melendreros E (Ast.) 7 A 5
Meles P (Bra.) 56 C 2
Melezna E (Le.) 16 D 5
Melgaço P (V. C.) 34 C 3
Melgar de Abajo E (Vall.) 39 C 3
Melgar de Arriba E (Vall.) 39 C 3
Melgar
de Fernamental E (Bur.) 40 D 2
Melgar de Tera E (Zam.) 38 A 5
Melgar de Yuso E (Pa.) 40 D 3
Melgosa E (Bur.) 42 A 1
Melgosa, La E (Cu.) 104 B 5
Melhe P (V. R.) 55 B 3
Meliana E (Val.) 125 B 3
Melias E (Our.) 35 B 1
Melicena E (Gr.) 182 C 4
Mélida E (Na.) 45 A 2
Mélida E (Vall.) 61 A 3
Melide E (A Co.) 15 A 2
Melides P (Set.) 143 B 3
Meligioso P (Vis.) 94 B 1
Melilla E (Mel.) 188 D 5
Melo P (Guar.) 75 C 5
Melón E (Our.) 34 C 2
Meloxo E (Po.) 13 C 5
Melque de Cercos E (Seg.) 80 C 2
Melres P (Port.) 74 B 1
Melriça P (Co.) 93 D 4
Melroeira P (Lis.) 126 C 1
Mellanes E (Zam.) 57 D 2
Mellizas, Las/Llanos, Los E (Mál.) 180 A 3
Membribe de la Hoz E (Seg.) 61 A 4
Membribe de la Sierra E (Sa.) 78 B 5
Membrilla E (C. R.) 136 B 2
Membrillar E (Pa.) 40 B 1
Membrillera E (Gua.) 82 D 3
Membrillo Alto E (Huel.) 162 D 2
Membrillo, El E (To.) 117 D 1
Membrío E (Các.) 114 B 3
Mem-Moniz P (Fa.) 174 A 2
Memoria P (Lei.) 93 D 5
Memória P (Lei.) 93 C 5
Menàrguens E (Ll.) 68 D 2
Menas, Las E (Alm.) 169 D 5
Menas, Los E (Alm.) 170 C 4
Menasalbas E (To.) 118 D 3
Menaza E (Pa.) 21 A 4
Mendalvo P (Lei.) 111 A 2
Mendaro E (Gui.) 23 D 1
Mendata E (Viz.) 11 B 5
Mendatza → Mendaza E (Na.) 24 A 5
Mendavia E (Na.) 44 A 2
Mendaza/Mendatza E (Na.) 24 A 5
Mendeika E (Viz.) 22 D 2
Mendes P (Lei.) 93 C 5
Mendexa E (Viz.) 11 C 5
Mendi → Ormaola E (Gui.) 23 D 1
Mendieta E (Mu.) 171 B 2
Mendieta E (Viz.) 11 B 5
Mendiga P (Lei.) 111 B 2
Mendigorría E (Na.) 24 D 5
Mendiola E (Ál.) 23 B 4
Mendiola E (Viz.) 23 C 2
Mendiondo E (Viz.) 11 A 5
Mendo Gordo P (Guar.) 75 D 3
Mendoza E (Ál.) 23 B 4
Menduíña E (Po.) 33 D 2
Meneses de Campos E (Pa.) 39 D 5
Mengabril E (Bad.) 132 A 2
Mengamuñoz E (Áv.) 99 C 1
Mengíbar E (J.) 151 C 5
Menoita P (Guar.) 76 A 5
Menores, Los E (S. Cruz T.) 195 C 4
Mens E (A Co.) 1 D 4
Mentera-Barruelo E (Can.) 10 A 5
Mentrestido P (V. C.) 33 D 5
Méntrida E (To.) 101 A 3
Menuza, lugar E (Zar.) 67 A 5
Meñaka E (Viz.) 11 A 5
Meñakabarrena E (Viz.) 11 A 5
Meotz → Meoz E (Na.) 25 C 4
Meoz/Meotz E (Na.) 25 C 4
Mequinenza E (Zar.) 68 A 4
Mera de Boixo E (A Co.) 3 B 2
Mera de Riba E (A Co.) 3 B 2
Meranges E (Gi.) 50 B 1
Merás E (Ast.) 5 C 3
Merca, A E (Our.) 35 A 3
Mercadal, Es E (Bal.) 90 C 2
Mercadillo E (Áv.) 79 A 5
Mercador P (Fa.) 161 A 4
Merceana P (Lis.) 110 D 5
Mercês P (Lis.) 126 B 3
Mercurín E (A Co.) 14 C 1
Merea E (Ll.) 49 B 4
Meredo E (Ast.) 4 D 4
Merelim (São Paio) P (Br.) 54 B 2
Mereludi E (Viz.) 11 C 5
Merelle E (A Co.) 14 C 1
Mérida E (Bad.) 131 B 3
Meridãos P (Vis.) 74 D 2
Merille E (Lu.) 3 D 2
Merlães P (Ave.) 74 B 3
Merlán E (Lu.) 15 B 2
Merlán E (Lu.) 15 C 5
Merli E (Hues.) 48 B 2
Meroños, Los E (Mu.) 172 C 1
Mértola P (Be.) 161 A 2
Merufe P (V. C.) 34 B 4
Meruge P (Co.) 95 A 1
Merza E (Po.) 14 C 3
Mesa Roldán, La E (Alm.) 184 D 2
Mesa, La E (Ast.) 5 A 5
Mesa, La E (J.) 151 D 3
Mesão Frio P (V. R.) 75 A 1
Mesas de Asta E (Cád.) 177 C 3
Mesas de Ibor E (Các.) 116 D 2
Mesas del Guadalora E (Cór.) 165 A 1
Mesas, Las E (Cu.) 121 B 4
Mesas, Las E (Las P.) 191 D 1
Mesegal E (Các.) 97 C 2
Mesegar de Corneja E (Áv.) 99 A 1
Mesegar de Tajo E (To.) 100 B 5
Mesego E (Po.) 14 B 4
Mesía E (A Co.) 14 D 1
Mesiego E (Our.) 34 D 1
Mesillo E (Mu.) 171 B 2
Mesón do Vento E (A Co.) 2 C 5
Mesones E (Alb.) 154 A 1
Mesones E (Gua.) 82 B 4
Mesones de Isuela E (Zar.) 65 A 3
Mesonfrío E (Lu.) 15 C 4
Mespelerreka →
Regatol, El E (Viz.) 10 D 5
Mesquida, Sa E (Bal.) 90 D 2
Mesquinhata P (Port.) 74 D 1
Mesquita P (Be.) 161 B 2
Mesquita P (Fa.) 174 A 2
Mesquitela P (Guar.) 75 C 5
Mesquitela P (Guar.) 76 C 5
Mesquitela P (Vis.) 75 B 5
Messegães P (V. C.) 34 B 4
Messejana P (Be.) 144 A 5
Messines de Baixo P (Fa.) 160 A 4
Mesta, La E (Alb.) 137 D 5
Mestanza E (C. R.) 135 A 5
Mestas E (Ast.) 7 D 4
Mestas E (Ast.) 7 B 5
Mestas de Con E (Ast.) 7 D 5
Mestas, Las E (Các.) 97 D 1
Mestras P (Lei.) 111 A 3
Metauten E (Na.) 24 B 5
Mexilhoeira
da Carregação P (Fa.) 173 C 2
Mexilhoeira Grande P (Fa.) 173 C 2
Mezalocha E (Zar.) 65 D 4
Mezio P (Vis.) 75 A 2
Mezonzo E (A Co.) 14 D 1
Mezquetillas E (So.) 83 C 1
Mezquita de Jarque E (Te.) 86 B 4
Mezquita de Loscos E (Te.) 86 A 2
Mezquita, A E (Our.) 36 C 4
Mezquitilla, La E (Sev.) 179 B 2
Miajadas E (Các.) 132 A 1
Miamán E (Our.) 35 C 3
Miami Platja E (Ta.) 89 A 2
Mian E (Ast.) 7 C 5
Miànegues E (Gi.) 51 D 3
Mianos E (Zar.) 46 A 1
Micereces de Tera E (Zam.) 38 B 5
Micieces de Ojeda E (Pa.) 20 C 5
Mido P (Guar.) 76 C 5
Midões P (Br.) 54 A 3
Midões P (Co.) 94 D 1
Midões P (V. R.) 56 A 3
Miedes de Aragón E (Zar.) 65 B 5
Miedes de Atienza E (Gua.) 82 D 1
Miedo, El, lugar E (Mu.) 140 A 4
Mieldes E (Ast.) 5 C 5
Miengo E (Can.) 9 B 4
Miera E (Can.) 9 D 5
Mieres E (Ast.) 6 C 5
Mieres E (Ast.) 6 C 4
Mieres E (Gi.) 51 D 3
Mierla, La E (Gua.) 82 C 3
Mieza E (Sa.) 77 A 1
Migjorn Gran, Es E (Bal.) 90 B 2
Miguel Esteban E (To.) 120 D 3
Miguel Ibáñez E (Seg.) 80 D 2
Miguelañez E (Seg.) 80 D 2
Miguelturra E (C. R.) 135 B 3
Mijala E (Bur.) 22 D 3
Mijangos E (Bur.) 22 B 4
Mijares E (Áv.) 99 D 3
Mijarojos E (Can.) 9 B 5
Mijas E (Mál.) 180 B 5
Milà, el E (Ta.) 69 C 5
Milagres P (Lei.) 93 C 5
Milagro E (Na.) 44 D 3
Milagros E (Bur.) 61 D 3
Milano, El E (Sa.) 77 A 1
Milanos E (Gr.) 167 B 5
Milanos E (Gr.) 167 A 5
Mileu P (Vis.) 75 C 2
Milhais P (Bra.) 56 A 4
Milhão P (Bra.) 57 A 1
Milharado P (Lis.) 126 C 1
Milhazes P (Br.) 53 D 3
Milheiro P (Guar.) 76 B 3
Milheirós P (C. B.) 94 C 5
Milheirós P (San.) 112 A 1
Milheirós de Poiares P (Ave.) 74 A 2
Milhundos P (Port.) 54 C 5
Milmanda E (Our.) 35 A 3
Milmarcos E (Gua.) 84 C 2
Milreu P (C. B.) 112 C 2
Milla de Tera E (Zam.) 37 D 5
Milla del Páramo, La E (Le.) 38 C 1
Milla del Río, La E (Le.) 38 B 1
Milladoiro E (A Co.) 14 B 3
Millana E (Gua.) 103 C 1
Millana, La E (Mál.) 179 D 4
Millanes E (Các.) 116 C 1
Millarada E (Po.) 34 A 2
Millarada, A E (Po.) 14 C 5
Millares E (Val.) 124 C 5
Millarouso E (Our.) 36 C 2
Millena E (Ali.) 141 B 4
Miller E (J.) 153 D 3
Milles de la Polvorosa E (Zam.) 38 C 5
Mimbral, El E (Cád.) 178 B 5
Mimetiz (Zalla) E (Viz.) 22 C 1
Mimosa P (Set.) 143 D 4
Mina Antolín, lugar E (Cór.) 149 A 2
Mina Caridad, lugar E (Sev.) 163 C 3
Mina da Juliana P (Be.) 144 B 5
Mina de Aparis P (Be.) 146 A 3
Mina de São Domingos P (Be.) 161 B 1
Mina do Bugalho P (Év.) 129 D 4
Mina, La E (Cór.) 166 A 4
Mina, lugar E (Huel.) 162 D 1
Minas da Panasqueira P (C. B.) 95 A 3
Minas de Cala E (Huel.) 147 B 5
Minas de Louzal P (Set.) 143 D 3
Minas de Riotinto E (Huel.) 163 A 2
Minas de Santa
Quiteria E (To.) 117 C 4
Minas de São João P (V. R.) 55 A 3
Minas del Castillo
de las Guardas E (Sev.) 163 B 2
Minas del Horcajo E (C. R.) 150 C 1
Minas del Marquesado E (Gr.) 182 D 1
Minas Diógenes, lugar E (C. R.) 151 A 1
Minas, Las E (Alb.) 155 A 2
Minateda-Horca E (Alb.) 155 A 1
Minaya E (Alb.) 122 A 5
Minde P (San.) 111 C 2
Mindelo P (Port.) 53 D 4
Minglanilla E (Cu.) 123 A 3
Mingogil E (Alb.) 155 A 1
Mingorría E (Áv.) 80 B 4
Minhocal P (Guar.) 75 D 4
Minhotães P (Br.) 54 A 3
Miñagón E (Ast.) 5 A 4
Miñambres
de la Valduerna E (Le.) 38 B 3
Miñana E (So.) 64 B 4
Miñanes E (Pa.) 40 B 2
Miñao Goien E (Ál.) 23 B 3
Miñarzo E (A Co.) 13 B 3
Miño E (A Co.) 2 D 4
Miño de Medinaceli E (So.) 83 C 1
Miño de San Esteban E (So.) 62 B 4
Miñón E (Bur.) 22 A 3
Miñón E (Bur.) 41 C 2
Miñosa, La E (Gua.) 83 A 1
Miñosa, La E (So.) 63 C 4
Miñotos E (Lu.) 3 D 2
Miñu E (Ast.) 5 B 4
Mioma P (Vis.) 75 B 4
Miomães P (Vis.) 74 D 1
Mioño E (Can.) 10 C 5
Miou E (Ast.) 4 C 3
Mira E (A Co.) 14 A 1
Mira E (Cu.) 123 B 2
Mira P (Co.) 93 C 1
Mira de Aire P (Lei.) 111 C 2
Mirabel E (Các.) 115 C 1
Mirabel E (Các.) 98 B 5
Mirabueno E (Gua.) 83 B 3
Miradeses P (Bra.) 56 A 3
Mirador
del Montseny, El E (Bar.) 71 B 1
Mirador, El E (Bar.) 70 D 4
Mirador, El E (Mu.) 172 C 1
Miraelrío E (J.) 152 A 4
Miraflor E (Ali.) 141 D 3
Miraflor E (Las P.) 191 C 1
Miraflores E (Cád.) 177 B 4
Miraflores E (Mad.) 101 C 3
Miraflores de la Sierra E (Mad.) 81 C 4
Mirafuentes E (Na.) 24 A 5
Miragaia P (Lis.) 110 C 4
Miralcamp E (Ll.) 69 A 3
Miralrío E (Gua.) 83 A 3
Miralsot E (Hues.) 68 A 3
Miramar E (Val.) 141 C 2
Mirambel E (Te.) 87 A 5
Mirambell E (Bar.) 70 A 1
Miranda E (Ast.) 6 B 3
Miranda E (Lu.) 16 A 2
Miranda E (Mu.) 172 B 2
Miranda E (S. Cruz T.) 193 C 3
Miranda P (V. C.) 34 A 5
Miranda de Arga E (Na.) 44 D 1
Miranda de Azán E (Sa.) 78 C 3
Miranda de Duero E (So.) 63 D 3
Miranda de Ebro E (Bur.) 23 A 5
Miranda del Castañar E (Sa.) 98 A 1
Miranda
del Rey, lugar E (J.) 151 D 2
Miranda do Corvo P (Co.) 94 B 3
Miranda do Douro P (Bra.) 57 C 3
Miranda, La E (Ast.) 6 C 3
Mirandela P (Bra.) 56 B 3
Mirandilla E (Bad.) 131 C 2
Mirantes, lugar E (Le.) 18 C 3
Mira-sol E (Bar.) 70 D 3
Miraval E (Mad.) 82 A 5
Miravalles E (Ast.) 7 A 3
Miraveche E (Bur.) 22 C 5
Miravet E (Ta.) 88 C 2
Miravete de la Sierra E (Te.) 86 C 5
Miro P (Co.) 94 B 2
Mirón E (Po.) 34 A 1
Mirón, El E (Áv.) 99 A 1

Monterrei

Mironcillo E (Áv.) 99 D1
Mirones E (Can.) 9 D5
Mirones, Los E (C. R.) 135 D5
Mirueña de los Infanzones E (Áv.) 79 C4
Mislata E (Val.) 125 A4
Miudes E (Ast.) 5 A3
Miuzela P (Guar.) 96 B1
Mixós E (Our.) 35 D5
Miyares E (Ast.) 7 B4
Mizala E (Alm.) 184 C2
Mizarela P (Guar.) 75 D5
Mizquitillas, lugar E (Alb.) 139 A4
Mó Grande P (Lei.) 94 C5
Moal E (Ast.) 17 B2
Moalde E (Po.) 14 C4
Moanes E (Ast.) 5 B3
Moaña E (Po.) 33 D2
Moar E (A Co.) 14 C2
Moarves de Ojeda E (Pa.) 20 C5
Moçamedes P (Vis.) 74 D4
Mocanal E (S.Cruz T.) 194 C4
Moçarria P (San.) 111 B4
Mocejón E (To.) 101 B5
Mocifas da Nazaré P (Co.) 93 D4
Mociños E (Our.) 34 D3
Moclín E (Gr.) 167 C5
Moclinejo E (Mál.) 180 D4
Mochales E (Gua.) 84 C2
Mochicle, lugar E (Cád.) 177 C5
Mochos, Los E (Cór.) 165 D1
Mochuelos, Los E (J.) 152 D2
Modelos P (Port.) 54 B5
Modino E (Le.) 19 C4
Modivas P (Port.) 53 D4
Modúbar de la Cuesta E (Bur.) 41 D3
Modúbar de la Emparedada E (Bur.) 41 D3
Modúbar de San Cebrián E (Bur.) 42 A3
Moeche E (A Co.) 3 A2
Moeche E (A Co.) 3 B2
Mões P (Vis.) 75 A3
Mofreita P (Bra.) 36 D5
Mogadouro P (Bra.) 57 A5
Mogán E (Las P.) 191 B3
Mogão Cimeiro P (San.) 112 C2
Mogarraz E (Sa.) 98 A1
Mogatar E (Zam.) 58 B5
Mogente/Moixent E (Val.) 140 C3
Mogino, lugar E (J.) 152 C3
Mogo de Malta P (Bra.) 56 A5
Mogofores P (Ave.) 94 A1
Mogón E (J.) 152 D4
Mogor E (A Co.) 3 C1
Mogor E (Po.) 33 D1
Mogro E (Can.) 9 B4
Mogueirães P (Vis.) 74 C4
Moguer E (Huel.) 176 C2
Moharras, lugar E (Alb.) 137 D1
Moheda, La E (Các.) 97 A4
Moheda-Portales E (Mál.) 180 C3
Mohedas de Granadilla E (Các.) 97 D3
Mohedas de la Jara E (To.) 117 B3
Mohedas, Las E (Alb.) 138 A5
Mohernando E (Gua.) 82 C4
Mohorte E (Cu.) 104 B5
Moi E (Po.) 15 A5
Moià E (Bar.) 70 D1
Moia E (Lu.) 16 D3
Moialde E (Our.) 36 A5
Moimenta E (A Co.) 13 D4
Moimenta P (Bra.) 36 C5
Moimenta P (Vis.) 74 C1
Moimenta da Beira P (Vis.) 75 C2
Moimenta da Serra P (Guar.) 95 B1
Moimenta de Maceira Dão P (Vis.) 75 A5
Moimentinha P (Guar.) 76 A4
Moinhos P (Co.) 94 B3
Moinhos P (Co.) 94 B2
Moinhos de Carvide P (Lei.) 93 B5
Moinhos de Vento P (Be.) 160 B2
Moita P (Ave.) 74 B4
Moita P (Ave.) 94 A1
Moita P (Guar.) 96 A2
Moita P (Lei.) 94 B4
Moita P (Lei.) 111 A1
Moita P (Lei.) 111 A3
Moita P (San.) 111 C1
Moita P (Set.) 127 A4
Moita P (Vis.) 75 A3
Moita da Roda P (Lei.) 93 B5
Moita da Serra P (Co.) 94 C2
Moita do Açôr P (Lei.) 111 B2
Moita do Boi P (Lei.) 93 C4
Moita do Martinho P (Lei.) 111 C2
Moita do Norte P (San.) 112 A3
Moitalina P (Lei.) 111 B2
Moitas P (C. B.) 113 A1
Moitas Venda P (San.) 111 C3
Moixent → Mogente E (Val.) 140 C3
Moja E (Bar.) 70 B4
Mojácar E (Alm.) 184 D1
Mojácar Playa E (Alm.) 184 D4
Mojados E (Vall.) 60 B4
Mojares E (Gua.) 83 C2
Mojón, El E (Mu.) 156 B4
Mojonar, El E (Alm.) 170 B2
Mojonera, La E (Alm.) 183 C4
Molacillos E (Zam.) 58 C3
Moladão P (Co.) 94 C2
Molar, El E (J.) 152 C5
Molar, El E (Mad.) 82 A4
Molar, el E (Ta.) 88 D1
Molares E (Huel.) 146 C5
Molares P (Br.) 54 D4
Molares, Los E (Sev.) 178 B1
Molata, La E (Mu.) 171 D1
Moldes E (Le.) 16 C5
Moldes P (Ave.) 74 C2
Moldones E (Zam.) 57 B1
Moledo P (Lis.) 110 C4
Moledo P (V. C.) 33 C5
Moledo P (Vis.) 75 A3
Molelos P (Vis.) 74 C5
Molezuelas de la Carballeda E (Zam.) 37 D4
Molianos P (Lei.) 111 B2
Molina → Cañada del Salobral, lugar E (Alb.) 138 C4
Molina de Aragón E (Gua.) 84 C4
Molina de Segura E (Mu.) 155 D4
Molina de Ubierna, La E (Bur.) 41 D1
Molina del Portillo del Busto, La E (Bur.) 22 C5
Molina, La E (Gi.) 50 C2
Molinaferrera E (Le.) 37 C2
Molinar, El E (Alb.) 138 B5
Molinàs E (Gi.) 52 B1
Molinas, Los E (Alm.) 170 C5
Molinaseca E (Le.) 37 B1
Molinell, El E (Cas.) 107 C2
Molineras, Las E (Gr.) 169 C4
Molinicos E (Alb.) 154 A1
Molinilla E (Ál.) 22 D4
Molinillo E (Sa.) 98 A1
Molinillo, El E (C. R.) 118 D4
Molinillo, El E (Gr.) 168 B5
Molinillo, El E (Mu.) 171 B2
Molinillo, lugar E (Mad.) 101 A2
Molinito, El E (S.Cruz T.) 194 C2
Molino de la Hoz-Nuevo Club de Golf E (Mad.) 101 B1
Molino de Viento, El E (Las P.) 191 B3
Molinos E (Te.) 87 A4
Molinos de Duero E (So.) 63 B1
Molinos de Papel E (Cu.) 104 B4
Molinos de Razón E (So.) 43 C5
Molinos Marfagones E (Mu.) 172 B2
Molinos, Los E (Gr.) 167 B5
Molinos, Los E (Las P.) 191 B2
Molinos, Los E (Mad.) 81 A5
Molinos, Los, lugar E (Bad.) 147 D3
Molinos-Sijuela, Los E (Mál.) 179 B4
Molins E (Ali.) 156 B4
Molins de Rei E (Bar.) 70 D4
Molpeceres E (Vall.) 61 A3
Molsosa, la E (Ll.) 70 A1
Molta dos Ferreiros P (Lis.) 110 C4
Molvizar E (Gr.) 182 A4
Molledo E (Can.) 21 B2
Molledo, El E (S.Cruz T.) 195 C3
Mollerussa E (Ll.) 69 A2
Mollet de Peralada E (Gi.) 52 B1
Mollet del Vallès E (Bar.) 71 A3
Mollina E (Mál.) 180 A1
Molló E (Gi.) 51 B2
Momán E (Lu.) 3 B4
Momán E (Lu.) 4 A5
Mombeja P (Be.) 144 C4
Mombeltrán E (Áv.) 99 C3
Momblona E (So.) 63 D4
Mombuey E (Zam.) 37 C5
Momediano E (Bur.) 22 B3
Monachil E (Gr.) 182 A1
Monasterio E (Gua.) 82 D3
Monasterio E (So.) 63 B3
Monasterio de la Sierra E (Bur.) 42 C5
Monasterio de Rodilla E (Bur.) 42 A2
Monasterio de Vega E (Vall.) 39 C3
Monasterioguren E (Ál.) 23 B4
Monasterios, Los E (Val.) 125 B2
Moncabril E (Zam.) 37 A4
Moncada/Montcada de l'Horta E (Val.) 125 A3
Moncalvillo E (Bur.) 42 C5
Moncalvillo del Huete E (Cu.) 103 B3
Monção P (V. C.) 34 B4
Moncarapacho P (Fa.) 174 D3
Moncayo, lugar E (Gr.) 153 C5
Monclova, La E (Sev.) 165 A3
Moncofa E (Cas.) 125 C1
Monchique P (Fa.) 159 C4
Monda E (Mál.) 179 D5
Mondariz E (Po.) 34 B2
Mondariz-Balneario E (Po.) 34 B2
Mondéjar E (Gua.) 102 D3
Mondim da Beira P (Vis.) 75 B2
Mondim de Basto P (V. R.) 55 A4
Mondim de Cima P (Vis.) 75 B2
Mondoñedo E (Lu.) 4 A3
Mondoñedo E (Lu.) 4 B2
Mondragón → Arrasate E (Gui.) 23 C2
Mondreganes E (Le.) 19 D5
Mondrões P (V. R.) 55 B5
Mondrón E (Mál.) 180 D3
Mondújar E (Gr.) 182 A2
Monegrillo E (Zar.) 67 A3
Moneixas E (Po.) 14 D4
Monells E (Gi.) 52 B4
Moneo E (Bur.) 22 A3
Mones E (Ast.) 7 B4
Monesma E (Hues.) 47 D5
Monesma de Benabarre E (Hues.) 48 C3
Monesterio E (Bad.) 147 B4
Moneva E (Zar.) 86 B1
Monfarracinos E (Zam.) 58 C3
Monfebres P (V. R.) 55 D4
Monfero E (A Co.) 3 A4
Monfirre P (Lis.) 126 C2
Monflorite E (Hues.) 47 A4
Monforte P (Co.) 94 A3
Monforte P (Por.) 129 C1
Monforte da Beira P (C. B.) 113 D1
Monforte de la Sierra E (Sa.) 97 D1
Monforte de Lemos E (Lu.) 35 D1
Monforte de Moyuela E (Te.) 86 A2
Monforte del Cid E (Ali.) 156 C2
Monfortinho P (C. B.) 96 C4
Monga E (Ast.) 7 A4
Mongay, lugar E (Hues.) 48 C4
Monistrol d'Anoia E (Bar.) 70 C3
Monistrol de Calders E (Bar.) 70 D1
Monistrol de Montserrat E (Bar.) 70 C2
Monjas, Las E (Sev.) 164 D5
Monjas, Las E (Val.) 123 C4
Monjos, Los E (Alm.) 183 B1
Monleón E (Sa.) 78 B5
Monleras E (Sa.) 77 D1
Monnars E (Ta.) 89 D1
Monóvar/Monòver E (Ali.) 156 C1
Monòver → Monóvar E (Ali.) 156 C1
Monreal de Ariza E (Zar.) 64 B5
Monreal del Campo E (Te.) 85 C4
Monreal del Llano E (Cu.) 121 B3
Monreal/Elo E (Na.) 25 B5
Monroy E (Các.) 115 C2
Monroyo E (Te.) 87 C4
Monsagro E (Sa.) 97 C1
Monsalupe E (Áv.) 80 A4
Monsanto P (C. B.) 96 B4
Monsanto P (San.) 111 C3
Monsaraz P (Év.) 145 C1
Monsarros P (Ave.) 94 A1
Monseiro E (Lu.) 16 A4
Monserrat/Montserrat Alcalà E (Val.) 124 D4
Monsul P (Br.) 54 C2
Mont de Roda E (Hues.) 48 B3
Monta, La E (Sev.) 164 B3
Montaberner/Montaverner E (Val.) 141 A3
Montagut E (Gi.) 51 C2
Montagut E (Ll.) 68 C3
Montalbà E (Cas.) 107 D3
Montalbán E (Te.) 86 B4
Montalbán de Córdoba E (Cór.) 166 A3
Montalbanejo E (Cu.) 121 D2
Montalbanes, Los E (Gr.) 168 A4
Montalbo E (Cu.) 121 B1
Montalegre P (V. R.) 55 B1
Montalvão P (Por.) 113 C2
Montalviche E (Alm.) 170 C2
Montalvo P (San.) 112 B3
Montalvo Primero E (Sa.) 78 C3
Montalvos E (Alb.) 138 C1
Montamarta E (Zam.) 58 B2
Montán E (Cas.) 106 D4
Montan de Tost E (Ll.) 49 D3
Montánchez E (Các.) 115 D5
Montanejos E (Cas.) 106 D4
Montanissell E (Ll.) 49 C3
Montanúy E (Hues.) 48 C1
Montaña Alta E (Las P.) 191 C1
Montaña Blanca E (Las P.) 192 C4
Montaña la Data E (Las P.) 191 C4
Montaña los Vélez E (Las P.) 191 D3
Montaña San Gregorio E (Las P.) 191 D1
Montaña Tenisca E (S.Cruz T.) 193 B3
Montaña, La E (Ast.) 5 B3
Montaña, La E (S.Cruz T.) 193 C3
Montañana E (Bur.) 22 D5
Montañana E (Hues.) 48 C3
Montañana E (Zar.) 66 B2
Montaña-Zamora E (S.Cruz T.) 195 D3
Montañeta, La E (Las P.) 191 D2
Montañeta, La E (S.Cruz T.) 195 C3
Montañetas, Las E (S.Cruz T.) 195 D3
Montaos E (A Co.) 14 C1
Montarecos P (Por.) 113 D5
Montargil P (Por.) 128 B1
Montaria P (V. C.) 53 D1
Montarrón E (Gua.) 82 C3
Montaverner → Montaberner E (Val.) 141 A3
Montaves E (So.) 44 A5
Montbarbat E (Gi.) 72 A1
Montblanc E (Ta.) 69 C4
Montbrió del Camp E (Ta.) 89 B1
Montcada de l'Horta → Moncada E (Val.) 125 A3
Montcada i Reixac E (Bar.) 71 A3
Montcal E (Gi.) 52 A4
Montclar E (Bar.) 50 B4
Montclar E (Ll.) 69 B1
Monte E (A Co.) 3 A2
Monte E (A Co.) 15 A2
Monte E (Can.) 9 D5
Monte E (Can.) 9 C4
Monte E (Lu.) 35 D1
Monte E (Lu.) 4 A2
Monte E (Po.) 13 D5
Monte E (Po.) 34 A3
Monte P (Ave.) 73 D3
Monte P (Br.) 54 C3
Monte P (Br.) 54 C1
Monte P (Ma.) 110 B2
Monte P (Set.) 127 C5
Monte Agudo P (Fa.) 175 A2
Monte Alcedo E (Val.) 124 D3
Monte Alto E (Cór.) 165 D2
Monte Blanco E (Cas.) 107 B5
Monte Bom P (Lis.) 126 B1
Monte Brito P (Fa.) 174 B2
Monte Carvalho P (Por.) 113 C4
Monte Claro P (Por.) 113 A3
Monte Córdova P (Port.) 54 B4
Monte da Agolada de Cima P (San.) 127 D1
Monte da Apariça P (Be.) 144 D3
Monte da Batalha P (Set.) 143 C1
Monte da Caiada P (Be.) 160 D2
Monte da Corda P (Fa.) 159 B4
Monte da Corte Negra P (Be.) 144 C4
Monte da Charneca P (Fa.) 174 A2
Monte da Estrada P (Be.) 159 C1
Monte da Pedra P (Por.) 113 A4
Monte da Velha P (Guar.) 76 C5
Monte da Velha P (Por.) 113 B5
Monte das Flores P (Év.) 128 C5
Monte das Mestras P (Be.) 160 C3
Monte das Obras P (Set.) 143 D1
Monte das Viúvas P (Be.) 160 C3
Monte de Batres E (Mad.) 101 B3
Monte de Breña E (S.Cruz T.) 193 C3
Monte de Lobos P (Vis.) 94 B1
Monte de Luna E (S.Cruz T.) 193 C4
Monte de Matallana E (Vall.) 59 D1
Monte de Negas P (Be.) 160 D3
Monte de Palma P (Set.) 127 C5
Monte de Pueblo E (S.Cruz T.) 193 C3
Monte de San Lorenzo E (Vall.) 59 C2
Monte do Fialho P (Be.) 160 D3
Monte do Guerreiro P (Be.) 160 D1
Monte do Nicolau P (Év.) 127 C4
Monte do Torrao P (Por.) 112 D4
Monte do Trigo P (Év.) 145 A1
Monte dos Alhos P (Set.) 143 D5
Monte dos Mestres P (Be.) 160 C2
Monte dos Pereiros P (Por.) 112 D4
Monte Fidalgo P (C. B.) 113 C2
Monte Francisco P (Fa.) 175 C2
Monte Frio P (Co.) 94 D2
Monte Galego P (San.) 112 C3
Monte Gato P (Be.) 160 D2
Monte Gordo P (Fa.) 175 C2
Monte Judeu P (Fa.) 173 B2
Monte Julia E (Hues.) 68 A2
Monte la Reina E (Zam.) 58 D3
Monte Lentiscal E (Las P.) 191 D2
Monte Lope-Álvarez E (J.) 167 A2
Monte Margarida P (Guar.) 96 B1
Monte Negro P (Fa.) 174 C3
Monte Novo P (Fa.) 159 A4
Monte Novo P (Guar.) 96 A1
Monte Novo P (Set.) 127 C5
Monte Novo do Sul P (Set.) 143 B1
Monte Orenes, lugar E (Cu.) 121 D5
Monte Perobolso P (Guar.) 76 C5
Monte Real P (Lei.) 93 B5
Monte Redondo P (Lei.) 93 B5
Monte Redondo P (Lis.) 110 C5
Monte Redondo P (V. C.) 34 B5
Monte Robledal E (Mad.) 102 C3
Monte Vasco P (Guar.) 96 A1
Monte Vedat/Vedat de Torrent, el E (Val.) 125 A4
Monte Velho P (Por.) 112 D4
Monte, El o Guargacho E (S.Cruz T.) 195 D4
Monte, El, lugar E (Alb.) 138 C2
Monteagudo E (A Co.) 2 B4
Monteagudo E (Mu.) 156 A4
Monteagudo E (Na.) 44 D5
Monteagudo de las Salinas E (Cu.) 122 C1
Monteagudo de las Vicarías E (So.) 64 B5
Monteagudo del Castillo E (Te.) 106 B1
Montealegre E (Le.) 17 D5
Montealegre de Campos E (Vall.) 59 D1
Montealegre del Castillo E (Alb.) 139 C4
Monteana E (Ast.) 6 C3
Montearagón E (To.) 100 B5
Montecelo E (Po.) 33 D1
Montecillo E (Can.) 21 B4
Monteclaro-La Cabaña E (Mad.) 101 C2
Montecorto E (Mál.) 179 A3
Montecote E (Cád.) 186 A3
Montecubeiro E (Lu.) 16 A1
Montederramo E (Our.) 35 D2
Montedor P (V. C.) 53 C1
Montefrío E (Gr.) 167 B5
Montefurado E (Lu.) 36 B2
Monte-Gil E (Sev.) 178 D1
Montegil P (Lis.) 110 D5
Montehermoso E (Các.) 97 C4
Monteira P (Co.) 94 C3
Monteiras P (Vis.) 75 A2
Monteiros P (Guar.) 76 B5
Montejaque E (Mál.) 179 A4
Montejícar E (Gr.) 168 A3
Montejo E (Sa.) 78 C5
Montejo de Arévalo E (Seg.) 80 B1
Montejo de Bricia E (Bur.) 21 C3
Montejo de Cebas E (Bur.) 22 C4
Montejo de la Sierra E (Mad.) 82 A2
Montejo de la Vega de la Serrezuela E (Seg.) 61 D3
Montejo de Tiermes E (So.) 62 C5
Montejos del Camino E (Le.) 38 C1
Montelavar P (Lis.) 126 B2
Montelo P (San.) 111 C2
Montelongo E (Our.) 35 A4
Monteluz E (Gr.) 167 D5
Montellà E (Ll.) 50 B2
Montellano E (Sev.) 178 C2
Montemaior E (A Co.) 2 B5
Montemayor E (Cór.) 166 A2
Montemayor de Pililla E (Vall.) 60 C4
Montemayor del Río E (Sa.) 98 B2
Montemolín E (Bad.) 147 C3
Montemor-o-Novo P (Év.) 128 B4
Montemor-o-Velho P (Co.) 93 C3
Montemuro P (Lis.) 126 C2
Montenegrelo P (V. R.) 55 C3
Montenegro E (Gr.) 182 D2
Montenegro de Ágreda E (So.) 64 B1
Montenegro de Cameros E (So.) 43 B4
Monte-Palacio E (Sev.) 164 D5
Monterde E (Zar.) 84 D1
Monterde de Albarracín E (Te.) 105 B1
Monterrei E (Our.) 35 D5

Monterroso


| | | | | |
|---|---|---|---|---|
| Monterroso | E | (Lu.) | 15 | B 3 |
| Monterrubio | E | (Seg.) | 80 | D 4 |
| Monterrubio de Armuña | E | (Sa.) | 78 | C 2 |
| Monterrubio de la Demanda | E | (Bur.) | 42 | D 4 |
| Monterrubio de la Serena | E | (Bad.) | 132 | D 5 |
| Monterrubio de la Sierra | E | (Sa.) | 78 | C 4 |
| Montes | E | (Our.) | 35 | C 5 |
| Montes | E | (Po.) | 14 | B 5 |
| Montes | P | (Lei.) | 111 | A 2 |
| Montes Altos | P | (Be.) | 161 | C 2 |
| Montes Claros | E | (Cór.) | 166 | D 5 |
| Montes da Senhora | P | (C. B.) | 113 | A 1 |
| Montes de Alvor | P | (Fa.) | 173 | C 2 |
| Montes de Cima | P | (Fa.) | 159 | C 4 |
| Montes de Mora | E | (To.) | 119 | A 4 |
| Montes de San Benito | E | (Huel.) | 162 | A 2 |
| Montes de Sebares | E | (Ast.) | 7 | B 5 |
| Montes Grandes | P | (Fa.) | 173 | D 2 |
| Montes Juntos | P | (Év.) | 129 | C 5 |
| Montes Novos | P | (Fa.) | 160 | D 4 |
| Montes Velhos | P | (Be.) | 144 | B 4 |
| Montesa | E | (Hues.) | 47 | D 4 |
| Montesa | E | (Val.) | 140 | D 2 |
| Montesclaros | E | (To.) | 99 | D 4 |
| Monteseiro | E | (Lu.) | 16 | D 1 |
| Montesinos, Los | E | (Ali.) | 156 | C 4 |
| Montesquiu | E | (Bar.) | 51 | A 3 |
| Montesusín | E | (Hues.) | 67 | A 1 |
| Montevil | P | (Set.) | 143 | C 1 |
| Montezinho | P | (Bra.) | 36 | D 5 |
| Montfalcó Murallat | E | (Ll.) | 69 | D 2 |
| Montferrer de Segre | E | (Ll.) | 49 | D 2 |
| Montferri | E | (Ta.) | 69 | D 5 |
| Montgai | E | (Ll.) | 69 | A 1 |
| Montgat | E | (Bar.) | 71 | B 3 |
| Montgons, els | E | (Ta.) | 89 | C 1 |
| Montiano | E | (Bur.) | 22 | C 2 |
| Montico, El | E | (Ast.) | 6 | C 3 |
| Montico, El | E | (Vall.) | 59 | D 3 |
| Montichelvo/Montitxelvo | E | (Val.) | 141 | B 3 |
| Montiel | E | (C. R.) | 137 | A 5 |
| Montiela, La | E | (Cór.) | 165 | D 3 |
| Montijo | E | (Bad.) | 130 | D 3 |
| Montijo | P | (Set.) | 127 | A 3 |
| Montijos | P | (Lei.) | 93 | B 5 |
| Montilla | E | (Cór.) | 166 | B 3 |
| Montillana | E | (Gr.) | 167 | D 3 |
| Montim | P | (Br.) | 54 | D 3 |
| Montinho | P | (C. B.) | 113 | A 2 |
| Montinho | P | (Por.) | 128 | D 1 |
| Montinho da Conveniência | P | (Fa.) | 175 | B 2 |
| Montinhos da Luz | P | (Fa.) | 173 | B 2 |
| Montinhos dos Pegos | P | (San.) | 127 | D 2 |
| Montinhoso | P | (Set.) | 127 | A 4 |
| Montiró | E | (Gi.) | 52 | B 3 |
| Montitxelvo → Montichelvo | E | (Val.) | 141 | B 3 |
| Montizón | E | (J.) | 152 | D 2 |
| Montjoi | E | (Gi.) | 52 | C 2 |
| Montjuïc | E | (Bar.) | 71 | A 2 |
| Montjuïc | E | (Gi.) | 52 | A 4 |
| Montmagastre | E | (Ll.) | 49 | B 5 |
| Montmajor | E | (Bar.) | 50 | B 4 |
| Montmaneu | E | (Bar.) | 69 | D 2 |
| Montmeló | E | (Bar.) | 71 | B 3 |
| Montmesa | E | (Hues.) | 46 | C 4 |
| Montnegre | E | (Bar.) | 71 | D 2 |
| Montnegre | E | (Gi.) | 52 | B 4 |
| Montoito | P | (Év.) | 129 | B 5 |
| Montoliu de Lleida | E | (Ll.) | 68 | C 3 |
| Montoliu de Segarra | E | (Ll.) | 69 | C 3 |
| Montón | E | (Zar.) | 85 | B 1 |
| Montorio | E | (Bur.) | 41 | C 1 |
| Montornès de Segarra | E | (Ll.) | 69 | C 2 |
| Montornès del Vallès | E | (Bar.) | 71 | B 3 |
| Montoro | E | (Cór.) | 150 | C 4 |
| Montoro de Mezquita | E | (Te.) | 86 | D 5 |
| Montoros, Los | E | (Gr.) | 182 | D 3 |
| Montoto de Ojeda | E | (Pa.) | 20 | C 4 |
| Montouro | P | (Co.) | 73 | D 5 |
| Montouto | E | (A Co.) | 13 | D 1 |
| Montouto | E | (A Co.) | 2 | C 5 |
| Montouto | E | (Lu.) | 3 | D 3 |
| Montouto | P | (Bra.) | 36 | C 5 |
| Montoxo | E | (A Co.) | 3 | B 2 |
| Montpol | E | (Ll.) | 49 | D 4 |
| Mont-ral | E | (Ta.) | 69 | B 5 |
| Mont-ras | E | (Gi.) | 52 | C 5 |
| Montroi → Montroy | E | (Val.) | 124 | D 5 |
| Mont-roig | E | (Gi.) | 52 | A 5 |
| Mont-roig del Camp | E | (Ta.) | 89 | B 1 |
| Montrondo | E | (Le.) | 17 | D 3 |
| Montroy/Montroi | E | (Val.) | 124 | D 5 |
| Montseny | E | (Bar.) | 71 | B 1 |
| Montserrat Alcalà → Monserrat | E | (Val.) | 124 | D 4 |
| Montuenga | E | (Bur.) | 41 | D 4 |
| Montuenga | E | (Seg.) | 80 | B 2 |
| Montuenga de Soria | E | (So.) | 84 | A 1 |
| Montuïri | E | (Bal.) | 92 | A 3 |
| Monturque | E | (Cór.) | 166 | B 3 |
| Monumenta | E | (Zam.) | 57 | D 4 |
| Monzalbarba | E | (Zar.) | 66 | A 2 |
| Monzo | E | (A Co.) | 14 | B 1 |
| Monzón | E | (Hues.) | 47 | D 5 |
| Monzón de Campos | E | (Pa.) | 40 | C 4 |
| Moñux | E | (So.) | 63 | D 4 |
| Mopagán, El | E | (Mál.) | 180 | A 3 |
| Mora | E | (To.) | 119 | C 2 |
| Mora | P | (Bra.) | 57 | B 4 |
| Mora | P | (Év.) | 128 | B 2 |
| Mora de Luna | E | (Le.) | 18 | C 4 |
| Mora de Montañana, La, lugar | E | (Hues.) | 48 | C 3 |
| Mora de Rubielos | E | (Te.) | 106 | C 3 |
| Mora de Santa Quiteria | E | (Alb.) | 139 | B 5 |
| Móra d'Ebre | E | (Ta.) | 88 | D 1 |
| Móra la Nova | E | (Ta.) | 88 | D 1 |
| Móra, La | E | (Gi.) | 52 | B 3 |
| Moradillo de Roa | E | (Bur.) | 61 | C 3 |
| Moradillo de Sedano | E | (Bur.) | 21 | D 5 |
| Moraime | E | (A Co.) | 13 | B 1 |
| Morais | P | (Bra.) | 56 | D 3 |
| Moral de Calatrava | E | (C. R.) | 135 | D 4 |
| Moral de Castro | E | (Sa.) | 77 | D 3 |
| Moral de Hornuez | E | (Seg.) | 61 | D 4 |
| Moral de la Reina | E | (Vall.) | 39 | C 5 |
| Moral de Sayago | E | (Zam.) | 58 | A 4 |
| Moral del Condado | E | (Le.) | 19 | A 5 |
| Moral, El | E | (Mu.) | 154 | B 5 |
| Moraleda de Zafayona | E | (Gr.) | 181 | B 1 |
| Moraleja | E | (Các.) | 96 | D 4 |
| Moraleja de Coca | E | (Seg.) | 80 | B 2 |
| Moraleja de Cuéllar | E | (Seg.) | 61 | A 4 |
| Moraleja de Enmedio | E | (Mad.) | 101 | C 3 |
| Moraleja de las Panaderas | E | (Vall.) | 60 | A 5 |
| Moraleja de Matacabras | E | (Áv.) | 79 | D 2 |
| Moraleja de Sayago | E | (Zam.) | 78 | A 1 |
| Moraleja del Vino | E | (Zam.) | 58 | C 4 |
| Moraleja, La | E | (Mad.) | 101 | D 1 |
| Moralejo y La Junquera, El | E | (Mu.) | 154 | B 5 |
| Morales | E | (So.) | 63 | A 4 |
| Morales de Campos | E | (Vall.) | 59 | C 1 |
| Morales de Rey | E | (Zam.) | 38 | C 4 |
| Morales de Toro | E | (Zam.) | 59 | B 3 |
| Morales de Valverde | E | (Zam.) | 38 | B 5 |
| Morales del Arcediano | E | (Le.) | 38 | A 2 |
| Morales del Vino | E | (Zam.) | 58 | C 4 |
| Morales, Los | E | (Cór.) | 149 | D 5 |
| Morales, Los | E | (Gr.) | 181 | B 2 |
| Morales-Santa María, Los | E | (Mál.) | 179 | B 4 |
| Moralet, El | E | (Ali.) | 156 | D 1 |
| Moralina | E | (Zam.) | 57 | D 4 |
| Moralita, La | E | (Sa.) | 77 | C 3 |
| Moralzarzal | E | (Mad.) | 81 | B 5 |
| Moranchel | E | (Gua.) | 83 | B 4 |
| Morás | E | (Lu.) | 4 | A 1 |
| Morasverdes | E | (Sa.) | 77 | C 5 |
| Morata | E | (Mu.) | 171 | C 3 |
| Morata de Jalón | E | (Zar.) | 65 | B 4 |
| Morata de Jiloca | E | (Zar.) | 85 | A 1 |
| Morata de Tajuña | E | (Mad.) | 102 | A 3 |
| Moratalla | E | (Mu.) | 154 | D 3 |
| Moratilla de los Meleros | E | (Gua.) | 103 | A 1 |
| Moratinos | E | (Pa.) | 39 | D 2 |
| Moratón | E | (Alm.) | 184 | A 1 |
| Moratones | E | (Zam.) | 38 | B 4 |
| Morcillo | E | (Các.) | 97 | B 4 |
| Morcillos, Los, lugar | E | (Alb.) | 137 | D 1 |
| Morcín | E | (Ast.) | 6 | B 5 |
| Morcuera | E | (So.) | 62 | C 4 |
| Moreanes | P | (Be.) | 161 | B 2 |
| Moreda | E | (Ast.) | 18 | C 1 |
| Moreda | E | (Gr.) | 168 | B 4 |
| Moreda | E | (Lu.) | 15 | D 5 |
| Moreda de Álava | E | (Ál.) | 43 | D 1 |
| Moredo | P | (Bra.) | 56 | D 2 |
| Moreira | E | (Po.) | 34 | B 3 |
| Moreira | E | (Po.) | 34 | A 2 |
| Moreira | E | (Po.) | 14 | B 4 |
| Moreira | P | (Guar.) | 75 | C 4 |
| Moreira | P | (Port.) | 74 | B 1 |
| Moreira | P | (Port.) | 53 | D 5 |
| Moreira | P | (V. C.) | 34 | B 4 |
| Moreira | P | (V. R.) | 55 | C 4 |
| Moreira | P | (Vis.) | 75 | A 5 |
| Moreira de Cónegos | P | (Br.) | 54 | B 4 |
| Moreira de Geraz do Lima | P | (V. C.) | 53 | D 1 |
| Moreira de Rei | P | (Guar.) | 76 | A 3 |
| Moreira do Castelo | P | (Br.) | 54 | D 4 |
| Moreira do Lima | P | (V. C.) | 54 | A 1 |
| Moreira do Rei | P | (Br.) | 54 | D 3 |
| Moreira Nova | E | (Po.) | 14 | B 4 |
| Moreira Pequena | P | (San.) | 111 | D 2 |
| Moreiras | E | (Our.) | 34 | D 1 |
| Moreiras | E | (Our.) | 35 | A 2 |
| Moreiras | P | (V. R.) | 55 | D 2 |
| Moreiras Grandes | P | (San.) | 111 | D 2 |
| Morel | P | (Vis.) | 74 | D 3 |
| Morelena | P | (Lis.) | 126 | C 2 |
| Morelinho | P | (Lis.) | 126 | B 2 |
| Morell, el | E | (Ta.) | 89 | C 1 |
| Morella | E | (Cas.) | 87 | C 5 |
| Morellana | E | (Cór.) | 166 | D 3 |
| Morenilla | E | (Gua.) | 85 | A 4 |
| Morenos | P | (Fa.) | 175 | A 2 |
| Morenos, Los | E | (Cór.) | 148 | D 3 |
| Morenos, Los, lugar | E | (Gr.) | 182 | C 3 |
| Morente | E | (Cór.) | 150 | C 5 |
| Morentin | E | (Na.) | 44 | B 1 |
| Morera de Montsant, la | E | (Ta.) | 69 | A 5 |
| Morera, La | E | (Bad.) | 130 | D 5 |
| Moreruela de los Infanzones | E | (Zam.) | 58 | C 3 |
| Moreruela de Tábara | E | (Zam.) | 58 | B 1 |
| Morés | E | (Zar.) | 65 | A 4 |
| Morga | E | (Viz.) | 11 | B 5 |
| Morgade | E | (Our.) | 35 | C 4 |
| Morgade | P | (V. R.) | 55 | B 1 |
| Morganiças | P | (Lei.) | 93 | B 4 |
| Morgovejo | E | (Le.) | 19 | D 4 |
| Moriana | E | (Bur.) | 22 | D 5 |
| Moricoste | E | (Alb.) | 138 | C 5 |
| Moriles | E | (Cór.) | 166 | B 4 |
| Morilla | E | (Can.) | 21 | D 1 |
| Morilla | E | (Hues.) | 47 | C 5 |
| Morilla de los Oteros | E | (Le.) | 39 | A 2 |
| Morille | E | (Sa.) | 78 | C 4 |
| Morillejo | E | (Gua.) | 83 | D 5 |
| Morillo de Liena | E | (Hues.) | 48 | B 2 |
| Morillo de Monclús | E | (Hues.) | 48 | A 2 |
| Moriñigo | E | (Sa.) | 79 | A 3 |
| Moriones (Ezprogui) | E | (Na.) | 45 | B 1 |
| Moriscos | E | (Sa.) | 78 | D 2 |
| Morla de la Valdería | E | (Le.) | 37 | D 3 |
| Morlán | E | (A Co.) | 14 | B 2 |
| Mormentelos | E | (Our.) | 36 | B 3 |
| Morón de Almazán | E | (So.) | 63 | D 4 |
| Morón de la Frontera | E | (Sev.) | 178 | D 1 |
| Morones, Los | E | (Gr.) | 182 | C 3 |
| Moronta | E | (Sa.) | 77 | B 2 |
| Moropeche | E | (Alb.) | 153 | D 2 |
| Moros | E | (Zar.) | 64 | D 5 |
| Morote, lugar | E | (Alb.) | 154 | A 2 |
| Morquintian | E | (A Co.) | 13 | B 1 |
| Morraça | P | (Co.) | 93 | D 2 |
| Morrano | E | (Hues.) | 47 | B 3 |
| Morreira | P | (Br.) | 54 | B 3 |
| Morriondo | E | (Le.) | 18 | B 5 |
| Morro del Jable | E | (Las P.) | 189 | C 5 |
| Morro, El | E | (Alm.) | 170 | D 5 |
| Morros | P | (Co.) | 93 | C 2 |
| Mortágua | P | (Vis.) | 94 | C 1 |
| Mortazer | P | (Vis.) | 74 | C 5 |
| Mortera | E | (Can.) | 9 | B 4 |
| Mortera, La | E | (Ast.) | 5 | D 3 |
| Mortera, La | E | (Ast.) | 5 | B 4 |
| Mos | E | (Lu.) | 15 | D 1 |
| Mos | E | (Po.) | 34 | A 3 |
| Mós | P | (Br.) | 54 | B 1 |
| Mós | P | (Bra.) | 76 | C 1 |
| Mós | P | (Bra.) | 56 | D 2 |
| Mós | P | (Guar.) | 76 | A 1 |
| Mós | P | (Vis.) | 74 | D 2 |
| Mosarejos | E | (So.) | 62 | D 4 |
| Moscardón | E | (Te.) | 105 | B 2 |
| Moscari | E | (Bal.) | 92 | A 2 |
| Moscas del Páramo | E | (Le.) | 38 | C 3 |
| Moscavide | P | (Lis.) | 126 | D 3 |
| Moscoso | E | (Po.) | 34 | B 2 |
| Moscoso | P | (V. R.) | 55 | A 2 |
| Mosende | E | (Po.) | 34 | A 3 |
| Moslares de la Vega | E | (Pa.) | 40 | B 2 |
| Mosqueroles | E | (Bar.) | 71 | C 1 |
| Mosqueruela | E | (Te.) | 107 | A 2 |
| Mosteirinho | P | (Vis.) | 74 | D 3 |
| Mosteirinho | P | (Vis.) | 74 | B 5 |
| Mosteiro | E | (Lu.) | 15 | D 3 |
| Mosteiro | E | (Lu.) | 16 | C 2 |
| Mosteiro | E | (Lu.) | 15 | D 1 |
| Mosteiro | E | (Our.) | 35 | A 3 |
| Mosteiro | E | (Po.) | 34 | B 2 |
| Mosteiro | P | (Ave.) | 74 | A 2 |
| Mosteiro | P | (Be.) | 161 | A 1 |
| Mosteiro | P | (Br.) | 54 | D 2 |
| Mosteiro | P | (Bra.) | 56 | B 2 |
| Mosteiro | P | (C. B.) | 112 | C 1 |
| Mosteiro | P | (C. B.) | 94 | D 5 |
| Mosteiro | P | (Guar.) | 75 | C 4 |
| Mosteiro | P | (Lei.) | 94 | C 4 |
| Mosteiró | P | (Port.) | 53 | D 4 |
| Mosteiro | P | (Vis.) | 74 | D 3 |
| Mosteiro (Meis) | E | (Po.) | 14 | A 5 |
| Mosteiro de Cima | P | (V. R.) | 55 | D 2 |
| Mosteiro de Fráguas | P | (Vis.) | 74 | D 5 |
| Mosteiro Fundeiro | P | (C. B.) | 94 | D 5 |
| Mosteiros | P | (Aç.) | 109 | A 4 |
| Mosteiros | P | (Lei.) | 110 | D 3 |
| Mosteiros | P | (Por.) | 113 | D 5 |
| Mosteiros | P | (San.) | 111 | B 3 |
| Mostoirinho | P | (Vis.) | 74 | D 4 |
| Móstoles | E | (Mad.) | 101 | C 2 |
| Mota | P | (Ave.) | 74 | A 2 |
| Mota de Altarejos | E | (Cu.) | 122 | A 1 |
| Mota del Cuervo | E | (Cu.) | 121 | A 4 |
| Mota del Marqués | E | (Vall.) | 59 | B 3 |
| Mota Grande | P | (Lis.) | 126 | C 2 |
| Motilla del Palancar | E | (Cu.) | 122 | C 3 |
| Motilleja | E | (Alb.) | 138 | D 1 |
| Motos | E | (Gua.) | 85 | A 5 |
| Motril | E | (Gr.) | 182 | A 4 |
| Motrinos | P | (Év.) | 145 | C 1 |
| Moucide | E | (Lu.) | 4 | A 2 |
| Mouçós | P | (V. R.) | 55 | B 4 |
| Mougán | E | (Lu.) | 15 | D 3 |
| Mougás | E | (Po.) | 33 | C 4 |
| Mougueiras de Cima | P | (C. B.) | 95 | A 5 |
| Moumis | P | (Vis.) | 75 | A 1 |
| Mouquim | P | (Ave.) | 74 | A 4 |
| Moura | P | (Be.) | 145 | C 3 |
| Moura da Serra | P | (Co.) | 95 | A 2 |
| Moura de Carvalhal | P | (Vis.) | 75 | A 4 |
| Moura Morta | P | (V. R.) | 55 | A 5 |
| Moura Morta | P | (Vis.) | 75 | A 2 |
| Mourão | P | (Bra.) | 56 | A 5 |
| Mourão | P | (Év.) | 145 | C 1 |
| Mouraria | P | (Lei.) | 110 | D 3 |
| Mouratos | P | (Lei.) | 111 | B 1 |
| Mouraz | P | (Vis.) | 94 | D 1 |
| Mourdo | P | (Ave.) | 73 | D 3 |
| Moure | P | (Br.) | 54 | A 2 |
| Moure | P | (Br.) | 54 | A 3 |
| Moure | P | (Br.) | 54 | B 2 |
| Moure | P | (Port.) | 54 | C 4 |
| Moure de Madalena | P | (Vis.) | 75 | A 4 |
| Mourela | E | (A Co.) | 3 | A 3 |
| Mourelo | P | (C. B.) | 95 | B 4 |
| Mourelos | P | (Co.) | 94 | A 2 |
| Mourelos | P | (Vis.) | 74 | D 1 |
| Mourence | E | (Lu.) | 3 | C 4 |
| Mourentán | E | (Po.) | 34 | C 3 |
| Mourentáns | E | (A Co.) | 14 | A 2 |
| Mourilhe | P | (V. R.) | 55 | B 1 |
| Mourilhe | P | (Vis.) | 75 | B 5 |
| Mourisca | E | (Our.) | 36 | C 3 |
| Mourisca do Vouga | P | (Ave.) | 74 | A 4 |
| Mouriscados | E | (Po.) | 34 | B 3 |
| Mouriscas | P | (San.) | 112 | C 3 |
| Mouriscas-Sado | P | (Set.) | 127 | B 5 |
| Mourisco | E | (Our.) | 35 | C 2 |
| Mourisia | P | (Co.) | 95 | A 2 |
| Mouriz | P | (Port.) | 54 | B 5 |
| Mourolinho | P | (San.) | 112 | B 1 |
| Mouronho | P | (Co.) | 94 | D 2 |
| Mouruás | E | (Our.) | 36 | A 2 |
| Moutedo | P | (Ave.) | 74 | B 4 |
| Movera | E | (Zar.) | 66 | B 3 |
| Moveros | E | (Zam.) | 57 | D 2 |
| Movilla, lugar | E | (Bur.) | 42 | B 1 |
| Moya | E | (Las P.) | 191 | C 1 |
| Moyuela | E | (Zar.) | 86 | B 1 |
| Mozaga | E | (Las P.) | 192 | C 4 |
| Mozar | E | (Zam.) | 38 | C 5 |
| Mozárbez | E | (Sa.) | 78 | C 3 |
| Mozares | E | (Bur.) | 22 | A 3 |
| Mozelos | P | (Ave.) | 74 | A 1 |
| Mozelos | P | (Vis.) | 74 | D 4 |
| Mozoncillo | E | (Seg.) | 81 | A 1 |
| Mozoncillo de Juarros | E | (Bur.) | 42 | A 3 |
| Mozoncillo de Oca | E | (Bur.) | 42 | B 2 |
| Mozóndiga | E | (Le.) | 38 | C 1 |
| Mozos de Cea | E | (Le.) | 39 | D 1 |
| Mozota | E | (Zar.) | 66 | A 4 |
| Múceres | P | (Vis.) | 74 | C 5 |
| Mucientes | E | (Vall.) | 60 | A 2 |
| Mucifal | P | (Lis.) | 126 | B 2 |
| Mudá | E | (Pa.) | 20 | D 3 |
| Mudamiento, El | E | (Ali.) | 156 | C 4 |
| Mudapelos | E | (Sev.) | 164 | A 2 |
| Mudarra, La | E | (Vall.) | 59 | D 2 |
| Mudrián | E | (Seg.) | 80 | D 1 |
| Muduex | E | (Gua.) | 83 | A 4 |
| Muel | E | (Zar.) | 65 | D 4 |
| Muela | E | (Các.) | 97 | C 2 |
| Muela, La | E | (Cád.) | 178 | D 3 |
| Muela, La | E | (Cád.) | 186 | A 3 |
| Muela, La | E | (J.) | 153 | D 3 |
| Muela, La | E | (So.) | 63 | B 3 |
| Muela, La | E | (Zar.) | 65 | D 3 |
| Muelas de los Caballeros | E | (Zam.) | 37 | C 4 |
| Muelas del Pan | E | (Zam.) | 58 | A 3 |
| Muelle María-Isabel | E | (C. R.) | 135 | A 5 |
| Muergas | E | (Bur.) | 23 | A 5 |
| Mués | E | (Na.) | 44 | A 1 |
| Muez (Guesálaz) | E | (Na.) | 24 | C 4 |
| Muga de Alba | E | (Zam.) | 58 | A 2 |
| Muga de Sayago | E | (Zam.) | 57 | D 4 |
| Mugardos | E | (A Co.) | 2 | D 3 |
| Mugares | E | (Our.) | 35 | A 2 |
| Muge | P | (San.) | 111 | C 5 |
| Mugiro (Larraun) | E | (Na.) | 24 | C 3 |
| Mugueimes | E | (Our.) | 35 | A 5 |
| Muimenta | E | (Lu.) | 4 | A 5 |
| Muimenta | E | (Po.) | 15 | A 4 |
| Muíña | E | (A Co.) | 14 | C 3 |
| Muiño | E | (A Co.) | 13 | C 1 |
| Muiños | E | (A Co.) | 13 | B 1 |
| Muiños | E | (Our.) | 35 | A 5 |
| Muixacre | E | (Cas.) | 107 | C 1 |
| Mula | E | (Mu.) | 155 | B 4 |
| Mulería, La | E | (Alm.) | 171 | A 5 |
| Mullidar | E | (Alb.) | 138 | D 5 |
| Muna | P | (Vis.) | 74 | C 5 |
| Muncó | E | (Ast.) | 6 | D 4 |
| Mundaka | E | (Viz.) | 11 | B 4 |
| Mundão | P | (Vis.) | 75 | A 4 |
| Mundilla | E | (Bur.) | 21 | B 5 |
| Mundín | E | (A Co.) | 3 | B 2 |
| Munébrega | E | (Zar.) | 84 | D 1 |
| Munera | E | (Alb.) | 137 | D 2 |
| Mungia | E | (Viz.) | 11 | A 5 |
| Múnia, la | E | (Bar.) | 70 | B 4 |
| Muniáin de la Solana | E | (Na.) | 24 | B 5 |
| Muniesa | E | (Te.) | 86 | B 2 |
| Muniferral | E | (A Co.) | 3 | A 5 |
| Munilla | E | (La R.) | 44 | A 4 |
| Munitibar | E | (Viz.) | 11 | C 5 |
| Muntanyola | E | (Bar.) | 51 | A 5 |
| Muntells, els | E | (Ta.) | 88 | D 4 |
| Muntsaratz | E | (Viz.) | 23 | C 2 |
| Muñana | E | (Áv.) | 79 | C 5 |
| Muñás | E | (Ast.) | 5 | C 3 |
| Muñeca | E | (Pa.) | 20 | A 4 |
| Muñecas | E | (So.) | 62 | C 2 |
| Muñera | E | (Ast.) | 7 | A 5 |
| Múñez | E | (Áv.) | 79 | C 5 |
| Muñico | E | (Áv.) | 79 | C 4 |
| Muñique | E | (Las P.) | 192 | C 4 |
| Muñó | E | (Ast.) | 6 | D 4 |
| Muñochas | E | (Áv.) | 79 | D 5 |
| Muñogalindo | E | (Áv.) | 79 | D 5 |
| Muñogrande | E | (Áv.) | 79 | D 4 |
| Muñomer del Peco | E | (Áv.) | 79 | D 3 |
| Muñón Cimero | E | (Ast.) | 18 | C 1 |
| Muñón Fondero | E | (Ast.) | 18 | C 1 |
| Muñopedro | E | (Seg.) | 80 | C 3 |
| Muñopepe | E | (Áv.) | 80 | A 5 |
| Muñosancho | E | (Áv.) | 79 | C 3 |
| Muñotello | E | (Áv.) | 99 | C 1 |
| Muñoveros | E | (Seg.) | 81 | B 1 |
| Muñoyerro | E | (Áv.) | 79 | D 4 |
| Muñoz | E | (Sa.) | 77 | D 4 |
| Mura | E | (Bar.) | 70 | D 2 |
| Murada, La | E | (Ali.) | 156 | B 3 |
| Muradás | E | (Our.) | 34 | C 1 |
| Muradelle | E | (Lu.) | 15 | B 5 |
| Muras | E | (Lu.) | 3 | C 3 |
| Murça | P | (Guar.) | 76 | A 1 |
| Murça | P | (V. R.) | 55 | D 4 |
| Murcia | E | (Mu.) | 156 | A 5 |
| Murçós | P | (Bra.) | 56 | C 2 |
| Murchante | E | (Na.) | 45 | A 5 |
| Murchas | E | (Gr.) | 182 | A 2 |

Noguera de Albarracín


| | | | | |
|---|---|---|---|---|
| Noguera de Albarracín | E | (Te.) | 105 | A 1 |
| Noguera, La | E | (Alb.) | 138 | C 5 |
| Nogueras | E | (Te.) | 86 | A 1 |
| Nogueras, Las | E | (Mu.) | 154 | B 3 |
| Nogueras, Las | E | (Val.) | 124 | A 3 |
| Noguericas | E | (Mu.) | 154 | C 4 |
| Noguerón, El | E | (Alb.) | 153 | D 1 |
| Noguerones | E | (J.) | 167 | A 2 |
| Nogueruelas | E | (Te.) | 106 | D 3 |
| Nohales | E | (Cu.) | 104 | B 4 |
| Noharre | E | (Áv.) | 80 | A 2 |
| Noheda | E | (Cu.) | 104 | A 4 |
| Noia | E | (A Co.) | 13 | D 3 |
| Noicela | E | (A Co.) | 2 | A 4 |
| Nois | E | (Lu.) | 4 | B 2 |
| Noitinhas Novas | P | (Por.) | 112 | B 5 |
| Noja | E | (Can.) | 10 | A 4 |
| Nolay | E | (So.) | 63 | D 4 |
| Nombela | E | (To.) | 100 | C 4 |
| Nombrevilla | E | (Zar.) | 85 | C 2 |
| Nomparedes | E | (So.) | 64 | A 3 |
| Nonaspe | E | (Zar.) | 88 | A 1 |
| Nonduermas | E | (Mu.) | 155 | D 5 |
| Nonihay | E | (Mu.) | 171 | B 1 |
| Nora | E | (Ast.) | 6 | C 4 |
| Nora | P | (Fa.) | 175 | B 2 |
| Nora del Río, La | E | (Le.) | 38 | B 4 |
| Nordeste | P | (Aç.) | 109 | D 4 |
| Nordestinho | P | (Aç.) | 109 | D 4 |
| Noreña | E | (Ast.) | 6 | D 4 |
| Noria, La | E | (Alm.) | 170 | A 4 |
| Noria, La | E | (Gr.) | 182 | D 3 |
| Norias de Daza, Las | E | (Alm.) | 183 | B 4 |
| Norias, Las | E | (Ali.) | 156 | B 4 |
| Norias, Las | E | (Alm.) | 170 | D 4 |
| Noriega | E | (Ast.) | 8 | C 4 |
| Norte Grande | P | (Aç.) | 109 | C 3 |
| Norte Pequeno | P | (Aç.) | 109 | C 3 |
| Nosa | E | (Bar.) | 50 | C 5 |
| Nossa Senhora da Boa Fé | P | (Év.) | 128 | B 5 |
| Nossa Senhora da Graça de Divor | P | (Év.) | 128 | C 4 |
| Nossa Senhora da Torega | P | (Év.) | 128 | C 5 |
| Nossa Senhora das Neves | P | (Be.) | 144 | D 4 |
| Nossa Senhora de Guadalupe | P | (Év.) | 128 | C 5 |
| Nossa Senhora de Machede | P | (Év.) | 129 | A 5 |
| Nossa Senhora Graça dos Degolados | P | (Por.) | 130 | A 1 |
| Notáez | E | (Gr.) | 182 | C 3 |
| Nou de Berguedà, la | E | (Bar.) | 50 | C 3 |
| Nou de Gaià, la | E | (Ta.) | 89 | D 1 |
| Noura | P | (V. R.) | 55 | D 4 |
| Novais | P | (Vis.) | 74 | C 4 |
| Noval | P | (V. R.) | 55 | C 1 |
| Novales | E | (Can.) | 9 | A 4 |
| Novales | E | (Hues.) | 47 | A 5 |
| Novaliches | E | (Cas.) | 106 | D 5 |
| Novallas | E | (Zar.) | 44 | D 5 |
| Novefontes | E | (A Co.) | 14 | C 3 |
| Novelda | E | (Ali.) | 156 | C 2 |
| Novelda del Guadiana | E | (Bad.) | 130 | C 2 |
| Novele/Novetlè | E | (Val.) | 140 | D 2 |
| Novellana | E | (Ast.) | 5 | D 3 |
| Novés | E | (To.) | 100 | D 4 |
| Noves de Segre | E | (Ll.) | 49 | C 2 |
| Novetlè → Novele | E | (Val.) | 140 | D 2 |
| Noviales | E | (So.) | 62 | C 5 |
| Noviercas | E | (So.) | 64 | B 2 |
| Novillas | E | (Zar.) | 45 | B 5 |
| Nozelos | P | (Bra.) | 56 | B 5 |
| Nozelos | P | (V. R.) | 55 | D 2 |
| Nubledo | E | (Ast.) | 6 | C 3 |
| Nucia, la | E | (Ali.) | 141 | C 5 |
| Nudos, Los | E | (Alm.) | 184 | A 1 |
| Nueno | E | (Hues.) | 46 | D 3 |
| Nuestra Señora de Linares | E | (Cór.) | 150 | A 5 |
| Nuestra Señora Asunción | E | (Mu.) | 155 | D 4 |
| Nuestra Señora de Jesús | E | (Bal.) | 89 | D 4 |
| Nuestra Señora del Rosario | E | (Cór.) | 165 | C 1 |
| Nuestra Señora del Rosario de Ugarte | E | (Gui.) | 24 | B 2 |
| Nueva | E | (Ast.) | 7 | D 4 |
| Nueva Andalucía | E | (Mál.) | 187 | D 2 |
| Nueva Jarilla | E | (Cád.) | 177 | D 4 |
| Nueva Sierra de Madrid | E | (Gua.) | 103 | A 3 |
| Nueva Villa de las Torres | E | (Vall.) | 59 | C 5 |
| Nueva, La | E | (Ast.) | 6 | D 5 |
| Nueva-Carteya | E | (Cór.) | 166 | C 3 |
| Nuévalos | E | (Zar.) | 84 | D 1 |
| Nuevitas, Las | E | (S. Cruz T.) | 194 | C 1 |
| Nuevo Baztán | E | (Mad.) | 102 | C 2 |
| Nuevo Chinchón | E | (Mad.) | 102 | A 4 |
| Nuevo Francos | E | (Sa.) | 78 | D 3 |
| Nuevo Naharros | E | (Sa.) | 78 | D 3 |
| Nuevo Poblado | E | (Sa.) | 76 | D 5 |
| Nuevo Versalles | E | (Mad.) | 101 | C 3 |
| Nuez | E | (Zam.) | 57 | B 1 |
| Nuez de Abajo, La | E | (Bur.) | 41 | C 2 |
| Nuez de Arriba, La | E | (Bur.) | 41 | C 1 |
| Nuez de Ebro | E | (Zar.) | 66 | C 3 |
| Nules | E | (Cas.) | 125 | C 1 |
| Nullán | E | (Lu.) | 16 | B 4 |
| Nulles | E | (Ta.) | 69 | D 5 |
| Numancia de la Sagra | E | (To.) | 101 | C 4 |
| Numão | P | (Guar.) | 76 | A 1 |
| Numide | E | (A Co.) | 14 | B 1 |
| Nunes | P | (Bra.) | 56 | C 1 |
| Nuño Gómez | E | (To.) | 100 | B 4 |
| Nuñomoral | E | (Các.) | 97 | C 2 |
| Ñora, La | E | (Mu.) | 155 | D 5 |
| Ñorica, La | E | (Mu.) | 171 | C 1 |


# O


| | | | | |
|---|---|---|---|---|
| Obando | E | (Bad.) | 132 | D 1 |
| Obanos | E | (Na.) | 24 | D 5 |
| Obarenes | E | (Bur.) | 22 | C 5 |
| Obécuri | E | (Bur.) | 23 | C 5 |
| Obeilar | E | (Gr.) | 167 | C 5 |
| Obejo | E | (Cór.) | 149 | D 4 |
| Óbidos | P | (Lei.) | 110 | D 3 |
| Óbidos | P | (San.) | 111 | D 1 |
| Obiols | E | (Bar.) | 50 | C 4 |
| Obón | E | (Te.) | 86 | C 3 |
| Obona | E | (Ast.) | 5 | C 4 |
| Obre | E | (A Co.) | 13 | C 3 |
| Obregón | E | (Can.) | 9 | C 5 |
| Oca | E | (A Co.) | 14 | A 2 |
| Oca | E | (A Co.) | 2 | A 5 |
| Oca | E | (Po.) | 14 | C 4 |
| Ocaña | E | (Alm.) | 183 | C 1 |
| Ocaña | E | (To.) | 102 | A 5 |
| Oceja de Valdellorma | E | (Le.) | 19 | C 4 |
| Ocejo de la Peña | E | (Le.) | 19 | C 4 |
| Ocenilla | E | (So.) | 63 | C 2 |
| Ocentejo | E | (Gua.) | 83 | D 4 |
| Ocero | E | (Le.) | 17 | B 4 |
| Ocilla y Ladrera | E | (Bur.) | 23 | B 4 |
| Oco | E | (Áv.) | 79 | D 5 |
| Oco | E | (Na.) | 24 | A 5 |
| Ocón | E | (La R.) | 44 | A 3 |
| Ochagavía/Otsagi | E | (Na.) | 25 | D 3 |
| Ochando | E | (Sa.) | 78 | B 4 |
| Ochando | E | (Seg.) | 80 | C 2 |
| Ochandos, Los | E | (Val.) | 123 | D 3 |
| Ochánduri | E | (La R.) | 42 | D 1 |
| Ochavillo del Río | E | (Cór.) | 165 | B 1 |
| Odeceixe | P | (Fa.) | 159 | B 3 |
| Odeleite | P | (Fa.) | 161 | B 4 |
| Odelouca | P | (Fa.) | 173 | D 2 |
| Odemira | P | (Be.) | 159 | C 2 |
| Odèn | E | (Ll.) | 49 | D 3 |
| Ódena | E | (Bar.) | 70 | B 2 |
| Odiáxere | P | (Fa.) | 173 | B 2 |
| Odieta | E | (Na.) | 25 | A 3 |
| Odina | E | (Hues.) | 47 | C 5 |
| Odivelas | P | (Be.) | 144 | B 3 |
| Odivelas | P | (Lis.) | 126 | C 3 |
| Odollo | E | (Le.) | 37 | B 2 |
| Odón | E | (Te.) | 85 | A 3 |
| Odrinhas | P | (Lis.) | 126 | B 3 |
| Oeiras | P | (Lis.) | 126 | C 3 |
| Oeitosinho | P | (Vis.) | 74 | C 3 |
| Oencia | E | (Le.) | 36 | C 1 |
| Ofelhudo | P | (Co.) | 94 | A 3 |
| Ofir | P | (Br.) | 53 | C 3 |
| Ogarrio | E | (Can.) | 10 | A 5 |
| Ogas | E | (A Co.) | 13 | C 1 |
| Ogassa | E | (Gi.) | 51 | A 2 |
| Ogern | E | (Ll.) | 49 | D 4 |
| Ogíjares | E | (Gr.) | 182 | A 1 |
| Ogueta | E | (Bur.) | 23 | B 5 |
| Ohanes | E | (Alm.) | 183 | B 2 |
| Oia | E | (Po.) | 33 | C 4 |
| Oiã | P | (Ave.) | 74 | A 5 |
| Oiardo | E | (Ál.) | 23 | A 3 |
| Oiartzun | E | (Gui.) | 12 | C 5 |
| Oieregi | E | (Na.) | 25 | A 2 |
| Oikia | E | (Gui.) | 12 | A 5 |
| Oimbra | E | (Our.) | 35 | D 5 |
| Oins | E | (A Co.) | 14 | D 2 |
| Oion → Oyón | E | (Ál.) | 43 | D 1 |
| Oirán | E | (Lu.) | 4 | B 3 |
| Ois | E | (A Co.) | 3 | A 5 |
| Óis da Ribeira | P | (Ave.) | 74 | A 5 |
| Óis do Bairro | P | (Ave.) | 94 | A 1 |
| Oitura | E | (Zar.) | 65 | D 2 |
| Oitz | E | (Na.) | 24 | D 2 |
| Oix | E | (Gi.) | 51 | C 2 |
| Ojacastro | E | (La R.) | 42 | D 2 |
| Ojailén-Brazatortas | E | (C. R.) | 135 | A 5 |
| Ojebar | E | (Can.) | 10 | B 5 |
| Ojeda | E | (Can.) | 20 | B 1 |
| Ojén | E | (Mál.) | 188 | A 1 |
| Ojós | E | (Mu.) | 155 | C 4 |
| Ojos de Garza | E | (Las P.) | 191 | D 2 |
| Ojos Negros | E | (Te.) | 85 | B 4 |
| Ojos, Los | E | (Mu.) | 155 | C 5 |
| Ojos-Albos | E | (Áv.) | 80 | B 5 |
| Ojuel | E | (So.) | 64 | A 2 |
| Ojuelo, El | E | (J.) | 153 | B 3 |
| Ojuelo, El, lugar | E | (Alb.) | 153 | C 1 |
| Ojuelos Altos | E | (Cór.) | 149 | A 3 |
| Ojuelos Bajos | E | (Cór.) | 148 | D 3 |
| Ojuelos, Los, lugar | E | (Sev.) | 165 | A 5 |
| Okia | E | (Ál.) | 23 | C 4 |
| Okondo | E | (Ál.) | 22 | D 2 |
| Okondogeiena | E | (Ál.) | 24 | A 4 |
| Ola | E | (Hues.) | 47 | A 4 |
| Olabarrieta | E | (Gui.) | 23 | D 2 |
| Olaberria | E | (Gui.) | 24 | A 2 |
| OlagüE (Anue) | E | (Na.) | 25 | A 3 |
| Olaia | P | (San.) | 111 | D 2 |
| Oláibar | E | (Na.) | 25 | A 4 |
| Olalhas | P | (San.) | 112 | B 2 |
| Olalla | E | (Te.) | 85 | D 3 |
| Olas | E | (A Co.) | 14 | C 1 |
| Olas | P | (San.) | 112 | A 2 |
| Olas | P | (Vis.) | 76 | A 1 |
| Olás de Vilariño | E | (Our.) | 35 | A 3 |
| Olaskoegia-Arrutiegia | E | (Gui.) | 24 | B 1 |
| Olazagutia → Olazti | E | (Na.) | 24 | A 4 |
| Olazti/Olazagutia | E | (Na.) | 24 | A 4 |
| Olba | E | (Te.) | 106 | D 4 |
| Oldrões | P | (Port.) | 54 | B 5 |
| Olea de Boedo | E | (Pa.) | 40 | C 1 |
| Oledo | P | (C. B.) | 95 | D 5 |
| Oleiros | E | (A Co.) | 2 | C 4 |
| Oleiros | E | (A Co.) | 13 | C 4 |
| Oleiros | E | (Lu.) | 35 | C 1 |
| Oleiros | E | (Lu.) | 3 | D 5 |
| Oleiros | E | (Po.) | 34 | B 3 |
| Oleiros | P | (Br.) | 54 | B 3 |
| Oleiros | P | (Br.) | 54 | A 2 |
| Oleiros | P | (Bra.) | 56 | D 1 |
| Oleiros | P | (C. B.) | 94 | D 5 |
| Oleiros | P | (V. C.) | 54 | B 1 |
| Olejua | E | (Na.) | 24 | B 5 |
| Olelas | E | (Our.) | 34 | C 5 |
| Olèrdola | E | (Bar.) | 70 | B 4 |
| Oles | E | (Ast.) | 7 | A 3 |
| Olesa de Bonesvalls | E | (Bar.) | 70 | C 4 |
| Olesa de Montserrat | E | (Bar.) | 70 | C 3 |
| Olhalvo | P | (Lis.) | 110 | D 5 |
| Olhão | P | (Fa.) | 174 | D 3 |
| Olhas | P | (Be.) | 144 | A 4 |
| Olho Marinho | P | (Ave.) | 73 | D 2 |
| Olho Marinho | P | (Lei.) | 110 | C 4 |
| Olhos de Água | P | (Set.) | 127 | A 4 |
| Oliana | E | (Ll.) | 49 | C 4 |
| Olías | E | (Mál.) | 180 | D 4 |
| Olías del Rey | E | (To.) | 101 | B 5 |
| Olías, lugar | E | (Gr.) | 182 | B 3 |
| Oliete | E | (Te.) | 86 | C 2 |
| Oliola | E | (Ll.) | 49 | C 5 |
| Olite | E | (Na.) | 45 | A 1 |
| Olius | E | (Ll.) | 50 | A 4 |
| Oliva | E | (Val.) | 141 | C 3 |
| Oliva de la Frontera | E | (Bad.) | 146 | B 2 |
| Oliva de Mérida | E | (Bad.) | 131 | D 4 |
| Oliva de Plasencia | E | (Các.) | 97 | D 4 |
| Oliva, l' | E | (Ta.) | 89 | C 1 |
| Oliva, La | E | (Las P.) | 190 | B 1 |
| Olival | P | (Port.) | 74 | A 1 |
| Olival | P | (San.) | 111 | D 1 |
| Oliván | E | (Hues.) | 47 | A 1 |
| Olivar, El | E | (Alm.) | 170 | B 4 |
| Olivar, El | E | (Gr.) | 169 | C 2 |
| Olivar, El | E | (Gua.) | 83 | B 5 |
| Olivares | E | (Gr.) | 167 | D 5 |
| Olivares | E | (Sev.) | 163 | C 4 |
| Olivares de Duero | E | (Vall.) | 60 | D 3 |
| Olivares de Júcar | E | (Cu.) | 121 | D 2 |
| Oliveira | E | (Po.) | 34 | B 3 |
| Oliveira | P | (Br.) | 54 | A 2 |
| Oliveira | P | (Br.) | 54 | C 2 |
| Oliveira | P | (Port.) | 54 | C 5 |
| Oliveira | P | (V. R.) | 55 | A 5 |
| Oliveira | P | (Vis.) | 74 | D 3 |
| Oliveira | P | (Vis.) | 75 | B 4 |
| Oliveira (São Mateus) | P | (Br.) | 54 | B 4 |
| Oliveira de Azeméis | P | (Ave.) | 74 | A 3 |
| Oliveira de Baixo | P | (Vis.) | 74 | D 4 |
| Oliveira de Barreiros | P | (Vis.) | 75 | A 5 |
| Oliveira de Cima | P | (Vis.) | 74 | D 4 |
| Oliveira de Fazemão | P | (Co.) | 94 | D 2 |
| Oliveira de Frades | P | (Vis.) | 74 | C 4 |
| Oliveira do Arda | P | (Ave.) | 74 | B 1 |
| Oliveira do Bairro | P | (Ave.) | 74 | A 5 |
| Oliveira do Conde | P | (Vis.) | 94 | D 1 |
| Oliveira do Douro | P | (Port.) | 74 | A 1 |
| Oliveira do Douro | P | (Vis.) | 74 | D 1 |
| Oliveira do Hospital | P | (Co.) | 95 | A 1 |
| Oliveira do Mondego | P | (Co.) | 94 | B 2 |
| Oliveirinha | P | (Ave.) | 73 | D 4 |
| Olivella | E | (Bar.) | 70 | C 4 |
| Olivenza | E | (Bad.) | 130 | A 4 |
| Olives | E | (Po.) | 14 | C 4 |
| Olives, les | E | (Gi.) | 52 | A 3 |
| Olives, les | E | (Gi.) | 52 | B 3 |
| Olivillas, Las, lugar | E | (Alm.) | 183 | B 1 |
| Olivos, Los, lugar | E | (Sev.) | 164 | D 4 |
| Olivos-La Postura, Los | E | (S. Cruz T.) | 195 | C 4 |
| Olmeda de Cobeta | E | (Gua.) | 84 | A 4 |
| Olmeda de Jadraque, La | E | (Gua.) | 83 | B 2 |
| Olmeda de la Cuesta | E | (Cu.) | 103 | D 3 |
| Olmeda de las Fuentes | E | (Mad.) | 102 | C 2 |
| Olmeda del Extremo | E | (Gua.) | 83 | B 4 |
| Olmeda del Rey | E | (Cu.) | 122 | B 1 |
| Olmeda, La | E | (Cu.) | 105 | D 5 |
| Olmedilla de Alarcón | E | (Cu.) | 122 | B 3 |
| Olmedilla de Arcas, lugar | E | (Cu.) | 104 | B 5 |
| Olmedilla de Éliz | E | (Cu.) | 103 | D 3 |
| Olmedilla del Campo | E | (Cu.) | 103 | B 4 |
| Olmedillas | E | (Gua.) | 83 | C 1 |
| Olmedillo de Roa | E | (Bur.) | 61 | B 2 |
| Olmedo | E | (Vall.) | 60 | A 5 |
| Olmedo de Camaces | E | (Sa.) | 77 | A 3 |
| Olmillos | E | (So.) | 62 | C 4 |
| Olmillos de Castro | E | (Zam.) | 58 | A 2 |
| Olmillos de Muñó | E | (Bur.) | 41 | B 4 |
| Olmillos de Sasamón | E | (Bur.) | 41 | B 2 |
| Olmillos de Valverde | E | (Zam.) | 58 | C 1 |
| Olmillos, Los | E | (Pa.) | 40 | C 5 |
| Olmo de la Guareña | E | (Zam.) | 79 | A 1 |
| Olmo, El | E | (Seg.) | 61 | D 5 |
| Olmos | P | (Bra.) | 56 | C 3 |
| Olmos de Atapuerca | E | (Bur.) | 42 | A 2 |
| Olmos de Esgueva | E | (Vall.) | 60 | C 2 |
| Olmos de la Picaza | E | (Bur.) | 41 | B 1 |
| Olmos de Ojeda | E | (Pa.) | 20 | C 5 |
| Olmos de Peñafiel | E | (Vall.) | 61 | B 3 |
| Olmos de Pisuerga | E | (Pa.) | 40 | D 1 |
| Olmos, Los | E | (Alb.) | 154 | D 2 |
| Olmos, Los | E | (Gr.) | 169 | B 5 |
| Olmos, Los | E | (Te.) | 86 | D 3 |
| Olmos, Los | E | (Te.) | 106 | B 4 |
| Olmosalbos | E | (Bur.) | 41 | D 3 |
| Olo | P | (Port.) | 54 | D 4 |
| Olocau | E | (Val.) | 124 | D 2 |
| Olocau del Rey | E | (Cas.) | 87 | A 5 |
| Olombrada | E | (Seg.) | 61 | A 4 |
| Olopte | E | (Gi.) | 50 | B 1 |
| Olóriz | E | (Na.) | 25 | A 5 |
| Olost | E | (Bar.) | 50 | D 4 |
| Olot | E | (Gi.) | 51 | C 3 |
| Olsón | E | (Hues.) | 47 | D 3 |
| Oluges, les | E | (Ll.) | 69 | D 2 |
| Olula de Castro | E | (Alm.) | 183 | D 1 |
| Olula del Río | E | (Alm.) | 170 | A 4 |
| Olvan | E | (Bar.) | 50 | C 4 |
| Ólvega | E | (So.) | 64 | C 2 |
| Olveira | E | (A Co.) | 13 | B 5 |
| Olveira | E | (A Co.) | 13 | C 2 |
| Olveiroa | E | (A Co.) | 13 | C 2 |
| Olvena | E | (Hues.) | 48 | A 4 |
| Olvera | E | (Cád.) | 179 | A 2 |
| Olvés | E | (Zar.) | 85 | A 1 |
| Olza | E | (Na.) | 24 | D 4 |
| Olla, l' → Olla, La | E | (Ali.) | 141 | D 5 |
| Olla, La/Olla, l' | E | (Ali.) | 141 | D 5 |
| Ollauri | E | (La R.) | 43 | A 1 |
| Olleria, l' | E | (Val.) | 140 | D 3 |
| Olleros de Alba | E | (Le.) | 18 | C 4 |
| Olleros de Pisuerga | E | (Pa.) | 20 | D 5 |
| Olleros de Sabero | E | (Le.) | 19 | C 4 |
| Olleros de Tera | E | (Zam.) | 38 | A 5 |
| Olleta | E | (Na.) | 45 | A 1 |
| Ollo | E | (Na.) | 24 | C 4 |
| Olloniego | E | (Ast.) | 6 | C 5 |
| Omañas, Las | E | (Le.) | 18 | B 5 |
| Omañón | E | (Le.) | 18 | A 4 |
| Ombre | E | (A Co.) | 3 | A 3 |
| Ombreiro | E | (Lu.) | 15 | D 2 |
| Omedines | E | (Ast.) | 6 | D 5 |
| Omellons, els | E | (Ll.) | 69 | A 3 |
| Omells de na Gaia, els | E | (Ll.) | 69 | B 3 |
| Omeñaca | E | (So.) | 64 | A 2 |
| Omet | E | (Val.) | 125 | A 4 |
| Omoño | E | (Can.) | 9 | D 4 |
| Onamio y Poblado | E | (Le.) | 37 | B 1 |
| Oncala | E | (So.) | 44 | A 5 |
| Oncebreros | E | (Alb.) | 139 | B 2 |
| Onda | E | (Cas.) | 107 | B 5 |
| Ondara | E | (Ali.) | 141 | D 3 |
| Ondarroa | E | (Viz.) | 11 | D 5 |
| Ongayo | E | (Can.) | 9 | B 4 |
| Onguera | E | (Can.) | 8 | C 4 |
| Onil | E | (Ali.) | 140 | D 5 |
| Onitar | E | (Gr.) | 168 | A 4 |
| Onsares | E | (J.) | 153 | C 1 |
| Ontalbilla de Almazán | E | (So.) | 63 | C 5 |
| Ontalvilla de Valcorba | E | (So.) | 63 | D 2 |
| Ontaneda | E | (Can.) | 21 | B 1 |
| Ontígola | E | (To.) | 102 | A 5 |
| Ontinar del Salz | E | (Zar.) | 46 | B 5 |
| Ontinyent | E | (Val.) | 140 | D 3 |
| Ontiñena | E | (Hues.) | 67 | D 2 |
| Ontón | E | (Can.) | 10 | C 5 |
| Ontoria | E | (Can.) | 9 | A 5 |
| Ontur | E | (Alb.) | 139 | B 5 |
| Onzonilla | E | (Le.) | 38 | D 1 |
| Oña | E | (Bur.) | 22 | B 5 |
| Oñati | E | (Gui.) | 23 | D 2 |
| Opayar | E | (Mál.) | 179 | A 5 |
| Opio | E | (Bur.) | 22 | C 2 |
| Oqueales, Los | E | (Gr.) | 168 | C 3 |
| Oquillas | E | (Bur.) | 61 | D 1 |
| Orada | P | (Be.) | 145 | B 3 |
| Orada | P | (Év.) | 129 | C 3 |
| Orallo | E | (Le.) | 17 | C 3 |
| Orán, lugar | E | (Alb.) | 138 | D 4 |
| Orazo | E | (Po.) | 14 | C 4 |
| Orba | E | (Ali.) | 141 | D 4 |
| Orbacém | P | (V. C.) | 33 | D 5 |
| Orbada, La | E | (Sa.) | 78 | D 2 |
| Orbaitzeta | E | (Na.) | 25 | C 3 |
| Orbán | E | (Our.) | 35 | B 1 |
| Orbaneja del Castillo | E | (Bur.) | 21 | C 4 |
| Orbaneja Riopico | E | (Bur.) | 42 | A 2 |
| Orbañanos | E | (Bur.) | 22 | C 5 |
| Orbara | E | (Na.) | 25 | C 3 |
| Orbenlle | E | (Po.) | 34 | A 3 |
| Orbita | E | (Áv.) | 80 | B 2 |
| Orbó | E | (Pa.) | 20 | D 4 |
| Orca | P | (C. B.) | 95 | D 4 |
| Orcajo | E | (Zar.) | 85 | B 2 |
| Orcau | E | (Ll.) | 49 | A 3 |
| Orce | E | (Gr.) | 169 | D 2 |
| Orcera | E | (J.) | 153 | B 2 |
| Orcoyen | E | (Na.) | 24 | D 4 |
| Ordal | E | (Bar.) | 70 | C 4 |
| Ordasqueira | P | (Lis.) | 110 | C 5 |
| Ordejón de Abajo o Santa María | E | (Bur.) | 21 | B 5 |
| Ordejón de Arriba o San Juan | E | (Bur.) | 21 | B 5 |
| Ordelles | E | (Our.) | 35 | C 2 |
| Ordem | P | (Co.) | 94 | A 4 |
| Ordem | P | (Port.) | 55 | A 5 |
| Ordem | P | (Port.) | 54 | B 4 |
| Ordes | E | (A Co.) | 15 | A 2 |
| Ordes | E | (A Co.) | 14 | C 1 |
| Ordes | E | (Our.) | 35 | B 4 |
| Ordial, El | E | (Gua.) | 82 | D 2 |
| Ordina | E | (Gi.) | 51 | A 3 |
| Ordino | A | | 30 | A 5 |
| Ordis | E | (Gi.) | 52 | A 2 |
| Ordizia | E | (Gui.) | 24 | A 2 |
| Ordoeste | E | (A Co.) | 13 | D 2 |
| Ordoves | E | (Hues.) | 47 | A 2 |
| Orduña | E | (Viz.) | 22 | D 3 |
| Orea | E | (Gua.) | 104 | D 1 |
| Oreja → Orexa | E | (Gui.) | 24 | B 2 |
| Oreja, lugar | E | (To.) | 102 | A 5 |
| Orejanilla | E | (Seg.) | 81 | C 1 |
| Orejudos | E | (Sa.) | 78 | C 3 |

Palmer, El


| | | | | |
|---|---|---|---|---|
| Orellán | E | (A Co.) | 13 | C 4 |
| Orellán | E | (Le.) | 37 | A 1 |
| Orellana de la Sierra | E | (Bad.) | 132 | D 2 |
| Orellana la Vieja | E | (Bad.) | 132 | D 2 |
| Orendain | E | (Gui.) | 24 | B 2 |
| Orense → Ourense | E | (Our.) | 35 | B 2 |
| Oreña | E | (Can.) | 9 | A 4 |
| Orera | E | (Zar.) | 65 | B 5 |
| Orés | E | (Zar.) | 46 | A 3 |
| Orexa/Oreja | E | (Gui.) | 24 | B 2 |
| Orgal | P | (Guar.) | 76 | B 2 |
| Organyà | E | (Ll.) | 49 | C 3 |
| Orgaz | E | (To.) | 119 | C 2 |
| Orgens | P | (Vis.) | 75 | A 4 |
| Órgiva | E | (Gr.) | 182 | B 3 |
| Oria | E | (Alm.) | 170 | A 3 |
| Oria | E | (Gui.) | 24 | B 1 |
| Oricáin/Orikain | E | (Na.) | 25 | A 4 |
| Orient | E | (Bal.) | 91 | D 2 |
| Orihuela | E | (Ali.) | 156 | B 4 |
| Orihuela del Tremedal | E | (Te.) | 105 | A 1 |
| Orihuelo | E | (Mu.) | 154 | B 3 |
| Orikain → Oricáin | E | (Na.) | 25 | A 4 |
| Orilla y Piñero | E | (Mu.) | 171 | B 3 |
| Orillares | E | (So.) | 62 | C 2 |
| Orille | E | (Our.) | 35 | A 4 |
| Orillena | E | (Hues.) | 67 | A 1 |
| Orio | E | (Gui.) | 12 | B 5 |
| Oriola | E | (Ta.) | 88 | C 5 |
| Oriola | P | (Év.) | 144 | D 2 |
| Oris | E | (Bar.) | 51 | A 4 |
| Orisoain | E | (Na.) | 45 | A 1 |
| Oristà | E | (Bar.) | 50 | D 5 |
| Orito | E | (Ali.) | 156 | D 2 |
| Oriz (Santa Marinha) | P | (Br.) | 54 | B 1 |
| Oriz (São Miguel) | P | (Br.) | 54 | B 1 |
| Orjais | P | (C. B.) | 95 | D 2 |
| Orjais | P | (V. R.) | 56 | A 1 |
| Ormaiztegi | E | (Gui.) | 24 | A 2 |
| Ormaola/Mendi | E | (Gui.) | 23 | D 1 |
| Ormeche | P | (V. R.) | 55 | A 1 |
| Oro, El | E | (Val.) | 124 | B 5 |
| Oromiño | E | (Viz.) | 23 | B 1 |
| Orón | E | (Bur.) | 22 | D 5 |
| Oronhe | P | (Ave.) | 74 | A 5 |
| Oronoz | E | (Na.) | 25 | A 2 |
| Orontze → Oronz | E | (Na.) | 25 | D 4 |
| Oronz/Orontze | E | (Na.) | 25 | D 4 |
| Oropesa | E | (To.) | 99 | B 5 |
| Oropesa del Mar/ Orpesa | E | (Cas.) | 108 | A 4 |
| Orosa | E | (A Co.) | 3 | A 5 |
| Orosa | E | (Lu.) | 15 | B 3 |
| Oroso | E | (Our.) | 34 | C 1 |
| Orotava | E | (S.Cruz T.) | 193 | C 2 |
| Orotava, La | E | (S.Cruz T.) | 196 | A 2 |
| Oroz-Betelu | E | (Na.) | 25 | C 3 |
| Orozko | E | (Viz.) | 23 | A 2 |
| Orpesa → Oropesa del Mar | E | (Cas.) | 108 | A 4 |
| Orpí | E | (Bar.) | 70 | A 3 |
| Orraca | E | (Our.) | 35 | B 3 |
| Orreaga/Roncesvalles | E | (Na.) | 25 | C 3 |
| Orriols | E | (Gi.) | 52 | A 3 |
| Orrios | E | (Te.) | 86 | A 5 |
| Òrrius | E | (Bar.) | 71 | B 2 |
| Orro | E | (A Co.) | 2 | C 4 |
| Ortells | E | (Cas.) | 87 | B 5 |
| Ortiga | P | (San.) | 112 | C 3 |
| Ortigal, El | E | (S.Cruz T.) | 196 | B 2 |
| Ortigosa | P | (Lei.) | 93 | B 5 |
| Ortigosa de Cameros | E | (La R.) | 43 | B 4 |
| Ortigosa de Pestaño | E | (Seg.) | 80 | C 2 |
| Ortigosa de Tormes | E | (Áv.) | 99 | A 2 |
| Ortigosa del Monte | E | (Seg.) | 81 | A 4 |
| Ortigueira | E | (A Co.) | 3 | B 1 |
| Ortigueira | P | (Guar.) | 75 | B 5 |
| Ortiguera | E | (Ast.) | 5 | A 3 |
| Ortiguero | E | (Ast.) | 7 | D 5 |
| Ortilla | E | (Hues.) | 46 | C 4 |
| Ortoño | E | (A Co.) | 14 | A 3 |
| Ortuella | E | (Viz.) | 10 | D 5 |
| Oruña | E | (Can.) | 9 | B 4 |
| Orusco de Tajuña | E | (Mad.) | 102 | C 3 |
| Orvalho | P | (C. B.) | 95 | A 4 |
| Orvalhos | P | (Év.) | 129 | C 5 |
| Orxa, l' → Lorcha | E | (Ali.) | 141 | B 3 |
| Orxeta | E | (Ali.) | 141 | B 5 |
| Orzola | E | (Las P.) | 192 | D 2 |
| Orzónaga | E | (Le.) | 18 | D 4 |
| Os de Balaguer | E | (Ll.) | 68 | D 1 |
| Os de Civís | E | (Ll.) | 49 | D 1 |
| Osa de la Vega | E | (Cu.) | 121 | B 2 |
| Osán | E | (Hues.) | 47 | A 1 |
| Oscos | E | (Ast.) | 4 | D 5 |
| Oseira | E | (Our.) | 15 | A 5 |
| Oseiro | E | (A Co.) | 2 | B 4 |
| Oseja | E | (Zar.) | 64 | D 3 |
| Oseja de Sajambre | E | (Le.) | 19 | D 2 |
| Osera de Ebro | E | (Zar.) | 66 | D 3 |
| Osia | E | (Hues.) | 46 | C 2 |
| Osintxu | E | (Gui.) | 23 | D 2 |
| Osma | E | (So.) | 62 | D 3 |
| Osma | E | (Viz.) | 23 | C 1 |
| Oso, El | E | (Áv.) | 80 | A 4 |
| Osona | E | (So.) | 63 | B 3 |
| Osonilla | E | (So.) | 63 | B 3 |
| Osoño | E | (Our.) | 36 | A 5 |
| Osor | E | (Gi.) | 51 | C 5 |
| Osornillo | E | (Pa.) | 40 | D 2 |
| Osorno la Mayor | E | (Pa.) | 40 | D 2 |
| Ossa de Montiel | E | (Alb.) | 137 | B 3 |
| Osseira | P | (Lei.) | 111 | A 3 |
| Ossela | P | (Ave.) | 74 | A 3 |
| Ossera | E | (Ll.) | 49 | D 3 |
| Osso de Cinca | E | (Hues.) | 67 | D 2 |
| Ossó de Sió | E | (Ll.) | 69 | C 1 |
| Osuna | E | (Sev.) | 165 | B 5 |
| Osunillas- Peña Blanquilla | E | (Mál.) | 188 | C 1 |
| Ota | P | (Lis.) | 111 | A 5 |
| Otañes | E | (Can.) | 10 | C 5 |
| Oteiza | E | (Na.) | 24 | C 5 |
| Oteo | E | (Bur.) | 22 | B 3 |
| Oter | E | (Gua.) | 83 | D 4 |
| Otero | E | (Ast.) | 6 | D 4 |
| Otero | E | (Le.) | 17 | A 5 |
| Otero | E | (To.) | 100 | B 5 |
| Otero de Bodas | E | (Zam.) | 37 | D 5 |
| Otero de Curueño | E | (Le.) | 19 | A 4 |
| Otero de Escarpizo | E | (Le.) | 38 | A 1 |
| Otero de Guardo | E | (Pa.) | 20 | A 3 |
| Otero de Herreros | E | (Seg.) | 81 | A 4 |
| Otero de las Dueñas | E | (Le.) | 18 | C 4 |
| Otero de Naraguantes | E | (Le.) | 17 | B 4 |
| Otero de Sanabria | E | (Zam.) | 37 | B 4 |
| Otero de Sariegos | E | (Zam.) | 58 | D 1 |
| Otero de Valdetuéjar, El | E | (Le.) | 19 | D 4 |
| Oteros de Boedo | E | (Pa.) | 20 | C 5 |
| Oteruelo de la Valdoncina | E | (Le.) | 38 | D 1 |
| Oteruelo de la Vega | E | (Le.) | 38 | B 2 |
| Otilla | E | (Gua.) | 84 | D 4 |
| Otiñar o Santa Cristina | E | (J.) | 167 | D 2 |
| Otívar | E | (Gr.) | 181 | D 3 |
| Oto | E | (Hues.) | 27 | B 5 |
| Oto Goien | E | (Ál.) | 23 | A 3 |
| Otones de Benjumea | E | (Seg.) | 81 | B 1 |
| Otos | E | (Mu.) | 154 | C 3 |
| Otos | E | (Val.) | 141 | A 3 |
| Otsagi → Ochagavía | E | (Na.) | 25 | D 3 |
| Otur | E | (Ast.) | 5 | B 3 |
| Otura | E | (Gr.) | 181 | D 1 |
| Otxandio | E | (Viz.) | 23 | B 2 |
| Otxaran | E | (Viz.) | 22 | C 1 |
| Oubiña | E | (Po.) | 13 | D 5 |
| Ouca | P | (Ave.) | 73 | D 5 |
| Oucavelos | P | (Ave.) | 74 | A 4 |
| Oucidres | P | (V. R.) | 56 | A 1 |
| Ouguela | P | (Por.) | 130 | B 1 |
| Oulego | E | (Our.) | 36 | D 1 |
| Oura | P | (Fa.) | 174 | A 3 |
| Oura | P | (V. R.) | 55 | C 2 |
| Oural | E | (Lu.) | 16 | A 4 |
| Ourém | P | (San.) | 111 | D 1 |
| Ourense/Orense | E | (Our.) | 35 | B 2 |
| Ourentã | P | (Co.) | 93 | D 1 |
| Ourilhe | P | (Br.) | 54 | D 4 |
| Ourique | P | (Be.) | 160 | B 1 |
| Ourol | E | (Lu.) | 3 | D 2 |
| Ourondo | P | (C. B.) | 95 | B 3 |
| Ourozinho | P | (Vis.) | 75 | D 2 |
| Ousá | E | (Lu.) | 15 | C 1 |
| Ousende | E | (Lu.) | 15 | D 5 |
| Ousilhão | P | (Bra.) | 56 | C 1 |
| Outeiro | E | (A Co.) | 14 | B 3 |
| Outeiro | E | (A Co.) | 2 | D 2 |
| Outeiro | E | (Lu.) | 36 | B 1 |
| Outeiro | E | (Our.) | 35 | B 4 |
| Outeiro | E | (Po.) | 33 | D 3 |
| Outeiro | E | (Po.) | 14 | C 4 |
| Outeiro | P | (Ave.) | 74 | A 3 |
| Outeiro | P | (Br.) | 54 | D 3 |
| Outeiro | P | (Br.) | 53 | D 2 |
| Outeiro | P | (Bra.) | 57 | A 2 |
| Outeiro | P | (Co.) | 93 | C 3 |
| Outeiro | P | (Év.) | 145 | C 1 |
| Outeiro | P | (Lei.) | 111 | C 1 |
| Outeiro | P | (Lei.) | 93 | C 4 |
| Outeiro | P | (Lis.) | 111 | B 5 |
| Outeiro | P | (V. C.) | 53 | D 1 |
| Outeiro | P | (V. R.) | 55 | A 1 |
| Outeiro | P | (Vis.) | 74 | D 3 |
| Outeiro Cimeiro | P | (Por.) | 112 | D 3 |
| Outeiro da Cabeça | P | (Lis.) | 110 | D 5 |
| Outeiro da Cortiçada | P | (San.) | 111 | B 4 |
| Outeiro das Matas | P | (San.) | 111 | D 2 |
| Outeiro de Espinho | P | (Vis.) | 75 | A 5 |
| Outeiro de Rei | E | (Lu.) | 15 | D 1 |
| Outeiro dos Gatos | P | (Guar.) | 76 | A 2 |
| Outeiro Fundeiro | P | (Por.) | 112 | D 3 |
| Outeiro Grande | P | (San.) | 111 | D 2 |
| Outeiro Seco | P | (V. R.) | 55 | D 1 |
| Outes | E | (A Co.) | 13 | C 3 |
| Outil | P | (Co.) | 93 | D 2 |
| Outiz | P | (Br.) | 54 | A 3 |
| Outorela | P | (Lis.) | 126 | C 3 |
| Ouviaño | E | (Lu.) | 16 | D 1 |
| Ouzande | E | (Po.) | 14 | B 4 |
| Ouzenda | P | (Lei.) | 94 | C 4 |
| Ovadas | P | (Vis.) | 74 | D 1 |
| Ovar | P | (Ave.) | 73 | D 2 |
| Ove | E | (Lu.) | 4 | C 3 |
| Oveiro | P | (Vis.) | 94 | C 2 |
| Oveix | E | (Ll.) | 49 | A 2 |
| Ovejuela | E | (Các.) | 97 | B 2 |
| Ovelhas | P | (San.) | 127 | D 1 |
| Ovelheiras | P | (San.) | 112 | A 1 |
| Overuela, La | E | (Vall.) | 60 | A 2 |
| Oviedo | E | (Ast.) | 6 | C 4 |
| Oville | E | (Le.) | 19 | B 3 |
| Oviñana | E | (Ast.) | 5 | D 3 |
| Óvoa | P | (Vis.) | 94 | C 1 |
| Oyanco | E | (Ast.) | 18 | C 1 |
| Oyón/Oion | E | (Ál.) | 43 | D 1 |
| Oza | E | (A Co.) | 2 | A 4 |
| Oza | E | (A Co.) | 14 | B 3 |
| Oza dos Ríos | E | (A Co.) | 2 | D 5 |
| Ozaeta/Ozeta | E | (Ál.) | 23 | C 3 |
| Ozendo | P | (Guar.) | 96 | B 2 |
| Ozeta → Ozaeta | E | (Ál.) | 23 | C 3 |
| Ozón | E | (A Co.) | 13 | B 1 |


# P


| | | | | |
|---|---|---|---|---|
| Paca, La | E | (Mu.) | 170 | D 1 |
| Pacil | P | (Fa.) | 159 | B 4 |
| Pacio | E | (Lu.) | 15 | B 2 |
| Pacios | E | (Lu.) | 16 | A 3 |
| Pacios | E | (Lu.) | 15 | D 4 |
| Pacios | E | (Lu.) | 16 | A 4 |
| Pacios | E | (Lu.) | 3 | C 5 |
| Pacios | E | (Lu.) | 4 | A 5 |
| Pacios | E | (Lu.) | 16 | C 1 |
| Pacios da Veiga | E | (Lu.) | 16 | A 5 |
| Pacios de Mondelo | E | (Lu.) | 36 | B 1 |
| Paço | P | (Ave.) | 74 | B 4 |
| Paço | P | (Bra.) | 56 | C 1 |
| Paço | P | (Lei.) | 93 | B 4 |
| Paço | P | (Lei.) | 93 | C 4 |
| Paço | P | (Lis.) | 126 | D 1 |
| Paço | P | (San.) | 111 | D 2 |
| Paço | P | (V. C.) | 34 | B 5 |
| Paço | P | (V. C.) | 53 | C 1 |
| Paço de Arcos | P | (Lis.) | 126 | C 3 |
| Paço de Sousa | P | (Port.) | 54 | B 5 |
| Paço dos Negros | P | (San.) | 111 | D 5 |
| Paço Vedro de Magalhães | P | (V. C.) | 54 | B 1 |
| Paços | P | (V. C.) | 34 | A 4 |
| Paços | P | (V. C.) | 34 | C 3 |
| Paços da Serra | P | (Guar.) | 95 | B 1 |
| Paços de Brandão | P | (Ave.) | 74 | A 2 |
| Paços de Ferreira | P | (Port.) | 54 | B 4 |
| Paços de Gaiolo | P | (Port.) | 74 | D 1 |
| Paços de Vilharigues | P | (Vis.) | 74 | C 4 |
| Pacs del Penedès | E | (Bar.) | 70 | B 4 |
| Paderne | E | (A Co.) | 2 | D 4 |
| Paderne | P | (Fa.) | 174 | B 2 |
| Paderne | P | (V. C.) | 34 | C 4 |
| Paderne de Allariz | E | (Our.) | 35 | B 2 |
| Padierno | E | (Sa.) | 78 | A 3 |
| Padiernos | E | (Áv.) | 79 | D 5 |
| Padilla de Abajo | E | (Bur.) | 41 | A 2 |
| Padilla de Arriba | E | (Bur.) | 41 | A 2 |
| Padilla de Duero | E | (Vall.) | 61 | A 3 |
| Padilla de Hita | E | (Gua.) | 82 | D 3 |
| Padilla del Ducado | E | (Gua.) | 83 | D 3 |
| Padim da Graça | P | (Br.) | 54 | A 2 |
| Padornelo | E | (Lu.) | 16 | C 4 |
| Padornelo | E | (Zam.) | 36 | D 4 |
| Padornelo | P | (V. C.) | 34 | A 5 |
| Padornelos | P | (V. R.) | 35 | B 5 |
| Padrão | P | (C. B.) | 113 | A 2 |
| Padreiro | E | (A Co.) | 13 | D 1 |
| Padreiro (Santa Cristina) | P | (V. C.) | 34 | B 5 |
| Padrela e Tazém | P | (V. R.) | 55 | D 3 |
| Padrenda | E | (Our.) | 34 | D 3 |
| Padrenda | E | (Po.) | 13 | D 5 |
| Padriñán | E | (Po.) | 33 | D 1 |
| Padrões | P | (V. R.) | 55 | A 2 |
| Padrón | E | (A Co.) | 14 | A 4 |
| Padrón, El | E | (Mál.) | 187 | C 2 |
| Padrón, O | E | (Lu.) | 16 | C 1 |
| Padronelo | P | (Port.) | 54 | D 5 |
| Padrones de Bureba | E | (Bur.) | 22 | A 5 |
| Padróns | E | (Po.) | 34 | A 2 |
| Padroso | E | (Our.) | 35 | C 4 |
| Padroso | P | (V. C.) | 34 | B 5 |
| Padroso | P | (V. R.) | 35 | B 5 |
| Padul | E | (Gr.) | 181 | D 2 |
| Padules | E | (Alm.) | 183 | B 2 |
| Pafarrão | P | (San.) | 111 | D 2 |
| Pagán, Lo | E | (Mu.) | 172 | D 1 |
| Pago Aguilar | E | (Alm.) | 184 | A 1 |
| Pago de Escuchagranos | E | (Alm.) | 183 | B 1 |
| Pago del Humo, lugar | E | (Cád.) | 185 | D 2 |
| Pago y Benisalte | E | (Gr.) | 182 | B 3 |
| Paiã | P | (Lei.) | 111 | C 3 |
| Paiã | P | (Lis.) | 126 | C 3 |
| Paiágua | P | (C. B.) | 95 | B 4 |
| Paialvo | P | (San.) | 112 | A 2 |
| Paião | P | (Co.) | 93 | C 3 |
| Painceiros | E | (Po.) | 14 | B 5 |
| Painho | P | (C. B.) | 94 | C 5 |
| Painho | P | (Lis.) | 111 | A 4 |
| Painzela | P | (Br.) | 54 | D 3 |
| Paio Mendes | P | (San.) | 112 | B 1 |
| Paiol | P | (Lis.) | 110 | D 5 |
| Paiol | P | (Set.) | 143 | B 4 |
| Paiosaco | E | (A Co.) | 2 | B 4 |
| Paipenela | P | (Guar.) | 76 | A 3 |
| Paiporta | E | (Val.) | 125 | A 4 |
| Paixón | E | (Our.) | 34 | D 2 |
| Pajanosas, Las | E | (Sev.) | 163 | D 2 |
| Pajar, El | E | (Las P.) | 191 | B 4 |
| Pájara | E | (Las P.) | 189 | D 3 |
| Pájara | E | (S.Cruz T.) | 196 | B 3 |
| Pajarejos | E | (Áv.) | 99 | B 1 |
| Pajarejos | E | (Seg.) | 61 | D 5 |
| Pajares | E | (Bur.) | 22 | C 4 |
| Pajares | E | (Cu.) | 104 | A 3 |
| Pajares | E | (Gua.) | 83 | A 4 |
| Pajares de Adaja | E | (Áv.) | 80 | B 3 |
| Pajares de Fresno | E | (Seg.) | 62 | A 5 |
| Pajares de la Laguna | E | (Sa.) | 78 | D 2 |
| Pajares de la Lampreana | E | (Zam.) | 58 | C 2 |
| Pajares de los Oteros | E | (Le.) | 39 | A 2 |
| Pajares de Pedraza | E | (Seg.) | 81 | C 1 |
| Pajares, Los | E | (Sev.) | 164 | B 2 |
| Pajarón | E | (Cu.) | 104 | D 5 |
| Pajaroncillo | E | (Cu.) | 104 | D 5 |
| Pala | P | (Guar.) | 76 | B 4 |
| Pala | P | (Vis.) | 94 | B 1 |
| Palà de Torroella, El | E | (Bar.) | 50 | B 5 |
| Palacés, El | E | (Alm.) | 170 | C 4 |
| Palacinos | E | (Sa.) | 78 | B 1 |
| Palacio | E | (Ast.) | 7 | A 4 |
| Palacio | E | (Áv.) | 99 | D 1 |
| Palacio de San Pedro | E | (So.) | 44 | A 5 |
| Palacio de Torio | E | (Le.) | 19 | A 5 |
| Palacio de Valdellorma | E | (Le.) | 19 | B 4 |
| Palacio Quemado | E | (Bad.) | 131 | B 4 |
| Palacios | E | (Ast.) | 18 | C 1 |
| Palácios | P | (Bra.) | 57 | A 1 |
| Palacios de Becedas | E | (Áv.) | 98 | C 2 |
| Palacios de Benaver | E | (Bur.) | 41 | C 2 |
| Palacios de Campos | E | (Vall.) | 59 | D 1 |
| Palacios de Corneja | E | (Áv.) | 99 | A 1 |
| Palacios de Fontecha | E | (Le.) | 38 | D 2 |
| Palacios de Goda | E | (Áv.) | 80 | A 2 |
| Palacios de Jamuz | E | (Le.) | 38 | A 3 |
| Palacios de la Sierra | E | (Bur.) | 42 | C 5 |
| Palacios de la Valduerna | E | (Le.) | 38 | B 2 |
| Palacios de Riopisuerga | E | (Bur.) | 40 | D 3 |
| Palacios de Salvatierra | E | (Sa.) | 78 | C 5 |
| Palacios de Sanabria | E | (Zam.) | 37 | B 4 |
| Palacios del Alcor | E | (Pa.) | 40 | D 4 |
| Palacios del Arzobispo | E | (Sa.) | 78 | B 1 |
| Palacios del Pan | E | (Zam.) | 58 | B 3 |
| Palacios del Sil | E | (Le.) | 17 | C 3 |
| Palacios Rubios | E | (Áv.) | 80 | A 2 |
| Palacios y Villafranca, Los | E | (Sev.) | 178 | A 1 |
| Palacios, Los | E | (Ali.) | 156 | C 4 |
| Palaciosmil | E | (Le.) | 18 | A 5 |
| Palaciosrubios | E | (Sa.) | 79 | B 2 |
| Palaçoulo | P | (Bra.) | 57 | B 4 |
| Paladín | E | (Le.) | 18 | B 4 |
| Palafolls | E | (Bar.) | 72 | A 1 |
| Palafrugell | E | (Gi.) | 52 | C 4 |
| Palamós | E | (Gi.) | 52 | C 5 |
| Palancar | E | (Gr.) | 167 | A 5 |
| Palancar, El | E | (Mad.) | 101 | B 2 |
| Palancares | E | (Gua.) | 82 | C 2 |
| Palanques | E | (Cas.) | 87 | B 4 |
| Palanquinos | E | (Le.) | 39 | A 2 |
| Palão | P | (Lei.) | 93 | C 5 |
| Palas de Rei | E | (Lu.) | 15 | B 3 |
| Palas, Las | E | (Mu.) | 172 | A 2 |
| Palau d'Anglesola, el | E | (Ll.) | 69 | A 2 |
| Palau de Noguera | E | (Ll.) | 49 | A 4 |
| Palau de Plegamans | E | (Bar.) | 71 | A 2 |
| Palau de Santa Eulàlia | E | (Gi.) | 52 | B 3 |
| Palau-sacosta | E | (Gi.) | 52 | A 4 |
| Palau-sator | E | (Gi.) | 52 | C 4 |
| Palau-saverdera | E | (Gi.) | 52 | C 2 |
| Palau-surroca | E | (Gi.) | 52 | A 2 |
| Palavea | E | (A Co.) | 2 | C 4 |
| Palazuelo | E | (Bad.) | 132 | B 1 |
| Palazuelo de Boñar | E | (Le.) | 19 | B 4 |
| Palazuelo de Eslonza | E | (Le.) | 39 | A 1 |
| Palazuelo de las Cuevas | E | (Zam.) | 57 | D 1 |
| Palazuelo de Órbigo | E | (Le.) | 38 | B 1 |
| Palazuelo de Sayago | E | (Zam.) | 57 | C 4 |
| Palazuelo de Torio | E | (Le.) | 18 | D 5 |
| Palazuelo de Vedija | E | (Vall.) | 39 | C 5 |
| Palazuelo-Empalme | E | (Các.) | 97 | D 5 |
| Palazuelos de Cuesta Urría | E | (Bur.) | 22 | B 4 |
| Palazuelos de Eresma | E | (Seg.) | 81 | A 3 |
| Palazuelos de la Sierra | E | (Bur.) | 42 | A 4 |
| Palazuelos de Muñó | E | (Bur.) | 41 | B 4 |
| Palazuelos de Villadiego | E | (Bur.) | 41 | B 1 |
| Paldieiros | P | (Co.) | 94 | D 2 |
| Paleão | P | (Co.) | 93 | D 4 |
| Palencia | E | (Pa.) | 40 | C 5 |
| Palencia de Negrilla | E | (Sa.) | 78 | D 2 |
| Palenciana | E | (Cór.) | 166 | B 5 |
| Palenzuela | E | (Pa.) | 41 | A 4 |
| Paleo | E | (A Co.) | 2 | C 5 |
| Palhaça | P | (Ave.) | 73 | D 5 |
| Palhais | P | (C. B.) | 112 | B 1 |
| Palhais | P | (Guar.) | 75 | D 3 |
| Palhais | P | (Lis.) | 110 | D 5 |
| Palhais | P | (Set.) | 126 | D 4 |
| Palheirinhos | P | (Fa.) | 175 | A 2 |
| Palheiros | P | (Lei.) | 94 | A 5 |
| Palheiros | P | (V. R.) | 55 | D 4 |
| Palheiros de Baixo | P | (Vis.) | 94 | B 1 |
| Palhota | P | (C. B.) | 113 | A 2 |
| Palhota | P | (Set.) | 127 | A 4 |
| Palma de Gandia | E | (Val.) | 141 | C 3 |
| Palma de Mallorca | E | (Bal.) | 91 | C 4 |
| Palma d'Ebre, la | E | (Ta.) | 68 | D 5 |
| Palma del Condado, La | E | (Huel.) | 163 | A 4 |
| Palma del Río | E | (Cór.) | 165 | A 2 |
| Palma Nova | E | (Bal.) | 91 | B 4 |
| Palma, La | E | (Gr.) | 180 | D 1 |
| Palma, La | E | (Mu.) | 172 | B 2 |
| Pálmaces de Jadraque | E | (Gua.) | 83 | A 2 |
| Palmanyola | E | (Bal.) | 91 | C 3 |
| Palmar de la Victoria | E | (Cád.) | 177 | C 5 |
| Palmar de Troya, El | E | (Sev.) | 178 | B 1 |
| Palmar, El | E | (Cád.) | 186 | A 3 |
| Palmar, El | E | (Las P.) | 191 | C 1 |
| Palmar, El | E | (S.Cruz T.) | 195 | B 3 |
| Palmar, El | E | (S.Cruz T.) | 193 | B 1 |
| Palmar, El | E | (Val.) | 125 | B 5 |
| Palmar, El o Lugar de Don Juan | E | (Mu.) | 156 | A 5 |
| Palmas | E | (Po.) | 34 | A 2 |
| Palmás | E | (Po.) | 14 | D 4 |
| Palmas de Gran Canaria, Las | E | (Las P.) | 191 | D 1 |
| Palmaz | P | (Ave.) | 74 | A 3 |
| Palme | P | (Br.) | 53 | D 2 |
| Palmeira | E | (A Co.) | 13 | C 5 |
| Palmeira | P | (Br.) | 54 | B 2 |
| Palmeira | P | (Fa.) | 161 | B 3 |
| Palmeira | P | (Port.) | 54 | A 4 |
| Palmeira de Faro | P | (Br.) | 53 | D 2 |
| Palmeiros | P | (Fa.) | 174 | C 2 |
| Palmela | P | (Set.) | 127 | A 4 |
| Palmela Gare | P | (Set.) | 127 | A 4 |
| Palmer, El | E | (Alm.) | 183 | D 3 |

Palmer, Es

Palmer, Es E (Bal.) 92 B 5
Palmera E (Val.) 141 C 2
Palmeral E (Ali.) 156 B 4
Palmeres, les E (Bal.) 91 D 4
Palmés E (Our.) 35 A 2
Palmital, El E (Las P.) 191 C 1
Palm-Mar E (S. Cruz T.) 195 C 5
Palmones E (Cád.) 187 A 4
Palmou E (Po.) 14 D 4
Palo E (Hues.) 48 A 2
Palo Blanco-Llanadas E (S. Cruz T.) 195 D 2
Palol de Revardit E (Gi.) 52 A 4
Palol d'Onyar E (Gi.) 52 A 4
Palomar E (Cór.) 166 A 4
Palomar E (Val.) 141 A 3
Palomar de Arroyos E (Te.) 86 C 4
Palomar, El E (Cád.) 177 C 5
Palomar, El E (Sev.) 164 C 4
Palomar, El, lugar E (J.) 152 D 5
Palomares E (Alm.) 171 A 5
Palomares E (Sa.) 98 C 2
Palomares de Alba E (Sa.) 78 D 3
Palomares del Campo E (Cu.) 103 C 5
Palomares del Río E (Sev.) 163 D 4
Palomas E (Bad.) 131 C 4
Palomeque E (To.) 101 B 4
Palomera E (Cu.) 104 B 4
Palomeras, Las, lugar E (J.) 151 C 5
Palomero E (Các.) 97 C 3
Palos de la Frontera E (Huel.) 176 B 2
Palouet E (Ll.) 69 D 1
Pals E (Gi.) 52 C 4
Palvarinho P (C. B.) 95 C 5
Pallarés E (Bad.) 147 C 4
Pallaresos, els E (Ta.) 89 D 1
Pallargues, les E (Ll.) 69 C 1
Pallaruelo de Monegros E (Hues.) 67 B 2
Pallejà E (Bar.) 70 D 4
Pallerols E (Ll.) 49 C 4
Pallide E (Le.) 19 C 3
Pampaneira E (Gr.) 182 B 3
Pampanico E (Alm.) 183 B 4
Pampilhosa P (Ave.) 94 A 1
Pampilhosa da Serra P (Co.) 94 D 4
Pampliega E (Bur.) 41 B 4
Pamplona/Iruña E (Na.) 25 A 4
Panadella, La E (Bar.) 69 D 2
Panaverde E (Our.) 35 C 4
Pancar E (Ast.) 8 A 4
Panças P (San.) 127 A 3
Pancenteo E (Po.) 33 C 5
Pancorvo E (Bur.) 22 D 5
Pancrudo E (Te.) 86 A 4
Panches E (A Co.) 13 B 3
Panchorra P (Vis.) 74 D 2
Pandillo E (Can.) 21 D 2
Pando E (Can.) 9 C 5
Pando E (Viz.) 10 C 5
Pandorado E (Le.) 18 B 4
Panes E (Ast.) 8 B 5
Paniza E (Zar.) 65 D 5
Panóias P (Be.) 160 A 1
Panoias P (Br.) 54 B 2
Panoias de Baixo P (Guar.) 96 A 1
Panoias de Cima P (Guar.) 96 A 1
Panque P (Br.) 54 A 2
Pantano de Buendía E (Cu.) 103 B 2
Pantano de Cíjara E (Các.) 117 C 4
Pantano de Gabriel y Galán E (Các.) 97 D 3
Pantano de los Bermejales E (Gr.) 181 C 2
Pantano de Navabuena E (Các.) 98 A 5
Pantano del Rumblar, lugar E (J.) 151 C 4
Pantano Peñarroya, lugar E (C. R.) 136 D 2
Panticosa E (Hues.) 27 A 5
Pantín E (A Co.) 3 A 2
Pantiñobre E (A Co.) 14 D 3
Pantoja E (To.) 101 C 5
Pantón E (Lu.) 35 C 1
Panxón E (Po.) 33 D 3
Panzano E (Hues.) 47 B 3
Pañeda Nueva E (Ast.) 6 D 4
Pão Duro P (Fa.) 161 A 3
Pao, O E (Our.) 34 D 3
Paones E (So.) 63 A 4
Papagovas P (Lis.) 110 C 4
Papalús E (Gi.) 72 A 1
Papatrigo E (Áv.) 79 D 3
Papel, El E (J.) 167 C 3
Papiol, el E (Bar.) 70 D 3
Papizios P (Vis.) 94 D 1
Papucín E (A Co.) 14 D 1
Para E (Bur.) 22 A 2
Paracuellos E (Cu.) 122 D 2
Paracuellos de Jarama E (Mad.) 102 A 1
Paracuellos de Jiloca E (Zar.) 65 A 5
Paracuellos de la Ribera E (Zar.) 65 A 4
Parada E (A Co.) 13 C 4
Parada E (A Co.) 2 D 5
Parada E (A Co.) 14 B 1
Parada E (Lu.) 15 D 2
Parada E (Our.) 35 A 1
Parada E (Our.) 35 B 2
Parada E (Po.) 33 D 3
Parada E (Po.) 14 D 5
Parada E (Po.) 15 A 4
Parada E (Po.) 34 B 3
Parada E (Po.) 34 A 1
Parada P (Ave.) 74 B 3
Parada P (Bra.) 56 C 5
Parada P (Bra.) 57 A 2
Parada P (Co.) 94 C 2
Parada P (Guar.) 76 B 5
Parada P (Port.) 53 D 4
Parada P (V. C.) 34 C 5
Parada P (V. C.) 34 B 4
Parada P (V. C.) 34 A 5
Parada P (V. C.) 34 B 5
Parada P (Vis.) 94 D 1
Parada P (Vis.) 74 B 4
Parada da Serra E (Our.) 36 A 4
Parada de Achas E (Po.) 34 C 3
Parada de Arriba E (Sa.) 78 B 2
Parada de Atei P (V. R.) 55 A 3
Parada de Baixo P (Ave.) 73 D 5
Parada de Bouro P (Br.) 54 C 2
Parada de Cima P (Co.) 93 D 1
Parada de Cunhos P (V. R.) 55 B 5
Parada de Ester P (Vis.) 74 D 2
Parada de Gatim P (Br.) 54 A 2
Parada de Gonta P (Vis.) 74 D 5
Parada de Labiote E (Our.) 34 D 1
Parada de Monteiros P (V. R.) 55 B 3
Parada de Pinhão P (V. R.) 55 C 4
Parada de Ribeira E (Our.) 35 B 4
Parada de Rubiales E (Sa.) 79 A 1
Parada de Sil E (Our.) 35 D 2
Parada de Soto E (Le.) 16 D 5
Parada do Bispo P (Vis.) 75 B 1
Parada do Monte P (V. C.) 34 C 4
Paradança P (V. R.) 55 A 4
Paradas E (Sev.) 164 D 5
Paradaseca E (Le.) 17 A 5
Paradaseca E (Our.) 36 A 2
Paradavella E (Lu.) 16 B 2
Paradela E (A Co.) 15 A 2
Paradela E (Lu.) 16 C 2
Paradela E (Lu.) 15 D 3
Paradela E (Lu.) 15 D 4
Paradela E (Our.) 36 B 2
Paradela E (Our.) 36 C 3
Paradela E (Po.) 13 D 5
Paradela E (Po.) 14 B 4
Paradela E (Po.) 14 A 4
Paradela P (Ave.) 74 A 5
Paradela P (Br.) 53 D 3
Paradela P (Bra.) 55 D 5
Paradela P (Bra.) 57 D 3
Paradela P (Bra.) 56 D 5
Paradela P (Bra.) 56 B 3
Paradela P (Co.) 94 C 2
Paradela P (V. C.) 34 C 5
Paradela P (V. R.) 55 D 2
Paradela P (V. R.) 56 A 1
Paradela P (V. R.) 55 A 1
Paradela P (Vis.) 75 C 1
Paradela P (Vis.) 74 C 2
Paradela de Lorvão P (Co.) 94 B 2
Paradela del Río E (Le.) 36 D 1
Paradela do Monte P (V. R.) 55 A 5
Paradelha de Guiães P (V. R.) 55 C 5
Paradelhas do Vouga P (Ave.) 74 B 4
Paradilla de Gordón E (Le.) 18 C 3
Paradilla de la Sobarriba E (Le.) 39 A 1
Paradinas E (Seg.) 80 C 2
Paradinas de Abajo E (Sa.) 77 B 4
Paradinas de San Juan E (Sa.) 79 B 2
Paradinha P (Vis.) 75 A 4
Paradinha P (Vis.) 75 C 2
Paradinha de Besteiros P (Bra.) 56 D 3
Paradinha Nova P (Bra.) 57 A 3
Paradinha Velha P (Bra.) 57 A 2
Parador de las Hortichuelas, El E (Alm.) 183 C 3
Paraduca P (Ave.) 74 B 3
Paraduça P (Vis.) 75 A 3
Paraduça P (Vis.) 75 B 2
Parafita P (V. R.) 55 C 4
Parafita P (V. R.) 55 B 1
Paraisal P (Guar.) 76 C 5
Paraíso P (Ave.) 74 B 1
Paralacuesta E (Bur.) 22 A 3
Parambos P (Bra.) 55 D 5
Paramio P (Bra.) 36 D 5
Paramios E (Ast.) 4 C 4
Páramo de Boedo E (Pa.) 40 C 1
Páramo del Arroyo E (Bur.) 41 C 2
Páramo del Sil E (Le.) 17 C 4
Páramo, O E (Lu.) 15 D 3
Páramos E (A Co.) 14 A 2
Páramos E (Po.) 34 A 4
Paramos P (Ave.) 73 D 2
Parandones E (Le.) 17 A 5
Paranhos P (Br.) 54 B 2
Paranhos P (V. R.) 55 D 2
Paranhos da Beira P (Guar.) 95 A 1
Paranza, La E (Ast.) 6 C 4
Paraños E (Po.) 34 B 3
Parata, La E (Alm.) 170 C 4
Parauta E (Mál.) 179 B 5
Paraya, La E (Ast.) 18 D 2
Parbayón E (Can.) 9 C 4
Parceiros P (Lei.) 111 B 1
Parceiros da Igreja P (San.) 111 C 3
Parcelas de Porsiver E (Sev.) 163 D 4
Parcelas, Las E (Sa.) 78 C 3
Parcent E (Ali.) 141 D 4
Parchal P (Fa.) 173 C 2
Parchite E (Mál.) 179 B 3
Pardais P (Év.) 129 C 4
Pardal, El E (Alb.) 154 A 1
Pardales, Los, lugar E (Alb.) 138 A 3
Pardamaza E (Le.) 17 C 4
Pardavé E (Le.) 19 A 4
Pardeconde E (Our.) 35 C 2
Pardelhas P (Ave.) 73 D 3
Pardelhas P (V. R.) 55 A 4
Pardellas E (Lu.) 15 C 2
Pardemarín E (Po.) 14 B 4
Parderrubias E (Our.) 35 A 3
Parderrubias E (Po.) 34 A 3
Pardieiros P (Vis.) 74 D 5
Pardilhó P (Ave.) 73 D 3
Pardilla E (Bur.) 61 D 3
Pardilla, La E (Las P.) 191 D 2
Pardinella E (Hues.) 48 C 2
Pardines E (Gi.) 51 A 2
Pardiñas E (Lu.) 3 B 5
Pardo P (Por.) 113 B 2
Pardo, El E (Alm.) 183 A 4
Pardos E (Gua.) 84 C 3
Pared, La E (Alb.) 139 D 1
Paredazos, Los, lugar E (Alb.) 138 A 2
Parede P (Lis.) 126 B 3
Paredes E (Ast.) 5 C 3
Paredes E (Cu.) 103 A 4
Paredes E (Our.) 34 D 1
Paredes E (Our.) 35 D 2
Paredes E (Our.) 35 C 4
Paredes E (Po.) 34 B 4
Paredes E (Po.) 34 A 1
Paredes P (Bra.) 57 A 2
Paredes P (Port.) 54 B 5
Paredes P (Port.) 74 B 1
Paredes P (V. R.) 55 A 1
Paredes P (Vis.) 74 C 3
Paredes P (Vis.) 74 B 5
Paredes da Beira P (Vis.) 75 D 1
Paredes de Coura P (V. C.) 34 A 5
Paredes de Escalona E (To.) 100 C 3
Paredes de Gravo P (Vis.) 74 B 4
Paredes de Monte E (Pa.) 40 B 5
Paredes de Nava E (Pa.) 40 B 4
Paredes de Sigüenza E (Gua.) 83 B 1
Paredes de Viadores P (Port.) 74 C 1
Paredes Secas P (Br.) 54 B 2
Paredes Velhas P (Vis.) 74 C 4
Paredes, Las E (S. Cruz T.) 193 C 2
Paredesroyas E (So.) 64 A 3
Pareisas E (Our.) 36 A 2
Pareizo E (Po.) 14 D 4
Pareja E (Gua.) 103 C 1
Paresotas E (Bur.) 22 B 3
Paretdelgada E (Ta.) 69 C 5
Paretón E (Mu.) 171 C 2
Parets del Vallès E (Bar.) 71 A 2
Parizes P (Fa.) 174 D 2
Parla E (Mad.) 101 C 3
Parlavà E (Gi.) 52 B 4
Parlero E (Ast.) 5 B 4
Parque Alcosa E (Sev.) 164 A 4
Parque Coimbra E (Mad.) 101 B 3
Parque del Cubillas E (Gr.) 167 D 5
Parque Robledo E (Seg.) 81 A 3
Parra de las Vegas, La E (Cu.) 122 A 1
Parra, La E (Alm.) 182 D 4
Parra, La E (Áv.) 99 C 3
Parra, La E (Bad.) 130 D 5
Parra, La E (Mu.) 155 B 3
Parracheira P (Lei.) 111 C 1
Parral, El E (Áv.) 79 C 4
Parralejo, El E (J.) 153 C 3
Parralejos, Los E (Cád.) 186 A 3
Parras de Castellote, Las E (Te.) 87 B 4
Parras de Martín, Las E (Te.) 86 B 4
Parreira P (San.) 112 A 5
Parres E (Ast.) 8 A 4
Parrilla, La E (Vall.) 60 B 3
Parrillas E (To.) 99 C 4
Parrilla-Zamarra E (Mál.) 180 C 1
Parrizoso, El E (J.) 167 D 2
Parroquia de la Matanza E (Ali.) 156 A 4
Partaloa E (Alm.) 170 B 4
Parte E (Lu.) 15 D 5
Parte de Bureba, La E (Bur.) 22 B 5
Parte de Sotoscueva, La E (Bur.) 21 D 2
Parteira P (Fa.) 175 A 3
Partida P (C. B.) 95 B 4
Partidor, El E (Mu.) 156 A 3
Partidores, Los, lugar E (Alb.) 138 B 3
Partovia E (Our.) 34 D 1
Parzán E (Hues.) 27 D 5
Pas de la Casa A 30 B 5
Pas de Vallgornera E (Bal.) 92 A 5
Pasada de Granadillo E (Mál.) 181 A 3
Pasai Antxo E (Gui.) 12 C 5
Pasai San Pedro E (Gui.) 12 C 5
Pasaia E (Gui.) 12 C 5
Pasarela E (A Co.) 1 C 5
Pasarelos E (A Co.) 14 C 2
Pasariegos E (Zam.) 57 D 5
Pasarilla del Rebollar E (Áv.) 79 C 5
Pasarón de la Vera E (Các.) 98 B 4
Pasaxe E (Po.) 33 C 5
Pascoal P (Vis.) 75 A 4
Pascualarina E (Sa.) 77 A 5
Pascualcobo E (Áv.) 79 B 5
Pascuales E (Seg.) 80 C 2
Pascuales, Los E (J.) 153 A 2
Pascualgrande E (Áv.) 79 D 3
Paso de Abajo E (S. Cruz T.) 193 B 3
Paso, El E (S. Cruz T.) 193 B 3
Pasos P (Br.) 54 D 3
Passanant E (Ta.) 69 C 3
Passarela P (Guar.) 75 B 5
Passó P (Br.) 54 B 1
Passo P (Vis.) 75 B 2
Passos P (Br.) 54 C 3
Passos P (Bra.) 56 A 3
Passos P (Bra.) 36 B 5
Passos P (V. R.) 55 C 5
Passos P (Vis.) 74 C 3
Passos P (Vis.) 74 D 5
Pasteral, El E (Gi.) 51 D 4
Pastor E (A Co.) 14 D 2
Pastor, El, lugar E (Alb.) 122 B 5
Pastores E (Sa.) 97 B 1
Pastoria P (V. R.) 55 C 1
Pastoriza E (A Co.) 2 B 4
Pastoriza, A E (Lu.) 4 A 4
Pastrana E (Cád.) 177 B 4
Pastrana E (Gua.) 103 A 2
Pastriz E (Zar.) 66 B 3
Patacão P (Fa.) 174 C 3
Pataias P (Lei.) 111 A 1
Patalavaca E (Las P.) 191 B 4
Paterna E (Val.) 125 A 3
Paterna de Rivera E (Cád.) 186 B 1
Paterna del Campo E (Huel.) 163 B 4
Paterna del Madera E (Alb.) 138 A 5
Paterna del Río E (Alm.) 183 A 2
Paterna, lugar E (Cór.) 165 B 1
Pátio do Azinhal P (Év.) 128 C 4
Patio, El E (Alm.) 182 D 4
Patojos, Los E (Mu.) 172 B 2
Patones de Abajo E (Mad.) 82 A 4
Patones de Arriba E (Mad.) 82 A 3
Patrás E (Huel.) 162 D 1
Patria E (Cád.) 186 A 3
Patrite, lugar E (Cád.) 186 C 2
Patruena E (Mu.) 155 C 4
Pau E (Gi.) 52 C 2
Paul E (Bur.) 21 A 5
Paul P (C. B.) 95 B 3
Paúl P (Lis.) 110 C 5
Paúl P (San.) 112 B 3
Paúl P (San.) 127 D 1
Paúl do Mar P (Ma.) 109 D 1
Paúl, La E (Hues.) 46 B 5
Paula P (Lis.) 110 D 5
Paulenca E (Alm.) 183 D 2
Paulenca E (Gr.) 168 D 5
Paúles E (Alb.) 153 D 2
Paúles de Lara E (Bur.) 42 A 4
Paúles de Sarsa E (Hues.) 47 C 3
Paúles del Agua E (Bur.) 41 C 5
Paulo E (Cas.) 107 C 2
Paüls E (Ta.) 88 B 3
Paus P (Ave.) 74 A 4
Paus P (Vis.) 75 A 1
Pavia P (Év.) 128 C 2
Pavías E (Cas.) 107 A 5
Pavos, Los E (Mu.) 171 C 1
Pavos, Los, lugar E (Cu.) 122 A 5
Paxumal E (Ast.) 6 D 5
Paymogo E (Huel.) 161 D 1
Payo de Ojeda E (Pa.) 20 C 5
Payo, El E (Sa.) 96 D 2
Payueta E (Ál.) 23 B 5
Paz E (Lu.) 15 D 1
Paz, La E (Cór.) 165 D 2
Paz, La E (Gr.) 167 C 5
Pazos E (A Co.) 1 D 5
Pazos E (A Co.) 1 D 4
Pazos E (Our.) 35 D 5
Pazos E (Our.) 35 C 3
Pazos E (Po.) 34 B 1
Pazos de Abeleda E (Our.) 35 C 3
Pazos de Arenteiro E (Our.) 34 D 1
Pazos de Borbén E (Po.) 34 A 2
Pazos de Reis E (Po.) 34 A 4
Pazuengos E (La R.) 43 A 3
Pé da Pedreira P (San.) 111 B 3
Pé da Serra P (Lei.) 94 A 5
Pe da Serra P (San.) 127 D 1
Pé da Serra P (San.) 111 A 3
Pé de Cão P (San.) 111 D 2
Peal de Becerro E (J.) 152 C 5
Peces, les E (Ta.) 70 A 5
Pechão P (Fa.) 174 D 3
Pechina E (Alm.) 169 D 5
Pechina E (Alm.) 183 D 3
Pechins P (Lei.) 94 A 5
Pechos, Los E (Cór.) 166 D 5
Pedações P (Ave.) 74 A 4
Pederneira P (San.) 111 D 1
Pedernoso, El E (Cu.) 121 B 4
Pedintal P (C. B.) 94 D 5
Pedome P (Br.) 54 B 3
Pedornes E (Po.) 33 C 4
Pedra E (A Co.) 3 B 1
Pedra E (A Co.) 1 D 5
Pedra Furada P (Br.) 53 D 3
Pedra Furada P (Por.) 128 B 1
Pedraça P (Br.) 55 A 3
Pedrafigueira E (A Co.) 13 B 3
Pedrafita E (Lu.) 15 C 1
Pedrafita de Camporredondo E (Lu.) 16 B 2
Pedrafita do Cebreiro E (Lu.) 16 C 4
Pedraído P (Br.) 54 D 3
Pedraires P (Vis.) 94 C 1
Pedraja de Portillo, La E (Vall.) 60 B 4
Pedraja de San Esteban E (So.) 62 C 3
Pedrajas de San Esteban E (Vall.) 60 B 5
Pedralba E (Val.) 124 C 3
Pedralba de la Pradería E (Zam.) 37 A 4
Pedralhos P (Lei.) 111 A 2
Pedralva P (Ave.) 94 A 1
Pedralva P (Br.) 54 B 2
Pedralva P (Fa.) 173 A 2
Pedrario P (V. R.) 55 C 1
Pedras Ásperas P (Co.) 93 C 2
Pedras d'el-Rei P (Fa.) 175 A 3
Pedraza E (Lu.) 15 B 3
Pedraza E (Seg.) 81 C 2
Pedraza E (So.) 63 D 1
Pedraza de Alba E (Sa.) 79 A 4
Pedraza de Campos E (Pa.) 40 A 5
Pedrazo E (Las P.) 191 C 4
Pedre E (A Co.) 3 A 3
Pedre E (Po.) 14 B 5
Pedreda E (Lu.) 15 D 2
Pedredo E (Can.) 21 B 1
Pedregais P (Br.) 54 B 1

Petilla de Aragón


Petilla de Aragón E (Na.) 45 D2
Petimão P (Br.) 54 D3
Petín E (Our.) 36 B2
Petisqueira P (Bra.) 57 B1
Petra E (Bal.) 92 B3
Petrer E (Ali.) 156 C1
Petrés E (Val.) 125 B2
Pétrola E (Alb.) 139 B4
Peuso P (Ave.) 74 C2
Peva P (Guar.) 76 C4
Peva P (Vis.) 75 B3
Pexeirós E (Our.) 35 B5
Peza, La E (Gr.) 168 C5
Pezuela de las Torres E (Mad.) 102 C2
Pi E (Ll.) 50 B2
Pi de Sant Just, El E (Ll.) 50 A5
Pia Furada P (Lei.) 93 D4
Piantón E (Ast.) 4 C3
Pías E (Lu.) 15 D2
Pías E (Po.) 34 B3
Pías E (Zam.) 36 C4
Pias P (Be.) 145 B4
Pias P (Év.) 129 B5
Pias P (San.) 112 A1
Pias P (V. C.) 34 B4
Piasca E (Can.) 20 B2
Pica P (Lei.) 94 C4
Pica, La E (Huel.) 146 C5
Picadas, Las, lugar E (Mad.) 100 D2
Picadoiro P (Co.) 94 C2
Picamilho P (Lei.) 111 B1
Picamoixons E (Ta.) 69 C5
Picanceira P (Lis.) 126 B1
Picanya E (Val.) 125 A4
Picão P (Vis.) 75 A2
Piçarras P (Be.) 160 B1
Piçarras P (Év.) 127 C4
Picassent E (Val.) 125 A4
Picazo E (Gua.) 83 B5
Picazo, El E (Cu.) 122 B4
Picena E (Gr.) 183 A2
Pico P (Br.) 54 B1
Pico da Pedra P (Aç.) 109 B4
Pico de Regalados P (Br.) 54 B1
Picões P (Bra.) 56 C5
Picoitos P (Be.) 161 B2
Picón E (C. R.) 135 A2
Piconcillo E (Cór.) 148 D3
Picones E (Sa.) 77 B2
Picoña E (Po.) 34 A3
Picota E (A Co.) 13 C2
Picota P (Fa.) 174 B2
Picote P (Bra.) 57 C4
Picoteira Monte P (C. B.) 113 A2
Picoto P (Ave.) 73 D5
Picoto P (Lei.) 93 B5
Picotos E (A Co.) 13 D1
Picouto E (Our.) 35 A3
Pido E (Can.) 20 A2
Pidre E (Po.) 34 A1
Piedade P (Aç.) 109 C3
Piedade P (Ave.) 74 A5
Piedeloro E (Ast.) 6 C3
Piedra Amarilla, La E (Alm.) 170 B4
Piedra de la Sal, lugar E (Sev.) 164 C2
Piedra, La E (Bur.) 21 C5
Piedrabuena E (C. R.) 134 D2
Piedraceda E (Ast.) 18 C1
Piedraescrita E (To.) 118 A3
Piedrafita E (Le.) 18 D2
Piedrafita de Babia E (Le.) 17 D3
Piedrafita de Jaca E (Hues.) 27 A5
Piedrahita E (Áv.) 99 A1
Piedrahita E (Can.) 10 A4
Piedrahita E (Te.) 85 D2
Piedrahita de Castro E (Zam.) 58 C2
Piedralá E (C. R.) 119 A5
Piedralaves E (Áv.) 100 A2
Piedralba E (Le.) 38 A2
Piedramillera E (Na.) 24 A5
Piedras Albas E (Các.) 114 C1
Piedras Albas E (Le.) 37 C2
Piedras Blancas E (Ast.) 6 B3
Piedras
Blancas, Las, lugar E (Alm.) 183 C1
Piedrasluengas E (Pa.) 20 C2
Piedratajada E (Zar.) 46 B4
Piedros, Los E (Cór.) 166 B4
Piera E (Bar.) 70 B3
Piérnigas E (Bur.) 42 B1
Pieros E (Le.) 17 A5
Pigara E (Lu.) 3 C5
Pigeiros P (Ave.) 74 A2
Pil·larí, Es E (Bal.) 91 D4
Pilado P (Lei.) 93 B5
Pilancón E (Alm.) 169 C4
Pilar de Jaravia E (Alm.) 171 B4
Pilar de la Horadada E (Ali.) 172 C1
Pilar de la Mola E (Bal.) 90 D5
Pilar, El E (Alm.) 184 C1
Pilarejo E (Mál.) 181 A3
Pilas E (Sev.) 163 B4
Pilas de Algaida E (Gr.) 181 A2
Pilas Dedil E (Gr.) 181 A2
Piles E (Val.) 141 C2
Piles, les E (Ta.) 69 D3
Piloñeta E (Ast.) 7 A4
Piloño E (Po.) 14 C3
Pilzán E (Hues.) 48 B4
Pillarno E (Ast.) 6 B3
Pimiango E (Ast.) 8 C4
Pina E (Bal.) 92 A3
Pina de Ebro E (Zar.) 66 D4
Pina de Montalgrao E (Cas.) 106 C5
Pinar de Antequera E (Vall.) 60 A3
Pinar de
Campoverde, El E (Ali.) 156 C5
Pinar de la
Vidriera, lugar E (Gr.) 153 C4
Pinar de Simancas E (Vall.) 60 A3
Pinar, El E (S.Cruz T.) 194 C5
Pinar, El E (S.Cruz T.) 193 B2
Pinar, El E (Ta.) 89 B1
Pinar, El E (Vall.) 60 A3
Pinarejo E (Cu.) 121 D3
Pinarejos E (Seg.) 80 D1
Pinarnegrillo E (Seg.) 81 A1
Pindelo P (Ave.) 74 A2
Pindelo P (Vis.) 74 C2
Pindelo P (Vis.) 74 D5
Pindelo dos Milagres P (Vis.) 74 D3
Pindo P (Vis.) 75 B4
Pindo, O E (A Co.) 13 B2
Pineda de Bages E (Bar.) 70 C1
Pineda de Gigüela E (Cu.) 103 C4
Pineda de la Sierra E (Bur.) 42 B3
Pineda de Mar E (Bar.) 71 D2
Pineda, La E (Bar.) 70 A1
Pineda, La E (Ta.) 89 C1
Pinedas E (Sa.) 98 A1
Pinedas, Las E (Cór.) 165 D2
Pineda-Trasmonte E (Bur.) 61 D1
Pinedillo E (Bur.) 41 C5
Pinedo E (Val.) 125 B4
Pinela P (Bra.) 56 D2
Pinelo P (Bra.) 57 B2
Pinell de Brai, el E (Ta.) 88 C2
Pinell de Solsonès E (Ll.) 49 D5
Pinet E (Val.) 141 B2
Pinhal P (Lei.) 110 D3
Pinhal P (San.) 111 D1
Pinhal do Douro P (Bra.) 76 A1
Pinhal do Norte P (Bra.) 56 A5
Pinhal Novo P (Set.) 127 A4
Pinhanços P (Guar.) 95 B1
Pinhão P (V. R.) 55 C5
Pinhão Cele P (V. R.) 55 C4
Pinheirinho P (Vis.) 94 C1
Pinheirinhos P (Set.) 126 C5
Pinheiro P (Ave.) 74 A4
Pinheiro P (Br.) 54 D2
Pinheiro P (Co.) 93 D3
Pinheiro P (Fa.) 175 A3
Pinheiro P (Guar.) 75 C3
Pinheiro P (Port.) 74 B1
Pinheiro P (Set.) 127 B5
Pinheiro P (Vis.) 94 B1
Pinheiro P (Vis.) 74 D2
Pinheiro da Bemposta P (Ave.) 74 A3
Pinheiro da Cõja P (Co.) 94 D2
Pinheiro da Cruz P (Set.) 143 B2
Pinheiro de Ázere P (Vis.) 94 C1
Pinheiro de Lafões P (Vis.) 74 C4
Pinheiro de Loures P (Lis.) 126 C2
Pinheiro Grande P (San.) 112 A3
Pinheiro Novo P (Bra.) 36 B5
Pinheiros P (Lei.) 93 C5
Pinheiros P (Lei.) 111 B1
Pinheiros P (San.) 112 A1
Pinheiros P (Set.) 126 D4
Pinheiros P (V. C.) 34 B4
Pinheiros P (Vis.) 75 C1
Pinhel P (Guar.) 76 B4
Pinho P (V. R.) 55 C2
Pinho P (Vis.) 74 D3
Pinhovelo P (Bra.) 56 C3
Pinilla E (Alb.) 154 A1
Pinilla E (Alb.) 139 B4
Pinilla E (Mu.) 154 C5
Pinilla Ambroz E (Seg.) 80 D2
Pinilla de Fermoselle E (Zam.) 57 C4
Pinilla de Jadraque E (Gua.) 83 A2
Pinilla de la Valdería E (Le.) 38 A3
Pinilla de
los Barruecos E (Bur.) 62 B1
Pinilla de los Moros E (Bur.) 42 B5
Pinilla de Molina E (Gua.) 84 C5
Pinilla de Toro E (Zam.) 59 A3
Pinilla del Campo E (So.) 64 B2
Pinilla del Olmo E (So.) 63 C5
Pinilla del Valle E (Mad.) 81 C3
Pinilla, La E (Mu.) 171 D2
Pinilla, lugar E (Alb.) 137 C4
Pinilla-Trasmonte E (Bur.) 61 D1
Pinillo, El E (Las P.) 191 A2
Pinillos E (La R.) 43 C4
Pinillos de Esgueva E (Bur.) 61 C1
Pinillos de Polendos E (Seg.) 81 A2
Pino E (Lu.) 3 D5
Pino E (Zam.) 57 D3
Pino Alto E (S.Cruz T.) 196 A3
Pino de Bureba E (Bur.) 22 B5
Pino de Tormes, El E (Sa.) 78 B2
Pino de Viduerna E (Pa.) 20 B4
Pino del Río E (Pa.) 20 A5
Pino do Val E (A Co.) 13 C2
Pino Santo E (Las P.) 191 C2
Pino, El E (Ast.) 19 A2
Pino, El E (Các.) 113 D4
Pino, O E (A Co.) 14 C2
Pinofranqueado E (Các.) 97 C2
Pinos E (Le.) 18 B3
Pinós E (Ll.) 70 A1
Pinos del Valle E (Gr.) 182 A3
Pinos Genil E (Gr.) 182 A1
Pinos Puente E (Gr.) 167 D5
Pinós, el → Pinoso E (Ali.) 156 A2
Pinoso/Pinós, el E (Ali.) 156 A2
Pinseque E (Zar.) 65 D2
Pinsoro E (Zar.) 45 C4
Pintado P (San.) 112 A1
Pintainhos P (San.) 111 D3
Pintano E (Zar.) 46 A1
Pintás E (Our.) 35 B5
Pinténs E (Po.) 33 D2
Pinto E (Mad.) 101 D3
Pintueles E (Ast.) 7 B4
Pinya, La E (Gi.) 51 B3
Pinzio P (Guar.) 76 B5
Pinzón E (Sev.) 177 D1
Piña de Campos E (Pa.) 40 C3
Piña de Esgueva E (Vall.) 60 C2
Piñar E (Gr.) 168 B4
Piñas, Las E (Cád.) 186 C4
Piñeira E (Lu.) 35 D1
Piñeira E (Lu.) 15 D4
Piñeira E (Lu.) 4 C3
Piñeira E (Lu.) 16 B1
Piñeira de Arcos E (Our.) 35 B3
Piñeiro E (A Co.) 3 A1
Piñeiro E (A Co.) 1 D5
Piñeiro E (A Co.) 14 A2
Piñeiro E (A Co.) 14 B1
Piñeiro E (A Co.) 2 D3
Piñeiro E (A Co.) 14 B3
Piñeiro E (Lu.) 15 C5
Piñeiro E (Lu.) 16 A2
Piñeiro E (Po.) 33 D2
Piñeiro E (Po.) 33 D4
Piñeiro E (Po.) 33 D1
Piñeiro E (Po.) 14 C4
Piñeiro E (Po.) 14 A4
Piñeiros E (A Co.) 2 D3
Piñel de Abajo E (Vall.) 61 A2
Piñel de Arriba E (Vall.) 61 A2
Piñera E (Ast.) 5 B3
Piñera E (Ast.) 6 C3
Piñera E (Ast.) 4 D3
Piñera, La E (Ast.) 6 B5
Piñera, La E (Ast.) 6 C3
Piñeres E (Ast.) 18 D1
Piñero, El E (Zam.) 58 D5
Piñor E (Our.) 35 A1
Piñuécar E (Mad.) 81 D2
Piñuel E (Zam.) 58 A5
Piñuelas, Los E (Mu.) 172 B2
Pío de Sajambre E (Le.) 19 D2
Piódão P (Co.) 95 A2
Piornal E (Các.) 98 B4
Piornedo E (Le.) 18 D2
Piornedo E (Our.) 36 A4
Pioz E (Gua.) 102 C1
Pipa P (Lis.) 126 D1
Pipaón E (Ál.) 43 B1
Pipaona E (La R.) 44 A3
Piquera de
San Esteban E (So.) 62 C4
Piqueras E (Gua.) 84 D5
Piqueras del Castillo E (Cu.) 122 B2
Piquillo, El, lugar E (Mad.) 100 C3
Piquín E (Lu.) 4 B5
Pira E (Ta.) 69 C4
Piracés E (Hues.) 47 A5
Pisão P (Co.) 94 D2
Pisão P (Co.) 94 A2
Pisão P (Por.) 113 B5
Pisão P (Por.) 128 D1
Pisão P (Vis.) 74 C3
Pisão P (Vis.) 75 A5
Piscifactoría E (Gua.) 83 C3
Pisões P (Be.) 145 A4
Pisões P (C. B.) 112 D1
Pisões P (Lei.) 94 C4
Pisões P (Lei.) 111 A1
Pisões P (V. R.) 55 A1
Pisón de Castrejón E (Pa.) 20 B4
Pisoria P (C. B.) 95 A4
Pisueña E (Can.) 21 D1
Pita P (San.) 128 A1
Pitarque E (Te.) 86 D5
Piteira E (Our.) 35 A1
Pitiegua E (Sa.) 78 D2
Pitillas E (Na.) 45 A2
Pitões das Junias P (V. R.) 35 A5
Pitres E (Gr.) 182 B3
Piúgos E (Lu.) 15 D2
Pixeiros E (Our.) 36 B4
Pizarra E (Mál.) 180 A4
Pizarral E (Sa.) 78 C5
Pizarrera, La E (Mad.) 101 A1
Pizarro E (Các.) 132 B1
Pla d'Amunt E (Gi.) 51 D4
Pla d'Avall E (Gi.) 51 D4
Pla de Baix E (Gi.) 52 A4
Pla de la Font, el E (Ll.) 68 B2
Pla de la Vallonga E (Ali.) 156 D2
Pla de Manlleu, el E (Ta.) 70 A4
Pla de na Tesa, Es E (Bal.) 91 C3
Pla de Sant Josep E (Ali.) 156 C3
Pla de Sant Tirs, el E (Ll.) 49 D2
Pla de Santa Maria, el E (Ta.) 69 D4
Pla del Castell, el E (Bar.) 70 C3
Pla del Penedès, el E (Bar.) 70 B4
Pla del Remei, El E (Bar.) 71 C1
Pla del Temple E (Bar.) 71 C1
Pla, El E (Bar.) 71 C2
Pla, El E (Bar.) 71 B2
Pla, El E (Bar.) 70 A2
Pla, el E (Cas.) 107 C3
Placa, La E (Le.) 37 B1
Placencia de las
Armas → Soraluze E (Gui.) 23 D1
Plademont E (Gi.) 51 D4
Pladevall E (Gi.) 51 C3
Pladevall E (Gi.) 51 D4
Plan E (Hues.) 28 A5
Plan, El E (Mu.) 172 B2
Plana del Pont Nou, La E (Bar.) 70 C1
Plana, la E (Ta.) 89 C1
Planas, Las E (Te.) 87 B4
Planassa, La E (Bar.) 70 D3
Planes E (Ali.) 141 B4
Planes d'Hostoles, les E (Gi.) 51 C4
Planes, les E (Bar.) 71 A4
Planoles E (Gi.) 50 D2
Plans, els E (Ali.) 157 D1
Plasencia E (Các.) 97 D4
Plasencia de Jalón E (Zar.) 65 C2
Plasencia del Monte E (Hues.) 46 C3
Plasenzuela E (Các.) 115 D4
Platera, La E (J.) 153 B3
Platja → Playa E (Val.) 141 C3
Platja d'Alcúdia E (Bal.) 92 B1
Platja d'Aro E (Gi.) 52 C5
Platja de Calafell, La E (Ta.) 70 A5
Platja del Francàs, La E (Ta.) 90 A1
Platja, la → Playa, La E (Cas.) 108 A4
Platosa, La, lugar E (Sev.) 165 A4
Playa Blanca E (Las P.) 192 A5
Playa de Arinaga E (Las P.) 191 D3
Playa
de las Américas E (S.Cruz T.) 195 C5
Playa de Melenara E (Las P.) 191 D2
Playa de Mogán, La E (Las P.) 191 B3
Playa de San Juan E (S.Cruz T.) 195 C4
Playa de San Nicolás E (Las P.) 191 A2
Playa de Santiago E (S.Cruz T.) 194 C2
Playa del Inglés E (Las P.) 191 C4
Playa del Matorral E (Las P.) 189 C5
Playa del Sol-Villacana E (Mál.) 187 D2
Playa Honda E (Las P.) 192 C4
Playa Muchavista E (Ali.) 157 D1
Playa, La/Platja, la E (Cas.) 108 A4
Playa/Platja E (Val.) 141 C3
Playas de Chacón E (Zar.) 67 C5
Playitas, Las E (Las P.) 190 A4
Plaza, La (Teverga) E (Ast.) 18 A1
Pleitas E (Zar.) 65 D2
Plenas E (Zar.) 86 A2
Plentzia E (Viz.) 11 A4
Pliego E (Mu.) 155 B5
Plines E (Gr.) 181 A1
Plou E (Te.) 86 B2
Pó P (Lei.) 110 C4
Poago E (Ast.) 6 C3
Poal, El E (Bar.) 70 C1
Poal, el E (Ll.) 69 A2
Pobar E (So.) 64 A1
Pobeña E (Viz.) 10 C5
Pobes E (Ál.) 23 A4
Pobla de
Benifassà, la →
Puebla de Benifasar E (Cas.) 88 A5
Pobla de Cérvoles, la E (Ll.) 69 A4
Pobla de Claramunt, la E (Bar.) 70 B3
Pobla de Farnals, la E (Val.) 125 B3
Pobla de Lillet, la E (Bar.) 50 C2
Pobla de Mafumet, la E (Ta.) 89 C1
Pobla de Massaluca, la E (Ta.) 88 B1
Pobla de Montornès, la E (Ta.) 89 D1
Pobla de Segur, la E (Ll.) 49 A3
Pobla de Vallbona, la E (Val.) 124 D3
Pobla del Duc, la E (Val.) 141 A3
Pobla Llarga, la E (Val.) 141 A1
Pobla Tornesa, la E (Cas.) 107 D4
Pobla, Sa E (Bal.) 92 A2
Población de Arreba E (Bur.) 21 C3
Población de Arroyo E (Pa.) 39 D2
Población de Campos E (Pa.) 40 C3
Población de Cerrato E (Pa.) 60 C2
Población de Soto E (Pa.) 40 B2
Poblachuela, La, lugar E (C. R.) 135 B3
Poblado C.N.V E (Bad.) 117 B5
Poblado de Alfonso XIII E (Sev.) 177 D1
Poblado de Potasas E (Na.) 25 A5
Poblado del Iara E (J.) 151 C5
Poblado Permanente
de Hidroeléctrica
Española E (Các.) 114 C1
Poblado San Julián E (J.) 150 D5
Poblados Marítimos/
Port de Borriana, el E (Cas.) 125 C1
Pobladura de Aliste E (Zam.) 57 C1
Pobladura de Fontecha E (Le.) 38 C2
Pobladura de la Sierra E (Le.) 37 C2
Pobladura de la Tercia E (Le.) 18 C3
Pobladura
de las Regueras E (Le.) 17 D5
Pobladura de Luna E (Le.) 18 B3
Pobladura
de Pelayo García E (Le.) 38 C3
Pobladura de Somoza E (Le.) 17 A5
Pobladura de Sotiedra E (Vall.) 59 B2
Pobladura
de Valderaduey E (Zam.) 58 D2
Pobladura de Yuso E (Le.) 38 A3
Pobladura
del Bernesga E (Le.) 18 D5
Pobladura del Valle E (Zam.) 38 C4
Poblenou →
Pueblo Nuevo E (Val.) 125 A3
Poblenou
de Benitatxell, el →
Benitachell E (Ali.) 142 A4
Poblenou del Delta, El E (Ta.) 88 D5
Poblenou, El E (Gi.) 52 A2
Pobles, les E (Ta.) 89 B2
Pobles, les E (Ta.) 69 D4
Poble-sec, El E (Bar.) 51 A4
Poble-sec, El E (Ll.) 49 D2
Poblet E (Ta.) 69 B4
Poblete E (C. R.) 135 B3
Poblets, els E (Ali.) 141 D3
Pobo de Dueñas, El E (Gua.) 85 A4
Pobo, El E (Te.) 106 B1
Poboleda E (Ta.) 69 A5
Pobra de Brollón, A/
Puebla del Brollón E (Lu.) 16 A5
Pobra de Burón, A E (Lu.) 16 C1
Pobra de San Xulián
(Láncara) E (Lu.) 16 A3
Pobra de Trives, A E (Our.) 36 B2
Pobra do Caramiñal/
Puebla del Caramiñal E (A Co.) 13 C4
Pocariça P (Co.) 93 D1

Pozo de Almoguera

Pocariça P (Lis.) 110 D5
Poceirão P (Set.) 127 B4
Pocicas-Galeras, Las E (Alm.) 170 B4
Pocico, El E (Alm.) 170 C5
Pocico, El E (Gr.) 169 A5
Pocicos, Los E (Alb.) 138 C4
Pocinho P (Fa.) 175 B2
Pocinho P (Guar.) 76 B1
Poço P (Ave.) 94 A1
Poço da Chainça P (Lei.) 111 B2
Poço do Canto P (Guar.) 76 A2
Poço Longo P (Fa.) 174 D3
Poço Velho P (Guar.) 76 D5
Podame P (V. C.) 34 B4
Podence P (Bra.) 56 C3
Podentes E (Our.) 35 A3
Podentes P (Co.) 94 A3
Podes E (Ast.) 6 B2
Poiares P (Bra.) 76 D2
Poiares P (V. C.) 54 A2
Poiares P (V. R.) 55 B5
Poio E (Po.) 34 A1
Poios P (Lei.) 93 D4
Pol E (Lu.) 16 A1
Pol E (Our.) 35 A1
Pola de Allande E (Ast.) 5 B5
Pola de Gordón, La E (Le.) 18 D4
Pola de Laviana E (Ast.) 6 D5
Pola de Lena E (Ast.) 18 C1
Pola de Siero E (Ast.) 6 D4
Pola de Somiedo E (Ast.) 17 D2
Pola del Pino E (Ast.) 19 A2
Polaciones E (Can.) 20 C2
Polán E (To.) 119 A1
Polanco E (Can.) 9 B4
Polavieja E (Ast.) 5 B3
Polentinos E (Pa.) 20 C3
Poleñino E (Hues.) 67 A1
Polícar E (Gr.) 168 C5
Polientes E (Can.) 21 B4
Polígono
de Santa María
de Benquerencia E (To.) 119 B1
Polígono Residencial
de Arinaga E (Las P.) 191 D3
Polinyà E (Bar.) 71 A3
Polinyà de Xúquer E (Val.) 141 B1
Polop E (Ali.) 141 C5
Polopos E (Alm.) 184 C2
Polopos E (Gr.) 182 C4
Poloria E (Gr.) 168 A4
Polvacera, La E (S. Cruz T.) 193 C3
Polvoredo E (Le.) 19 C2
Polvorosa P (Por.) 113 A4
Pollença E (Bal.) 92 A1
Pollos E (Vall.) 59 C4
Pomaluengo E (Can.) 9 B5
Pomar de Cinca E (Hues.) 67 D1
Pomar de Valdivia E (Pa.) 21 A4
Pomarão P (Be.) 161 B2
Pomares P (Co.) 95 A2
Pomares P (Guar.) 76 B5
Pombal P (Bra.) 55 D5
Pombal P (Bra.) 56 C4
Pombal P (Lei.) 93 D4
Pombalinho P (Co.) 94 A4
Pombalinho P (San.) 111 D4
Pombar E (Our.) 35 D2
Pombaria P (Lei.) 94 A5
Pombas P (C. B.) 94 C5
Pombeira P (San.) 112 B1
Pombeiras P (Co.) 94 C2
Pombeiro E (Lu.) 35 C1
Pombeiro da Beira P (Co.) 94 C2
Pombeiro de Ribavizela P (Port.) 54 C4
Pombeiros P (Be.) 144 C5
Pombriego E (Le.) 37 A1
Pomer E (Zar.) 64 D3
Pompajuela, lugar E (To.) 117 D1
Pondras P (V. R.) 55 A2
Ponferrada E (Le.) 37 B1
Ponjos E (Le.) 18 A4
Pont d'Armentera, el E (Ta.) 69 D4
Pont de Bar, el E (Ll.) 50 A2
Pont de Claverol, el E (Ll.) 49 A3
Pont de Molins E (Gi.) 52 A2
Pont de Suert, el E (Ll.) 48 D2
Pont de Vilomara, el E (Bar.) 70 C2
Pont del Príncep, el E (Gi.) 52 B2
Pont Major, El E (Gi.) 52 A4
Ponta P (Ma.) 109 B1
Ponta Delgada P (Aç.) 109 B5
Ponta Delgada P (Aç.) 109 A2
Ponta Delgada P (Ma.) 110 B1
Ponta do Pargo P (Ma.) 109 D1
Ponta do Sol P (Ma.) 110 A2
Ponta Garça P (Aç.) 109 C5
Ponte E (Ast.) 5 C4
Ponte E (Lu.) 4 A5
Ponte E (Po.) 14 D4
Ponte P (Br.) 54 B3
Ponte P (Br.) 54 B1
Ponte Beluso E (A Co.) 13 D4
Ponte da Barca P (V. C.) 54 B1
Ponte da Bica P (San.) 111 A3
Ponte da Mucela P (Co.) 94 C2
Ponte de Fajão P (Co.) 94 D3
Ponte de Fora P (Vis.) 74 C4
Ponte de Lima P (V. C.) 54 A1
Ponte de Olo P (V. R.) 55 A4
Ponte de Sôr P (Por.) 112 C5
Ponte de Sótão P (Co.) 94 C3
Ponte de Telhe P (Ave.) 74 C2
Ponte de Vagos P (Ave.) 73 D5
Ponte do Abade P (Vis.) 75 C3
Ponte do Ave P (Port.) 53 D4
Ponte do Celeiro P (San.) 111 C4
Ponte do Porto E (A Co.) 1 B5
Ponte do Reguengo P (San.) 111 B5
Ponte do Rol P (Lis.) 110 C5
Ponte Nafonso, A E (A Co.) 13 D3
Ponte Nefonso E (A Co.) 13 D3
Ponte Noalla E (Our.) 35 B2
Ponte Sampaio E (Po.) 34 A1
Ponte Ulla E (A Co.) 14 C3
Ponte Valga E (Po.) 14 A4
Ponte Veiga E (Our.) 34 D1
Ponte Velha P (Co.) 94 B3
Ponte, A E (Our.) 36 D3
Ponteareas E (Po.) 34 B3
Ponte-Caldelas E (Po.) 34 B1
Ponteceso E (A Co.) 1 D4
Pontecesures E (Po.) 14 A4
Pontedeume E (A Co.) 2 D3
Pontedeva E (Our.) 34 D3
Pontedo E (Le.) 18 D3
Ponteira P (V. R.) 55 A1
Pontejos E (Can.) 9 C4
Pontejos E (Zam.) 58 C4
Pontellas E (A Co.) 2 D4
Pontellas E (Po.) 34 A3
Pontenova, A E (Lu.) 4 B4
Pontepedra E (A Co.) 14 B1
Pontes P (Set.) 127 B5
Pontes de García
Rodríguez, As/
Puentes de
García Rodríguez E (A Co.) 3 B3
Pontevedra E (Po.) 34 A1
Pontevel P (San.) 111 B5
Pontica E (Ast.) 6 D3
Ponticella E (Ast.) 5 A4
Pontido P (V. R.) 55 B3
Pontils E (Ta.) 69 D3
Pontón Alto E (J.) 153 B4
Pontón, El E (Val.) 124 A4
Pontón, El E (Viz.) 22 D1
Pontones E (Can.) 9 D4
Pontones E (J.) 153 B4
Pontons E (Bar.) 70 A4
Pontós E (Gi.) 52 A3
Ponts E (Ll.) 49 C5
Ponzano E (Hues.) 47 C4
Poo E (Ast.) 8 A4
Pópulo P (V. R.) 55 D4
Porciones E (Sa.) 77 C4
Porcuna E (J.) 167 A1
Porches P (Fa.) 173 D2
Poreño E (Ast.) 7 A4
Porís de Abona E (S. Cruz T.) 196 A4
Porley E (Ast.) 17 C1
Porqueira E (Our.) 35 B4
Porquera
de los Infantes E (Pa.) 21 A4
Porquera
de Santullán E (Pa.) 20 D3
Porquera del Butrón E (Bur.) 21 D4
Porqueres E (Gi.) 51 D3
Porqueriza E (Sa.) 78 A2
Porquerizas, lugar E (Cád.) 186 B2
Porqueros E (Le.) 18 A5
Porrais P (Bra.) 56 D4
Porrais P (V. R.) 55 D4
Porreiras P (V. C.) 34 A4
Porrera E (Ta.) 89 A1
Porreres E (Bal.) 92 B4
Porrinheiro P (Vis.) 74 D5
Porriño, O E (Po.) 34 A3
Porrosa, La E (J.) 152 D2
Porrosillo, El E (J.) 152 A3
Porrúa E (Ast.) 8 A4
Port E (Ali.) 142 A4
Port d'Alcúdia, Es E (Bal.) 92 B1
Port de Borriana, el →
Poblados Marítimos E (Cas.) 125 C1
Port de la Selva, el E (Gi.) 52 C1
Port de Pollença E (Bal.) 92 B1
Port de Sagunt, el →
Puerto, El E (Val.) 125 B2
Port, El E (Bal.) 91 C2
Port, El E (Gi.) 52 C1
Port, Es E (Bal.) 91 C2
Port, Es E (Bal.) 91 A4
Porta E (A Co.) 15 A2
Porta E (Val.) 125 A4
Porta Coeli E (Val.) 125 A2
Portagem P (Por.) 113 D4
Portaje E (Các.) 97 A5
Portal, El E (Cád.) 177 C5
Portalegre P (Por.) 113 C4
Portales, Los E (Las P.) 191 C1
Portalrubio E (Te.) 86 A4
Portalrubio
de Guadamajud E (Cu.) 103 C3
Portals Nous E (Bal.) 91 C4
Portazgo, El E (Cór.) 166 D4
Portbou E (Gi.) 52 C1
Portel P (Év.) 145 A2
Portela E (A Co.) 14 A3
Portela E (Po.) 34 A2
Portela E (Po.) 15 B4
Portela E (Po.) 34 A3
Portela E (Po.) 33 D2
Portela E (Po.) 14 A5
Portela E (Po.) 14 B4
Portela P (Ave.) 74 A2
Portela P (Br.) 54 B3
Portela P (Bra.) 56 D1
Portela P (C. B.) 94 C5
Portela P (Co.) 93 D2
Portela P (Lei.) 94 B5
Portela P (Lei.) 110 D4
Portela P (Lis.) 110 D5
Portela P (San.) 112 A3
Portela P (San.) 112 B2
Portela P (V. C.) 34 B5
Portela P (V. C.) 34 B4
Portela P (V. R.) 55 B5
Portela da Teira P (San.) 111 B3
Portela das Cabras P (Br.) 54 A2
Portela de Aguiar E (Le.) 36 D1
Portela
de Portomourisco E (Our.) 36 B2
Portela de São Caetano P (Lei.) 94 A5
Portela de Valcarce, La E (Le.) 16 D5
Portela de Vila Verde P (San.) 112 A1
Portela do Fojo P (Co.) 94 C4
Portela Susã P (V. C.) 53 D1
Portela, A E (Our.) 36 C1
Portelárbol E (So.) 63 D1
Portelas P (Fa.) 173 B2
Portelas P (Lei.) 93 C4
Portelas P (San.) 112 C3
Portelas, Las E (S. Cruz T.) 195 B3
Portelinha P (Set.) 143 C5
Portelinha P (V. C.) 34 D4
Portelo P (Bra.) 37 A5
Portelrubio E (So.) 63 D1
Portell de Morella E (Cas.) 107 B1
Portella, la E (Ll.) 68 C2
Portellada, La E (Te.) 87 D3
Portera, La E (Val.) 124 A4
Portezuelo E (Các.) 115 B1
Portezuelo, El E (S. Cruz T.) 196 B1
Portilla E (Ál.) 23 A5
Portilla E (Cu.) 104 B3
Portilla de la Reina E (Le.) 20 A2
Portilla, La E (Alm.) 170 D5
Portillejo E (Pa.) 40 B1
Portillo E (Sa.) 78 D4
Portillo E (Vall.) 60 B4
Portillo de Soria E (So.) 64 B3
Portillo de Toledo E (To.) 100 D4
Portimão P (Fa.) 173 C2
Portinatx E (Bal.) 89 D3
Portinha P (San.) 112 B1
Portinho da Arrábida P (Set.) 127 A5
Portlligat, lugar E (Gi.) 52 D2
Portman E (Mu.) 172 C3
Porto E (A Co.) 2 D3
Porto E (Our.) 35 C3
Porto E (Zam.) 36 D3
Porto P (Port.) 53 D5
Porto Alto P (San.) 127 A2
Porto Brandão P (Set.) 126 C3
Porto Carreiro P (Co.) 94 D3
Porto Carvalhoso P (Fa.) 174 D2
Porto Colom E (Bal.) 92 C4
Porto Covo P (Set.) 143 A5
Porto Cristo E (Bal.) 92 D3
Porto da Carne P (Guar.) 76 A5
Porto da Cruz P (Ma.) 110 C1
Porto da Espada P (Por.) 113 D4
Porto da Luz P (Lis.) 127 A1
Porto de Bares E (A Co.) 3 D1
Porto de Espasante E (A Co.) 3 C1
Porto de Lagos P (Fa.) 173 C2
Porto de Mendo P (San.) 112 A2
Porto de Mós P (Lei.) 111 B2
Porto de Muge P (San.) 111 B5
Porto de Ovelha P (Guar.) 76 C5
Porto de Santa Cruz E (A Co.) 2 C4
Porto do Barqueiro E (A Co.) 3 C1
Porto do Carro P (Co.) 94 A2
Porto do Carro P (Lei.) 111 B1
Porto do Son E (A Co.) 13 C4
Porto Formoso P (Aç.) 109 C4
Porto Liceia P (Co.) 93 C2
Porto Moniz P (Ma.) 109 D1
Porto Novo P (Ave.) 74 B2
Porto Novo P (Lis.) 110 C5
Porto Petro E (Bal.) 92 C5
Porto Salvo P (Lis.) 126 C3
Porto Santo P (Ma.) 109 C1
Porto Velho P (San.) 112 A1
Portobravo (Lousame) E (A Co.) 13 D3
Portocarrero E (Alm.) 183 D1
Pòrtol E (Bal.) 91 D3
Portomar P (Co.) 73 C5
Portomarín E (Lu.) 15 C3
Portomeiro E (A Co.) 14 A2
Portomouro E (A Co.) 14 A2
Portonovo E (Po.) 33 D1
Portos dos Fusos P (C. B.) 94 B5
Portosín E (A Co.) 13 C3
Portua E (Gui.) 12 D4
Portugalete E (A Co.) 13 B3
Portugalete E (Viz.) 10 D5
Pórtugos E (Gr.) 182 C2
Portunhos P (Co.) 93 D2
Portús, El E (Mu.) 172 B3
Portuzelo P (V. C.) 53 D1
Porvenir
de la Industria E (Cór.) 149 A2
Porvorais P (Co.) 94 C3
Porzomillos E (A Co.) 2 D4
Porzuna E (C. R.) 135 A1
Posada E (Ast.) 5 C5
Posada E (Ast.) 8 A4
Posada de la Valduerna E (Le.) 38 A2
Posada de Llanera E (Ast.) 6 C4
Posada de Valdeón E (Le.) 19 D1
Posada del Bierzo E (Le.) 37 A1
Posadas E (Cór.) 165 C1
Posadas Ricas E (J.) 151 D5
Posadilla E (Cór.) 149 A3
Posadilla de la Vega E (Le.) 38 B2
Posmarcos E (A Co.) 13 C4
Possacos P (V. R.) 56 A2
Possanco P (Set.) 143 B1
Posto Fiscal do Caia P (Por.) 130 B3
Potes E (Can.) 20 B1
Potiche E (Alb.) 138 B5
Potries E (Val.) 141 C3
Pouca Pena P (Co.) 93 D3
Poulo E (A Co.) 14 C1
Poulo E (Our.) 34 D3
Pousa E (Our.) 35 D5
Pousa P (Br.) 54 A2
Pousa Foles P (Co.) 94 A3
Pousada E (Lu.) 16 B3
Pousada E (Lu.) 4 A5
Pousada E (Lu.) 16 B2
Pousada E (Lu.) 4 B3
Pousada E (Po.) 14 C5
Pousada E (Po.) 34 A2
Pousada P (Br.) 54 B2
Pousada P (Port.) 74 D1
Pousada de Saramagos P (Br.) 54 B3
Pousadas P (Co.) 94 A3
Pousadas P (V. R.) 55 A5
Pousadas P (Vis.) 74 C5
Pousadas P (Vis.) 75 B4
Pousade P (Guar.) 76 B5
Pousadela P (Vis.) 75 B3
Pousadouros P (Co.) 94 D2
Pousaflores P (C. B.) 95 B5
Pousaflores P (Lei.) 94 A5
Pousafoles do Bispo P (Guar.) 96 A1
Pousos P (Lei.) 111 C1
Pousos P (San.) 111 D2
Poutena P (Ave.) 93 D1
Poutomillos E (Lu.) 15 C2
Poveda E (Áv.) 99 C1
Poveda de la Obispalía E (Cu.) 103 D5
Poveda de la Sierra E (Gua.) 84 B5
Poveda de las Cintas E (Sa.) 79 B2
Póveda de Soria, La E (So.) 43 C5
Poveda, La, lugar E (Mad.) 100 D3
Povedilla E (Alb.) 137 C4
Póvoa P (Bra.) 57 C3
Póvoa P (Bra.) 56 B5
Póvoa P (C. B.) 112 C1
Póvoa P (Co.) 94 A4
Póvoa P (Co.) 94 B3
Póvoa P (Co.) 94 C3
Póvoa P (Lei.) 111 A2
Póvoa P (Port.) 73 D1
Povoa P (San.) 111 C3
Póvoa P (San.) 112 A1
Póvoa P (Vis.) 75 A1
Póvoa P (Vis.) 75 A3
Póvoa P (Vis.) 75 B3
Póvoa da Catarina P (Vis.) 74 D5
Póvoa da Galega P (Lis.) 126 C2
Póvoa da Isenta P (San.) 111 B5
Póvoa da Palhaça P (C. B.) 95 D3
Póvoa da Pégada P (Vis.) 74 D5
Póvoa da Rainha P (Guar.) 75 B5
Povoa da Ribeira
Sardeira P (C. B.) 94 C5
Póvoa das Chãs P (Ave.) 74 B3
Póvoa das Leiras P (Vis.) 74 C3
Póvoa de Abraveia P (Co.) 94 B3
Póvoa de Agrações P (V. R.) 55 D2
Póvoa de Atalaia P (C. B.) 95 C4
Póvoa de Cebeçais P (Vis.) 74 D4
Póvoa de Cervães P (Vis.) 75 B5
Póvoa de Lanhoso P (Br.) 54 C2
Póvoa de Lila P (V. R.) 56 A3
Póvoa de Luzianes P (Vis.) 75 A5
Póvoa de Midões P (Co.) 94 D1
Póvoa de Mós P (San.) 111 C3
Póvoa de Pegas P (Co.) 94 A3
Póvoa de Penafirma P (Lis.) 110 C5
Póvoa de Penela P (Vis.) 75 D1
Póvoa de Rio
de Moinhos P (C. B.) 95 C5
Póvoa de Santa
Cristina P (Co.) 93 D2
Póvoa de Santa Iria P (Lis.) 126 D2
Póvoa de Santarém P (San.) 111 C4
Póvoa de Santo Adrião P (Lis.) 126 D2
Póvoa de Santo António P (Vis.) 74 D5
Póvoa de São Cosme P (Co.) 95 A1
Póvoa de São Miguel P (Be.) 145 C2
Póvoa de Tres P (San.) 111 B4
Póvoa de Varzim P (Port.) 53 D4
Póvoa d'El-Rei P (Guar.) 76 A4
Póvoa do Arcediago P (Vis.) 74 D5
Póvoa do Concelho P (Guar.) 76 A4
Póvoa do Conde P (San.) 111 B4
Povoa do Forno P (Ave.) 73 D5
Póvoa do Manique P (Lis.) 111 B5
Póvoa do Pereiro P (Ave.) 94 A1
Póvoa do Valado P (Ave.) 73 D5
Póvoa dos Mosqueiros P (Vis.) 94 C1
Póvoa dos Sobrinhos P (Vis.) 75 A4
Póvoa e Meadas P (Por.) 113 C3
Póvoa Nova P (Guar.) 95 B1
Póvoa Velha P (Guar.) 95 B1
Povoação P (Aç.) 109 D5
Póvoada Alagoa P (Vis.) 74 D5
Póvoas P (San.) 111 B3
Povolide P (Vis.) 75 A4
Poyales del Hoyo E (Áv.) 99 B3
Poyata, La E (Cór.) 167 A4
Poyatos E (Cu.) 104 B2
Poyo del Cid, El E (Te.) 85 C3
Poyo, El E (Zam.) 57 C1
Poyos, Los, lugar E (Alb.) 153 D4
Poza de la Sal E (Bur.) 22 A5
Poza de la Vega E (Pa.) 40 A1
Pozal de Gallinas E (Vall.) 60 A5
Pozáldez E (Vall.) 59 D5
Pozalmuro E (So.) 64 B2
Pozán de Vero E (Hues.) 47 C4
Pozanco E (Áv.) 80 B4
Pozancos E (Gua.) 83 B2
Pozo Alcón E (J.) 169 A2
Pozo Aledo E (Mu.) 172 C1
Pozo Bueno E (Alb.) 139 A4
Pozo Cano, lugar E (Alb.) 154 D1
Pozo de Abajo, lugar E (Alb.) 153 C1
Pozo de Almoguera E (Gua.) 102 D2

Pozo de Guadalajara


| | | | | |
|---|---|---|---|---|
| Pozo de Guadalajara | E | (Gua.) | 102 | C 1 |
| Pozo de la Higuera | E | (Mu.) | 171 | A 4 |
| Pozo de la Peña | E | (Alb.) | 139 | A 3 |
| Pozo de la Rueda, lugar | E | (Gr.) | 170 | A 2 |
| Pozo de la Serna | E | (C. R.) | 136 | C 4 |
| Pozo de los Frailes | E | (Alm.) | 184 | C 4 |
| Pozo de Urama | E | (Pa.) | 39 | D 3 |
| Pozo del Camino | E | (Huel.) | 175 | D 2 |
| Pozo del Capitán, lugar | E | (Alm.) | 184 | C 3 |
| Pozo del Esparto, El | E | (Alm.) | 171 | B 5 |
| Pozo del Lobo | E | (Alm.) | 169 | D 4 |
| Pozo Estrecho | E | (Mu.) | 172 | B 2 |
| Pozo Iglesias | E | (Gr.) | 169 | D 3 |
| Pozo Izquierdo | E | (Las P.) | 191 | D 3 |
| Pozoamargo | E | (Cu.) | 122 | B 5 |
| Pozoantiguo | E | (Zam.) | 59 | A 3 |
| Pozoblanco | E | (Cór.) | 149 | D 2 |
| Pozo-Cañada | E | (Alb.) | 139 | A 4 |
| Pozohondo | E | (Alb.) | 138 | C 4 |
| Pozo-Lorente | E | (Alb.) | 139 | B 2 |
| Pozondón | E | (Te.) | 105 | B 1 |
| Pozorrubio de Santiago | E | (Cu.) | 121 | A 1 |
| Pozos | E | (Le.) | 37 | C 3 |
| Pozos de Hinojo | E | (Sa.) | 77 | B 3 |
| Pozos de Mondar | E | (Sa.) | 78 | A 2 |
| Pozoseco | E | (Cu.) | 122 | C 4 |
| Pozuel de Ariza | E | (Zar.) | 64 | B 5 |
| Pozuel del Campo | E | (Te.) | 85 | B 4 |
| Pozuelo | E | (Alb.) | 138 | B 4 |
| Pozuelo de Alarcón | E | (Mad.) | 101 | C 2 |
| Pozuelo de Aragón | E | (Zar.) | 65 | B 2 |
| Pozuelo de Calatrava | E | (C. R.) | 135 | C 3 |
| Pozuelo de la Orden | E | (Vall.) | 59 | B 1 |
| Pozuelo de Tábara | E | (Zam.) | 58 | B 1 |
| Pozuelo de Vidriales | E | (Zam.) | 38 | B 5 |
| Pozuelo de Zarzón | E | (Các.) | 97 | B 3 |
| Pozuelo del Páramo | E | (Le.) | 38 | C 4 |
| Pozuelo del Rey | E | (Mad.) | 102 | B 2 |
| Pozuelo, El | E | (Alb.) | 154 | B 1 |
| Pozuelo, El | E | (Cu.) | 84 | A 5 |
| Pozuelo, El | E | (Gr.) | 182 | D 4 |
| Pozuelo, El | E | (Huel.) | 162 | D 2 |
| Pozuelos de Calatrava, Los | E | (C. R.) | 135 | A 3 |
| Pozuelos del Rey | E | (Pa.) | 39 | D 3 |
| Pracais | P | (Co.) | 94 | D 3 |
| Prada | E | (Ast.) | 5 | B 5 |
| Prada | E | (Our.) | 36 | C 2 |
| Prada | P | (Bra.) | 56 | C 1 |
| Prada de la Sierra | E | (Le.) | 37 | C 1 |
| Prada de Valdeón | E | (Le.) | 19 | D 1 |
| Prada, La | E | (Bur.) | 22 | C 4 |
| Pradales | E | (Seg.) | 61 | D 4 |
| Prádanos de Bureba | E | (Bur.) | 42 | B 1 |
| Prádanos de Ojeda | E | (Pa.) | 20 | D 5 |
| Prádanos del Tozo | E | (Bur.) | 21 | B 5 |
| Pradeda | E | (Lu.) | 15 | C 3 |
| Pradejón | E | (La R.) | 44 | B 3 |
| Pradela | E | (Le.) | 16 | D 5 |
| Pradell | E | (Ll.) | 69 | B 1 |
| Pradell | E | (Ta.) | 89 | A 1 |
| Prádena | E | (Seg.) | 81 | D 1 |
| Prádena de Atienza | E | (Gua.) | 82 | D 1 |
| Prádena del Rincón | E | (Mad.) | 82 | A 2 |
| Pradera de Navalhorno, La | E | (Seg.) | 81 | B 3 |
| Prades | E | (Ta.) | 69 | B 5 |
| Pradilla | E | (Gua.) | 84 | D 4 |
| Pradilla | E | (Le.) | 17 | B 5 |
| Pradilla de Ebro | E | (Zar.) | 65 | C 1 |
| Pradillo | E | (La R.) | 43 | B 4 |
| Prado | E | (Ast.) | 7 | C 4 |
| Prado | E | (Our.) | 35 | A 2 |
| Prado | E | (Our.) | 35 | A 5 |
| Prado | E | (Our.) | 35 | D 3 |
| Prado | E | (Po.) | 14 | D 4 |
| Prado | E | (Zam.) | 39 | A 5 |
| Prado | P | (Guar.) | 75 | C 4 |
| Prado | P | (San.) | 111 | B 3 |
| Prado | P | (V. C.) | 34 | C 3 |
| Prado de la Guzpeña | E | (Le.) | 19 | D 4 |
| Prado de Somosaguas | E | (Mad.) | 101 | C 2 |
| Prado del Rey | E | (Cád.) | 178 | C 4 |
| Prado Negro | E | (Gr.) | 168 | B 5 |
| Prado, El | E | (Alm.) | 170 | C 4 |
| Pradoalvar | E | (Our.) | 36 | A 3 |
| Pradocabalos | E | (Our.) | 36 | B 4 |
| Pradochano | E | (Các.) | 97 | C 5 |
| Prado-Gatão | P | (Bra.) | 57 | B 4 |
| Pradolongo | E | (Our.) | 36 | C 3 |
| Pradoluengo | E | (Bur.) | 42 | C 3 |
| Pradomao | E | (Our.) | 35 | D 2 |
| Pradorramisquedo | E | (Our.) | 36 | C 3 |
| Pradorredondo, lugar | E | (Alb.) | 138 | A 3 |
| Pradorrey | E | (Le.) | 38 | A 1 |
| Prados | E | (Seg.) | 80 | D 4 |
| Prados | P | (Guar.) | 75 | D 5 |
| Prados | P | (Guar.) | 76 | A 4 |
| Prados Redondos | E | (Gua.) | 84 | D 4 |
| Prados, Los | E | (Cór.) | 167 | A 4 |
| Prados, Los | E | (Mu.) | 154 | D 4 |
| Pradosegar | E | (Áv.) | 99 | C 1 |
| Pragal | P | (Set.) | 126 | C 3 |
| Prágdena | E | (Cór.) | 166 | C 1 |
| Prahua | E | (Ast.) | 6 | A 3 |
| Praia | P | (Aç.) | 109 | A 1 |
| Praia da Barra | P | (Ave.) | 73 | C 4 |
| Praia da Vieira | P | (Lei.) | 93 | A 5 |
| Praia da Vitoria | P | (Aç.) | 109 | A 5 |
| Praia das Maçãs | P | (Lis.) | 126 | B 2 |
| Praia de Faro | P | (Fa.) | 174 | C 3 |
| Praia de Mira | P | (Co.) | 73 | C 5 |
| Praia do Norte | P | (Aç.) | 109 | A 3 |
| Praia do Ribatejo | P | (San.) | 112 | A 3 |
| Praia Grande | P | (Lis.) | 126 | A 2 |
| Praias do Sado | P | (Set.) | 127 | B 5 |
| Prainha | P | (Aç.) | 109 | C 3 |
| Prat de Comte | E | (Ta.) | 88 | B 2 |
| Prat de Llobregat, el | E | (Bar.) | 71 | A 4 |
| Pratdip | E | (Ta.) | 89 | A 2 |
| Prats de Cerdanya | E | (Ll.) | 50 | C 2 |
| Prats de Lluçanès | E | (Bar.) | 50 | D 4 |
| Prats de Rei, els | E | (Bar.) | 70 | A 2 |
| Pravia | E | (Ast.) | 6 | A 3 |
| Prazeres | P | (Ma.) | 109 | D 1 |
| Prazeres | P | (Por.) | 129 | C 2 |
| Prazins | P | (Br.) | 54 | B 3 |
| Preguiças | P | (Fa.) | 161 | A 4 |
| Preixana | E | (Ll.) | 69 | B 2 |
| Preixens | E | (Ll.) | 69 | B 1 |
| Préjano | E | (La R.) | 44 | A 4 |
| Prelo | E | (Ast.) | 5 | A 4 |
| Premià de Dalt | E | (Bar.) | 71 | B 3 |
| Premià de Mar | E | (Bar.) | 71 | B 3 |
| Prendones | E | (Ast.) | 4 | D 3 |
| Presa | P | (Co.) | 93 | C 1 |
| Presa | P | (Co.) | 93 | D 3 |
| Presa | P | (Port.) | 73 | D 1 |
| Presa | P | (San.) | 112 | C 2 |
| Presa, La | E | (Huel.) | 146 | C 5 |
| Presaras | E | (A Co.) | 15 | A 1 |
| Presas | P | (Ave.) | 74 | B 3 |
| Presencio | E | (Bur.) | 41 | C 4 |
| Preses, les | E | (Gi.) | 51 | C 3 |
| Presillas | E | (Bur.) | 21 | C 4 |
| Presillas, Las | E | (Can.) | 9 | B 5 |
| Presno | E | (Ast.) | 4 | D 3 |
| Presqueira | E | (Po.) | 14 | C 5 |
| Préstimo | P | (Ave.) | 74 | B 4 |
| Pretarouca | P | (Vis.) | 75 | A 1 |
| Prevediños | E | (A Co.) | 14 | C 3 |
| Prexigueiros | E | (Our.) | 34 | D 2 |
| Pría | E | (Ast.) | 7 | D 4 |
| Priandi | E | (Ast.) | 7 | A 4 |
| Priaranza de la Valduerna | E | (Le.) | 37 | D 2 |
| Priaranza del Bierzo | E | (Le.) | 37 | A 1 |
| Priego | E | (Cu.) | 104 | A 2 |
| Priego de Córdoba | E | (Cór.) | 167 | A 4 |
| Primajas | E | (Le.) | 19 | C 3 |
| Primera del Río/ Fábrica de Giner, la | E | (Cas.) | 87 | C 5 |
| Príncipe Alfonso | E | (Ce.) | 188 | B 5 |
| Priorat de la Bisbal, El | E | (Ta.) | 70 | A 5 |
| Priorato, El | E | (Sev.) | 164 | D 2 |
| Priorio | E | (Ast.) | 6 | B 4 |
| Prioro | E | (Le.) | 19 | D 3 |
| Proaza | E | (Ast.) | 6 | B 5 |
| Probaos | E | (A Co.) | 2 | D 5 |
| Proença-a-Nova | P | (C. B.) | 112 | D 1 |
| Proença-a-Velha | P | (C. B.) | 96 | A 4 |
| Proendos | E | (Lu.) | 35 | D 1 |
| Proente | E | (Our.) | 35 | B 3 |
| Progo | E | (Our.) | 36 | A 5 |
| Progreso | E | (Po.) | 14 | A 4 |
| Promediano | E | (Bur.) | 22 | C 4 |
| Prova | P | (Guar.) | 75 | D 3 |
| Provença | P | (Set.) | 143 | B 4 |
| Provencio, El | E | (Cu.) | 121 | C 4 |
| Provesende | P | (Ave.) | 74 | B 2 |
| Provesende | P | (V. R.) | 55 | C 5 |
| Providência, La | E | (Val.) | 125 | A 3 |
| Prozelo | P | (V. C.) | 34 | B 5 |
| Pruit | E | (Bar.) | 51 | C 4 |
| Prullans | E | (Ll.) | 50 | B 2 |
| Pruna | E | (Sev.) | 179 | B 2 |
| Pruneda | E | (Ast.) | 7 | A 4 |
| Pruvia | E | (Ast.) | 6 | C 4 |
| Púbol | E | (Gi.) | 52 | B 4 |
| Pucariça | P | (San.) | 112 | B 3 |
| Puçol | E | (Val.) | 125 | B 2 |
| Pudenza | E | (A Co.) | 13 | C 1 |
| Puebla | E | (A Co.) | 14 | D 1 |
| Puebla de Albortón | E | (Zar.) | 66 | B 5 |
| Puebla de Alcocer | E | (Bad.) | 133 | A 2 |
| Puebla de Alcollarín | E | (Bad.) | 132 | B 1 |
| Puebla de Alfindén | E | (Zar.) | 66 | B 3 |
| Puebla de Almenara | E | (Cu.) | 121 | A 1 |
| Puebla de Almoradiel, La | E | (To.) | 120 | C 3 |
| Puebla de Arenoso | E | (Cas.) | 106 | D 4 |
| Puebla de Arganzón, La | E | (Bur.) | 23 | A 4 |
| Puebla de Argeme | E | (Các.) | 97 | B 5 |
| Puebla de Azaba | E | (Sa.) | 96 | D 1 |
| Puebla de Beleña | E | (Gua.) | 82 | C 3 |
| Puebla de Benifasar/ Pobla de Benifassà, la | E | (Cas.) | 88 | A 5 |
| Puebla de Castro, La | E | (Hues.) | 48 | A 4 |
| Puebla de Cazalla, La | E | (Sev.) | 165 | A 5 |
| Puebla de Don Fadrique | E | (Gr.) | 153 | D 5 |
| Puebla de Don Rodrigo | E | (C. R.) | 134 | B 2 |
| Puebla de Eca | E | (So.) | 63 | D 5 |
| Puebla de Fantova, La | E | (Hues.) | 48 | B 3 |
| Puebla de Guzmán | E | (Huel.) | 161 | D 2 |
| Puebla de Híjar, La | E | (Te.) | 87 | A 1 |
| Puebla de la Calzada | E | (Bad.) | 130 | D 3 |
| Puebla de la Parrilla | E | (Cór.) | 165 | B 1 |
| Puebla de la Reina | E | (Bad.) | 131 | D 4 |
| Puebla de la Sierra | E | (Mad.) | 82 | A 2 |
| Puebla de Lillo | E | (Le.) | 19 | B 2 |
| Puebla de los Infantes, La | E | (Sev.) | 165 | A 1 |
| Puebla de Montalbán, La | E | (To.) | 118 | C 1 |
| Puebla de Mula, La | E | (Mu.) | 155 | C 4 |
| Puebla de Obando | E | (Bad.) | 130 | D 1 |
| Puebla de Parga | E | (Lu.) | 3 | B 5 |
| Puebla de Pedraza | E | (Seg.) | 81 | B 1 |
| Puebla de Roda, La | E | (Hues.) | 48 | B 2 |
| Puebla de San Medel | E | (Sa.) | 98 | C 1 |
| Puebla de San Miguel | E | (Val.) | 105 | D 4 |
| Puebla de Sanabria | E | (Zam.) | 37 | A 4 |
| Puebla de Sancho Pérez | E | (Bad.) | 147 | B 1 |
| Puebla de Soto | E | (Mu.) | 155 | D 5 |
| Puebla de Valdavia, La | E | (Pa.) | 20 | B 5 |
| Puebla de Valverde, La | E | (Te.) | 106 | B 3 |
| Puebla de Vallés | E | (Gua.) | 82 | B 3 |
| Puebla de Vícar | E | (Alm.) | 183 | C 4 |
| Puebla de Yeltes | E | (Sa.) | 77 | D 5 |
| Puebla del Brollón → Pobra de Brollón, A | E | (Lu.) | 16 | A 5 |
| Puebla del Caramiñal → Pobra do Caramiñal | E | (A Co.) | 13 | C 4 |
| Puebla del Maestre | E | (Bad.) | 147 | D 4 |
| Puebla del Mon, La | E | (Hues.) | 48 | A 4 |
| Puebla del Príncipe | E | (C. R.) | 137 | A 5 |
| Puebla del Prior | E | (Bad.) | 131 | C 5 |
| Puebla del Río, La | E | (Sev.) | 163 | D 5 |
| Puebla del Salvador | E | (Cu.) | 123 | A 3 |
| Puebla, La | E | (Mu.) | 172 | C 2 |
| Pueblanueva, La | E | (To.) | 100 | A 5 |
| Pueblica de Campeán | E | (Zam.) | 58 | B 4 |
| Pueblica de Valverde | E | (Zam.) | 38 | B 5 |
| Pueblo Blanco | E | (Alm.) | 184 | C 3 |
| Pueblo Nuevo/ Poblenou | E | (Val.) | 125 | A 3 |
| Pueblo, El | E | (Ast.) | 6 | C 2 |
| Pueblonuevo de Miramontes | E | (Các.) | 99 | A 4 |
| Pueblonuevo del Bullaque | E | (C. R.) | 118 | D 5 |
| Pueblonuevo del Guadiana | E | (Bad.) | 130 | C 2 |
| Puelles | E | (Ast.) | 7 | A 4 |
| Puendeluna | E | (Zar.) | 46 | B 4 |
| Puente Abajo, lugar | E | (Gr.) | 169 | B 3 |
| Puente Almuhey | E | (Le.) | 19 | D 4 |
| Puente Arriba | E | (Gr.) | 169 | C 2 |
| Puente Botero | E | (Mu.) | 171 | A 2 |
| Puente Carrera | E | (Huel.) | 175 | C 2 |
| Puente de Alba | E | (Le.) | 18 | D 4 |
| Puente de Domingo Flórez | E | (Le.) | 36 | D 2 |
| Puente de Don Juan | E | (Cu.) | 122 | B 5 |
| Puente de Génave | E | (J.) | 153 | B 2 |
| Puente de la Sierra | E | (J.) | 167 | D 2 |
| Puente de Montañana | E | (Hues.) | 48 | C 4 |
| Puente de Órbigo | E | (Le.) | 38 | B 1 |
| Puente de Sabiñánigo, El | E | (Hues.) | 47 | A 1 |
| Puente de Salia | E | (Mál.) | 181 | A 3 |
| Puente de San Miguel | E | (Can.) | 9 | B 4 |
| Puente de Vadillos | E | (Cu.) | 104 | B 1 |
| Puente del Arzobispo, El | E | (To.) | 117 | B 1 |
| Puente del Congosto | E | (Sa.) | 98 | D 1 |
| Puente del Obispo | E | (J.) | 152 | A 5 |
| Puente del Rey | E | (Le.) | 17 | A 5 |
| Puente del Río | E | (Alm.) | 183 | A 4 |
| Puente Duero-Esparragal | E | (Vall.) | 60 | A 3 |
| Puente Genil | E | (Cór.) | 166 | A 4 |
| Puente la Reina de Jaca | E | (Hues.) | 46 | B 1 |
| Puente la Reina/Gares | E | (Na.) | 24 | D 5 |
| Puente Madre | E | (La R.) | 43 | D 2 |
| Puente Mayorga | E | (Cád.) | 187 | A 4 |
| Puente Nuevo | E | (J.) | 167 | D 1 |
| Puente Pasico | E | (Mu.) | 171 | A 2 |
| Puente Romano | E | (Cád.) | 187 | A 4 |
| Puente Tocinos | E | (Mu.) | 156 | A 5 |
| Puente Viesgo | E | (Can.) | 9 | B 5 |
| Puente, El | E | (Can.) | 10 | B 5 |
| Puente, El | E | (Zam.) | 37 | A 4 |
| Puente-Arenas | E | (Bur.) | 22 | A 4 |
| Puentedey | E | (Bur.) | 21 | D 3 |
| Puentedura | E | (Bur.) | 42 | A 5 |
| Puentelarra | E | (Ál.) | 22 | D 5 |
| Puentenansa | E | (Can.) | 20 | D 1 |
| Puentes de García Rodríguez → Pontes de García Rodríguez, As | E | (A Co.) | 3 | B 3 |
| Puenticiella | E | (Ast.) | 17 | B 1 |
| Puercas | E | (Zam.) | 57 | D 2 |
| Puerta de Segura, La | E | (J.) | 153 | B 2 |
| Puerta, La | E | (Gua.) | 83 | C 5 |
| Puertas | E | (Ast.) | 8 | B 4 |
| Puertas | E | (Sa.) | 77 | C 1 |
| Puertas, Las, lugar | E | (Gr.) | 167 | C 4 |
| Puertecico, El | E | (Alm.) | 170 | D 3 |
| Puertillo, El | E | (Las P.) | 191 | C 1 |
| Puertito de Güímar | E | (S. Cruz T.) | 196 | B 3 |
| Puerto | E | (Ast.) | 6 | B 5 |
| Puerto | E | (S. Cruz T.) | 193 | B 3 |
| Puerto Adentro | E | (Mu.) | 171 | A 3 |
| Puerto Alegre | E | (Cór.) | 166 | A 4 |
| Puerto Alto | E | (J.) | 167 | D 2 |
| Puerto Castilla | E | (Áv.) | 98 | C 3 |
| Puerto de Béjar | E | (Sa.) | 98 | B 2 |
| Puerto de la Cruz | E | (S. Cruz T.) | 196 | A 2 |
| Puerto de la Encina | E | (Sev.) | 179 | B 1 |
| Puerto de la Estaca | E | (S. Cruz T.) | 194 | C 4 |
| Puerto de la Laja | E | (Huel.) | 161 | B 3 |
| Puerto de la Madera | E | (S. Cruz T.) | 196 | B 1 |
| Puerto de las Nieves | E | (Las P.) | 191 | B 1 |
| Puerto de Mazarrón | E | (Mu.) | 171 | D 3 |
| Puerto de San Vicente | E | (To.) | 117 | B 3 |
| Puerto de Santa Cruz | E | (Các.) | 116 | A 5 |
| Puerto de Santa María, El | E | (Cád.) | 177 | C 5 |
| Puerto de Santiago | E | (S. Cruz T.) | 195 | B 3 |
| Puerto de Sardina | E | (Las P.) | 191 | B 1 |
| Puerto de Vega | E | (Ast.) | 5 | B 3 |
| Puerto del Carmen | E | (Las P.) | 192 | C 5 |
| Puerto del Rosario | E | (Las P.) | 190 | B 2 |
| Puerto Gil | E | (Huel.) | 147 | A 5 |
| Puerto Hondo | E | (Mu.) | 154 | A 4 |
| Puerto Hurraco | E | (Bad.) | 132 | C 5 |
| Puerto Lajas | E | (Las P.) | 190 | B 2 |
| Puerto Lápice | E | (C. R.) | 120 | A 5 |
| Puerto Lope | E | (Gr.) | 167 | C 5 |
| Puerto Lumbreras | E | (Mu.) | 171 | A 3 |
| Puerto Moral | E | (Huel.) | 147 | A 5 |
| Puerto Naos | E | (S. Cruz T.) | 193 | B 3 |
| Puerto Real | E | (Cád.) | 185 | D 1 |
| Puerto Rey | E | (Alm.) | 184 | D 4 |
| Puerto Rico | E | (Las P.) | 191 | B 4 |
| Puerto Seguro | E | (Sa.) | 76 | D 3 |
| Puerto Serrano | E | (Cád.) | 178 | C 3 |
| Puerto, El | E | (Alm.) | 183 | C 4 |
| Puerto, El | E | (Huel.) | 146 | B 4 |
| Puerto, El/ Port de Sagunt, el | E | (Val.) | 125 | B 2 |
| Puértolas | E | (Hues.) | 47 | D 1 |
| Puertollano | E | (C. R.) | 135 | A 5 |
| Puertomingalvo | E | (Te.) | 107 | A 3 |
| Puertos, Los, lugar | E | (Alb.) | 139 | A 5 |
| Pueyo | E | (Na.) | 45 | A 1 |
| Pueyo de Araguás, El | E | (Hues.) | 47 | D 2 |
| Pueyo de Fañanás | E | (Hues.) | 47 | A 4 |
| Pueyo de Jaca, El | E | (Hues.) | 27 | A 5 |
| Pueyo de Morcat, El | E | (Hues.) | 47 | C 2 |
| Pueyo de Santa Cruz | E | (Hues.) | 67 | D 1 |
| Puga | E | (Our.) | 35 | A 2 |
| Puibolea | E | (Hues.) | 46 | D 3 |
| Puig | E | (Val.) | 125 | B 3 |
| Puig d'en Valls | E | (Bal.) | 89 | D 4 |
| Puig des Dofí, lugar | E | (Bal.) | 89 | C 4 |
| Puigcerdà | E | (Gi.) | 50 | C 1 |
| Puigdàlber | E | (Bar.) | 70 | B 4 |
| Puiggròs | E | (Ll.) | 69 | A 3 |
| Puigmoltó | E | (Bar.) | 70 | C 5 |
| Puigmoreno | E | (Te.) | 87 | B 1 |
| Puigpardines | E | (Gi.) | 51 | B 3 |
| Puigpelat | E | (Ta.) | 69 | D 5 |
| Puigpunyent | E | (Bal.) | 91 | B 3 |
| Puig-reig | E | (Bar.) | 50 | C 5 |
| Puigventós | E | (Gi.) | 52 | B 4 |
| Puigverd d'Agramunt | E | (Ll.) | 69 | B 1 |
| Puigverd de Lleida | E | (Ll.) | 68 | D 3 |
| Puilatos, lugar | E | (Zar.) | 66 | C 1 |
| Pujaire | E | (Alm.) | 184 | B 3 |
| Pujalt | E | (Bar.) | 69 | D 2 |
| Pujayo | E | (Can.) | 21 | B 2 |
| Pujerra | E | (Mál.) | 179 | B 5 |
| Pujols, Es | E | (Bal.) | 90 | C 5 |
| Pulgar | E | (To.) | 119 | A 2 |
| Pulgara | E | (Mu.) | 171 | B 2 |
| Pulgosa, La | E | (Alb.) | 138 | D 2 |
| Pulianas | E | (Gr.) | 168 | A 5 |
| Pulianillas | E | (Gr.) | 168 | A 5 |
| Pulido, El | E | (Cád.) | 186 | C 4 |
| Pulpí | E | (Alm.) | 171 | A 4 |
| Pulpillo, El, lugar | E | (Mu.) | 139 | D 4 |
| Pulpite | E | (Gr.) | 169 | D 3 |
| Pullas, Las | E | (Mu.) | 155 | D 4 |
| Pumalverde | E | (Can.) | 9 | A 5 |
| Pumarabule | E | (Ast.) | 6 | D 4 |
| Pumarejo de Tera | E | (Zam.) | 38 | A 5 |
| Pumares, Los | E | (Can.) | 9 | D 5 |
| Pumarín | E | (Ast.) | 6 | D 5 |
| Pungalvaz | P | (San.) | 111 | D 2 |
| Punta Blanca | E | (Bal.) | 90 | A 4 |
| Punta Brava | E | (S. Cruz T.) | 195 | D 2 |
| Punta Caimán | E | (Huel.) | 175 | C 2 |
| Punta Calera | E | (Mu.) | 172 | C 1 |
| Punta del Hidalgo | E | (S. Cruz T.) | 196 | B 1 |
| Punta Jandía | E | (Las P.) | 189 | B 5 |
| Punta Mujeres | E | (Las P.) | 192 | D 3 |
| Punta Prima | E | (Ali.) | 156 | D 5 |
| Punta Umbría | E | (Huel.) | 176 | B 2 |
| Punta, La | E | (S. Cruz T.) | 193 | B 3 |
| Puntagorda | E | (S. Cruz T.) | 193 | B 2 |
| Puntal | E | (Alm.) | 184 | C 1 |
| Puntal, El | E | (Alm.) | 170 | A 4 |
| Puntal, El | E | (Mu.) | 156 | A 4 |
| Puntalón | E | (Gr.) | 182 | A 4 |
| Puntallana | E | (S. Cruz T.) | 193 | C 2 |
| Puntarrón | E | (Mu.) | 171 | C 2 |
| Puntas, Las | E | (S. Cruz T.) | 194 | C 4 |
| Punxín | E | (Our.) | 35 | A 2 |
| Puol | E | (Ali.) | 156 | C 3 |
| Puras | E | (Vall.) | 80 | B 1 |
| Puras de Villafranca | E | (Bur.) | 42 | C 2 |
| Purchena | E | (Alm.) | 170 | A 4 |
| Purchil | E | (Gr.) | 181 | D 1 |
| Purroy | E | (Zar.) | 65 | A 4 |
| Purroy de la Solana | E | (Hues.) | 48 | B 4 |
| Purujosa | E | (Zar.) | 64 | D 2 |
| Purullena | E | (Gr.) | 168 | C 5 |
| Pusmazán | E | (Our.) | 36 | D 2 |
| Pussos | P | (Lei.) | 94 | A 5 |
| Puyarruego | E | (Hues.) | 47 | D 1 |


## Q


| | | | | |
|---|---|---|---|---|
| Quadra | P | (Bra.) | 36 | C 5 |
| Quadra, La | E | (Viz.) | 22 | D 1 |
| Quadrazais | P | (Guar.) | 96 | B 2 |
| Quar, la | E | (Bar.) | 50 | D 4 |
| Quart | E | (Gi.) | 52 | A 4 |
| Quart de les Valls | E | (Val.) | 125 | B 2 |
| Quart de Poblet | E | (Val.) | 125 | A 4 |
| Quarta-Feira | P | (Guar.) | 96 | A 2 |
| Quarteira | P | (Fa.) | 174 | B 3 |
| Quartell | E | (Val.) | 125 | B 2 |
| Quartos de Áquem | P | (C. B.) | 94 | D 4 |
| Quatretonda | E | (Val.) | 141 | A 2 |
| Quatretondeta | E | (Ali.) | 141 | B 4 |
| Quatrim | P | (Fa.) | 174 | D 3 |
| Quatrim do Sul | P | (Fa.) | 174 | D 3 |
| Quatro Lagoas | P | (Co.) | 94 | A 4 |
| Quebrada | P | (San.) | 112 | D 2 |
| Quebradas | P | (Lis.) | 111 | A 4 |
| Quebradas, Las, lugar | E | (Alb.) | 153 | D 3 |
| Quecedo | E | (Bur.) | 22 | A 4 |
| Queguas | E | (Our.) | 34 | D 4 |
| Queijada | P | (V. C.) | 54 | A 1 |

Rebollada


| | | | | |
|---|---|---|---|---|
| Rebollada | E | (Ast.) | 6 | C 3 |
| Rebollar | E | (Ast.) | 17 | B 3 |
| Rebollar | E | (Các.) | 98 | A 3 |
| Rebollar | E | (So.) | 63 | C 1 |
| Rebollar de los Oteros | E | (Le.) | 39 | A 2 |
| Rebollar, El | E | (Val.) | 124 | A 4 |
| Rebolledas, Las | E | (Bur.) | 41 | C 2 |
| Rebolledillo de la Orden | E | (Bur.) | 20 | D 5 |
| Rebolledo | E | (Ali.) | 156 | D 2 |
| Rebolledo de la Inera | E | (Pa.) | 21 | A 4 |
| Rebolledo de la Torre | E | (Bur.) | 21 | A 5 |
| Rebolledo de Traspeña | E | (Bur.) | 21 | A 5 |
| Rebollo | E | (Seg.) | 81 | C 1 |
| Rebollo de Duero | E | (So.) | 63 | B 4 |
| Rebollo, El | E | (Ast.) | 5 | A 4 |
| Rebollosa | E | (Sa.) | 97 | D 2 |
| Rebollosa de Jadraque | E | (Gua.) | 83 | A 2 |
| Rebollosa de Pedro | E | (So.) | 62 | C 5 |
| Rebón | E | (Po.) | 14 | A 5 |
| Rebordãos | P | (Bra.) | 56 | D 1 |
| Rebordechá | E | (Our.) | 35 | C 4 |
| Rebordechán | E | (Po.) | 34 | D 3 |
| Rebordechao | E | (Our.) | 35 | D 3 |
| Rebordelo | E | (Po.) | 34 | B 1 |
| Rebordelo | P | (V. R.) | 55 | B 1 |
| Rebordelos | E | (A Co.) | 2 | A 4 |
| Rebordelos | E | (A Co.) | 14 | A 1 |
| Rebordinho | P | (Vis.) | 74 | C 4 |
| Rebordinho | P | (Vis.) | 75 | A 5 |
| Rebordões | P | (Port.) | 54 | B 4 |
| Rebordões (Santa Maria) | P | (V. C.) | 54 | A 1 |
| Rebordões (Souto) | P | (V. C.) | 54 | A 1 |
| Rebordondo | E | (Our.) | 35 | D 4 |
| Rebordondo | P | (V. R.) | 55 | C 2 |
| Rebordosa | P | (Port.) | 54 | B 5 |
| Reboreda | P | (V. C.) | 33 | D 4 |
| Reboredo | E | (Lu.) | 15 | B 3 |
| Reboredo | E | (Our.) | 35 | B 2 |
| Reboredo | E | (Po.) | 13 | C 5 |
| Reboredo de Jades | P | (V. R.) | 55 | D 3 |
| Recadieira | E | (Lu.) | 4 | A 3 |
| Recardães | P | (Ave.) | 74 | A 5 |
| Recarei | P | (Port.) | 54 | B 5 |
| Recas | E | (To.) | 101 | B 4 |
| Rececende | E | (Lu.) | 4 | B 4 |
| Recemel | E | (A Co.) | 3 | B 3 |
| Recesende | E | (A Co.) | 14 | B 3 |
| Recesende | E | (Lu.) | 16 | A 2 |
| Recezinhos | P | (Port.) | 54 | C 5 |
| Reconco, El | E | (Alm.) | 169 | D 5 |
| Recueja, La | E | (Alb.) | 139 | B 1 |
| Recuenco, El | E | (Gua.) | 84 | A 5 |
| Recuerda | E | (So.) | 62 | D 4 |
| Redal, El | E | (La R.) | 44 | A 3 |
| Redecilla del Camino | E | (Bur.) | 42 | D 2 |
| Redecilla del Campo | E | (Bur.) | 42 | D 2 |
| Redes | E | (A Co.) | 2 | D 3 |
| Redes, Las | E | (Cád.) | 177 | C 5 |
| Redilluera | E | (Le.) | 19 | A 3 |
| Redinha | P | (Lei.) | 93 | D 4 |
| Redipollos | E | (Le.) | 19 | B 3 |
| Redipuertas | E | (Le.) | 19 | A 2 |
| Redón y Venta de Ceferino | E | (Mu.) | 171 | A 3 |
| Redonda | E | (A Co.) | 13 | B 2 |
| Redonda | P | (Ave.) | 74 | B 5 |
| Redonda, La | E | (Sa.) | 76 | D 3 |
| Redonde | E | (Po.) | 14 | A 5 |
| Redondela | E | (Po.) | 34 | A 2 |
| Redondela, La | E | (Huel.) | 175 | D 2 |
| Redondelo | P | (V. R.) | 55 | C 2 |
| Redondinha | P | (Guar.) | 96 | B 1 |
| Redondo | E | (Bur.) | 21 | D 2 |
| Redondo | P | (Év.) | 129 | B 4 |
| Redondo Alto y Bajo | E | (Cór.) | 165 | D 1 |
| Redován | E | (Ali.) | 156 | B 4 |
| Redueña | E | (Mad.) | 81 | D 4 |
| Redundo | P | (Port.) | 54 | B 4 |
| Réfega | P | (Bra.) | 57 | B 1 |
| Refóios do Lima | P | (V. C.) | 54 | A 1 |
| Refojos de Riba de Ave | P | (Port.) | 54 | B 4 |
| Refontoura | P | (Port.) | 54 | C 4 |
| Refoxos | E | (Po.) | 14 | C 4 |
| Refugidos | P | (Lis.) | 127 | A 1 |
| Regadas | P | (Br.) | 54 | D 4 |
| Regais | P | (San.) | 111 | D 3 |
| Regaleiros | P | (Co.) | 93 | C 2 |
| Regañada, La | E | (Sa.) | 78 | C 4 |
| Regatol, El/ Mespelerreka | E | (Viz.) | 10 | D 5 |
| Regedoura | P | (Ave.) | 73 | D 3 |
| Regencós | E | (Gi.) | 52 | C 4 |
| Regilde | P | (Br.) | 54 | C 4 |
| Regla de Perandones, La | E | (Ast.) | 17 | B 1 |
| Rego | P | (Br.) | 54 | D 3 |
| Rego da Murta | P | (San.) | 112 | B 1 |
| Rego de Vide | P | (Bra.) | 56 | A 4 |
| Régoa | E | (A Co.) | 3 | A 1 |
| Regoda | P | (Ave.) | 74 | B 2 |
| Regoelle | E | (A Co.) | 13 | C 1 |
| Regoufe | P | (Ave.) | 74 | C 2 |
| Regueira | E | (A Co.) | 2 | D 5 |
| Regueira de Pontes | P | (Lei.) | 93 | B 5 |
| Regueira, A | E | (Lu.) | 4 | A 4 |
| Regueiro | E | (Our.) | 14 | C 5 |
| Regüelo, El | E | (J.) | 167 | C 2 |
| Reguenga | P | (Port.) | 54 | A 4 |
| Reguengo | P | (Ave.) | 74 | A 3 |
| Reguengo | P | (Por.) | 113 | C 4 |
| Reguengo | P | (San.) | 127 | B 1 |
| Reguengo do Fetal | P | (Lei.) | 111 | C 1 |
| Reguengo Grande | P | (Lis.) | 110 | C 4 |
| Reguengo Pequeno | P | (Lis.) | 110 | C 4 |
| Reguengo/Rejenjo | E | (Po.) | 34 | A 3 |
| Reguengodo Alviela | P | (San.) | 111 | D 4 |
| Reguengos de Monsaraz | P | (Év.) | 145 | B 1 |
| Regueras de Abajo | E | (Le.) | 38 | B 3 |
| Regueras de Arriba | E | (Le.) | 38 | B 3 |
| Reguers, els | E | (Ta.) | 88 | B 3 |
| Regumiel de la Sierra | E | (Bur.) | 42 | D 5 |
| Reguntille | E | (Lu.) | 16 | A 1 |
| Reigada | P | (Guar.) | 76 | C 3 |
| Reigadinha | P | (Guar.) | 76 | A 4 |
| Reigosa | E | (Lu.) | 4 | A 4 |
| Reigosa | E | (Po.) | 34 | A 1 |
| Reigoso | P | (V. R.) | 55 | A 1 |
| Reigoso | P | (Vis.) | 74 | B 4 |
| Reillo | E | (Cu.) | 122 | D 1 |
| Reina | E | (Bad.) | 148 | A 3 |
| Reinaldos | P | (Lei.) | 110 | C 4 |
| Reinante | E | (Lu.) | 4 | B 3 |
| Reinosa | E | (Can.) | 21 | A 3 |
| Reinoso | E | (Bur.) | 42 | B 1 |
| Reinoso | E | (Mál.) | 187 | C 2 |
| Reinoso de Cerrato | E | (Pa.) | 40 | D 5 |
| Reirís | E | (Po.) | 14 | A 5 |
| Reirís | E | (Po.) | 14 | A 4 |
| Reiriz | E | (Lu.) | 15 | C 4 |
| Reis | E | (A Co.) | 14 | B 3 |
| Reis | P | (Lei.) | 93 | D 4 |
| Rejano | E | (Gr.) | 169 | C 4 |
| Rejano, El | E | (Sev.) | 179 | D 1 |
| Rejas de San Esteban | E | (So.) | 62 | C 3 |
| Rejas de Ucero | E | (So.) | 62 | D 2 |
| Rejenjo → Reguengo | E | (Po.) | 34 | A 3 |
| Relamiego | E | (Ast.) | 5 | C 5 |
| Relea de la Loma | E | (Pa.) | 40 | B 1 |
| Reliegos | E | (Le.) | 39 | B 1 |
| Relíquias | P | (Be.) | 159 | D 1 |
| Relumbrar, lugar | E | (Alb.) | 137 | B 5 |
| Relva | P | (Aç.) | 109 | A 5 |
| Relva | P | (Ave.) | 74 | A 2 |
| Relva | P | (C. B.) | 96 | B 4 |
| Relva | P | (Guar.) | 76 | A 2 |
| Relva | P | (Vis.) | 75 | A 2 |
| Relva da Louça | P | (C. B.) | 112 | D 1 |
| Relva Velha | P | (Co.) | 94 | D 2 |
| Relvas | P | (C. B.) | 95 | B 3 |
| Relvas | P | (C. B.) | 94 | D 5 |
| Relvas | P | (Co.) | 94 | D 3 |
| Relvas | P | (Lei.) | 94 | A 5 |
| Relvas | P | (Lei.) | 111 | A 3 |
| Rellano, El | E | (Mu.) | 155 | D 3 |
| Rellanos | E | (Ast.) | 5 | B 4 |
| Relleu | E | (Ali.) | 141 | B 5 |
| Rellinars | E | (Bar.) | 70 | C 2 |
| Rello | E | (So.) | 63 | B 5 |
| Relloso | E | (Bur.) | 22 | C 2 |
| Remedio, El | E | (Ast.) | 7 | A 4 |
| Remédios | P | (Aç.) | 109 | A 4 |
| Remei | E | (Bar.) | 71 | B 3 |
| Remelhe | P | (Br.) | 54 | A 3 |
| Remesal | E | (Zam.) | 37 | B 4 |
| Remoães | P | (V. C.) | 34 | C 3 |
| Remolina | E | (Le.) | 19 | C 3 |
| Remolinos | E | (Zar.) | 65 | D 1 |
| Remondes | P | (Bra.) | 56 | D 4 |
| Remondo | E | (Seg.) | 60 | C 5 |
| Remudas, Las | E | (Las P.) | 191 | D 2 |
| Remuíño | E | (Our.) | 34 | D 2 |
| Rena | E | (Bad.) | 132 | B 2 |
| Renales | E | (Gua.) | 83 | C 3 |
| Renau | E | (Ta.) | 69 | D 5 |
| Rendal | E | (A Co.) | 14 | D 2 |
| Rendo | P | (Ave.) | 74 | A 4 |
| Rendo | P | (Guar.) | 96 | B 2 |
| Rendufe | P | (Br.) | 54 | C 3 |
| Rendufe | P | (Br.) | 54 | B 2 |
| Rendufe | P | (V. C.) | 34 | A 5 |
| Rendufe | P | (V. R.) | 55 | D 3 |
| Rendufinho | P | (Br.) | 54 | C 2 |
| Renedo | E | (Can.) | 9 | B 5 |
| Renedo de Esgueva | E | (Vall.) | 60 | B 3 |
| Renedo de la Vega | E | (Pa.) | 40 | B 2 |
| Renedo de Valdavia | E | (Pa.) | 40 | B 1 |
| Renedo de Valderaduey | E | (Le.) | 39 | D 1 |
| Renedo de Zalima | E | (Pa.) | 20 | D 4 |
| Renera | E | (Gua.) | 102 | D 1 |
| Rengos | E | (Ast.) | 17 | B 2 |
| Renieblas | E | (So.) | 63 | D 1 |
| Rentería/Errenteria | E | (Gui.) | 12 | C 5 |
| Reolid | E | (Alb.) | 137 | C 5 |
| Repastaderos, Los | E | (Cád.) | 177 | D 4 |
| Repeses | P | (Vis.) | 75 | A 4 |
| Repilado, El | E | (Huel.) | 146 | C 5 |
| Requeixo | E | (Lu.) | 16 | A 4 |
| Requeixo | E | (Lu.) | 15 | B 5 |
| Requeixo | E | (Our.) | 36 | B 3 |
| Requeixo | E | (Our.) | 35 | A 2 |
| Requeixo | P | (Ave.) | 74 | A 4 |
| Requejada | E | (Can.) | 9 | B 4 |
| Requejado | E | (Ast.) | 6 | C 5 |
| Requejo | E | (Zam.) | 37 | A 4 |
| Requejo de la Vega | E | (Le.) | 38 | B 3 |
| Requejo y Corús | E | (Le.) | 18 | A 5 |
| Requena | E | (Val.) | 124 | A 4 |
| Requena de Campos | E | (Pa.) | 40 | D 3 |
| Requián | E | (A Co.) | 2 | D 4 |
| Requião | P | (Br.) | 54 | A 3 |
| Requiás | E | (Our.) | 35 | A 5 |
| Reriz | P | (Vis.) | 74 | D 2 |
| Rescate, El | E | (Gr.) | 181 | D 4 |
| Resende | P | (Vis.) | 75 | A 1 |
| Resgatados | P | (Co.) | 93 | C 2 |
| Residencia de Ancianos | E | (Mad.) | 102 | B 1 |
| Resinera-Voladilla | E | (Mál.) | 187 | C 2 |
| Resoba | E | (Pa.) | 20 | C 3 |
| Respaldiza/ Arespalditza | E | (Ál.) | 22 | D 2 |
| Respenda de Aguilar | E | (Pa.) | 21 | A 5 |
| Respenda de la Peña | E | (Pa.) | 20 | B 4 |
| Restábal | E | (Gr.) | 182 | A 3 |
| Restande | E | (A Co.) | 14 | B 1 |
| Restinga, La | E | (S. Cruz T.) | 194 | C 5 |
| Retacos, Los | E | (Alm.) | 184 | B 2 |
| Retamal | E | (Bad.) | 130 | D 4 |
| Retamal de Llerena | E | (Bad.) | 132 | A 5 |
| Retamar | E | (Alm.) | 184 | A 3 |
| Retamar | E | (C. R.) | 134 | D 5 |
| Retamar | E | (S. Cruz T.) | 193 | B 3 |
| Retamosa | E | (Các.) | 116 | D 3 |
| Retamoso | E | (To.) | 118 | A 2 |
| Retascón | E | (Zar.) | 85 | C 1 |
| Retaxo | P | (C. B.) | 113 | B 1 |
| Retiendas | E | (Gua.) | 82 | C 3 |
| Retorta | E | (Our.) | 35 | D 4 |
| Retorta | P | (Port.) | 53 | D 4 |
| Retortillo | E | (Can.) | 21 | A 3 |
| Retortillo | E | (Sa.) | 77 | C 4 |
| Retortillo de Soria | E | (So.) | 62 | D 5 |
| Retuerta | E | (Bur.) | 42 | A 5 |
| Retuerta del Bullaque | E | (C. R.) | 118 | C 4 |
| Retuerto | E | (Le.) | 19 | D 2 |
| Reus | E | (Ta.) | 89 | B 1 |
| Revalvos | E | (Sa.) | 79 | A 5 |
| Revelhe | P | (Br.) | 54 | C 3 |
| Revellinos | E | (Zam.) | 58 | D 1 |
| Revenga | E | (Bur.) | 41 | C 4 |
| Revenga | E | (Seg.) | 81 | A 3 |
| Revenga de Campos | E | (Pa.) | 40 | C 3 |
| Revenga, La | E | (Ast.) | 6 | D 5 |
| Reventón | E | (Bad.) | 147 | D 1 |
| Revezes | P | (Fa.) | 160 | C 3 |
| Revilla | E | (Can.) | 9 | C 4 |
| Revilla | E | (Hues.) | 27 | D 5 |
| Revilla de Calatañazor, La | E | (So.) | 63 | B 3 |
| Revilla de Campos | E | (Pa.) | 40 | A 5 |
| Revilla de Collazos | E | (Pa.) | 20 | C 5 |
| Revilla de Herrán, La | E | (Bur.) | 22 | C 4 |
| Revilla de Pienza | E | (Bur.) | 22 | A 3 |
| Revilla de Pomar | E | (Pa.) | 21 | A 4 |
| Revilla de Santullán | E | (Pa.) | 20 | D 3 |
| Revilla del Campo | E | (Bur.) | 42 | A 4 |
| Revilla, La | E | (Bur.) | 42 | B 5 |
| Revilla-Cabriada | E | (Bur.) | 41 | D 5 |
| Revillagodos | E | (Bur.) | 42 | B 1 |
| Revillalcón | E | (Bur.) | 42 | B 1 |
| Revillarruz | E | (Bur.) | 41 | D 3 |
| Revilla-Vallegera | E | (Bur.) | 41 | A 4 |
| Revinhade | P | (Port.) | 54 | C 4 |
| Revolta | E | (Po.) | 33 | D 1 |
| Rexaldia | P | (San.) | 111 | D 2 |
| Rey Aurelio | E | (Ast.) | 6 | D 5 |
| Reyero | E | (Le.) | 19 | C 3 |
| Reza | E | (Our.) | 34 | D 2 |
| Reza | E | (Our.) | 35 | B 2 |
| Rezmondo | E | (Bur.) | 40 | D 1 |
| Reznos | E | (So.) | 64 | B 3 |
| Rezouro | P | (San.) | 111 | D 1 |
| Ría de Abres | E | (Lu.) | 4 | C 3 |
| Riachos | P | (San.) | 111 | D 3 |
| Riaguas de San Bartolomé | E | (Seg.) | 62 | A 4 |
| Rial | E | (A Co.) | 13 | D 4 |
| Rial | E | (A Co.) | 14 | A 1 |
| Rial | E | (Lu.) | 15 | B 4 |
| Rial (Soutomaior) | E | (Po.) | 34 | A 2 |
| Rialp | E | (Ll.) | 49 | B 1 |
| Rianxo | E | (A Co.) | 13 | D 4 |
| Riaño | E | (Ast.) | 6 | C 5 |
| Riaño | E | (Bur.) | 21 | C 3 |
| Riaño | E | (Can.) | 10 | A 5 |
| Riaño | E | (Le.) | 19 | D 3 |
| Riaño de Ibio | E | (Can.) | 9 | A 5 |
| Riaza | E | (Seg.) | 62 | A 5 |
| Riba de ncora | P | (V. C.) | 33 | C 5 |
| Riba de Aves | P | (Lei.) | 93 | B 5 |
| Riba de Baixo | P | (Co.) | 94 | B 2 |
| Riba de Cima | P | (Co.) | 94 | C 2 |
| Riba de Escalote, La | E | (So.) | 63 | B 5 |
| Riba de Mouro | P | (V. C.) | 34 | C 4 |
| Riba de Saelices | E | (Gua.) | 84 | A 3 |
| Riba de Santiuste | E | (Gua.) | 83 | B 1 |
| Riba Fria | P | (Lei.) | 110 | C 4 |
| Riba, A | E | (A Co.) | 13 | D 2 |
| Riba, la | E | (Ta.) | 69 | C 5 |
| Ribabellosa | E | (Ál.) | 23 | A 5 |
| Ribadavia | E | (Our.) | 34 | D 2 |
| Ribadelago | E | (Zam.) | 37 | A 4 |
| Ribadelago de Franco | E | (Zam.) | 37 | A 4 |
| Ribadelouro | E | (Po.) | 34 | A 3 |
| Ribadeo | E | (Lu.) | 4 | C 3 |
| Ribadesella | E | (Ast.) | 7 | D 4 |
| Ribadetea | E | (Po.) | 34 | B 3 |
| Ribadeume | E | (A Co.) | 3 | B 3 |
| Ribadouro | P | (Port.) | 74 | D 1 |
| Ribadulla | E | (A Co.) | 14 | B 3 |
| Ribadumia | E | (Po.) | 13 | D 5 |
| Ribafeita | P | (Vis.) | 74 | D 3 |
| Ribaforada | E | (Na.) | 45 | B 5 |
| Ribafrecha | E | (La R.) | 43 | D 2 |
| Ribafria | P | (Lis.) | 126 | D 1 |
| Ribagorda | E | (Cu.) | 104 | A 2 |
| Ribaldeira | P | (Lis.) | 126 | C 1 |
| Ribalonga | P | (Bra.) | 55 | D 5 |
| Ribalonga | P | (V. R.) | 55 | D 4 |
| Ribamar | P | (Lis.) | 126 | B 1 |
| Ribamar | P | (Lis.) | 110 | C 4 |
| Ribamondego | P | (Guar.) | 75 | C 5 |
| Riba-roja de Túria | E | (Val.) | 124 | D 3 |
| Riba-roja d'Ebre | E | (Ta.) | 68 | B 5 |
| Ribarredonda | E | (Gua.) | 84 | A 3 |
| Ribarroya | E | (So.) | 63 | D 3 |
| Ribarteme | E | (Po.) | 34 | B 3 |
| Ribas | E | (Zam.) | 57 | C 1 |
| Ribas | P | (Br.) | 54 | D 3 |
| Ribas | P | (Co.) | 93 | C 2 |
| Ribas | P | (Co.) | 94 | B 3 |
| Ribas de Campos | E | (Pa.) | 40 | C 4 |
| Ribas de la Valduerna | E | (Le.) | 38 | B 3 |
| Ribasaltas | E | (Lu.) | 15 | D 5 |
| Ribaseca | E | (Le.) | 38 | D 1 |
| Ribasieira | E | (A Co.) | 13 | C 4 |
| Ribatajada | E | (Cu.) | 104 | B 2 |
| Ribatajadilla | E | (Cu.) | 104 | B 2 |
| Ribatejada | E | (Mad.) | 82 | B 5 |
| Ribeira | E | (A Co.) | 2 | D 3 |
| Ribeira | E | (Lu.) | 16 | C 3 |
| Ribeira | E | (Lu.) | 16 | D 2 |
| Ribeira | E | (Po.) | 33 | D 2 |
| Ribeira | E | (Po.) | 34 | C 3 |
| Ribeira | P | (Ave.) | 74 | B 2 |
| Ribeira | P | (Br.) | 54 | B 1 |
| Ribeira | P | (Co.) | 94 | C 2 |
| Ribeira | P | (V. C.) | 54 | A 1 |
| Ribeira | P | (Vis.) | 74 | C 5 |
| Ribeira | P | (Vis.) | 94 | B 1 |
| Ribeira Branca | P | (San.) | 111 | D 3 |
| Ribeira Brava | P | (Ma.) | 110 | A 2 |
| Ribeira Cha | P | (Aç.) | 109 | B 5 |
| Ribeira da Janela | P | (Ma.) | 109 | D 1 |
| Ribeira da Mata | P | (Co.) | 93 | D 3 |
| Ribeira de Alte | P | (Fa.) | 174 | A 2 |
| Ribeira de Arade | P | (Fa.) | 160 | A 4 |
| Ribeira de Bõas Eiras | P | (San.) | 112 | C 3 |
| Ribeira de Frades | P | (Co.) | 93 | D 2 |
| Ribeira de Fráguas | P | (Ave.) | 74 | A 3 |
| Ribeira de Fráguas | P | (San.) | 111 | B 3 |
| Ribeira de Freixo | P | (Guar.) | 76 | A 3 |
| Ribeira de Isna | P | (C. B.) | 94 | D 5 |
| Ribeira de Nisa | P | (Por.) | 113 | C 4 |
| Ribeira de Pedrulhos | P | (Lis.) | 110 | C 5 |
| Ribeira de Pena | P | (V. R.) | 55 | B 3 |
| Ribeira de Pereiro | P | (Lei.) | 111 | A 2 |
| Ribeira de Piquín | E | (Lu.) | 4 | B 5 |
| Ribeira de São João | P | (San.) | 111 | B 4 |
| Ribeira de Sintra | P | (Lis.) | 126 | B 2 |
| Ribeira do Fernando | P | (San.) | 112 | C 3 |
| Ribeira do Salto | P | (Be.) | 159 | D 1 |
| Ribeira do Seissal de Cima | P | (Be.) | 143 | C 5 |
| Ribeira dos Ameais | P | (Lei.) | 111 | A 3 |
| Ribeira dos Carinhos | P | (Guar.) | 76 | B 5 |
| Ribeira dos Palheiros | P | (Lis.) | 110 | C 4 |
| Ribeira Grande | P | (Aç.) | 109 | B 4 |
| Ribeira Quente | P | (Aç.) | 109 | C 5 |
| Ribeira Ruiva | P | (San.) | 111 | D 3 |
| Ribeira Seca | P | (Aç.) | 109 | C 3 |
| Ribeira Seca | P | (Aç.) | 109 | B 4 |
| Ribeira Velha | P | (Lei.) | 94 | B 5 |
| Ribeira Velha | P | (Lei.) | 94 | B 4 |
| Ribeiradio | P | (Vis.) | 74 | B 4 |
| Ribeirão | P | (Br.) | 54 | A 4 |
| Ribeiras | P | (Aç.) | 109 | C 3 |
| Ribeiras de Lea | E | (Lu.) | 15 | D 1 |
| Ribeiras do Sor | E | (A Co.) | 3 | C 1 |
| Ribeirinha | P | (Aç.) | 109 | A 3 |
| Ribeirinha | P | (Aç.) | 109 | A 5 |
| Ribeirinha | P | (Aç.) | 109 | B 4 |
| Ribeirinho | P | (V. C.) | 33 | D 5 |
| Ribeiro | P | (C. B.) | 94 | D 5 |
| Ribeiro | P | (Vis.) | 74 | D 5 |
| Ribeiro do Soutelinho | P | (Co.) | 94 | C 4 |
| Ribeiro, O | E | (Po.) | 13 | D 5 |
| Ribeiros | P | (Br.) | 54 | D 3 |
| Ribela | E | (Our.) | 35 | B 1 |
| Ribela | E | (Po.) | 14 | B 4 |
| Ribera | E | (Hues.) | 48 | C 1 |
| Ribera Alta | E | (Cór.) | 166 | A 4 |
| Ribera Alta | E | (J.) | 167 | C 4 |
| Ribera Baja | E | (Cór.) | 166 | A 4 |
| Ribera Baja | E | (J.) | 167 | C 4 |
| Ribera de Cardós | E | (Ll.) | 29 | C 5 |
| Ribera de Folgoso, La | E | (Le.) | 17 | C 5 |
| Ribera de Grajal o Ribera de la Polvorosa | E | (Le.) | 38 | D 3 |
| Ribera de la Algaida, La, lugar | E | (Alm.) | 183 | D 4 |
| Ribera de la Polvorosa → Ribera de Grajal | E | (Le.) | 38 | D 3 |
| Ribera de Molina | E | (Mu.) | 155 | D 4 |
| Ribera de San Benito | E | (Cu.) | 122 | B 4 |
| Ribera de Vall | E | (Hues.) | 48 | C 3 |
| Ribera del Fresno | E | (Bad.) | 131 | C 5 |
| Ribera, La | E | (Viz.) | 11 | D 5 |
| Riberas | E | (Ast.) | 6 | A 3 |
| Riberinha | P | (V. R.) | 55 | D 3 |
| Ribero, El, lugar | E | (Bur.) | 22 | A 2 |
| Riberos de la Cueza | E | (Pa.) | 40 | A 3 |
| Ribes de Freser | E | (Gi.) | 51 | A 2 |
| Ribesalbes | E | (Cas.) | 107 | B 5 |
| Ribolhos | P | (Vis.) | 75 | A 3 |
| Ribono | E | (Ast.) | 6 | C 5 |
| Ribota | E | (Ast.) | 19 | A 1 |
| Ribota | E | (Seg.) | 62 | B 5 |
| Ribota de Sajambre | E | (Le.) | 19 | D 2 |
| Ricasa | E | (S. Cruz T.) | 195 | C 4 |
| Ricla | E | (Zar.) | 65 | B 4 |
| Riclones | E | (Can.) | 8 | C 5 |
| Ricobayo | E | (Zam.) | 58 | A 3 |
| Ricote | E | (Mu.) | 155 | C 3 |
| Riego | E | (Ast.) | 8 | B 4 |
| Riego Abajo | E | (Ast.) | 5 | D 3 |
| Riego de Ambrós | E | (Le.) | 37 | B 1 |
| Riego de la Vega | E | (Le.) | 38 | B 2 |
| Riego del Camino | E | (Zam.) | 58 | C 2 |
| Rielves | E | (To.) | 100 | D 5 |
| Riello | E | (Le.) | 18 | B 4 |
| Riells | E | (Gi.) | 71 | C 1 |
| Riells del Fai | E | (Bar.) | 71 | A 1 |
| Riells i Viabrea | E | (Gi.) | 71 | C 1 |
| Rienda | E | (Gua.) | 83 | B 1 |
| Riera de Gaià, la | E | (Ta.) | 89 | D 1 |
| Riera, La | E | (Ast.) | 6 | B 4 |
| Riera, Sa | E | (Gi.) | 52 | C 4 |
| Rieral, El | E | (Bar.) | 71 | A 2 |

Rozas de Puerto Real


| | | | | |
|---|---|---|---|---|
| Rieral, El | E | (Gi.) | 71 | C 1 |
| Riezu/Errezu | E | (Na.) | 24 | C 4 |
| Rigada, La | E | (Viz.) | 10 | C 5 |
| Riglos | E | (Hues.) | 46 | B 2 |
| Rigoitia → Errigoiti | E | (Viz.) | 11 | B 5 |
| Rigueira | E | (Lu.) | 4 | A 2 |
| Rigüelo, El | E | (Sev.) | 166 | A 5 |
| Rihonor de Castilla | E | (Zam.) | 37 | A 5 |
| Rilvas | P | (Set.) | 127 | A 3 |
| Rilleira | E | (Lu.) | 4 | B 3 |
| Rillo | E | (Te.) | 86 | A 4 |
| Rillo de Gallo | E | (Gua.) | 84 | C 3 |
| Rimor | E | (Le.) | 37 | A 1 |
| Rincón de Ballesteros | E | (Các.) | 115 | B 5 |
| Rincón de la Casa Grande | E | (Mu.) | 171 | C 3 |
| Rincón de la Victoria | E | (Mál.) | 180 | D 4 |
| Rincón de las Coles | E | (Mu.) | 171 | A 2 |
| Rincón de Los Reinas | E | (Gr.) | 181 | A 2 |
| Rincón de Olivedo o Casas, Las | E | (La R.) | 44 | C 5 |
| Rincón de San Ildefonso | E | (J.) | 151 | B 4 |
| Rincón de Soto | E | (La R.) | 44 | C 3 |
| Rincón de Turca | E | (Gr.) | 167 | A 4 |
| Rincón del Moro | E | (Alb.) | 138 | D 5 |
| Rincón del Obispo | E | (Các.) | 97 | A 5 |
| Rincón del Sastre | E | (Mu.) | 154 | B 3 |
| Rincón, El | E | (Các.) | 97 | C 5 |
| Rincón, El | E | (Las P.) | 191 | C 2 |
| Rincón, El, lugar | E | (Alb.) | 137 | B 2 |
| Rincón, El, lugar | E | (Alm.) | 171 | A 4 |
| Rinconada de la Sierra, La | E | (Sa.) | 78 | A 5 |
| Rinconada, La | E | (Áv.) | 100 | B 2 |
| Rinconada, La | E | (Sev.) | 164 | A 3 |
| Rinconada, La | E | (To.) | 118 | C 1 |
| Rinconadas, Las | E | (Cu.) | 105 | D 5 |
| Rinconcillo, El | E | (Cór.) | 165 | D 2 |
| Rinconeda | E | (Can.) | 9 | B 4 |
| Rincones | E | (Cád.) | 177 | B 4 |
| Rinchoa | P | (Lis.) | 126 | C 3 |
| Riner | E | (Ll.) | 50 | A 5 |
| Rinlo | E | (Lu.) | 4 | C 3 |
| Río | E | (Mál.) | 180 | D 3 |
| Río | E | (Po.) | 15 | A 4 |
| Río Bermuza | E | (Mál.) | 181 | A 3 |
| Rio Bom | P | (V. R.) | 55 | D 3 |
| Rio Cabrão | P | (V. C.) | 34 | A 5 |
| Rio Caldo | P | (Br.) | 54 | C 2 |
| Río Claro, El | E | (Alm.) | 170 | C 2 |
| Río Chico, El | E | (Alm.) | 183 | A 3 |
| Río de Baza | E | (Gr.) | 169 | C 3 |
| Rio de Couros | P | (San.) | 111 | D 1 |
| Rio de Fornos | P | (Bra.) | 56 | C 1 |
| Rio de Frades | P | (Ave.) | 74 | C 3 |
| Rio de Galinhas | P | (Co.) | 94 | A 3 |
| Rio de Galinhas | P | (Port.) | 54 | D 5 |
| Río de la Sía | E | (Bur.) | 22 | A 2 |
| Rio de Loba | P | (Vis.) | 75 | A 4 |
| Río de Losa | E | (Bur.) | 22 | C 3 |
| Rio de Mel | P | (Co.) | 95 | A 2 |
| Rio de Mel | P | (Guar.) | 75 | D 3 |
| Rio de Mel | P | (Vis.) | 75 | A 3 |
| Rio de Moinhos | P | (Be.) | 144 | A 5 |
| Rio de Moinhos | P | (Év.) | 129 | B 3 |
| Rio de Moinhos | P | (Guar.) | 75 | D 3 |
| Rio de Moinhos | P | (Port.) | 74 | C 1 |
| Rio de Moinhos | P | (San.) | 112 | B 3 |
| Rio de Moinhos | P | (Set.) | 144 | A 2 |
| Rio de Moinhos | P | (V. C.) | 34 | B 5 |
| Rio de Moinhos | P | (Vis.) | 75 | B 4 |
| Rio de Mouro | P | (Lis.) | 126 | B 3 |
| Rio de Onor | P | (Bra.) | 37 | A 5 |
| Rio Douro | P | (Br.) | 55 | A 3 |
| Rio Frio | P | (Bra.) | 57 | A 2 |
| Rio Frio | P | (Set.) | 127 | A 4 |
| Rio Frio | P | (V. C.) | 34 | B 5 |
| Río Grande, El | E | (Alm.) | 183 | A 3 |
| Río Guadarrama | E | (Mad.) | 101 | B 3 |
| Río Madera | E | (Alb.) | 138 | A 5 |
| Rio Maior | P | (San.) | 111 | A 4 |
| Rio Mau | P | (Br.) | 54 | A 1 |
| Rio Meão | P | (Ave.) | 73 | D 2 |
| Río Mencal, lugar | E | (Alb.) | 138 | A 5 |
| Río Real | E | (Mál.) | 188 | A 2 |
| Río San Pedro | E | (Cád.) | 185 | C 1 |
| Río Seco | E | (Gr.) | 181 | D 4 |
| Rio Seco | P | (Fa.) | 175 | B 2 |
| Rio Tinto | P | (Ave.) | 73 | D 5 |
| Rio Tinto | P | (Br.) | 53 | D 3 |
| Rio Tinto | P | (Port.) | 54 | A 5 |
| Rio Torto | P | (Guar.) | 75 | B 5 |
| Rio Torto | P | (V. R.) | 56 | A 3 |
| Río Trueba | E | (Bur.) | 21 | D 2 |
| Rio Vide | P | (Co.) | 94 | B 3 |
| Río, El | E | (S.Cruz T.) | 196 | A 4 |
| Río, O | E | (Our.) | 35 | B 1 |
| Rioaveso | E | (Lu.) | 3 | D 5 |
| Riobarba | E | (Lu.) | 3 | D 2 |
| Riobó | E | (A Co.) | 1 | D 5 |
| Riobó | E | (Our.) | 35 | D 3 |
| Riobó | E | (Po.) | 14 | C 4 |
| Riocabado | E | (Áv.) | 80 | A 4 |
| Riocaldo | E | (Our.) | 34 | D 5 |
| Riocaliente | E | (Ast.) | 7 | D 4 |
| Riocavado de la Sierra | E | (Bur.) | 42 | C 4 |
| Riocerezo | E | (Bur.) | 42 | A 2 |
| Rioconejos | E | (Zam.) | 37 | B 4 |
| Riocorvo | E | (Can.) | 9 | B 5 |
| Riodades | P | (Vis.) | 75 | C 2 |
| Riodeva | E | (Te.) | 105 | D 4 |
| Riofrío | E | (Áv.) | 100 | A 1 |
| Riofrío | E | (Cór.) | 166 | B 3 |
| Riofrío | E | (Gr.) | 181 | A 1 |
| Riofrío | E | (Le.) | 18 | B 5 |
| Riofrío | E | (Seg.) | 81 | A 3 |
| Riofrío de Aliste | E | (Zam.) | 57 | D 1 |
| Riofrío de Riaza | E | (Seg.) | 82 | A 1 |
| Riofrío del Llano | E | (Gua.) | 83 | A 1 |
| Riogordo | E | (Mál.) | 180 | D 3 |
| Rioja | E | (Alm.) | 183 | D 2 |
| Riola | E | (Val.) | 141 | B 1 |
| Riolago | E | (Le.) | 18 | A 3 |
| Riolobos | E | (Các.) | 97 | C 5 |
| Riomalo de Arriba | E | (Các.) | 97 | C 1 |
| Riomanzanas | E | (Zam.) | 37 | B 5 |
| Riomao | E | (Our.) | 36 | C 2 |
| Riomuíños | E | (Our.) | 34 | D 3 |
| Rionegro del Puente | E | (Zam.) | 37 | D 5 |
| Riópar | E | (Alb.) | 153 | D 1 |
| Riópar Viejo | E | (Alb.) | 153 | D 1 |
| Rioparaíso | E | (Bur.) | 41 | B 1 |
| Río-Quintanilla | E | (Bur.) | 22 | A 5 |
| Riós | E | (Our.) | 36 | A 5 |
| Ríos Fríos | P | (Co.) | 94 | A 2 |
| Ríos, Los | E | (J.) | 151 | D 3 |
| Riosa | E | (Ast.) | 6 | B 5 |
| Riosalido | E | (Gua.) | 83 | B 1 |
| Riosapero | E | (Can.) | 9 | C 5 |
| Rioscuro | E | (Le.) | 17 | D 3 |
| Rioseco | E | (Ast.) | 19 | A 1 |
| Rioseco | E | (Bur.) | 21 | D 3 |
| Rioseco | E | (Our.) | 35 | B 5 |
| Rioseco de Soria | E | (So.) | 63 | A 3 |
| Rioseco de Tapia | E | (Le.) | 18 | C 4 |
| Riosequillo | E | (Le.) | 39 | D 2 |
| Riosequino de Torío | E | (Le.) | 18 | D 5 |
| Rioseras | E | (Bur.) | 41 | D 2 |
| Riosmenudos de la Peña | E | (Pa.) | 20 | B 4 |
| Riotorto | E | (Lu.) | 4 | B 4 |
| Rioturbio | E | (Ast.) | 6 | C 5 |
| Ripa (Odieta) | E | (Na.) | 25 | A 3 |
| Ripoll | E | (Gi.) | 51 | A 3 |
| Ripollet | E | (Bar.) | 71 | A 3 |
| Risco | E | (Bad.) | 133 | B 3 |
| Risco Blanco | E | (Las P.) | 191 | C 2 |
| Risco, El | E | (Las P.) | 191 | B 2 |
| Riu de Cerdanya | E | (Ll.) | 50 | C 2 |
| Riudarenes | E | (Gi.) | 51 | D 5 |
| Riudaura | E | (Gi.) | 51 | B 3 |
| Riudecanyes | E | (Ta.) | 89 | B 1 |
| Riudecols | E | (Ta.) | 89 | B 1 |
| Riudellots de la Creu | E | (Gi.) | 52 | A 4 |
| Riudellots de la Selva | E | (Gi.) | 52 | A 5 |
| Riudoms | E | (Ta.) | 89 | B 1 |
| Riumors | E | (Gi.) | 52 | B 2 |
| Riu-rau | E | (Val.) | 141 | A 2 |
| Riva | E | (Can.) | 10 | A 5 |
| Rivas | E | (Zar.) | 45 | D 4 |
| Rivas-Vaciamadrid | E | (Mad.) | 102 | A 2 |
| Rivera | E | (Mál.) | 180 | A 4 |
| Rivera de Corneja | E | (Áv.) | 99 | B 1 |
| Rivera de la Oliva | E | (Cád.) | 186 | A 4 |
| Rivera del Alberche | E | (To.) | 100 | C 3 |
| Rivera Oveja | E | (Các.) | 97 | C 2 |
| Rivero | E | (Can.) | 9 | B 5 |
| Rivero de Posadas | E | (Cór.) | 165 | B 1 |
| Rivilla de Barajas | E | (Áv.) | 79 | C 3 |
| Rixoán | E | (Lu.) | 16 | B 1 |
| Roa | E | (Bur.) | 61 | B 2 |
| Roales | E | (Zam.) | 58 | C 3 |
| Roales de Campos | E | (Vall.) | 39 | A 5 |
| Roás | E | (Lu.) | 3 | D 5 |
| Robla, La | E | (Le.) | 18 | D 4 |
| Robladillo | E | (Vall.) | 59 | D 3 |
| Robladillo de Ucieza | E | (Pa.) | 40 | B 2 |
| Robleda | E | (Sa.) | 97 | A 2 |
| Robleda | E | (Zam.) | 37 | B 4 |
| Robledal, El | E | (Mad.) | 102 | B 2 |
| Robledillo | E | (Áv.) | 99 | D 1 |
| Robledillo | E | (To.) | 117 | D 3 |
| Robledillo de Gata | E | (Các.) | 97 | B 2 |
| Robledillo de la Jara | E | (Mad.) | 82 | A 3 |
| Robledillo de la Vera | E | (Các.) | 98 | C 4 |
| Robledillo de Mohernando | E | (Gua.) | 82 | C 4 |
| Robledillo de Trujillo | E | (Các.) | 116 | A 5 |
| Robledino de la Valduerna | E | (Le.) | 38 | A 2 |
| Robledo | E | (Alb.) | 137 | D 4 |
| Robledo | E | (Ast.) | 6 | C 4 |
| Robledo | E | (Các.) | 97 | C 2 |
| Robledo | E | (Các.) | 97 | C 1 |
| Robledo | E | (Our.) | 36 | D 2 |
| Robledo | E | (Zam.) | 37 | B 5 |
| Robledo de Babia | E | (Le.) | 18 | A 3 |
| Robledo de Caldas | E | (Le.) | 18 | B 3 |
| Robledo de Corpes | E | (Gua.) | 83 | A 2 |
| Robledo de Chavela | E | (Mad.) | 100 | D 1 |
| Robledo de Fenar | E | (Le.) | 19 | A 4 |
| Robledo de la Valcueva | E | (Le.) | 19 | A 4 |
| Robledo de la Valdoncina | E | (Le.) | 38 | C 1 |
| Robledo de la Valduerna | E | (Le.) | 38 | A 2 |
| Robledo de las Traviesas | E | (Le.) | 17 | C 4 |
| Robledo de Omaña | E | (Le.) | 18 | B 4 |
| Robledo de Torío | E | (Le.) | 18 | D 5 |
| Robledo del Buey | E | (To.) | 118 | A 3 |
| Robledo del Mazo | E | (To.) | 117 | D 3 |
| Robledo Hermoso | E | (Sa.) | 77 | B 1 |
| Robledo, El | E | (C. R.) | 134 | D 1 |
| Robledo, El | E | (J.) | 153 | B 3 |
| Robledollano | E | (Các.) | 116 | D 3 |
| Robledondo | E | (Mad.) | 100 | D 1 |
| Robles de Laciana | E | (Le.) | 17 | D 3 |
| Robles, Los | E | (Mad.) | 101 | B 1 |
| Robliza | E | (Sa.) | 97 | A 1 |
| Robliza de Cojos | E | (Sa.) | 78 | A 3 |
| Robra | E | (Lu.) | 15 | D 1 |
| Robredo de las Pueblas | E | (Bur.) | 21 | C 3 |
| Robredo de Losa, lugar | E | (Bur.) | 22 | C 3 |
| Robredo-Sobresierra | E | (Bur.) | 41 | D 1 |
| Robredo-Temiño | E | (Bur.) | 42 | A 2 |
| Robregordo | E | (Mad.) | 81 | D 2 |
| Robres | E | (Hues.) | 66 | D 1 |
| Robres del Castillo | E | (La R.) | 44 | A 3 |
| Robriguero | E | (Ast.) | 8 | B 5 |
| Roca de la Sierra, La | E | (Bad.) | 130 | D 1 |
| Roca del Vallès, la | E | (Bar.) | 71 | B 2 |
| Rocabruna | E | (Gi.) | 51 | B 2 |
| Rocafiguera | E | (Gi.) | 51 | A 3 |
| Rocafort | E | (Bar.) | 70 | D 1 |
| Rocafort | E | (Val.) | 125 | A 3 |
| Rocafort de Queralt | E | (Ta.) | 69 | C 3 |
| Rocafort de Vallbona | E | (Ll.) | 69 | B 3 |
| Rocallaura | E | (Ll.) | 69 | C 3 |
| Rocamondo | P | (Guar.) | 76 | A 5 |
| Rocamora | E | (Bar.) | 69 | D 2 |
| Rocas | E | (Our.) | 35 | C 2 |
| Rocas del Jimenado, Los | E | (Mu.) | 172 | B 1 |
| Rocas do Vouga | P | (Ave.) | 74 | B 3 |
| Rociana | E | (Las P.) | 191 | C 3 |
| Rociana del Condado | E | (Huel.) | 162 | D 4 |
| Rocío, El | E | (Huel.) | 177 | A 1 |
| Rocha | E | (Po.) | 34 | A 3 |
| Rocha | P | (Fa.) | 160 | B 4 |
| Rocha | P | (V. C.) | 53 | D 1 |
| Rocha Nova | P | (Co.) | 94 | B 2 |
| Rochaforte | P | (Lis.) | 111 | A 4 |
| Rochas | E | (Po.) | 33 | D 3 |
| Rochas de Baixo | P | (C. B.) | 95 | B 4 |
| Rochas de Cima | P | (C. B.) | 95 | B 4 |
| Roche | E | (Cád.) | 185 | D 3 |
| Roche | E | (Mu.) | 172 | C 2 |
| Rochel | P | (Co.) | 94 | C 3 |
| Rochoso | P | (Guar.) | 96 | B 1 |
| Roda | E | (Mu.) | 172 | C 1 |
| Roda | P | (Vis.) | 74 | D 4 |
| Roda | P | (Vis.) | 75 | A 5 |
| Roda Cimeira | P | (Co.) | 94 | C 4 |
| Roda de Andalucía, La | E | (Sev.) | 166 | A 5 |
| Roda de Barà | E | (Ta.) | 70 | A 5 |
| Roda de Eresma | E | (Seg.) | 81 | A 2 |
| Roda de Isábena | E | (Hues.) | 48 | B 3 |
| Roda de Ter | E | (Bar.) | 51 | B 4 |
| Roda Fundeira | P | (Co.) | 94 | C 4 |
| Roda Grande | P | (San.) | 112 | A 3 |
| Roda Pequena | P | (San.) | 112 | A 3 |
| Roda, La | E | (Alb.) | 138 | B 1 |
| Roda, La | E | (Ast.) | 4 | D 3 |
| Rodalquilar | E | (Alm.) | 184 | C 3 |
| Rodanillo | E | (Le.) | 17 | C 5 |
| Rodasviejas | E | (Sa.) | 77 | D 3 |
| Rodeios | P | (C. B.) | 113 | B 1 |
| Rodeiro | E | (A Co.) | 3 | A 5 |
| Rodeiro | E | (Po.) | 15 | A 4 |
| Rodellar | E | (Hues.) | 47 | C 3 |
| Rodén | E | (Zar.) | 66 | C 4 |
| Ródenas | E | (Te.) | 85 | B 5 |
| Rodeos, Los | E | (S.Cruz T.) | 196 | B 2 |
| Roderos | E | (Le.) | 39 | A 1 |
| Rodezno | E | (La R.) | 43 | A 1 |
| Rodicol | E | (Le.) | 18 | A 4 |
| Rodiezmo de la Tercia | E | (Le.) | 18 | D 3 |
| Rodilana | E | (Vall.) | 59 | D 5 |
| Rodillazo | E | (Le.) | 19 | A 3 |
| Rodís | E | (A Co.) | 2 | B 5 |
| Rodís | E | (Po.) | 15 | A 4 |
| Rodo | E | (A Co.) | 2 | A 4 |
| Rodo | E | (Po.) | 14 | A 5 |
| Rodonella, La | E | (Bar.) | 50 | C 3 |
| Rodonyà | E | (Ta.) | 69 | D 5 |
| Rodrigas | E | (Lu.) | 4 | B 4 |
| Rodrigatos de la Obispalía | E | (Le.) | 37 | D 1 |
| Rodriguillo | E | (Ali.) | 156 | A 2 |
| Roelos | E | (Zam.) | 57 | D 5 |
| Roge | P | (Ave.) | 74 | B 3 |
| Rogil | P | (Fa.) | 159 | B 3 |
| Roimil | E | (Lu.) | 15 | B 1 |
| Roios | P | (Bra.) | 56 | B 5 |
| Rois | E | (A Co.) | 14 | A 3 |
| Roiz | E | (Can.) | 8 | D 5 |
| Rojadillo-Boluaga | E | (Viz.) | 10 | C 5 |
| Rojales | E | (Ali.) | 156 | C 4 |
| Rojão Grande | P | (Vis.) | 94 | C 1 |
| Rojas | E | (Bur.) | 42 | A 1 |
| Rojas, Los | E | (Alm.) | 183 | C 1 |
| Rola | P | (C. B.) | 112 | C 1 |
| Roldán | E | (Mu.) | 172 | B 1 |
| Roliça | P | (Lei.) | 110 | D 4 |
| Rollamienta | E | (So.) | 63 | C 1 |
| Rollán | E | (Sa.) | 78 | B 2 |
| Roma | E | (Our.) | 35 | B 2 |
| Román | E | (Lu.) | 3 | D 4 |
| Romana, la | E | (Ali.) | 156 | B 2 |
| Romancos | E | (Gua.) | 83 | A 5 |
| Romanes, Los | E | (Mál.) | 181 | A 3 |
| Romangordo | E | (Các.) | 116 | C 2 |
| Romani, El | E | (Val.) | 125 | A 5 |
| Romanillos de Atienza | E | (Gua.) | 63 | A 5 |
| Romanillos de Medinaceli | E | (So.) | 83 | C 1 |
| Romanones | E | (Gua.) | 102 | D 1 |
| Romanos | E | (Zar.) | 85 | C 1 |
| Romanzado | E | (Na.) | 25 | C 5 |
| Romão | P | (Lei.) | 94 | C 5 |
| Romarigães | P | (V. C.) | 34 | A 5 |
| Romariz | E | (Lu.) | 4 | A 4 |
| Romariz | E | (Our.) | 36 | A 5 |
| Romariz | P | (Ave.) | 74 | A 2 |
| Romãs | P | (Vis.) | 75 | B 4 |
| Romeán | E | (Lu.) | 16 | A 2 |
| Romeira | P | (San.) | 111 | C 4 |
| Romeiras | P | (Fa.) | 159 | B 4 |
| Romelle | E | (A Co.) | 13 | C 1 |
| Romeral | E | (Mu.) | 155 | D 4 |
| Romeral, El | E | (Mál.) | 180 | B 4 |
| Romeral, El | E | (To.) | 120 | A 2 |
| Romeralejo, El | E | (Mu.) | 154 | A 4 |
| Romero, El | E | (Cád.) | 178 | B 5 |
| Romeros, Los | E | (Huel.) | 146 | C 5 |
| Romeu | P | (Bra.) | 56 | B 3 |
| Romezal | P | (Ave.) | 74 | B 3 |
| Romilla | E | (Gr.) | 181 | C 1 |
| Romilla la Nueva | E | (Gr.) | 181 | C 1 |
| Rompecilha | P | (Vis.) | 74 | D 3 |
| Rompido, El | E | (Huel.) | 176 | A 2 |
| Roncal/Erronkari | E | (Na.) | 26 | A 4 |
| Roncão | P | (Set.) | 143 | C 3 |
| Roncesvalles → Orreaga | E | (Na.) | 25 | C 3 |
| Ronda | E | (Mál.) | 179 | B 4 |
| Ronda, La | E | (Ast.) | 4 | D 4 |
| Rondiella | E | (Ast.) | 6 | C 4 |
| Ronfe | P | (Br.) | 54 | B 3 |
| Roní | E | (Ll.) | 49 | B 1 |
| Ronquillo, El | E | (Sev.) | 163 | C 1 |
| Roo | E | (A Co.) | 13 | D 3 |
| Ropera, La | E | (J.) | 151 | A 4 |
| Roperuelos del Páramo | E | (Le.) | 38 | C 3 |
| Roque | P | (Guar.) | 76 | B 4 |
| Roque del Faro | E | (S.Cruz T.) | 193 | B 2 |
| Roque Negro | E | (S.Cruz T.) | 196 | C 1 |
| Roque, El | E | (S.Cruz T.) | 193 | B 2 |
| Roque, El | E | (S.Cruz T.) | 195 | D 4 |
| Roqueiro | P | (C. B.) | 95 | A 4 |
| Roques de Lleó | E | (Cas.) | 107 | C 2 |
| Roques, les | E | (Ta.) | 69 | D 3 |
| Roqueta, La | E | (Gi.) | 52 | C 4 |
| Roquetas de Mar | E | (Alm.) | 183 | C 4 |
| Roquetes | E | (Ta.) | 88 | C 3 |
| Roquetes, les | E | (Bar.) | 70 | C 5 |
| Róquez, El | E | (Alm.) | 170 | B 3 |
| Roriz | P | (Br.) | 54 | A 2 |
| Roriz | P | (Port.) | 54 | B 4 |
| Roriz | P | (V. R.) | 56 | A 1 |
| Roriz | P | (Vis.) | 75 | B 4 |
| Rorrao do Lameiro | P | (Ave.) | 73 | D 3 |
| Ros | E | (Bur.) | 41 | C 1 |
| Rosa de las Piedras | E | (S.Cruz T.) | 194 | B 1 |
| Rosa, La | E | (S.Cruz T.) | 193 | C 3 |
| Rosa, La | E | (S.Cruz T.) | 193 | B 3 |
| Rosais | P | (Aç.) | 109 | C 2 |
| Rosal de la Frontera | E | (Huel.) | 145 | D 4 |
| Rosal, O | E | (Our.) | 35 | D 5 |
| Rosalejo | E | (Các.) | 98 | D 5 |
| Rosalejo | E | (Mál.) | 179 | B 4 |
| Rosales | E | (Bur.) | 22 | B 3 |
| Rosales, Los | E | (J.) | 167 | C 3 |
| Rosales, Los | E | (J.) | 168 | D 1 |
| Rosales, Los | E | (Mad.) | 81 | B 5 |
| Rosales, Los | E | (Sev.) | 164 | B 2 |
| Rosário | P | (Be.) | 160 | C 2 |
| Rosário | P | (Év.) | 129 | C 4 |
| Rosário | P | (Set.) | 126 | D 3 |
| Rosario, El | E | (S.Cruz T.) | 196 | B 2 |
| Rosas, Las | E | (Las P.) | 191 | D 3 |
| Rosas, Las | E | (S.Cruz T.) | 196 | B 2 |
| Rosas, Las | E | (S.Cruz T.) | 194 | B 1 |
| Rosas, Las | E | (Sev.) | 179 | A 1 |
| Roscales de la Peña | E | (Pa.) | 20 | B 4 |
| Rosell | E | (Gi.) | 72 | A 1 |
| Rosem | P | (Port.) | 54 | C 5 |
| Roses | E | (Gi.) | 52 | C 2 |
| Rosildos, els | E | (Cas.) | 107 | C 2 |
| Rosinos de la Requejada | E | (Zam.) | 37 | B 4 |
| Rosinos de Vidriales | E | (Zam.) | 38 | A 4 |
| Rosío | E | (Bur.) | 22 | B 3 |
| Rosmaninhal | P | (C. B.) | 114 | B 1 |
| Rosmaninhal | P | (San.) | 112 | D 3 |
| Rosmarinhal | P | (Por.) | 112 | C 4 |
| Rossão | P | (Vis.) | 75 | A 2 |
| Rossas | P | (Ave.) | 74 | B 2 |
| Rossas | P | (Br.) | 54 | D 2 |
| Rossas | P | (Vis.) | 75 | A 1 |
| Rossas | P | (Vis.) | 75 | B 1 |
| Rossell | E | (Cas.) | 88 | A 5 |
| Rosselló | E | (Ll.) | 68 | C 2 |
| Rossio ao Sul do Tejo | P | (San.) | 112 | B 3 |
| Rota | E | (Cád.) | 177 | B 5 |
| Rotglà I Corbera → Rotglà i Corbera | E | (Val.) | 140 | D 2 |
| Rotglà i Corbera/ Rotglà i Corbera | E | (Val.) | 140 | D 2 |
| Rótova | E | (Val.) | 141 | B 3 |
| Rotura | E | (Các.) | 116 | D 3 |
| Roturas | E | (Vall.) | 61 | A 3 |
| Rouças | P | (V. C.) | 34 | C 5 |
| Roupar | E | (Lu.) | 3 | C 3 |
| Rourell, el | E | (Ta.) | 69 | C 5 |
| Roussa | P | (Lei.) | 93 | C 4 |
| Roussada | P | (Lis.) | 126 | C 1 |
| Roussas | P | (V. C.) | 34 | C 3 |
| Routar | P | (Vis.) | 74 | D 4 |
| Rouzós | E | (Our.) | 35 | A 1 |
| Rovés | E | (Ast.) | 6 | C 3 |
| Roxal, O | E | (A Co.) | 3 | A 3 |
| Roxo | P | (Co.) | 94 | B 2 |
| Royo del Serval | E | (Gr.) | 169 | A 4 |
| Royo, El | E | (So.) | 63 | B 1 |
| Royo, El, lugar | E | (Alb.) | 138 | C 5 |
| Royo-Odrea | E | (Alb.) | 154 | B 1 |
| Royos, Los | E | (Mu.) | 154 | C 5 |
| Royuela | E | (Te.) | 105 | B 2 |
| Royuela de Río Franco | E | (Bur.) | 41 | B 5 |
| Rozabales | E | (Lu.) | 36 | A 1 |
| Rozadas | E | (Ast.) | 6 | D 5 |
| Rozadas | E | (Ast.) | 4 | D 3 |
| Rozadas | E | (Ast.) | 7 | A 4 |
| Rozadio | E | (Can.) | 20 | D 1 |
| Rozados | E | (Po.) | 14 | C 4 |
| Rozalén del Monte | E | (Cu.) | 103 | B 5 |
| Rozas | E | (Bur.) | 21 | D 2 |
| Rozas | E | (Can.) | 22 | A 1 |
| Rozas de Madrid, Las | E | (Mad.) | 101 | C 1 |
| Rozas de Puerto Real | E | (Mad.) | 100 | C 3 |

Rozas de Valdearroyo, Las


Rozas de Valdearroyo, Las E (Can.) 21 B3
Rozas, Las E (Ast.) 7 C4
Rozas, Las E (Mál.) 180 D3
Rozuelas, Las E (Gr.) 181 A1
Rozuelas, Las E (Gr.) 181 B1
Rozuelo E (Le.) 17 C5
Rúa E (Lu.) 4 A2
Rua P (Vis.) 75 C2
Rúa, A E (A Co.) 14 C2
Rúa, A E (Our.) 36 C2
Ruanes E (Các.) 116 A5
Rubalcaba E (Can.) 9 D5
Rubayo E (Can.) 9 D4
Rubena E (Bur.) 42 A2
Rubí E (Bar.) 70 D3
Rubí de Bracamonte E (Vall.) 79 D1
Rubiá E (Our.) 36 C1
Rubia, La E (So.) 63 D1
Rubiaco E (Các.) 97 C2
Rubiães P (V. C.) 34 A5
Rubiais E (Our.) 36 C3
Rubiales E (Bad.) 148 A2
Rubiales E (Te.) 105 C3
Rubián E (Lu.) 15 D5
Rubiano E (Ast.) 6 A5
Rubiáns E (Po.) 13 D5
Rubiás dos Mistos E (Our.) 35 B5
Rubielos Altos E (Cu.) 122 C4
Rubielos Bajos E (Cu.) 122 C4
Rubielos de la Cérida E (Te.) 85 D4
Rubielos de Mora E (Te.) 106 C3
Rubillón E (Our.) 34 C1
Rubín E (Po.) 14 B4
Rubió E (Bar.) 70 A2
Rubió E (Ll.) 49 A5
Rubio, El E (Sev.) 165 C4
Rubios, Los E (Bad.) 148 C3
Rubite E (Gr.) 182 B3
Rubite E (Mál.) 181 A3
Rublacedo de Abajo E (Bur.) 42 A1
Rublacedo de Arriba E (Bur.) 42 A1
Rucandio E (Bur.) 22 A5
Rucandio E (Can.) 9 D5
Rucayo E (Le.) 19 B3
Rudilla E (Te.) 86 A2
Ruecas E (Bad.) 132 A2
Rueda E (Vall.) 59 D4
Rueda de Jalón E (Zar.) 65 C3
Rueda de la Sierra E (Gua.) 84 D3
Rueda de Pisuerga E (Pa.) 20 C4
Rueda del Almirante E (Le.) 39 B1
Ruente E (Can.) 8 D5
Ruesca E (Zar.) 65 B5
Ruescas E (Alm.) 184 B3
Ruesga E (Pa.) 20 C4
Rufrancos E (Bur.) 22 C4
Rugat E (Val.) 141 B3
Ruge Água P (Lei.) 93 D5
Ruguilla E (Gua.) 83 C4
Ruices, Los E (Val.) 123 D4
Ruidera E (C. R.) 137 A2
Ruiforco de Torío E (Le.) 19 A4
Ruigómez E (S. Cruz T.) 195 C3
Ruilhe P (Br.) 54 A3
Ruiloba E (Can.) 9 A4
Ruini, El E (Alm.) 183 D3
Ruiseñada E (Can.) 8 D4
Ruivães P (Br.) 54 D3
Ruivães P (Br.) 54 B4
Ruivães P (Br.) 54 D2
Ruivais P (Vis.) 74 D1
Ruivaqueira P (Lei.) 93 B5
Ruivos P (Guar.) 96 B1
Ruivos P (V. C.) 54 B1
Runa P (Lis.) 126 C1
Runes E (Mu.) 155 C3
Rupelo E (Bur.) 42 B4
Rupià E (Gi.) 52 B4
Rupit E (Bar.) 51 C4
Rus E (A Co.) 2 A5
Rus E (J.) 152 A4
Rute E (Cór.) 166 C5
Ruvina P (Guar.) 96 B1
Ruyales del Agua E (Bur.) 41 C5
Ruyales del Páramo E (Bur.) 41 C1

## S

Sa E (Lu.) 16 A5
Sa E (Po.) 15 A4
Sa E (Po.) 15 A5
Sa E (Po.) 33 D3
Sá P (V. C.) 34 C4
Sá P (V. C.) 34 B5
Sa de Arriba E (A Co.) 3 B3
Saa E (Lu.) 15 D2
Saa E (Lu.) 15 D3
Saavedra E (Lu.) 15 D1
Sabaceda E (A Co.) 14 A1
Sabacheira P (San.) 111 D1
Sabadell E (Bar.) 71 A3
Sabadelle E (Lu.) 15 C4
Sabadelle E (Lu.) 15 C5
Sabadelle E (Our.) 35 B2
Sabadim P (V. C.) 34 B5
Sabardes E (A Co.) 13 C3
Sabariego E (J.) 167 B3
Sabarigo E (Po.) 33 D2
Sabaris P (Ave.) 74 B1
Sabariz E (Our.) 34 D4
Sabariz P (Br.) 54 B2
Sabaxáns E (A Co.) 14 A3
Sabaxáns E (Po.) 34 B2
Sabayés E (Hues.) 46 D3
Sabero E (Le.) 19 C4
Sabina Alta E (S. Cruz T.) 196 A3
Sabina, La E (S. Cruz T.) 193 C3
Sabinal E (Mál.) 180 A3
Sabinar, El E (Mu.) 154 B3
Sabinar, El E (Zar.) 45 C4
Sabinar, El, lugar E (Alm.) 170 B1
Sabinares, lugar E (Alb.) 137 B3
Sabinita, La E (S. Cruz T.) 195 C4
Sabinita, La E (S. Cruz T.) 196 A4
Sabinosa E (S. Cruz T.) 194 B4
Sabiñán E (Zar.) 65 A4
Sabiñánigo E (Hues.) 47 A1
Sabiote E (J.) 152 B4
Sabóia P (Be.) 159 D2
Sabouga P (Co.) 94 C2
Sabrexo E (Po.) 14 D3
Sabrosa P (V. R.) 55 C5
Sabroso P (V. R.) 55 B5
Sabroso P (V. R.) 55 C2
Sabucedo E (Our.) 35 B4
Sabucedo de Montes E (Our.) 35 A2
Sabugal P (Guar.) 96 B2
Sabugo P (Lis.) 126 C2
Sabugosa P (Vis.) 74 D5
Sabugueira E (A Co.) 14 B2
Sabugueiro P (Co.) 93 D4
Sabugueiro P (Év.) 128 B3
Sabugueiro P (Guar.) 95 B1
Sabuzedo P (V. R.) 35 B5
Sacañet E (Cas.) 124 C1
Sacavém P (Lis.) 126 D2
Sacecorbo E (Gua.) 83 D4
Saceda E (Le.) 37 B2
Saceda E (Our.) 35 C5
Saceda del Río E (Cu.) 103 C3
Saceda-Trasierra E (Cu.) 103 A4
Sacedón E (Gua.) 103 B1
Sacedoncillo E (Cu.) 104 A3
Saceruela E (C. R.) 134 B3
Sacões P (Co.) 94 C3
Sacorelhe P (Vis.) 74 D4
Sacramenia E (Seg.) 61 B4
Sacramento E (Sev.) 178 A2
Sada E (A Co.) 2 D4
Sada de Sangüesa E (Na.) 45 B1
Sádaba E (Zar.) 45 C3
Sadernes E (Gi.) 51 C2
Sado P (Set.) 127 B5
Saelices E (Cu.) 103 B5
Saelices de la Sal E (Gua.) 84 A3
Saelices de Mayorga E (Vall.) 39 B3
Saelices de Sabero E (Le.) 19 C4
Saelices del Payuelo E (Le.) 39 B1
Saelices del Río E (Le.) 39 D1
Saelices el Chico E (Sa.) 77 A5
Safara P (Be.) 145 D3
Safres P (V. R.) 55 D5
Safurdão P (Guar.) 76 B5
Sagallos E (Zam.) 37 C5
Saganta E (Hues.) 48 B5
Sagarras Bajas E (Hues.) 48 C4
Sagàs E (Bar.) 50 C4
Sagides E (So.) 84 A1
Sago P (V. C.) 34 B4
Sagos E (Sa.) 78 A3
Sagra E (Ali.) 141 D3
Sagrada, La E (Sa.) 77 D4
Sagrajas E (Bad.) 130 B2
Sagres P (Fa.) 173 A5
Sagunt → Sagunto E (Val.) 125 B2
Sagunto/Sagunt E (Val.) 125 B2
Sahagún E (Le.) 39 C2
Sahechores de Rueda E (Le.) 19 B5
Sahelicejos E (Sa.) 77 D2
Sahúco, El, lugar E (Alb.) 138 B4
Sahugo, El E (Sa.) 97 A1
Sahún E (Hues.) 28 B5
Saiar E (Po.) 14 A5
Saide P (Ave.) 94 B1
Saidres E (Po.) 14 D4
Saigos E (Na.) 25 B3
Sail P (Co.) 94 C2
Saimes P (Vis.) 74 C1
Sainza de Abaixo E (Our.) 35 B4
Sairo P (San.) 127 D1
Saja E (Can.) 20 D2
Sajazarra E (La R.) 42 D1
Sala, La E (Gi.) 52 B4
Salada, La E (Sev.) 165 D5
Saladar y Leche E (Alm.) 184 C2
Saladar, El E (Ali.) 156 C4
Saladavieja E (Mál.) 187 C2
Saladillo E (Mu.) 171 D2
Saladillo-Benamara E (Mál.) 187 D2
Salado E (Mu.) 156 A3
Salado, El E (Cór.) 167 A4
Salamanca E (Sa.) 78 C2
Salamir E (Ast.) 5 D3
Salamón E (Le.) 19 C3
Salamonde E (Our.) 35 A1
Salamonde P (Br.) 54 D2
Salão Frio P (Por.) 113 C4
Salar E (Gr.) 181 A1
Salar, El E (Mu.) 156 A4
Salardú E (Ll.) 29 A4
Salares E (Mál.) 181 B3
Salas E (Ast.) 5 D4
Salas Altas E (Hues.) 47 D4
Salas Bajas E (Hues.) 47 D4
Salas de Bureba E (Bur.) 22 A5
Salas de la Ribera E (Le.) 36 D1
Salas de los Barrios E (Le.) 37 B1
Salas de los Infantes E (Bur.) 42 B5
Salàs de Pallars E (Ll.) 49 A3
Salas, Las E (Le.) 19 C3
Salas-Contraviesa E (Gr.) 182 C3
Salavessa P (Por.) 113 B2
Salazar E (Bur.) 21 D3
Salazar de Amaya E (Bur.) 21 A5
Salazares, Los E (Mu.) 172 B2
Salce E (Le.) 18 A4
Salcé E (Zam.) 57 D5
Salceda E (A Co.) 14 C2
Salceda E (Po.) 34 A3
Salceda de Caselas E (Po.) 34 A3
Salceda, La E (Seg.) 81 B2
Salcedilla, lugar E (Bur.) 21 D2
Salcedillo E (Pa.) 20 D3
Salcedillo E (Te.) 86 A3
Salcedo E (Ál.) 22 D5
Salcedo E (Ast.) 5 A3
Salcedo E (Can.) 21 B4
Salcedo E (Lu.) 16 A5
Salcedo E (Po.) 34 A1
Salces E (Can.) 21 A3
Salcidos E (Po.) 33 C5
Saldanha P (Bra.) 57 B4
Saldaña E (Pa.) 40 A1
Saldaña de Ayllón E (Seg.) 62 B5
Saldaña de Burgos E (Bur.) 41 D3
Saldeana E (Sa.) 77 A2
Saldes E (Bar.) 50 B3
Saldías E (Na.) 24 D2
Saldón E (Te.) 105 B2
Saldonha P (Bra.) 56 D4
Salduero E (So.) 63 B1
Salelles E (Bar.) 70 C2
Salem E (Val.) 141 B3
Salema P (Fa.) 173 A3
Saler, El E (Val.) 125 B4
Saleres E (Gr.) 182 A3
Sales de Llierca E (Gi.) 51 D2
Salgueira E (Our.) 35 D5
Salgueira E (Po.) 33 D1
Salgueira P (Ave.) 74 B3
Salgueira de Baixo P (San.) 111 D1
Salgueira de Cima P (Lei.) 93 D5
Salgueira do Meio P (San.) 111 D1
Salgueirais P (Guar.) 75 D5
Salgueiral P (Ave.) 73 D2
Salgueiral P (Ave.) 74 A4
Salgueiral P (Guar.) 76 B5
Salgueiral P (San.) 111 D5
Salgueiro E (Po.) 33 D3
Salgueiro P (Ave.) 74 B4
Salgueiro P (Ave.) 73 D5
Salgueiro P (C. B.) 95 D3
Salgueiro P (Lei.) 110 D4
Salgueiro do Campo P (C. B.) 95 B5
Salgueiros E (A Co.) 13 B1
Salgueiros E (Po.) 14 C3
Salgueiros P (Ave.) 74 B3
Salgueiros P (Bra.) 36 C5
Salguerinha P (San.) 127 D2
Salicos P (Fa.) 173 D2
Saliente Alto E (Alm.) 170 B3
Salientes E (Le.) 17 D3
Salillas E (Hues.) 47 B5
Salillas de Jalón E (Zar.) 65 C3
Salina, La E (J.) 167 B3
Salinas E (Ali.) 156 B1
Salinas E (Ast.) 6 B3
Salinas (Tella-Sin) E (Hues.) 27 D5
Salinas de Añana → Añana-Gesaltza E (Ál.) 22 D4
Salinas de Hoz E (Hues.) 47 D4
Salinas de Jaca E (Hues.) 46 B2
Salinas de Léniz → Leintz-Gatzaga E (Gui.) 23 C3
Salinas de Medinaceli E (So.) 83 D1
Salinas de Oro/Jaitz E (Na.) 24 C4
Salinas de Pinilla, lugar E (Alb.) 137 C3
Salinas de Pisuerga E (Pa.) 20 D4
Salinas de Rosío E (Bur.) 22 B3
Salinas de Trillo E (Hues.) 48 A3
Salinas del Manzano E (Cu.) 105 B4
Salinas, Las E (Vall.) 59 D5
Salines, Ses E (Bal.) 90 C1
Salines, Ses E (Bal.) 92 B5
Salines, Ses, lugar E (Bal.) 90 C2
Salinillas de Buradon E (Ál.) 23 A5
Salinillas de Bureba E (Bur.) 42 B1
Salionç E (Gi.) 72 B1
Salir P (Fa.) 174 C2
Salir de Matos P (Lei.) 110 D3
Salir do Porto P (Lei.) 110 D2
Salitja E (Gi.) 52 A5
Salmerón E (Gua.) 103 D1
Salmeroncillos de Abajo E (Cu.) 103 C1
Salmoral E (Sa.) 79 B4
Salo E (Bar.) 70 B1
Salobral E (Áv.) 80 A5
Salobral, El E (Alb.) 138 C3
Salobralejo E (Áv.) 79 D5
Salobrales, Los E (Mu.) 171 A3
Salobre E (Alb.) 137 C5
Salobreña E (Gr.) 182 A4
Salom E (Gi.) 52 B5
Salomó E (Ta.) 69 D5
Salorino E (Các.) 114 B3
Salou E (Ta.) 89 C1
Salreu P (Ave.) 74 A3
Salsas P (Bra.) 56 D2
Salselas P (Bra.) 56 D3
Salt E (Gi.) 52 A4
Saltador Bajo, El E (Alm.) 184 D2
Saltador, El E (Alm.) 170 D4
Saltadouro P (Ave.) 73 D3
Salteras E (Sev.) 163 D4
Salto E (A Co.) 1 C5
Salto E (Po.) 15 B4
Salto P (V. R.) 55 A2
Salto de Aldeadávila E (Sa.) 77 A1
Salto de Bolarque E (Gua.) 103 A2
Salto de Castro E (Zam.) 57 D3
Salto de Saucelle E (Sa.) 76 D2
Salto de Villalba E (Cu.) 104 B3
Salto del Negro E (Mál.) 181 A3
Salto del Negro, El E (Las P.) 191 D1
Salto, El E (S. Cruz T.) 195 D4
Saludes de Castroponce E (Le.) 38 C4
Salut, La E (Bar.) 71 A3
Salvacañete E (Cu.) 105 B4
Salvada P (Be.) 144 D4
Salvadiós E (Áv.) 79 C3
Salvador P (C. B.) 96 B4
Salvador P (San.) 112 A5
Salvador de Zapardiel E (Vall.) 79 D1
Salvador do Monte P (Port.) 54 D5
Salvadorinho P (San.) 112 B3
Salvadoríquez E (Sa.) 78 C3
Salvaleón E (Bad.) 130 C5
Salvariz P (Vis.) 75 A2
Salvaterra de Magos P (San.) 127 B1
Salvaterra de Miño E (Po.) 34 B3
Salvaterra do Extremo P (C. B.) 96 C5
Salvatierra → Agurain E (Ál.) 23 D4
Salvatierra de Esca E (Zar.) 26 A5
Salvatierra de los Barros E (Bad.) 146 D1
Salvatierra de Santiago E (Các.) 115 D5
Salvatierra de Tormes E (Sa.) 78 C5
Salzadella, la E (Cas.) 108 A1
Salzedas P (Vis.) 75 B1
Sallent E (Bar.) 70 C1
Sallent de Gállego E (Hues.) 27 A4
Sama E (Ast.) 6 D5
Samaiões P (V. R.) 55 D2
Samaniego E (Ál.) 43 B1
Sámano E (Can.) 10 C5
Samão P (Br.) 55 A2
Samardã P (V. R.) 55 B4
Samarugo E (Lu.) 3 D4
Sambade P (Bra.) 56 C4
Sambado P (C. B.) 94 B5
Sambellín E (Sa.) 78 D4
Samboal E (Seg.) 80 C1
Sameice P (Guar.) 95 A1
Sameiro P (Guar.) 95 C1
Samel P (Ave.) 93 D1
Sames E (Ast.) 7 C5
Samiano E (Bur.) 23 B5
Samieira E (Po.) 33 D1
Samil P (Bra.) 56 D1
Samir de los Caños E (Zam.) 57 D2
Samitier E (Hues.) 47 D3
Samodães P (Vis.) 75 A1
Samoedo E (A Co.) 2 D4
Samões P (Bra.) 56 B5
Samora Correia P (San.) 127 B2
Samorinha P (Bra.) 56 A5
Samos E (Lu.) 16 A4
Samouco P (Set.) 127 A3
Sampaio P (Bra.) 56 B5
Sampaio P (Bra.) 57 A4
Sampaio P (Co.) 93 B3
Sampaio P (Set.) 126 D5
Samper E (Hues.) 48 A2
Samper de Calanda E (Te.) 87 A1
Samper del Salz E (Zar.) 86 B1
Samuel P (Co.) 93 C3
San Adrián E (Na.) 44 C3
San Adrián de Juarros E (Bur.) 42 A3
San Adrián del Valle E (Le.) 38 C4
San Agustín E (Alm.) 183 C4
San Agustín E (Las P.) 191 C4
San Agustín E (S. Cruz T.) 195 D2
San Agustín E (Te.) 106 C4
San Agustín de Guadalix E (Mad.) 81 D5
San Agustín del Pozo E (Zam.) 58 D1
San Amaro E (Our.) 34 D1
San Ambrosio E (Cád.) 186 A4
San Andrés E (Ast.) 6 B5
San Andrés E (Can.) 21 B1
San Andrés E (Las P.) 191 C1
San Andrés E (S. Cruz T.) 196 C1
San Andrés E (S. Cruz T.) 194 C4
San Andrés E (S. Cruz T.) 193 C2
San Andrés de Agues E (Ast.) 19 A1
San Andrés de la Regla E (Pa.) 39 D1
San Andrés de las Puentes E (Le.) 37 C1
San Andrés de Montejos E (Le.) 17 B5
San Andrés de San Pedro E (So.) 44 A5
San Andrés de Soria E (So.) 43 D5
Sãn Andrés de Teixido E (A Co.) 3 B1
San Andrés del Congosto E (Gua.) 82 D3
San Andrés del Rabanedo E (Le.) 18 D5
San Andrés del Rey E (Gua.) 83 A5
San Antolín (Ibias) E (Ast.) 16 D2
San Antón E (Sev.) 165 C5
San Antoniño (Barro) E (Po.) 14 A5
San Antonio E (Ast.) 7 B4
San Antonio E (Cór.) 150 B5
San Antonio E (Gr.) 182 D1
San Antonio E (Our.) 35 B5
San Antonio E (S. Cruz T.) 193 C3
San Antonio E (S. Cruz T.) 196 A2
San Antonio E (Val.) 123 D3
San Antonio Abad E (Mu.) 172 B2
San Antonio de Benagéber E (Val.) 125 A3
San Antonio del Fontanar, lugar E (Sev.) 179 A1
San Asensio E (La R.) 43 B1
San Bartolomé E (Ali.) 156 B4
San Bartolomé E (Ast.) 6 A4
San Bartolomé E (Las P.) 192 C4
San Bartolomé de Béjar E (Áv.) 98 C2

Santibáñez de Porma


Santibáñez de Porma E (Le.) 39 A 1
Santibáñez de Resoba E (Pa.) 20 B 3
Santibáñez de Rueda E (Le.) 19 C 5
Santibáñez de Tera E (Zam.) 38 B 5
Santibáñez de Valcorba E (Vall.) 60 C 3
Santibáñez
de Valdeiglesias E (Le.) 38 B 1
Santibáñez de Vidriales E (Zam.) 38 A 4
Santibáñez del Toral E (Le.) 17 C 5
Santibáñez del Val E (Bur.) 42 A 5
Santibáñez el Alto E (Các.) 97 A 3
Santibáñez el Bajo E (Các.) 97 C 3
Santibáñez-Zarzaguda E (Bur.) 41 C 1
Santigoso E (Our.) 36 C 2
Santillán de la Vega E (Pa.) 40 B 2
Santillana E (Alm.) 183 C 1
Santillana de Campos E (Pa.) 40 D 2
Santillana del Mar E (Can.) 9 A 4
Santinha P (C. B.) 94 D 5
Santiorxo E (Lu.) 35 D 1
Santiponce E (Sev.) 163 D 4
Santiso E (A Co.) 15 A 3
Santiso E (Po.) 14 D 4
Santisteban del Puerto E (J.) 152 C 3
Santiurde de Reinosa E (Can.) 21 A 2
Santiurde de Toranzo E (Can.) 21 B 1
Santiuste E (Gua.) 83 A 2
Santiuste de San Juan
Bautista E (Seg.) 80 B 1
Santiz E (Sa.) 78 B 1
Santo Adrião P (Vis.) 75 C 1
Santo Aleixo P (Por.) 129 C 2
Santo Aleixo P (Vis.) 75 B 1
Santo Aleixo
da Restauração P (Be.) 146 A 4
Santo Aleixo
de Além-Tâmega P (V. R.) 55 B 3
Santo Amador P (Be.) 145 D 3
Santo Amaro P (Ave.) 74 A 3
Santo Amaro P (Guar.) 76 B 1
Santo Amaro P (Por.) 129 B 2
Santo André P (Ave.) 73 D 5
Santo André P (Ave.) 74 A 3
Santo André P (Bra.) 56 D 5
Santo André P (Set.) 126 D 4
Santo André P (Set.) 143 B 3
Santo André P (V. C.) 34 B 4
Santo André P (V. R.) 35 C 5
Santo André
das Tojeiras P (C. B.) 113 B 1
Santo Ángel E (Mu.) 156 A 5
Santo Antão P (Aç.) 109 D 3
Santo Antão do Tojal P (Lis.) 126 D 2
Santo António P (Aç.) 109 B 3
Santo António P (Aç.) 109 A 4
Santo António P (Ma.) 110 B 2
Santo António
da Charneca P (Set.) 126 D 4
Santo António da Serra P (Ma.) 110 C 2
Santo António
das Areias P (Por.) 113 D 4
Santo António
de Monforte P (V. R.) 55 D 1
Santo António
dos Cavaleiros P (Lis.) 126 D 2
Santo Domingo E (Alm.) 183 B 4
Santo Domingo E (Bad.) 130 A 5
Santo Domingo E (Cór.) 149 D 5
Santo Domingo E (Mad.) 82 A 5
Santo Domingo E (S. Cruz T.) 195 D 2
Santo Domingo
de Herguijuela E (Sa.) 78 B 5
Santo Domingo
de la Calzada E (La R.) 43 A 2
Santo Domingo
de las Posadas E (Áv.) 80 B 4
Santo Domingo
de Moya E (Cu.) 105 C 5
Santo Domingo
de Pirón E (Seg.) 81 B 2
Santo Domingo
de Silos E (Bur.) 42 B 5
Santo Domingo-
Caudilla E (To.) 100 D 5
Santo Emilião P (Br.) 54 C 3
Santo Espírito P (Aç.) 109 D 5
Santo Estêvão P (Év.) 129 B 2
Santo Estêvão P (Fa.) 175 A 3
Santo Estêvão P (Guar.) 96 A 2
Santo Estêvão P (San.) 127 B 2
Santo Estêvão P (V. R.) 55 D 1
Santo Estêvão
das Gales P (Lis.) 126 C 2
Santo Estevo E (Lu.) 3 D 5
Santo Isidoro P (Lis.) 126 B 1
Santo Isidoro P (Port.) 54 C 5
Santo Isidro P (Co.) 93 C 3
Santo Isidro de Pegões P (Set.) 127 C 4
Santo Pitar, lugar E (Mál.) 180 D 4
Santo Quintino P (Lis.) 126 D 1
Santo Tirso P (Port.) 54 A 4
Santo Tomás
de las Ollas E (Le.) 37 B 1
Santo Tomé E (J.) 152 D 4
Santo Tomé E (Our.) 35 A 2
Santo Tomé
de Rozados E (Sa.) 78 C 3
Santo Tomé
de Zabarcos E (Áv.) 79 D 4
Santo Tomé del Puerto E (Seg.) 82 A 1
Santo Varão P (Co.) 93 D 2
Santocildes E (Bur.) 22 B 4
Santolea, lugar E (Te.) 87 A 4
Santomera E (Mu.) 156 A 4
Santonge, lugar E (Alm.) 170 B 1
Santoña E (Can.) 10 A 4
Santopétar E (Alm.) 170 C 4
Santorcaz E (Mad.) 102 C 1
Santorens E (Hues.) 48 D 2
Santos P (San.) 111 C 3
Santos de la
Humosa, Los E (Mad.) 102 C 1
Santos
de Maimona, Los E (Bad.) 147 B 1
Santos Evos P (Vis.) 75 A 4
Santos, Los E (Alm.) 169 C 5
Santos, Los E (Cór.) 166 C 4
Santos, Los E (Sa.) 98 B 1
Santos, Los E (Val.) 105 C 4
Santoseso E (Ast.) 6 A 3
Santotís E (Bur.) 22 B 4
Santotís E (Can.) 20 D 1
Santovenia E (Le.) 18 B 4
Santovenia E (Zam.) 58 C 1
Santovenia
de la Valdoncina E (Le.) 38 D 1
Santovenia de Oca E (Bur.) 42 A 2
Santovenia de Pisuerga E (Vall.) 60 B 2
Santovenia del Monte E (Le.) 19 A 5
Santoyo E (Pa.) 40 D 3
Santpedor E (Bar.) 70 C 1
Santulhão P (Bra.) 57 A 3
Santullán E (Can.) 10 C 5
Santullano E (Ast.) 6 B 4
Santurce → Santurtzi E (Viz.) 10 D 5
Santurde E (Ál.) 23 B 5
Santurde E (Bur.) 22 A 3
Santurde de Rioja E (La R.) 42 D 2
Santurdejo E (La R.) 43 A 2
Santurtzi/Santurce E (Viz.) 10 D 5
Sanxenxo E (Po.) 33 D 1
Sanxián E (Po.) 33 C 4
Sanzadornín E (Ast.) 6 B 3
Sanzoles E (Zam.) 58 D 4
São António
dos Olivais P (Co.) 94 A 2
São Amaro da Bouça P (Co.) 93 C 2
São Barnabé P (Be.) 160 B 4
São Bartolomeu P (Ave.) 74 B 2
São Bartolomeu P (Fa.) 175 B 2
São Bartolomeu P (Por.) 112 D 4
São Bartolomeu
da Serra P (Set.) 143 C 4
São Bartolomeu
de Galegos P (Lis.) 110 C 4
São Bartolomeu
de Messines P (Fa.) 160 A 4
São Bartolomeu
de Via Glória P (Be.) 161 A 2
São Bartolomeu
do Outeiro P (Év.) 144 D 1
São Benardino P (Lei.) 110 C 4
São Bento P (Lei.) 111 B 2
São Bento
de Ana Loura P (Év.) 129 C 2
São Bento do Ameixial P (Év.) 129 B 3
São Bento do Cortiço P (Év.) 129 B 2
São Bento do Mato P (Év.) 129 A 4
São Brás de Alportel P (Fa.) 174 D 2
São Brás dos Matos P (Év.) 129 D 4
São Brás e
São Lourenço P (Por.) 129 D 3
São Brissos P (Be.) 144 C 3
São Brissos P (Év.) 128 B 5
São Caetano P (Co.) 93 C 1
São Catarina P (San.) 112 A 2
São Cibrão P (V. R.) 55 C 5
São Cipriano P (Vis.) 74 D 4
São Cipriano P (Vis.) 74 D 1
São Clemente P (Lei.) 111 A 3
São Cosmado P (Guar.) 95 C 1
São Cosmado P (Vis.) 75 C 1
São Cosmado P (Vis.) 74 D 4
São Cosme e
São Damião P (V. C.) 34 B 5
São Cristóvão P (Év.) 128 A 5
São Cristóvão
de Lafões P (Vis.) 74 C 3
São Cristóvão
de Nogueira P (Vis.) 74 C 1
São Cristóvão
do Douro P (V. R.) 55 C 5
São Domingos P (C. B.) 95 B 5
São Domingos P (San.) 111 C 4
São Domingos P (Set.) 143 C 4
São Domingos
de Ana Loura P (Év.) 129 C 3
São Domingos
de Rana P (Lis.) 126 B 3
São Facundo P (San.) 112 C 4
São Félix P (Vis.) 74 D 3
São Félix da Marinha P (Port.) 73 D 1
São Fernando P (San.) 111 C 4
São Francisco P (Set.) 127 A 3
São Francisco da Serra P (Set.) 143 B 3
São Gemil P (Vis.) 74 D 5
São Gens P (Br.) 54 D 3
São Gens P (Co.) 94 B 4
São Geraldo P (Év.) 128 B 3
São Gião P (Co.) 95 A 2
São Gonçalo P (Ma.) 110 B 2
São Gregório P (Év.) 128 D 3
São Gregório P (Lei.) 110 D 3
São Jacinto P (Ave.) 73 C 4
São Joanico P (Bra.) 57 B 3
São Joaninho P (Vis.) 75 A 2
São Joaninho P (Vis.) 94 C 1
São João P (Aç.) 109 B 3
São João da Boavista P (Co.) 94 D 2
São João da Corveira P (V. R.) 55 D 2
São João da Fresta P (Vis.) 75 C 4
São João da Madeira P (Ave.) 74 A 2
São João da Pesqueira P (Vis.) 75 D 1
São João da Ribeira P (Lei.) 93 C 4
São João da Ribeira P (San.) 111 B 4
São João da Serra P (Vis.) 74 C 3
São João da Talha P (Lis.) 126 D 2
São João das Lampas P (Lis.) 126 B 2
São João de Areias P (Vis.) 94 D 1
São João de Fontoura P (Vis.) 75 A 1
São João de Loure P (Ave.) 74 A 4
São João de Lourosa P (Vis.) 75 A 5
São João de Negrilhos P (Be.) 144 B 4
São João de Rei P (Br.) 54 C 2
São João de Tarouca P (Vis.) 75 B 2
São João de Ver P (Ave.) 74 A 2
São João do Campo P (Co.) 94 A 2
São João do Deserto P (Be.) 144 B 5
São João do Estoril P (Lis.) 126 B 3
São João do Monte P (Vis.) 74 C 5
São João do Peso P (C. B.) 112 C 1
São João
dos Caldeireiros P (Be.) 161 A 2
São João dos Montes P (Lis.) 126 D 2
São Jomil P (Bra.) 56 B 1
São Jorge P (Ave.) 74 A 2
São Jorge P (Co.) 93 C 2
São Jorge P (Lei.) 111 B 2
São Jorge P (Ma.) 64 C 4
São Jorge P (V. C.) 34 B 5
São Jorge da Beira P (C. B.) 95 A 3
São José da Lamarosa P (San.) 127 D 1
São José das Matas P (San.) 113 A 3
São Julião P (Lis.) 126 B 1
São Julião P (Por.) 113 D 4
São Julião P (Port.) 74 B 1
São Julião P (V. C.) 34 A 4
São Julião
de Montenegro P (V. R.) 55 D 1
São Julião de Palácios P (Bra.) 57 A 1
São Julião do Tojal P (Lis.) 126 D 2
São Lourenço P (San.) 111 D 2
São Lourenço P (Set.) 126 D 5
São Lourenço P (V. R.) 55 D 1
São Lourenço
de Mamporcão P (Év.) 129 B 2
São Lourenço
de Ribapinhão P (V. R.) 55 C 4
São Lourenço
do Bairro P (Ave.) 94 A 1
São Lourenço
do Douro P (Port.) 74 C 1
São Luis P (Be.) 159 C 1
São Macário P (San.) 112 B 3
São Mamede P (Co.) 94 B 2
São Mamede P (Lei.) 110 D 4
São Mamede P (Lei.) 111 C 2
São Mamede de Infesta P (Port.) 53 D 5
São Mamede
de Ribatua P (V. R.) 55 D 5
São Mamede do Sádão P (Set.) 144 A 3
São Manços P (Év.) 145 A 1
São Marcos P (Ave.) 74 A 4
São Marcos P (Fa.) 175 A 2
São Marcos
da Ataboeira P (Be.) 160 D 1
São Marcos da Serra P (Fa.) 159 D 3
São Martinho P (Ave.) 74 A 5
São Martinho P (C. B.) 95 B 3
São Martinho P (Guar.) 95 B 1
São Martinho P (Ma.) 110 B 2
São Martinho P (Vis.) 75 B 3
São Martinho P (Vis.) 74 D 4
São Martinho
(Bougado) P (Port.) 54 A 4
São Martinho
da Cortiça P (Co.) 94 C 2
São Martinho
da Gândara P (Ave.) 73 D 3
São Martinho
das Amoreiras P (Be.) 159 D 1
São Martinho das Chãs P (Vis.) 75 B 1
São Martinho
das Moitas P (Vis.) 74 D 3
São Martinho
de Angueira P (Bra.) 57 C 2
São Martinho de Antas P (V. R.) 55 C 5
São Martinho
de Árvore P (Co.) 93 D 2
São Martinho
de Mouros P (Vis.) 75 A 1
São Martinho
de Sardoura P (Ave.) 74 B 1
São Martinho do Peso P (Bra.) 57 A 4
São Martinho do Porto P (Lei.) 110 D 2
São Mateus P (Aç.) 109 B 3
São Mateus P (Aç.) 109 A 5
São Matias P (Be.) 144 D 3
São Matias P (Por.) 113 B 2
São Miguel P (Vis.) 94 C 1
São Miguel (Prado) P (Br.) 54 B 2
São Miguel de Acha P (C. B.) 95 D 4
São Miguel
de Machede P (Év.) 129 A 4
São Miguel de Poiares P (Co.) 94 C 2
São Miguel de Vila Boa P (Vis.) 75 B 4
São Miguel do Jarmelo P (Guar.) 76 A 5
São Miguel do Mato P (Ave.) 74 B 2
São Miguel do Mato P (Vis.) 74 D 4
São Miguel do Outeiro P (Vis.) 74 D 5
São Miguel
do Pinheiro P (Be.) 160 D 2
São Miguel
do Rio Torto P (San.) 112 B 3
São Paio P (Co.) 94 C 2
São Paio P (Guar.) 75 C 5
São Paio P (V. C.) 34 C 4
São Paio (Jolda) P (V. C.) 54 A 1
São Paio de Gramaços P (Co.) 95 A 2
São Paio de Oleiros P (Ave.) 74 A 2
São Pedro P (V. R.) 55 A 1
São Pedro da Cadeira P (Lis.) 110 B 5
São Pedro da Cova P (Port.) 54 A 5
São Pedro da Torre P (V. C.) 34 A 4
São Pedro de Agostém P (V. R.) 55 D 2
São Pedro de Alva P (Co.) 94 C 2
São Pedro de France P (Vis.) 75 B 4
São Pedro de Muel P (Lei.) 111 A 1
São Pedro de Pomares P (Be.) 145 A 3
São Pedro de Rio Seco P (Guar.) 76 D 4
São Pedro
de Sarracenos P (Bra.) 57 A 1
São Pedro de Solis P (Be.) 160 D 3
São Pedro de Tomar P (San.) 112 A 2
São Pedro
de Vale do Conde P (Bra.) 56 A 4
São Pedro
de Veiga de Lila P (V. R.) 56 A 3
São Pedro do Corval P (Év.) 145 C 1
São Pedro do Esteval P (C. B.) 113 A 2
São Pedro do Jarmelo P (Guar.) 76 B 5
São Pedro do Sul P (Vis.) 74 D 3
São Pedro Fins P (Port.) 54 A 5
São Pedro Velho P (Bra.) 56 B 2
São Romão P (Év.) 129 D 3
São Romão P (Fa.) 174 C 2
São Romão P (Guar.) 95 B 1
São Romão P (Set.) 144 A 2
São Romão P (Vis.) 75 B 1
São Romão de Aregos P (Vis.) 74 D 1
São Roque P (Aç.) 109 B 5
São Roque P (Ave.) 74 B 3
São Roque P (Ma.) 110 B 1
São Roque do Pico P (Aç.) 109 B 3
São Salvador P (Bra.) 56 B 4
São Salvador P (Vis.) 75 A 4
São Salvador
da Aramenha P (Por.) 113 D 4
São Saturnino P (Por.) 129 B 1
São Sebastião P (Aç.) 109 A 5
São Sebastiao P (Co.) 94 A 4
São Sebastião P (San.) 111 D 2
São Sebastião da Feira P (Co.) 95 A 2
São Sebastião
da Giesteira P (Év.) 128 B 5
São Sebastião
dos Carros P (Be.) 161 A 2
São Silvestre P (Co.) 93 D 2
São Simão P (Por.) 113 B 2
São Simão P (San.) 112 B 2
São Simão P (San.) 112 A 2
São Simão P (Set.) 127 A 5
São Simão de Litém P (Lei.) 93 D 5
São Teotónio P (Be.) 159 B 2
São Tiaguinho P (Vis.) 74 C 4
São Tomé do Castelo P (V. R.) 55 C 4
São Torcato P (Br.) 54 C 3
São Torcato P (San.) 127 D 2
São Vicente P (Be.) 144 B 3
São Vicente P (Ma.) 110 A 1
São Vicente P (V. R.) 56 A 1
São Vicente da Beira P (C. B.) 95 C 4
São Vicente de Ferreira P (Aç.) 109 B 4
São Vicente de Lafões P (Vis.) 74 C 4
São Vicente
de Pereira Juzã P (Ave.) 74 A 2
São Vicente do Paúl P (San.) 111 C 4
São Vicente do Pigeiro P (Év.) 145 A 1
São Vicente e Ventosa P (Por.) 129 D 2
Saornil de Voltoya E (Áv.) 80 B 4
Sapardos P (V. C.) 33 D 5
Sapataria P (Lis.) 126 C 1
Sapateira P (Lei.) 94 C 4
Sapeira P (C. B.) 94 C 5
Sapeira P (Fa.) 159 D 4
Sapelos P (V. R.) 55 C 1
Sapiãos P (V. R.) 55 C 2
Sapos P (Be.) 161 B 2
Sapos P (Be.) 161 A 2
Sapos, Los E (Alm.) 169 D 5
Sar E (Lu.) 3 D 4
Sar E (Po.) 33 D 2
Sarandón E (A Co.) 14 B 3
Sarandóns E (A Co.) 2 C 5
Sarasa E (Na.) 24 D 4
Saraso E (Bur.) 23 B 5
Saravillo E (Hues.) 48 A 1
Sardás E (Hues.) 47 A 1
Sardeiras de Baixo P (C. B.) 94 D 5
Sardeiras de Cima P (C. B.) 94 D 5
Sardina E (Las P.) 191 D 3
Sardinero, El, lugar E (Sev.) 164 C 2
Sardiñeiro de Abaixo E (A Co.) 13 A 2
Sardoal P (San.) 112 B 2
Sardoma E (Po.) 33 D 2
Sardón de Duero E (Vall.) 60 C 3
Sardón de los Frailes E (Sa.) 77 C 1
Sardonedo E (Le.) 38 B 1
Sargaçais P (Guar.) 75 C 3
Sargaçal P (Fa.) 173 B 2
Sargadelos E (Lu.) 4 A 2
Sarge P (Lis.) 110 C 5
Sargentes de la Lora E (Bur.) 21 C 4
Sarguilla, La E (Alb.) 138 C 5
Sariego E (Ast.) 6 D 4
Sariegos del Bernesga E (Le.) 18 D 5
Sarilhos Grandes P (Set.) 127 A 4
Sarilhos Pequenos P (Set.) 127 A 3
Sariñena E (Hues.) 67 B 1
Sarnadas P (Fa.) 160 B 4
Sarnadas P (Lei.) 94 C 4
Sarnadas de Ródão P (C. B.) 113 B 1
Sarnadas
de São Simão P (C. B.) 95 A 5
Sarnadela P (Co.) 94 C 2
Sarnadinha P (C. B.) 113 B 1
Sarnadinha P (Vis.) 74 C 3
Saro E (Can.) 21 C 1
Sarón E (Can.) 9 C 5
Sarracín E (Bur.) 41 D 3
Sarracín de Aliste E (Zam.) 57 D 1
Sarral E (Ta.) 69 C 4
Sarraquinhos P (V. R.) 55 C 1
Sarratella E (Cas.) 107 D 2
Sarrazola P (Ave.) 73 D 4

Silvã de Cima


| | | | | |
|---|---|---|---|---|
| Silvã de Cima | P | (Vis.) | 75 | B4 |
| Silva Escura | P | (Ave.) | 74 | B3 |
| Silva Escura | P | (Port.) | 54 | A5 |
| Silva, La | E | (Le.) | 17 | D5 |
| Silvalde | P | (Ave.) | 73 | D1 |
| Silván | E | (Le.) | 37 | A2 |
| Silvares | P | (C. B.) | 95 | B3 |
| Silvares | P | (Vis.) | 75 | A3 |
| Silvares | P | (Vis.) | 74 | B4 |
| Silvares | P | (Vis.) | 74 | C4 |
| Silvarrei | E | (Lu.) | 15 | D1 |
| Silveira | P | (Ave.) | 74 | A5 |
| Silveira | P | (Ave.) | 74 | B4 |
| Silveira | P | (C. B.) | 113 | A2 |
| Silveira | P | (Fa.) | 160 | A4 |
| Silveira | P | (Lis.) | 110 | B5 |
| Silveiras | P | (Év.) | 128 | A4 |
| Silveirinho | P | (Co.) | 94 | C2 |
| Silveiros | P | (Br.) | 54 | A3 |
| Silvela | E | (Lu.) | 15 | B2 |
| Silves | P | (Fa.) | 173 | D2 |
| Silvosa | P | (C. B.) | 95 | B4 |
| Silvoso | E | (Po.) | 34 | A1 |
| Silla | E | (Val.) | 125 | A4 |
| Sillar Baja | E | (Gr.) | 168 | B5 |
| Silleda | E | (Po.) | 14 | C4 |
| Sillero, lugar | E | (J.) | 152 | D4 |
| Sillobre | E | (A Co.) | 3 | A3 |
| Simancas | E | (Vall.) | 60 | A3 |
| Simarro, El | E | (Cu.) | 122 | A5 |
| Simat de la Valldigna | E | (Val.) | 141 | B2 |
| Simões | P | (Be.) | 161 | A2 |
| Simões | P | (Co.) | 93 | D4 |
| Sin | E | (Hues.) | 28 | A5 |
| Sinarcas | E | (Val.) | 123 | D2 |
| Sinde | P | (Co.) | 94 | D2 |
| Sindrán | E | (Lu.) | 36 | A1 |
| Sines | P | (Set.) | 143 | A4 |
| Sineu | E | (Bal.) | 92 | A3 |
| Singla | E | (Mu.) | 154 | C4 |
| Singra | E | (Te.) | 85 | C5 |
| Sinlabajos | E | (Áv.) | 80 | A2 |
| Sinovas | E | (Bur.) | 61 | D2 |
| Sinterra | P | (San.) | 111 | B4 |
| Sintra | P | (Lis.) | 126 | B3 |
| Sintrão | P | (Guar.) | 75 | D3 |
| Sinués | E | (Hues.) | 26 | C5 |
| Siñeriz | E | (Ast.) | 5 | B3 |
| Sionlla de Abaixo | E | (A Co.) | 14 | B2 |
| Sipán | E | (Hues.) | 47 | A4 |
| Sipote | P | (C. B.) | 112 | D1 |
| Siresa | E | (Hues.) | 26 | B4 |
| Siruela | E | (Bad.) | 133 | C2 |
| Sirves | E | (A Co.) | 13 | C5 |
| Sisamo | E | (A Co.) | 2 | A5 |
| Sisamón | E | (Zar.) | 84 | C1 |
| Sisante | E | (Cu.) | 122 | A4 |
| Siscar, El | E | (Mu.) | 156 | A4 |
| Sismaria | P | (Lei.) | 93 | B5 |
| Sisoi | E | (Lu.) | 15 | D1 |
| Sispony | A | | 49 | D1 |
| Sisquer | E | (Ll.) | 49 | D3 |
| Sistallo | E | (Lu.) | 3 | D5 |
| Sistelo | P | (V. C.) | 34 | B4 |
| Sisto | E | (A Co.) | 1 | D5 |
| Sisto | E | (A Co.) | 14 | A3 |
| Sitges | E | (Bar.) | 70 | C5 |
| Sitrama de Tera | E | (Zam.) | 38 | B5 |
| Siurana | E | (Gi.) | 52 | B2 |
| Siurana | E | (Ta.) | 69 | A5 |
| Soajo | P | (V. C.) | 34 | C5 |
| Soalhães | P | (Port.) | 54 | D5 |
| Soalheira | P | (C. B.) | 114 | A2 |
| Soalheira | P | (C. B.) | 95 | C4 |
| Soalheira | P | (Fa.) | 174 | B2 |
| Soandres | E | (A Co.) | 2 | B5 |
| Soaserra | E | (A Co.) | 3 | A3 |
| Sobarzo | E | (Can.) | 9 | C5 |
| Sober | E | (Lu.) | 35 | D1 |
| Sobrada | E | (Lu.) | 15 | D1 |
| Sobrada | E | (Po.) | 33 | D4 |
| Sobradelo | E | (Our.) | 36 | D2 |
| Sobradelo | E | (Our.) | 35 | C3 |
| Sobradelo | P | (Ave.) | 74 | A3 |
| Sobradelo | P | (V. R.) | 55 | C2 |
| Sobradelo da Goma | P | (Br.) | 54 | C2 |
| Sobradiel | E | (Zar.) | 66 | A2 |
| Sobradillo | E | (Sa.) | 76 | D3 |
| Sobradillo de Palomares | E | (Zam.) | 58 | B4 |
| Sobradillo, El | E | (S. Cruz T.) | 196 | B2 |
| Sobradinho | P | (Fa.) | 160 | B4 |
| Sobrado | E | (A Co.) | 15 | A2 |
| Sobrado | E | (Ast.) | 5 | B4 |
| Sobrado | E | (Le.) | 36 | D1 |
| Sobrado | E | (Lu.) | 16 | A3 |
| Sobrado | P | (Port.) | 54 | A5 |
| Sobrado (Gomesende) | E | (Our.) | 34 | D3 |
| Sobrados | P | (V. R.) | 55 | C5 |
| Sobrainho dos Baios | P | (C. B.) | 95 | A5 |
| Sobral | E | (Our.) | 35 | B1 |
| Sobral | E | (Po.) | 34 | A2 |
| Sobral | E | (Po.) | 34 | A1 |
| Sobral | P | (Ave.) | 73 | D2 |
| Sobral | P | (C. B.) | 94 | D4 |
| Sobral | P | (Co.) | 94 | C2 |
| Sobral | P | (Co.) | 94 | D4 |
| Sobral | P | (Lei.) | 110 | D4 |
| Sobral | P | (Lis.) | 110 | C4 |
| Sobral | P | (San.) | 111 | D2 |
| Sobral | P | (San.) | 111 | C4 |
| Sobral | P | (Vis.) | 74 | D3 |
| Sobral | P | (Vis.) | 94 | C1 |
| Sobral Basto | P | (San.) | 112 | B2 |
| Sobral da Abelheira | P | (Lis.) | 126 | C1 |
| Sobral da Adiça | P | (Be.) | 145 | D4 |
| Sobral da Lagoa | P | (Lei.) | 110 | D3 |
| Sobral da Serra | P | (Guar.) | 76 | A5 |
| Sobral de Baixo | P | (Co.) | 93 | D4 |
| Sobral de Monte Agraço | P | (Lis.) | 126 | D1 |
| Sobral de Papízios | P | (Vis.) | 94 | D1 |
| Sobral de São Miguel | P | (C. B.) | 95 | B3 |
| Sobral do Campo | P | (C. B.) | 95 | C4 |
| Sobral Gordo | P | (Co.) | 95 | A2 |
| Sobral Magro | P | (Co.) | 95 | A2 |
| Sobral Pichorro | P | (Guar.) | 75 | D4 |
| Sobral Volado | P | (Co.) | 94 | D4 |
| Sobralinho | P | (Lis.) | 127 | A2 |
| Sobrão | P | (Port.) | 54 | B4 |
| Sobrecastiello | E | (Ast.) | 19 | B1 |
| Sobreda | P | (Ave.) | 74 | A1 |
| Sobreda | P | (Bra.) | 56 | D3 |
| Sobreda | P | (Co.) | 95 | A1 |
| Sobreda | P | (Set.) | 126 | C4 |
| Sobreda | P | (Vis.) | 74 | D2 |
| Sobredo | E | (Po.) | 34 | A3 |
| Sobredo | P | (V. R.) | 55 | D4 |
| Sobrefoz | E | (Ast.) | 19 | C1 |
| Sobreganade | E | (Our.) | 35 | B4 |
| Sobreira | P | (Ave.) | 74 | B5 |
| Sobreira | P | (Co.) | 94 | C2 |
| Sobreira | P | (Guar.) | 96 | A1 |
| Sobreira | P | (Lei.) | 111 | B2 |
| Sobreira | P | (Lis.) | 126 | D2 |
| Sobreira | P | (Port.) | 54 | B5 |
| Sobreira | P | (V. R.) | 56 | A4 |
| Sobreira | P | (Vis.) | 74 | B4 |
| Sobreira Formosa | P | (C. B.) | 113 | A1 |
| Sobreiro | P | (Lei.) | 94 | C5 |
| Sobreiro | P | (Lis.) | 126 | B1 |
| Sobreiro Curvo | P | (Lis.) | 110 | C5 |
| Sobreiro de Baixo | P | (Bra.) | 56 | C1 |
| Sobreiro de Cima | P | (Bra.) | 56 | B1 |
| Sobreiros | P | (Ave.) | 74 | A4 |
| Sobreiros | P | (Lis.) | 126 | D1 |
| Sobrelapeña | E | (Can.) | 20 | C1 |
| Sobremunt | E | (Bar.) | 51 | A4 |
| Sobrena | P | (Lis.) | 111 | A4 |
| Sobreposta | P | (Br.) | 54 | B2 |
| Sobretâmega | P | (Port.) | 54 | C5 |
| Sobrón | E | (Ál.) | 22 | D4 |
| Sobrosa | P | (Port.) | 54 | B5 |
| Socorro, El | E | (S. Cruz T.) | 196 | B3 |
| Socorro, El | E | (S. Cruz T.) | 196 | B1 |
| Socovos | E | (Alb.) | 154 | C2 |
| Socuéllamos | E | (C. R.) | 121 | B5 |
| Sodeto | E | (Hues.) | 67 | B1 |
| Sodupe | E | (Viz.) | 22 | D1 |
| Soeima | P | (Bra.) | 56 | C4 |
| Soeira | P | (Bra.) | 56 | C1 |
| Soeirinho | P | (Co.) | 94 | D3 |
| Soengas | P | (Br.) | 54 | C2 |
| Soesto | E | (A Co.) | 1 | C5 |
| Sofán | E | (A Co.) | 2 | A5 |
| Sofuentes | E | (Zar.) | 45 | C2 |
| Sogo | E | (Zam.) | 58 | A4 |
| Sogueire | P | (Vis.) | 74 | C1 |
| Soguillo del Páramo | E | (Le.) | 38 | C3 |
| Soianda | P | (San.) | 112 | A1 |
| Soito | P | (Guar.) | 96 | C2 |
| Sojuela | E | (La R.) | 43 | C2 |
| Sol i Vista | E | (Ta.) | 89 | B1 |
| Solán de Cabras | E | (Cu.) | 104 | B1 |
| Solana | E | (Các.) | 116 | D4 |
| Solana de Ávila | E | (Áv.) | 98 | C2 |
| Solana de Fenar | E | (Le.) | 18 | D4 |
| Solana de los Barros | E | (Bad.) | 131 | A4 |
| Solana de Padilla | E | (J.) | 153 | B4 |
| Solana de Pontes, La, lugar | E | (Alm.) | 170 | C1 |
| Solana de Rioalmar | E | (Áv.) | 79 | C4 |
| Solana de Torralba | E | (J.) | 152 | C5 |
| Solana del Pino | E | (C. R.) | 151 | A1 |
| Solana, La | E | (Alb.) | 138 | C4 |
| Solana, La | E | (Alm.) | 170 | B3 |
| Solana, La | E | (C. R.) | 136 | C3 |
| Solana, La | E | (Las P.) | 191 | C2 |
| Solanas de Valdelucio | E | (Bur.) | 21 | B5 |
| Solanas del Valle | E | (Sev.) | 148 | A5 |
| Solanell | E | (Ll.) | 49 | C1 |
| Solanilla | E | (Alb.) | 137 | C5 |
| Solanilla del Tamaral | E | (C. R.) | 151 | B1 |
| Solanillo, El | E | (Alm.) | 183 | C4 |
| Solanillos del Extremo | E | (Gua.) | 83 | B4 |
| Solano | E | (Mál.) | 180 | D3 |
| Solarana | E | (Bur.) | 41 | D5 |
| Solares | E | (Can.) | 9 | D4 |
| Solarte-Gallete | E | (Viz.) | 11 | C5 |
| Soldeu | A | | 30 | A5 |
| Soledad, La | E | (Sev.) | 164 | B4 |
| Soler, El | E | (Hues.) | 48 | B3 |
| Solera | E | (J.) | 168 | B2 |
| Solera de Gabaldón | E | (Cu.) | 122 | C2 |
| Soleràs, el | E | (Ll.) | 68 | D4 |
| Solerche | E | (Cór.) | 166 | D5 |
| Soleres, Los | E | (Alm.) | 171 | A4 |
| Solete Alto | E | (Cád.) | 177 | C4 |
| Soliedra | E | (So.) | 63 | D4 |
| Solís | E | (Ast.) | 6 | C3 |
| Solius | E | (Gi.) | 52 | B5 |
| Solivella | E | (Ta.) | 69 | C4 |
| Solivent | E | (Gi.) | 51 | D4 |
| Solórzano | E | (Can.) | 10 | A4 |
| Solosancho | E | (Áv.) | 99 | D1 |
| Solposta | P | (Ave.) | 73 | D4 |
| Solsona | E | (Ll.) | 50 | A4 |
| Soltaria | P | (Lis.) | 110 | B5 |
| Solvay | E | (Ast.) | 6 | D4 |
| Solveira | E | (Our.) | 35 | C4 |
| Solveira | E | (Our.) | 35 | A3 |
| Solveira | E | (Our.) | 35 | B2 |
| Solveira | P | (V. R.) | 55 | C1 |
| Solymar | E | (Ta.) | 88 | C5 |
| Sollana | E | (Val.) | 125 | A5 |
| Sollano-Llantada | E | (Viz.) | 22 | C1 |
| Solle | E | (Le.) | 19 | B3 |
| Sóller | E | (Bal.) | 91 | C2 |
| Somado | E | (Ast.) | 6 | A3 |
| Somaén | E | (So.) | 84 | A1 |
| Somahoz | E | (Can.) | 21 | B1 |
| Somanes | E | (Hues.) | 46 | C1 |
| Somarriba | E | (Can.) | 9 | C5 |
| Sombrera, La | E | (S. Cruz T.) | 196 | A4 |
| Somo | E | (Can.) | 9 | D4 |
| Somolinos | E | (Gua.) | 82 | D1 |
| Somontín | E | (Alm.) | 170 | A4 |
| Somosierra | E | (Mad.) | 82 | A1 |
| Somoza | E | (Po.) | 14 | B4 |
| Somozas, As | E | (A Co.) | 3 | B2 |
| Son | E | (Ll.) | 29 | B5 |
| Son Bou | E | (Bal.) | 90 | C2 |
| Son Carrió | E | (Bal.) | 92 | C3 |
| Son de Abaixo | E | (A Co.) | 14 | B2 |
| Son Fe | E | (Bal.) | 92 | B1 |
| Son Ferrer | E | (Bal.) | 91 | B4 |
| Son Ferriol | E | (Bal.) | 91 | C3 |
| Son Macià | E | (Bal.) | 92 | C4 |
| Son Mesquida | E | (Bal.) | 92 | B4 |
| Son Morell | E | (Bal.) | 90 | A2 |
| Son Moro | E | (Bal.) | 92 | D3 |
| Son Morro, lugar | E | (Bal.) | 90 | A2 |
| Son Negre | E | (Bal.) | 92 | B4 |
| Son Prohens | E | (Bal.) | 92 | C4 |
| Son Roca-Son Ximelis | E | (Bal.) | 91 | C3 |
| Son Sardina | E | (Bal.) | 91 | C3 |
| Son Serra de Marina | E | (Bal.) | 92 | C2 |
| Son Servera | E | (Bal.) | 92 | D3 |
| Son Valls | E | (Bal.) | 92 | B4 |
| Son Xoriguer | E | (Bal.) | 90 | A2 |
| Soncillo | E | (Bur.) | 21 | C3 |
| Sondica | E | (Viz.) | 11 | A5 |
| Sonega | P | (Set.) | 143 | B5 |
| Soneja | E | (Cas.) | 125 | A1 |
| Sonim | P | (V. R.) | 56 | A2 |
| Sonneland | E | (Las P.) | 191 | C4 |
| Sonseca | E | (To.) | 119 | B2 |
| Soñar | E | (Lu.) | 15 | D2 |
| Soñeiro | E | (A Co.) | 2 | D4 |
| Sóo | E | (Las P.) | 192 | C3 |
| Sopeira | E | (Hues.) | 48 | D2 |
| Sopelana | E | (Viz.) | 10 | D4 |
| Sopenilla | E | (Can.) | 9 | B5 |
| Sopeña | E | (Can.) | 20 | D1 |
| Sopeña de Curueño | E | (Le.) | 19 | A4 |
| Sopeñano | E | (Bur.) | 22 | B2 |
| Sopo | P | (V. C.) | 33 | D5 |
| Soportújar | E | (Gr.) | 182 | B3 |
| Sopuerta | E | (Viz.) | 10 | C5 |
| Sora | E | (Bar.) | 51 | A3 |
| Sorabilla | E | (Gui.) | 24 | B1 |
| Soraluze/Placencia de las Armas | E | (Gui.) | 23 | D1 |
| Sorauren | E | (Na.) | 25 | A4 |
| Sorbas | E | (Alm.) | 184 | C1 |
| Sorbeda del Sil | E | (Le.) | 17 | B4 |
| Sorda, Sa | E | (Bal.) | 92 | A5 |
| Sordillos | E | (Bur.) | 41 | A2 |
| Sorgaçosa | P | (Co.) | 95 | A2 |
| Soria | E | (So.) | 63 | D2 |
| Soriguera | E | (Ll.) | 49 | B2 |
| Sorihuela | E | (Sa.) | 98 | C1 |
| Sorihuela del Guadalimar | E | (J.) | 152 | D3 |
| Sorita → Zorita del Maestrazgo | E | (Cas.) | 87 | B4 |
| Sorlada/Suruslada | E | (Na.) | 44 | A1 |
| Sorna | E | (A Co.) | 13 | B1 |
| Sorpe | E | (Ll.) | 29 | B5 |
| Sorriba | E | (Le.) | 19 | C4 |
| Sorribas | E | (A Co.) | 14 | A3 |
| Sorribas | E | (Le.) | 17 | A5 |
| Sorribes | E | (Ll.) | 49 | D3 |
| Sorribos de Alba | E | (Le.) | 18 | D4 |
| Sorrizo | E | (A Co.) | 2 | B4 |
| Sort | E | (Ll.) | 49 | B1 |
| Sortelha | P | (Guar.) | 96 | A2 |
| Sortelhão | P | (Guar.) | 96 | A1 |
| Sortes | P | (Bra.) | 56 | D2 |
| Sorval | P | (Guar.) | 76 | A3 |
| Sorvilán | E | (Gr.) | 182 | C4 |
| Sorzano | E | (La R.) | 43 | C2 |
| Sos | E | (Hues.) | 48 | B1 |
| Sos del Rey Católico | E | (Zar.) | 45 | C1 |
| Sosa | P | (Ave.) | 73 | D5 |
| Sosas de Laciana | E | (Le.) | 17 | D3 |
| Sosas del Cumbral | E | (Le.) | 18 | A4 |
| Soscaño | E | (Viz.) | 22 | B1 |
| Soses | E | (Ll.) | 68 | B3 |
| Sot de Chera | E | (Val.) | 124 | B3 |
| Sot de Ferrer | E | (Cas.) | 125 | A1 |
| Sota de Valderrueda, La | E | (Le.) | 19 | D4 |
| Sota, La | E | (Can.) | 21 | C2 |
| Sotalvo | E | (Áv.) | 99 | D1 |
| Sotés | E | (La R.) | 43 | C2 |
| Sotiel Coronada | E | (Huel.) | 162 | C2 |
| Sotiello | E | (Ast.) | 6 | C3 |
| Sotillo | E | (Seg.) | 81 | D1 |
| Sotillo de Boedo | E | (Pa.) | 40 | C1 |
| Sotillo de la Adrada | E | (Áv.) | 100 | B3 |
| Sotillo de la Ribera | E | (Bur.) | 61 | C2 |
| Sotillo de las Palomas | E | (To.) | 99 | D4 |
| Sotillo del Rincón | E | (So.) | 63 | C1 |
| Sotillo, El | E | (C. R.) | 135 | B1 |
| Sotillo, El | E | (Gua.) | 83 | C3 |
| Sotillos de Sabero | E | (Le.) | 19 | C4 |
| Soto | E | (Ast.) | 6 | B4 |
| Soto | E | (Ast.) | 18 | D1 |
| Soto | E | (Ast.) | 19 | B1 |
| Soto | E | (Can.) | 21 | A2 |
| Soto de Aldovea | E | (Mad.) | 102 | A2 |
| Soto de Cangas | E | (Ast.) | 7 | C5 |
| Soto de Cerrato | E | (Pa.) | 40 | C5 |
| Soto de la Barca | E | (Ast.) | 5 | C5 |
| Soto de la Marina | E | (Can.) | 9 | C4 |
| Soto de la Vega | E | (Le.) | 38 | B2 |
| Soto de los Infantes | E | (Ast.) | 5 | D4 |
| Soto de Luiña | E | (Ast.) | 5 | D3 |
| Soto de Ribera | E | (Ast.) | 6 | C5 |
| Soto de Sajambre | E | (Le.) | 19 | D1 |
| Soto de San Esteban | E | (So.) | 62 | B3 |
| Soto de Valdeón | E | (Le.) | 19 | D2 |
| Soto del Barco | E | (Ast.) | 6 | A3 |
| Soto del Real | E | (Mad.) | 81 | C4 |
| Soto del Rey | E | (Ast.) | 6 | C5 |
| Soto en Cameros | E | (La R.) | 43 | D3 |
| Soto y Amío | E | (Le.) | 18 | B4 |
| Soto, El | E | (Áv.) | 99 | A1 |
| Soto, El | E | (Cád.) | 186 | B3 |
| Soto, El | E | (Hues.) | 47 | D2 |
| Soto, El | E | (Mad.) | 101 | D1 |
| Sotobañado y Priorato | E | (Pa.) | 40 | C1 |
| Sotoca | E | (Cu.) | 104 | A4 |
| Sotoca de Tajo | E | (Gua.) | 83 | C4 |
| Sotodosos | E | (Gua.) | 83 | D3 |
| Sotogordo | E | (Cór.) | 166 | A4 |
| Sotogordo | E | (J.) | 151 | D5 |
| Sotopalacios | E | (Bur.) | 41 | D2 |
| Sotoparada | E | (Le.) | 16 | D5 |
| Sotos | E | (Cu.) | 104 | B3 |
| Sotos del Burgo | E | (So.) | 62 | D3 |
| Sotosalbos | E | (Seg.) | 81 | B2 |
| Sotoserrano | E | (Sa.) | 98 | A1 |
| Sotovellanos | E | (Bur.) | 40 | D1 |
| Sotragero | E | (Bur.) | 41 | D2 |
| Sotres | E | (Ast.) | 20 | A1 |
| Sotresgudo | E | (Bur.) | 41 | A1 |
| Sotrondio (San Martín del Rey Aurelio) | E | (Ast.) | 6 | D5 |
| Sotuélamos | E | (Alb.) | 137 | C2 |
| Soudes | P | (Fa.) | 161 | B4 |
| Soudos | P | (San.) | 111 | D2 |
| Soure | P | (Co.) | 93 | D3 |
| Sourões | P | (San.) | 111 | B3 |
| Souropires | P | (Guar.) | 76 | B4 |
| Sousa | P | (Port.) | 54 | C4 |
| Sousel | P | (Por.) | 129 | A2 |
| Sousela | P | (Port.) | 54 | B4 |
| Souselas | P | (Co.) | 94 | A2 |
| Souselo | P | (Vis.) | 74 | C1 |
| Soutadoiro | E | (Our.) | 36 | D2 |
| Soutaria | P | (San.) | 111 | D1 |
| Soutelinho | P | (V. R.) | 55 | C2 |
| Soutelinho | P | (V. R.) | 55 | C5 |
| Soutelinho da Raia | P | (V. R.) | 55 | C1 |
| Soutelinho do Amésio | P | (V. R.) | 55 | B4 |
| Souteliño | E | (Our.) | 35 | D4 |
| Soutelo | E | (A Co.) | 14 | C1 |
| Soutelo | E | (Po.) | 14 | C5 |
| Soutelo | P | (Ave.) | 74 | A3 |
| Soutelo | P | (Ave.) | 74 | A4 |
| Soutelo | P | (Ave.) | 74 | B4 |
| Soutelo | P | (Br.) | 54 | B2 |
| Soutelo | P | (Br.) | 54 | C2 |
| Soutelo | P | (Bra.) | 56 | D4 |
| Soutelo | P | (Bra.) | 36 | D5 |
| Soutelo | P | (Co.) | 94 | B2 |
| Soutelo | P | (V. R.) | 55 | A5 |
| Soutelo | P | (V. R.) | 55 | D1 |
| Soutelo | P | (Vis.) | 74 | D2 |
| Soutelo | P | (Vis.) | 75 | A3 |
| Soutelo de Aguiar | P | (V. R.) | 55 | C3 |
| Soutelo do Douro | P | (Vis.) | 55 | D5 |
| Soutelo Mourisco | P | (Bra.) | 56 | C2 |
| Soutelo Verde | E | (Our.) | 35 | D4 |
| Soutilha | P | (Bra.) | 56 | B2 |
| Souto | E | (Our.) | 34 | D2 |
| Souto | E | (Po.) | 14 | B5 |
| Souto | E | (Po.) | 14 | B4 |
| Souto | P | (Ave.) | 74 | A2 |
| Souto | P | (Br.) | 54 | B1 |
| Souto | P | (San.) | 112 | B2 |
| Souto | P | (V. C.) | 34 | B5 |
| Souto | P | (V. C.) | 54 | A1 |
| Souto | P | (Vis.) | 75 | D2 |
| Souto | P | (Vis.) | 74 | D3 |
| Souto (São Salvador) | P | (Br.) | 54 | C3 |
| Souto (Toques) | E | (A Co.) | 15 | A2 |
| Souto Bom | P | (Vis.) | 74 | C4 |
| Souto Cico | P | (Lei.) | 111 | C1 |
| Souto da Carpalhosa | P | (Lei.) | 93 | B5 |
| Souto da Casa | P | (C. B.) | 95 | C3 |
| Souto da Ruiva | P | (Co.) | 95 | A2 |
| Souto da Velha | P | (Bra.) | 56 | C5 |
| Souto de Aguiar da Beira | P | (Guar.) | 75 | C3 |
| Souto de Lafões | P | (Vis.) | 74 | C4 |
| Souto do Brejo | P | (Co.) | 95 | A4 |
| Souto Maior | P | (Guar.) | 75 | D3 |
| Souto Maior | P | (V. R.) | 55 | C5 |
| Souto Mau | P | (Ave.) | 74 | B3 |
| Soutochao | E | (Our.) | 36 | B5 |
| Soutolongo | E | (Po.) | 14 | D5 |
| Soutomaior | E | (Our.) | 35 | B3 |
| Soutomaior | E | (Po.) | 34 | A2 |
| Soutomel | E | (Our.) | 35 | A3 |
| Soutopenedo | E | (Our.) | 35 | B2 |
| Soutordei | E | (Lu.) | 36 | A1 |
| Soutos | P | (Lei.) | 111 | C1 |
| Soutosa | P | (Vis.) | 75 | B3 |
| Soutullo | E | (A Co.) | 2 | B4 |
| Suances | E | (Can.) | 9 | B4 |
| Suares | E | (Ast.) | 6 | D4 |
| Suarna | E | (Lu.) | 16 | C1 |
| Subilana Gasteiz | E | (Ál.) | 23 | B4 |
| Subportela | P | (V. C.) | 53 | D1 |
| Subserra | P | (Lis.) | 126 | D2 |
| Suções | P | (Bra.) | 56 | A3 |
| Sucastro | E | (Lu.) | 15 | B4 |
| Sucina | E | (Mu.) | 156 | B5 |
| Sucs | E | (Ll.) | 68 | B2 |
| Sudanell | E | (Ll.) | 68 | C3 |

Urgueira


| | | | | |
|---|---|---|---|---|
| Torretartajo | E | (So.) | 63 | D1 |
| Torrevelilla | E | (Te.) | 87 | C3 |
| Torrevicente | E | (So.) | 63 | A5 |
| Torrevieja | E | (Ali.) | 156 | D5 |
| Torrico | E | (To.) | 117 | B1 |
| Torrijas | E | (Te.) | 106 | A5 |
| Torrijo de la Cañada | E | (Zar.) | 64 | C4 |
| Torrijo del Campo | E | (Te.) | 85 | C4 |
| Torrijos | E | (To.) | 100 | D5 |
| Torroella de Baix | E | (Bar.) | 70 | C1 |
| Torroella de Fluvià | E | (Gi.) | 52 | B3 |
| Torroella de Montgri | E | (Gi.) | 52 | C4 |
| Torroja del Priorat | E | (Ta.) | 69 | A5 |
| Torroña | E | (Po.) | 33 | C4 |
| Torroso | E | (Po.) | 34 | A3 |
| Torrox | E | (Mál.) | 181 | B4 |
| Torrox-Costa | E | (Mál.) | 181 | B4 |
| Torrozelo | P | (Guar.) | 95 | A1 |
| Torrubia | E | (Gua.) | 84 | C3 |
| Torrubia de Soria | E | (So.) | 64 | B3 |
| Torrubia del Campo | E | (Cu.) | 120 | D1 |
| Torrubia del Castillo | E | (Cu.) | 122 | A2 |
| Torrubia-Valenzuela | E | (J.) | 151 | D4 |
| Tortajada | E | (Te.) | 106 | A2 |
| Tortellà | E | (Gi.) | 51 | D2 |
| Tortilla, La, lugar | E | (J.) | 151 | D4 |
| Tórtola | E | (Cu.) | 104 | B5 |
| Tórtola de Henares | E | (Gua.) | 82 | C5 |
| Tórtoles | E | (Áv.) | 99 | B1 |
| Tórtoles | E | (Zar.) | 64 | D1 |
| Tórtoles de Esgueva | E | (Bur.) | 61 | B1 |
| Tortonda | E | (Gua.) | 83 | C3 |
| Tortoreos | E | (Po.) | 34 | B3 |
| Tortosa | E | (Ta.) | 88 | C3 |
| Tortozendo | P | (C. B.) | 95 | C2 |
| Tortuera | E | (Gua.) | 84 | D3 |
| Tortuero | E | (Gua.) | 82 | B3 |
| Torviscal, El | E | (Bad.) | 132 | B1 |
| Torvizcón | E | (Gr.) | 182 | C3 |
| Tosalet, El | E | (Cas.) | 107 | B5 |
| Tosalnou/Tossalnou | E | (Val.) | 141 | A2 |
| Tosantos | E | (Bur.) | 42 | C2 |
| Toscana Nueva | E | (Gr.) | 170 | A1 |
| Toscón, El | E | (Las P.) | 191 | D1 |
| Tosende | E | (Our.) | 35 | B5 |
| Toses | E | (Gi.) | 50 | D2 |
| Tosos | E | (Zar.) | 66 | A5 |
| Tossa de Mar | E | (Gi.) | 72 | B1 |
| Tossalnou → Tosalnou | E | (Val.) | 141 | A2 |
| Tosta | E | (Ál.) | 22 | D4 |
| Tostão | P | (C. B.) | 113 | B1 |
| Totalán | E | (Mál.) | 180 | D4 |
| Totana | E | (Mu.) | 171 | C1 |
| Totanés | E | (To.) | 118 | D2 |
| Totenique | P | (Be.) | 159 | D2 |
| Totero | E | (Can.) | 9 | C5 |
| Toto | E | (Las P.) | 190 | A3 |
| Toubres | P | (V. R.) | 55 | D3 |
| Touça | P | (Guar.) | 76 | A2 |
| Toucinhos | P | (San.) | 111 | D2 |
| Tougues | P | (Port.) | 53 | D4 |
| Touguinha | P | (Port.) | 53 | D4 |
| Touguinhó | P | (Port.) | 53 | D4 |
| Toulões | P | (C. B.) | 96 | B5 |
| Tourais | P | (Guar.) | 95 | B1 |
| Toural (Vilalboa) | E | (Po.) | 34 | A1 |
| Tourém | P | (V. R.) | 35 | A5 |
| Tourencinho | P | (V. R.) | 55 | B4 |
| Touria | P | (Lei.) | 111 | C1 |
| Tourigo | P | (Vis.) | 74 | C5 |
| Touriñán | E | (A Co.) | 13 | A1 |
| Touro | E | (A Co.) | 14 | C3 |
| Touro | P | (Vis.) | 75 | B3 |
| Tourón | E | (Po.) | 34 | B1 |
| Tous | E | (Val.) | 140 | D1 |
| Toutón | E | (Po.) | 34 | B2 |
| Toutosa | P | (Port.) | 54 | C5 |
| Touville | E | (Lu.) | 16 | A3 |
| Touza | E | (Lu.) | 3 | C3 |
| Touza | E | (Our.) | 35 | B2 |
| Touza | E | (Our.) | 35 | A1 |
| Tox | E | (Ast.) | 5 | B3 |
| Toxal | E | (Our.) | 35 | B4 |
| Toxofal de Baixo | P | (Lis.) | 110 | C4 |
| Toxofal de Cima | P | (Lis.) | 110 | C4 |
| Toxosoutos | E | (A Co.) | 13 | D3 |
| Toya | E | (J.) | 168 | D1 |
| Tozalmoro | E | (So.) | 64 | A2 |
| Tózar | E | (Gr.) | 167 | C4 |
| Tozo | E | (Ast.) | 7 | A5 |
| Traba | E | (A Co.) | 1 | C5 |
| Trabada | E | (Lu.) | 4 | B3 |
| Trabadelo | E | (Le.) | 16 | D5 |
| Trabalhia | P | (Lei.) | 110 | D3 |
| Trabalhias | P | (Lei.) | 110 | D3 |
| Trabanca | E | (Sa.) | 57 | C5 |
| Trabancas | E | (Po.) | 15 | A4 |
| Trabanca-Sardiñeira | E | (Po.) | 13 | D4 |
| Trabazos | E | (Zam.) | 57 | B2 |
| Trabe | E | (A Co.) | 1 | D4 |
| Trado | E | (Our.) | 34 | D3 |
| Trafaria | P | (Set.) | 126 | C3 |
| Tragacete | E | (Cu.) | 104 | D2 |
| Tragove | E | (Po.) | 13 | D5 |
| Traguntia | E | (Sa.) | 77 | C2 |
| Traid | E | (Gua.) | 84 | D5 |
| Traiguera | E | (Cas.) | 108 | A1 |
| Trajano | E | (Sev.) | 178 | A1 |
| Trajouce | P | (Lis.) | 126 | B3 |
| Tralhariz | P | (Bra.) | 55 | D5 |
| Tramacastiel | E | (Te.) | 105 | D3 |
| Tramacastilla | E | (Te.) | 105 | A2 |
| Tramacastilla de Tena | E | (Hues.) | 27 | A5 |
| Tramaced | E | (Hues.) | 47 | A5 |
| Tramaga | P | (Por.) | 112 | C5 |
| Tramagal | P | (San.) | 112 | B3 |
| Tranancas | P | (V. R.) | 56 | A1 |
| Tranco | E | (J.) | 153 | B3 |
| Trancoso | P | (Guar.) | 75 | D4 |
| Trancoso de Baixo | P | (Lis.) | 126 | D1 |
| Trancoso de Cima | P | (Lis.) | 126 | D1 |
| Trancozelos | P | (Vis.) | 75 | B4 |
| Trandeiras | P | (Br.) | 54 | B3 |
| Tranquera, La | E | (Zar.) | 84 | D1 |
| Traña-Matiena | E | (Viz.) | 23 | C1 |
| Trapa | E | (Ast.) | 6 | C5 |
| Trápaga | E | (Viz.) | 10 | D5 |
| Trapiche | E | (Las P.) | 191 | C1 |
| Trapiche | E | (Mál.) | 181 | A3 |
| Trás de Figueiró | P | (Lei.) | 94 | A4 |
| Trás do Outeiro | P | (Lei.) | 110 | D3 |
| Trasalba | E | (Our.) | 35 | A2 |
| Trasancos | E | (A Co.) | 2 | D2 |
| Trasanquelos | E | (A Co.) | 2 | D5 |
| Trascastro | E | (Ast.) | 17 | C2 |
| Trascastro | E | (Le.) | 17 | B3 |
| Trasestrada | E | (Our.) | 36 | A5 |
| Trashaedo | E | (Bur.) | 21 | B5 |
| Trasierra | E | (Bad.) | 147 | D3 |
| Trasierra | E | (Can.) | 9 | A4 |
| Traslasierra | E | (Huel.) | 162 | D1 |
| Traslaviña | E | (Viz.) | 22 | C1 |
| Trasmañó | E | (Po.) | 34 | A2 |
| Trasmiras | E | (Our.) | 35 | C4 |
| Trasmontaña | E | (Las P.) | 191 | C1 |
| Trasmonte | E | (A Co.) | 14 | B2 |
| Trasmonte | E | (Ast.) | 6 | B4 |
| Trasmoz | E | (Zar.) | 64 | D1 |
| Trasmulas | E | (Gr.) | 181 | C1 |
| Trasobares | E | (Zar.) | 65 | A3 |
| Trasona | E | (Ast.) | 6 | C3 |
| Tras-os-Matas | P | (Lei.) | 93 | D5 |
| Traspando | E | (Ast.) | 6 | D4 |
| Trasparga | E | (Lu.) | 3 | B5 |
| Traspielas | E | (Po.) | 34 | B2 |
| Traspinedo | E | (Vall.) | 60 | C3 |
| Trasponte | E | (Ál.) | 23 | B4 |
| Trasvassos | P | (Br.) | 54 | C2 |
| Trasvía | E | (Can.) | 8 | D4 |
| Travanca | P | (Ave.) | 74 | A3 |
| Travanca | P | (Ave.) | 74 | A2 |
| Travanca | P | (Bra.) | 56 | C3 |
| Travanca | P | (Bra.) | 57 | B4 |
| Travanca | P | (Co.) | 94 | C2 |
| Travanca | P | (Port.) | 54 | C5 |
| Travanca | P | (Vis.) | 75 | B1 |
| Travanca | P | (Vis.) | 74 | C1 |
| Travanca de Lagos | P | (Co.) | 95 | A1 |
| Travanca de Tavares | P | (Vis.) | 75 | B4 |
| Travanca do Mondego | P | (Co.) | 94 | C2 |
| Travanca do Monte | P | (Port.) | 54 | D5 |
| Travancinha | P | (Guar.) | 95 | A1 |
| Travanco | P | (Bra.) | 36 | C5 |
| Travasso | P | (Ave.) | 94 | A1 |
| Travassô | P | (Ave.) | 74 | A4 |
| Travasso | P | (Br.) | 55 | A2 |
| Travassos | P | (Br.) | 54 | B2 |
| Travassos | P | (Br.) | 54 | C3 |
| Travassos | P | (Port.) | 74 | C1 |
| Travassos | P | (V. R.) | 55 | A4 |
| Travassos | P | (V. R.) | 55 | A1 |
| Travassos | P | (Vis.) | 74 | D1 |
| Travassos | P | (Vis.) | 74 | C4 |
| Travassos | P | (Vis.) | 75 | A4 |
| Travassós de Baixo | P | (Vis.) | 75 | A4 |
| Travassós de Cima | P | (Vis.) | 75 | A4 |
| Travassos de Chã | P | (V. R.) | 55 | B1 |
| Traveira | P | (Co.) | 94 | A3 |
| Travesas | E | (A Co.) | 13 | D1 |
| Trazo | E | (A Co.) | 14 | B2 |
| Trebuesto | E | (Can.) | 10 | B5 |
| Trebujena | E | (Cád.) | 177 | C3 |
| Treceño | E | (Can.) | 8 | D5 |
| Tredòs | E | (Ll.) | 29 | A4 |
| Trefacio | E | (Zam.) | 37 | A4 |
| Tregosa | P | (Br.) | 53 | D2 |
| Tregurà de Dalt | E | (Gi.) | 51 | A2 |
| Treinta, Los, lugar | E | (Alm.) | 170 | B2 |
| Treixedo | P | (Vis.) | 94 | C1 |
| Trelle | E | (Our.) | 35 | A2 |
| Trelles | E | (Ast.) | 5 | A3 |
| Tremaya | E | (Pa.) | 20 | C3 |
| Tremedal | E | (Áv.) | 98 | C2 |
| Tremedal de Tormes | E | (Sa.) | 77 | D2 |
| Tremellos, Los | E | (Bur.) | 41 | C1 |
| Tremês | P | (San.) | 111 | B4 |
| Tremoa | P | (Co.) | 94 | A3 |
| Tremoceira | P | (Lei.) | 111 | B2 |
| Tremor de Abajo | E | (Le.) | 17 | D5 |
| Tremor de Arriba | E | (Le.) | 17 | D4 |
| Tremp | E | (Ll.) | 49 | A3 |
| Treos | E | (A Co.) | 13 | C1 |
| Tres Alquerías | E | (Bal.) | 90 | A2 |
| Tres Barrios | E | (Las P.) | 191 | C1 |
| Tres Cales, les | E | (Ta.) | 89 | A3 |
| Tres Cantos | E | (Mad.) | 81 | D5 |
| Três Figos | P | (Fa.) | 159 | B4 |
| Tresaldeas | E | (Po.) | 14 | B5 |
| Tresali | E | (Ast.) | 7 | A4 |
| Trescasas | E | (Seg.) | 81 | B3 |
| Tresjuncos | E | (Cu.) | 121 | B2 |
| Tresmundes | P | (V. R.) | 55 | D2 |
| Tresouras | P | (Port.) | 75 | A1 |
| Trespaderne | E | (Bur.) | 22 | B4 |
| Tresviso | E | (Can.) | 8 | B5 |
| Treto | E | (Can.) | 10 | A4 |
| Treumal | E | (Gi.) | 52 | C5 |
| Trévago | E | (So.) | 64 | B1 |
| Trevejo | E | (Các.) | 96 | D3 |
| Trevélez | E | (Gr.) | 182 | C2 |
| Treviana | E | (La R.) | 42 | D1 |
| Trevías | E | (Ast.) | 5 | C3 |
| Treviño | E | (Bur.) | 23 | B5 |
| Trevões | P | (Vis.) | 75 | D1 |
| Trez | E | (Our.) | 35 | D4 |
| Trezoi | P | (Vis.) | 94 | B1 |
| Triabá | E | (Lu.) | 3 | D5 |
| Triacastela | E | (Lu.) | 16 | B4 |
| Triana | E | (Mál.) | 181 | A3 |
| Triana | E | (S.Cruz T.) | 193 | B3 |
| Tribaldos | E | (Cu.) | 103 | A5 |
| Tricias, Las | E | (S.Cruz T.) | 193 | B2 |
| Tricio | E | (La R.) | 43 | B2 |
| Trigaches | P | (Be.) | 144 | C3 |
| Trigais | P | (C. B.) | 95 | B2 |
| Trigais | P | (Guar.) | 96 | A2 |
| Trigueros | E | (Huel.) | 162 | C4 |
| Trigueros del Valle | E | (Vall.) | 60 | B1 |
| Trijueque | E | (Gua.) | 82 | D4 |
| Trillo | E | (Gua.) | 83 | C5 |
| Trincheto, El | E | (C. R.) | 135 | A1 |
| Trindade | P | (Be.) | 144 | C5 |
| Trindade | P | (Bra.) | 56 | B4 |
| Trinidad, La, lugar | E | (Gr.) | 169 | A5 |
| Trinta | P | (Guar.) | 95 | D1 |
| Triñanes | E | (A Co.) | 13 | D4 |
| Triollo | E | (Pa.) | 20 | B3 |
| Triongo | E | (Ast.) | 7 | C4 |
| Triós | E | (Our.) | 35 | C2 |
| Triquivijate | E | (Las P.) | 190 | A3 |
| Triste | E | (Hues.) | 46 | C2 |
| Triufé | E | (Zam.) | 37 | B4 |
| Trobajo del Camino | E | (Le.) | 18 | D5 |
| Trobajo del Cerecedo | E | (Le.) | 38 | D1 |
| Trobal, El | E | (Sev.) | 178 | A1 |
| Trobika | E | (Viz.) | 11 | A5 |
| Trobo | E | (Lu.) | 3 | D5 |
| Trobo, O | E | (Lu.) | 4 | C5 |
| Trofa | P | (Ave.) | 74 | A4 |
| Trofa | P | (Port.) | 54 | A4 |
| Trogal | P | (V. C.) | 53 | D1 |
| Tróia | P | (Set.) | 127 | A5 |
| Tronceda | E | (Our.) | 36 | A1 |
| Troncedo | E | (Hues.) | 48 | A2 |
| Tronco | P | (V. R.) | 56 | A1 |
| Tronchón | E | (Te.) | 87 | A5 |
| Trones | E | (Ast.) | 17 | B1 |
| Tropeço | P | (Ave.) | 74 | B2 |
| Troporiz | P | (V. C.) | 34 | A4 |
| Trouxemil | P | (Co.) | 94 | A2 |
| Troviscais | P | (Be.) | 159 | C1 |
| Troviscal | P | (Ave.) | 73 | D5 |
| Troviscal | P | (C. B.) | 94 | D5 |
| Troviscal | P | (Lei.) | 94 | B4 |
| Troviscoso | P | (V. C.) | 53 | C1 |
| Troyanas | E | (Las P.) | 191 | C2 |
| Trubia | E | (Ast.) | 6 | B4 |
| Trucios | E | (Viz.) | 10 | C5 |
| Truchas | E | (Le.) | 37 | C3 |
| Truchillas | E | (Le.) | 37 | B3 |
| Truébano | E | (Le.) | 18 | B3 |
| Trujillanos | E | (Bad.) | 131 | C2 |
| Trujillo | E | (Các.) | 116 | A4 |
| Trujillo-Cabeza Sordo | E | (Sev.) | 164 | B5 |
| Trujillos | E | (Gr.) | 167 | C4 |
| Truta de Baixo | P | (Vis.) | 74 | B5 |
| Trutas | P | (C. B.) | 112 | B1 |
| Trutas | P | (Lei.) | 93 | B5 |
| Trute | P | (V. C.) | 34 | B4 |
| Tubaral | P | (San.) | 112 | C3 |
| Tubilla del Agua | E | (Bur.) | 21 | C5 |
| Tubilla del Lago | E | (Bur.) | 62 | A2 |
| Tuda, La | E | (Zam.) | 58 | B4 |
| Tudanca | E | (Can.) | 20 | D2 |
| Tudela | E | (Na.) | 45 | A5 |
| Tudela de Agueria | E | (Ast.) | 6 | C5 |
| Tudela de Duero | E | (Vall.) | 60 | B3 |
| Tudela de Segre | E | (Ll.) | 69 | B1 |
| Tudela Veguín | E | (Ast.) | 6 | C4 |
| Tudelilla | E | (La R.) | 44 | B3 |
| Tudera | E | (Zam.) | 57 | D4 |
| Tudons, Es | E | (Bal.) | 90 | A2 |
| Tuéjar | E | (Val.) | 124 | A2 |
| Tuelas, Los | E | (Mu.) | 171 | C2 |
| Tuernes el Pequeño | E | (Ast.) | 6 | B4 |
| Tuero | E | (Ast.) | 7 | A3 |
| Tufiones | E | (A Co.) | 1 | B5 |
| Tui | E | (Po.) | 34 | A4 |
| Tuias | P | (Port.) | 54 | C5 |
| Tuilla | E | (Ast.) | 6 | D5 |
| Tuineje | E | (Las P.) | 190 | A4 |
| Tuixén | E | (Ll.) | 50 | A3 |
| Tuizelo | P | (Bra.) | 36 | C5 |
| Tujena | E | (Huel.) | 163 | B3 |
| Tulebras | E | (Na.) | 45 | A5 |
| Tulha Nova | P | (Vis.) | 74 | D2 |
| Tulha Velha | P | (Vis.) | 74 | D2 |
| Tumbalejo, El | E | (Huel.) | 162 | D3 |
| Tuna, Sa | E | (Gi.) | 52 | D4 |
| Tunes | P | (Fa.) | 174 | A2 |
| Tuña | E | (Ast.) | 5 | C5 |
| Turces | E | (A Co.) | 14 | D3 |
| Turcia | E | (Le.) | 38 | B1 |
| Turcifal | P | (Lis.) | 126 | C1 |
| Turégano | E | (Seg.) | 81 | B1 |
| Turieno | E | (Can.) | 20 | B1 |
| Turienzo Castañero | E | (Le.) | 17 | C5 |
| Turís/Toris | E | (Val.) | 124 | C4 |
| Turiso | E | (Ál.) | 23 | A4 |
| Turiz | P | (Br.) | 54 | B2 |
| Turleque | E | (To.) | 119 | D3 |
| Turmiel | E | (Gua.) | 84 | B2 |
| Turó, el | E | (Bar.) | 71 | A2 |
| Turón | E | (Ast.) | 18 | C1 |
| Turón | E | (Gr.) | 182 | D3 |
| Turquel | P | (Lei.) | 111 | A3 |
| Turquia | E | (Val.) | 123 | D3 |
| Turra de Alba | E | (Sa.) | 79 | A4 |
| Turre | E | (Alm.) | 184 | D1 |
| Turrilla | E | (Alb.) | 154 | A3 |
| Turrillas | E | (Alm.) | 184 | B2 |
| Turro, El | E | (Gr.) | 181 | B1 |
| Tus | E | (Alb.) | 153 | D2 |
| Tuta | E | (Sa.) | 78 | A2 |
| Txabarri | E | (Viz.) | 22 | D1 |
| Txarama | E | (Gui.) | 24 | B2 |
| Txipio | E | (Viz.) | 11 | A4 |


## U


| | | | | |
|---|---|---|---|---|
| Úbeda | E | (J.) | 152 | B5 |
| Ubeda | E | (Lu.) | 4 | A4 |
| Ubera | E | (Gui.) | 23 | D2 |
| Ubiarco | E | (Can.) | 9 | A4 |
| Ubidea | E | (Viz.) | 23 | B2 |
| Ubiergo | E | (Hues.) | 48 | A4 |
| Ubierna | E | (Bur.) | 41 | D1 |
| Ubrique | E | (Cád.) | 178 | D4 |
| Ucanha | P | (Vis.) | 75 | B1 |
| Ucar/Ukar | E | (Na.) | 24 | D5 |
| Uceda | E | (Gua.) | 82 | A4 |
| Ucenda | E | (Mu.) | 155 | A5 |
| Ucero | E | (So.) | 62 | D2 |
| Uces, Las | E | (Sa.) | 77 | B1 |
| Ucieda | E | (Can.) | 21 | A1 |
| Ucio | E | (Ast.) | 7 | C4 |
| Uclés | E | (Cu.) | 103 | A5 |
| Uclías | E | (Gr.) | 169 | C5 |
| Ucha | P | (Br.) | 54 | A2 |
| Udalla | E | (Can.) | 10 | A5 |
| Uestra, S' | E | (Bal.) | 90 | D3 |
| Ufones | E | (Zam.) | 57 | C2 |
| Uga | E | (Las P.) | 192 | B4 |
| Ugaldetxo | E | (Gui.) | 12 | C5 |
| Ugao-Miraballes | E | (Viz.) | 23 | A1 |
| Ugarana (Dima) | E | (Viz.) | 23 | B2 |
| Ugarte | E | (Viz.) | 23 | B2 |
| Ugarte | E | (Viz.) | 11 | A4 |
| UgartE (Muxika) | E | (Viz.) | 11 | B5 |
| Ugejar | E | (Mu.) | 171 | C3 |
| Ugena | E | (To.) | 101 | C4 |
| Ugeraga | E | (Viz.) | 10 | D4 |
| Ugíjar | E | (Gr.) | 182 | D2 |
| Uharte → Huarte | E | (Na.) | 25 | A4 |
| Uharte-Arakil | E | (Na.) | 24 | C3 |
| Uitzi | E | (Na.) | 24 | C2 |
| Ujados | E | (Gua.) | 82 | D1 |
| Ujo | E | (Ast.) | 18 | C1 |
| Ujué | E | (Na.) | 45 | B1 |
| Ukar → Ucar | E | (Na.) | 24 | D5 |
| Ulea | E | (Mu.) | 155 | C4 |
| Uleila del Campo | E | (Alm.) | 184 | B1 |
| Ulibarri | E | (Na.) | 24 | A5 |
| Ulme | P | (San.) | 112 | A4 |
| Ulmeiro | P | (Lei.) | 111 | C1 |
| Ulqueira | P | (Lis.) | 126 | A3 |
| Ultramort | E | (Gi.) | 52 | B4 |
| Ullà | E | (Gi.) | 52 | C4 |
| Ullastrell | E | (Bar.) | 70 | D3 |
| Ullastret | E | (Gi.) | 52 | C4 |
| Ulldecona | E | (Ta.) | 88 | B5 |
| Ulldemolins | E | (Ta.) | 69 | A5 |
| Uma | E | (Po.) | 34 | B3 |
| Umbrete | E | (Sev.) | 163 | C4 |
| Umbria | P | (Fa.) | 175 | A2 |
| Umbría de Arriba, La | E | (Alm.) | 170 | A3 |
| Umbría de Fresnedas | E | (C. R.) | 135 | D5 |
| Umbría, La | E | (Huel.) | 147 | A5 |
| Umbrías | E | (Áv.) | 98 | C2 |
| Unanu | E | (Na.) | 24 | B4 |
| Uncastillo | E | (Zar.) | 45 | D2 |
| Unciti/Untziti | E | (Na.) | 25 | B4 |
| Undués de Lerda | E | (Zar.) | 45 | D1 |
| Undués-Pintano | E | (Zar.) | 45 | D1 |
| Undurraga | E | (Viz.) | 23 | B2 |
| Ungilde | E | (Zam.) | 37 | A4 |
| Unhais da Serra | P | (C. B.) | 95 | B2 |
| Unhais-o-Velho | P | (Co.) | 95 | A3 |
| Unhão | P | (Port.) | 54 | C4 |
| Unhos | P | (Lis.) | 126 | D2 |
| Unión de Campos, La | E | (Vall.) | 39 | B4 |
| Unión de los Tres Ejércitos, La | E | (La R.) | 43 | D2 |
| Unión, La | E | (Mu.) | 172 | C2 |
| Untes | E | (Our.) | 35 | A2 |
| Untziti → Unciti | E | (Na.) | 25 | B4 |
| Unzué | E | (Na.) | 25 | A5 |
| Uña | E | (Cu.) | 104 | C3 |
| Uña de Quintana | E | (Zam.) | 37 | D4 |
| Uña, La | E | (Le.) | 19 | C2 |
| Ura | E | (Bur.) | 42 | A5 |
| Urarte | E | (Ál.) | 23 | C5 |
| Urbanización El Dique | E | (Zar.) | 67 | C5 |
| Urbanización El Peña El Zorongo | E | (Zar.) | 66 | B2 |
| urbanización La Veleta | E | (Ali.) | 156 | D5 |
| Urbanización Playa de las Américas | E | (S.Cruz T.) | 195 | C5 |
| Urbanización Roquetas de Mar | E | (Alm.) | 183 | C4 |
| Urbanizaciones Noroeste | E | (Mad.) | 101 | B2 |
| Urbasako benta → Venta de Urbasa | E | (Na.) | 24 | A4 |
| Urbel del Castillo | E | (Bur.) | 21 | C5 |
| Urbi | E | (Viz.) | 23 | A1 |
| Urbiés | E | (Ast.) | 18 | D1 |
| Urbilla-Urberuaga | E | (Viz.) | 11 | C5 |
| Urbina | E | (Ál.) | 23 | B3 |
| Urbiso | E | (Ál.) | 23 | D5 |
| Úrcal | E | (Alm.) | 170 | D4 |
| Urda | E | (To.) | 119 | D4 |
| Urdax → Urdazubi | E | (Na.) | 25 | A1 |
| Urdazubi/Urdax | E | (Na.) | 25 | A1 |
| Urdiain | E | (Na.) | 24 | B4 |
| Urdiales del Páramo | E | (Le.) | 38 | C2 |
| Urdilde | E | (A Co.) | 14 | A3 |
| Urdimalas | E | (Các.) | 116 | A1 |
| Urdués | E | (Hues.) | 26 | B5 |
| Urduliz | E | (Viz.) | 10 | D4 |
| Uresarantze Auzoa | E | (Viz.) | 11 | A4 |
| Urgeiriça | P | (Vis.) | 75 | A5 |
| Urgueira | P | (Co.) | 94 | C2 |

Urgueira

Urgueira P (Guar.) 96 B 2
Uribarri-Dibina E (Ál.) 23 B 4
Uribarri-Harana E (Ál.) 23 D 4
Uribe E (Viz.) 23 B 2
Uriona/
Villabuena de Álava E (Ál.) 43 B 1
Urizaharra →
Peñacerrada E (Ál.) 23 B 5
Urjariça P (Lei.) 94 A 4
Urkillaga E (Gui.) 24 A 3
Urkizaur-Alde E (Viz.) 11 A 4
Urkizu E (Viz.) 23 B 1
Urnieta E (Gui.) 24 B 1
Urones de Castroponce E (Vall.) 39 B 4
Urqueira P (San.) 111 D 1
Urra P (Por.) 113 C 5
Urrácal E (Alm.) 170 A 4
Urraca-Miguel E (Áv.) 80 B 5
Urraul Alto E (Na.) 25 C 4
Urraul Bajo E (Na.) 25 C 5
Urrea de Gaén E (Te.) 86 D 1
Urrea de Jalón E (Zar.) 65 C 2
Urrestilla E (Gui.) 24 A 2
Urretxu E (Gui.) 23 D 2
Urrez E (Bur.) 42 B 3
Urriés E (Zar.) 45 D 1
Urrô P (Ave.) 74 B 2
Urrô P (Port.) 54 B 5
Urrós E (Our.) 35 B 3
Urros P (Bra.) 76 C 1
Urrós P (Bra.) 57 B 5
Urrotz E (Na.) 24 D 2
Urrotz → Urroz E (Na.) 25 B 4
Urroz/Urrotz E (Na.) 25 B 4
Urrutias, Los E (Mu.) 172 C 2
Urteta E (Gui.) 12 A 5
Urturi E (Ál.) 23 C 5
Urueña E (Vall.) 59 B 2
Urueñas E (Seg.) 61 C 5
Uruñuela E (La R.) 43 B 2
Urús E (Gi.) 50 C 2
Urxal E (Po.) 33 D 3
Urz, La E (Le.) 18 B 4
Urzainki → Urzainqui E (Na.) 26 A 4
Urzainqui/Urzainki E (Na.) 26 A 4
Urzelina P (Aç.) 109 C 3
Usagre E (Bad.) 147 C 2
Usall E (Gi.) 51 D 3
Usanos E (Gua.) 82 B 5
Usansolo E (Viz.) 23 A 1
Uscarrés E (Na.) 25 D 4
Used E (Zar.) 85 A 2
Useras/Useres, les E (Cas.) 107 C 3
Useres, les → Useras E (Cas.) 107 C 3
Usón E (Hues.) 47 B 5
Usseira P (Lei.) 110 D 4
Ustés E (Na.) 25 D 4
Usurbil E (Gui.) 12 B 5
Utande E (Gua.) 83 A 4
Utebo E (Zar.) 66 A 2
Uterga E (Na.) 24 D 5
Utiaca E (Las P.) 191 C 2
Utiel E (Val.) 123 D 3
Utrera E (Sev.) 164 B 5
Utrera, La E (Le.) 18 B 5
Utrilla E (So.) 64 A 5
Utrillas E (Te.) 86 B 4
Uva P (Bra.) 57 B 3
Uxanuri → Genevilla E (Na.) 23 D 5
Uxes E (A Co.) 2 C 4
Uznayo E (Can.) 20 D 2
Uzquiza, lugar E (Bur.) 42 B 3
Uztarroz E (Na.) 26 A 3

# V

Vacalar P (Vis.) 75 B 1
Vacar, El E (Cór.) 149 D 4
Vacaría E (Po.) 34 A 3
Vacarisses E (Bar.) 70 C 2
Vacariza E (A Co.) 13 D 4
VadE (São Tomé) P (V. C.) 54 B 1
Vadillo E (So.) 62 D 2
Vadillo Castril E (J.) 153 A 5
Vadillo de la Guareña E (Zam.) 59 A 5
Vadillo de la Sierra E (Áv.) 79 C 5
Vadillo, El E (Cór.) 166 D 5
Vadima, La E (Sa.) 78 A 1
Vado E (Pa.) 20 C 4
Vado, El E (Bur.) 22 A 3
Vadocondes E (Bur.) 62 A 3
Vadofresno E (Cór.) 166 C 5
Vadohornillo E (J.) 167 B 2
Vados de Torralba E (J.) 151 D 5
Vage Fresca P (San.) 127 C 1
Vagos P (Ave.) 73 D 5
Vaiamonte P (Por.) 129 C 1
Vainazo, El E (Mu.) 171 A 2
Vairão P (Port.) 53 D 4
Vais P (Co.) 93 B 2
Vajol, la E (Gi.) 52 A 1
Val E (A Co.) 2 D 2
Val E (A Co.) 2 D 3
Val E (Po.) 15 A 3
Val de Algoso P (Bra.) 57 B 3
Val de San García E (Gua.) 83 C 4
Val de San Lorenzo E (Le.) 38 A 2
Val de San Martín E (Zar.) 85 B 2
Val de San Román E (Le.) 38 A 2
Val de Santa María E (Zam.) 37 D 5
Val do Dubra E (A Co.) 14 A 1
Val, O E (Our.) 36 C 1
Vala do Carregado P (Lis.) 127 A 1
Valacloche E (Te.) 106 A 3
Valada P (San.) 127 B 1
Valadares E (A Co.) 13 C 2
Valadares E (Po.) 33 D 3
Valadares P (Port.) 73 D 1
Valadares P (Port.) 74 D 1
Valadares P (V. C.) 53 D 1
Valadares P (V. C.) 34 B 4
Valadares P (Vis.) 74 C 3
Valadas P (C. B.) 112 B 1
Valado de Frades P (Lei.) 111 A 2
Valados P (Fa.) 174 C 3
Valadouro E (Lu.) 4 A 2
Valareña E (Zar.) 45 C 4
Valas P (Be.) 159 B 2
Valboa E (Po.) 33 D 1
Valbom P (Guar.) 76 B 4
Valbom P (Port.) 54 A 5
Valbom P (Vis.) 74 C 1
Valbom (São Pedro) P (Br.) 54 B 1
Valbom dos Figos P (Bra.) 56 B 3
Valbona E (Te.) 106 B 3
Valbonilla E (Bur.) 41 A 4
Valbuena E (Sa.) 98 B 2
Valbuena de Duero E (Vall.) 60 D 3
Valbuena
de la Encomienda E (Le.) 18 A 5
Valbuena de Pisuerga E (Pa.) 40 D 4
Valcabado E (Zam.) 58 C 3
Valcarca E (Hues.) 68 A 1
Valcárceres, Los E (Bur.) 21 B 5
Valcarlos → Luzaide E (Na.) 25 C 2
Valcarria E (Lu.) 3 D 2
Valcavado de Roa E (Bur.) 61 B 2
Valcavado del Páramo E (Le.) 38 C 3
Valcerto P (Bra.) 57 A 4
Valcova P (Ave.) 74 A 1
Valcueva-Palazuelo, La E (Le.) 19 A 4
Valchillón E (Cór.) 165 D 1
Valdanzo E (So.) 62 B 3
Valdanzuelo E (So.) 62 B 4
Valdaracete E (Mad.) 102 C 3
Valdarachas E (Gua.) 102 C 1
Valdastillas E (Các.) 98 B 4
Valdavida E (Le.) 39 D 1
Valdeajos E (Bur.) 21 C 5
Valdealbín E (So.) 62 C 2
Valdealcón E (Le.) 19 B 5
Valdealgorfa E (Te.) 87 C 2
Valdealiso E (Le.) 19 B 5
Valdealvillo E (So.) 63 A 3
Valdeancheta, lugar E (Gua.) 82 D 3
Valdeande E (Bur.) 62 A 1
Valdearcos E (Le.) 39 A 1
Valdearcos de la Vega E (Vall.) 61 B 3
Valdearenas E (Gua.) 82 D 4
Valdearnedo E (Bur.) 42 A 1
Valdeavellano E (Gua.) 82 D 5
Valdeavellano de Tera E (So.) 63 C 1
Valdeavellano de Ucero E (So.) 62 D 2
Valdeavero E (Mad.) 82 B 5
Valdeaveruelo E (Gua.) 82 B 5
Valdeazogues E (C. R.) 134 C 4
Valdeazores E (To.) 118 A 4
Valdebárzana E (Ast.) 7 A 4
Valdebótoa E (Bad.) 130 B 2
Valdecaballeros E (Bad.) 117 B 5
Valdecabras E (Cu.) 104 C 4
Valdecabrillas E (Cu.) 103 D 4
Valdecañas E (Cu.) 104 A 3
Valdecañas de Cerrato E (Pa.) 41 A 5
Valdecañas de Tajo E (Các.) 116 C 1
Valdecarros E (Sa.) 79 A 4
Valdecasa E (Áv.) 79 C 5
Valdecastillo E (Le.) 19 B 3
Valdecazorla E (J.) 152 C 5
Valdecebro E (Te.) 106 A 2
Valdecilla E (Can.) 9 D 4
Valdecolmenas
de Abajo E (Cu.) 103 D 4
Valdecolmenas
de Arriba E (Cu.) 103 D 4
Valdeconcha E (Gua.) 103 A 2
Valdeconejos E (Te.) 86 B 4
Valdecuenca E (Te.) 105 C 3
Valdecuna E (Ast.) 18 C 1
Valdefinjas E (Zam.) 59 A 4
Valdeflores E (Sev.) 163 B 1
Valdefrancos E (Le.) 37 B 1
Valdefresno E (Le.) 19 A 5
Valdefuentes E (Các.) 115 D 5
Valdefuentes
de Sangusín E (Sa.) 98 B 1
Valdefuentes
del Páramo E (Le.) 38 B 2
Valdeganga E (Alb.) 139 A 1
Valdeganga
de Cuenca E (Cu.) 104 B 5
Valdegas P (V. R.) 55 C 2
Valdegeña E (So.) 64 A 1
Valdegovía E (Ál.) 22 D 4
Valdegrudas E (Gua.) 82 D 5
Valdehierro E (C. R.) 119 B 5
Valdehijaderos E (Sa.) 98 B 2
Valdehorna E (Zar.) 85 B 2
Valdehornillos E (Bad.) 132 A 2
Valdehuesa E (Le.) 19 B 3
Valdehúncar E (Các.) 116 D 1
Valdeiglesias E (Gr.) 181 A 2
Valdeinfierno E (Cór.) 148 C 3
Valdeíñigos E (Các.) 98 B 5
Valdelacalzada E (Bad.) 130 D 3
Valdelacasa E (Sa.) 98 B 1
Valdelacasa de Tajo E (Các.) 117 A 2
Valdelafuente E (Le.) 39 A 1
Valdelageve E (Sa.) 98 A 2
Valdelagrana E (Cád.) 177 C 5
Valdelagua E (Gua.) 83 B 5
Valdelagua E (Mad.) 81 D 5
Valdelagua E (Sa.) 78 C 3
Valdelagua del Cerro E (So.) 64 B 1
Valdelaguna E (Mad.) 102 B 4
Valdelaloba E (Le.) 17 B 5
Valdelama E (Sa.) 77 D 3
Valdelamatanza E (Sa.) 98 A 2
Valdelamusa E (Huel.) 162 C 1
Valdelaras de Abajo E (Alb.) 138 B 3
Valdelaras de Arriba E (Alb.) 138 A 3
Valdelarco E (Huel.) 146 D 5
Valdelateja E (Bur.) 21 C 4
Valdelcubo E (Gua.) 83 B 1
Valdelinares E (So.) 62 D 2
Valdelinares E (Te.) 106 D 2
Valdelosa E (Sa.) 78 B 1
Valdeltormo E (Te.) 87 D 2
Valdemadera E (La R.) 44 B 5
Valdemaluque E (So.) 62 D 3
Valdemanco E (Mad.) 81 D 3
Valdemanco
del Esteras E (C. R.) 133 D 3
Valdemanzanos, lugar E (Gr.) 168 D 3
Valdemaqueda E (Mad.) 100 D 1
Valdemarín E (J.) 153 B 2
Valdemeca E (Cu.) 104 D 3
Valdemierque E (Sa.) 78 D 4
Valdemora E (Ast.) 6 A 3
Valdemora E (Le.) 39 A 3
Valdemorales E (Các.) 115 D 5
Valdemorilla E (Le.) 39 B 3
Valdemorillo E (Mad.) 101 A 1
Valdemorillo
de la Sierra E (Cu.) 104 D 5
Valdemoro E (Mad.) 101 D 3
Valdemoro del Rey E (Cu.) 103 C 3
Valdemoro-Sierra E (Cu.) 104 D 4
Valdenarros E (So.) 62 D 3
Valdencín E (Các.) 97 B 5
Valdenebro E (So.) 62 D 3
Valdenebro
de los Valles E (Vall.) 59 D 1
Valdenoceda E (Bur.) 21 D 4
Valdenoches E (Gua.) 82 D 5
Valdenuño Fernández E (Gua.) 82 B 4
Valdeobispo E (Các.) 97 C 4
Valdeolivas E (Cu.) 103 D 1
Valdeolmillos E (Pa.) 40 C 5
Valdeolmos E (Mad.) 82 A 5
Valdepares E (Ast.) 4 D 3
Valdepeñas E (C. R.) 136 B 4
Valdepeñas de Jaén E (J.) 167 C 3
Valdepeñas
de la Sierra E (Gua.) 82 B 3
Valdeperdices E (Zam.) 58 B 3
Valdepiélago E (Le.) 19 A 3
Valdepiélagos E (Mad.) 82 A 4
Valdepinillos E (Gua.) 82 C 1
Valdepolo E (Le.) 39 B 1
Valdeprado E (So.) 64 B 1
Valdeprados E (Seg.) 80 D 4
Valderas E (Le.) 39 A 4
Valderas E (Sa.) 78 A 2
Valderías E (Bur.) 21 C 4
Valderrábano E (Pa.) 40 B 1
Valderrama E (Bur.) 22 C 5
Valderrebollo E (Gua.) 83 B 4
Valderrey E (Le.) 38 A 2
Valderrey E (Mad.) 82 A 5
Valderrobres E (Te.) 87 D 3
Valderrodilla E (So.) 63 A 3
Valderrodrigo E (Sa.) 77 B 2
Valderromán E (So.) 62 C 5
Valderrubio E (Gr.) 167 C 5
Valderrueda E (Le.) 19 D 4
Valderrueda E (So.) 63 B 3
Valdés E (Mál.) 180 D 4
Valdesalor E (Các.) 115 B 4
Valdesamario E (Le.) 18 B 4
Valdesandinas E (Le.) 38 B 2
Valdesangil E (Sa.) 98 B 2
Valdesaz E (Gua.) 83 A 4
Valdesaz
de los Oteros E (Le.) 39 A 3
Valdescapa de Cea E (Le.) 39 D 1
Valdescobela E (Sa.) 78 D 3
Valdescorriel E (Zam.) 38 D 5
Valdesimonte E (Seg.) 81 C 1
Valdesogo de Arriba E (Le.) 39 A 1
Valdesoto E (Ast.) 6 D 4
Valdesotos E (Gua.) 82 B 3
Valdespina E (Pa.) 40 C 4
Valdespino E (Le.) 38 A 2
Valdespino E (Zam.) 37 A 4
Valdespino Cerón E (Le.) 39 A 3
Valdespino de Vaca E (Le.) 39 C 3
Valdestillas E (Vall.) 60 A 4
Valdetablas E (Mad.) 101 A 2
Valdetorres E (Bad.) 131 D 3
Valdetorres de Jarama E (Mad.) 82 A 5
Valdevacas E (Seg.) 81 B 1
Valdevacas
de Montejo E (Seg.) 61 D 4
Valdevarnés E (Seg.) 62 A 4
Valdeverdeja E (To.) 117 B 1
Valdevez P (Vis.) 75 B 1
Valdeviejas E (Le.) 38 A 1
Valdevimbre E (Le.) 38 D 2
Valdezate E (Bur.) 61 B 3
Valdezorras E (Sev.) 164 A 4
Valdezufre E (Huel.) 147 A 5
Valdició E (Can.) 21 D 1
Valdigem P (Vis.) 75 B 1
Valdilecha E (Mad.) 102 B 3
Valdín E (Our.) 36 C 3
Valdío E (Mu.) 171 A 3
Valdivia E (Bad.) 132 B 2
Valdoré E (Le.) 19 C 4
Valdorros E (Bur.) 41 D 4
Valdosende P (Br.) 54 C 2
Valdoviño E (A Co.) 3 A 2
Valdreu P (Br.) 54 B 1
Valdujo P (Guar.) 76 A 3
Valdunciel E (Sa.) 78 C 2
Valdunquillo E (Vall.) 39 B 5
Valduvieco E (Le.) 19 B 5
Vale P (Ave.) 74 A 2
Vale P (Lei.) 93 D 5
Vale P (V. C.) 34 B 5
Vale P (Vis.) 74 C 5
Vale (São Cosme) P (Br.) 54 A 3
Vale (São Martinho) P (Br.) 54 A 3
Vale Abrigoso P (Vis.) 75 A 2
Vale Alto P (San.) 111 C 2
Vale Beijinha P (Be.) 159 B 1
Vale Benfeito P (Bra.) 56 C 3
Vale Benfeito P (Lis.) 110 D 5
Vale Covo P (Fa.) 174 B 2
Vale Covo P (Lei.) 110 D 4
Vale da Amoreira P (Guar.) 95 D 1
Vale da Bezerra P (C. B.) 113 A 2
Vale da Cerdeira P (C. B.) 95 A 3
Vale da Feiteira P (Por.) 113 A 4
Vale da Galega P (C. B.) 94 C 5
Vale da Madeira P (Por.) 112 D 4
Vale da Madre P (Bra.) 57 A 4
Vale da Mua P (San.) 112 D 2
Vale da Mula P (Guar.) 76 D 4
Vale da Parra P (Fa.) 174 A 3
Vale da Pedra P (San.) 111 B 5
Vale da Pena P (Bra.) 57 B 2
Vale da Pinta P (San.) 111 B 5
Vale da Porca P (Bra.) 56 C 3
Vale da Rasca P (Set.) 127 A 5
Vale da Rosa P (Fa.) 160 C 4
Vale da Rosa P (San.) 111 B 4
Vale da Senhora
da Póvoa P (C. B.) 96 A 2
Vale da Silva P (Co.) 94 B 3
Vale da Telha P (Fa.) 159 A 4
Vale da Torre P (C. B.) 95 D 4
Vale da Trave P (San.) 111 B 3
Vale da Urra P (San.) 112 C 1
Vale da Ursa P (C. B.) 113 A 1
Vale da Ursa P (Fa.) 174 A 3
Vale da Vila P (Fa.) 173 D 2
Vale da Vila P (Set.) 127 A 4
Vale da Vila P (Vis.) 75 D 1
Vale das Custas P (Év.) 128 A 3
Vale das Éguas P (Guar.) 96 B 1
Vale das Fontes P (Bra.) 56 B 2
Vale das Moitas P (Lei.) 93 C 5
Vale de Açor P (Be.) 144 D 5
Vale de Açor P (Por.) 112 D 5
Vale de Açor P (San.) 112 B 2
Vale de Afonsinho P (Guar.) 76 B 3
Vale de Água P (Co.) 94 A 2
Vale de Água P (Set.) 143 C 4
Vale de Anta P (V. R.) 55 D 1
Vale de Arco P (Por.) 112 D 4
Vale de Asnes P (Bra.) 56 B 3
Vale de Avim P (Ave.) 94 A 1
Vale de Azares P (Guar.) 75 D 5
Vale de Barreiras P (Lei.) 111 C 2
Vale de Boi P (Ave.) 94 A 1
Vale de Boi P (Fa.) 173 A 2
Vale de Bordalo P (Por.) 112 D 4
Vale de Bouro P (Br.) 54 D 3
Vale de Cambra P (Ave.) 74 B 3
Vale de Casas P (V. R.) 56 A 2
Vale de Cavalos P (Por.) 113 D 5
Vale de Cavalos P (San.) 111 D 4
Vale de Coelha P (Guar.) 76 D 4
Vale de Colmeias P (Co.) 94 B 3
Vale de Cortiças P (San.) 112 B 3
Vale de Cunho P (V. R.) 55 D 4
Vale de Ebros P (Fa.) 175 B 2
Vale de Égua P (V. R.) 55 D 3
Vale de Éguas P (Fa.) 174 C 3
Vale de Espinho P (Guar.) 96 C 2
Vale de Estrela P (Guar.) 96 A 1
Vale de Ferro P (Be.) 159 C 1
Vale de Figueira P (Be.) 159 B 2
Vale de Figueira P (Lis.) 126 D 2
Vale de Figueira P (San.) 111 C 4
Vale de Figueira P (Vis.) 75 C 1
Vale de Figueira P (Vis.) 75 D 1
Vale de Gaviões P (Por.) 112 D 4
Vale de Gouvinhas P (Bra.) 56 B 2
Vale de Guizo P (Set.) 143 D 2
Vale de Janeiro P (Bra.) 56 B 1
Vale de Judeus P (Set.) 127 B 4
Vale de Junco P (Por.) 112 D 3
Vale de Lagoa P (Bra.) 56 C 3
Vale de Lama P (San.) 111 D 5
Vale de Lobos P (Lis.) 126 C 2
Vale de Lousas P (Fa.) 173 D 2
Vale de Maceira P (Lei.) 110 D 2
Vale de Madeira P (Guar.) 76 B 4
Vale de Madeiros P (Vis.) 95 A 1
Vale de Marinhas P (San.) 111 B 4
Vale de Mendiz P (V. R.) 55 C 5
Vale de Milhaços P (Set.) 126 C 4
Vale de Mira P (Bra.) 57 C 4
Vale de Moura P (Év.) 128 D 5
Vale de Nogeira P (Bra.) 56 D 2
Vale de Nogueira P (Co.) 94 B 3
Vale de Nogueiras P (V. R.) 55 B 5
Vale de Óbidos P (San.) 111 A 4
Vale de Odre P (Fa.) 160 D 4
Vale de Pedras P (Co.) 93 C 4
Vale de Pedro Dias P (San.) 112 D 3
Vale de Pereiras P (Co.) 94 D 4
Vale de Pinheiro P (Fa.) 161 B 4
Vale de Porco P (Bra.) 57 A 5
Vale de Pradinhos P (Bra.) 56 C 3
Vale de Prados P (Bra.) 56 B 2
Vale de Prados P (Bra.) 56 C 3
Vale de Prazeres P (C. B.) 95 D 3
Vale de Reis P (Set.) 143 D 1
Vale de Remígio P (Vis.) 94 B 1
Vale de Rocins P (Be.) 144 D 5

Vegacebrón


Vale de Sancha P (Bra.) 56 B 4
Vale de Santarém P (San.) 111 C 5
Vale de Santiago P (Be.) 159 D 1
Vale de São Domingos P (San.) 112 D 2
Vale de São Joao P (Por.) 112 D 3
Vale de Soutos P (C. B.) 94 D 5
Vale de Tábuas P (Lei.) 94 B 5
Vale de Telhas P (Bra.) 56 A 2
Vale de Todos P (Lei.) 94 A 4
Vale de Torno P (Bra.) 56 A 5
Vale de Vaide P (Co.) 94 B 3
Vale de Vargo P (Be.) 145 C 4
Vale de Zebrinho P (San.) 112 C 3
Vale Direito P (Port.) 54 A 5
Vale do Barco P (San.) 111 B 4
Vale do Calvo P (San.) 111 D 2
Vale do Carro P (San.) 111 B 3
Vale do Carvão P (San.) 111 D 3
Vale do Coelheiro P (C. B.) 113 A 1
Vale do Couço P (Vis.) 94 C 1
Vale do Grou P (San.) 112 D 2
Vale do Homem P (C. B.) 113 B 1
Vale do Mouro P (Guar.) 76 A 4
Vale do Paraíso P (Lei.) 110 D 2
Vale do Paraíso P (Lis.) 111 B 5
Vale do Pereiro P (Év.) 128 D 3
Vale do Peso P (Por.) 113 B 4
Vale do Poço P (Be.) 161 B 1
Vale do Poço P (San.) 112 A 1
Vale do Porco P (Vis.) 74 C 5
Vale do Porvo P (Guar.) 76 A 2
Vale do Rio P (Lei.) 94 B 5
Vale do Seixo P (Guar.) 76 A 3
Vale do Vilão P (Por.) 112 C 5
Vale d'Urso P (C. B.) 95 C 4
Vale Feitoso P (C. B.) 96 B 4
Vale Figueira P (Fa.) 160 A 4
Vale Flor P (Guar.) 76 A 3
Vale Flores P (Set.) 126 C 4
Vale Florido P (Lei.) 94 A 4
Vale Florido P (San.) 111 B 3
Vale Fontes de Cima P (Fa.) 160 A 4
Vale Formoso P (C. B.) 95 D 1
Vale Formoso P (Fa.) 174 C 3
Vale Formoso P (San.) 112 C 2
Vale Francos P (Lis.) 110 D 4
Vale Frechoso P (Bra.) 56 B 4
Vale Fuzeiros P (Fa.) 160 A 4
Vale Godinho P (C. B.) 112 C 1
Vale Grande P (Ave.) 74 A 5
Vale Grande P (Co.) 95 A 3
Vale Judeu P (Fa.) 174 B 3
Vale Longo P (Guar.) 96 B 1
Vale Maior P (Ave.) 74 A 4
Vale Mansos P (San.) 127 D 1
Vale Mourisco P (Guar.) 96 B 1
Vale Pereiro P (Bra.) 56 C 4
Vale Perneto P (Lei.) 94 A 5
Vale Porco P (C. B.) 94 C 5
Vale Salgueiro P (Bra.) 56 A 2
Vale Salgueiro P (Lei.) 111 B 1
Vale Santiago P (San.) 112 D 2
Vale Serrão P (Co.) 94 D 4
Vale Torrado P (Por.) 128 B 1
Vale Travesso P (San.) 111 D 1
Vale Verde P (C. B.) 95 C 3
Vale Verde P (Guar.) 76 C 4
Vale Zebro P (San.) 127 C 1
Válega P (Ave.) 73 D 3
Valeixe E (Po.) 34 C 3
Valença P (V. C.) 34 A 4
Valença do Douro P (Vis.) 75 C 1
Valencia E (A Co.) 1 D 5
Valencia E (Val.) 125 A 4
València d'Àneu E (Ll.) 29 B 5
Valencia de Alcántara E (Các.) 113 D 4
Valencia de Don Juan E (Le.) 38 D 3
Valencia
de la Encomienda E (Sa.) 78 C 1
Valencia de las Torres E (Bad.) 147 D 1
Valencia del Mombuey E (Bad.) 146 A 2
Valencia del Ventoso E (Bad.) 147 A 2
Valencina
de la Concepción E (Sev.) 163 D 4
Valenoso E (Pa.) 40 B 1
Valentín E (Mu.) 155 A 3
Valentins, els E (Ta.) 88 B 5
Valenzuela E (Cór.) 166 D 1
Valenzuela E (Gr.) 181 B 1
Valenzuela
de Calatrava E (C. R.) 135 C 3
Valenzuela y Llanadas E (Cór.) 166 D 5
Valenzuela, lugar E (J.) 151 D 4
Valer E (Zam.) 57 D 2
Valera de Abajo E (Cu.) 122 B 2
Valera, lugar E (Bad.) 146 D 3
Valeria E (Cu.) 122 B 1
Valero E (Sa.) 98 A 1
Valero, El, lugar E (Alb.) 138 B 4
Vales E (Lu.) 15 D 5
Vales E (Our.) 15 A 5
Vales P (Bra.) 56 C 4
Vales P (C. B.) 113 A 1
Vales P (Fa.) 159 A 4
Vales P (V. R.) 56 A 3
Vales P (V. R.) 55 D 3
Vales de Cardigos P (San.) 112 D 1
Vales de Pero Viseu P (C. B.) 95 D 3
Vales Mortos P (Be.) 145 B 5
Valezim P (Guar.) 95 B 2
Valfarta E (Hues.) 67 B 3
Valfermoso de Tajuña E (Gua.) 83 A 5
Valfonda de Santa Ana E (Hues.) 46 D 5
Valgañón E (La R.) 42 D 3
Valgoma, La E (Le.) 17 A 5
Valhascos P (San.) 112 C 3
Valhelhas P (Guar.) 95 D 1
Valhelhas P (San.) 111 D 2
Valhermoso E (Gua.) 84 C 4
Valhermoso
de la Fuente E (Cu.) 122 C 3
Valinho P (V. C.) 33 D 5
Valiñas E (Po.) 14 A 5
Valiño E (Lu.) 4 A 3
Valjunquera E (Te.) 87 D 3
Valmadrid E (Zar.) 66 B 4
Valmala E (Bur.) 42 C 3
Valmartino E (Le.) 19 C 4
Valmojado E (To.) 101 A 3
Valmuel E (Te.) 87 B 1
Valões P (Br.) 54 B 1
Valonga E (Hues.) 68 A 2
Valonga E (Lu.) 16 B 1
Valongo E (Our.) 34 D 3
Valongo P (C. B.) 112 C 1
Valongo P (Fa.) 175 B 2
Valongo P (Lei.) 93 C 5
Valongo P (Lei.) 94 C 4
Valongo P (Lis.) 110 C 5
Valongo P (Por.) 112 D 5
Valongo P (Port.) 54 A 5
Valongo das Meadas P (Bra.) 56 A 3
Valongo de Milhais P (V. R.) 55 D 4
Valongo do Vouga P (Ave.) 74 A 4
Valongo dos Azeites P (Vis.) 75 D 1
Válor E (Gr.) 182 D 2
Valoria de Aguilar E (Pa.) 20 D 4
Valoria del Alcor E (Pa.) 60 A 1
Valoria la Buena E (Vall.) 60 C 1
Valoura P (V. R.) 55 C 3
Valpaços P (Bra.) 56 B 1
Valpaços P (V. R.) 56 A 2
Valpalmas E (Zar.) 46 B 4
Valparaíso E (Zam.) 37 C 5
Valparaíso de Abajo E (Cu.) 103 C 4
Valparaíso de Arriba E (Cu.) 103 C 4
Valpedre P (Port.) 74 B 1
Valporquero de Rueda E (Le.) 19 B 4
Valporquero de Torío E (Le.) 18 D 3
Valpuesta E (Bur.) 22 C 4
Valrío E (Các.) 97 B 4
Valsaín E (Seg.) 81 B 3
Valsalabroso E (Sa.) 77 B 1
Valsalada E (Hues.) 46 C 5
Valsalobre E (Cu.) 84 B 5
Valsalobre E (Gua.) 84 C 4
Valseca E (Seg.) 81 A 2
Valseco E (Le.) 17 C 4
Valsemana E (Le.) 18 C 4
Valsendero E (Las P.) 191 C 2
Valsequillo E (Cór.) 149 A 1
Valsequillo E (Las P.) 191 D 2
Valsera E (Ast.) 6 B 4
Valsurbio, lugar E (Pa.) 20 B 4
Valtablado del Río E (Gua.) 83 D 5
Valtajeros E (So.) 64 A 1
Valtiendas E (Seg.) 61 B 4
Valtierra E (Na.) 45 A 4
Valtierra de Albacastro E (Bur.) 21 A 5
Valtierra
de Riopisuerga E (Bur.) 40 D 2
Valtocado-Alquería E (Mál.) 180 A 5
Valtorres E (Zar.) 64 D 5
Valtueña E (So.) 64 A 4
Valtuille de Abajo E (Le.) 17 A 5
Valtuille de Arriba E (Le.) 17 A 5
Valuengo E (Bad.) 146 C 2
Valujera E (Bur.) 22 B 4
Valvenedizo E (So.) 62 D 5
Valverda E (Ali.) 156 D 3
Valverde E (C. R.) 135 A 3
Valverde E (La R.) 44 C 5
Valverde E (S. Cruz T.) 194 C 4
Valverde E (So.) 64 C 1
Valverde E (Te.) 85 D 3
Valverde P (Bra.) 56 C 4
Valverde P (Bra.) 56 D 5
Valverde P (C. B.) 95 C 3
Valverde P (Év.) 128 C 5
Valverde P (Fa.) 173 B 2
Valverde P (Guar.) 75 C 3
Valverde P (Lis.) 126 B 2
Valverde P (San.) 127 D 1
Valverde P (San.) 111 B 3
Valverde P (V. R.) 56 A 2
Valverde P (Vis.) 75 B 2
Valverde de Alcalá E (Mad.) 102 B 2
Valverde de Burguillos E (Bad.) 147 A 2
Valverde de Campos E (Vall.) 59 C 1
Valverde de Curueño E (Le.) 19 A 3
Valverde
de Gonzaliáñez E (Sa.) 78 D 5
Valverde de Júcar E (Cu.) 122 A 2
Valverde de la Sierra E (Le.) 20 A 3
Valverde de la Vera E (Các.) 98 D 4
Valverde de la Virgen E (Le.) 38 C 1
Valverde de Leganés E (Bad.) 130 B 4
Valverde de los Ajos E (So.) 63 A 3
Valverde
de los Arroyos E (Gua.) 82 C 2
Valverde de Llerena E (Bad.) 148 A 3
Valverde de Mérida E (Bad.) 131 C 3
Valverde
de Valdelacasa E (Sa.) 98 B 1
Valverde del Camino E (Huel.) 162 C 2
Valverde del Fresno E (Các.) 96 C 3
Valverde del Majano E (Seg.) 80 D 3
Valverde-Enrique E (Le.) 39 B 3
Valverdejo E (Cu.) 122 C 3
Valverdes E (Mál.) 181 A 3
Valverde-Villarmarín E (Le.) 16 D 4
Valverdón E (Sa.) 78 C 2
Valverzoso E (Pa.) 20 D 3
Valvieja E (Seg.) 62 B 5
Vall d'Alba E (Cas.) 107 C 3
Vall d'Alcalà, La E (Ali.) 141 B 4
Vall de Almonacid E (Cas.) 107 A 5
Vall de Bianya, la E (Gi.) 51 C 3
Vall de Ebo/
Vall d'Ebo, la E (Ali.) 141 C 3
Vall de Gallinera E (Ali.) 141 C 3
Vall de Laguar E (Ali.) 141 C 4
Vall de Santa Creu, La E (Gi.) 52 C 1
Vall d'Ebo, la →
Vall de Ebo E (Ali.) 141 C 3
Vall del Sol E (Bar.) 70 D 4
Vall d'Uixó, la E (Cas.) 125 B 1
Vall Suau-Can Feliu E (Bar.) 70 D 3
Vall, la E (Bar.) 71 D 2
Vallada E (Val.) 140 C 3
Valladolid E (Vall.) 60 A 2
Valladolises E (Mu.) 172 A 1
Vallanca E (Val.) 105 C 4
Vallarta de Bureba E (Bur.) 42 C 1
Vallat E (Cas.) 107 B 4
Vallbona d'Anoia E (Bar.) 70 B 3
Vallbona
de les Monges E (Ll.) 69 B 3
Vallcanera E (Gi.) 51 D 5
Vallcarca E (Bar.) 70 C 5
Vallcebre E (Bar.) 50 C 3
Vallclara E (Ta.) 69 B 4
Valldavià E (Gi.) 52 B 3
Valldemossa E (Bal.) 91 C 2
Valldoreix E (Bar.) 70 D 3
Valle E (Ast.) 7 B 5
Valle E (Can.) 10 A 5
Valle Abajo E (S. Cruz T.) 194 B 1
Valle de Abdalajís E (Mál.) 180 A 3
Valle de Agaete E (Las P.) 191 B 1
Valle de Cabuérniga E (Can.) 20 D 1
Valle de Cerrato E (Pa.) 60 D 1
Valle de Escombreras E (Mu.) 172 C 3
Valle de Finolledo E (Le.) 17 A 4
Valle de Guerra E (S. Cruz T.) 196 B 1
Valle de Jinámar E (Las P.) 191 D 2
Valle de la Serena E (Bad.) 132 B 4
Valle de la Valduerna E (Le.) 38 A 2
Valle de las Casas E (Le.) 19 C 4
Valle de las Nueve E (Las P.) 191 D 2
Valle de Mansilla E (Le.) 39 B 1
Valle de Matamoros E (Bad.) 146 C 1
Valle de San
Agustín, El E (Ast.) 4 D 3
Valle de San Lorenzo E (S. Cruz T.) 195 D 4
Valle de Santa Ana E (Bad.) 146 C 1
Valle de Santa Inés E (Las P.) 190 A 3
Valle de Tabladillo E (Seg.) 61 C 5
Valle de Vegacervera E (Le.) 18 D 3
Valle Hermoso
Bajo, lugar E (Cád.) 179 B 2
Valle Tahodio E (S. Cruz T.) 196 C 2
Valle, El E (Alm.) 169 D 5
Valle, El E (Ast.) 6 C 3
Valle, El E (Huel.) 163 B 4
Valle, El E (Le.) 17 C 5
Vallebrón E (Las P.) 190 B 2
Vallecillo E (Le.) 39 B 2
Vallecillo, El E (Te.) 105 A 3
Vallegera E (Bur.) 41 A 4
Vallehermoso E (S. Cruz T.) 194 B 1
Vallehondo E (Áv.) 98 D 2
Vallejas E (Cád.) 178 B 4
Vallejera de Riofrío E (Sa.) 98 C 2
Vallejimeno E (Bur.) 42 C 4
Vallejo E (Bur.) 21 D 4
Vallejo de Mena E (Bur.) 22 B 2
Vallejo de Orbó E (Pa.) 20 D 4
Vallelado E (Seg.) 60 C 4
Vallequemado E (Gr.) 167 C 4
Valleruela de Pedraza E (Seg.) 81 C 1
Valleruela
de Sepúlveda E (Seg.) 81 C 1
Valles E (Ast.) 7 B 4
Vallès E (Val.) 140 D 2
Valles de Ortega E (Las P.) 190 A 3
Valles de Palenzuela E (Bur.) 41 A 4
Valles de Valdavia E (Pa.) 40 B 1
Valles, Los E (Las P.) 192 D 3
Valles, Los E (S. Cruz T.) 196 B 2
Vallesa de la Guareña E (Zam.) 79 A 1
Valleseco E (Las P.) 191 C 2
Valleta, La E (Gi.) 52 C 1
Vallfogona de Balaguer E (Ll.) 68 D 1
Vallfogona de Ripollès E (Gi.) 51 B 3
Vallfogona de Riucorb E (Ta.) 69 C 3
Vallgorguina E (Bar.) 71 C 2
Vallibona E (Cas.) 87 D 5
Vallín, El E (Ast.) 5 B 3
Vallina, La E (Ast.) 6 C 4
Vallirana E (Bar.) 70 D 4
Vallivana E (Cas.) 107 D 1
Vall-llobrega E (Gi.) 52 C 5
Vallmanya E (Ll.) 70 A 1
Vallmoll E (Ta.) 69 C 5
Valloria E (So.) 43 D 5
Vallpineda E (Bar.) 70 C 5
Vallromanes E (Bar.) 71 B 3
Valls E (Ta.) 69 C 5
Vallserrat E (Bar.) 70 C 3
Valluerca E (Ál.) 22 C 3
Valluércanes E (Bur.) 42 C 1
Vallunquera E (Bur.) 41 A 3
Vallverd E (Ll.) 69 A 2
Vallvidrera E (Bar.) 71 A 4
Vandellòs E (Ta.) 89 A 2
Vandoma P (Port.) 54 B 5
Vanidodes E (Le.) 38 A 1
Vañes E (Pa.) 20 C 3
Vaqueira E (Ll.) 29 A 4
Vaqueiros P (Fa.) 161 A 3
Vaqueiros P (San.) 111 C 3
Vara de Rey E (Cu.) 122 A 4
Varadero, El E (Gr.) 182 A 4
Varadouro P (Aç.) 109 A 3
Varatojo P (Lis.) 110 C 5
Varche P (Por.) 129 D 3
Vardemilho P (Ave.) 73 D 4
Varea E (La R.) 43 D 2
Varela P (San.) 112 B 1
Varelas E (A Co.) 15 A 3
Vargas E (Can.) 9 B 5
Vargas E (Las P.) 191 D 3
Vargas, Los, lugar E (Gr.) 182 C 3
Varge P (Bra.) 57 A 1
Vargem P (Por.) 113 C 4
Vargens P (Be.) 161 A 3
Varges P (V. R.) 55 D 4
Vargos P (San.) 111 D 2
Variaça P (Ave.) 94 A 1
Variz P (Bra.) 57 A 4
Várzea P (Ave.) 74 B 2
Várzea P (Br.) 54 A 3
Várzea P (Lei.) 94 B 5
Várzea P (Port.) 54 D 5
Várzea P (Port.) 54 C 4
Várzea P (San.) 111 C 4
Várzea P (Vis.) 74 D 3
Várzea P (Vis.) 74 D 4
Várzea P (Vis.) 74 C 5
Várzea P (Vis.) 75 A 3
Várzea Cova P (Br.) 54 D 3
Várzea da Ovelha
e Aliviada P (Port.) 54 D 5
Várzea da Serra P (Vis.) 75 A 2
Várzea de Abrunhais P (Vis.) 75 B 1
Várzea de Meruge P (Guar.) 95 A 1
Várzea de Tavares P (Vis.) 75 C 5
Várzea de Trevões P (Vis.) 75 D 1
Várzea do Douro P (Ave.) 74 B 1
Várzea dos Cavaleiros P (C. B.) 112 D 1
Várzeas P (Lei.) 93 B 5
Varziela P (Co.) 93 D 1
Varziela P (Port.) 54 C 4
Varzielas P (Vis.) 74 C 5
Vascão P (Fa.) 161 B 3
Vasco Esteves de Baixo P (Guar.) 95 B 2
Vasco Esteves de Cima P (Guar.) 95 B 2
Vasco Rodrigues P (Be.) 161 A 2
Vascões P (V. C.) 34 A 5
Vasconha P (Vis.) 74 D 4
Vascoveiro P (Guar.) 76 B 4
Vassal P (V. R.) 56 A 2
Vau P (Fa.) 173 C 2
Vau P (Lei.) 110 C 3
Veade P (Br.) 55 A 4
Veciana E (Bar.) 70 A 2
Vecilla de Curueño, La E (Le.) 19 A 4
Vecilla de la Polvorosa E (Zam.) 38 C 4
Vecilla de la Vega E (Le.) 38 B 2
Vecilla de Trasmonte E (Zam.) 38 C 5
Vecindad de Enfrente E (Las P.) 191 B 1
Vecindario E (Las P.) 191 D 3
Vecinos E (Sa.) 78 B 4
Vedat de Torrent, el →
Monte Vedat E (Val.) 125 A 4
Vedor P (Por.) 130 A 2
Vedra E (A Co.) 14 B 3
Vedra E (A Co.) 14 B 3
Vega E (Ast.) 5 B 3
Vega E (Ast.) 6 D 3
Vega E (Ast.) 18 D 1
Vega E (Ast.) 7 C 4
Vega E (Can.) 21 C 1
Vega E (Mál.) 179 A 5
Vega de Almanza, La E (Le.) 19 D 5
Vega de Antoñán E (Le.) 38 B 1
Vega de Bur E (Pa.) 20 C 4
Vega de Caballeros E (Le.) 18 C 4
Vega de Doña Olimpa E (Pa.) 40 B 1
Vega de Enmedio E (Las P.) 191 C 2
Vega de Espinareda E (Le.) 17 A 4
Vega de Gordón E (Le.) 18 D 3
Vega de Infanzones E (Le.) 38 D 1
Vega de las Mercedes E (S. Cruz T.) 196 B 1
Vega de los Árboles E (Le.) 39 B 1
Vega de Magaz E (Le.) 38 A 1
Vega de Mesillas E (Các.) 98 C 5
Vega de Nuez E (Zam.) 57 B 1
Vega de Pas E (Can.) 21 C 2
Vega de Poja E (Ast.) 6 D 4
Vega de Rengos E (Ast.) 17 B 2
Vega de Río Palmas E (Las P.) 190 A 3
Vega de Robledo, La E (Le.) 18 B 3
Vega de Ruiponce E (Vall.) 39 C 4
Vega de San Mateo E (Las P.) 191 C 2
Vega de Santa Lucía E (Cór.) 165 A 2
Vega de Santa María E (Áv.) 80 B 4
Vega
de Santa María, La E (J.) 152 A 5
Vega de Tera E (Zam.) 38 A 5
Vega de Tirados E (Sa.) 78 B 2
Vega de Valcarce E (Le.) 16 D 5
Vega de Valdetronco E (Vall.) 59 C 3
Vega de Viejos E (Le.) 17 D 3
Vega de Villalobos E (Zam.) 39 A 5
Vega de Yeres E (Le.) 37 A 2
Vega del Castillo E (Zam.) 37 C 4
Vega del Ciego E (Ast.) 18 C 1
Vega del Codorno E (Cu.) 104 C 2
Vega del Rey E (Ast.) 18 C 2
Vega Malilla, lugar E (Mál.) 180 A 3
Vega Santa María E (Mál.) 180 A 4
Vega Sicilia E (Vall.) 60 D 3
Vega, La E (Ast.) 18 C 1
Vega, La E (Ast.) 6 B 5
Vega, La E (Bad.) 114 A 5
Vega, La E (Can.) 20 B 2
Vega, La E (Gr.) 169 B 4
Vega, La E (S. Cruz T.) 195 C 3
Vega, La E (Sev.) 163 D 5
Vega, La E (Val.) 140 A 2
Vega, La (Riosa) E (Ast.) 6 B 5
Vega, La (Sariego) E (Ast.) 6 D 4
Vegacebrón E (Ast.) 5 D 3

Vilela


Vilela P (Co.) 95 A 2
Vilela P (Port.) 54 B 5
Vilela P (V. C.) 34 B 5
Vilela P (V. R.) 55 D 2
Vilelos E (Lu.) 15 C 5
Vilella Alta, la E (Ta.) 68 D 5
Vilella Baixa, la E (Ta.) 68 D 5
Vileña E (Bur.) 22 B 5
Vileta, Sa E (Bal.) 91 C 3
Vilgateira P (San.) 111 B 4
Vilharinho do Bairro P (Ave.) 94 A 1
Viliella E (Ll.) 50 B 1
Vilobí del Penedès E (Bar.) 70 B 4
Vilobí d'Onyar E (Gi.) 52 A 5
Vilopriu E (Gi.) 52 B 3
Viloria E (Le.) 17 C 5
Viloria E (Vall.) 60 C 4
Viloria de la Jurisdicción E (Le.) 38 D 1
Viloria de Rioja E (Bur.) 42 D 2
Viloria/Biloria E (Na.) 24 A 5
Vilosell, el E (Ll.) 69 A 4
Vilueña, La E (Zar.) 64 D 5
Vilvestre E (Sa.) 76 D 1
Vilviestre de los Nabos E (So.) 63 B 1
Vilviestre de Muñó E (Bur.) 41 B 3
Vilviestre del Pinar E (Bur.) 42 D 5
Villa Adelfa E (Sa.) 77 D 4
Villa Antonia E (Huel.) 175 D 2
Villa de Don Fadrique, La E (To.) 120 C 3
Villa de Mazo E (S. Cruz T.) 193 C 3
Villa de Ves E (Alb.) 139 D 1
Villa del Campo E (Các.) 97 B 3
Villa del Prado E (Mad.) 100 D 3
Villa del Rey E (Các.) 114 C 2
Villa del Río E (Cór.) 150 D 5
Villabajo E (Ast.) 7 A 4
Villabalter E (Le.) 18 D 5
Villabandín E (Le.) 18 A 3
Villabáñez E (Can.) 9 B 5
Villabáñez E (Vall.) 60 C 3
Villabaruz de Campos E (Vall.) 39 D 5
Villabáscones de Bezana E (Bur.) 21 D 3
Villabasta de Valdavia E (Pa.) 40 B 1
Villabellaco E (Pa.) 20 D 3
Villabermudo E (Pa.) 20 D 5
Villablanca E (Huel.) 161 C 4
Villablino E (Le.) 17 D 3
Villabona E (Ast.) 6 C 4
Villabona/Billabona E (Gui.) 24 B 1
Villabrágima E (Vall.) 59 C 1
Villabraz E (Le.) 39 A 3
Villabrázaro E (Zam.) 38 C 4
Villabre E (Ast.) 6 A 5
Villabuena E (So.) 63 C 2
Villabuena de Álava → Uriona E (Ál.) 43 B 1
Villabuena del Puente E (Zam.) 59 A 4
Villabuena-San Clemente E (Le.) 17 A 5
Villaburbula E (Le.) 39 A 1
Villacadima E (Gua.) 62 C 5
Villacalabuey E (Le.) 39 C 1
Villacalviel-San Esteban E (Le.) 38 D 2
Villacantid E (Can.) 21 A 3
Villacañas E (To.) 120 B 3
Villacarlí E (Hues.) 48 B 2
Villacarralón E (Vall.) 39 C 4
Villacarriedo E (Can.) 21 C 1
Villacarrillo E (J.) 152 D 4
Villacastín E (Seg.) 80 C 4
Villacé E (Le.) 38 D 2
Villacedre E (Le.) 38 D 1
Villaceid E (Le.) 18 B 4
Villacelama E (Le.) 39 A 1
Villacibio E (Pa.) 21 A 5
Villacid de Campos E (Vall.) 39 C 4
Villacidaler E (Pa.) 39 D 3
Villacidayo E (Le.) 19 B 5
Villaciervitos E (So.) 63 C 2
Villaciervos E (So.) 63 C 2
Villacintor E (Le.) 39 C 1
Villaco E (Vall.) 60 D 2
Villaconancio E (Pa.) 61 A 1
Villacondide E (Ast.) 5 A 3
Villaconejos E (Mad.) 102 A 4
Villaconejos de Trabaque E (Cu.) 104 A 2
Villacontilde E (Le.) 39 A 1
Villacorta E (Le.) 19 D 4
Villacorta E (Seg.) 62 B 5
Villacreces E (Vall.) 39 D 3
Villacuende E (Pa.) 40 B 2
Villada E (Pa.) 39 D 3
Villadangos del Páramo E (Le.) 38 C 1
Villadecanes E (Le.) 17 A 5
Villademor de la Vega E (Le.) 38 D 3
Villadepalos E (Le.) 37 A 1
Villadepera E (Zam.) 57 D 3
Villadesoto E (Le.) 38 D 1
Villadiego E (Bur.) 41 B 1
Villadiego de Cea E (Le.) 39 D 1
Villadiezma E (Pa.) 40 C 2
Villadoz E (Zar.) 85 C 1
Villaeles de Valdavia E (Pa.) 40 B 1
Villaescobedo E (Bur.) 21 A 5
Villaescusa E (Zam.) 79 A 1
Villaescusa de Ecla E (Pa.) 20 D 5
Villaescusa de Haro E (Cu.) 121 B 3
Villaescusa de las Torres E (Pa.) 20 D 4
Villaescusa de Palositos, lugar E (Gua.) 83 C 5
Villaescusa de Roa E (Bur.) 61 B 2
Villaescusa del Butrón E (Bur.) 21 D 4
Villaescusa la Sombría E (Bur.) 42 B 2
Villaespasa E (Bur.) 42 B 4
Villaesper E (Vall.) 59 C 1
Villaespesa E (Mu.) 171 B 2
Villaespesa E (Te.) 105 D 3
Villaesteres, Los E (Vall.) 59 B 4
Villaestrigo del Páramo E (Le.) 38 C 3
Villafáfila E (Zam.) 58 D 1
Villafalé E (Le.) 39 A 1
Villafañe E (Le.) 39 A 1
Villafeile-Lamagrande-Quintela E (Le.) 16 D 5
Villafeliche E (Zar.) 85 B 1
Villafeliz de Babia E (Le.) 18 B 3
Villafer E (Le.) 38 D 4
Villaferrueña E (Zam.) 38 B 4
Villaflor E (Áv.) 79 D 4
Villaflores E (Sa.) 79 B 2
Villafrades de Campos E (Vall.) 39 D 4
Villafranca E (Mad.) 101 B 1
Villafranca E (Na.) 44 D 3
Villafranca (Condado de Castilnovo) E (Seg.) 81 D 1
Villafranca de Córdoba E (Cór.) 150 B 5
Villafranca de Duero E (Vall.) 59 B 4
Villafranca de Ebro E (Zar.) 66 C 3
Villafranca de la Sierra E (Áv.) 99 B 1
Villafranca de los Barros E (Bad.) 131 B 5
Villafranca de los Caballeros E (To.) 120 B 4
Villafranca del Bierzo E (Le.) 16 D 5
Villafranca del Campo E (Te.) 85 C 5
Villafranca del Cid/Vilafranca del Maestrat E (Cas.) 107 B 1
Villafranca Montes de Oca E (Bur.) 42 B 2
Villafranco del Guadalquivir E (Sev.) 177 C 1
Villafranco del Guadiana E (Bad.) 130 C 3
Villafrea de la Reina E (Le.) 19 D 3
Villafrechós E (Vall.) 59 B 1
Villafría E (Bur.) 41 D 2
Villafruela E (Bur.) 61 B 1
Villafruela de Porma E (Le.) 19 A 5
Villafuerte E (Sa.) 79 A 2
Villafuerte E (Vall.) 60 D 2
Villafuertes E (Bur.) 41 C 4
Villafufre E (Can.) 9 C 5
Villagalijo E (Bur.) 42 C 3
Villagallegos E (Le.) 38 D 2
Villagarcía de Campos E (Vall.) 59 B 2
Villagarcía de la Torre E (Bad.) 147 D 2
Villagarcía de la Vega E (Le.) 38 B 2
Villagarcía del Llano E (Cu.) 122 D 5
Villager de Laciana E (Le.) 17 C 3
Villageriz E (Zam.) 38 B 4
Villagómez la Nueva E (Vall.) 39 C 4
Villagonzalo E (Bad.) 131 C 3
Villagonzalo de Coca E (Seg.) 80 B 1
Villagonzalo de Tormes E (Sa.) 78 D 3
Villagonzalo Pedernales E (Bur.) 41 D 3
Villagordo, lugar E (Alb.) 138 A 4
Villagrufe E (Ast.) 5 B 5
Villagutiérrez E (Bur.) 41 C 3
Villahán E (Pa.) 41 A 5
Villaharta E (Cór.) 149 D 4
Villahermosa E (C. R.) 137 A 4
Villahermosa del Campo E (Te.) 85 C 2
Villahermosa del Río E (Cas.) 107 A 3
Villahernando E (Bur.) 41 B 1
Villaherreros E (Pa.) 40 C 2
Villahibiera E (Le.) 19 B 5
Villahizán E (Bur.) 41 C 4
Villahizán de Treviño E (Bur.) 41 A 1
Villahoz E (Bur.) 41 B 5
Villajimena E (Pa.) 40 C 4
Villajoyosa/Vila Joiosa, la E (Ali.) 158 A 1
Villalaco E (Pa.) 40 D 4
Villalacre E (Bur.) 22 B 3
Villalafuente E (Pa.) 40 A 1
Villalaín E (Bur.) 22 A 3
Villalambrús E (Bur.) 22 C 3
Villalán de Campos E (Vall.) 39 B 5
Villalangua E (Hues.) 46 B 2
Villalar de los Comuneros E (Vall.) 59 C 3
Villalazán E (Zam.) 58 D 4
Villalázara E (Bur.) 22 A 2
Villalba Alta E (Te.) 86 A 5
Villalba Baja E (Te.) 106 A 2
Villalba de Adaja E (Vall.) 60 A 5
Villalba de Calatrava E (C. R.) 135 D 5
Villalba de Duero E (Bur.) 61 D 2
Villalba de Guardo E (Pa.) 20 A 5
Villalba de la Lampreana E (Zam.) 58 D 2
Villalba de la Loma E (Vall.) 39 B 4
Villalba de la Sierra E (Cu.) 104 B 3
Villalba de los Alcores E (Vall.) 59 D 1
Villalba de los Barros E (Bad.) 131 A 5
Villalba de los Llanos E (Sa.) 78 A 4
Villalba de los Morales E (Te.) 85 B 3
Villalba de Losa E (Bur.) 22 D 3
Villalba de Perejil E (Zar.) 65 A 5
Villalba de Rioja E (La R.) 43 A 1
Villalba del Alcor E (Huel.) 163 A 4
Villalba del Rey E (Cu.) 103 C 2
Villalbarba E (Vall.) 59 B 3
Villalbeto de la Peña E (Pa.) 20 B 4
Villalbilla E (Cu.) 104 A 3
Villalbilla E (Mad.) 102 B 2
Villalbilla de Burgos E (Bur.) 41 C 3
Villalbilla de Gumiel E (Bur.) 61 D 2
Villalbilla de Villadiego E (Bur.) 41 B 1
Villalbilla-Sobresierra E (Bur.) 41 D 1
Villalboñe E (Le.) 19 A 5
Villalcampo E (Zam.) 58 A 3
Villalcázar de Sirga E (Pa.) 40 C 3
Villalcón E (Pa.) 40 A 3
Villaldavín E (Pa.) 40 B 4
Villaldemiro E (Bur.) 41 B 3
Villalebrín E (Le.) 39 D 2
Villalengua E (Zar.) 64 D 4
Villalfeide E (Le.) 19 A 3
Villalgordo del Júcar E (Alb.) 122 B 5
Villalgordo del Marquesado E (Cu.) 121 C 2
Villalibre de la Jurisdicción E (Le.) 37 A 1
Villalibre de Somoza E (Le.) 37 D 2
Villalís de la Valduerna E (Le.) 38 A 2
Villalmán E (Le.) 39 D 2
Villalmanzo E (Bur.) 41 D 5
Villalmarzo E (Ast.) 5 A 3
Villalmóndar E (Bur.) 42 B 2
Villalobar E (Le.) 38 D 2
Villalobar de Rioja E (La R.) 42 D 1
Villalobón E (Pa.) 40 C 5
Villalobos E (J.) 167 C 4
Villalobos E (Zam.) 39 A 5
Villalómez E (Bur.) 42 B 2
Villalón E (Cór.) 165 B 2
Villalón de Campos E (Vall.) 39 C 4
Villalones, Los E (Mál.) 179 A 3
Villalonga → Villallonga E (Val.) 141 C 3
Villalonquejar E (Bur.) 41 C 2
Villalonso E (Zam.) 59 B 3
Villalpando E (Zam.) 59 A 1
Villalpardo E (Cu.) 123 A 4
Villalquite E (Le.) 39 B 1
Villalube E (Zam.) 58 D 3
Villaluenga de la Sagra E (To.) 101 B 5
Villaluenga de la Vega E (Pa.) 40 A 1
Villaluenga del Rosario E (Cád.) 178 D 4
Villalumbroso E (Pa.) 40 A 4
Villálvaro E (So.) 62 C 3
Villalverde E (Zam.) 37 D 4
Villalvilla de Montejo E (Seg.) 61 D 4
Villallana E (Ast.) 18 C 1
Villallano E (Pa.) 21 A 4
Villallonga/Villalonga E (Val.) 141 C 3
Villamalea E (Alb.) 123 A 5
Villamalur E (Cas.) 107 A 5
Villamandos E (Le.) 38 D 4
Villamanín de la Tercia E (Le.) 18 D 3
Villamanrique E (C. R.) 152 D 1
Villamanrique de la Condesa E (Sev.) 163 B 5
Villamanrique de Tajo E (Mad.) 102 C 4
Villamanta E (Mad.) 101 A 3
Villamantilla E (Mad.) 101 A 2
Villamañán E (Le.) 38 D 2
Villamar E (Ast.) 6 B 4
Villamarciel E (Vall.) 59 D 3
Villamarco E (Le.) 39 B 2
Villamarín E (Ast.) 6 A 5
Villamartín E (Cád.) 178 C 3
Villamartín de Campos E (Pa.) 40 B 5
Villamartín de Don Sancho E (Le.) 39 C 1
Villamartín de la Abadía E (Le.) 17 A 5
Villamartín de Sotoscueva E (Bur.) 21 D 2
Villamartín de Valdeorras E (Our.) 36 C 1
Villamartín de Villadiego E (Bur.) 21 A 5
Villamartín del Sil E (Le.) 17 B 4
Villamayor E (Ast.) 18 A 1
Villamayor E (Ast.) 7 B 4
Villamayor E (Sa.) 78 C 2
Villamayor E (Zar.) 66 B 2
Villamayor de Calatrava E (C. R.) 135 A 4
Villamayor de Campos E (Zam.) 59 A 1
Villamayor de los Montes E (Bur.) 41 C 4
Villamayor de Monjardín E (Na.) 24 B 5
Villamayor de Santiago E (Cu.) 121 A 2
Villamayor de Treviño E (Bur.) 41 A 2
Villambistia E (Bur.) 42 C 2
Villambrán de Cea E (Pa.) 39 D 2
Villambrosa E (Ál.) 22 D 4
Villambroz E (Pa.) 40 A 2
Villameca E (Le.) 18 A 5
Villamediana E (Pa.) 40 D 5
Villamediana de Iregua E (La R.) 43 D 2
Villamediana de Lomas E (Bur.) 21 C 4
Villamediana de San Román E (Bur.) 21 C 3
Villamedianilla E (Bur.) 41 A 4
Villamejil E (Le.) 38 A 1
Villameriel E (Pa.) 40 C 1
Villamesías E (Các.) 116 A 5
Villamezán E (Bur.) 22 A 3
Villamiel E (Các.) 96 D 3
Villamiel de la Sierra E (Bur.) 42 B 4
Villamiel de Muñó E (Bur.) 41 C 3
Villamiel de Toledo E (To.) 101 A 5
Villaminaya E (To.) 119 C 2
Villamizar E (Le.) 39 C 1
Villamol E (Le.) 39 C 2
Villamondrín de Rueda E (Le.) 39 B 1
Villamontán de la Valduerna E (Le.) 38 A 3
Villamor E (A Co.) 15 A 2
Villamor E (Bur.) 22 B 3
Villamor de Cadozos E (Zam.) 57 D 5
Villamor de la Ladre E (Zam.) 57 D 4
Villamor de los Escuderos E (Zam.) 58 D 5
Villamor de Órbigo E (Le.) 38 B 1
Villamoratiel de las Matas E (Le.) 39 B 2
Villamorco E (Pa.) 40 B 2
Villamorey E (Ast.) 19 A 1
Villamorico E (Bur.) 42 A 3
Villamorico E (Le.) 38 C 3
Villamorisca E (Le.) 19 D 4
Villamoronta E (Pa.) 40 B 2
Villamoros de las Regueras E (Le.) 18 D 5
Villamoros de Mansilla E (Le.) 39 A 1
Villamuelas E (To.) 119 D 1
Villamuera de la Cueza E (Pa.) 40 B 3
Villamuñío E (Le.) 39 B 1
Villamuriel de Campos E (Vall.) 39 B 5
Villamuriel de Cerrato E (Pa.) 40 C 5
Villán de Tordesillas E (Vall.) 59 D 3
Villanañe E (Ál.) 22 D 4
Villanasur-Río de Oca E (Bur.) 42 B 2
Villanázar E (Zam.) 38 C 5
Villandiego E (Bur.) 41 B 2
Villandio E (Ast.) 18 D 1
Villaneceriel E (Pa.) 40 C 1
Villangómez E (Bur.) 41 C 4
Villanófar E (Le.) 19 B 5
Villanoño E (Bur.) 41 B 1
Villanova E (Hues.) 48 B 1
Villanúa E (Hues.) 26 D 5
Villanubla E (Vall.) 60 A 2
Villanueva E (Ast.) 18 A 1
Villanueva E (Ast.) 5 A 3
Villanueva E (Ast.) 4 C 4
Villanueva E (Ast.) 5 C 3
Villanueva E (Ast.) 6 C 2
Villanueva E (Ast.) 18 C 1
Villanueva E (Ast.) 7 D 4
Villanueva E (Ast.) 8 C 4
Villanueva E (Ast.) 6 B 5
Villanueva E (Can.) 9 C 4
Villanueva Mesía E (Gr.) 167 B 5
Villanueva de Abajo E (Pa.) 20 B 5
Villanueva de Aezkoa → Hiriberri E (Na.) 25 C 3
Villanueva de Alcardete E (To.) 120 D 2
Villanueva de Alcorón E (Gua.) 84 A 5
Villanueva de Algaidas E (Mál.) 180 C 1
Villanueva de Argaño E (Bur.) 41 B 2
Villanueva de Argecilla E (Gua.) 83 A 3
Villanueva de Arriba E (Pa.) 20 A 4
Villanueva de Ávila E (Áv.) 99 D 2
Villanueva de Azoague E (Zam.) 38 C 5
Villanueva de Bogas E (To.) 119 D 2
Villanueva de Cameros E (La R.) 43 B 4
Villanueva de Campeán E (Zam.) 58 C 5
Villanueva de Cañedo E (Sa.) 78 C 1
Villanueva de Carazo E (Bur.) 42 B 5
Villanueva de Carrizo E (Le.) 38 C 1
Villanueva de Cauche E (Mál.) 180 C 2
Villanueva de Córdoba E (Cór.) 150 A 2
Villanueva de Duero E (Vall.) 59 D 4
Villanueva de Gállego E (Zar.) 66 B 2
Villanueva de Gómez E (Áv.) 80 A 3
Villanueva de Gormaz E (So.) 62 D 4
Villanueva de Guadamajud E (Cu.) 103 C 3
Villanueva de Gumiel E (Bur.) 61 D 2
Villanueva de Henares E (Pa.) 21 A 4
Villanueva de Huerva E (Zar.) 66 A 5
Villanueva de Jamuz E (Le.) 38 B 3
Villanueva de Jiloca E (Zar.) 85 B 2
Villanueva de la Cañada E (Mad.) 101 B 2
Villanueva de la Concepción E (Mál.) 180 B 3
Villanueva de la Condesa E (Vall.) 39 C 4
Villanueva de la Fuente E (C. R.) 137 B 5
Villanueva de la Jara E (Cu.) 122 C 4
Villanueva de la Oca E (Bur.) 23 A 4
Villanueva de la Peña E (Can.) 9 A 5
Villanueva de la Peña E (Pa.) 20 B 4
Villanueva de la Reina E (J.) 151 B 5
Villanueva de la Serena E (Bad.) 132 B 2
Villanueva de la Sierra E (Các.) 97 B 3
Villanueva de la Sierra E (Zam.) 36 C 4
Villanueva de la Tercia E (Le.) 18 D 3
Villanueva de la Torre E (Gua.) 102 B 1
Villanueva de la Torre E (Pa.) 20 D 4
Villanueva de la Vera E (Các.) 98 D 4
Villanueva de las Cruces E (Huel.) 162 B 2
Villanueva de las Manzanas E (Le.) 39 A 1
Villanueva de las Peras E (Zam.) 38 A 5
Villanueva de las Torres E (Gr.) 168 D 3
Villanueva de los Caballeros E (Vall.) 59 B 2
Villanueva de los Castillejos E (Huel.) 161 D 3
Villanueva de los Escuderos E (Cu.) 104 A 5

| | | | | |
|---|---|---|---|---|
| Vinheiros | P | (Port.) | 54 | D5 |
| Vinhó | P | (Co.) | 94 | D2 |
| Vinhó | P | (Guar.) | 95 | B1 |
| Vinhós | P | (Br.) | 54 | C3 |
| Vinhós | P | (V.R.) | 55 | A5 |
| Viniegra de Abajo | E | (La R.) | 43 | A4 |
| Viniegra de Arriba | E | (La R.) | 43 | A4 |
| Vinseiro | P | (Po.) | 14 | B4 |
| Vinuesa | E | (So.) | 63 | B1 |
| Vinyoles d'Oris | E | (Bar.) | 51 | A4 |
| Vinyols i els Arcs | E | (Ta.) | 89 | B1 |
| Viña | E | (A Co.) | 3 | A4 |
| Viña | E | (Our.) | 35 | A1 |
| Viñales | E | (Le.) | 17 | C5 |
| Viñas | E | (A Co.) | 2 | D4 |
| Viñas | E | (Zam.) | 57 | B1 |
| Viñas, Las | E | (Gr.) | 169 | A4 |
| Viñas-Viejas, lugar | E | (Cu.) | 121 | B1 |
| Viñayo | E | (Le.) | 18 | C4 |
| Viñegra de la Sierra | E | (Áv.) | 79 | C5 |
| Viñegra de Moraña | E | (Áv.) | 79 | D3 |
| Viños | E | (A Co.) | 14 | D3 |
| Viñuela | E | (C.R.) | 134 | C4 |
| Viñuela | E | (Mál.) | 181 | A3 |
| Viñuela de Sayago | E | (Zam.) | 58 | A5 |
| Viñuela, La | E | (Gr.) | 167 | B4 |
| Viñuela, La, lugar | E | (Alb.) | 153 | D4 |
| Viñuela, La, lugar | E | (Sev.) | 148 | C5 |
| Viñuelas | E | (Gua.) | 82 | B4 |
| Vio | E | (Hues.) | 47 | C1 |
| Viobes | E | (Ast.) | 7 | A4 |
| Vioño | E | (Can.) | 9 | B5 |
| Viquejos | E | (Mu.) | 171 | C3 |
| Viradouro | P | (Be.) | 159 | D3 |
| Virela | P | (Vis.) | 74 | C3 |
| Virgen de Begoña | E | (Gr.) | 182 | D1 |
| Virgen de Gracia/ Verge de Gràcia, la | E | (Cas.) | 107 | C5 |
| Virgen de la Cabeza | E | (J.) | 151 | A3 |
| Virgen del Camino, La | E | (Le.) | 38 | D1 |
| Virgen del Carmen | E | (Mu.) | 155 | D4 |
| Virgen del Oro | E | (Mu.) | 155 | C3 |
| Virgen, La | E | (Can.) | 9 | A5 |
| Virreina, La | E | (Bar.) | 71 | B3 |
| Virtelo | P | (V.C.) | 34 | C4 |
| Virtudes | P | (Lis.) | 127 | B1 |
| Virtudes, Las | E | (Alí.) | 140 | B5 |
| Virtus | E | (Bur.) | 21 | C3 |
| Visalibons | E | (Hues.) | 48 | C2 |
| Visantoña | E | (A Co.) | 14 | C1 |
| Visantoña | E | (A Co.) | 14 | C1 |
| Viseu | P | (Vis.) | 75 | A4 |
| Visiedo | E | (Te.) | 85 | D5 |
| Viso | E | (Po.) | 34 | A2 |
| Viso | E | (V.C.) | 33 | C5 |
| Viso de San Juan, El | E | (To.) | 101 | B4 |
| Viso del Alcor, El | E | (Sev.) | 164 | B4 |
| Viso del Marqués | E | (C.R.) | 151 | D1 |
| Viso dos Eidos | E | (Po.) | 33 | C4 |
| Viso, El | E | (Alb.) | 123 | D5 |
| Viso, El | E | (Alm.) | 184 | B3 |
| Viso, El | E | (Cór.) | 149 | C1 |
| Vistabella | E | (Zar.) | 85 | D1 |
| Vistabella del Maestrat → Vistabella del Maestrazgo | E | (Cas.) | 107 | B3 |
| Vistabella del Maestrazgo/Vistabella del Maestrat | E | (Cas.) | 107 | B3 |
| Vistahermosa | E | (Cád.) | 177 | B5 |
| Vistahermosa | E | (Sa.) | 78 | C3 |
| Vistasierra | E | (Mad.) | 81 | D4 |
| Visuña | E | (Lu.) | 16 | C5 |
| Visvique | E | (Las P.) | 191 | C1 |
| Vita | E | (Áv.) | 79 | C4 |
| Vite | E | (Mu.) | 155 | C3 |
| Vites | E | (J.) | 153 | D3 |
| Vitigudino | E | (Sa.) | 77 | B2 |
| Vitoria-Gasteiz | E | (Ál.) | 23 | B4 |
| Vitorinha | P | (Ave.) | 73 | D4 |
| Vitorino das Donas | P | (V.C.) | 54 | A1 |
| Vitorino dos Piães | P | (V.C.) | 54 | A1 |
| Vitre | E | (A Co.) | 14 | D1 |
| Viu | E | (Hues.) | 48 | A1 |
| Viu, lugar | E | (Hues.) | 27 | B5 |
| Vivancos, Los | E | (Mu.) | 172 | A2 |
| Vivar de Fuentidueña | E | (Seg.) | 61 | B4 |
| Vivar del Cid | E | (Bur.) | 41 | D2 |
| ..vares | E | (Bad.) | 132 | A1 |
| ..da | E | (Can.) | 9 | B4 |
| ..ro | E | (Lu.) | 3 | D2 |
| | P | (V.R.) | 55 | B2 |
| .. Martín | E | (Te.) | 86 | A3 |
| | E | (Our.) | 34 | C2 |
| | E | (Cas.) | 106 | D5 |

| | | | | |
|---|---|---|---|---|
| Víver de la Sierra | E | (Zar.) | 65 | A4 |
| Vivero | E | (Le.) | 17 | D3 |
| Viveros | E | (Alb.) | 137 | C4 |
| Vivinera | E | (Zam.) | 57 | C2 |
| Vizcable | E | (Alb.) | 154 | A3 |
| Vizcaínos | E | (Bur.) | 42 | C4 |
| Vizela | P | (Br.) | 54 | C4 |
| Vizmanos | E | (So.) | 43 | D5 |
| Viznar | E | (Gr.) | 168 | A5 |
| Vizoño | E | (A Co.) | 2 | C5 |
| Vodra | P | (Guar.) | 95 | B1 |
| Volta do Vale | P | (San.) | 128 | A2 |
| Voltans de Montornès | E | (Cas.) | 107 | D4 |
| Vouzela | P | (Vis.) | 74 | C4 |
| Vozmediano | E | (Le.) | 19 | B3 |
| Vozmediano | E | (So.) | 64 | C1 |
| Voznuevo | E | (Le.) | 19 | B4 |
| Vreia de Bornes | P | (V.R.) | 55 | C3 |
| Vreia de Jales | P | (V.R.) | 55 | C4 |
| Vueltas | E | (S.Cruz T.) | 194 | B2 |
| Vulpellac | E | (Gi.) | 52 | B4 |

# W

| | | | | |
|---|---|---|---|---|
| Wamba | E | (Vall.) | 59 | D2 |

# X

| | | | | |
|---|---|---|---|---|
| Xàbia → Jávea | E | (Ali.) | 142 | A4 |
| Xabier → Javier | E | (Na.) | 45 | C1 |
| Xaló → Jalón | E | (Ali.) | 141 | D4 |
| Xallas | E | (A Co.) | 13 | D2 |
| Xanceda | E | (A Co.) | 14 | D1 |
| Xanza | E | (Po.) | 14 | A4 |
| Xara, la → Jara, La | E | (Ali.) | 141 | D3 |
| Xares | E | (Our.) | 36 | D3 |
| Xartinho | P | (San.) | 111 | B3 |
| Xàtiva | E | (Val.) | 141 | A2 |
| Xavestre | E | (A Co.) | 14 | B2 |
| Xaviña | E | (A Co.) | 1 | B5 |
| Xendive | E | (Our.) | 34 | D5 |
| Xendive | E | (Our.) | 34 | D1 |
| Xeraco | E | (Val.) | 141 | C2 |
| Xerdiz | E | (Lu.) | 3 | D2 |
| Xeresa | E | (Val.) | 141 | C2 |
| Xermade | E | (Lu.) | 3 | C4 |
| Xermar | E | (Lu.) | 3 | D5 |
| Xert → Chert | E | (Cas.) | 108 | A1 |
| Xerta | E | (Ta.) | 88 | C3 |
| Xesta | E | (Po.) | 34 | B1 |
| Xesta | E | (Po.) | 14 | D5 |
| Xesteda | E | (A Co.) | 14 | B1 |
| Xesteira | E | (Po.) | 34 | B1 |
| Xestosa | E | (Our.) | 35 | A2 |
| Xestoso | E | (A Co.) | 3 | B4 |
| Xestoso | E | (Po.) | 14 | C4 |
| Xeve | E | (Po.) | 34 | A1 |
| Xiá | E | (Lu.) | 15 | B2 |
| Xián | E | (Lu.) | 15 | C4 |
| Xilxes → Chilches | E | (Cas.) | 125 | C1 |
| Ximeno | P | (Fa.) | 160 | C4 |
| Xinorlet, el | E | (Alb.) | 156 | B1 |
| Xinzo | E | (Po.) | 34 | A3 |
| Xinzo | E | (Po.) | 14 | B5 |
| Xinzo da Costa | E | (Our.) | 35 | D3 |
| Xinzo de Limia/ Ginzo de Limia | E | (Our.) | 35 | C4 |
| Xinzo de Teixugueiras | E | (Our.) | 35 | A2 |
| Xirivella | E | (Val.) | 125 | A4 |
| Xirles → Chirles | E | (Ali.) | 141 | C5 |
| Xironda | E | (Our.) | 35 | C5 |
| Xisto | P | (V.C.) | 53 | D2 |
| Xiva de Morella → Chiva de Morella | E | (Cas.) | 87 | C5 |
| Xixona → Jijona | E | (Ali.) | 141 | A5 |
| Xobre | E | (A Co.) | 13 | C5 |
| Xodos → Chodos | E | (Cas.) | 107 | B3 |
| Xoez | E | (A Co.) | 2 | C3 |
| Xornes | E | (A Co.) | 1 | D4 |
| Xove | E | (Lu.) | 4 | A5 |
| Xuances | E | (Lu.) | 3 | D1 |
| Xubia | E | (A Co.) | 3 | A2 |
| Xubin | E | (Our.) | 34 | D2 |
| Xudán | E | (Lu.) | 4 | B4 |
| Xunqueira de Ambía | E | (Our.) | 35 | B3 |
| Xunqueira de Espadanedo | E | (Our.) | 35 | C2 |
| Xuño | E | (A Co.) | 13 | C4 |
| Xustáns | E | (Po.) | 34 | A1 |
| Xustás | E | (Lu.) | 4 | A5 |

# Y

| | | | | |
|---|---|---|---|---|
| Yaiza | E | (Las P.) | 192 | B4 |
| Yanguas | E | (So.) | 43 | D4 |
| Yanguas de Eresma | E | (Seg.) | 80 | D2 |
| Yáñez, lugar | E | (C.R.) | 137 | A5 |
| Yátor | E | (Gr.) | 182 | D2 |
| Yátova | E | (Val.) | 124 | C4 |
| Yeba | E | (Hues.) | 47 | C1 |
| Yébenes, Los | E | (To.) | 119 | C3 |
| Yebes | E | (Gua.) | 102 | D1 |
| Yebra | E | (Gua.) | 102 | D2 |
| Yebra de Basa | E | (Hues.) | 47 | A1 |
| Yecla | E | (Mu.) | 140 | A5 |
| Yecla de Yeltes | E | (Sa.) | 77 | B2 |
| Yécora/Ekora | E | (Ál.) | 43 | D1 |
| Yéchar | E | (Mu.) | 155 | C4 |
| Yedra, La | E | (J.) | 152 | A4 |
| Yegen | E | (Gr.) | 182 | D2 |
| Yegua Alta, La | E | (Alm.) | 170 | B3 |
| Yegua Baja, La | E | (Alm.) | 170 | B3 |
| Yeguarizas | E | (Alb.) | 154 | A1 |
| Yela | E | (Gua.) | 83 | B4 |
| Yélamos de Abajo | E | (Gua.) | 83 | A5 |
| Yélamos de Arriba | E | (Gua.) | 83 | A5 |
| Yelbes | E | (Bad.) | 131 | D2 |
| Yeles | E | (To.) | 101 | C4 |
| Yelo | E | (So.) | 83 | C1 |
| Yémeda | E | (Cu.) | 123 | A2 |
| Yepes | E | (To.) | 119 | D1 |
| Yéqueda | E | (Hues.) | 46 | D4 |
| Yera | E | (Can.) | 21 | D2 |
| Yernes | E | (Ast.) | 6 | A5 |
| Yesa, La | E | (Val.) | 124 | B1 |
| Yesa/Esa | E | (Na.) | 25 | C5 |
| Yeseras, Las | E | (Gr.) | 169 | C4 |
| Yésero | E | (Hues.) | 27 | A5 |
| Yesos, Los | E | (Alm.) | 184 | A1 |
| Yesos, Los | E | (Gr.) | 182 | C4 |
| Yéspola | E | (Hues.) | 47 | A2 |
| Yeste | E | (Alb.) | 154 | A2 |
| Yetas | E | (Alb.) | 154 | A3 |
| Yudego | E | (Bur.) | 41 | B2 |
| Yugo, El | E | (Cád.) | 178 | A3 |
| Yugueros | E | (Le.) | 19 | C4 |
| Yuncler | E | (To.) | 101 | B5 |
| Yunclillos | E | (To.) | 101 | B5 |
| Yuncos | E | (To.) | 101 | C4 |
| Yunquera | E | (Mál.) | 179 | D4 |
| Yunquera de Henares | E | (Gua.) | 82 | C4 |
| Yunquera, La | E | (Alb.) | 138 | A3 |
| Yunta, La | E | (Gua.) | 85 | A3 |

# Z

| | | | | |
|---|---|---|---|---|
| Zabal, lugar | E | (Cád.) | 187 | A4 |
| Zabala-Belendiz | E | (Viz.) | 11 | B5 |
| Zabaloetxe | E | (Viz.) | 11 | A5 |
| Zabalza | E | (Na.) | 25 | C4 |
| Zabalza | E | (Na.) | 24 | D4 |
| Zacos | E | (Le.) | 38 | A1 |
| Zael | E | (Bur.) | 41 | C4 |
| Zaén de Abajo | E | (Mu.) | 154 | B3 |
| Zaén de Arriba | E | (Mu.) | 154 | B3 |
| Zafara | E | (Zam.) | 57 | D4 |
| Zafarraya | E | (Gr.) | 181 | A2 |
| Zafra | E | (Bad.) | 147 | B1 |
| Zafra de Záncara | E | (Cu.) | 121 | C1 |
| Zafra-Magón, lugar | E | (Cád.) | 179 | A2 |
| Zafrilla | E | (Cu.) | 105 | A3 |
| Zafrón | E | (Sa.) | 78 | A2 |
| Zafroncino | E | (Sa.) | 78 | A2 |
| Zagra | E | (Gr.) | 167 | A5 |
| Zagrilla | E | (Cór.) | 166 | D3 |
| Zagrilla Alta, lugar | E | (Cór.) | 166 | D3 |
| Zahán, El | E | (J.) | 167 | A1 |
| Zahara | E | (Cád.) | 178 | D3 |
| Zahara de los Atunes | E | (Cád.) | 186 | B4 |
| Zahinos | E | (Bad.) | 146 | B2 |
| Zahora | E | (Cád.) | 186 | A4 |
| Zahora, La | E | (Gr.) | 181 | C1 |
| Zaida, La | E | (Zar.) | 67 | A5 |
| Zaidín | E | (Hues.) | 68 | A3 |
| Zalain Zoko | E | (Na.) | 12 | D5 |
| Zalamea de la Serena | E | (Bad.) | 132 | C5 |
| Zalamea la Real | E | (Huel.) | 162 | D2 |
| Zalamillas | E | (Le.) | 39 | A3 |
| Zalba | E | (Na.) | 25 | B4 |
| Zaldibar | E | (Viz.) | 23 | C1 |
| Zaldibia | E | (Gui.) | 24 | B2 |
| Zalduendo | E | (Bur.) | 42 | A3 |
| Zalduondo | E | (Ál.) | 23 | D4 |

| | | | | |
|---|---|---|---|---|
| Zalea | E | (Mál.) | 180 | A4 |
| Zalla | E | (Viz.) | 22 | C1 |
| Zamáns | E | (Po.) | 33 | D3 |
| Zamarra | E | (Sa.) | 97 | B1 |
| Zamarramala | E | (Seg.) | 81 | A3 |
| Zamayón | E | (Sa.) | 78 | B1 |
| Zambra | E | (Cór.) | 166 | C4 |
| Zambrana | E | (Ál.) | 23 | A5 |
| Zambrocinos del Páramo | E | (Le.) | 38 | C3 |
| Zambujal | P | (Co.) | 93 | D2 |
| Zambujal | P | (Co.) | 94 | A4 |
| Zambujal | P | (Fa.) | 161 | A4 |
| Zambujal | P | (Lei.) | 94 | A5 |
| Zambujal | P | (Lei.) | 111 | A3 |
| Zambujal | P | (Lis.) | 126 | B1 |
| Zambujal | P | (Lis.) | 126 | D2 |
| Zambujal | P | (San.) | 111 | D2 |
| Zambujal | P | (Set.) | 127 | B4 |
| Zambujal de Cima | P | (Lei.) | 126 | D5 |
| Zambujeira | P | (Be.) | 159 | C1 |
| Zambujeira | P | (Lei.) | 111 | A3 |
| Zambujeira do Mar | P | (Be.) | 159 | B2 |
| Zambujeiro | P | (Co.) | 93 | D2 |
| Zambujeiro | P | (Lis.) | 110 | C4 |
| Zamora | E | (Zam.) | 58 | C4 |
| Zamora, lugar | E | (J.) | 168 | B3 |
| Zamoranos | E | (Cór.) | 167 | A3 |
| Zamudio | E | (Viz.) | 11 | A5 |
| Zancarrones, Los | E | (Mu.) | 155 | C5 |
| Zanfoga | E | (Lu.) | 16 | C5 |
| Zangandez | E | (Bur.) | 22 | C5 |
| Zangoza → Sangüesa | E | (Na.) | 45 | C1 |
| Zaorejas | E | (Gua.) | 84 | A4 |
| Zapardiel de la Cañada | E | (Áv.) | 79 | A5 |
| Zapardiel de la Ribera | E | (Áv.) | 99 | A2 |
| Zapatera, La | E | (Bad.) | 131 | C3 |
| Zapillo, El, lugar | E | (Huel.) | 162 | D3 |
| Zárabes | E | (So.) | 64 | A3 |
| Zaragoza | E | (Zar.) | 66 | B3 |
| Zaramillo | E | (Viz.) | 22 | D1 |
| Zarandona | E | (Mu.) | 156 | A5 |
| Zarapicos | E | (Sa.) | 78 | B2 |
| Zaratamo | E | (Viz.) | 23 | A1 |
| Zaratán | E | (Sa.) | 78 | B2 |
| Zaratán | E | (Vall.) | 60 | A5 |
| Zarate | E | (Ál.) | 23 | B3 |
| Zarautz | E | (Gui.) | 12 | A5 |
| Zarcilla de Ramos | E | (Mu.) | 170 | D5 |
| Zarra | E | (Val.) | 140 | A1 |
| Zarrantz | E | (Na.) | 24 | D3 |
| Zarratón | E | (La R.) | 43 | A1 |
| Zarza de Granadilla | E | (Các.) | 98 | A3 |
| Zarza de Montánchez | E | (Các.) | 115 | D5 |
| Zarza de Pumareda, La | E | (Sa.) | 77 | A1 |
| Zarza de Tajo | E | (Cu.) | 102 | C5 |
| Zarza la Mayor | E | (Các.) | 96 | C5 |
| Zarza, La | E | (Alb.) | 138 | B4 |
| Zarza, La | E | (Áv.) | 98 | C2 |
| Zarza, La | E | (Bad.) | 131 | C3 |
| Zarza, La | E | (Huel.) | 162 | C1 |
| Zarza, La | E | (Mu.) | 156 | A2 |
| Zarza, La | E | (Mu.) | 155 | C5 |
| Zarza, La | E | (S.Cruz T.) | 196 | A3 |
| Zarza, La | E | (Vall.) | 60 | A5 |
| Zarza-Capilla | E | (Bad.) | 133 | B4 |
| Zarzadilla de Totana | E | (Mu.) | 171 | A1 |
| Zarzalejo | E | (Mad.) | 101 | A1 |
| Zarzalico | E | (Mu.) | 170 | D2 |
| Zarzosa | E | (La R.) | 43 | D4 |
| Zarzosa de Riopisuerga | E | (Bur.) | 40 | D1 |
| Zarzoso, El, lugar | E | (Cu.) | 104 | A5 |
| Zarzuela | E | (Cu.) | 104 | B3 |
| Zarzuela de Jadraque | E | (Gua.) | 82 | D2 |
| Zarzuela del Monte | E | (Seg.) | 80 | D4 |
| Zarzuela del Pinar | E | (Seg.) | 81 | A1 |
| Zarzuela, La | E | (Các.) | 186 | B4 |
| Zas | E | (A Co.) | 13 | D1 |
| Zas de Rei | E | (A Co.) | 15 | A2 |
| Zava | P | (Bra.) | 57 | A5 |
| Zayas de Báscones | E | (So.) | 62 | C2 |
| Zayas de Torre | E | (So.) | 62 | B3 |
| Zayuelas | E | (So.) | 62 | C2 |
| Zazuar | E | (Bur.) | 62 | A2 |
| Zeanuri | E | (Viz.) | 23 | B2 |
| Zeberio | E | (Viz.) | 23 | A2 |
| Zebral | P | (V.R.) | 55 | C1 |
| Zebras | P | (C.B.) | 95 | D4 |
| Zebras | P | (V.R.) | 55 | D3 |
| Zebreira | P | (Be.) | 66 | B5 |
| Zebreiros | P | (Port.) | 74 | A1 |
| Zebrinho | P | (San.) | 127 | D1 |
| Zebros | P | (San.) | 127 | D1 |

| | | | | |
|---|---|---|---|---|
| Zedes | P | (Bra.) | 56 | A5 |
| Zegama | E | (Gui.) | 24 | A3 |
| Zeive | P | (Bra.) | 36 | D5 |
| Zelaieta | E | (Viz.) | 11 | B5 |
| Zeligeta → Celigueta | E | (Na.) | 25 | B5 |
| Zeneta | E | (Mu.) | 156 | B4 |
| Zerain | E | (Gui.) | 24 | A3 |
| Zestafe | E | (Ál.) | 23 | B3 |
| Zestoa/Cestona | E | (Gui.) | 24 | A1 |
| Zia | E | (Na.) | 25 | A1 |
| Zibreira | P | (Lis.) | 126 | D1 |
| Zibreira | P | (San.) | 111 | D3 |
| Zierbena | E | (Viz.) | 10 | D5 |
| Ziga | E | (Na.) | 25 | A2 |
| Zimão | P | (V.R.) | 55 | C3 |
| Zimbreira | P | (San.) | 113 | A2 |
| Ziordia | E | (Na.) | 24 | A4 |
| Zirauki → Cirauqui | E | (Na.) | 24 | C5 |
| Ziriano | E | (Ál.) | 23 | B3 |
| Ziritza → Ciriza | E | (Na.) | 24 | D4 |
| Zizur Nagusia → Cizur Mayor | E | (Na.) | 24 | D4 |
| Zizurkil | E | (Gui.) | 24 | B1 |
| Zobra | E | (Po.) | 14 | D5 |
| Zocas, Las | E | (S.Cruz T.) | 195 | D5 |
| Zocueca | E | (J.) | 151 | C4 |
| Zoilos, Los | E | (Alm.) | 169 | D4 |
| Zóio | P | (Bra.) | 56 | C1 |
| Zoma, La | E | (Te.) | 86 | D4 |
| Zomas, Las | E | (Cu.) | 104 | C5 |
| Zona Costera | E | (Ta.) | 90 | A1 |
| Zona de los Príncipes | E | (Huel.) | 176 | B2 |
| Zônho | P | (Vis.) | 75 | A3 |
| Zorelle | E | (Our.) | 35 | C2 |
| Zorio | E | (Alb.) | 137 | D5 |
| Zorita | E | (Các.) | 116 | C5 |
| Zorita | E | (Sa.) | 78 | A1 |
| Zorita | E | (Sa.) | 78 | C2 |
| Zorita de la Frontera | E | (Sa.) | 79 | B2 |
| Zorita de la Loma | E | (Vall.) | 39 | D3 |
| Zorita de los Canes | E | (Gua.) | 103 | A2 |
| Zorita del Maestrazgo/ Sorita | E | (Cas.) | 87 | B4 |
| Zorita del Páramo | E | (Pa.) | 40 | D1 |
| Zorraquín | E | (La R.) | 42 | D3 |
| Zorreras, Las | E | (Mad.) | 81 | A5 |
| Zorrillos, Los | E | (Các.) | 186 | D5 |
| Zotes del Páramo | E | (Le.) | 38 | C3 |
| Zouparria | P | (Co.) | 93 | D2 |
| Zuares del Páramo | E | (Le.) | 38 | C2 |
| Zuazo de Cuartango/ Zuhatzu Koartango | E | (Ál.) | 23 | A4 |
| Zuazo de Vitoria | E | (Ál.) | 23 | B4 |
| Zubia, La | E | (Gr.) | 182 | A1 |
| Zubiaur-Alde | E | (Viz.) | 11 | A4 |
| Zubieta | E | (Na.) | 24 | D2 |
| Zubiete | E | (Viz.) | 22 | D1 |
| Zubillaga | E | (Ál.) | 22 | D5 |
| Zubillaga | E | (Gui.) | 23 | D2 |
| Zubiri | E | (Na.) | 25 | B3 |
| Zucaina | E | (Cas.) | 107 | A4 |
| ZudairE (Améscoa Baja) | E | (Na.) | 24 | B4 |
| Zuera | E | (Zar.) | 66 | B1 |
| Zufre | E | (Huel.) | 163 | B1 |
| Zugarramurdi | E | (Na.) | 25 | A1 |
| Zugaztieta → Arboleda, La | E | (Viz.) | 10 | D5 |
| Zuhatza | E | (Ál.) | 22 | D2 |
| Zuhatzu Koartango → Zuazo de Cuartango | E | (Ál.) | 23 | A4 |
| Zuheros | E | (Cór.) | 166 | D3 |
| Zujaira | E | (Gr.) | 167 | C5 |
| Zújar | E | (Gr.) | 169 | B3 |
| Zulema | E | (Alb.) | 123 | C5 |
| Zulema | E | (Mad.) | 102 | B2 |
| Zumacal | E | (Las P.) | 191 | C1 |
| Zumaia | E | (Gui.) | 12 | A5 |
| Zumarraga | E | (Gui.) | 23 | D2 |
| Zumel | E | (Bur.) | 41 | C2 |
| Zuñeda | E | (Bur.) | 42 | C1 |
| Zúñiga y la Juncosa | E | (Mu.) | 171 | A2 |
| Zúñiga/Eztuniga | E | (Na.) | 24 | A5 |
| Zurbao | E | (Ál.) | 23 | C4 |
| Zurbarán | E | (Bad.) | 132 | B2 |
| Zureda | E | (Ast.) | 18 | C2 |
| Zurgena | E | (Alm.) | 170 | C5 |
| Zurita | E | (Can.) | 9 | B5 |
| Zurita | E | (Hues.) | 48 | B5 |
| Zuzones | E | (Bur.) | 62 | A3 |